WILHELM GRÖNBECH

KULTUR UND RELIGION DER GERMANEN

ZWEITER BAND

WILHELM GRÖNBECH

KULTUR UND RELIGION DER GERMANEN

ZWEITER BAND

PRIMUS VERLAG

INHALT DES II. BANDES

Kleinode

Der Eindruck, den der Fremde bei der ersten Bekanntschaft mit dem Sippensystem meist empfängt, ist: Zurückhaltung, Selbstgenügsamkeit und eine immer gegen den Nachbarn erhobene Hand.

In einiger Entfernung sieht man nichts als Krieger, die kämpfen oder zum Kampfe rüsten, Männer, die die Axt griffbereit neben sich an der Wand liegen haben, wenn sie schlafen, oder sie mit sich nehmen, wenn sie den Saatsack über die Schulter werfen und aufs Feld gehen. Gerade die Betonung ihres Zusammenhalts scheint Unsicherheit als Grundstimmung des Lebens vorauszusetzen. Wie gewaltig muß der Druck gewesen sein, der eine so restlose Eintracht schuf – so denken wir heute.

Oft genug ist ein Überblick aus der Ferne von großen Nutzen, weil er Ordnung in die verwirrende Mannigfaltigkeit bringt, an der das Leben – in betrüblichem Gegensatz zu allen gesunden wissenschaftlichen Regeln – leidet; aber bei einer Betrachtung der reinen Linien ist der Beobachter in Gefahr, zu vergessen, daß gewisse Züge von Natur aus dazu bestimmt sind, in einiger Entfernung zu wirken, während andere, die den Gesamteindruck vielleicht ebensosehr beeinflussen, nicht so weit dringen können. Die Richtigkeit des Eindrucks hängt aber von der gewissenhaften Berücksichtigung aller mitwirkenden Faktoren ab. Wir können wohl nicht sagen, daß unsere Vorfahren gerade friedlich waren, da es ihnen ja nie einfiel, den Frieden über alles andere zu setzen – aber sie waren mehr: in ihrer Kultur und in ihrem sozialen Leben haben sie dem Friedenswillen ein Denkmal errichtet, und ein mächtiger Friedenswille muß in ihnen geherrscht haben, der jede Selbstbehauptung zwang, sich bestimmten Formen einzuordnen, die ebensosehr der Einigkeit des Volkes wie der persönlichen Befriedigung dienten. Auch ihr tägliches Leben und Treiben ist nicht weniger von gutem Einverständnis und Umgänglichkeit geprägt; von der Sippe werden in jeder Richtung Hände nach Verbindung und Bündnis ausgestreckt.

An bevorzugter Stelle steht im Leben der germanischen Gesellschaft der „Kauf“, das große Symbol für freundliche Beziehungen und gegenseitiges Wohlwollen. Wenn die Sippen durch Heirat im „Frieden“ vereinigt sind, so daß sie bei ihrem Streben nach Selbstbehauptung immer mit der Unterstützung ihrer neuen Verwandten rechnen können, wenn die Frau, die die beiden Sippen in Frieden vereinigt, mit Recht ihren Namen *fridu-sibb* tragen kann, so geschieht es, weil ein Kauf, ein Handel zwischen den beiden Sippen vor sich gegangen ist, ein Austausch von Geschenken stattgefunden hat.

Die Heirat ist der große Austausch von Geschenken, der Schenkungsbund vor allen anderen. In dem modernen dänischen Wort für Heirat, *Giftermaal,* ist der Begriff des Gebens – *gipt* – späteren Geschlechtern überliefert worden; im Angelsächsischen wird dasselbe Wort – *gift* – hauptsächlich benutzt, um eine Brautgabe zu bezeichnen, und in der Mehrzahl bedeutet es ohne weiteren Zusatz: Hochzeit. Aber im innersten Kern unterschied der Brautkauf sich nicht von der Freundschaftsschließung, die auch ein „Kauf“ war und gleichfalls durch Geschenke zustande gebracht wurde.

Die Gabe eröffnet uns den Zugang zum germanischen Friedenswillen, aber gleichzeitig stellt sich eine Menge psychologischer Rätsel ein.

Als Blundketil in seinem Hause verbrannt worden war und die Gönner seines Sohnes sich nach etwas umsahen, worauf eine Hoffnung zu gründen war, konnten sie nichts besseres ausfindig machen als eine Heirat zwischen dem Jüngling und einer Tochter von Thord Gellirs Schwester. Thord war ein mächtiger Mann, aber keineswegs auf die Partie versessen. „Ja“, sagt er, „zwischen mir und Ketil ist nichts als Gutes; einmal im schlechten Wetter nahm er mich auf und schenkte mir gute Zuchtpferde; und doch meine ich, daß ich mir nichts vorzuwerfen brauche, wenn ich diese Heirat ungestiftet lasse.“ Das volle und beabsichtigte Gewicht der Worte tritt nicht hervor, wenn nicht der größte Nachdruck auf dieses „und doch“ gelegt wird. Die Gabe trägt eine Verpflichtung in sich; sie bindet, unter welchen Umständen sie auch gegeben wird, und zwar mit einer Verpflichtung, deren Stärke, wenn man ihr volles Recht widerfahren lassen will, so kräftige Worte verlangt wie diese: der Empfänger ist in der Gewalt des Gebers.

Das sieht man, wenn Einar zu seinem Bruder, Gudmund dem Mächtigen, dem Fuchs auf Mödruvellir, hinaufreitet und ihm seinen Mantel wieder zuwirft: es ist ihm klar geworden, wohin Gudmunds Pläne zielen. Aber Gudmund ist der nüchternen Ansicht, daß es recht ungeziemend wäre, wenn die Verwandtschaft nicht den einen zwänge, sich der Sache des anderen anzunehmen, und hier hatte er noch dazu ein Kleinod empfangen. Es nützt nichts, daß Einar am Zügel zerrt und geltend macht, daß hinter der Gabe Trug gestanden hat; er mag recht haben, wenn er sagt, daß die Worte sanfter fielen, als Gudmund den Mantel zu ihm hinaustrug, um ihre Freundschaft zu bessern – unbarmherzig kommt die Erwiderung seines Bruders: „Was kann ich dafür, daß du dich selbst zum Toren machst, zu einem Verachtungswürdigen!" Und Einar nimmt den Mantel und reitet heim. – Gudmund ist vielleicht unter allen isländischen Saga-Häuptlingen derjenige, der am weitesten über die alte Kultur hinaus in eine moderne Welt hineingeschritten ist. Aber alles, was modern ist, erblaßt neben der Macht der alten Sitte des Gabenaustausches, der Macht, die den Mann bindet.

Als die Njalsöhne nach Hause kommen und mit den reichen Geschenken prahlen, mit welchen Mörd sie bei dem Gastmahl, das er für sie gab, geehrt hat, sagt Njal bedeutungsvoll: „Er hat es sicher bei dem Kauf auf seinen eigenen Vorteil abgesehen; paßt auf, daß ihr es ihm nicht lohnt, wie er es sich wünschen mag." Aber der Rat ist machtlos angesichts der verhängnisvollen Kraft der Gabe: ihr entspringt der Überfall der Njalsöhne auf ihren Blutsbruder Höskuld und ihr eigener Tod im Feuer. – Ein kluger Mann nahm keine Gabe an, bevor er mit dem Besitzer des Kleinods „den Sinn gemischt" hatte und seine Pläne kannte. Hatte man erst einen anderen dazu gebracht, das Pfand der Freundschaft anzunehmen, war man seiner kräftigen Unterstützung gewiß. Die Tatsache, daß er ohne weiteren Zusatz Dank sagte, bedeutete entweder, daß er die Absicht des Gebers verstand, oder daß er selbst zu allem bereit war – oder, natürlich, daß er sich darauf verließ, daß der Geber sein Recht nie mißbrauchen würde.

Die Verpflichtung, die die Annahme eines Geschenks enthält, offenbart sich machtvoll in den germanischen Rechtsbegriffen. Als juristische Formel wird das Verhältnis z. B. im Abschnitt 73 des langobardischen Edikts Liutprands festgelegt: „Eine Gabe, die nicht durch eine Gegengabe oder durch *thingatio* bestätigt wird, hat keine gesetzliche Gültigkeit." Mit anderen Worten, der Geber konnte sie zurücknehmen und, wenn nötig, einen widerstrebenden

Empfänger vor Gericht bringen. In Schweden bewies man sein umstrittenes Recht, indem man mit der Formel schwur: „Er gab, ich lohnte es." Island hat auch seinen Paragraphen über diese Frage: „Wird eine Gabe im Wert von mindestens 12 Öre oder mehr nicht mit mindestens der Hälfte des Wertes vergolten, kann der Geber beim Tode des Empfängers seine Gabe zurückverlangen, wenn die Gabe nicht an sich mit Recht als Gegengabe oder als Entgelt betrachtet werden kann." Die sorgfältige Beschränkung von Wert und Zeitfrist im isländischen Gesetzbuch, der „Graugans", hatte keine entsprechende Begründung in der Denkart des gemeinen Mannes; dort galt ein Geschenk als ein Geschenk, ob es klein oder groß war, und es wurde keine lebenslängliche Bedenkzeit anerkannt. Als Ingolfs Verwandte, Steinun, nach Island kam, bot er ihr Land an von dem, was er bei der Ansiedlung genommen hatte, aber sie zog es vor, ihm einen Mantel zu geben und es Kauf zu nennen, denn sie meinte, daß die Gefahr dann geringer sei, daß er ihr nachträglich das Recht strittig machen würde.

Zu Liutprands Edikt haben wir unzählige Illustrationen in den juristischen Urkunden der damaligen Zeit, die deutlich zeigen, daß die Wirkung eines Geschenkes, das als Entgelt für ein Geschenk gemacht wurde, nicht von seinem merkantilen Wert abhängig war. So heißt es (im Jahre 792): Nach der Sitte unseres langobardischen Volkes habe ich der größeren Sicherheit halber von dir ein Paar Handschuhe empfangen, damit diese meine Gabe für dich und deine Nachkommen unerschüttert stehen soll. Die so sprachen, kannten genau die Streitigkeiten, wie sie zwischen zwei Parteien entstehen, die freundschaftliche Geschenke ausgewechselt hatten. Trat man einem Zweifel an dem Eigentumsrecht mit der Antwort entgegen: „Du hast mir selbst das Land gegeben", so wurde der Einspruch mit der Erwiderung abgefertigt: „So? Und hast du mir etwas zum Dank gegeben?"

Später, als die unpersönliche Institution des Handels aus dem persönlichen Tauschen und Dingen hervorging, war es natürlich das Verhältnis des Schenkens, das nicht nur die Etikette und die Formen schuf, sondern auch die endgültig bindenden Formalitäten. Der sogenannte *arrha*, der Gottespfennig, ist eine juristische Formulierung des Gefühls von Verpflichtung beim Empfang eines Geschenkes. Wer *arrha* empfängt, verpflichtet sich, den betreffenden Kauf abzuschließen, sobald der Kauflustige mit der verlangten Summe erscheint; er kann in der Zwischenzeit kein Angebot von irgendeiner anderen Seite annehmen, wie verlockend es auch sein möge.

Eine Gabe ohne Gegengabe, ohne Verpflichtung ist für die germanische Seele undenkbar. Wenn ein Mann einen Freundschaftsbeweis empfing und davonging, als ob nichts geschehen wäre, dann war das Kleinod nicht als sein Besitz anzusehen, sondern fiel halb unter die Kategorie gestohlener Güter. Die Verpflichtung, die der Empfang mit sich brachte, war mehr ideeller als kommerzieller Art, sie steckte zu tief, um in materiellen Werten ausgemessen zu werden. Im praktischen Leben mochte die Größe des Entgeltes vom Edelmut des Empfängers und noch mehr von seinem Stand abhängen. Ein König konnte die freundliche Gesinnung der Leute nicht mit kleinen Erkenntlichkeiten lohnen. Die ganze Psychologie der Freigebigkeit ist in einer kleinen, humoristischen Anekdote von einem armen Knecht enthalten, der mittels seines Talentes, das Geschenksystem zu rationeller Spekulation auszunutzen, von Armut zu Reichtum und Ansehen aufstieg. Es war einmal ein junger Mann mit dem verheißungsvollen Namen Refr (Fuchs) – so erzählt die Gautreksaga. Seine Jugend war nach den allgemeinen Märchenbegriffen vielversprechend, denn er gehörte zu dem außergewöhnlich genialen Menschenschlag, der nie einen Finger zur Arbeit rührt, sondern nur in der Asche liegt und fühlt, wie der Schmutz an ihm wächst. Eines schönen Tages jagte der Vater ihn aus dem Hause, und als er die Bestandsaufnahme über seinen ganzen Besitz gemacht hatte, stand er auf der Straße mit einem Schleifstein in der Hand – das war sein einziges Aktivum. Mit dem zog er auf gut Glück los und kam zu König Gautrek. Er hatte gehört, daß der König nach dem Tode seiner Gemahlin gemütskrank wäre und den ganzen Tag nichts täte, als auf ihrem Grabe sitzen, und die Zeit damit verbringe, seinen Habicht auf fliegen zu sehen, und daß er manchmal das müde Tier mit einem Steinwurf aufmuntern mußte. Wer weiß, vielleicht würden die natürlichen Steine zu Ende gehen und ein Schleifstein für den nachdenklichen König ein willkommenes Geschenk sein? Und so geschah es. Refr stellte sich hinter den König, und als der König nach einem Stein hinter sich tastete, schob Refr sein einziges Kleinod in die Hand des Königs – und ging mit einem Ring als Entgelt davon. Der Ring wurde dann als Geschenk König Ella angeboten, und Refr vergaß nicht zu erwähnen, daß König Gautrek Ringe für Schleifsteine gebe. Danach konnte der König von

England kaum weniger als ein Schiff mit Mannen und einem Hunde geben. Der Hund war das, was Refr am besten entbehren konnte, so schenkte er diesen König Hrolf, mit genauer Schilderung seiner Herkunft; und auf diese Weise errang Refr ein Schiff nach dem anderen und Haufen von Waffen, bis er eines Tages mit einer Flotte und Mannen wieder vor König Gautrek erscheinen und um seine Tochter werben konnte. Da hatte er mit Ehren seinen Beinamen verdient – Gjafa-Refr (Gaben-Fuchs).

Man kann dieser Geschichte nicht gleich ansehen, was sie in ihrer Glanzzeit gewesen ist. Auch die Komik, die am tiefsten im Wesen des Menschen wurzelt, muß ihre Macht über das Lachen mit einer gefährlichen Abhängigkeit von den äußeren Seiten des Lebens erkaufen, und sie verliert ihre Fähigkeit, das Lachen unmittelbar zu erwecken, wenn die sozialen Formen, durch die sie zum Aufblühen kam, verschwinden. Wenn wir uns aber einmal die Bedeutung eines Geschenks voll vergegenwärtigen, können wir wenigstens verstehen, daß die Geschichte vom Prinzen Fuchs, dem Geschenkschlauen, einst die Lungen erschütterte und die Tränen über die Backen rollen ließ, und zwar gerade deshalb, weil ihre Idee vollkommen vernünftig war; und vielleicht gelingt es uns, wenn wir mit jenen Leuten lachen, einigermaßen mit ihnen vertraut zu werden.

Das Geschenk ist ein sozialer Faktor. Indem es von Mann zu Mann und immer so weiter geht, zieht es ein Netz von Verpflichtungen durch die Gesellschaft, das so stark ist, daß der ganze Staat bewegt werden kann, wenn die Kette nur an dem einen oder anderen Punkte richtig angefaßt wird.

Manchem mag es wohl so vorkommen, als wäre er unter Schacherer geraten, unter die geschicktesten und dreistesten Händler. „Eine Gabe fordert Gegengabe“ – diese Redensart erhält im Munde solcher Tauschgenies ihre besondere Bedeutung. Aber wenn man nun andererseits ihre Gewissenhaftigkeit beim Abschätzen des rechten Verhältnisses zwischen Geschenk und Entgelt betrachtet, kommt man vielleicht in die Versuchung, Dankbarkeit als das große Prinzip in ihrer Ethik und ihrem Rechtsgefühl aufzustellen.

Unsere Vorfahren werden uns selbst eines besseren belehren. Sie nehmen Dankbarkeit und Berechnung als das, was sie sind, ohne sich aber ihrer zu schämen. Sie gehen an allem Zufälligen vorüber und treten unmittelbar an die Sache selbst heran. Nicht das Geben tut's, sagen sie, sondern die Gabe. Wir erfahren, daß niemand sich vom Einfluß der Dinge, die um ihn sind, freimachen kann, ob diese nun in seiner eigenen Obhut oder nur nahe genug sind, um mit in seine Taten verwickelt zu werden.

Die Nordländer geben ehrlich zu, daß sie Sklaven sind von Gold und Silber – und Eisen. Und dann stimmen sie ein Loblied auf die Metalle an, das jedem Gefühl von Anständigkeit widerstrebt. Sie schaffen ihre höchsten Dichterwerke zum Preise des Goldes und lehren uns mit der unwiderstehlichen Logik des Lebens, daß der goldene Weg in den Menschen hinein nicht blind in niedrigen Leidenschaften endet, sondern die erhabensten Zentren des Geistes und des Gefühles berührt. Die Gestalt des Goldgierigen, die die Zivilisation lächerlich gemacht hat, indem sie sein Gehirn auf eine gerade Linie reduziert hat, wird in der alten Kultur geradezu als das feierliche Symbol der tausendfachen Verschlungenheit der menschlichen Seele aufgestellt.

Der Jubel über das Gold tönt breit und mächtig durch die ganze Dichtkunst der Germanen. Ein Gedicht wie der Beowulf ist vom Goldglanze durchstrahlt. Das Gedicht erzählt, so würden wir sagen, von der schweren Not der Dänen, als sie Nacht auf Nacht den Besuch des Unholds aus den Sümpfen erdulden mußten, und von den Heldentaten des fremden Recken, der sich dem Ungeheuer in der Halle entgegenstellte und später in der Tiefe des Sumpfes mit der Mutter des Scheusals rang und so das Land von der Plage erlöste. Freilich, der Unhold ist da und auch der Dänenkönig und Beowulf, der Kampf, die Befreiung und noch vieles andere. Und das Gedicht handelt wirklich von dem Ungeheuer, dem Helden und ihrem Ringkampf, von Not und Erlösung. Aber nehmen wir das Gedicht als ein Ganzes und lassen wir es an unserm Gedächtnis vorüberziehen, so können wir auch zu einem ganz anderen Ergebnis kommen. Erst gibt es einen Widerhall von Lachen und Spiel in der prächtigsten aller Königshallen; dann stirbt der Jubel plötzlich in der unheimlichen Stille, als der Unhold zum ersten Male erschienen ist; er erhebt sich wieder mit Trinken und Singen und Verteilung von Gold bei der Ankunft des Fremden, schweigt eine Weile in der Erwartung der Kampfentscheidung und bricht dann neu in der Halle hervor, wo der König dem Sieger Kleinode reicht, und Beowulf sie freudig empfängt. Wenn wir ein Gedicht, ein Musikstück zu Ende gehört haben, steht es nicht als eine Reihe von individuellen Einzelheiten vor der Auffassung, sondern als ein Gesamteindruck, dessen Charakter durch die

Kunst des Ausübenden bestimmt wird; von seiner Ausdrucksgebung hängt es ab, ob sich das rechte rhythmische Verhältnis einstellt zwischen dem, was im Entwurf des Schöpfers anregend und vorwärtsstrebend oder sinkend und auflösend ist, ob Arsis und Thesis sich so das Gleichgewicht halten wie in seinem Ohre, als er sie miteinander verknüpfte und sie so nahezu gleichgewichtig machte, daß sie einander verstärken konnten. Was ist der Rhythmus im Beowulf – oder vielmehr: was war der Rhythmus für jene Zuhörer? Eins ist sicher: die Szenen in der Halle, wo das Gold verschenkt und empfangen wird, stehen an Gewicht nicht hinter den Episoden zurück, in denen die Belohnung gewonnen wird. Die Zuhörer der alten Tage wollten sich in nichts um die Spannung des Kampfes betrügen lassen, sie verlangten, daß der ganze Schrecken und das Grauen so finster und drohend gezeigt werden sollten, wie sie waren; aber sie wollten auch in guter Ruhe den Anblick des Helden genießen, wenn er im Feuerschein steht, die Halskette auf seiner Brust und sein Schwert in der Hand. Die Schilderung des Gastmahls in Heorot nach dem Kampfe, wo die „Glücklichen" zu ihren Bänken schritten und die vollen Tische genossen, wo die zahlreichen Metschalen weitergereicht wurden, wo König Hrodgar Beowulf mit Kriegsschätzen beschenkte, mit Helm, Brünne, berühmten Schwertern – und um den Helm lag schützend eine fein gearbeitete Spange – wo die Königin ihm Armringe und Halsringe gab – und zwar die schönsten, die die Welt gesehen hatte, seit der berühmte Brosingen-Halsschmuck heimgebracht wurde – diese Beschreibung ist jedenfalls keine *Koda,* wo die gehabte Spannung sanft aufgelöst wird und die Gedanken der täglichen Gepflogenheit zurückgegeben werden. Der Jubel im Saal – die Saalfreude – und die Freude am Gold bilden den Grundton, der die verschiedenen Bilder zu einem Ganzen verbindet. Für uns moderne Menschen, die wir gewöhnt sind, daß die Poesie eines Gedichts in dem Augenblick zu Ende ist, wo der Held seinen Fuß auf den letzten seiner Feinde gesetzt hat oder auf den letzten der Dämonen, ist es merkwürdig zu sehen, wie man sich in alter Zeit – und nicht nur in Nordeuropa – ins Siegesgefühl versenken und daraus eine Gegenspannung schaffen konnte, die nicht schwächer war als die Spannung des Kampfes, und wie man nun die Hälfte des Epos über Triumph, Feste und Spiele dichten konnte.

Auch im Kleinen bleibt sich der Dichter treu. Er ergeht sich bewegt in dem Bericht von Gold und Kostbarkeiten, von Männern, die verschenken, und Männern, die empfangen, und dasselbe Entzücken zeigt sich immer wieder in seinen Bildern und Redewendungen. Durch die poetischen Formeln, aus welchen der Beowulf auf epische Art zusammengesetzt ist, klingt das Gold laut und unaufhörlich, der König ist immer Ringbrecher, Schatzverschwender, seine Männer sind Goldforderer, und die Halle ist der Ort, wo man den Kampffürsten unter dem Rufen der Männer Ringe verteilen hört; und die Meinung ist nicht weniger aufrichtig, obschon diese Bilder zu der traditionellen Sprache der Dichter gehören.

Ja, das Herz lachte dem Griechen oder dem Nordländer in der Brust, wenn er einen Kupferkessel oder einen Armring empfing. Odysseus' erster wacher Gedanke, als ihn die Phäaken schlafend ans Land gebracht haben, ist es, seine Kupferkessel zu zählen und zu sehen, ob sie ihm ehrlich alle seine Geschenke mitgegeben haben: „Und dann zählte er alle seine herrlichen Dreifüße und Kessel, das Gold und die gewebten Prachtkleider, und siehe, es fehlte kein einziges Stück; dann seufzte er in Sehnsucht nach seiner Heimat.“ Die Germanen haben sogar noch heroischere Ausdrücke für die Abhängigkeit vom Golde. Beowulf wünscht in seiner Todesstunde, seine Augen am Anblick der gewonnenen Kleinode zu weiden: Wohl wußte er, daß die Last seiner Tage an Erdenglück zu Ende getragen war, zersprungen war die Zahl seiner Tage, der Tod trat ihm auf die Fersen ... Laufe in Eile, Wiglaf, Lieber, zum Schlangenstein, wo der Schatz verborgen ist; spute dich eiligst, damit der Urschatz, der Brand des Goldes, der Glanz der Steine meine Augen erfüllen und bei den Kleinoden Leben und Herrschermacht sanfter zerrinnen mag.

Diese heroische Neigung, sich um Gold und Bronze zu bemühen und sie in geräumigen Gewölben und Hallen anzuhäufen, durchflutet die Seelen der Männer, doch ohne daß man als Folge davon eine sichtbare Dämpfung aller großen Gefühle oder eine Verdorrung des Gemüts bemerkt. Egil, vielleicht die tiefste und sicher eine der menschlichsten Persönlichkeiten der alten Zeit, Egil hat uns unter den fragmentarischen Versen, die er hinterließ, ein hohes Lied der Gier geschenkt. Der Liebe zum Gold entlehnt Egil den Ausdruck für das Freundschaftsgefühl, wenn er seine innige Trauer über Arinbjörns Fall in den kleinen Vers legt: Zerstreut und spärlich leuchten jetzt die Männer, die wie Feuer im Kampfe flammten, die die Glut des Goldes weit ausstreuten. Wo soll ich freigebige

Männer suchen, wie die, die den Schnee des Tiegels (das Silber) über meine Habichtshügel (Habichtsitz = der Arm des Jägers) niederprasseln ließen?

Nahm die Gier heroische Formen an, so war ihr Gegenstück, die Freigebigkeit, nicht weniger großzügig. Im König mußte diese Eigenschaft notwendigerweise in so ausgeprägtem Grade herrschen, daß niemand jemals mißdeuten konnte, wer mit „Schatzspender" gemeint war. Das schlimmste, was jemals von einem Fürsten gesagt werden konnte, war, daß er sein Gold zurückhielt. Die Eriksöhne machten sich in ganz Norwegen allgemein verhaßt und verachtet, weil sie ihr Geld in der Erde begruben „wie Kleinbauern". Ein Teil des Königsheils bestand in dem Willen und der Macht, „Frodis Mehl" im Licht des Tages auszustreuen, und so konnten die Männer im Beowulf aus dem Geiz des Königs schließen, daß Unheil ihn von innen verzehrte. Im monarchischen Norwegen konnte es wohl eine verdächtige Anmaßung werden, dieses königliche Vorrecht in vollem Maße auszuüben, aber bis zu einem gewissen Grade war Freigebigkeit notwendig für alle großen Männer. In ihr lag eine stolze Selbstbestätigung, die besagte, daß der Mann sein Heil für umfangreich genug hielt, um anderen unter seinen Flügeln Schutz zu bieten.

Diese beiden sich widerstreitenden nordischen Züge in der Auffassung von Gold und Kostbarkeiten können durch individuelle Psychologie nicht ausgeglättet werden. Jeder für sich kann zu einer bei uns fast unbekannten Vollkommenheit entwickelt werden, ohne daß sie einander aufheben oder ihre Berechtigung gegenseitig beschränken; die Freigebigkeit führte keinen Abscheu oder Tadel gegen die Goldgier mit sich, auch wenn diese nach unserer Ansicht sich bis zu langfingriger Habsucht steigert. Wenn die Radien so annähernd parallel verlaufen, muß das Zentrum sehr tief liegen. Die schärfsten Gegensätze im Menschenleben bezeichnen die tiefste Einheit.

Es gibt kaum einen Schmerz in der Welt, den das Gold nicht zu heilen vermag. In der Völsungensaga finden wir die mächtigen Worte: „Gib ihr Gold, und besänftige dadurch ihren Zorn." So spricht Gudrun weinend zu Sigurd, als Brynhild ihre Rachepläne fester und fester schmiedet und alle in Angst das Ende abwarten. Aber Brynhild übertraf an Ausmaß alle Frauen und ihr Harm alles Frauenleid, und deshalb und aus keinem anderen Grunde war das Gold ihr gegenüber machtlos. Im Gold konnte Egil Trost finden und seine bittere Trauer über den Tod seines Bruders vergessen. Nach der Schlacht auf der Vinheide saß er barsch und zornig in König Æthelstans Halle, legte seine Waffen nicht ab, sondern riß sein Schwert in der Scheide auf und ab, während seine Augenbrauen krampfhaft zuckten; er nahm den Trunk nicht an, der ihm geboten wurde – bis Æthelstan einen großen und guten Ring von seinem eigenen Arm nahm und ihn übers Feuer reichte; da kamen seine Augenbrauen zum Stillstand und der Trunk schmeckte ihm wieder. Æthelstan legte Silber in Mengen dazu, und da begann Egil froh zu werden. Er brach aus in den begeisterten Vers, der in jeder Zeile die absonderlichen Züge des Dichters trägt: Die überhängenden Klippen der Augenlider senkten sich im Zorn. Jetzt fand ich den, der die Furchen der Stirn glätten konnte. Mit einem Armring hat der Fürst die sperrenden Felsen des Gesichts beiseite geschoben. Der Schrecken schwand aus den Augen.

Aber ein Geschenk kann im Empfänger auch Haß gegen den Geber heraufbeschwören, wenn es nicht zur rechten Zeit kommt. Wir fühlen uns vielleicht auch ein wenig beleidigt, wenn ein zufälliger Bekannter uns mit Geschenken ehren möchte, in der Voraussetzung, daß die Wärme seiner Gefühle genügt, um in uns eine erwidernde Wärme zu erzeugen. Aber hier ist noch mehr, ein aufflammender Zorn, der nach außen Haß und Bitterkeit zeigt und nach innen Furcht. Der Widerwille findet den heftigsten Ausdruck in dem Falle, wo es sich um das unwillkommene Geschenk eines Königs handelt. Als Kjartan bei seiner ersten Begegnung mit Olaf Tryggvason den Mantel des Königs empfing, gaben seine Freunde ihrer äußersten Mißbilligung Ausdruck, daß er sich freiwillig so gedemütigt und sich unter die Gewalt und die Freundschaft des Königs begeben hatte. Ein anderes Mal werden die Empfänger königlicher Geschenke höhnisch Knechte genannt. Aber auch der König konnte auffahren, wenn es jemand wagte, ihm eine herausfordernde Ehre zu erweisen, indem er ihm ein „Freundschaftsgeschenk" bot.

Die beiden Pole in der Auswirkung des Geschenks sind in der Geschichte von Einar Skalaglam und Egil vereinigt. Der vielversprechende junge Dichter besuchte einmal seinen Bruder in der Dichtkunst, und als er ihn nicht zu Hause traf, hinterließ er als Geschenk einen prachtvollen Schild. Aber Egil wurde böse. „Unheil treffe ihn", rief er, und um selbst zu tun, was er vermochte, damit dieser Wunsch sich erfülle, wollte er ihm nachreiten und ihn töten. Aber Einar war schon zu weit fort, so daß die Sache nicht so einfach erledigt werden konnte; was war da zu tun? Egil saß mit dem Geschenk da, konnte es nicht wieder los werden, und – „die Freundschaft zwischen Egil und Einar dauerte so lange, wie sie lebten".

Es ist nicht das Kleinod selbst, das Furcht oder Zorn im Empfänger hervorruft; es ist etwas in ihm, von dem er sich beunruhigt am Arm gepackt fühlt, wenn er es berührt.

Bei einer solchen Übertragung geschieht mehr als die bloße Übereignung eines äußeren Besitzes; das Geschenk hat einen inneren Wert, der sich auf den Geber bezieht, und der in dem Namen ausgedrückt wird, der Waffen und Kostbarkeiten beigelegt wird. Auf Island wird der Name gewöhnlich durch Zusammensetzung mit *-nautr* gebildet; dieses Suffix ist von dem Verbum *njóta* „genießen" oder „imstande sein zu gebrauchen" abgeleitet, und es zeigt die geistige Beziehung zwischen dem Gegenstand und dem ursprünglichen Besitzer an; der tiefere Sinn, den es enthält, geht aus solchen Ausdrücken hervor, wie dem angelsächsischen *wœpna neótan* (in dem Gedicht über „Die Schlacht bei Maldon"), d. h. guten Gebrauch von seiner Waffe machen. Andvaranautr heißt in der Saga der schicksalschwere Ring, den Loki von Andvari nahm; Konungsnautr heißen im wirklichen Leben solche Waffen oder Kleider, die der Besitzer aus der Hand des Königs empfing.

Ein Geschenk trägt etwas vom früheren Besitzer in sich, und sein früheres Dasein wird sich offenbaren, ob der neue Besitzer es wünscht oder nicht. Das Schwert, das ein König verschenkt hat, hat nicht nur eine ungewöhnlich scharfe Spitze, ein besonders schön gearbeitetes Heft – es hat Heil im Schlagen. Um zu erfahren, mit welchen Gefühlen das Geschenk empfangen wurde, müssen wir das Kleinod ansehen, so lange es im eigenen Besitz der Sippe ist, und fragen, was es dort bedeutet. Als Glum in Norwegen von seinem Muttervater Vigfus Abschied nahm, schenkte ihm dieser einen Mantel, einen Speer und ein Schwert mit den Worten: „Mir ahnt, daß wir uns nie mehr sehen werden, aber diese Kostbarkeiten will ich dir schenken, und solange du sie besitzest, bin ich sicher, daß du dein Ansehen nicht verlieren wirst; aber wenn du dich von ihnen trennst, habe ich bange Ahnungen für deine Zukunft." Glum und seine Verwandten stehen nicht allein mit ihrem Glauben an diese Erbstücke. Als er sie später im

Leben an seine besten Freunde als Dank für wertvolle Hilfe in einem seiner vielen schwierigen Händel mit den Nachbarn verschenkt, meinen seine Gegner, daß der Zeitpunkt für ein glückliches Unternehmen gegen ihn endlich gekommen sei. Sie irren sich nicht; zum ersten Male geschieht es, daß Glum überwunden wird. Und damit ist sein Glück tatsächlich ein für alle Male zu Ende, jedenfalls wurde er nie mehr der große Mann, der er gewesen war. – Höskuld schenkt auf seinem Sterbebett seinem unehelichen Sohne Olaf Pfau den goldenen Ring Hakonsnautr und das Schwert Konungsnautr und mit ihnen sein eigenes Heil und das Heil seiner Sippe: „Und das sage ich nicht, ohne zu wissen, daß das Heil der Sippe bei ihm Wohnung genommen hat." Das Murren der älteren Söhne zeigt, welche Bedeutung der Verfügung Höskulds in jenen Zeiten beigemessen wurde.

Die neue Färbung von Unwirklichkeit – Symbolismus –, die sich beinahe unmerklich in das Verhältnis von Höskuld und seinen Söhnen diesen Kleinoden gegenüber einzuschleichen beginnt, kann man selbst in den Sagazeiten emporwachsen sehen. Der Übergang hat dort angefangen, wo „es bedeutet" sich unmerklich vor das robustere „es ist" schiebt. Nichtsdestoweniger fehlt es nicht an deutlichen Anzeichen, daß das Kleinod immer seine Beziehungen zu einem bestimmten Kreis von Menschen behielt. Der Ausdruck der Grettirsaga: „das Schwert war ihr Schatz und war nie außerhalb der Sippe gewesen", zeigt die rechte Einschätzung dessen, was so ein Schwert eigentlich war, und wie heilig es war. Und solange die Einheit der Verwandten noch die alten Sitten erhielt, bewahrte die Ehrfurcht vor den Erbstücken als solchen etwas von der alten Überzeugung. Die Axt, die Thorgrim Helgason 1450 Olaf Thorevilson zu voller und guter Versöhnung schenkte, war keine gewöhnliche Waffe, es war die Axt von Olafs Sippe gewesen – wie die vertragschließenden Parteien in der gesetzlichen Urkunde eigens erwähnen.

Noch in späten Sagen bilden die Beziehungen der Familie zu ihrer Habe den poetischen Kern. In Dänemark hören wir von der Familie Rantzau, daß ihr Gedeihen mit gewissen Erbstücken, einem goldenen Spinnrad und einem Golddegen, in Verbindung stand – oder nach anderen Quellen mit einer Handvoll Goldstücken –, welche eine Gräfin von Geblüt einmal von den Unterirdischen als Lohn für Geburtshilfe bekommen hatte. Eine Variante der Sage hat den merkwürdigen Zusatz, daß die Zweige der Familie, die ihren Teil der Erbschaft immer sorgfältig bewahrten, immer frische Sprossen trieben, während andere, weniger achtsame Ausläufer der Familie ausgestorben sind. Häufiger kommen die Kleinode in Ortssagen vor, wie in denjenigen von dem Eberfell, das den Herrensitz Voergaard in Jütland vor Feuersnot und anderem Unheil beschützt. Ob diese Legenden nun direkt aus der alten Familienüberlieferung hervorgegangen sind oder vielleicht ortsgebundene Volkssagen sind, die Idee ist doch dieselbe, die einmal jene isländischen Lebensbilder inspirierte.

Ganz eigenartig kreuzt sich die poetische Symbolik mit der Erfahrung in der Sage von Sigmund dem Völsung und seiner Kleinodwaffe. Er schreitet durchs Leben mit dem Sieg und Heil eines alten Schwertes, eines Geschenks von Odin. Den letzten Sieg schlägt ihm der Gott selbst aus der Hand, indem er ihm mitten im Kampfgewühl entgegentritt und das Schwert mit seinem Speer zersplittert. Als man das Schlachtfeld durchsucht und er blutend gefunden wird, lehnt er es ab, seine Wunden verbinden zu lassen: „Viele haben freilich ihr Leben bewahrt, wo die Hoffnung gering schien; aber das Heil hat mich verlassen." Doch in seinem Sohne wird das zersprungene Heil wieder ganz werden; wenn er heranwächst, sollen die Bruchstücke des Schwertes zusammengeschmiedet werden. „Er wird das Schwert schwingen und manche mächtige Tat vollbringen, und sein Name soll leben, solange die Welt steht." Seine Frau Hjördis hebt die Stücke sorgfältig auf, und als die Zeit gekommen ist, schmiedet Regin aus ihnen den berühmten Gram, mit welchem Sigurd den Drachen Fafnir tötet. Der Dichter steigert seine Reflexion beinahe zum Tiefsinn, indem er die Parallele zwischen dem Menschlichen und seinem Abbild betont; aber der Tiefsinn ist von der warmen Art, die sich an das Ergebnis mehr heranfühlt als herandenkt.

Neben der Völsungensaga nimmt sich die Saga von Hörd aus wie der Heimsasse neben dem Welterfahrenen. Dort kommen die Gedanken einfach und natürlich in einer Form, die von keinem geschickten Dichter ausgeschmückt worden ist. Vor ihrer mit Groll erwarteten Hochzeit mit dem alten Grimkel schenkt Signy ihrem Bruder alles, was sie besitzt, mit Ausnahme zweier Kostbarkeiten, eines Halsschmucks und eines Pferdes, die sie am höchsten schätzte. Und wie sie sie schätzte, geht aus der Fortsetzung der Geschichte hervor. Sie zürnt ihrem eigenen Sohn, als er – spät das Laufen lernend – auf seinem ersten Gang über den Fußboden neben ihr hinfällt und nach dem Schmuck greift, der auf dem Knie der Mutter liegt, so daß er zerbricht. „Böse wurde dein erster Gang, aber viele solche werden folgen, doch wird dein letzter der schlimmste", ruft sie. Die Wahrsagung erfüllt sich, indem Hörd das Schicksal des Neidings Grettir teilen muß; er wird ein Friedloser und muß sich gegen seinen Willen mit Räuberei abgeben. Der Schmuck war Signys, aber das Heil, das in ihm gebunden ist, bezieht sich auf das Geschlecht.

Wie die Völsungen und wie die Nachkommen von Wikingkari – Vigfus und Glum – so hatte jede Familie in alter Zeit ihre heilhaften Dinge, die sie als Unterpfand für Glück und Gedeih betrachtete; aber das Heil, das diesen Erbstücken ihren hervorragenden Wert verlieh, war von keiner anderen Art als das, das alle Habe der Familie bis auf das einfachste Gerät hinab erfüllte. Das Schwert und der Mantel repräsentierten den Reichtum der Familie, das heißt nach dem alten Denken, daß sie die Kraft des Reichtums selbst in sich trugen.

Das Heil war nicht auf die Wertgegenstände beschränkt, die im Hause aufbewahrt wurden, es konnte auch draußen auf den Feldern sein. Den Kleinoden unter den Besitztümern entsprachen solche heilhaften Stücke Vieh, die für die Wohlfahrt der Herde nicht nur für mehr als gewöhnliches Vieh galten, sondern dem Bauern eine Sicherheit für Leben und Segen boten. Einer der Wertgegenstände Signys war ein Schmuck, ein anderer ein Hengst, und als der auf dem Wege zu ihrer Hochzeit ums Leben kam, wollte sie gleich umkehren, da sie wußte, daß ihrer in der Ehe nichts als Leid und Unheil wartete. Ein guter Freund der Ingimundsöhne, Brand, hatte ein Pferd, das Freysfaxi genannt wurde, und das tat einmal, was ein gewöhnliches Pferd kaum hätte tun können. Jökul und Thorstein wollten sehr gern rechtzeitig kommen, um bei einem Zweikampf nicht zu fehlen, der mit vielen großtönenden Worten angeboten und angenommen worden war. Daraus, daß der Schnee immer dichter um sie fiel, erkannten sie, daß gewisse Personen sehr bemüht waren, sie am Erscheinen zu verhindern, und alles taten, was in ihrer Macht stand, um sie zu einem Aufenthalt unterwegs zu zwingen. Trotz aller Schwierigkeiten erkämpfte Faxi sich einen Weg, setzte sie an Ort und Stelle ab und brachte sie wieder heim, nachdem sie eine Neidstange errichtet hatten, ein Zeichen des Spottes, das der Saumselige bei seiner Ankunft finden könne. Brand wußte, was er sagte, als er sie bat, alles ihm und seinem Pferde zu überlassen, wo es sich darum handelte, trotz feindlicher Hexenkünste vorwärtszukommen. Und andere Leute wußten wohl auch, was sie sagten, wenn sie den Bauern nach seinem Pferde benannten und seinen Namen in Faxibrand veränderten. Solche Edeltiere unter dem Viehstand des Hofes sind es, die mit Goldzierat auf den Hörnern oder mit geflochtenen Mähnen geehrt werden.

In vielen Geschichten müssen wir die Wahrheit aus den Verdrehungen des Aberglaubens oder aus den Entstellungen des christlichen Eifers herausfinden. Der Bericht von dem beängstigenden Traum Olaf Pfaus ist vielleicht an sich ein wenig legendarisch zurechtgeschnitten worden, aber die Wirklichkeit ist unverkennbar. Auf Olafs Hof lebte ein riesiger Stier, der bei den Leuten eine allgemeine, vielleicht etwas furchtsame Ehrerbietung genoß. Olaf beschloß zuletzt, ihn schlachten zu lassen, und nun kam im Traum eine Frau zu ihm, die die Mutter des Ochsen zu sein vorgab und ihm den bevorstehenden Tod seines Lieblingssohnes voraussagte.

Halb Mythos, halb Märchen ist die Geschichte von dem guten Stier Brandkrossi, der dem Bauern Grim so großes Leid verursachte; er hatte ihn immer besonders gepflegt, und er konnte ihm nicht genug Gutes tun; aber eines Tages verschwand er im Meer und kam nicht zurück. Jeder Versuch, den Bauern über seinen Verlust zu trösten, indem man geltend machte, daß er leicht einen anderen bekommen könnte, daß er stolz sein müßte, daß die Bucht, in der der Stier verschwunden war, in Zukunft seinen Namen tragen und Krossavik heißen sollte: alles ging zum einen Ohr hinein und zum anderen hinaus. Brandkrossi war fort, was sie auch sagen mochten. Wir hören weiter, daß der Bauer sich nicht beruhigen konnte, bevor er nach Norwegen gereist war, um dort Nachfragen über seinen wertvollen Stier anzustellen, daß er ihn zuletzt in der Höhle eines Jöten fand, und daß die Tochter des Jöten Stammutter einer isländischen Familie wurde. Hinter diesem ziemlich verwirrten Bericht erkennen wir deutlich eine Familiensage – oder eine Erzählung, aufgebaut auf einer Familiensage – die den Ursprung der Sippe mit der Existenz eines Rindes verbindet, und die verzweifelte Vorliebe des Tieres für Streckenschwimmen entspringt vielleicht der Notwendigkeit, die Auswandererfamilie mit der Heimat der Vorfahren in Norwegen zu verbinden.

Auch wenn etliche von diesen Glückstieren nur blasse und verblichene Gespenster der Wirklichkeit sind, haben sie doch gewisse Beziehungen zu ihrer Herkunft treu bewahrt; es ist noch ein Rest von Leben in dem „Glauben“, der sie mit ihrem Besitzer verband; er verließ sich auf sie, hören wir, und die Abhängigkeit des Besitzers mag ebenfalls mit den Worten betont werden: dieses Kleinod schätzte er besonders hoch. Diese hervorragenden Tiere waren durch besondere Schutzmaßnahmen in Form von Geldstrafen sicher umfriedet, da sie für die Wohlfahrt der ganzen Herde Bedeutung hatten; aber was war ihre schützende und führende Macht anderes als ein höherer Ausdruck für das Viehheil des Besitzers und für seine Ehre? Es war kein Zufall, daß Faxibrands Pferd ein mächtiger Kämpfer bei den Pferdehetzen war, stark wie ein Bär und gleichzeitig seinem Herrn besonders teuer. In den verallgemeinerten Bestimmungen der Gesetze kann das unmittelbare Verhältnis zum Menschen nicht zum Vorschein kommen, aber andererseits vermochten die Gesetze das persönliche Element nicht vollständig zu beseitigen. Die Rinder des Frankenkönigs waren nicht nur zu höherer Buße eingeschätzt als die anderer Leute, sondern seine Stiere waren kostbarer als seine Pferde, und wir erkennen ihre Würde wieder in den Stieren, die den Wagen der Merowinger zogen, wenn der Häuptling in zeremoniellem Aufzug einherzog.

In den sorgfältig abgewogenen Worten, mit welchen die Gesetze einen Dieb als ein Ungeheuer absondern, dem man keine menschlichen Rücksichten schuldig ist, bekommt die eifrige Berücksichtigung des Heils in den Dingen einen leidenschaftlicheren Ausdruck, als es irgendein Gedicht vermitteln könnte. Wehe dem, der einen Mann in Fesseln schlägt – aber einen Dieb treibt man zum Gesetzesthing, die Hände auf den Rücken gebunden. Er wird wie ein Wesen behandelt, das außerhalb der Menschheit steht, als einer, der wie ein Unhold niedergehauen oder dessen Körper sogar verstümmelt werden kann zum Abscheu der Welt. Ein Dieb ist immer ein Dieb. Das Gesetz kann sich so weit dehnen, daß es einen praktischen Unterschied zwischen dem größeren Diebstahl und dem Mausen gelten läßt, aber die Unterscheidung betrifft nur die äußeren Folgen der Tat; das Grundlegende ist gemeinsam: ein Dieb hat kein Recht. Seine Tat ist Neidingswerk, und er gehört in die Klasse des Mörders, der sein Opfer im Dunkeln überfällt und sich davonschleicht, ohne seine Waffe als Zeugnis seiner Tat in der Wunde zu lassen – wogegen der Räuber, der die Leute offen angreift und ihnen ihre Habe mit Gewalt aus den Händen reißt, dem Totschläger, der Leben nimmt, gleichgerechnet wird. Der intensive Haß der Germanen gegen den, dessen Finger länger sind als sein Mut, stammt aus der Furcht vor der heimlichen Zerstörung der Ehre und des Heils. Diese Männer wußten, wie später die Männer in Südschweden, daß, wer die Fischgeräte eines Mannes stiehlt, ihre Fangkraft beeinträchtigt und das Fischheil des Besitzers zerstört, genau so wie jemand, der einen fremden Stier ohne Erlaubnis benutzt, dem Tier die Zeugungskraft raubt. Wenn man einen Mann in seinem Viehbesitz oder in seiner sonstigen Habe angreift, besteht das Neidingswerk darin, daß der Verbrecher ihm in den Rücken fällt und ihm eine Kraft in einem Augenblick entwendet, wo er nicht imstande ist, sich zu wehren und sein Recht zu zeigen.

Überfälle auf Vieh waren ebenso gehaßt wie gefürchtet. Vieh-Wolf, Vieh-Neiding (isländisch *gorvargr*, dänisch und schwedisch *gornidingr*) ist der Name, den die skandinavischen Gesetze dem geben, der heimlich einem anderen das Vieh entwendet. Die Namen erzählen uns, daß diese Tat schlimmer als Tötung gewertet wird, denn *vargr* und *nidingr* werden hauptsächlich gebraucht, um jemanden zu bezeichnen, der ein Verbrechen gegen die Ehre begeht, zum Unterschied von der einfachen Kränkung. Die Isländer erkennen das Recht auf augenblickliche Rache an, aber in gewissen Fällen bestrafen sie die Tat mit unbedingter Friedlosigkeit. In den norwegischen Gesetzen finden wir noch eine Andeutung davon, daß die Tat als jenseits der Grenzen der Sühne liegend betrachtet wurde und den Übeltäter unwiderruflich in die Wälder schickte. Das dänische Eriksgesetz spricht den Grundsatz deutlich aus, wenn es bei Tötung von Vieh im Werte von einer halben Mark entscheidet, daß „dies Neidingswerk ist, und Neidingswerk soll an den König gebüßt werden".

Um das Volk zu verstehen, genügt es nicht, zu wissen, was die Gesetze verurteilen, man muß auch die Beweggründe sehen, die einen Mann dazu bringen, das Gesetz zu übertreten. Die Einschätzung der Übeltat durch den berechnenden Verbrecher selbst gibt manchmal das beste Zeugnis von der heimlichen Gewalt der Beleidigung und von ihrer Tiefe. Es gibt eine Geschichte aus Island, die, gerade weil sie sozusagen mit dem einen Bein außerhalb der eigentlichen Moral steht, den Menschen bloßstellt und etwas in ihm aufzeigt, das tiefer liegt als der Durchschnitt der sozialen Moral. In der isländischen Geschichte steht „der Kampf auf der Heide“ um das Jahr 1015 als eine bemerkenswerte Begebenheit, die die Gemüter der Menschen in große Bewegung setzte und auch auf das öffentliche Leben ihre Wirkung ausübte, – das darauffolgende Allthing wurde als eines der merkwürdigsten angesehen, deren man sich erinnern konnte – nicht weil Bardi, der hier seinen Bruder Hall rächte und das Leben von neun Männern für ihn nahm, eine besonders hervorragende Persönlichkeit war, sondern weil er mit Hilfe seines Ziehvaters, des weisen Thorarin, seine Sache fast unüberwindlichen Schwierigkeiten zum Trotz durchgesetzt hatte. Er hatte keinen Einfluß, er war – wie er selbst sagt – kein Geldmann, wogegen seine Gegner Ansehen und eine Schar von Freunden besaßen und schon lange den jungen Erbherrn auf Asbjarnarnes genötigt hatten, Kränkungen zu ertragen und sich als einen Geringeren behandeln zu lassen. Aber dafür war die Rache, die in dieser Sache genommen wurde, mit dem ganzen Heil der sorgfältigen Vorbereitung ausgestattet. Thorarins tiefe Weisheit im Ratgeben bewirkte, daß der Tag der Abrechnung über die Gegenpartei wie ein Dieb in der Nacht kam. Erstens verhinderte er alle großen Versammlungen im Bezirk, die Brutstätten der Gerüchte; darauf ließ er ein paar seltene Pferde – „ganz weiß mit schwarzen Ohren“ –, die einem benachbarten Bauern gehörten, verschwinden und bemühte sich wohlwollend um die Nachforschung nah und fern; denn wenn man schon ständig im Süden Späher halten mußte, war es besser, daß sie mit einem ordentlichen Auftrag unterwegs waren, als daß sie nur nach ein paar alten Mähren nachfragen sollten, – das erklärte er seinem jungen Freunde. Natürlich war der Besitzer freudig überrascht, seine Pferde zurückzubekommen – als Thorarin sie nicht mehr brauchte; eine Belohnung für ihre Auffindung lehnte er großzügig ab; dadurch wurde eine nützliche Freundschaft gegründet. Als Thorarin seine Vorbereitungen beendet hatte, hatte er in den benachbarten Höfen ein kleines Heer von Freunden und willigen Helfern um sich, die man nur mit einem Wort zu mahnen brauchte, wenn die Zeit gekommen war. Aber bei allen diesen Vorbereitungen vergaß Thorarin nicht, die Sache so einzurichten, daß die Rache ein Übergewicht hatte, das ihre Verzögerung ausgleichen konnte. Als Bardi, nachdem er umhergeritten war, um alle geworbenen Helfer zu sammeln, seinen Ziehvater traf, sah er gleich, daß der alte Mann mit einem unbekannten Schwert auf den

Knien dasaß. Thorarin beantwortete seinen Gedanken, bevor er ausgesprochen wurde: „Du hast das Schwert noch nie gesehen? Es stimmt, ich habe es nicht sehr lange; laß uns beide Waffen tauschen, dann sollst du hören, woher es kommt; mein Sohn hat ein anderes, das eigentlich Thorbjörn gehört; dieses ist Thorgauts." Darauf erzählte er von der Freude, die es ihm gewesen war, die Bekanntschaft von Lügen-Torfi zu machen. Torfi war ein Verwandter der genannten Gegner, ein Mann mit einem pfiffigen Verstand und einer tapferen Zunge, und man konnte sich außerdem auf seine vollkommene Gewissenlosigkeit verlassen. Wie er gelogen und sich gewunden hätte, brauche nicht gesagt zu werden; hier sei nun das Schwert. „Denn", sagte Thorarin, „es ist meiner Meinung nach sehr passend, daß ihre Unverschämtheit mit ihren eigenen Messern beschnitten wird; du könntest keine bessere Rache für die Schande nehmen, die sie dir und den deinigen gebracht haben." Auf dem Kampffeld stürmt Bardi vorwärts und läßt seine Feinde ihre eigene Waffe in seiner Hand erblicken, er bewegt sie hin und her und stachelt sie zu Raserei an mit dem, „was sie sicher kennen", – und „da wurden sie beide mit ihren eigenen Waffen geschlagen".

Auch wenn man mit halbgeschlossenen Augen liest, muß es einem auffallen, daß die Geschichte sich von gewöhnlichen Diebsgeschichten durch mehr als den Rang des Diebes und seine überlegene Kunst abhebt. Wenn wir Thorarin beobachten, haben wir dasselbe unheimliche Gefühl, wie wenn wir sehen, daß ein Mensch sich dämonische Macht verschafft, indem er sich in die Seele eines anderen schleicht und sein innerstes Geheimnis benutzt, um ihn hilflos in den Staub zu treten.

Nachdem wir nun durch Thorarins Kniffe aufgeklärt worden sind, wird es uns eher möglich, eine Art von Unverletzbarkeit zu verstehen, die sonst leicht ein Privileg halb oder ganz übernatürlicher Wesen scheinen könnte. Unholde wie Grendel oder seine Mutter können von sterblichen Helden nur mit Hilfe von Waffen überwältigt werden, die dem Feinde selbst aus der Hand gewunden oder in der Höhle des Scheusals gefunden worden sind. Für dieses Phänomen haben die Nordländer dieselbe Erklärung, mit der die Angelsachsen sich beruhigen; es ist nicht nur die Härte der Knochen, die die Schneide biegt, es ist Zauberei dahinter, sagen sie. Aber die Wirklichkeit des Lebens dringt durch die Romantik hindurch, wenn es in einem Märchen von einer Familie von Halbtrollen heißt, daß ihr Vater sich und seinem Geschlecht Unverletzbarkeit eingesungen hatte für alle Waffen außer ihrem Familienschwert, Angrvandill. Männer mit einem guten, harten Heil gingen unverletzt von Kampf zu Kampf, man mußte warten, bis sie wie Glum sich eine Blöße gaben, und zu guter Letzt ist die sicherste Art, einem Mann eine tödliche Wunde beizubringen, ihn mit seiner eigenen Waffe zu schlagen oder mit anderen Worten, seine eigene Kraft gegen ihn zu benutzen.

In einem Märchen wie dem von dem Wiking Svart Eisenschädel, der alle Gegner fragte, ob sie Bladnir kannten, liegt trotz aller Erdichtung und Verfälschung doch ein leichterkennbarer Untergrund von alltäglichen Tatsachen. Bladnir war eine Sippenwaffe, die, als Svart zuletzt von ihr hörte, sich in dem Besitz seines Bruders Audun befand, und Svart war immer auf dem Posten für den Fall, daß sie sich gegen ihn wenden sollte; es galt offenbar, im Notfall Zeit zu gewinnen, um eine „Beschwörung“ vorzunehmen, die sie in der Hand eines Räubers harmlos machen sollte. Aber er wurde zuletzt überlistet, und zwar, schändlicherweise, durch die Verräterei seines eigenen Bruders. Audun hatte einmal Bladnir seinem Freunde Thorgils gegeben, und es kam so, daß Thorgils sich eines schönen Tages an einem Ort aufhielt, wo Svart seine Ankunft angezeigt hatte, um die Tochter des Hauses zu besuchen. Er nahm es gerne auf sich, den Gast höflichst zu empfangen. In der Nacht vor der Begegnung überraschte ihn sein Freund Audun, der ihn im Traum besuchte und ihm seine Sorge um seinen Bruder offenbarte, einen Taugenichts, der einfach im Lande umherzog und die Töchter anständiger Männer bedrohte. Bladnir könne ihn überwältigen, wenn man das Schwert nur sorgfältig im Sande des Kampfplatzes versteckte und dem Gegner versicherte, daß man sein Heft nicht über dem Boden wüßte.

Mancher Mann machte es im wirklichen Leben wie Arngrim in der Saga. Arngrim zerstörte das Land Svafrlamis, und als sie sich in der Schlacht begegneten, schwang Svafrlami sein Schwert Tyrfing. Svafrlami schlug nach Arngrim, aber der wehrte den Hieb mit dem Schild ab, und das Schwert schlug ein Stück vom Schilde ab und blieb in der Erde stecken. Arngrim hieb die Hand des Königs ab, griff Tyrfing auf und gab seinem Feind die Todeswunde. Die Vermutung, daß eine solche Todesart für die Hoffnung einer Sippe auf Rache verhängnisvoll werden konnte, ist nicht zu kühn, obwohl sie bis jetzt noch nicht erwiesen ist.

Das Siegesschwert

Jedes Gerät mußte, um brauchbar zu sein, Heil in sich haben. Sonst war es nutzlos und untauglich. Zu dem Heil eines Schwertes gehörte Schärfe, Schönheit, ein guter Griff und dann natürlich die den Sieg bringende Eigenschaft, Stoßkraft. Einmal, als Jökul aus Vatsdal außergewöhnlicher Zauberkraft ausgesetzt war, war er erstaunt, daß sein Schwert, das Sippenerbstück, das „Sippenknauf" genannt wurde, versagte; obschon er aus allen Kräften zuschlug, kam kein Blut; er betrachtete verwundert die Schneide: „Hat das Heil dich verlassen, Sippenknauf?" Ebenso geschah es mit Beowulfs Schwert in dem Kampfe mit Grendels Mutter: zum ersten Male versagte es; sein *dóm,* seine Ehre und Kraft, waren zu Ende. Ein Schiff muß Heil haben, um gut auf dem Wasser zu fahren und den Wind aufs beste auszunutzen, sowohl beim Kreuzen wie beim Segeln vor dem Winde; es darf nicht lecken oder dort landen wollen, wo es gefährlich wäre. Das Vatsdœlageschlecht besaß ein solches vollkommenes Fahrzeug, das Ingimund von König Harald bekommen hatte. Es hieß Stigandi, „der flinke Gänger", und es hatte großes Fahrheil.

Aber wir wissen, daß zwischen Schwert und Schwert ein großer Unterschied war. Einige Schwerter konnten geradezu Siegeswaffen genannt werden, wie sie im Beowulf heißen: solche, die ihrem Besitzer den Erfolg sicherten, wohin er auch kam. Im Nordischen heißt es oft mit etwas breiterer Charakterisierung: „Und das Schwert hatte dies an sich, daß der den Sieg gewann, der es in dem Kampfe trug", oder: „Es biß durch Eisen, als wäre es Tuch, verrostete nicht, und Sieg war mit ihm in der Schlacht und im Zweikampf, wer es auch trug"; aber in dem Gespräch mit Torfi kann Thorarin auch seinen Wunsch, die fremden Schwerter zu besitzen, einfach so ausdrücken: er hätte gehört, sie wären „siegreich". Unzweifelhaft steckte der Sieg im Speer und Schwert und der günstige Fahrwind im Schiff, und wer solche Kostbarkeiten gewann, erwarb mit ihnen die Eigenschaften des Heils. Deshalb war man so gierig nach Grabgut: man brach die Grabhügel auf und nahm, wenn es not tat, einen Ringkampf mit dem Grabbewohner mit in Kauf – wenn wir den Sagas glauben können –, um sich eine alte, erprobte Siegeswaffe anzueignen. Das gute Schwert Sköfnung, das Midfjardarskeggis Stolz war und das eine gewisse Rolle in dem Leben seiner Nachfahren spielte, wurde aus Hrolf Krakis Grabhügel herausgeholt; Skeggi hatte es selbst geholt, und er hatte sowohl Bödvar Bjarki wie den König gesehen; Bödvar wollte ihn angreifen, aber der König hielt ihn zurück. Das Kleinod hatte ohne Zweifel die Mühe gelohnt; es war so grimmig, daß es nie in die Scheide zurückwollte, ohne lebendiges Fleisch zerschnitten zu haben; es meldete selbst, wenn der Hieb gut gelungen war, indem es laut sang, und keine Wunde von ihm wollte jemals heilen; aber andererseits war es eigensinnig; es ertrug nicht, daß Frauen es sahen, wenn es gezückt wurde, und es litt keinen Sonnenschein auf dem Griff. Fern im Süden erinnert Paulus Diaconus seine Leser daran, daß „Giselbert in unserer Zeit das Grab Alboins (des langobardischen Heldenkönigs) geöffnet und sein Schwert genommen hat, ... und darauf hat er mit seiner gewöhnlichen Eitelkeit den einfachen Leuten gegenüber damit geprahlt, daß er Alboin gesehen hätte".

Aber wir dürfen doch nicht glauben, daß ein solches Kleinod sich von jedem Beliebigen benutzen ließ, daß das Schwert im Kampfe losging und der Mann einfach zu folgen hatte. „Das Schwert kämpft von allein – wenn es von einem geschickten Helden geschwungen wird", sagen die Skirnismal, und das Schwert Hrunting, Beowulfs treuer Begleiter, „ließ im Kampf nie den im Stiche, der es trug, wenn er es wagte, den gefahrstrotzenden Weg durch die feindlichen Heerscharen zu gehen." Im Alltäglichen drückte man sich nüchterner, aber auch genauer aus, man gab die Waffe ab mit einer Warnung, daß nur ein „tüchtiger und furchtloser" Mann sie gebrauchen könne. Die Betonung liegt auf der notwendigen Übereinstimmung zwischen dem Benutzer und dem Benutzten. Ingimund machte einmal eine Probe mit Stigandi: er wollte sehen, ob es auf den Wogen reiten könnte, wenn er nicht selbst dabei wäre; und der Versuch gelang, die Mannschaft kam aus Norwegen zurück, voll von Lobreden über das Schiff. Aber es konnte auch vorkommen, daß Waffe wie Schiff den Dienst verweigerten, wie es mit Olaf Tryggvasons Schiff, dem Langwurm, geschah, das nach Olafs Tode dem Steuer nicht mehr gehorchte. Es war immer die Frage, ob einer geschickt genug war, die Waffe auf die rechte Weise zu „nehmen", ob er ihr Heil kannte und Ehrfurcht vor ihr hatte, oder – anders ausgedrückt – es kam darauf an, ob der eigene Charakter und der des Schwertes übereinstimmten. Als Kormak Sköfnung zu borgen wünschte, hatte Skeggi viele Bedenken, es zu erlauben, gerade weil er in diesem Punkte seine Zweifel hatte: „Du bist ein hitziger Mann, aber Sköfnungs Wesen ist Besonnenheit." Sicher ist es, daß Sköfnung und Kormak nicht zusammen paßten, und die Folge war, daß beide unter der mangelnden Übereinstimmung litten.

Die unerläßliche Bedingung dafür, die Waffe eines anderen zu benutzen, war also, daß man entweder Klugheit genug besaß, um sich mit ihrer Seele anzufreunden, oder Macht, sie zu zwingen. Man konnte vielleicht von einer plötzlichen Eigenwilligkeit in dem Kleinod überrascht werden, von einem dunklen Willen, der gegen den eigenen ging; das war der Geist der früheren Besitzer, der sich plötzlich offenbarte. Ein Wille, der einmal in das Schwert hineingebracht worden war, ließ sich nicht leicht überwinden; wenn Geirmund dem Schwert Fußbeißer „auferlegt", daß es dem besten Mann in Olaf Pfaus Geschlecht das Leben kosten soll, wird das Schwert früher oder später seinen Willen durchsetzen. Bolli wird es eines Tages gegen seinen Vetter Kjartan schwingen und wird zu der Tat angetrieben werden, die ihm „spät genug aus dem Gedächtnis schwinden sollte". Das gute Schwert Grauseite, das im Besitz der Sursöhne war, hatte von seinem früheren Besitzer das Wort auferlegt erhalten, daß es den Verwandten schlimme Tage bringen sollte. Nach langer Zeit wurde es in einen Speer verwandelt, aber vor seiner Wandlung hatte es Streit in der Familie gesehen und nachher den Tod zweier Männer verursacht, die durch Freundschaft und Heirat mit ihr verbunden waren. Deshalb erzählte man bei der Überreichung eines Schwertes oder eines Halsschmucks dessen Geschichte; der Empfänger sollte wissen, welchen Schatz er erhielt, welche Ehre und welches Heil in ihm aufgehäuft waren, aber er sollte auch sein Wesen kennen und den Willen, der in ihm wohnte. „Diese Brünne gab mir Hrodgar, der weise König, und er hieß mich dir erst künden, was ihr guter Wille ist; er sagte, daß Heorogar, der König der Skjöldunge, sie eine geraume Zeit getragen hat ...": mit solcher Umständlichkeit überreicht Beowulf seinem Verwandten die Rüstung, die er vom Skjöldungensitz mitgebracht hat.

Eine Waffe, die Königstöter oder Selsrächer heißt – der Speer, mit welchem Selthorir gerächt worden war –, kündet in dem Namen selbst ihre Vergangenheit. Die Angelsachsen mit ihrer epischen Besonnenheit haben Zeit, die ganze Erzählung aufzurollen. In dem kurzen Augenblick, wo Wiglaf hervorspringt, um Beowulf zu helfen, findet der Dichter Zeit, die Aufmerksamkeit auf das Schwert zu lenken, das Wiglaf trug: „Er zog das Schwert, ein Erbstück von Eanmund, Ohtheres Sohn, dem Freundlosen, dem Landflüchtigen, den Weohstan im Streit tötete, und er nahm mit sich heim seinen dunklen Helm, seine Brünne aus Ringgewebe, sein altes, von Jöten geschmiedetes Schwert; das schenkte ihm Onela, und er sprach nicht von Unfrieden, obschon der Getötete sein Brudersohn war. Das Kleinod bewahrte er viele Jahre, bis sein Sohn große Taten ausführen konnte, wie sein Vater vor ihm. Dann schenkte er ihm mitten unter den Geaten Waffenkleider ohne Zahl, und so schritt er aus dem Leben." Das Schwert war also in die Familie gekommen, als Weohstan, Wiglafs Vater, auf dem Schlachtfelde Eanmund niederhieb; und Onela, in dessen Schar Weohstan stand, überließ ihm die Beute, obschon der Getötete sein eigener Brudersohn war.

Es ist also kein abstrakter Segen, nicht bloß Glück im gewöhnlichen Sinne, das in diesen Kleinoden enthalten ist, sondern ein wirkliches Heil, die Seele einer besonderen Sippe. In den Worten, mit welchen Grettirs Mutter ihm das köstliche Kleinod ihrer Sippe, Sippenknauf, überreicht, liegt die Betonung auf der Verbindung zwischen dem Schwert und seinen Besitzern: „Dieses Schwert besaß der Vater meines Vaters, Jökul, und die alten Vatsdœla-Männer vor ihm; und der Sieg war mit ihm." Das ist dasselbe, wie wenn die Sagen erzählen, daß nur der rechte Mann vom Schwert Besitz ergreifen kann. Um das Schwert, das Odin in die Völsungenhalle brachte und fest in den Baum hieb, bemühten sich viele, aber es wollte sich für niemanden lockern, bis Sigmund kam; und als Bödvar Bjarki nach dem Rat seiner Mutter zu der Höhle ging, wo sein unglücklicher Bärenvater seine Waffen versteckt hatte, da fällt das Schwert von selbst in seine Hand, sobald er den Griff anfaßt. Die erste dieser Sagen ist ohne Zweifel in die Form eines Familienmythos gegossen, die zweite ist als Märchen zurechtgeschnitten, aber beide sind von Gedanken getragen, die allen vertraut waren: wenn Gleiches Gleichem begegnete, gingen die beiden Seiten der Hamingja ineinander über.

Das Lob über die Macht des Schwertes, den Sieg zu bringen,

betont nur eine Seite seines Wesens, die Seite, die der Umwelt zugekehrt ist; in dem Respekt vor seiner Gefährlichkeit liegt aber eine noch eigentümlichere, persönlichere Einschätzung seines Wertes und seiner Verknüpfung mit einer bestimmten Familie. Wieviel Heil der Durchschnittsmann innerhalb seiner eigenen Begrenzung auch besitzen mag, so hat er doch kaum jede Art von Streitheil, und nur die Waffe des Häuptlings trägt in sich jede Art von Sieg und jede Kampfart. Deshalb ist der Zusatz, daß Tyrfing sowohl in der Schlacht wie im Zweikampf Heil hatte, nicht so überflüssig, wie es zunächst aussehen mag. Aber andererseits setzt das Siegesheil einer Waffe eine Allseitigkeit gleich der der Sippe voraus; das Schwert wie der Speer und der Schild, muß das ganze Heil des Stammes besitzen, dazu seine Heilkraft, seine Fruchtbarkeit, sein Speiseheil, seinen Scharfsinn. Ich vermute, daß ein Schwert oder ein Hammer so gut wie ein Mantel den Leib der Frau öffnen konnte, wenn neue Nachkommen erwünscht waren; sie konnte in das Kleidungsstück gehüllt werden wie in eine Wolke von Kraft, sie konnte den Hammer in ihren Schoß aufnehmen wie die Braut in der Thrymskvida. Ich möchte auch glauben, daß das Eintauchen des Speeres in den Milchbottich Glück beim Kochen und Sättigung bei Tische geben konnte. In Norwegen ist es bis in die letzte Zeit vorgekommen, daß Erbstücke bei der täglichen Wirtschaft in Haus und Hof verwendet wurden. Da und dort gab es eine Familie mit einem alten Messer, das jede Art von Gliederreißen und Krampf durch bloße Berührung heilte; und in gleicher Linie mit jenen Messern steht die siegreiche Axt Skrukke, die bei den guten Leuten in Kviteseid (in Telemarken) einen so zweifelhaften Ruf hinterlassen hat. Erstens war es zum größten Teil ihr zu verdanken, daß die Ortschaft nicht übervölkert wurde, zweitens wurde sie dazu benutzt, die Überlebenden von Geschwüren und solchen Schmerzen zu befreien, von denen man befallen wurde, wenn gewisse nächtliche Wanderer einen streiften; strich man sie nur täglich einige Male über die empfindliche Stelle, so stellte die Heilung sich bald ein.

Eine Erklärung der Tatsache, daß die norwegischen Messer und Äxte ihre Heilkraft so lange Jahrhunderte hindurch bewahrt haben, könnte man in all den Heiligenknochen und Heiligenbüchern, Kreuzessplittern und Evangelienbüchern suchen, die im Mittelalter dazu dienten, den Gesundheitszustand in Europa aufrechtzuerhalten. Aber eins können die Geräte nicht von außen bekommen haben, und das ist ihre innere Berechtigung in der Vorstellung derer, die sie benutzten, nämlich die Tatsache, daß sie ihre Kraft aus der „Ehre“ ableiteten. Die Menschen verließen sich auf die Kraft der Messer, die Gicht zu heilen, denn viele Männer waren von ihnen getötet worden, das heißt in altertümlichen Worten, daß sie viele große Taten gewirkt und viel Blut – viel *fjör* – getrunken hatten. Skukke hatte besondere Kraft, weil sie einem sehr harten und mörderischen Menschen angehört hatte.

In den isländischen Sagas erfahren wir nur wenig vom grauen Alltagsleben und den Alltagspflichten, die aber gerade vom Standpunkt der Kulturgechichte interessieren, weil alle daran beteiligt waren. Sowohl Inhalt wie Darstellungsart der Sagas sind von der intensiven Steigerung des Lebens geprägt; sie zeigen immer die Ehre und das Heil in geballter Spannung, und Alltagsgeschehnisse erscheinen nie um ihrer selbst willen; nur wenn sie Sprungfedern sind für große Taten, gehen sie in die Unsterblichkeit ein. Unser Wissen von dem Leben in der Sagazeit ist deshalb nicht einseitig, jedoch merkwürdig bruchstückartig. Wir hören genug davon, was ein Gastmahl veranlassen konnte, aber merkwürdigerweise wissen wir nicht, wie eine isländische Hochzeit vor sich ging – nicht der kleinste Teil des Zeremoniells ist uns überliefert worden. Wir hören genug von einem Erbstück, um mit unsern Kenntnissen von dem Wesen des Heils sichere Schlüsse hinsichtlich seines Wertes für die Familie zu ziehen, aber wollen wir authentische Erläuterungen haben, müssen wir sie woanders als in der isländischen Literatur suchen und uns vielleicht zu guter Letzt damit begnügen, daß die Bauern es machten wie ihre Väter vor ihnen. Doch ein Zeugnis haben wir aus der alten Zeit, das sich neben den norwegischen Erfahrungen mit Skrukke und den Messern zeigen kann, und dieses Zeugnis ist um so fesselnder, als es die Geburt Olafs des Heiligen und sein Verhältnis zu seinem abgeschiedenen Namensvetter betrifft. In den Tagen, als Olaf, der später den Namen „der Heilige“ bekam, geboren werden sollte, offenbarte sich einer der früheren Olafs des Geschlechts, der Geirstadaalf, in einem Traum einem braven Mann aus den Opländern, namens Hrani, einem nahen Freunde von Olafs Vater und Mutter, Harald Grenski und Asta. Der Geirstadaalf offenbarte Hrani seine eigene Geschichte und bat um seine Hilfe, damit sie jetzt erneuert werden könnte; er erzählte ihm, wo und wie er begraben sei, und verlangte, daß er das Grab öffnen solle, um einen Goldring, ein Schwert und einen Gürtel zu suchen. Er hatte sogar – wenn unsere Erzählung richtig Bescheid weiß – einen umständlichen Plan bereit, wonach Hrani sich die nötige Beihilfe sichern sollte; der Hügelbewohner werde selbst dafür sorgen, die Helfer eiligst davonzuschrecken, sobald sie die Dienste geleistet hätten, die von ihnen verlangt wurden, und er werde auf diese Weise Hrani von ihrer aufdringlichen Neugierde befreien. Ob es nun der gute Geirstadaalf wirklich mit den Einzelheiten so genau nahm, oder ob er nach Art der Verstorbenen einiges der Initiative und der Kühnheit der betreffenden Sterblichen überließ, jedenfalls ist es gewiß, daß es Hrani gelang, sich den Ring, das Schwert und den Gürtel zu sichern. Er ging mit den Schätzen zu Harald Grenskis Hof, wo Asta auf dem Fußboden lag, außerstande zu gebären; sobald sie von dem Wunsch des Geirstadaalfen erfuhr, versprach sie gern, daß Hrani den Namen des Kindes bestimmen sollte. Da legte er den Gürtel um ihren Leib, und gleich wurde das Kind geboren. Es war ein Knabe, und er nannte ihn Olaf und gab ihm von seinem Namensvetter das Schwert Bæsing und den goldenen Ring.

Sobald wir uns der Ehre nähern, tritt die alte Zeit mit ihrem vielstimmigen Zeugnis hervor. Durch das Leben der Wikingerzeit geht die tiefe Genugtuung über die „Verehrung“ durch Geschenke; wie oft lesen wir davon, daß Gäste bei ihrem Abschied mit Geschenken geehrt wurden und sich im Wohlbehagen dieser Ehre auf den Heimweg begaben. Die Angelsachsen, die gerne lauttönende Worte gebrauchen, lassen Beowulf über den grünen Rasen fort von Hrodgars Hof schreiten, stolz sich seines Schatzes freuend; die Nordländer wiederum, deren Stärke darin liegt, daß sie, um Nachdruck zu erzielen, gedämpft sprechen, begnügen sich mit der einfachen Angabe, daß die Geschenke eines mächtigen Mannes würdig, oder daß sie ansehnlich waren. Für Egil waren der Ring und das Silber wirkliche Ehrengeschenke, eine Zulage zu seinem Selbstgefühl; er richtete sich auf unter ihnen, wie die Hausfrau sich in dem Augenblick aufrichtet, wo sie die Morgengabe empfangen hat, durch welche der Mann sein Weib „verehrt“, wie das schwedische Upplandgesetz es ausdrückt. Der Empfänger erhielt tatsächlich ein greifbares Stück Ehre; er legte seine Hand auf ein Stück Edelmetall, das aus alten Taten, aus alter Hochgesinnung, alter Häuptlingsfreigebigkeit, aus dem Selbstgefühl der Besitzer und den Lobreden der Bewunderer zusammengesetzt war.

Die alte Redensart, daß „Kühnheit mit dem Kleinod ging" und von dem neuen Besitzer übernommen wurde, muß buchstäblich genommen werden, wie sie dasteht. Und wenn ein Mann wütend die Spur des Diebes verfolgte und mit allen Mitteln versuchte, ihn zu überlisten, bevor er Zeit gefunden hatte, das Gestohlene zu entweihen, geschah dies in der Tat, weil er wünschte, seine Ehre zurückzuerhalten, bevor sie beschmutzt, beschädigt oder vielleicht ihrem rechten Besitzer durch heimliche Künste entwendet worden wäre.

Es war eine Schande, seine Waffen zu verlieren, zumal in der Schlacht, – ebensosehr eine Schande, wie es ein Unglück war. Und es war eine Schande, von seinen eigenen Waffen verwundet zu werden, auch wenn man, wenigstens scheinbar, keinen dauernden Schaden davontrug; so bekommen wir vielleicht eine Vorstellung davon, welche unbezähmbaren Gefühle aufbrausten, wenn das Blut eines Verwandten von der Waffe der eigenen Sippe vergossen wurde. Wenn ein Neidingswerk begangen worden war, ging es in die Waffen des Geschlechts hinein, so daß die Verwandten diese in der Befürchtung schwangen, daß auf irgendeine unerklärliche Art ihr eigenes Fleisch und Blut verwundet werden würde; sie wußten nie, in welchem Augenblick die geschwungene Waffe zurückprallen und in ihrer Wut den eigenen Besitzer treffen würde. Die Verwünschung: „Mag das Schwert, das du ziehst, nie schneiden, außer wenn es über deinen eigenen Kopf niedersaust", zeigt nur den bedauernswerten Zustand des Neidings, der sein Heil verspielt und die Verbindung mit seinem eigenen Eigentum verloren hatte.

Wenn die Ehre der Männer in solchen Schätzen lag, dann mußten auch Friede wie Schicksal in ihnen verborgen sein. In dem Schwert und in der Hacke hatten die Verwandten das Heil selbst in der Hand, und wenn sie es festhielten, würde das Werkzeug denselben Weg für sie ausschneiden und aushacken, den ihr Geschlecht gegangen war.

Über diese Erfahrung, daß Geschichte und Schicksal mit den Besitztümern verknüpft sind, haben die Nordländer ihr berühmtestes Gedicht geschaffen, durch das sie sich eine Stellung in der Weltliteratur erobert haben. Die Völsungensaga ist durchsetzt von jenem Schicksal, das seinen Anfang nimmt, als Hreidmar in seiner Todesstunde Rache über den Sohn niederruft, der ihn getötet hat. Immer und immer wieder wird der Gang dieses Schicksals durch ein „Unheil“ bezeichnet: die Tötung des Vatermörders Fafnir, von Regin, seinem Bruder, geplant, Sigurds Fall als Folge von Eidbruch und die endgültige Abrechnung, als seine meineidigen Schwäger, die Nibelungen, von Atli ins Verderben gelockt werden und als seine Gäste umkommen, der eine in der Halle des Königs, der andere in seinem Schlangenhof. Und das Schicksal, das diese Glieder zu einer fortgesetzten Hamingja verbindet, liegt in dem Golde, das Andvari in längst vergangener Zeit verfluchte, auf dem Fafnir brütete, das Grani zu Gjukis Hof trug, im Nibelungenhort, der schließlich das Schicksal mit sich zur Ruhe auf den Grund des Rheines zog.

Weniger geistig und mehr an die Sippe gebunden, im ganzen ursprünglicher, finden wir in der Saga von Hervör die alte Wahrheit ausgedrückt, daß der Besitzer und sein Besitz einander ergänzen, daß nur das Kleinod den Mann erklären kann, und daß das Kleinod nur durch den Mann zu erklären ist. Der Sagadichter sieht zuerst das Schwert Tyrfing und hinter ihm die Männer, die es besaßen. Es steigt empor in seiner ganzen Furchtbarkeit: siegreich, immer unüberwindlich, so grimmig, daß sein kleinster Schnitt den Tod brachte und es in seinem Schwung erst stillstand, wenn es den Boden erreicht hatte; eigensinnig, übermütig, so daß es nicht duldete, zur unrechten Zeit gezückt zu werden, und daß es immer mit Blut gesättigt werden mußte, bevor es in die Scheide zurückkehrte – und doch unbesonnen bereit, ohne Not ans Licht zu stürzen; und sein Schicksal war immer, Neidingschaft über den zu bringen, der es trug. So war die ganze Geschlechterfolge von Angantyr über Hervör zu Heidrek aus lauter gewaltsamen Charakteren zusammengesetzt, Streitern aus innerster Notwendigkeit, deren Heil im Lichten und im Dunklen sich mit Tyrfings Wildheit selbst messen konnte. Von Angantyr wissen wir nicht viel mehr, als daß er sein ganzes Leben lang das Schwert getragen hatte und es in sein Grab mitnahm, ohne zu wissen, daß er Nachkommen hatte; seine nachgeborene Tochter Hervör holt das Schwert aus dem Hügel, und das alte Erbstück wird so ins Leben zurückgebracht. Aber kaum ist es wieder in der Menschenwelt, da setzt es seinen Willen durch: Hervör muß die Neugier eines Mannes mit dem Tod bestrafen, als er seiner unzeitigen Lust folgt, die nackte Klinge sehen zu wollen, und durch diese Tötung wird sie dem umherschweifenden Wikingleben geweiht. Die Zeit kommt für sie, ihre Bestimmung zu erfüllen und die Familie zu neuem Leben zu erheben; sie gebiert König Höfund zwei Söhne, und in dem jüngeren findet sie den, dem sie das Schwert anvertrauen darf. Kaum in seiner Hand, stürzt es aus der Scheide, und er wird *hamramr* gleich seinem Vorfahren und muß das Haus verlassen, weil er seinen Bruder getötet hat. Tyrfing bahnt ihm aufs neue einen Weg zur Ehre und bringt ihm auch noch ein Königreich – aber erst, als er seinen Schwiegervater betrogen und erschlagen hat. Zuletzt wird er von seinen eigenen Knechten getötet, die das Kleinod forttragen, aber die Rächer des Königs finden sie und bringen das Schwert heim als Zeichen der Vollführung der Rache. Und hier endet Tyrfings Saga. Mit Heidreks Sohn Angantyr geht die Saga in andere, wir möchten sagen mehr historische Themen über, und in dieser Fortsetzung erscheint Tyrfing nur wie ein Schwert unter anderen Schwertern.

Der Hauptstamm des Geschlechts, das der Nachwelt unter dem Namen Ynglinge bekannt ist und das über den Hort von Upsala waltete, besteht aus einer Reihe von kühnen Männern, die mit ihren Magschaften Unheil hatten, ein Schicksal, das bewirkte, daß die Ratschläge der Frauen selten zu ihrem Vorteil gerieten. Vanlandi heerte in Finnland und nahm dort Drifa zur Frau, eine Tochter von Schnee dem Alten; sie erwartete ihn vergebens von Frühjahr zu Frühjahr, zehn Winter durch. Da schickte sie Zauber aus, um ihn zu suchen, und die Mahr trat ihn tot. Visbur trat die Erbschaft nach seinem Vater an und erbte auch seinen unsteten Sinn; er verließ seine erste Frau, um eine andere zu nehmen, und hielt auch noch ihr Brautgeschenk *(mundr)* zurück, weshalb sie ihre Söhne anstachelte, den Vater in seinem Hofe zu verbrennen. Das Schicksal von Vanlandi und Visbur wiederholt sich Zug um Zug in Agni. Er ging auf einem Kriegszug nach Finnland und nahm dort Frostis Tochter Skjalf gegen ihren Willen; aber in der Nacht, als er das Erbbier von Skjalfs Vater feierte und sich trunken mit Visburs Halsring um den Hals schlafen legte, band Skjalf ein Seil an den Ring und hieß ihre Leute den König unter den Deckenbalken hinaufhissen. Von Agnis beiden Söhnen Alrek und Erik hören wir nur, daß sie beide mit zerschmetterten Köpfen und jeder mit einer blutigen Zaumstange in der Hand im Walde gefunden wurden. Alreks zwei Söhne, Alf und Yngvi, die nach ihm herrschten, durchbohrten einander zu Hause in der Halle, weil Alfs Königin zu oft ihren Gatten daran erinnerte, daß diejenige eine glückliche Frau sein würde, die seinen Bruder heiratete. Tyrfing im Hervorgeschlecht hat sein Gegenstück in dem Halsring der Ynglinge, in welchem Agni aufgehängt wurde. Visburs Söhne sprachen den Fluch aus, daß der Friede im Geschlecht ihres Vaters stets gebrochen werden und daß das Unheil an dem Schmuck haften sollte, den der König seiner Frau vorenthielt.

In den Sagen ist die Identität zwischen dem Psychischen und dem Materiellen sehr deutlich. Die Dichter nennen das Gold Kampferz – mit der ausdrücklichen Bedeutung, daß der Schatz Ursache und Bedingung für die Taten der betreffenden Parteien war; aber das Schicksal wohnt in den Besitzern: die Verwandten sind auf dieselbe Weise in der Gewalt ihres Schatzes, wie sie Sklaven ihres eigenen Willens sind. Trotz der Verwünschungen sind alle eifrig bemüht, die Ringe und Waffen in ihren Besitz zu bekommen. Auf eine sanfte Ermahnung würde jeder dieselbe Antwort geben wie Sigurd, daß jedermann über Reichtum walten möchte, bis der unabwendbare Tag kommt, oder wie die Gjukunge: „Gut ist es, über das Rheinerz zu walten, mit Lust Reichtum zu lenken und Glück zu genießen." Damit haben sie dem Fluch seinen rechten Platz angewiesen als etwas, das in, nicht über der Hamingja ruht, als dem Schatten des großen Heils. Hervör geht zu Angantyrs Grabhügel, um die alte Waffe ihrer Sippe zu verlangen – alle Warnungen Angantyrs sind ohne Einfluß auf sie. Tyrfing wird ihr ganzes Geschlecht zerstören – aber sie will es nicht hören. Als sie das Schwert in der Hand hat, bricht die alte Sippenfreude in Versen aus: „Du hast wohl getan, du Sohn der Wikinger, mir hier das Schwert aus dem Grabe zu reichen, mehr Freude ist darin, es in der Hand zu fühlen, als wenn ich ganz Norwegen besäße. Jetzt ist die Häuptlingsmaid froh im Herzen, nur wenig kümmert mich, was kommen wird, wie meine Söhne miteinander abrechnen werden." Und Angantyr muß mit einstimmen: „Du sollst einen Sohn gebären, die Zeit soll kommen, wo er Tyrfing sicher in seiner Stärke tragen soll; größeres Heil als das seinige ist nicht unter der Sonne geboren." Als Heidrek später seinen Bruder mit dem Schwert fällt, kann die Schmach des Neidingswerks nicht die alles übertönende Freude durchdringen: seine Mutter bat ihn, nie zu vergessen, welche Schneidekraft in seinem Schwert war, welcher Ruhm jeden begleitete, der es trug, und welch großer Sieg in ihm lag.

Es ist zuletzt das Gefühl von Gemeinschaft zwischen Mensch

und Ding, was hier entscheidet. Angantyr fürchtet, daß seine Tochter nicht verstehen werde, mit dem Schwert umzugehen. Aber er weiß, daß sie, wenn sie es recht macht und wenn sie durchzuführen vermag, was sie sich vornimmt, „das Leben von zwölf Männern, ihr Fjör, ihre Kraft und Stärke, alles Gute, das Arngrims Söhne hinterließen" – den ganzen Sippenschatz – mit sich führt. Angantyr und seine elf Brüder, die Söhne Arngrims, gehen wirklich aus dem Grabhügel hervor und treten eine neue Laufbahn an, als Hervör ihr Schwert hinausträgt und es noch einmal in der Sonne blitzen läßt.

So schön die Schicksalsdichtungen sind, so sehr wir überzeugt sind, daß wir nur durch die unsterblichen Ausnahmen teilhaben an dem unaussprechlichen Element, das das Leben des gemeinen Mannes trägt – doch kann der Wunsch sich manchmal in unsere Seele einschleichen, eine von ihnen gegen ein Lebenszeugnis irgendeiner Sippe auszutauschen, die nicht nach dem Ruhm der Tragödie strebte, sondern sich mit dem Sieg um des Lebens willen begnügte.

Glücklicherweise hat uns der Bauer seine Geschichte hinterlassen. Eine große Anzahl von hochangesehenen Familien auf Island war stolz darauf, Anspruch auf Verwandtschaft mit den Hrafnistamännern erheben zu können, den derben Fischer-Bauern von den Außenschären im nördlichsten Teil Norwegens. Und ihre Überlieferungen sind in einer Reihe von kleinen Sagas aufgezeichnet worden. Obwohl die späteren Sagaerzähler auf Island, vom Zauber der mittelalterlichen Romantik hingerissen, die aus England und Frankreich hereinströmte, ihr bestes getan haben, um diese einfachen Berichte zu zerstören, indem sie sie nach der Art modischer Literatur aufputzten, hatten doch diese alten Polterer eine viel zu hartnäckige Realität, um in fahrende Ritter verwandelt werden zu können. Diese Nordseepflüger, Ketil Lachshaken, Grim Wollwange und andere, ziehen mit echt Artusmäßiger Großtuerei auf Abenteuer, aber die Beweggründe, die sie in waghalsige Unternehmungen hineinführen, sind alles andere als ritterlich. Gewöhnlich ist es einfach Hunger, der ihren Unternehmungsgeist reizt, denn in ihrer nördlichen Heimat schlägt die Ernte so und sooft fehl, und dann muß jedermann, der Häuptling so gut wie der Bauer, auf der See das tägliche Brot ernten. Sollen aber diese Helden sich zu ihrer vollen Abenteureraktivität erheben, so brauchen sie den Anreiz eines wirklichen Hungerjahres in seiner ganzen Größe. Wenn die Saat erfriert und die Fische von den Küsten verschwinden, muß die Nahrung weit draußen gesucht werden. Gerade an den Fischplätzen finden Kämpfe statt, wo der junge Hrafnistamann einen ganzen Tag sitzt, um einen mageren Dorsch zu fangen und sich nachher für den Hohn der anderen Fischer rächt, indem er den Dorsch mit solcher Kraft in ihr Boot wirft, daß der Schlag den Steuermann über Bord fegt. Die Abenteuer, die den Heldenmut auf dem Siedepunkt halten, sind Kämpfe auf öden Küsten um einen gestrandeten Wal; es sind Fahrten im Ruderboot in schlechtem Wetter, wenn Wale mit Menschenaugen das Boot verfolgen und der Fischer zwischen den Wrackstücken seines Fahrzeugs auf den Klippen landet. Die Männer sind, ihren Erlebnissen entsprechend, keine Schwertschwinger, sondern Bogenschützen und Jäger, die wohl von den Geistern in Finnmarken gelernt haben mögen, ihre Beute zu verfolgen und das zu treffen, worauf sie zielten; ein Geschlecht von baumstarken, furchtlosen Nordseefischern, die ihre Kräfte zeigten, indem sie das Großboot ins Wasser schoben, und deren Heil darin bestand, daß sie guten Fahrwind bekamen, sobald sie die Segel hißten, und daß sie jedes eßbare Geschöpf auf dem Lande oder in der Luft mit ihren Pfeilen erlegten. Ihre Welt ist daher leicht erkennbar. Wenn Hallbjörn seinen Sohn über die Gewässer im Norden belehrt, haben seine Worte die Zuverlässigkeit, die den Kenner auszeichnet: „Erst kommt Nächstförde, darauf Mittförde und die dritte ist Vitadsgjafi.“ Diese Welt ist eine Landschaft von Förde zu Förde und wiederum Förde, jede schrecklicher als die vorhergehende; auf dem schmalen Strand am innersten Ende der Förde sind Hütten, wo der Fischer liegen und hören kann, wie die Luft über ihm von dahinjagenden Unholden voll ist; er weiß nie, welchen ungebetenen Gast er in der Hütte finden mag, und je ferner der Ort, desto unheimlicher sind die Gestalten, die ihn mit der Gehässigkeit des Eindringlings empfangen. Der Platz ist ein Küstenstreifen, wo Menschen so lange herrschen, wie ihre Kraft zur Abwehr reicht, und ein Hinterland von öden Bergen, bewohnt von menschenfleischgierigen Jöten und Jötinnen, die oft genug hinuntersteigen, um von der Förde und den Schären Besitz zu ergreifen. Echte Drachen vom üblichen Typ gibt es in dem glücklichen Lande, das die Sagas bald Gautland, bald Walland (Welschland) oder Blauland nennen, wenn man nur ein wenig vom Wege abgeht, um sie zu suchen; hier begegnet man den Unholden, nicht nur, wenn man zu etwas Außergewöhnlichem Lust hat, sondern auch, wenn man im Grunde etwas anderes vorhatte; man muß sie nehmen, wie sie sind, als abscheuliche Jöten und nichts weiter. Einmal mag es geschehen, daß ein Fischer früh heraustritt und zwei Jötinnen findet, die sein Boot zu Trümmern schütteln, ein andermal hat sich ein Unhold an der Quelle aufgestellt und will ihn mit leerem Eimer davonjagen.

Diese Erzählungen sind keine Sagen, die sich in den Dienst eines jeden Helden stellen können; sie sind im Boden fest verwurzelt und mit den Menschen verbunden. Wir können auch aus gelegentlichen Andeutungen in der Sagaliteratur sehen, daß die Erinnerungen sowohl wie die Eigentümlichkeiten an dem Geschlecht hafteten, das seine Herkunft bis zu den Hrafnistamännern zurückverfolgen konnte. Die Kunst des Bogenschießens steckte ihnen im Blute, tatsächlich haben die meisten der berühmten Bogenschützen Islands, Gunnar von Hlidarendi mit eingeschlossen, Hrafnistablut in ihren Adern. Trotz der Tatsache, daß Orm Storolfson eine Glanzfigur der Abenteurerromantik war, zeigt er sich doch deutlich als Nachkomme von Ketil Lachshaken: ein mächtiger Bogenschütze, der Einar Bogenschüttler in Staunen versetzte, als er ihn einen Pfeil auf seinem Bogen und den Bogen bis zur Pfeilspitze gespannt finden ließ; ein Balkenschwinger, der dem Jarl Erik zeigte, wie *ein* Mann gegen fünfzehn auf einem Schiff das Wasser mit Schwimmern zu beleben vermochte, wenn er nur einen Balken von 13 Ellen Länge in der Hand hatte. Und jener Thorkel Thorgeirson, der an seinem Hochsitz eine Darstellung schnitzen ließ von dem Kampf, den er mit dem Ungeheuer an jenem Abend ausfocht, wo es ihn am Füllen seines Eimers zu hindern versuchte – auch dieser Thorkel konnte seinen Stammbaum rechtmäßig bis zu dem Hrafnistastammvater zurück verfolgen.

Die Kleinode der Hrafnistafamilie waren die treffsicheren Pfeile Flaug, Fifa und Hremsa, die immer zur Hand waren, um gegen Menschen oder Jöten gebraucht zu werden. Sie wurden Gusisnautar genannt, und die Sage kann ihren Namen sowohl wie ihre Herkunft erklären und von der glücklichen Stunde berichten, wo der erste aus dem Geschlecht dem Lapplandkönig Gusir in Finnmarken begegnete und jeder von beiden die Pfeile des anderen in der Luft traf, bis Gusirs Schuß fehlging und Ketil ihn in der Brust traf. In ihnen liegt das einfache Heil eines Geschlechts, ohne Tragik noch Fluch, das Schicksal, von Kraft zu

Kraft vorwärtszuschreiten, lange zu leben, Kinder zu haben und das Heil der Verwandten in ihnen zu sehen, sich seines Ruhmes zu erfreuen und die Süße des Nachruhms zu kosten – das Schicksal, das jedermann am liebsten für sich wählen möchte, wenn er könnte. Wir dürfen uns von unserer Vorliebe für das Interessante nicht irremachen lassen und nicht vergessen, daß das Alltägliche der Kern der Kultur ist. In der Wikingzeit lauschten die Männer mit Freude den Geschichten der Tragik, die zwischen Heil und Unheil auf dem Seile das Gleichgewicht hielten, aber sie machten kein Hehl daraus, daß sie sich selbst Schwerter und Pfeile wünschten, die frei von Fluch wären, ohne etwas „Auferlegtes“, wie es hieß. Dem vollkommenen Heiling gebührt der Ehrenplatz in der Geschichte der Kultur, und wir treten kaum irgendwo so nahe an das normale menschliche Leben wie in diesen schlichten Sagen.

Name und Erbe

In dem Augenblick, wo das neugeborene Kind in die Sippe aufgenommen wird, wird es mit der Macht in Berührung gebracht, die den Besitztümern des Geschlechts innewohnt. Wenn der Vater dem kleinen Kinde einen Namen gibt und dadurch sein Schicksal bestimmt, indem er ihm mit dem Worte eine Seele einflößt, bekräftigt er seine Tat mit einer Gabe und macht dadurch sein „Ich erwarte, ich wünsche" zu einer Wirklichkeit. Die Gabe soll den Namen „befestigen", weshalb die Handlung im Norden ausdrücklich „Namensbefestigung" heißt, und was bei der Zeremonie vor sich geht, ist einfach dieses: daß der Teil von Heil und Seele, der dem Namen beigelegt wird, tatsächlich dem Träger angeheftet und durch die Berührung in ihn hineingeführt wird. Wenn die Waffe oder der Schmuck, mit welchem das Kind zu seiner Zukunft eingeweiht wird, der Besitz eines vor kurzem verstorbenen Verwandten gewesen war, eines, dessen Gedächtnis nicht in der gemeinschaftlichen Ehre des Geschlechts verblichen war, dann tritt der junge Verwandte unmittelbar an die Stelle seines Vorgängers, übernimmt sein Los und richtet ihn wieder auf; er empfängt alle seine *heillir*, wie es jener lebensdurstige Jüngling dem Kinde versprach, das seinen Namen erneuern sollte. In der Erzählung, wie Sigmund seinem Sohne den Namen Helgi gibt, haben wir die Übertragung des Heils in ihrer dreifachen Bekräftigung; er benennt, er schenkt und er „wünscht", daß der Junge sich der Ehre der Völsunge würdig zeigen möge. Helgi wurde geboren, während Sigmund im Kriege war, so erzählt die Saga, und der König kam aus der Schlacht zu seinem Sohne mit einer Lauchpflanze, schenkte sie ihm mit dem Namen Helgi und als „Befestigung" des Namens Hringstad, Solfjoll und ein Schwert, und er wünschte, daß er an Stärke zunehmen und dem Geschlecht der Völsunge nacharten möchte. Von einem anderen berühmten Helgi, nämlich Helgi Hjörvardson, hören wir, daß er als Jüngling schweigsam war, kein Name wurde ihm „befestigt", er war einer von jenen Ausnahmecharakteren, die in ihrer Jugend seelenlos umhergehen, als hätte kein Heil in ihnen Platz genommen und als wäre der Name von ihnen abgefallen, wenn sie jemals einen erhalten hatten. Dann kam, als er eines Tages müßig auf dem Hügel saß, eine Walküre zu ihm und grüßte ihn: „Spät wirst du Ringe und Schätze gewinnen, Helgi." Er antwortete: „Welche Gabe läßt du dem Namen Helgi folgen?" – „Schwerter weiß ich liegen auf Sigarsholm", sagt sie, „eins von ihnen besser als alle, goldverziert, Waffenverderb. Ein Ring ist am Heft, Mut in der Mitte, Schrecken an der Spitze, all das soll der genießen, der das Schwert besitzen wird, und an der Klinge entlang läuft eine Schlange, blutrot, ihr Schwanz schlängelt sich um den Walbast." Da wird er ein Mensch und zieht von dannen, um seinen Muttervater zu rächen.

Jedesmal, wenn der Jüngling sich fähig zeigt, mehr Seele zu empfangen, begegnet er dem Geschenk als einer Bestätigung, daß er zum Geschlecht gehört. Das Erscheinen des ersten Zahnes wurde von gewissen Germanen als eine glückliche Begebenheit betrachtet, die durch eine „Zahngabe" gefeiert wurde. Die Zahngabe Olafs des Heiligen war nichts Geringeres als der Gürtel, der seiner Mutter bei der Entbindung geholfen hatte.

Die Beförderung des Knaben zu Recht und Sitz unter Männern ist wohl die nächste Stufe gewesen, und ohne Zweifel wurde der Tag, wo er für immer seine Kindheit ablegte, durch eine Vermehrung seiner Hamingja gefeiert. Schritt für Schritt häuft er Ehre in sich auf, bis er als vollkommener Vertreter der Sippe dasteht.

Auf dieselbe Weise wie das neugeborene Kind geweiht wurde, mußte der erwachsene Mann in das Geschlecht hineingeboren werden. Theodorik tat einmal dem Herulerkönig die Ehre einer Adoption an; ohne Zweifel ist diese Zeremonie, so formell sie unseren Augen erscheinen mag, für Theodorik selbst mehr als eine bloße tituläre Ernennung gewesen, und die Urkunde, die die gotische Kanzlei aus Anlaß der Feierlichkeit ausfertigte, trägt noch die alte Realität, geprägt mit folgenden Worten: „Stets ist es als eine große Ehre betrachtet worden, durch Waffen als Sohn aufgenommen zu werden, ... und als Sohn gebären wir dich durch diese Gabe, wie es Sitte der Völker und männliche Art ist; ... wir schicken dir Pferde, Schwerter, Schilde und die übrigen Kriegsgeräte." Aus Norwegen kennen wir die umständliche Zeremonie, die dem Neukömmling volles Recht auf Verwandtschaft sicherte, und wir wissen auch, daß die Befestigung des Namens nicht vergessen wurde. Wenn das Oberhaupt der Sippe die alte Formel ausgesprochen hatte: „Ich führe diesen Mann in mein ganzes Erbe, zu all dem Gut, das ich ihm gebe, zu Erbschaft und Land, zu Gabe und Entgelt, zu Platz und Sitz und zu dem Recht, das das Gesetzbuch gewährt und das ein in die Sippe Geführter nach dem Gesetze haben soll", gab er seinen Worten Macht, indem er hinzufügte: „und als Zeugnis dieser Aufnahme in die Sippe gebe ich ihm in die Hand einen Becher."

Mit dem ehrenden Zunamen legte der Geber kraft seines eigenen Überschusses an Heil etwas Neues in den anderen hinein, und er befestigte ebenfalls seine Tat mit einem Geschenk: „Du bist freilich ein Schwierigkeitsskalde, aber du sollst trotzdem mein Mann sein, und du kannst den Namen behalten", sagt Olaf Tryggvason zu Hallfred, halb in Bewunderung seines Eigensinnes; und Hallfred nimmt ihn sofort beim Wort: „Was gibst du mir mit dem Namen?" Die innere Verbindung zwischen der Verleihung eines Beinamens und der Aufnahme in das eigene Heil zeigt sich deutlich in diesem kleinen Auftritt; der König und Hallfred fassen beide den Wortwechsel als eine Zutrittserlaubnis zum nächsten Gefolge des Königs auf.

Die Langobarden scheinen sich selbst als Wodans Augapfel betrachtet zu haben, und die Sage, in der sie die Stellung als ein auserwähltes Volk beanspruchen, handelt eben von der Verpflichtung, die der Namensgeber gegen den Namensempfänger hatte. Einmal, als sie gerade auf ihrer Wanderung vor einer entscheidenden Schlacht standen, hatte Wodan sie bei Namen genannt, indem er sagte: „Was sind das für Langbärte?" Und sobald die Krieger die Stimme von oben hörten, riefen sie: „Der uns einen Namen gegeben hat, muß uns auch Sieg geben."

Jeder Wunsch, jeder Segen stand bis zu einem gewissen Grade in Beziehung zu dieser Namensgebung, insofern seine Macht in der seelischen Übertragung dessen bestand, was in den Worten lag. Der Geber muß auf die eine oder andere Weise seine Worte „ganz" machen, und im allgemeinen bestand die Tendenz, nicht an seinen guten Willen zu glauben, wenn er kein sichtbares Zeichen seines Glückwunsches anbot. Wenn ein Mann einem anderen zu einer Sache, die er erreicht oder vollführt hatte, Freude wünschte, konnte er gegebenenfalls gezwungen sein, seine Kleider auszuziehen oder, wie Harald Gilli, den Tisch vor sich abzudecken, wenn er nicht als ein Held der leeren Worte dastehen wollte. Als Bischof Magnus in sein Bistum auf Island hinüberziehen sollte, wollte er sich von König Harald verabschieden, und während der Bischof seinen Abschiedsgruß sprach, suchten die Augen des Königs überall: Was sollte er geben? Er wußte, daß Ebbe in der Schatzkammer war. So leerte er seinen Trinkbecher und gab den als Abschiedsgabe. Der Bischof wandte sich darauf der Königin zu und bekam von ihr den Gruß: „Glück und Heil auf der Reise, Herr Bischof!" „Glück und Heil auf der Reise!" rief der König, „wann hörtest du eine adlige Frau ihrem Bischof solches sagen und ihm nichts schenken?" „Was ist hier zu verschenken?" fragte die Königin, und der König hatte die Antwort bereit: „Hier ist das Kissen, auf dem du sitzt." – Auf ähnliche Weise, dürfen wir vermuten, gab der König einem Mann etwas von seinem eigenen vermögenden Willen mit auf den Weg, wenn er sagte: „Ich will mein Heil dazulegen."

Eine Sonderstellung unter den Gütern eines Geschlechts nehmen jene Kleinode ein, die mehr als andere seinen Platz in der Gesellschaft betonen; sie hatten Heil im wahrsten und tiefsten Sinne. Gewöhnlich waren es die Gegenstände, die ganz besonders von Reichtum zeugten, die besten Waffen, die Siegesschwerter, sehr oft unzweifelhaft die Arm- und Halsringe, die von Kriegern als Zeichen ihres Ranges getragen wurden. Im Norden hören wir oft von dem Ring. In dem Geschlecht der Skjöldunge gab es nach der Sage einen solchen Ring. Erst war er im Besitz Helgis, ihm von seinem Bruder Hroar an Stelle seines Anteils am Königreich geschenkt. Und als er durch den Neid seines Schwestersohnes Hrok lange auf dem Grunde des Meeres gelegen hatte, wurde er von Hroars Sohn, Agnar, wieder heraufgeholt, und durch diese Tat allein erntete er größeren Ruhm, als sein Vater besaß.

Der Halsschmuck des Ynglinggeschlechts hat auch sonst in der germanischen Welt Gegenstücke. Unter den fürstlichen Geschenken, die Beowulf aus der Halle der Dänen heimbrachte, war ein kostbarer Halsschmuck, den er seinem Verwandten Hygelac gab und den dieser auf dem Schlachtfeld in dem unglücklichen Kampf trug, wo die Franken sein Leben und seine Schätze nahmen. Was das Gold unter den Häuptlingen war, das war unter den Bauern wohl das Gewebe; hier dient oft genug der wertvolle – vielleicht unverletzbare – Mantel als Träger des Geschlechtsstolzes. Das Schwert in der Hand, der Ring um den Hals oder um den Arm und der Mantel über den Schultern, dies war keine ungewöhnliche Erscheinungsform für die Fülle eines großen Heils.

Diese Auszeichnungen standen dem Oberhaupt des Geschlechts oder seinem führenden Manne zu, als demjenigen, der den größten Teil der Verantwortung für die Gesundheit seiner Ehre trug. Nach altem, tief verwurzeltem Gefühl für das Geziemende sollten die Waffen eines verstorbenen Mannes an den Vornehmsten unter seinen Verwandten weitergehen, an den, der sich von Natur aus in erster Linie verantwortlich fühlen würde für das Zustandekommen einer rechten Rache für seine Tötung. So sagte Hjalti nach dem Tode von Njal und seinen Söhnen, als er Skarphedins Axt aufhob: „Dies ist eine seltene Waffe, nicht viele können sie tragen." „Ich weiß jemand, der es kann", warf Kari dazwischen, „einen, der die Axt tragen soll." „Wer ist das?" „Thorgeir Skorardgeir, den halte ich jetzt für den größten Mann in der Sippe." Das Gefühl, mit dem Rechte im Bunde zu sein, gibt Gunnars Mutter, Rannveig, die Macht zu befehlen, daß die Lieblingswaffe ihres Sohnes von niemandem berührt werden darf außer von dem, der beabsichtigt, volle Rache für ihn zu nehmen. Wenn dieses Gefühl kodifiziert wird, wird es zu einer Definition des Erbgesetzes, wie sie in einem deutschen Gesetzbuch zu finden ist: „Demjenigen, der das Land als Erbe übernimmt, fallen auch die Kriegskleider, das heißt der Harnisch, zu, ihm fällt Rache für den nächsten Verwandten und Zahlung der Buße zu." Die Übertragung dieser Kleinode mußte also eine Art Abdikationsakt bedeuten, durch sie wurde das Schwergewicht von dem Vater auf den Sohn oder den jüngeren Verwandten verlegt. Glum und Olaf Pfau hatten von Kindheit an Anteil an der Sippenkraft, aber erst als sie die alten Erbstücke aufnehmen und anlegen, werden sie in den Brennpunkt des Heils und der Verantwortung gerückt und werden dadurch größere Männer. Der große Wendepunkt in des jungen Beowulf Leben kam an jenem Tage, wo er sich seiner Sippe würdig gezeigt hatte und sein Verwandter ihm ein altes Schwert des Geschlechts, das Hredel hinterlassen hatte, in den Schoß legte und ihm mit dem Schwerte gab „sieben Tausend mit Haus und Königssitz; ihnen beiden fiel das Land als Erbschaft zu, obwohl der eine, der erste der Sippe, des Reiches waltete".

In den Kleinoden der Könige lag das Herrscherheil, und wenn die Ynglinge nach der Sage so treu den Schmuck Visburs trugen, so ist einer der Gründe hierfür gewesen, daß Land und Königreich in ihm wohnten. In Häuptlinggeschlechtern mußte dann eine solche Einkleidung, wie die, mit der Höskuld seinen Sohn ehrte, Weihung zur Herrschaft über Völker bedeuten. Das Schwert des Vatsdœlageschlechts, Sippenknauf, fiel bei der Teilung der Erbschaft dem nächstältesten Sohn Jökul zu, aber der Bruder Thorstein, der als Haupt der Sippe und als Behaupter ihrer Führerstellung auftrat, trug es auf dem Thing. Diese Heilübertragung ist die Realität hinter der Handlung des Frankenkönigs Gunnthram, als er seinem Brudersohn Childebert seine Lanze mit den Worten reicht: „Dieses ist ein Zeichen, daß ich dir mein Reich übertrage; geh hinaus und nimm alle meine Städte unter deine Herrschaft."

Der Langobardenkönig Theodorik, der den Heruler adoptierte und ihm eine Adoptionsurkunde in Form eines sorgfältig ausgearbeiteten Diploms schickte, konnte vielleicht so wenig wie Gunnthram die Gedanken durchdenken, die wir ihm zuschreiben, aber sie hatten den Vorteil vor uns, daß sie die Begründung nicht zu denken brauchten; denn die Kraft der Kleinode wog zu jener Zeit jeden Mangel an Verständnis dafür auf, wie dies möglich sei. Im Laufe der Zeit trennt das Kleinod sich von dem Heil, das ihm ursprünglich seine Stärke gab, und nimmt eine selbstgenügsame Herrscherstellung ein. Der Lanzenschaft wird ein königliches Symbol oder Zepter, eine Inkarnation des abstrakten Königtums, aber ein Zepter, das seine Herrscherkraft in sich trägt und nicht nötig hat, sein Recht aus der juristischen Auslegung der Bedeutung solcher Regalien abzuleiten. Die Lanze war in Childeberts Hand sowohl Zeugnis wie Macht, deren bloße Anwesenheit den Männern den Mund schloß und ihren Kopf beugte, und die zugleich dem Manne, der sie hielt, einen Zuwachs an Macht verlieh.

In solchen Kleinoden sitzt also das Heil der Sippe, in ihnen wird es von Generation zu Generation weitergereicht. Sie bilden das Rückgrat, das die Sippe durch alle Wechselfälle hindurch aufrechthält. In dem Erbstück ist alles aufgespeichert, was die Menschen sind; und deshalb enthält es eine Erläuterung sowohl für die Innigkeit, mit der Männer sich gegenseitig in Freundschaft assimilierten, wie für den zusammengesetzten Charakter jeder Hamingja. Es erläutert, wie die Sippe aus vielen Quellen Ehre und Heil sammelte und so in stetem Zusammenhang weiterwuchs und sich veränderte. Wenn das Kleinod von der Familie assimiliert wurde, brachte es nicht nur die neue Eroberung mit sich, sondern auch alle die alten Taten und Geschehnisse, da es voll war von der immer anwesenden Hamingja des Männerkreises, zu dem es gehörte. Bei einer solchen Auffassung des Besitzes fällt der Unterschied zwischen neu und alt fort. Die Dichtung ehrt mit Recht jede Waffe mit dem Beiwort „alt“, denn auch wenn ein Schwert erst ein Jahr vorher geschmiedet worden war, übernahm es seine Altertümlichkeit und seine Eigenschaft als Erbstück von seinen Brüdern unter den Ausrüstungsstücken der Männer. Es zog die alte Stärke in sich, die alles erfüllte, was die Familie trug oder gebrauchte, und genau so ist der zuletzt Adoptierte ein Nachkomme der Vorfahren in dem Augenblick, wo die Aufnahme stattgefunden hat. In bester Übereinstimmung mit der Wahrheit gedenkt Grettirs Mutter bei dem Schwerte aller früheren Vatsdœlamänner, obwohl sie und alle wußten, daß Sippenknauf erst durch Ingimund in die Familie gekommen war.

Die Frage nach Erbschaft und Erbfolge wird damit bei den Germanen zu einem Lebensproblem, wenn auch auf eine andere Weise, als wir es uns vorstellen können. In diesem Falle versagen die Gesetze, weil ihre Verfügungen aus der christlichen Zeit datieren, wo die geistige Wohlfahrt der Menschen und ihr Fortleben von einer professionellen Körperschaft als Vermittlerin des ewigen Lebens beaufsichtigt wurde. Der Erblasser war schon im Besitz des ewigen Lebens, des immerwährenden im guten und bösen Sinne, und man konnte annehmen, daß er sich für den ungerechten Mammon – diese Worte werden oft in den Schenkungsurkunden zitiert – Freunde erworben hatte, die ihn in den ewigen Wohnungen empfangen würden, und weiter, daß er eine genügende Menge von dem Unrat dieser Welt an die Kirche abgeliefert hatte. Die Frage der Erbschaft hat sich – in den offiziellen Urkunden, aber keineswegs in den Gedanken des Volkes – in das zeitliche Problem verwandelt, wer wohl die bewegliche Habe des Verstorbenen übernehmen sollte, und die Lösung dieses modernen Problems fiel natürlich unter den Einfluß fremder juristischer Grundsätze. Die Sorge, die früher jedes pekuniäre Interesse überschattete, die Sorge, wie die Hamingja, die den Toten inspiriert hatte und die in seinen Gütern wohnte, für seine Nachkommen ohne Verlust oder Beschädigung gesichert werden könnte, diese Sorge ist nur in vereinzelten Überbleibseln angedeutet, wie z. B. in der Regel, die dem Hauptträcher die Waffen zuweist. Die verworrenen Systeme der mittelalterlichen Gesetzbücher, die die Erbfolge ordnen, geben, praktisch genommen, keinen Aufschluß über die alten Gebräuche; was sie an Zeugnissen enthalten, ist von negativem Charakter, insofern die schwachen Punkte des Systems manchmal spontane Postulate aus der alten Zeit vermuten lassen, die erst langsam und mühsam von dem römischen Prinzip überdeckt wurden. Wenn es den mittelalterlichen Gesetzgebern so schwer fiel, den Sohn des Sohnes als rechtmäßigen Erben anzuerkennen, ist es ein Beispiel dafür, daß das alte Vorurteil sich der glatten Anpassung an die einfache Nachfolgeregel widersetzte.

Wollen wir dieses Gebiet in der richtigen Perspektive überblicken, so müssen wir den Menschen als Subjekt der Vererbung beiseite schieben und das Ding selbst betrachten. Die einzig mögliche Ordnung der Nachfolge war, daß Hand in Hand gelegt wurde, und das Leben der Enkel war am besten gesichert, wenn der Großvater die Vaterlosen adoptierte, wie es auf Island Sitte gewesen zu sein scheint.

In der heutigen Zeit dreht das Erbrecht sich hauptsächlich um die Frage, wie es verhindert werden kann, daß die Güter ohne Besitzer sind; die allgemeine Bemühung konzentriert sich um die Herstellung eines klaren und gesetzlich bestimmten Weges, den das Geld gehen kann, auf dem es nach dem Gesetz der Schwere von Mann zu Mann dahinrollen kann, bis eine Hand sich ausstreckt, die es einstecken kann; in keinem Fall darf das Vermögen unnütz und ohne Besitzer auf dem Markt gelassen werden und den Beweis bringen, daß Gold tatsächlich existieren kann, ohne jemandem zu gehören. Die germanische Seele hat nie unter der Vorstellung von Eigentum als zufälligem Besitz gelitten, und infolgedessen fiel es ihr schwer zu begreifen, daß eine Hinterlassenschaft auf die Suche nach einem Besitzer gehen oder über Klüfte springen könnte. In der alten Gesellschaft ist die Erblassung nicht eine Frage danach, wie ein Platz für das Vermögen gefunden werden kann, sondern danach, wie eine Verlängerung des Lebens erreicht werden kann, und der Schritt zu dem nächsten Verwandten hinüber, der uns so natürlich erscheint, war keine Lösung der Schwierigkeit. Die Lebenskette muß ungebrochen bleiben, und die natürliche, nahezu notwendige Voraussetzung war, daß jeder Mann einen Nachfolger hatte, einen Sohn, der die Wertgegenstände seines Vaters übernahm, weil er sein Leben fortsetzte

Es gibt kein Problem der Nachfolge, solange die Hamingja sich als gesund erweist; es entsteht erst, wenn Leben und Heil versagt haben, und die Schwierigkeit besteht darin, einen Mann zu finden, der die Bresche in der Sippe ausfüllt, nicht darin, einen Erben einzufangen. Wenn die Hoffnung auf einen leiblichen Nachfolger erloschen war, mußte ein Mann geboren werden, der einen Nachfolger abgeben konnte; dann mußte die Witwe, die Mutter oder die Schwester des Verstorbenen das Geschlecht aufrichten und einen Sohn gebären, der imstande sein konnte, den Mantel zu tragen und das Schwert des Vaters zu schwingen. In den Reginsmal, einem Gedicht der Edda, schreit Hreidmar nach einem Tochtersohn, nach einem, der in der Not helfen kann, weil seine eigenen Söhne die Verwandtschaft mit ihm zerschnitten und sich gegen ihn verschworen haben; und in seiner tödlichen Angst fügt er die Worte hinzu, an seine Tochter gerichtet: „Dann gebier eine Tochter, wenn du keinen Sohn bekommen kannst, und beschaff deiner Tochter einen Gatten, damit diese Not getilgt wird, dann wird ihr Sohn dein Leid rächen."

In dem Salischen Gesetz steht ein Paragraph, der nicht aus den tatsächlichen Erfordernissen des Mittelalters abgeleitet werden kann und der deshalb notwendigerweise auf Bräuche zurückgeführt werden muß, die sehr natürlich waren, solange das Volk nach der Art seiner Vorfahren lebte. Er besagt, daß bei Mangel an Söhnen die Mutter des toten Mannes nächster Erbe ist, nach ihr kommen Brüder und Schwestern; wenn diese fehlen, kommt die Schwester der Mutter, und erst wenn sie fehlt, geht das Erbe an die nächsten männlichen Verwandten. Und nun kommt der bedeutungsvolle Zusatz, daß diese Regel sich nur auf persönliches Eigentum bezieht, auf die bewegliche Habe: Land kann nie durch die Hand einer Frau weitergehen. Die Tochter wird nicht genannt; die alten Gesetzesbestimmungen nehmen nie einen abstrakten Standpunkt ein; sie setzen einen bestimmten Fall voraus und formen die Worte dementsprechend, und dieser Fall betrifft hier offenbar einen jungen Mann, der kinderlos stirbt. Aus dieser Stelle des Gesetzes dürfen wir jedenfalls keinen Gegensatz von fränkischem und norwegischem Brauch herauslesen. Auch dürfen wir nicht aus dieser positiven Regel den negativen Schluß ziehen, die Franken hätten die Lösung nicht anerkennen wollen, die offenbar den Nordländern als Trost galt: daß die Hausfrau ihrem Ehegatten Nachkommen geben sollte. Glums Tochter Thorlaug erneuerte, wie wir wissen, ihren verstorbenen Mann, Eldjarn, in dem ersten Sohn ihrer Ehe mit Arnor Kerlingarnef.

Nach dem salischen Denken war die Mutter also die nächste für die Aufgabe, den Sohn neu zu gebären, und wir haben allen Grund zu der Annahme, daß die Pflichten der Mutter Geltung hatten, ob der Vater lebte oder tot war, ob die Witwe weiter in seinem Hause lebte oder zu ihren Verwandten zurückkehrte oder vielleicht von ihnen zu einer neuen Ehe schritt. Nach der Mutter kommt die Schwester des Toten als nächste an die Reihe; sie muß sich um die Angelegenheiten des Verstorbenen kümmern, bevor sie sich selbst und ihrem Gatten ein Kind gebiert. Von ihr geht die Pflicht auf die, die danach der Mutter am nächsten war, und erst wenn es in dem nächsten Familienkreis an Frauen gänzlich fehlt, ist die Hoffnung, den Zweig der Familie fortzuführen, erloschen, und die Familie nimmt die Hamingja, die in der Habe enthalten ist, wieder in sich auf.

Daß die Frau erbt, bedeutet, daß sie die Schätze des Toten in ihre Obhut nimmt für den Sohn, der geboren werden soll, und sie wieder abliefert, wenn er zur Reife gelangt ist. Auf solche Weise kam das berühmte Schwert der Vatsdœlaleute, der Sippenknauf, an Grettir durch dessen Mutter Asdis, eine Sohnestochter des alten Jökul. Als Grettir sein Heim verließ, um auf Reisen zu gehen und sich einen Weg zu bahnen, begleitete seine Mutter ihn ein Stück hinaus, um ihm einen Abschiedsgruß zu geben. Sie nahm ein kostbares Schwert unter ihrem Mantel hervor und sagte: „Dieses Schwert ist der Besitz Jökuls, meines Vatervaters, und der alten Vatsdœlamänner gewesen, und es hat ihnen den Sieg in die Hand gelegt; ich schenke dir das Schwert und bitte dich, es gut zu gebrauchen." Die letzten Worte enthalten gleichzeitig eine Ermahnung und einen Segen oder richtiger eine Einführung in das Recht und in die Freude, jene Kraft zu genießen, die in der Waffe wohnte: die Kraft des Schwertes gehöre dir, du magst sie gebrauchen! In diesem Falle wissen wir, daß Asdis einen Bruder hatte, und der Grund, warum das Erbstück auf die Spinnseite übergeht, ist uns dunkel. Als Erläuterung für den inneren Sinn können wir einen Auftritt aus der Saga von Glum anführen. Als Glum seinen Muttervater Vigfus in Norwegen besuchte, lud der alte Mann seinen Enkel ein, sich in der Heimat seiner Mutter anzusiedeln und die Häuptlingschaft nach seinem Verwandten zu übernehmen, aber Glum wünschte aus irgendeinem Grunde, nach

Island zu fahren und nach seinem väterlichen Erbe zu sehen, bevor er auswanderte. Als sie sich trennten, sagte Vigfus: „Ich glaube, es ist dein Schicksal, dort eine Familie zu gründen, ich werde dir einige Schätze geben, einen Mantel, einen Speer und ein Schwert, auf die sich unsere Verwandten verlassen haben." Dieses bedeutet in Wahrheit, daß der norwegische Häuptling für sich selbst in dem Nachkommen seines Tochtersohnes eine Zukunft erwartet, und tatsächlich erschien Vigfus' Hamingja oder seine Fylgja dem Glum im Schlafe; als er die mächtige Frau durchs Tal heraufschreiten sah, wußte er gleich, daß sie den Tod des alten Mannes kündete und gekommen war, um für immer bei ihm zu wohnen. Eine andere Familiensage erzählt, wie Olaf der Heilige das Schwert Bæsing, das alte Familienerbstück, erhielt. Als Olaf acht Jahre alt war, übertraf er alle Knaben seines Alters an Scharfsinn und Tüchtigkeit. Eines Tages öffnete seine Mutter Asta eine Truhe, und der Knabe erblickte einen glänzenden Gegenstand unter ihrem Inhalt. Was ist das? – Es ist das Heft eines Schwertes. – Wem gehört es? – Es ist dein, mein Sohn; das Schwert heißt Bæsing und es hat Olaf Geirstadaalf gehört. – Ich will es haben und es tragen. – Und Asta gab ihm das Schwert.

Diese Sätze sind eine Prosa-Parallele zu den hochfliegenden Worten der Sage, wo Hervör das berühmte Schwert, das ihrem Vater Angantyr gehört hatte und zuerst mit ihm ins Grab gegangen war, ihrem Sohne übergibt und den jungen Helden bittet, stets eingedenk zu sein, wie kühn dieses sein Schwert sei, wie sehr die Tapferkeit sich in den Männern offenbart habe, die es trugen, und wie der Sieg mit ihm verbunden gewesen sei. Wir erinnern uns der Worte des sterbenden Jünglings, der seinen Bruder bat, ihm einen Nachkommen zu gewähren: „Und ihm werde ich all das Heil geben, das ich habe, und dann soll mein Name leben, solange die Welt steht."

Die Frage, die wir zu beantworten haben, ist nicht, welche Anordnungen die alten Germanen in bezug auf die Erblassung trafen, sondern was Erblassung für sie bedeutete. Durch alle Zweige strömte dasselbe Sippenheil in die Nachwelt hinüber, und es würde irreführend sein, den Ausschluß der Frauen von der Erbfolge in späteren Zeiten so auszulegen, als bedeutete dies, daß die Söhne alle Reichtümer selbst behielten und ihre Schwestern dem Heil Fremder preisgaben. Durch die Gaben, mit welchen das Mädchen an die Sippe ihres Bräutigams gebunden wurde, und wahrscheinlich auch durch weiteren Austausch wertvoller Geschenke, wurden die Söhne der Töchter mit den allerstärksten Banden an ihren Muttervater und ihre Mutterbrüder gebunden. Aber das Hauptkleinod, in welchem die Hamingja in ihrer reinsten und stärksten Gestalt zu finden war, vererbte sich vom Vater auf den Sohn als der Lebensfaden, der die eine Generation mit der nächsten verknüpfte. Wie die Sache im einzelnen unter den Brüdern geordnet wurde, können wir nicht einwandfrei erfahren; aber so viel geht aus den Andeutungen in Gesetz und Geschichte mit Sicherheit hervor, daß die Insignien, die Waffen und Schmuckgegenstände, die das Heil des Häuptlings als des Führers der Sippe enthielten, an den Sohn gingen, der versprach, ein guter Vertreter der Hamingja zu werden. Das würde normalerweise der älteste Erbe sein, aber wir würden nur aus unsern eigenen Vorurteilen schließen, wenn wir eine harte und feste Linie des Gesetzes voraussetzten, während der Vorgang immer von den starken, aber elastischen Gesetzen des Lebens beherrscht wurde. Ein Kern von Wahrheit steckt wohl in Tacitus' zufälliger Bemerkung über die Tenkterer, die dem Reiten ergeben waren und ihre Pferde an den besten Krieger in der Schar der Söhne vererbten; wenigstens ist es nicht ohne Zusammenhang mit den Andeutungen der Geschichte und der Sagen.

Sollte das Schlimmste geschehen und die Sippe verdorren, da verbirgt der Letzte des Geschlechts sein unfruchtbares Heil in der Erde, kein anderer soll es besitzen; er sagt – wenn er ein Angelsachse ist –: „Nun halte du, Erde, das Erbstück von Edelingen, da die Helden es nicht länger halten können. Auf dir haben es die Tapferen gewonnen. Der Kampftod, der furchtbare Lebenszerstörer, hat meinen Stamm bis zum letzten Verwandten weggerafft ... Keiner ist übrig, der das Schwert schwingen oder den reich geschmückten Kelch, den kostbaren Becher ergreifen kann. Die Männerschar stob davon. Von dem harten, goldgehämmerten Helm wird die Verzierung sich lösen. Die achtsamen Besitzer schlafen, die die Kampfmaske glänzend machen sollten. Die Kriegsrüstung, die sich im Kampfe beim Bersten der Schilde dem Biß des Stahles entgegenstellte, zerfällt mit dem Gebein des Helden. Die Ringe der Brünne wandern nicht in die Weite auf der Brust des Häuptlings ... Keine Freude der Harfe, kein Habicht schwingt sich durch die Halle, keine flinken Pferde stampfen im Hofe. Der unheilvolle Tod hat die Schar der Männer davongerissen."

Gabentausch

Wenn das Kleinod über die Friedensgrenze hinübergereicht und von fremden Händen entgegengenommen wird, verschmelzen die verschiedenen Leben, die Menschen werden miteinander durch eine Verpflichtung der Art des Friedens verbunden. Der große „Kauf“ vor allen anderen Käufen ist der Heiratsbund, und sein Ernst wird deutlich erkennbar an dem gegenseitigen Interesse der Verschwägerten auf beiden Seiten, einem Einheitsgefühl, das nicht von den Stimmungen des Augenblicks abhängig ist. Sie könnten nicht ruhig dabeistehen und zusehen, wie der andere in Streit oder in Rechtshändeln unterläge, denn die Niederlage ihrer Schwäger würde ihren eigenen guten Ruf aufs Spiel setzen; beide Parteien betrachteten es als unmöglich, die eigene Ehre zu behaupten, ohne dem anderen zu helfen, wie der Isländer es ausdrücken würde. Es waren tatsächlich Friedensbande, die geknüpft wurden, wenn eine Frau als *friðu-sibb,* als „Friedens-Frau“, von einem Geschlecht zum anderen ging.

Es war Friede in dem *mundr,* in der Brautsumme oder Brautgabe, die den Kern des Kaufs bildete, der zwischen zwei Sippen abgeschlossen wurde. Die handelnden Personen sind auf beiden Seiten die Personifikationen der gesamten Sippe; der Fürsprecher des Bräutigams und der Vormund des Mädchens handeln im Auftrag ihrer Sippen. In historischen Zeiten wurde die Brautsumme das Anrecht vom Vater oder Vormund, ein Vermögenszuwachs, der dem glücklichen Erzeuger von Töchtern zufiel; aber auch dann blieb noch etwas übrig von der alten Solidarität, die verlangte, daß die Gabe durch die ganze Sippe durchsickern sollte. Die alten Sitten hielten sich in außergewöhnlichen Fällen; wenn z. B. der Vater und der Bruder der Braut fehlten und ein entfernter Verwandter Vormund war, traten die ursprünglichen Rechte der Verwandten wieder in Kraft.

In dem germanischen System ist es nicht die Frau, die Mitgift bringt, sagt Tacitus, sondern der Mann, der der Frau Geschenke anbietet. „Die Eltern und die Verwandten erscheinen, um diese

Gaben zu billigen – Gaben, die nicht ersonnen sind, um der weiblichen Eitelkeit zu dienen oder um die Braut persönlich zu schmücken, sondern Ochsen, Roß und Sattel, ein Schild, ein Speer oder ein Schwert; durch diese Geschenke wird die Braut gewonnen, und sie gibt als Entgelt ihrem Gatten einige Waffen." Tacitus hat unzweifelhaft recht, wenn auch nicht auf die romantische Art, in der er es sich vorstellte, wenn er hinzufügt: „Hier ist das Wesentliche an dem Band, das sie bindet, hier ist nach ihrem Gefühl sein geheimnisvolles Sakrament, die Gottheit, die es schützt."

Austausch von Geschenken ist der einzige Weg zu Freundschaft und Bündnis. „Sie gaben einander Gaben und schieden als Freunde", „sie tauschten Geschenke aus und schlossen einen Freundschaftsbund", solche Redewendungen kommen in den isländischen Sagas immer wieder vor, und der beste Kommentar über das Verhältnis der beiden Dinge zueinander liegt in der Identifikation der Sprache: „Zwischen ihnen bestand warme Freundschaft und Gabentausch."

Die Alten konnten Verwandtschaft nicht besser definieren, als sie es in der Formel für Aufnahme in die Sippe getan haben: Zu Platz und Sitz, zu vollem Erbe, zu Buße und Ringen, zu Gaben und Entgelt – das heißt, den Verwandten erkennt man daran, daß er einen Sitz in der Halle, ein Anrecht auf das Erbe und auf einen Anteil an der Buße und an der Rache hat und daß er einen Freundschaftsbund schließen darf.

Es macht also keinerlei Unterschied in der Eintracht zwischen Menschen, ob das eine oder das andere, was diese Worte enthalten, den ersten Platz einnimmt; denn wenn die Gabe erwähnt wird, steht die Freundschaft daneben, und wird die Freundschaft eingeladen, muß die Tür für die Gabe offengehalten werden. Der normale Zustand im Leben ist, daß derjenige, der Freundschaft sucht, seine Gabe hinreicht und dadurch seine Neigung erklärt. Oder er geht zu seinem Nachbarn und eröffnet die Unterhaltung mit den Worten: „Aus vielen Gründen ist zwischen uns Kälte gewesen; jetzt will ich mit dir Freundschaft schließen, und du sollst von mir das schönste Zuchtpferd im Bezirk erhalten." Mag auch ein scharfes Ohr hier und da einen etwas geschäftsmäßigen Klang in der Stimme dieser isländischen Häuptlinge vernehmen, wenn sie Geschenke anbieten, es liegt doch nichts Verräterisches in den Worten selbst. Die Worte gleiten dem englischen Dichter leicht über die Lippen, wenn er seinen geliebten Apostel Andreas zu dem „Schöpfer der Welt“ in der Gestalt eines Seemannes sprechen läßt: Andreas war nach dem Gebot des Höchsten unterwegs zu den fernen menschenfressenden Mermedonen, um ihnen die frohe Botschaft zu verkünden, und wurde von einem unbekannten Schiffer übers Meer gefahren; während der Überfahrt saß der erfahrene Fischer und beobachtete mit immer größeren Augen die Seetüchtigkeit des Fremden, bis er hingerissen ausrief: „Einen kräftigeren, ratklügeren, wortweiseren Steuermann habe ich nie getroffen; erhöre mich jetzt, wenn ich noch eine Bitte habe: obschon ich arm an Ringen und gehämmerten Schätzen bin, die ich als Entgelt schenken könnte, möchte ich doch gern deine Freundschaft besitzen.“ Der Dichter, der diese Verse schuf, hatte eine neue Zeit und neue Sitten erlebt, deren Reichtum darin bestand, sich vom ungerechten Mammon unabhängig zu machen; er hatte gelernt, sich eine Blutsbruderschaft zwischen Männern, deren einziger Reichtum das Wort war, vorzustellen; aber um diese Erfahrung auszudrücken, muß er erst der ihm zur Verfügung stehenden Sprache Zugeständnisse machen.

Wenn alte Feinde ihre Streitigkeiten von Grund auf schlichten und einen dauernden Vergleich zwischen sich zustandebringen konnten, so geschah es, weil sie Geschenke austauschen und einen „Kauf“ abschließen konnten. Der Mönch Gregor erzählt von dem friedlichen Ende nach den Streitigkeiten zwischen Leuvigild, dem König der Goten, und Theodomer, dem König der Sueven, in Wendungen, die nahezu wörtlich in den Sagas zu finden sind, die von der Versöhnung nordischer Feinde handeln: „Sie tauschten Geschenke aus und gingen jeder in sein Heim.“

Das Wergeld brachte eine wirkliche Versöhnung mit sich, die späteren Geschlechtern dadurch verdunkelt worden ist, daß Wert zu Münze wurde. Freilich konnte und mußte die Zahlung von Blutgeld oft demütigend sein, aber in seinem innersten Wesen liegt eine Vorstellung von Wiedergutmachung oder Buße, die die Gefühle wieder aufrichtet und es den beiden Geschlechtern unmöglich macht, einander nachträglich scheel anzusehen. Das angelsächsische und skandinavische Wort *bót*, Buße, bedeutet nicht mehr und nicht weniger als „Ausbesserung“ oder „Wiederherstellung“. Der Kauf erzeugte Frieden, oder, um dasselbe auf eine andere Weise auszudrücken und seine volle Gültigkeit deutlicher zu machen: der Kauf bewirkte eine Verwandtschaft zwischen den beiden Parteien, die den Friedensbruch im schwersten Sinne des Wortes unmöglich machte, und deshalb sollten sämtliche Mitglieder des gekränkten Sippenkreises an der Buße Anteil haben, damit die Gesinnung aller auf gleiche Weise beeinflußt werden konnte. Er soll nicht nur für eine kurze Zeit seine Wirkung ausüben, sondern ganz und für alle Zeiten: solange „der Wind aus den Wolken weht, Gras wächst, der Baum Blätter treibt, die Sonne aufgeht und die Welt steht". Er soll nicht allein diese Sache aus der Welt bringen, sondern im Fall von späteren Streitigkeiten die Gemüter williger zum Frieden machen. Noch im seeländischen Gesetz Eriks finden wir den alten Gedanken, daß Männer milder gegen einen Feind sein sollten, wenn er seine Buße gezahlt hat, als gegen irgend jemanden sonst; selbst dann, wenn er herausfordernd sein sollte, muß man nicht gleich auf Rache ausgehen, sondern erst auf dem Thing sein Recht zu erhalten versuchen. Es war keine leere Redensart, wenn die Friedensformel auf Island den versöhnten Parteien die allerinnigsten Namen gab und sagte, daß sie Messer und Fleisch und alles zwischen sich teilen sollten als Freunde und nicht als Feinde; „und kommt später ein Handel dazwischen, so soll er mit Gut gebüßt werden, und kein Speer soll blutig werden". Die Worte müssen notwendigerweise so gemeint sein, wie sie lauten, da kaltblütig die Folgerung daraus gezogen werden kann, „wer von euch den geschlossenen Vergleich unter die Füße tritt und den gegebenen Frieden zerschlägt, soll ruhelos umherirren wie der gehetzte Wolf, so weit Männer je die Wölfe jagen ..."

Man hat mit Recht gesagt, daß es um so trostloser für den gegenwärtigen und zukünftigen Frieden aussieht, je drastischer die Bestimmungen wären, die als Schutz des Friedens und der Ordnung aufgestellt würden. Eine Drohung ist ihrer Natur nach immer wirkungslos, weil ihre Sicherung in der Zukunft liegt, von der man immer erhoffen kann, daß sie zu umgehen sein wird. Aber der Ernst einer solchen Verwünschung besteht darin, daß sie keine Drohung ist und nicht mit einer unsicheren Zukunft rechnet, die ihre Worte verwirklichen soll, sondern daß sie von der Überzeugung ausgeht, daß das Gefürchtete keineswegs etwas ist, das den Übertreter treffen oder nicht treffen wird, sondern daß es umgekehrt schon jetzt in ihm wirkt, wenn der böse Wille vorhanden ist. Die langen Reihen von Verwünschungen sind keine Anhäufungen von Einschüchterungsmitteln, die Schlag um Schlag den guten Willen in die Seele hineintreiben sollen – sie sind eine Beschreibung des Neidings mit dem Zusatz, daß der Friede, der jetzt geschlossen worden ist, von derselben Härte ist, wie jeder andere natürliche Friede und ebensosehr wie irgendein Friede als Prüfstein dafür dienen wird, ob jemand der Menschenwelt angehören soll oder nicht.

Der Mann konnte sich ruhig auf das Kleinod verlassen und diesem Vollmacht geben, für ihn zu sprechen; denn die Seele, die im Kleinod wohnte, würde von selber die Verpflichtung, die Ehre auffinden, sie würde das Heil binden und Schicksal mit Schicksal verknüpfen, den Willen hervorrufen oder ihm einen neuen wesentlichen Bestandteil aufpfropfen. Deshalb kann keine Macht der Welt die Wirkung eines Geschenks auf halbem Wege aufhalten, wenn es erst von Hand zu Hand gereicht worden ist, und deshalb kann niemand der geistigen Wirkung dessen widerstehen, was er zu nahe an sich hat herankommen lassen.

An jenem Tage, wo der isländische Freistaat im Begriff war, durch den Gegensatz zwischen dem alten und neuen Brauch in zwei Stücke zu zerfallen, wurde Thorgeir, der Gesetzessprecher, der Retter des Landes, weil er altmodisch genug war, um einzusehen, daß man durch eine Willensanstrengung friedfertig werden kann. Es war so weit gekommen, daß die Altheiden mit Waffen in der Hand bereit standen, um die Christen von der Thingstätte zu vertreiben, und die christlichen Scharen aus der Gesetzesgemeinschaft mit den eigenen Landsleuten austraten, um einen christlichen Staat neben dem alten zu bilden; und im selben Augenblick, wo das neue Gesetz verkündet worden wäre, hätte Island zwei Völker gehabt, die territorial durcheinandergemischt gewesen wären, es wäre wie ein Körper gewesen, dessen Organe in zwei Gruppen geteilt gewesen wären, die gegeneinander wirkten. Siduhall, der Führer der Christen, schreckte vor der Verantwortung zurück und wählte den sonderbaren Ausweg, den alten Führer des Freistaates durch Kauf dazu zu bewegen, die christlichen Gesetze zu formulieren. Nachdem Thorgeir einen Tag mit dem Mantel über dem Kopf dagelegen hatte, über jetzige und kommende Dinge grübelnd, trat der alte Heide mit einem Gesetz hervor, das alle zu dem neuen Brauch zwang und Island zu einem christlichen Lande machte. In einer Rede stellte er seinen Landsleuten Friede und Unfriede vor Augen und zwang sie zur richtigen Wahl mit einer Erzählung aus alter Zeit: Einmal lagen Dänemarks und Norwegens Könige in ständigem Streit, bis das Volk des endlosen Krieges müde wurde und die Könige zwang, gegen ihren Willen

Frieden zu schließen, und zwar durch das einfache Mittel, mit einem Zwischenraum von einigen Jahren Geschenke auszutauschen. Und dadurch dauerte ihre Freundschaft ihr ganzes Leben. – Thorgeir hätte nie so sprechen können, und noch weniger hätte in späteren Zeiten jemand ihn so reden lassen können, wenn nicht er und seine Zuhörer den Kern der Geschichte verstanden hätten, und dieser Kern war kräftig genug, ein ganzes Volk zu bekehren.

Die Männer, die eine Geschichte wie die von den Königen von Dänemark und Norwegen erzählen und verstehen konnten, fühlten eine instinktive Abneigung dagegen, fremde Seelen in ihrer unmittelbaren Nähe zu haben. Und sie zeigten ihre Unruhe. An dem Abend, bevor Æthelstan bei Brunanburh seine entscheidende Schlacht gegen die Norweger schlug, war, nach dem Bericht des englischen Geschichtsschreibers William von Malmesbury, ein fremder Harfenspieler in das Lager gekommen, hatte sich am Eingang des königlichen Zeltes niedergelassen und spielte so gut, daß der König ihn bat, die Gesellschaft beim Essen zu unterhalten. Nach der Mahlzeit, als ein Kriegsrat abgehalten werden sollte, wurde der Harfenspieler mit einem Geschenk entlassen; aber einer der Männer, der Ursache hatte, den Fremden genau zu beobachten, sah, daß er das Gold in der Erde versteckte, bevor er fortging; und er riet deshalb König Æthelstan, sein Zelt woanders aufzustellen, denn der Gast war kein anderer als Olaf Sigtryggson, der norwegische König.

William versteht natürlich nicht den Beweggrund des Norwegerkönigs – er meint, daß seine Tat aus Verachtung gegen das Geschenk hervorgegangen sei – und für Olaf wäre es vielleicht schwierig gewesen, ihn aufzuklären, wenn er gefragt worden wäre. Aber er fühlte, daß er, wenn er dem fremden Willen erlaubte, an ihm zu haften, darauf vorbereitet sein müsse, daß dieser sein eigenes Heil gegen ihn stellen würde – ja noch mehr: daß sein eigener Wille und seine eigene Einsicht Verrat gegen ihn verüben und nicht nur seinen Fortgang aufhalten, sondern ihn auch in seinem jähen Aufstieg zu Boden werfen würde. Ein Mann wie der kluge Franke Chlodwig verstand es gut, die Macht der toten Dinge zu benutzen, um den Willen der Menschen in Fesseln zu legen. Der Franke hatte heimlich an die burgundische Prinzessin Chrotild Geschenke gesandt. Als er aber später seine Werbung öffentlich kundtat, erhielt er einen kurzen abschlägigen Bescheid von dem Oheim der Dame. Da rief das Volk: Untersuch zuerst, ob nicht heimlich Geschenke von ihm gesandt worden sind, damit er nicht die Möglichkeit hat, dich zu überfallen; sonst „wirst du nicht im Kampfe für die Gerechtigkeit deiner Sache siegen, denn Chlodwigs heidnische Raserei ist furchtbar“, – wie der arme Chronikschreiber sich ausdrückt, um so viel Sinn wie möglich in die Sache zu legen.

Aber das Verhältnis läßt sich auch von einer anderen Seite betrachten. Der Geber hat einem anderen ein Stück seiner Seele anvertraut, und ist der Empfänger zufällig klug oder mächtig genug, die Möglichkeit zu benutzen, die ihm eröffnet wird, kann der ursprüngliche Besitzer eine Beeinträchtigung seines Willens fühlen. Ein Franke aus dem 6. Jahrhundert, einer jener wilden Kerle, die anscheinend weder Gott noch Teufel fürchteten, auch Gutes vom Bösen nicht unterscheiden konnten, wagte es nicht, seinen Gabebruder im Stich zu lassen oder etwas Entscheidendes gegen ihn zu unternehmen, solange der Gabebund nicht gebrochen war. Der Thronforderer Gundowald hatte sich in Convenæ eingeschlossen, als sein spärliches Glück so gering geworden war, daß sogar seine treuen Freunde einsahen, daß sie woanders eine Zukunft suchen müßten. Einer von ihnen, Mummolus, überredete Gundowald dazu, hinauszugehen und sich seinen Feinden auszuliefern; aber unterwegs gab der dem unglücklichen Thronforderer diesen freundschaftlichen Rat: „Die da draußen mögen denken, daß du hoffärtig auftrittst, wenn du in meinem goldenen Gürtel erscheinst; hänge dir lieber dein eigenes Schwert um, und gib mir das meinige zurück.“ Gundowalds Antwort ist deutlich genug, sogar in der verständnislosen Umschreibung Gregors: „Ich verstehe deine Worte; was ich aus Liebe zu dir getragen habe, soll jetzt von mir genommen werden.“

Das Geschenk war eine unmißverständliche Offenbarung oder vielmehr eine Kristallisation des Wohlwollens; um sich von der Aufrichtigkeit des anderen zu überzeugen, möchte man wohl wünschen, seine Herzlichkeit ans Licht kommen zu sehen. Als Magnus der Gute auf dem Upsalathing hervortrat und all denen, die sich gegen seinen Vater verschworen hatten, Verzeihung und Huld versprach, wenn sie sich ihm mit Wohlwollen und aus vollem Herzen zukehren wollten, nahm Thrond das Angebot als Sprecher für das ganze Volk an: „Meine Verwandten waren nicht mit des Königs Geschlecht befreundet, doch selbst hatte ich keinen Anteil an Olafs Tod; wenn du mir deinen Mantel im Tausch geben willst, will ich dir Freundschaft versprechen und halten.“ Der König willigte ein. „Und willst du auch die Waffen mit mir tauschen?“ fuhr Throncl fort. Der König versprach auch das. Darauf lud Thrond den König in sein Haus ein und gab ein prächtiges Fest.

Wer mit einem Fremden Waffen getauscht hat, kann sich neben ihn schlafenlegen: er kann ihm keinen Schaden zufügen. Man kann es dem andern sogar überlassen, gegen einen Dritten Wache zu halten, denn die Sicherheit, die das Kleinod erzeugt, beschränkt sich nicht auf passive Zurückhaltung. „Wie Vater dem Sohn, wie Sohn dem Vater, so begegnen sich die beiden Verglichenen bei allen Handlungen, wo es notwendig ist“, so lautet die Friedensformel. Welcher Jurist oder Moralist wäre darauf gekommen, das Ideal gerade mit diesen Farben zu malen, um eine schwierige Tugend verlockend zu machen! Man kann durch Idealisierung die edle Vergeßlichkeit in eine edle Rücksichtnahme umbilden, aber Feinde zur Versöhnung zu ermuntern, um einander helfen zu können, ist nur möglich, wenn eine Wirklichkeit dahinter steht, die die Bedingungen vorschreibt. Und diese Wirklichkeit ist, daß die Gabe voll von Erinnerungen und Ehre auftritt und sich selbst mit Freunden und Feinden, mit Göttern und Vorfahren, mit Vergangenheit und Ziel verschenkt. Der Wille wird in der einzigen Art gebunden, in der der Wille in alter Zeit gebunden werden konnte, nämlich indem ihm ein neuer Inhalt und ein neues Ziel eingeimpft wurde.

Ausschließlich kraft dieser wiedergebärenden Eigenschaften vermag das Kleinod die Quellen zu erschließen, aus denen die Gefühle emporsteigen; es erzeugt nicht nur Einheit im Wollen, sondern auch Ergebenheit, Freude und gegenseitiges Wohlgefallen.

Die Ehe war auf Liebe gegründet, aber kein Germane erwartete, daß die Liebe sich einstellen sollte, bevor die Hochzeit gefeiert war und das eheliche Leben seinen Anfang genommen hatte; jede Vorwegnahme war überflüssig, da man wußte, daß die Liebe sicher kommen würde, wenn alle Formalitäten richtig und ordnungsgemäß ausgeführt wurden. „Und sie begannen bald einander zu lieben“, heißt es in den Sagas von glücklich verheirateten Paaren. Aber wir wissen auch, in welchem Augenblick die Liebe zu wachsen anfing und zwischen den beiden stark wurde, nämlich am Morgen des zweiten Tages, wenn der Gatte durch sein Geschenk die vollzogene Tatsache der ersten Umarmung bestätigte – oder „festigte“. Die Brautgabe wurde der Braut an dem Tage versprochen, wo ihre Verbindung endgültig beschlossen wurde, meist wahrscheinlich wie in Schweden am Hochzeitstage, und sie stand ihr von dem Morgen ab zu, wo das Paar eine Nacht zusammen geschlafen hatte. Diese beiden Handlungen, die Umarmung und die Gabe, sind der Ursprung der Liebe; und deshalb gelten sie – vor einem Gesetz, das nur Realitäten respektiert – als die beiden notwendigen Voraussetzungen für eine rechte Ehe, und deshalb umschreiben sie auch alle Möglichkeiten von warmen Gefühlen zwischen Mann und Weib. In einer Welt, wo Liebe auf diese Weise gegeben und genommen wird, ist kein Platz für sentimentales Sehnen und Seufzen; ein Liebhaber, der von Liebesschmachten lebt, ist einfach gemütskrank und sollte wohl bedenken, wozu eine solche Krankheit führen kann. Wollen wir die gesunde Romantik der alten Zeit kennenlernen, müssen wir zu Margarethe auf Stokkar gehen und die einfachen Worte hören, in welchen sie sich beklagt, als König Magnus, der auf einer Reise durch den Ort kam, das Bett mit ihr zu teilen wünscht: „Schwer dünkt es mir, ihn erst lieben zu lernen und ihn dann zu verlieren."

Dieser Ausruf eines Mädchens, dem es vor einem Morgen graute, der nicht das Versprechen der Nacht erfüllen würde, gibt in Verbindung mit den Worten des schwedischen Upplandgesetzes über die Morgengabe, durch die eine Frau „geehrt" wird, eine Erläuterung des weiblichen Elements: die Sorge der Frau, wenn sie von Gefahren träumt und erwacht, um ihren Gatten zu warnen, der Ehrgeiz des Mädchens, wenn sie mit ihren Verwandten sitzt und mögliche Bewerber nach ihrer Geburt, ihrem Reichtum, ihrem Ruhm – oder nach ihrer geringen Selbstbehauptung einschätzt; sie schickt einen Freier weg, wenn er sich nach ihrer Meinung in seinen Händeln mit den Nachbarn nicht ganz bewährt hat, und sie tut es, weil sie nach Liebe in der Ehe dürstet. Ehre tut not, um ihre Sinne zu erwecken; denn Familienruhm und Familienreichtum, Geschlechtsüberlieferungen und Taten der Vorfahren bilden den Inhalt der Seele der Frauen als auch der Männer. Und die Liebe, mit der sie ihren Gatten betrachtet, ist Friede: das heißt, daß ihre Liebe, weit davon entfernt, ein bloß intellektueller Anhang ihres geistigen Lebens zu sein, vielmehr Instinkt und Energie ist, die sie für den kämpfen lehrt, den sie liebt, und daß diese Liebe nie so zärtlich wird, als daß sie nicht ihren Charakter als Ehrgeiz behielte. Wenn wir den Zustand der Witwe unmittelbar neben dem der Frau betrachten, sehen wir, daß die Trauer der Witwe die Bitternis einer Kränkung hat, daß sie durchdrungen ist von dem Aktiven, das jede Verzweiflung und jede Resignation verjagt, daß sie durch Wiedergutmachung geheilt wird, und dann sind wir vielleicht so nahe, wie es uns überhaupt möglich ist, an der Nachempfindung dessen, was die Liebe jener Zeiten in Wahrheit war – die Liebe, die einer Thurid, der großen Witwe, ihre Größe verleiht. Dann werden wir uns auch dem Verständnis dafür nähern, daß die Liebe ihren Ursprung hat in der Übernahme der Ehre des Gatten mit ihrem ganzen Inhalt von Besitz und Erwerbungen, und wenn der Bewerber nur erst soweit gelangt, daß er seine Gabe in den Schoß des Mädchens legen kann, hat er schon ihre Gunst. Sollte aber andererseits der Kauf zurückgehen, geht die Frau fort, ohne sich zögernd umzudrehen. Die Auflösung eines Geschenkaustausches bewirkt eine Trennung der durch ihn hervorgebrachten Gefühle, und sie kehren zu ihren ursprünglichen Besitzern zurück.

Von hier aus gesehen, bekommen die alten Geschichten ein anderes Aussehen. Vieles, was verworren erschien, wird sich in natürlichen Formen zeigen, und vieles, was sich der modernen Auffassung als nebensächlich entzog, wird mit tragischer Stärke hervortreten.

Der alte Verfasser des Beowulf hat einen besonderen Klang der reichen Erfahrung in seiner Stimme: er denkt viel über diese Dänen und Geaten nach, und meist sind seine Gedanken melancholisch. Wenn er Hrodgars Tochter erwähnt, muß er daran denken, daß sie es war, die mit Frodis Sohn Ingeld verheiratet wurde, um den alten Streit zwischen den beiden Völkern, ihren Dänen und seinen Hadubarden, zu schlichten. Aber das Glück sollte ihr nicht hold sein. Als sie in ihr neues Heim kam, mußte es für die Krieger dort bitter sein zu sehen, wie ihr dänisches Gefolge offen die alten hadubardischen Waffen als Siegestrophäen trug. Irgendein grauhaariger Recke wird sich ohne Zweifel des Tages erinnern, wo diese Waffen in andere Hände gerieten, und er wird Ingeld zurufen: „Siehe, kennst du das Schwert, das kostbare, das dein Vater in der Schlacht trug zum letzten Male, als die Dänen ihn schlugen und die Waffen der Geschlagenen nahmen?“ Eines Tages werden seine Worte durchdringen, und der feindliche Prahlhans wird das Vergehen mit seinem Leben zahlen. Dann sind alle Eide gebrochen, der Haß quillt in Ingelds Herzen empor, und seine Liebe zu der Frau erlischt. Es ist etwas in dieser psychischen Katastrophe, das wir nicht mit unseren Worten ausdrücken können;

sobald der Kauf gebrochen wird und die Dänen, die durch ihn in die Ehre des Königs aufgenommen waren, hinausgerissen worden sind, ist keine Liebe mehr in ihm.

Es ist derselbe plötzliche Bruch, der Brynhilds Geschichte zu einem Prüfstein für unser Verständnis der Liebe unter unsern Vorfahren macht und den Schreiber verzweifeln läßt, der sein Verständnis in einer Sprache ausdrücken möchte, die nach den Bedürfnissen des lyrischen Gefühls erweicht ist.

„Ich werde dir meinen Zorn sagen", das ist das Eintrittstor zu Brynhilds Geständnis. Ihr Brüten ist nicht das selbstverzehrende Wenden und Drehen, das das Grübeln des Beraubten immer tiefer in die Seele hinabsenkt und immer tiefere Trauer findet. Sie sinnt, ihre Gedanken sind vorwärtsgekehrt in Plänen der Wiederaufrichtung oder der Rache. Wie sie daliegt, die Bettücher über den Kopf geschlagen, wissen alle, daß sie im Nachdenken liegt, und als sie den Mund auftut und zu ihrem Gatten spricht, ist das Wort fertig geprägt: „Du sollst sowohl Königreich als Gut verlieren, Leben und mich, und ich will zu meinen Verwandten fahren, wenn du nicht Sigurd tötest, – und sorg dafür, daß du den Welpen nicht länger leben läßt als den Wolf."

Ihre Rache ist natürlich gegen Sigurd gerichtet; sie muß am härtesten zu dem sein, den sie am meisten liebt. Nicht weil die Liebe in ihrem Wesen paradox ist, sondern weil sie rationell ist. Sie hatte geschworen, nur den Mann zu lieben, mit dem sich keiner messen könnte und der seine Kraft bezeugte, indem er durch die Waberlohe sprengte, mit welcher ihr Gemach umgeben war. Diese Tat wurde von Gunnar ausgeführt, und sie hieß ihn willkommen und liebte ihn; aber Gunnar war in Wirklichkeit der Drachentöter Sigurd, der mit seinem Blutsbruder die Gestalt getauscht hatte, um ihm zu seinem Herzenswunsch zu verhelfen. Eines Tages werden Brynhilds Augen geöffnet; sie ist nicht mit dem größten Helden der Welt verheiratet. Sie kann behaupten, daß er nicht ehrlich gehandelt hat, als er seine eigene Heldentat auf Gunnar übertrug; aber die Kränkung hat ihren Stachel woanders: Sigurds größtes, nicht zu verzeihendes Vergehen besteht darin, daß er der größte ist, größer als Gunnar; seine Missetat ist auch die, daß er den Wurm tötete und das Gold nahm, denn das tat Gunnar nicht. Wir finden dasselbe „unverdiente" Schicksal wie damals, wo Brynhilds späteres Gegenbild, Gudrun, Usvifs Tochter, Kjartan hassen mußte, weil Bolli das falsche Gerücht verbreitet hatte, daß er sich in Norwegen niedergelassen hätte, und sie durch diese Lüge von dem getrennt hatte, mit dem sie sich versprochen hatte; Kjartans Vergehen lag in der Tatsache, daß er nach Hause kam und sie, indem er selbst treu blieb, das Wort brechen ließ, von dem sie sich frei geglaubt hatte.

Das Unglück in dem Leben dieser beiden Frauen ist nicht, wie wir vermuten möchten, betrogene Liebe, es ist ein Gefühl der Schuld, der Entehrung; und Kjartan sowohl wie Sigurd sind – wissend oder unwissend – die Ursache der Sünde, die ihre Verlobten durch die Heirat mit einem andern Mann begingen. Für unsere Kultur, die der Verantwortung nie größeren Raum gibt, als es die Umstände erlauben, liegt der Nachdruck auf dem Willen zum Bösen; für uns werden Brynhild und Gudrun Heldinnen einer Ehetragödie. Wenn es jedoch die Erfahrung von den Auswirkungen der Schuld ist, die die Seele erfüllt, wird die Frage nach Wille, Mißgeschick und Notwendigkeit von anderen Problemen überschattet, und um Einsicht zu gewinnen in das Wesen der Leidenschaft und das Recht der Leidenschaft, muß man die logische Berechnung des ethischen Gewinns und Verlustes verstehen, die bei der Selbstbeobachtung unserer Vorfahren ausschließlich zur Anwendung kommt. Die nüchtern kalte Definition eines Versprechens ist: keine Verpflichtung der Wahrheit oder einer anderen, dritten Partei gegenüber, sondern ein gegenseitiger Kaufvertrag zwischen dir und ihm. Wenn der Kauf gebrochen wird, leidet deine Seele darunter, weil ein Teil von ihr in der anderen Partei befestigt ist; und der Schaden ist gleich gefährlich, ob du es bist oder er, der versagt, oder ob ein Unfall den Vertrag aufhebt. Es ist unvermeidlich, daß die Enttäuschung unter den ethischen Ernst fällt, der, obwohl er zwischen einem Riß von innen und einem Bruch von außen genau zu unterscheiden weiß, die beiden nicht als wesentliche Gegensätze betrachtet. Ein Fehler, für den man selbst zu tadeln ist, führt um so eher zur Selbstauflösung, als nirgends Wiedergutmachung zu haben ist; aber für das ethische Urteil ist es kein geringerer Fehler, gekränkt zu werden, als Kränkung zuzufügen, Unfähigkeit zum Selbstschutz ist gleichwertig mit Unterlassung desselben. Und vor diesem Verantwortungsgefühl soll der Nächste gerichtet werden: zwischen dem, der mich daran hindert, mich zu behaupten, und dem, der die Ursache ist, daß ich es nicht kann, ist kein Unterschied – beide sind schuldig.

Die Seelenkrankheit, die Brynhild zugrunde richtet, besteht in der Sünde gegen die Heiligkeit des Wortes. Sie hatte sich mit einem feierlichen Gelübde verpflichtet, keinen anderen als den Größten zum Gatten zu nehmen, und nun fand sie, daß sie ihr Wort gebrochen hatte; ob wissend oder unwissend, ob sie in gutem Glauben gehandelt hatte oder nicht, ihre Ehre, sie selbst war zerbrochen.

„Übel geht es denen, deren Versprechungen sich gegen sie wenden"; in diesem Ausspruch Brynhilds liegt die ganze Selbstverwünschung, von der ethischen Demütigung bis zu der Angst vor der Zukunft, einer Angst wie vor einem Unwetter von Unglück, das sich um den begangenen Treubruch zusammenballt und von der Neidingschaft vorwärtsgetrieben wird, die hinter einer nie wiedergutzumachenden Handlung lauert.

Die Katastrophe kommt in einem Augenblick. Brynhild hatte Gunnar geheiratet, und die beiden begannen bald, einander zu lieben. Dies letzte könnten wir ruhig hinzufügen, auch wenn die Geschichte uns nicht unmittelbar und mittelbar zu verstehen gegeben hätte, daß nichts Ungewöhnliches an dieser Ehe zu bemerken war; Gesundheit war ein Zeichen von Größe und Adel, und Brynhild war größer als alle Frauen, deshalb mußte ihre Größe sich darin zeigen, daß das Gesunde und Natürliche in hohem Grade in ihr vorhanden war. Aber in dem Augenblick, wo die Wahrheit zum Vorschein kommt, wandelt sich ihre Liebe und geht auf Sigurd über; und doch – Wandlung und Wechsel hat nur wenig zu tun mit Männern und Frauen, deren Leidenschaft es ist, immer ihre innere Kontinuität zu erhalten, und deren ethischer Haß gegen den Kränker gerichtet ist, der es versucht, einen Bruch in der Persönlichkeit des anderen hervorzurufen. Sie gab sich selbst an dem Tage hin, wo sie sich durch einen Treueid mit dem Manne verband, der in ihre Feuerburg dringen würde: nicht Gunnar, nicht Sigurd, nicht irgendeinem anderen, sondern *ihm* – und die Einheit in ihr ist auf die Tatsache gegründet, daß das Gelübde ihre Liebe *ist,* und an dem Tage, wo Sigurd als rechter Anwärter auf Gunnars Platz in der Welt auftrat, war er es, den sie liebte – und also war er es, der sie beleidigt hatte.

Der Konflikt liegt hier in dem unauflöslichen Widerspruch der beiden Realitäten, die sich gegenseitig ausschließen. Sigurd hat das Versprechen, und Gunnar hat die Liebe, als eine Folge der Ehe. Die moderne Liebestragödie würde sich um den unglücklichen Umstand drehen müssen, daß eine Leidenschaft existiert, die nie Erfüllung finden kann; Brynhild stirbt an der Unmöglichkeit die Frau zu sein, die sie ist. Als Gudrun ihr vorwirft, daß sie nur den zweitbesten Helden der Welt besitze, zeigt sie als Beweis auf den Ring an ihrem eigenen Arm; Brynhild wirft einen Blick auf das Kleinod und erkennt es; es ist der Ring, den sie Sigurd an jenem Tage gab, wo er durch die Flammen zu ihr kam. In der Gabe haben er und Brynhild ihren Sinn gemischt, und jetzt erst versteht sie, daß sie ihr Seelenbündnis gebrochen hat.

Der Dichter, der die Innigkeit dieser alten Liebe heute in vollem Ernste wiedererlebte und wiedererstehen ließe, würde sich in und mit seinem Werke aus der Kultur seiner Zeit verbannt haben; trotz all der Lobreden, die den Davids und Jonathans der Vergangenheit gespendet worden sind, ist die alte Freundschaft ebenfalls eine tote Herrlichkeit, die nicht in modernen Worten wiederbelebt werden kann, weil Worte nur das ausdrücken können, was existiert. Wir sind außerstande, die alte Harmonie zu rekonstruieren. Freundschaft im alten Sinne umfaßte die kühle Berechnung des Vorteiles und die unbeschränkte Treue, und weit davon entfernt, einander einzudämmen, wuchsen Selbstbehauptung und Selbstvergessenheit in gleichem Maße heran; Freundschaft wird nicht durch Zuneigung genährt; umgekehrt, der vereinigende Bund läßt die Zuneigung wachsen und erhält sie; seine Freude ist das liebevolle Gespräch, Worte, die Sinn mit Sinn mischen, und nichtsdestoweniger war damals die vollkommene Hingabe, die wir bei dem geistigen Verkehr keimen fühlen, die erste Voraussetzung für das Vertrauen. In der Geschichte von den Blutsbrüdern Thorgeir und Thormod lernen wir, was Freundschaft den ihr Geweihten auferlegt. Als Thorgeir erschlagen wurde, floh der Töter übers Meer nach Grönland; Thormod folgte ihm, verkleidete sich als Bettler, ließ sich wie ein wildes Tier jagen, lag mit Wunden geschlagen in Höhlen und an einsamen Orten – und kehrte heim, das Leben von fünf Männern in seiner Axt, als Rache für seinen Freund. Und doch ist keine Spur von Selbstaufopferung dabei, sondern nur Ehre. Freundschaft ist Wille durch und durch, aber ein Wille, der in den unbewußten Regionen der Seele wurzelt, der über die augenblickliche Neigung oder den Mangel an Neigung erhaben ist. Und doch ist die Neigung zu Ende, wenn die Geschenke zurückgesandt worden sind. Für uns, die wir nur Zuschauer beim Spiel der Elemente sind und eifrig versuchen, das harmonische Friedensgefühl zu rekonstruieren, das die Seelen anfeuerte, für uns wird die Freundschaft wahrscheinlich einen Eindruck von etwas Kaltem und Intellektuellem hinterlassen, und doch ist die Freundschaft bis zum Bersten voll von Gefühlen.

Die Hingabe des Kriegers ist eine der ältesten und am besten bezeugten Tugenden im Charakter der Germanen. Halb erstaunt und halb bewundernd beobachtete der zivilisierte Römer das Häuptlingsgefolge, das kämpfte, solange sein Führer kämpfte, oder freiwillig die Gefangenschaft mit ihm teilte, und für seine konservative römische Seele war die vollkommene Hingabe des barbarischen Kriegers eine prachtvolle Offenbarung seines Pflichtgefühls. Tacitus verstand, daß diese Selbstaufopferung unbedingt war, und er konnte seine Worte nur so wählen, daß die Vorstellung der Pflicht in ihnen vorherrschte; aber die, die selbst den Jubel der Heerschar erlebt haben, merken kaum die Pflicht, sondern nur die Begeisterung, die den Willen in Spannung hält. In der Geschichte können hundert Jahre oft wie ein Tag sein, und das Gefühl hatte sich kaum sehr gewandelt von den Geschlechtern ab, die die ersten Jahrhunderte erschütterten, bis zu dem christlichen Dichter, der die Treue der Jünger auf deutsch in den Worten von St. Thomas erläuterte: „Es ist die Freude des Mannes, fest zu seinem Herrn zu stehen und willig mit ihm zu sterben. Dies wollen wir alle, ihm auf seinem Wege folgen, unser Leben nur gering achten und mit dem König im fremden Lande sterben." Und wiederum ist der Zeitraum, der den Heliand von Hallfred dem Schwierigkeitsskalden trennt, nichts in der Geistesgeschichte, so verschieden die Jahrhunderte in Deutschland und im Norden verlaufen. Für Hallfred ist König Olafs Fall ein tiefer Schmerz, das einzige Leid, das ihn hat beugen können. „Die nordischen Länder sind verödet durch den Tod des Königs, jede Freude ist verblichen durch den Fall des fluchtscheuen Tryggvason", klagt er, und die Klage fand Widerhall bei allen Zuhörern. Sogar sein Gegner Gris, der als stumpfsinniger Alltagsmensch gilt, hat das tiefste Verständnis für Hallfreds Jammer, bloß weil er selbst Königen gedient hat. Die Saga berichtet, daß die Nachricht von Olafs Fall an dem Tage eintraf, wo diese beiden Männer ihre peinlichen Streitigkeiten durch Zweikampf entscheiden wollten, und daß Hallfred wie von einem Stein getroffen fortging und sich ins Bett legte. Als Gris hörte, daß jenem Hohnworte nachgerufen wurden, sagte er: „Nein, nein, nicht so; ich erreichte nie eine solche Ehre beim Gardakönig wie Hallfred bei Olaf, und doch habe ich nie eine so schwere Kunde gekannt wie die vom Fall meines Häuptlings."

Aber diese Ekstase, die den Tod beim Tode des Häuptlings als eine Gnade willkommen hieß, hat nur die eine Erklärung: er gab und ich empfing; er, der Goldbrecher, ich, der Empfänger der Schätze.

Wiglaf begann da, Weohstans Sohn,
Der harmvolle Held sah die Verhaßten an:
„Wohl mag nun sagen, wer die Wahrheit sprechen will,
Daß dieser milde König, der euch die Kleinode gab,
Die Heerrüstung, in der ihr hier vor ihm steht,
Wenn er so manchem auf der Metbank euch schenkte,
Der Hallesitzenden, Helm und Brünne,
Der König seinen Kämpen, den kühnsten, die er irgend
Fern oder nah zu finden wußte –
Daß er gänzlich sein Hab vergeudet hatte,
Als es zum Kampfe kam die Kriegsgewande!"

Ebenso rein klingt der Ton im jüngsten aller angelsächsischen Heldengedichte, dem Lied von der Schlacht bei Maldon, das sozusagen auf einem geschichtlichen Walplatz gedichtet worden ist. Erst heißt es von dem Verräter: „Zuerst wandte sich zur Flucht Godrik und verließ den Herrn, der ihm manches Pferd gab", dann von den Treuen: „Alle sahen sie, die Herdgenossen, daß ihr Herr tot lag; eifrig eilten die Mutigen vorwärts, alle wollten sie das Leben lassen oder den Geliebten rächen", und schließlich von dem Kühnsten unter den Kühnen: „Da hatte er erreicht, was er seinem Häuptling versprochen, früher in der Halle des Ringspenders ausgerufen, daß sie beide zur Burg reiten sollten, mit heilen Gliedern heimkehren oder beide auf dem Walplatz bleiben, müde von Wunden. Wie ein rechter Mann lag er seinem Herrn zur Seite."

Das hervorragendste Gedicht von der Mannentreue im Norden, das Bjarkalied, ist uns nur in Saxos lateinischer Umschreibung erhalten. Wir können uns keine rechte Vorstellung von seinem Klang in der alten Sprache machen, aber der Inhalt von Saxos geschnörkelten Versen spricht doch klar genug von seiner allgemeinen Treue zu dem Geiste der ursprünglichen Fassung; alles, was außerhalb der Kultur Saxos und daher außerhalb seiner Vorstellungsmöglichkeit lag, kann nur aus der alten Quelle geschöpft worden sein. Das Gedicht durchläuft die ganze Skala der Gefolgschaftsseele von der kühlsten Versicherung des Wollens ab bis zur Selbstvergessenheit in einem anderen, und die Mannen des Königs kehren immer wieder zu der Freude am Golde zurück, um ihrer selbst gewiß zu werden. Hier beginnt der erste Aufschwung des Gedichts:

„Froh vergelten wir dem Fürsten die Geschenke, froh ergreifen wir die Schwerter und härten ihre Schneiden in Ehre. Durch die Schwerter, die Helme, die Ringe, die Hrolf unter seine Mannen streute, durch die Rüstungen, die uns um die Fersen schlagen, wird unser Herz für den Kampf geschärft. Jetzt ist die Zeit da, jetzt ist die Ehre da, damit wir durch Hiebe voll entgelten, was wir empfingen, als wir im Frieden unsere Glieder auf den Bänken streckten ...

Alle Gelübde, die wir beim Becher mit dem Bier auf der Lippe taten, jeden Schwur bei den hohen Göttern erfüllen wir jetzt. Mein Herr ist der größte unter den Dänen ...

Der König ist gefallen, und mit seinem Fall kam der Tag derer, die nicht so feige waren, daß sie ihre Hiebe zu Boden fallen ließen, und nicht so wenig kampftüchtig, daß sie davor zurückschreckten, ihren Häuptling zu rächen, die nicht den Ruhm von sich warfen, den Lohn des Kühnen ...

Laßt uns vorwärtsgehen, wie Hrolf uns gelehrt hat. Er schlug Hrœrek, den Geizkönig, den Häufer der Schätze, die er in Schande verrosten ließ, dessen Halle von ehrliebenden Männern verlassen wurde. Hrolf schlug ihn, plünderte seine Kammern und ließ seine Freunde in den Kleinoden des Neidings glänzen. Nichts deuchte ihn so schön, daß er es nicht ausstreute, nichts zu köstlich, einen Gefolgsmann zu schmücken. Er zählte seine Tage nach den Ernten der Ehre, nicht des Goldes ...

Nichts widerstand ihm, wo er vorwärtsging, glühend vor Tapferkeit, nicht geringer in Stärke, als herrlich zu schauen. Wie die Flüsse sich schäumend in das Meer stürzen, warf er sich in die Schlacht; er eilte zum Kampf, wie der Hirsch übers Land springt ...

Ich sehe ihn, den Sprößling Frodis, lachend stehn in der tosenden Brandung der Schlacht, den Gold-Sämann von den Sirtfeldern. Auch wir sind voller Freude und folgen unserem herrlichen Vater mit festen Schritten auf dem Wege des Schicksals ... Ruhm folgt dem Tode. Was Männer keck bauten in Zeiten der Macht, soll keine Zeit zerstören ...

Den Schild auf den Rücken! Laßt uns kämpfen mit offener

Brust. Beschwert die Arme mit Gold, hängt Ringe auf den rechten, daß die Schläge härter fallen mögen. Hinein unter die Schwerter, unsern geliebten Herrn zu rächen. Den nenne ich am glücklichsten, der mit dem Schwerte als Buße für ihn die Toten häuft ...

Die Ehre empfange uns, wenn wir vor des Königs Augen fallen. In der kurzen Zeit, die noch übrig ist, wollen wir uns mit Ruhm das Todeslager bereiten. Bei dem Haupte meines Häuptlings will ich mich niederhauen lassen; bei seinen Füßen strauchle du vornüber in den Tod; damit die, die unter den Getöteten suchen, sehn mögen, wie wir unserm Häuptling sein Gold vergolten. ... So ziemt es sich uns Edelingen, uns Kampffrohen, zu fallen, dicht bei unserm König, eins mit ihm im Tode, eins im Ruhme."

So geht es weiter, Vers auf Vers. Immer wieder ballt das mächtige Gefühl sich zusammen in der Vorbereitung eines neuen Ausbruchs mit neuen Bildern, neuen Ausdrücken, um das Starke noch stärker zu machen. Das Gedicht ist durchaus erfüllt von der vollständigen Verschmelzung des Kriegers mit seinem Herrn. Der König und des Königs Ehre erfüllen so vollkommen das Gesichtsfeld seiner treuen Mannen, daß sein Fall finstere Nacht über alles bedeutet. Die verzückte Freude am gemeinsamen Sterben konzentriert in sich alle Leidenschaften des Kriegers: Freude am eigenen Ruhm, Durst nach Rache, Streben nach dem Lob der Nachwelt – das alles lebt in der Hingabe an einen Herrn und wird von der Erinnerung genährt, es lodert empor rings um die Augenblicke der Vergangenheit, die ihn in seinem höchsten Glanze zeigen. Aber eins ist immer zuoberst, wenn die Begeisterung zu einem neuen Höhepunkt emporsteigt: das Gold. Die Notwendigkeit, den Edelmut des Königs zu vergelten, ist die moralische Triebkraft des Aufrufs. Doch könnte keine Dankbarkeit, auch nicht die überschwänglichste, diesen Glanz um sich verbreiten, wäre sie nicht Dankbarkeit für die Gabe des Lebens, und gerade Leben im alten, vollen Sinne des Worts gab er seinen Mannen durch die alten Waffen und Ringe. In dem Augenblick, wo ein Mann den Ring seines Herrn an seinem Arm oder seine Waffe in seiner Hand fühlt, durchströmen des Königs Ehre, seine Vorfahren, seine Ziele, sein Stolz den Arm des Empfängers; gleich fühlt und erlebt er den Inhalt des Rings. Er wird wiedergeboren, wie man es in alten Zeiten werden konnte, und die Verbindung mit dem Geber wird sowohl in den Bedingungen des Lebens wie in den Gedanken vollzogen. Die Gefolgsmannen des Königs werden ebenso angeredet wie sein Geschlecht, als Skjöldunge, weil sie in die Hamingja des Hauses, dem sie dienten, einverleibt worden sind.

Auf langen und mühseligen Umwegen müssen wir uns zu dem vorwärtskämpfen, was die unmittelbare Erfahrung der Menschen jener Tage war. Aber der Weg, der ihr einziger Weg zur Einkehr in die Freundschaft war, der der Geschenke, führt auch uns am besten zum Verständnis dessen, was jenes Gefühl bedeutete, und also zum Verständnis seines Wesens. In Bjarkis Ausruf: „Beschwert die Arme mit Gold . . , daß die Schläge härter fallen mögen", liegt für uns der Prüfstein, ob wir verstehen oder nicht.

Da das Kleinod so nahe am Zentrum des menschlichen Lebens liegt, kann seine Wirkung zweischneidig werden. Es ist ein Zeichen der Ehre oder der Schande, des Unterdrückens oder der Unterwürfigkeit. Bald ruft es Kühnheit im Empfänger hervor, bald wirft es ihn in die Verteidigungsstellung zurück; ein Mann kann vor dem Golde seines Nachbarn Furcht haben, oder er kann daraus Nutzen ziehen; aber nie spielt er damit. Für zwei Männer, die auf keine andere Weise als durch die Waffen die Welt unter sich teilen können, wird Vorsicht die gewöhnliche Haltung sein; Olaf Sigtryggson fordert nicht blind das Schicksal heraus, indem er das Geschenk Æthelstans mit sich forträgt. Nur wer unerschütterliche Überlegenheit in sich fühlt und ruhig im voraus jeden Einsatz den seinen nennen kann, wagt ein solches Spiel wie das, das Chlodwig nach der Geschichte – oder der Sage – über die Burgunden gewann.

Die Wirkung, die durch Austausch von Geschenken hervorgerufen wird, hängt von dem gegenseitigen Verhältnis der beiden zusammenstoßenden Heile ab. Wenn ein Mann nach langem Dienst seinen Abschied nimmt und der König ihm das Schwert, das er lange selbst getragen hat, mit den Worten gibt: „Ich glaube, daß Heil ihm folgen wird, und damit sollst du auch meine Freundschaft haben", dann wird dem Manne zu dem Heil, das er schon besaß, etwas hinzugefügt, er bekommt *era,* Ehre, wie das Geschenk im Altsächsischen einfach genannt wird. Aber so gewiß wie das Bündnis mit einem Ebenbürtigen oder Höheren eine Zunahme an Stärke bewirkt, so gewiß wird die Verbindung mit einem Heil niedrigen Charakters sich als Hindernis erweisen. Die Zurückweisung eines Geschenkes berührt daher leicht wie eine Kränkung, wie ein klares und deutliches: „Mein Heil ist zu gut", und gleichzeitig, was dasselbe besagt: „Ich traue deiner Ehre, deinem Willen nicht." Dieser

Gedanke tritt deutlich in der Saga von Hörd hervor, wo der Held seine Bedenken einem Freundesgeschenk gegenüber mit den Worten ausdrückt: „Ich weiß nicht recht, denn mir ahnt, daß du deine Freundschaft mit mir nicht halten wirst.“ Derselbe Gedanke bildet die Grundlage für das Gespräch zwischen Einar Bogenschüttler, dem mächtigen Norweger, und Thorstein, dem Sohne Siduhalls, einem Isländer von gutem Ansehen, der sich gegen den König von Norwegen empört hatte. Thorstein suchte Zuflucht bei Einar und bot ihm ein ansehnliches Geschenk, aber Einar zögerte, sich an den Friedlosen zu binden, da er sich nicht gern in einen Streit mit dem König verwickeln wollte. Als Einar sich vorsichtig zurückzieht, bietet Thorstein seine Geschenke mit diesen Worten an: „Du kannst doch sicher von einem Mann wie mir Geschenke annehmen.“ Dem Sohne Einars, Eindridi, andererseits, gefällt das Geschenk und der Mann ebenfalls. „Es ist guter Manneswert *(mannkaup)* in ihm“, sagt er zu seinem Vater und meint damit: er ist ein Mann, mit dem es sich lohnt, einen Kauf *(kaup)* abzuschließen, und als er, gegen den Wunsch des Vaters, die prachtvollen Pferde angenommen hat, wird Einar gezwungen, die Sache des friedlosen Thorstein vor dem König zu verteidigen, sogar soweit, daß er droht, ihm den Gehorsam zu verweigern und die Waffen gegen seinen Herrn zu erheben.

Wo ein geringerer Mann mit einem größeren zu tun hat und im besonderen mit einem, der Königsheil besitzt, kann es nur die eine Wirkung haben, daß das größere Heil das kleinere verschlingt.

Die Gefolgsmannen des Königs, die das Zentrum ihrer Hingabe und ihres Willens im König haben müssen, sind seine „Ring-Nehmer“, und ihre Kraft und ihr Glück sind von seinem Fortschritt abhängig. Solange sie seine Geschenke empfangen und sein Brot essen, kämpfen sie nur für ihn und seine Ehre und nur durch sie für ihre eigene. Die ungeheure Überlegenheit seines Heils macht das Verhältnis einseitig, so daß es beinahe an Unterwerfung grenzt. Zwischen zweien, die sich als ebenbürtig betrachten, muß das Schenken notwendigerweise gegenseitig sein, damit der eine nicht durch List einen Vorteil gewinnt; das Geschenk des Gefolgsmannes und des Untertanen ist etwas ganz anderes als das des Königs, und deshalb werden Königsgeschenke nicht auf gewöhnliche Weise gelohnt. Wenn der König von Norwegen einem seiner Mannen einen Titel und Landbesitz gab, wurden Name und Ehre mit vielen ehrenden Geschenken befestigt. Wenn das Volk dem

Thronforderer den Königsnamen verlieh, wurde dieser nicht durch Zins von den Ernennern befestigt; auch hier war der König der Geber. Wie das Geschenk als Betonung der Selbstbehauptung und des Gleichheitsgefühls dienen konnte, hat die Welt für immer von den Bauern in Telemarken bei ihrem Streit mit König Harald erfahren, als er sie lehren wollte, Steuern zu zahlen. Die Bemühungen des Königs, die Norweger in diese neue und schwierige Kunst einzuweihen, hatten allmählich bei den schwerfälligen Schülern Erfolg gehabt, besonders nachdem die unruhigsten Elemente entfernt worden waren; nur in dem fernen Telemarken herrschte noch die alte Unaufgeklärtheit, die dem Prinzip huldigte, daß der König wohl mächtig sei, aber doch nicht „heilschwerer" als sie selbst; immer wieder schickte der König kluge Sprecher dorthin, aber trotz all ihrer Anstrengungen wollte die Theorie nicht in die dicken Schädel hinein. „Nein", sagt zuletzt einer der Großbauern, Asgrim von Fiflavellir, „den Zins wollen wir nicht zahlen, aber wir sind keineswegs unwillig, dem König Freundschaftsgeschenke zu schicken", und sie schicken ihm außerordentlich stattliche Geschenke. Aber Harald will sie nicht annehmen: „Tragt alle seine Geschenke wieder zu ihm zurück; ich muß in diesem Lande der König sein und bestimmen, was Recht und Gesetz ist; ich und nicht Asgrim."

Eine andere Geschichte aus einer viel späteren Zeit zeigt die Macht des Geschenks, dem Empfänger seinen Platz anzuweisen. Als Svein Estridson sich einige Zeit am Hofe Magnus' des Guten aufgehalten hatte, bot der König ihm eines Tages einen Mantel und eine Schale mit Met an und sprach: „Mit diesen gebe ich dir den Jarlsnamen und die Herrschergewalt über Dänemark." Aber Svein legte den Mantel nicht an, er reichte ihn, blutrot im Gesicht, einem seiner Mannen. Einar Bogenschüttlers Ausruf: „Dieser Jarl ist schon viel zu groß!" zeigt, wie tief alle Parteien den Ernst des Auftrittes verstanden.

Was aber mit dem innersten Seelenleben des Menschen Fühlung hat, besitzt trotz aller Festigkeit Geschmeidigkeit. Der König war nicht von Geschenken jeder Art ausgeschlossen; er konnte eine Freundlichkeit annehmen, und er konnte guten Männern ihre Geschenke lohnen, und zwar aus einem guten Herzen. Der Geber mußte nicht notwendigerweise in demütiger Gestalt vor den König treten, um seine Freundschaft zu empfangen; solange keine Möglichkeit öffentlicher Mißdeutung vorlag, konnten Fürst und Adeliger sich mit gleicher Versicherung des Wohlwollens begegnen. Aber der König muß natürlich bedacht sein, nicht, ohne es zu wissen, etwas zu empfangen, was sich als Forderung auf Gleichheit entlarven könnte, denn in diesem Falle wäre seine eigene Hamingja großem Widerstand begegnet. Denn das Heil, das in einem Geschenk enthalten ist, ist nicht nur eine Seele, sondern eine Neigung und ein Wunsch, der wirkliche Zustand der Seele, und gerade diese Frage: Was wünscht er, was meint er? veranlaßt einen Mann, sich eine Frist zu erbitten, um erst das Geschenk zu erwägen, und sie läßt ihn nur ungern die Ehre berühren, die von weither an seine Tür geschickt wird. Es wurde verlangt, daß das Wohlwollen in offenen Worten das Geschenk begleiten sollte; der Empfänger konnte sich auf die Worte verlassen, weil sie dem Geschenk „auferlegt" wurden oder darin eingingen und mit dem Gegenstand von Hand zu Hand gereicht wurden. „Nimm dieses Schwert; damit gebe ich dir meine Freundschaft", oder: „Sieh dieses Schwert, aus ihm soll in eurem Geschlecht immer Unheil entspringen", solche Worte sind wirklich; das Schwert ist mit freundlichen Gefühlen oder mit Haß erfüllt, gerade wie der Name und die Weissagung des Vaters in dem Geschenk verwirklicht werden, das den Namen des Kindes befestigt.

Bei der Buße für Tötung treten die alten Gefühle uns in ihrer ganzen Stärke entgegen, zum Teil zu legalen Formen kristallisiert. Bald schiebt der Mann, der seinen Verwandten verloren hat, das Gold mit Verachtung von sich, beinahe als wäre es eine Befleckung. Ein anderes Mal heißt er die Wiedergutmachung mit beiden Händen willkommen, oder er sagt wie Gunnar, als Njal mit der Buße kommt: „Kein Mann wirft die Ehre von sich, wenn sie geboten wird." Beide Seiten des Gedankens sind wiederum von Egil ausgemeißelt worden; er ist es, der die verächtlichen Worte über ein Zeitalter spricht, das sich angewöhnt hat, seine Verwandten für Gold zu verkaufen – „den Niederstürzer der Verwandten" nennt er den, der eine Buße empfängt, als ob ein Mann, der das tut, dem Toten die letzte Hoffnung auf Wiedergeburt raubte, – und er ist es auch, der in Æthelstans Halle sitzt und für die Geschenke mit den Worten dankt: „Jetzt habe ich etwas gefunden, das die Falten der Stirn glätten und die gesenkten Brauen heben kann." Es hat keinen Zweck, die Erklärung für Egils wechselndes Urteil in einer Analyse seiner Stimmungen in den beiden Augenblicken zu suchen; seine Worte sind in beiden Fällen in demselben ethischen Wert des

Wergelds begründet. Die Buße ist keine Zahlung, die dazu bestimmt ist, das Gefühl für Ehre in der beleidigten Partei zu beschwichtigen, sondern umgekehrt, sie fügt Ehre zu Ehre. Deswegen geziemt es einem Mann, genau nachzusehen, welche Art Ringe auf diese Weise in die Familie gebracht werden. Die Bedingungen für die Annahme einer friedlichen Entscheidung ist, daß beide Parteien sich als ebenbürtig empfinden; keine der Sippen darf ihr Heil als so viel besser und edler betrachten, daß der Bund den Empfänger verarmt, statt ihn zu bereichern. Gesetzlich findet diese Furcht vor Ungleichheit innerhalb des Bundes ihren Ausdruck in dem Eid der Gerechtigkeit: die Partei, die Bußen anbietet, soll erst schwören, daß sie selbst diese Bußen angenommen hätte, wenn sie die gekränkte gewesen wäre. In späteren Zeiten, als die alte Anschauung von dem geistigen Wert des Eigentums verblichen und durch eine rein merkantile Wertung ersetzt war, bekam die Buße den häßlichen Beiklang von Geld, und die Männer mußten sich vor der Beschuldigung fürchten, daß sie „Verwandte in ihrem Beutel trugen", wenn auch das Gefühl, daß die Buße eine Ehrenbezeugung sei, nie ganz verschwand.

Kauf und Pfand

„Es war ein nie zu verzeihendes Unglück, daß dies Schwert aus unserm Geschlecht ging“, sagt der Held einer sagenhaften Isländergeschichte verzweifelt, als er die alte Waffe seines Geschlechts gegen sich gekehrt sieht, und in dem Augenblicke spricht er im Namen der Vorfahren und aller Verwandten. Die Menschen hüteten ihre Schätze, damit diese nicht durch eine unvorsichtige Tat verlorengehen sollten; tatsächlich hatte jede Übertragung von Eigentum, auch wenn sie noch so sorgfältig überlegt wurde, ein Körnchen Gefahr an sich. Noch in unserer Zeit haben Bauern, jedenfalls diejenigen aus entfernteren Gegenden, ihre bösen Vorahnungen beim Abschluß von Kauf und Verkauf. Sie möchten nicht die Vorsehung herausfordern und dem Bedürftigen eine kleine Anleihe abschlagen, wenn die Not an ihre Tür pocht, aber sie möchten andererseits auch nicht dem Gegner der Vorsehung einen kleinen Finger geben und ihre eigene liebe Habe von sich abschütteln auf die Gefahr hin, nie mehr imstande zu sein, sie wieder an sich zu binden. Damit es dem Empfänger nicht ermöglicht wird, ihnen das Glück aus den Händen zu winden, nehmen sie sorgfältig drei Körnchen aus dem Scheffel, den sie verleihen, drei Haare vom Kopfe des verkauften Viehs, und dadurch behalten sie selbst das Heil des Hofes in der Hand. Sie geben dem Empfänger zu verstehen: „Das Saatkorn kannst du haben, das Saatheil will ich behalten.“ Wenn aber diese mit ängstlicher Fürsorge handeln, ist der Käufer nicht weniger auf seiner Hut, aus Furcht, es könnte gar zuviel zurückbleiben; es ist kein angenehmer Gedanke, daß der Verkäufer hinter ihm stehen und sich beim Anblick eines Mannes vor Lachen schütteln könnte, der feierlich mit einem leeren Halfter davonschreitet, während die Schritte, die er hinter sich hört, nur die einer Scheinkuh sind, die nicht mehr Melkseele in sich hat als die Hanfschnur. Wenn er aber mit dem Trost heimkehrt, daß alles geschehen ist, um die Persönlichkeit des Tieres zu sichern, sorgt er dafür, die Neuerwerbung in das Heil des Hauses einzuverleiben, damit sie mit ihrem neuen Wirkungsfeld vertraut werden kann. Er nimmt sie mit in die Stube, läßt sie das Herdfeuer sehen und einen Büschel Heu aus dem Schoß der Hausfrau nehmen, so daß sie keine Sehnsucht nach ihrem früheren Heim empfindet. Oder die Kuh wird dreimal um einen Stein herumgeführt, der in der Erde festliegt, damit sie gedeihen und keine Lust fühlen möge, wegzulaufen.

Dasselbe tat man in alter Zeit. Man verlangte, daß der Besitzer seine ganze Seele in die Übertragung legen und daß er die Seele sowohl wie das Äußere geben sollte, man sicherte sich davor, daß er das Heil in sich aufsaugte, bevor er seinen Besitz aushändigte. Wir kennen die nordische Form für Übereignung von Land, *skeyting*, wie sie hieß: der Besitzer führte den Käufer auf das Grundstück hinaus, bat ihn, Platz zu nehmen, und tat etwas von der Erde aus dem Felde in den Schoßzipfel – *skaut* – seines Mantels; eine spätere Generation fand es bequemer, die Zeremonie auf dem Gesetzesthing stattfinden zu lassen oder in dem Hause, aber immer unter der notwendigen Bedingung, daß die Erde von dem Stück Land genommen wurde, das verkauft werden sollte. In Norwegen wurde die Übereignung von Haus und Heim und Besitz ausgeführt, indem man Erde von den vier Ecken des Herdes, von dem Hochsitz und von der Stelle nahm, wo Feld und Wiese, Wald und Weide sich begegneten. In allem Wesentlichen stimmen die südlichen Formen mit denen des Nordens überein; ein wenig reicher ausgestaltet vielleicht, aber ebenso handgreiflich oder unentbehrlich. Dort mußte man einen Ast, der an dem Orte abgeschnitten worden war, und das Messer, mit welchem er abgeschnitten wurde, ein Stück Rasen oder eine Handvoll der betreffenden Erde überreichen, und dadurch dem Käufer den vollen Genuß seines Besitzes sichern – ihm das Eigentumsrecht anlegen; bei der Übereignung von Haus und Heim wurde der Kauf „bei Angel und Tür" befestigt, anscheinend so, daß der Besitzer die Hand des anderen nahm, sie zum Türpfosten führte und diesen berühren ließ. Der Käufer war aber noch nicht zufrieden, bevor der andere demonstrativ den Platz verließ und etwas von dem seinigen – meist wohl einen Stock – hinter sich warf und mit ihm sein Heil an dem Ort.

Für den Käufer kam es darauf an, daß der Gegenstand ganz und gar seinen früheren Besitzer verließ und sich mit dem neuen verband. Die Probe hierauf geschah, wenn er beginnen wollte, seine Neuerwerbung zu gebrauchen: da würde er zu sehen bekommen, ob sie ihm willig und aus allen Kräften diente. Eines Tages konnte seine Ehre davon abhängen, ob sein Eigentum für ihn eintrat; denn er wäre nicht viel mehr als ein Dieb gewesen, wenn dieses sich nicht als Bestandteil seines Heils erwiesen hätte. Wenn er z. B. ein Stück Land gekauft hätte, und der frühere Besitzer ihn durch einfache Ableugnung seines Besitzrechtes von dem Besitz vertreiben wollte, konnte die Probe durch einen Zweikampf gemacht werden; die beiden begegnen sich, jeder steckt zuerst sein Schwert in dieses Stück Erde oder in einen Soden daraus, und der Ausfall des Kampfes wird dann zeigen, wer von den beiden es verstanden hat, das Heil und die Kraft des Landes in sich aufzunehmen.

Das Recht der Sachsen auf ihr Land wurde an dem Tage geschaffen, wo einer der Einwanderer sein Gold an einen Thüringer für einen Zipfel seines Mantels voll Erde verkaufte. Ein kurzes Weilchen konnten die Thüringer lachend über diese Wikinger triumphieren, die am Strande saßen und so hungerten, daß ihnen der Verstand verdorrte; aber die Sachsen verteilten sorgfältig die Erde so, daß sie den Platz für ein Lager mit ihr einkreisten, und von dem Tage ab änderte sich das Glück. Bisher hatten sie vergebens gekämpft, in ständiger Gefahr, in die See getrieben zu werden, aber von jetzt ab trieben sie die Thüringer weiter und weiter ins Land hinein.

Daß der Verkäufer seinen „ganzen“ (heilen) Sinn [1] gibt, heißt ja, daß er einen wohlwollenden Sinn gibt und nicht seine bösen Gedanken dem Empfänger zuwendet, daß dieser sie mit den Gütern zusammen forttrage. Man wollte die Sachen so haben, daß ihnen nichts „auferlegt“ war, damit sie nicht mit einem Vorurteil inspiriert wären, das dem Gebraucher schaden konnte. Als Hreidmar in seiner Einfalt von den Göttern eine Buße für die Tötung seines Sohnes empfing und als er, nachdem ihm Frieden versprochen worden war, von Lokis Worten überrascht wurde: „Das Gold ist angenommen, ein reichliches Lösegeld für mein Haupt, aber deinen Sohn erwartet kein Glück davon, es wird dein Tod und seiner“, da ist es zu spät für seine Klage: „Ihr habt

[1] Anmerkung d. Übers.: „Sinn“ wird hier und im folgenden in der älteren Bedeutung von „innerstes Wollen“ gebraucht, wie etwa in der Bibel: „reinen Sinnes sein“. Diese Bedeutung ist noch im dänischen *Sind* erhalten. Vgl. auch „Gesinnung“.

Geschenke gegeben, aber keine wohlwollenden; ihr habt nicht aus einem „ganzen Sinn“ *(af heilum hug)* gegeben; denn ihr hättet das Leben hier lassen müssen, wenn ich euren hinterlistigen Plan erraten hätte.“

Man erwartete, daß der Geber den bedeutungsvollen Ausspruch beifüge: „Ich will dir das Schwert geben, mögest du sein genießen.“ Im Beowulf wird der Schenkungsauftritt uns immer wieder vor Augen geführt: „Waffen und Pferde gab er Beowulf zu eigen und bat ihn, sie wohl zu gebrauchen“, oder: „Beowulf, mein lieber, gebrauche diesen Ring und diese Brünne mit Heil, genieße diese Kleinode, und Gedeih sei mit ihnen.“ Auch wenn dieses „genieße sie wohl“ zur Not in dem Sinne „gebrauche sie wohl“ ausgelegt werden kann, ist es doch nur eine armselige Wiedergabe des alten Wortes *neótan.* Von einer Waffe gesagt, bedeutet es, ihre Kraft in sich aufnehmen und sie durch Herrschaft über ihr Heil und ihre Seele von innen bewegen – und sie dann mit Macht schwingen. Dasselbe liegt in den Worten, mit welchen ein norwegischer König sein Geschenk bestätigte: „Hier ist ein Schwert, und meine Freundschaft folgt ihm“, oder mit dem weiteren Zusatz: „Ich denke, daß Heil ihm folgen wird, und ihm folgt meine Freundschaft.“

Man mochte sich vielleicht eine noch überzeugendere Vergewisserung des Wohlwollens der Gegenpartei wünschen und sie dann um einen selbständigen Beweis bitten. Es liegt in der Natur der Gabe an sich, daß eine solche Beigabe auch ihre juristische Bedeutung hatte, sie enthielt einen Beweis dafür, daß der Handel ehrlich war, sie konnte ein Zeugnis des Eigentumsrechts werden. Im Süden war ein Handschuh oder Fäustling das gewöhnliche Zubehör zu einem Handel, so daß er bei einem Landverkauf entweder neben Erde, Zweig und Rasen oder selbständig als ein Übertragungsmittel verwendet wurde, das dem Käufer bestätigt, daß das Land ihm gehört und ihm in aller Form übereignet werden soll.

Wenn die Aushändigung des Kleinods keine Freundschaftserklärung bedeutete, dann war es ein Versprechen. Das Geschenk nähert sich dem Pfand. Das angelsächsische *wed* enthält eine Angabe des ursprünglichen Wertes der Gegenstandsübertragung, indem es sowohl eine Gabe als auch eine Verpflichtung und ferner, in abgeleiteter Bedeutung, ein Versprechen oder ein Abkommen bedeutet.

Die Seele, die in dem Gegenstand enthalten war und mit ihm überreicht wurde, sie war, wie wir gesehen haben, eine individuelle, wirkliche Seele, oder, wie wir sagen würden, ein psychologischer Zustand, aber sie hatte einen Rückhalt in der Gesamtseele, in vergangener, gegenwärtiger und zukünftiger Macht und Verantwortung der Hamingja. Indem der Geber sein Pfand überreichte, konnte und wollte er mit Worten erklären, welches seine Gesinnung beim Geben war, wenn er bloß die – keineswegs leichte – Kunst verstand, die Worte recht zu lenken und die rechte Hamingja in sie hineinzulegen. Alles, was gesagt und versprochen, vorbehalten und verlangt wird, wird dem Gegenstand „auferlegt" oder, wie ein anderer Ausdruck im Norden heißt, „untergelegt", und auf diese Weise der anderen Partei ausgehändigt. Was die Gegenpartei nahm, war die wirkliche, feierliche Beteuerung, die Übergabe des Willens – der Mann gab buchstäblich sein Wort. Eine solche Verpflichtung behält auf jeden Fall ihre Gültigkeit; kein stillschweigender Vorbehalt, keine eintreffenden Umstände, keine Frage nach der Billigkeit kann sie jemals brechen oder schwächen. Sollte der Versprechende schließlich sich selbst und sein Wort im Stich lassen, würden die Wirkungen sich sehr bald in ihm zeigen. Erst als Neidingschaft ein rein soziales Unglück geworden war, wurde es notwendig hinzuzufügen, „daß er außerhalb des Gesetzes stehen soll".

Das alte Rechtsgefühl stellt immer eine Bedingung für die Anerkennung der rechtlichen Gültigkeit, nämlich Wirklichkeit. Es fragte: Geschah dies wirklich, und wo ist in dir und in dem Gegenstand das Zeichen der Veränderung, die die Folge jedes Kaufs sein muß? Dann erschien der, den der Streit betraf, und antwortete: Siehe, hier ist mein Beweis, daß er gehandelt hat, und darauf zeigte er das Wort und den Willen der Gegenpartei. Für die germanische Seele war es gewiß wahr, daß ein Wort ein Wort ist, aber die Menschen verstanden darunter, daß das Wort lebendig oder einfach der Mann selbst sein mußte; und dann folgt aus dem Wesen der Seele, daß sie bis in die kleinsten Einzelheiten ihren Charakter als Hamingja behielt und für den kleinsten Teil eines Versprechens, der im Gewahrsam anderer Leute gelassen worden war, einzutreten hatte. Daher die Macht der Verwünschungen; sie lärmen nicht, sie drohen nicht; sie beschreiben einen Zustand der Dinge, der herankommen wird, sobald jemand – in der unmittelbaren Bedeutung des Wortes – an seiner Seele Schaden gelitten hat. Und ihr tödlicher Ernst kommt eben daher, daß die Worte eine genaue Aussage über etwas Tatsächliches enthalten.

War man bloß sicher, unmittelbar Hamingja zu erhalten, so konnte man sich sehr wohl auf einen Mann verlassen, auch wenn er im Augenblick das äußere Wort nicht bereit hatte; der Skandinavier reichte seinem Partner die Hand und ließ ihn in dieser Berührung seinen Sinn geben, die beiden bauten also eine Brücke, durch die das Versprechen und der Wille von Mann zu Mann gingen. Ein Mann versprach einem anderen Mann seine Verwandte zur Ehe, indem er ihm die Hand hinstreckte, so daß er sie nehmen konnte. Eine Übereinkunft wurde dadurch bestätigt, daß „Hände zusammengelegt wurden", und im nordischen Gerichtsverfahren finden wir den Ausdruck: einen Eid, ein Zeugnis oder ein Urteil „befestigen", was bedeutet, daß ein Mann sich verpflichtete, Beweise zu erbringen oder die Entscheidung des Gerichts anzunehmen, ohne jeden Hinweis darauf, daß ein gegenständlicher Zusatz die erste Bedingung für die Anerkennung des Versprechens war. Ein Kauf, ein Anrecht, ein Auftrag usw. wurden „gehandelt", das heißt, man übertrug durch Handschlag ein Eigentum, die Führung einer Gerichtssache oder eine Verantwortung auf den anderen. „Wir nennen uns Zeugen dafür, daß du mir deine Verwandte rechtmäßig zur Ehe versprichst und mir die Mitgift ‚handelst' – einen ganzen (heilen) Rat und einen Rat ohne Vorbehalt", so lautet das Ritual in der Graugans, und die Worte wurden im Anfang buchstäblich verstanden, so daß das Recht in der ausgestreckten Hand lag und von ihr auf den Empfänger überging. Weil die alle beide die Gültigkeit des Handels verstanden und beide die Veränderung in sich empfanden, wenn die Verantwortung oder das Recht von dem einen abgewälzt wurde und in dem anderen niedersank, hatte der Handschlag juristisch bindende Kraft, so daß das Gesetz ihn als ein Kriterium dafür aufstellen kann, was gesetzliche Macht hat und was kraftlos ist. Ein Kauf, der nur verabredet ist und weiter nichts, kann gegen Zahlung einer Buße von zwei Öre gebrochen werden, wie das Schonische Gesetz es ausdrückt, aber ist Handschlag darauf, da soll die Rückgängigmachung sechs Öre kosten. Nimmt man die Worte „Versprechen" und „Handel" jedes in ihrer äußersten Bedeutung, treten sie als Gegensätze auf; das größtmögliche Vertrauen zu der Ehrlichkeit eines Mannes ist in dem

Spruch ausgedrückt: „Deine Versprechen sind so gut wie der ‚Handel' anderer."

Die Zurückhaltung der Alten beim Kaufen und Verkaufen war nicht weniger stark, als es noch heute beim gemeinen Mann der Fall ist – eher noch umgekehrt; aber ihr Charakter war durch die Tatsache bestimmt, daß ein Geschäft verschieden von dem war, was es heute ist. Ein Kauf war immer ein Austausch von Geschenken, was wiederum bedeutet: immer Bund und Brüderschaft; es war unmöglich, das Ding im Auge zu haben und den Besitzer aus dem Gesichtsfeld auszuschließen. Niemand konnte ein Pferd oder Waffen kaufen, ohne zur gleichen Zeit die Freundschaft des Besitzers zu kaufen und mit ihr die Freundschaft seiner ganzen Sippe; solange die Macht des Schwerts und die Nützlichkeit eines Tieres Heil brachten, konnte das eine nicht ohne das andere gedacht werden. Um einen Gegenstand überhaupt zu verwenden, war es notwendig, zu dem ganzen Kreis von Männern in Beziehung zu treten, in dessen Hut er war. Und eben diese doppelte Erwerbung des körperlichen und des seelischen Teils in einem ist es, was die germanische Seele unter Kauf verstand; die Germanen kaufen „um" ein Ding wie sie „um" Freundschaft und Ehe kaufen.

Lange bevor die Germanen in das volle Tageslicht der Geschichte traten, hatten sie bis zu einem gewissen Grade Tausch und Bündnis in Geschäft verwandelt. Das Wort für kaufen, altnordisch *kaup*, althochdeutsch *kauf*, aus dem lateinischen *caupo*, Händler, gibt selbst Zeugnis von einem Fortschritt in der geschäftlichen Erfahrung, während der Sprachgebrauch zugleich den zeitweiligen Sieg der alten Gedanken verewigt. In dem Zeitraum, der zwischen dem sehr frühen Jahrhundert liegt, wo das Wort in das nördliche Europa eingeführt wurde, und der Zeit, wo unsere Gesetzbücher geschaffen wurden, hat eine schicksalschwere Verschiebung in der Einschätzung der Dinge in bezug auf ihren Wert für den Besitzer stattgefunden; der Goldring hat seinen obersten Richter in der Wagschale gefunden, deren Gewichte mit Einheiten und deren Bruchteilen rechnen. Schätze haben sich in ein Vermögen verwandelt, das Zinsen abwirft, die Erde ist eine Art Scheidemünze geworden, die von Hand zu Hand gehen kann. Von einem Volk, das vom Vieh und vom Boden lebte und das seine Rechnungen unter sich mit Kühen und Mänteln beglich, haben die Germanen sich zu Handelsleuten entwickelt, die sich mit Ackerbau und Viehzucht abgeben und die in soundso vielen Ellen Tuch oder in Einheiten vom Werte einer Kuh rechnen, und die Auswirkung dieser Wandlung in den grundlegenden ökonomischen Verhältnissen findet unwiderstehlich Eingang in alle Institutionen – nirgends vielleicht so siegreich wie beim Brautkauf, wo die Zahlung von Brautgeld als Grundlage der ökonomischen Sicherheit der Frau oder sogar als eventuelle anständige Witwenpension dient. Eine solche Umstellung der Welt bewirkt unwiderruflich eine beginnende Emanzipation der Dinge, hiernach müssen sie früher oder später die Pietät durchbrechen, die sie an Sippe und Heimat band, und lernen, geschickt von einem Ende des Landes zum anderen zu laufen; die Menschen begannen schon, die Fingerfertigkeit des Geschäftsmannes zu lernen, der die Waren nur sammelt, um sie mit gutem Gewinn wieder auszuteilen.

Aber das Eigentumsgefühl, das jetzt bei Abrechnungen in Münzen zu kurz kommen muß, stellt sich unwillkürlich zur Gegenwehr, sobald es den Dingen selbst gegenübersteht. Vorläufig bringt die Seele des Germanen es nicht fertig, die Dinge als Gegenstände zu betrachten; sie waren Individualitäten, die man kannte und denen man in Gewißheit des Wiedererkennens begegnete. Die Welt, aus welcher die Gesetze und die festen Gebräuche dieses Volkes herrühren, ist eine, in der die Kleinode ihre Eigennamen und ihre Persönlichkeit haben, es ist die Welt, in welcher der hochmütige Krieger, der bei seinen früheren Feinden, in die Beutestücke gekleidet, herumstolziert, plötzlich zu dem Ausruf Veranlassung gibt: „Siehe, Ingeld, kennst du die Waffe? Es ist die, die dein Vater an dem Tage trug, wo er fiel.“ Und überall, wo diese Männer hinkommen, verraten sie sich durch ihre Unfähigkeit, die Verbindung zwischen sich und den Dingen ganz zu durchschneiden. Das Geschenk, das ein Mann einem anderen gegeben hatte, war und blieb der Vorposten seiner Seele im fremden Lande, und er hatte sowohl ein Recht als auch eine Pflicht ihm gegenüber, welche seinen Willen auch für spätere Empfänger wichtig machten. Für einen Olaf den Heiligen war dieses: sich selbst in dem Ding fühlen, nichts weniger als ein persönliches Erlebnis. Einer seiner Mannen, Brand Ørvi, hatte einmal vom König einen Mantel erhalten und ihn kurz darauf an einen armen Priester, Isleif, der von seinen Studien in fremden Ländern zurückgekehrt war und dem es an Kleidern mangelte, weiterverschenkt. Olaf machte Brand Vorwürfe wegen seiner Bereitwilligkeit, sich von den Geschenken des Königs zu trennen, aber als er Isleif im Glanze seiner Gelehrsamkeit und Heiligkeit sah, begriff er gleich, daß der Mantel einen würdigen Träger gefunden hatte. „Ich werde dir diesen Mantel geben", sagte Olaf, „denn ich sehe dir an, daß Segen darin ist, wenn du dich meiner in deinen Gebeten erinnerst." Die Hoffnung, die hier Ausdruck findet, mag christlich sein, aber der Ursprung dieser Hoffnung ist heidnisch genug.

Abgesehen vom persönlichen Besitzgefühl war es eine Tatsache, die im täglichen Leben nicht übersehen werden konnte, daß das Land und die Güter auch für andere als den nominellen Besitzer Bedeutung hatten. Solange eine Sippe nicht vollständig aufgelöst war, war es schwierig, das Recht der Erben auf Berücksichtigung bei jeder Übertragung von Erbgut auszurotten, ob es nun als eine Forderung, beim Verkauf gehört zu werden, auftrat, oder als ein Anspruch auf Vorkaufsrecht. Es kann innerhalb gewisser Grenzen zurückgedrängt werden, dann hält es sich hartnäckig als die Behauptung, daß nicht mehr als ein gewisser Teil des Vermögens verschenkt werden darf, und daß die Verwandten alles, was über einen angemessenen Teil hinausgeht, beim Tode des Gebers zurückfordern können.

Die gesetzlichen Vorkehrungen sind nur oberflächliche Zeichen der Ängstlichkeit, mit welcher die Gesippen in ihrer Gesamtheit jede Übertragung beobachteten, die geistige Revolutionen und Verpflichtungen mit sich führte. Die Familie verlor nie die Verbindung mit ihren Geschenken, und die Sippe konnte sich nicht für immer als passives Instrument in die Hände Fremder geben; daher empörte sie sich bei dem Gedanken, daß der Empfänger eines Geschenkes einem Dritten gegenüber frei über das sollte verfügen können, was er empfangen hatte.

Dieses Löcken der Kultur wider den Stachel des fremden Einflusses bewirkt einen eigentümlichen Zwiespalt im Wesen der handelsliebenden germanischen Völker. Ihre Gesetze über Geschäft und Verkehr stehen der Geschäftsroutine eines Römers näher als dem Handel vom echten germanischen Typus; bei ihrem Ringen mit Verkauf und Verpfändung, Verpachtung und Miete ist ihre Sprache in der Tat die einer modernen Gesellschaft, aber sie verkleiden ihre erfahrene Weisheit in merkwürdige Termini, die erst ganz klar werden, wenn man auf Umwegen, von hinten durch die Vergangenheit, näher an sie herantritt. Um die alten Formen kann man nicht herumkommen, und deshalb stehen Gedanke und Ausdruck in zähem Ringkampf, bei welchem der Sinn an der Form ständig zieht und zerrt, bis sie nahe am Zerreißen ist; aber die Formen leisten Widerstand und wollen die Transaktionen innerhalb des Rahmens des alten Kaufsystems halten. Es kann damit enden, daß die Institution zerfällt, wie es bei den alten Ehe- und Verlobungsverträgen wirklich der Fall war, wo die bindenden Gaben ihre Bedeutung als Bereicherung verloren und einen zeremoniellen Wert als Geschenke oder *wed* behalten haben, während die pekuniäre Regelung eine Sonderstellung unter ihnen oder sogar außer ihnen erhalten hat; ein langobardisches Mädchen wurde Braut kraft der altmodischen Verlobung, aber ihr Hauptinteresse liegt in dem Dokument, in welchem der Mann ihr ein Viertel seines Vermögens sichert. Das Resultat kann als ein vorübergehender Kompromiß auftreten, wie wenn Handel mit Dingen die Verpflichtung des Verkäufers voraussetzt, das Recht des Käufers zu behaupten, sowohl gegen seine eigenen Verwandten wie gegen andere Personen, die etwa Einwände gegen seine Ansprüche erheben mochten, so daß er nicht nur die rechtmäßige Übertragung des Besitzes ein für allemal garantiert, sondern auch seine Bereitwilligkeit erklärt, die Verantwortung dafür zu übernehmen, sooft es nötig sein wird.

Aber hier und dort, unter dieser ganzen blühenden Gesetzgeberei halb oder mehr als halb erstickt, finden wir gelegentlich einen verkümmerten Schößling des frühzeitlichen Handelsbegriffs. Bestimmungen wie die der Graugans: Ein Geber kann seine Gabe nicht zurücknehmen, aber wenn er in Hoffnung auf Entgelt geschenkt hat, oder wenn der Empfänger einen Gegenwert versprochen hat, so hat der Geber einen Anspruch auf so viel, wie versprochen wurde – oder wie die des Östgötagesetzes, die bestimmt, daß man sich als Besitzer behaupten kann, indem man sagt: er gab und ich lohnte – solche Bestimmungen enthalten in Wirklichkeit die germanische Handelsgesetzgebung. Sie gehen auf den Gedanken zurück, der Austausch von Geschenken sei das rechte Verfahren, wenn Dinge von einer Hand zur anderen gehen; ein Gegenstand in der Hand des einen Mannes bewarb sich um ein Stück Eigentum, das dem Nachbarn gehörte. Die Gabe, die ein schwedischer Freier in der Hand trug, als Zeichen seines Wunsches, in das Haus einzuheiraten, diese Gabe wurde charakteristisch genug *tilgæf* genannt, das bedeutet eine Gabe *(gæf)* für die Erfüllung *(til)* eines Wunsches. Der Bewerber um Freundschaft, der seine Gabe gibt, um einen gewissen Gegenstand als Gegengabe zu erhalten, und der Geber, der mit dem übertragenen Gegenstand Segen voraussagt, haben uns tatsächlich längst alles gesagt, was über germanischen Kauf und Verkauf zu sagen ist, und *Gjafa-Refr*, der Gaben-Fuchs, ist im germanischen Handelsverkehr der höchste Typus eines Geschäftsmannes.

So verschwinden alle Unterschiede zwischen uneigennützigem Gebedrang und egoistischer Besitzgier, zwischen Freundschaftsangebot und Feilschen um einen Kauf, zwischen edler Selbstentäußerung und unedlem Verlangen nach Zahlung. Die germanische Kultur kannte nichts anderes, als daß Besitz durch ein Freundschaftsanerbieten erlangt wurde, und weder Neigung noch Habgier wurden geringer dadurch. Für einen Germanen konnten Liebe und Vorteil so wenig getrennt werden wie Seele und Körper des Ringes oder der Axt. Wenn also Gunnar in der Edda sagt: „Eins ist besser für mich als alles, Brynhild, Budlis Tochter, sie ist über alle Frauen; lieber will ich mein Leben als die Schätze jenes Mädchens verlieren", haben seine Worte wahres Pathos und wirkliche Tiefe, und auf keine andere Weise könnte die Leidenschaft angemessen ausgedrückt werden.

In diesem Punkte stehen die Gedanken des „Barbaren" und die des gebildeten Mannes so schroff gegeneinander, wie vielleicht nirgends sonst. Tacitus hat den Gast nach dem Abschied herauskommen sehen, den Arm voll von kostbaren Geschenken, er hat den Wirt zurückbleiben sehen, befriedigt von einem kleinen Berg von Andenken, die er von jenen erbeten hatte, die sein Herz durch Annahme seiner Gastfreiheit erfreut hatten. „Es ist Sitte, den scheidenden Gast mit allem fortgehen zu lassen, was er sich wünscht; dieselbe Bereitwilligkeit kann man als Entgelt von ihm verlangen", sagt er, aber er fügt hinzu: „An Geschenken haben sie ihre Freude, aber sie rechnen nie mit dem, was sie gegeben haben, und sind nie durch das gebunden, was sie empfangen." Hätte er ein wenig näher in die Häuser hineinsehen können, hätte er staunend wahrnehmen müssen, wie sorgfältig die freudigen Geber darauf aufpaßten, daß nichts auf Rechnung zu setzen blieb. Ähnlich ist es vielen Europäern gegangen, wenn sie versuchten, die Gedanken der Wilden darüber, was ein Gegenstand unter Brüdern wert sei, zu verstehen. Da kommt ein Eingeborener mit seiner Gabe, bietet frei seinem Freund das einzige Lamm, das er besitzt, an, und siehe da, kurz darauf macht er den gerührten Kolonisten darauf aufmerksam, daß er es vergessen habe, die kleine Aufmerksamkeit zu vergelten, z. B. mit dem hübschen Gewehr dort. Da wird der weiße Mann vollkommen verwirrt, und er wird manchmal ein überzeugter Anhänger gewisser philosophischer Systeme, die lehren, daß die edleren Merkmale des Menschen nicht zu den naturgegebenen Vorstellungen gehören; es ist nur schade, daß die europäische Spekulation zu hinterwäldlerisch ist, um mit dem Eingeborenen fühlen zu können, der ebenso energisch seinen Kopf über jene merkwürdige Welt schüttelt, in welcher Leute aufwachsen, welche die einfachsten Dinge nicht verstehen.

Es ist Seele in der Gier der Alten, und deshalb steigert ihr Verlangen sich zur Leidenschaft, oder es sollte doch jedenfalls das alleinige Recht auf dieses edle Wort behalten. Es überfällt sie, wenn sie um den Gegenstand ihres Verlangens herumgehen, ihn von allen Seiten betrachten und außerstande sind, ihre Augen von ihm wegzunehmen; sie können nicht widerstehen, sie müssen die Freundschaft des Besitzers haben oder mit Gewalt nehmen, was sie nicht gewinnen können – und es liegt dann an dem Gewalttäter, das Erworbene unter seinen Willen zu zwingen. Weil das Verlangen aus solcher Tiefe kommt, trifft eine Ablehnung ihn als eine Kränkung. Der ruhige und beherrschte Vatsdœla-Häuptling, Ingimund der Alte, hatte in seinen älteren Tagen ein Erlebnis, das sich auf eine Waffe bezog. Ein Norweger, Hrafn, hielt sich einen Sommer durch als sein Gast bei ihm auf, und dieser Hrafn trug überall ein ausgezeichnetes Schwert in der Hand herum. Ingimund konnte es nicht lassen, Seitenblicke auf dieses Schwert zu werfen; er mußte es borgen und es betrachten, und er war ernstlich böse, als Hrafn sein eifriges Angebot, es zu kaufen, glatt ablehnte. Die Tage vergingen, Ingimund interessierte sich mehr und mehr für die Erzählungen des Norwegers von seinen Reisen und Wikingfahrten – er war selbst einmal jung gewesen und kannte den Durst nach Abenteuern – Hrafn redete, Ingimund hörte zu, und im Laufe der Unterhaltung trat Ingimund, in Gedanken verloren, in sein Heiligtum, und Hrafn folgte. Da wandte Ingimund sich empört gegen ihn, denn es war Sitte, unbewaffnet in einen Tempel zu treten, um die Götter nicht herauszufordern; wenn ein Mann sich vergaß, mußte er es büßen, indem er das Beste, was er hatte, auslieferte, und jemanden, der die Götter kannte, bat, sich der Sache anzunehmen. So kam Ingimund in den Besitz des Schwertes Sippenknauf.

Das Verlangen begnügt sich nicht damit, die Leidenschaften in Bewegung zu setzen, es schafft die eigentlichen Tragödien im Leben unserer Vorfahren. Als der alte Einäugige in Völsungs Halle kam und das Schwert tief in den Baum stieß – eine Gabe an den, der der Stärkste wäre –, da war kein anderer als Sigmund, der es bewegen konnte. Aber es war einer da, der lange Blicke nach ihm sandte, sein Schwager Siggeir. Dreifaches Gewicht in Gold bot er für das Schwert, aber das Gold rührte Sigmund nicht. Siggeir verließ zornig das Haus, bevor das Fest zu Ende war, lud aber dafür die Verwandten seiner Frau zu sich ein, und dann ergriff er Besitz von dem Schwert, nachdem er seinen Schwiegervater getötet und seine Söhne, schmachvoll gebunden, als Atzung für die Wölfe in den Wald gesetzt hatte. Das graue Tier verschlang die jungen Männer einen nach dem anderen, nur einer, Sigmund, der Besitzer des Schwertes, blieb übrig; mit Hilfe seiner Schwester Signy bekam er sein Schwert zurück, befreite sich selbst und rächte seinen Vater – und dieses Schwert war es, das Odin selbst ihm in der Schlacht aus der Hand schlug, das Regin wiederum für seinen Sohn zusammenschmiedete, und mit ihm wurde Fafnir erschlagen; es war die Waffe Sigurds des Fafnirtöters. So erscheint ein Kleinod nach dem anderen mit seiner Tragödie. Der Halsring der Ynglinge, der Armring der Skjöldunge, der Hort Andvaris – diese Namen bezeichnen nicht nur die Tragödien der germanischen Völker, sondern auch das tragische Element in ihrem Leben.

Tischgemeinschaft

Als König Magnus, vielleicht ein wenig durch Überrumpelung, sich Svein Estridson als seinen Lehnsmann zu unterwerfen versuchte, begnügte er sich nicht damit, ihm einen Mantel zu schenken: er fügte eine Schale mit Met hinzu. Svein zog den Mantel nicht an, und er hat wahrscheinlich auch den Met nicht gekostet; er fürchtete sich vor dem letzten ebensosehr wie vor dem ersten.

Alles was das Kleinod bewirken konnte, vermochten auch Speise und Trank; sie konnten Ehre oder Schande bedeuten, sie konnten binden oder lösen, Glück bringen oder hemmend auf das Heil wirken.

Man trank einander zu, wie die Redewendung in alter Zeit lautete; genau wie man einer Frau bei der Hochzeit zutrank und sie auf diese Weise in seinen Kreis zog, so trank man seinem Nachbarn zu, so daß man sich ihn gewann und ihn in seinen Frieden hereinzog. Deshalb ist eine Antwort wie diese: „Ich habe seine Gastlichkeit genossen", genügend als Rechtfertigung für einen Mann, der es glatt ablehnt, an einer Unternehmung gegen seinen ehemaligen Wirt teilzunehmen, und vielleicht kann dieses Argument ihn zu den Gegnern d e r Partei hinüberzwingen, in der er seinen natürlichen Platz hätte. Sei es auch nur ein einziger Mundvoll, so mag dieser doch in einem schicksalschweren Augenblick genügen, um der Zukunft eine entscheidende Wendung zu geben.

Einmal saß König Magnus beim Mahle an Bord seines Schiffes. Ein Mann kam über das Deck auf das erhöhte Schiffsheck, wo der König saß, hinaufgegangen, brach ein Stück Brot und aß. Der König blickte ihn an und fragte, wie er hieße. „Ich heiße Thorfin." – „Bist du Jarl Thorfin?" – „Ja, so nennen mich die Männer im Westen." – „Wahrlich, Jarl, ich beabsichtigte, wenn wir uns jemals treffen sollten, dafür zu sorgen, daß du niemandem von unserer Begegnung solltest erzählen können; aber nach dem, was jetzt geschehen ist, geziemt es sich nicht für mich, dich töten zu lassen." Und es waren keine Kleinigkeiten, die zwischen ihnen standen: Thorfin hatte sich einen groben Spaß mit den Herrschaftsgelüsten des Königs geleistet, hatte seinen Verwandten Rögnvald, der das ausführende Organ für die politischen Pläne des Königs auf den Inseln im Westen war, getötet und sehr unsanft die Anhänger des Königs aus dem Wege geräumt.

Speise und Trank besitzen dieselbe Macht wie das Geschenk, auch sie können die Gedanken und die Ratschläge des Herzens offenbaren. Aus dem Biere steigen Ehre und Schande, es kann das Selbstgefühl eines Mannes steigern, und es kann alle bösen Geister der Kränkung in ihm loslassen. Der König ehrt seinen Gast, indem er ihm mit seinem guten Bräu zutrinkt und das Horn zu seinem Platze tragen läßt, und Gäste ehren einander, indem sie zusammen aus dem Becher trinken; das ganze Mittelalter hindurch bis in unsere Zeit hat man stets vor dem „Ehrentrunk" Ehrfurcht gehabt. Wer das Brautpaar nicht beleidigen will, muß seinen „Ehrenbecher" leeren, wie es noch unter heutigen Bauern heißt. Wenn Ebenbürtige Seite an Seite bei Tisch sitzen, geben sie eifersüchtig darauf acht, ob ihre Annäherungen vollauf gewürdigt werden, und empfinden es als das blutigste Unrecht, wenn derjenige, dem sie zutrinken, nicht „mitkommt", das heißt, es ablehnt, den Trunk anzunehmen, oder die Lauheit seiner Gefühle zeigt, indem er nur halb trinkt; ein Häuptling zeigt die äußerste Sorgfalt in bezug auf das, was ihm gereicht wird, und auf den, der sich ihm als Trinkgenosse anbietet. König Harald betrachtete es als einen Schimpf, als König Magnus' Halbbruder Thorir ihm zutrank, und er gab seinen Gefühlen in einem Hohnvers mit einer Anspielung auf seine Geburt Ausdruck.

Die Furcht des gemeinen Mannes, beim Gemeinschaftstrinken übervorteilt zu werden, ist von einer Heftigkeit, die beweist, daß der Instinkt tief in der Menschenwürde selbst wurzelt. Wenn schwedische Bauern, aus dem Jahrhundert der Aufklärung, hochfahren und nach den Messern greifen, weil sie beim Trunk nicht miteinander Schritt halten, sind sie kaum imstande, ihren Zorn in Worten zu erklären – es sei denn mit einem alten Sprichwort, dessen Ursprung und Inhalt freilich wiederum Jahrhunderte vor ihrer eigenen Zeit lag: Wer einen beim Trinken im Stich lasse, der lasse einen auch sonst im Stich.

Die endgültige Erledigung aller Zwistigkeiten geschieht durch gemeinschaftliches Essen und Trinken. Ein Vergleich galt nicht, bevor er nicht durch Tischgenossenschaft bestätigt worden war.

Im Jahre 577 aßen und tranken Gunnthram und Childebert miteinander, und sie gingen mit freundschaftlichen Gefühlen auseinander, nachdem sie einander mit reichen Geschenken geehrt hatten. Adams von Bremen heidnische Zeitgenossen im Norden feierten acht Tage lang ein gemeinsames Fest, wenn sie ein Bündnis verabredeten, und die isländischen Sagas berichten oft genug, wie frühere Kälte sich in ihr Gegenteil verwandelte, indem zwischen den Parteien Geschenke ausgetauscht wurden und man Freundschaft verabredete und sich gegenseitig zu einem Feste einlud.

Der Kauf einer Frau wurde mit Vorsicht und Geschick vorbereitet. Wo der Kauf selbst in verschiedene kleinere Verabredungen zerfällt: Bewerbung, Verlobung, Hochzeit und Heimführung, muß auch jeder Abschnitt mit einem „Bier" bestätigt werden. Wenn die Bauern in Norwegen nach der vorläufigen Verabredung zuerst bei einem „Bierfest" zusammenkommen, um die Sache im Hause der Brauteltern zu „besprechen", wo die näheren Einzelheiten geordnet werden und die Verlobung bestätigt wird, wenn sie darauf ein entsprechendes Fest im Hause der Eltern des Bräutigams feiern und erst dann zur Hochzeit schreiten, so tun sie wahrscheinlich nur, was die alte Sitte verlangte.

Nach dem Brautkauf kommt der Gabekauf und fordert Bestätigung bei Tisch. Hier lesen wir dann, daß die Transaktion im Hause des Empfängers *per cibum et potum*, durch Essen und Trank, geschehen sei, und dieses *per* hat dieselbe Kraft wie das „durch", das bezeichnet, daß Handel oder Buße geschehen ist in und mit dem Vadium oder Pfand, das die betreffende Partei aushändigt. Vielleicht ist die Feierlichkeit einer Mahlzeit bei den südlichen Germanen etwas in den Hintergrund geraten – was mit dem schwärmerischen Kult mit symbolischen Geschenken in Verbindung stehen mag, die sich im deutschen Recht so sehr ausbreitete; aber im Norden hat sie sich noch zäher gehalten als das Vertrauen in das Pfand. Ohne einen Becher als Trost beim Abschied von dem eben verkauften Ferkel und als Zeichen der Freude über die gezahlten blitzenden Taler ist es den Bauern kaum möglich, überhaupt zu kaufen und verkaufen, und wenn ein Mann einen schwachen Magen oder einen schwachen Kopf hat, auf die er Rücksicht nehmen muß, so muß er sich mit einer Versicherung seiner Ehrlichkeit entschuldigen: „Der Kauf soll trotzdem feststehen."

Alle die gerichtlichen Transaktionen, die als Abschluß einen

Becher erforderten, aufzuzählen, würde heißen, ein Verzeichnis aller der Transaktionen geben, die in der germanischen Gesellschaft überhaupt stattfinden konnten, und das Bedürfnis nach diesem Abschluß wurzelt tiefer als etwa in einem nebelhaften Trieb, das Rechte zu tun. Das Gesetz erblickt immer wieder in der geselligen Erledigung der Sache das Rechtskriterium. Isländisches Recht erfordert vom rechten Eingehen einer Ehe, daß eine Gesellschaft von mindestens sechs Personen die beiden Sippen zusammengegessen, -getrunken und -gekauft haben soll, die Schweden begnügen sich damit, Sitte und Gebrauch aufzuzeichnen, indem sie z. B. sagen: Die Verwandten sollen bis in den dritten Grad – das heißt, so weit die normale Verwandtschaft geht – zur Hochzeit geladen werden. Es konnte auch vorkommen, daß das Bier, wie in dem norwegischen Bjarkeyjarrétt, zum entscheidenden Faktor gemacht wurde, so daß ein Sohn als in rechter Ehe geboren erklärt werden konnte, wenn seine Mutter mit rechtmäßigem Brautgeld *(mundr)* gekauft worden war, und wenn bei der Hochzeit ein Faß Bier gekauft und in der Anwesenheit von zwei Brautmännern, zwei Brautjungfern, einem Knecht und einer Magd getrunken worden war.

Es liegt noch etwas Ehrwürdiges über diesem alten Mittel des Vergleiches, das die Menschen dermaßen zusammenzwingen konnte, daß unter seinem Einfluß ihre kleinste Handlung für das Recht und das Gesetz zur Tatsache wurde. Wenn die Tischgemeinschaft im Laufe der Zeit ein derartiges Bundesmerkmal werden konnte, war der Grund der, daß sie einst aus dem Erlebnis entstanden war. Die Gesetzmäßigkeit der Handlung entsprang der Tatsache, daß beide Parteien die Veränderung in sich spürten und so die Rechtmäßigkeit des neuen Zustandes erlebten; es war eine Bedingung, daß die großen Trinkgefäße, von welchen wichtige Entscheidungen abhingen, bis zum letzten Tropfen geleert werden sollten, damit der Wille, den Kauf aufrechtzuerhalten, fest gesichert würde. Die Männer wußten auch, daß ein unvorsichtiger Mundvoll einem Manne seine Selbstbeherrschung rauben oder jedenfalls anderen Einflüssen erlauben konnte, seinen Willen zu beeinträchtigen und seine Kraft zu weiterem Fortschritt zu lähmen. Die Ablehnung hat eine eigenartige Betonung: „Ich habe anderes zu tun als zu essen“, wenn ein Mann den Herrn des Hauses durch Klopfen an der Tür herausholt und eine

Abrechnung verlangt. „Könnte ich nur den Trotzkopf, den Pfaffen, dazu bringen, mit mir zu essen, würde ich schon wissen, mit ihm fertig zu werden", – das war so ungefähr der Gedanke, den der listige Merowinger Chilperich hatte, als er bei seiner Begegnung mit Gregor versuchte, ihm eine Erfrischung aufzunötigen. Aber in dieser Beziehung war Gregor so gut ein Germane wie der König, und er wußte sich zu hüten: „Erst wollen wir das Verkehrte einrenken, dann können wir nachher unsere Übereinkunft festtrinken", oder, wie die Sache mit der nicht seltenen zweischneidigen Logik Gregors auch ausgedrückt werden kann: „Unsere Nahrung soll sein, Gottes Wille zu tun und uns nicht von den Gelüsten des Fleisches verlocken zu lassen, so daß wir sein Gebot vergessen; du mußt daher, bevor ich esse, versprechen, die Regeln unserer Kirche nicht zu übertreten."

Ein Mann lieferte sich seinem Gegner in dem Augenblick vollkommen aus, wo er ihm den Becher reichte und mit ihm trank; auf den beiden Händen, die um dieses Gefäß gegeneinander ausgestreckt wurden, lag eine Zukunft in der Waage, und die geringste Unsicherheit konnte zum Unheil der beiden Menschen den Ausschlag geben. Nach dem Tode des Langobardenkönigs Authari bat das Volk seine Königin Theodolind, die Würde selbst anzunehmen und sich einen Gatten mit einer starken Hand auszusuchen, der das Königreich regieren könne. Nach dem Rat weiser Männer wählte sie den Herzog Agilulf von Turin und lud ihn eilig zu einer Begegnung ein. Die beiden begegneten sich in Laumellum, und nachdem sie eine Weile miteinander gesprochen hatten, ließ sie Wein bringen, trank zuerst davon und reichte Agilulf den Rest. Als er den Becher genommen hatte und ihre Hand küssen wollte, sagte sie errötend mit einem Lächeln, daß ein Handkuß sich nicht für den geziemte, der auf den Mund küssen sollte. Sie bat ihn aufzustehen und sprach zu ihm von Hochzeit und Herrschaft.

So weit Paulus Diaconus. Wir würden hier schlechte Leser sein, wenn wir nicht verstünden, daß der kleine Auftritt eine eigene Spannung hat, groß genug, um eine Tragödie entstehen zu lassen. Theodolind hat mit dem Becher ihre eigene Ehre angeboten und es in seine Hand gelegt, damit zu tun, was er wolle; sie hat sich selbst gebunden, wie Brynhild sich an Sigurd band durch ihren Schwur, dem gehören zu wollen, der durch die Lohe ritt; ein Zögern Agilulfs, den Schwur anzunehmen und ihn zu verwirklichen, würde sie ins Unglück stürzen und sie zur Rache zwingen. Mag die Zukunft nun in Hochzeit bestehen oder in Neuerwerbung von Besitz – in dem Akt des gemeinsamen Trinkens wird sowohl die Freude am neuen Zustand wie die Fähigkeit, ihn genießen zu können, gegeben und genommen. Die beiden Parteien tranken *njótsminni:* einen Becher, der den Käufer *njótr* machen sollte, das heißt, zu einem, der das Heil des Gegenstands genießen sollte; und die heutige dänische Formel beim *„lidköb"* (vgl. deutsch „Leikauf", das ist: Weinkauf) enthält noch eine kurze Andeutung aller Wirkungen des Kaufbechers sowohl auf den Käufer und Verkäufer wie auf den übertragenen Gegenstand; womit nicht gesagt sein soll, daß die feierlichen Worte aus den ältesten Zeiten herrühren. Der Verkäufer bestätigt seine Zufriedenheit mit dem Preis, garantiert, daß die Ware voll und ganz ist und in den Besitz des anderen vollkommen und für immer übertragen werden soll, ohne Vorbehalt, ohne Fehl, mit dem Heil in sich; und die andere Partei überzeugt sich, daß der Handel endgültig abgeschlossen und der Empfänger befriedigt ist, und versichert ihrerseits dem Empfänger den vollen Gebrauch und den vollen Wert des Geldes. Dieses heißt, wenn Dänen handeln: „Jetzt trinke ich dir die schwarzköpfige Kuh zu, heil und gesund ist sie in jeder Beziehung, frei von verborgenen Fehlern, 100 Taler ist der Preis, den ich haben soll; die Zeit des Kalbens wird stimmen, wie ich gesagt habe; wie sie ist, so sollst du sie haben." „Dann trinke ich dir die 30 Taler zu, die schon gezahlt sind; ich wünsche dir Heil mit dem Geld; so viel sollst du haben, das hast du erhalten." „Wir wünschen Heil auf beiden Seiten mit dem Handel", sagen dann die Leikaufzeugen.

Wir können den germanischen Kauf in e i n Bild zusammenfassen, nämlich die norwegische Form der Freilassung Unfreier. Der Unfreie erhielt seine Freiheit – und daher wurde er selbst *frjálsgjafi* genannt – und für die Gabe der Freiheit zahlte er sein Lösegeld; aber bis er sein Freiheitsbier gefeiert hatte – mit dem Manne getrunken und gegessen hatte, der ihn befreite – galt er im sozialen Sinne nicht als aus seiner Abhängigkeit gelöst.

Dem modernen Scharfsinn hat es unendliche Schwierigkeiten gekostet, diesen Überfluß an Formen zu begreifen, und man hat sich den Kopf bei der Frage zerbrochen, was der Handschuh zu tun hatte, da doch der Besitz vom *skeyting* abhing, und wozu dieser letzte wohl diente, da das Vadium allein genügte, und man hat mit den verschiedenen Symbolen gerungen wie mit einem Vexierspiel, das in einer künstlichen Anordnung seine Lösung finden sollte. Dieselbe Schwierigkeit findet sich beinahe überall im Leben der Alten: Namengebung und Namenbefestigung, Verlobung und Hochzeit, Brautgabe und Brautbier, jedes von ihnen hat totale Gültigkeit, und doch vertragen sie sich ganz gut, sobald sie außerhalb unserer gelehrten Köpfe wirken dürfen. Wir können niemals dadurch zu einer Lösung gelangen, daß wir das Wirkungsfeld der einzelnen Handlung im Verhältnis zu den anderen begrenzen – ganz einfach, weil ihre Fähigkeit des Zusammenwirkens darauf beruht, daß sie alle in sich vollkommen sind und daß deshalb jede ihr Gegenstück enthält. Das Vertrauen in die einzelne Handlung muß dann als Gegengewicht so viel Ernst haben, daß ein Bruch der rechten Reihenfolge von der Seite des Urhebers der Störung eine Kränkung bedeutete und für den durch die Katastrophe Betroffenen ein Unglück war, denn es war nicht eine Möglichkeit, die zerstört wurde, sondern ein wirklicher Kauf, der gebrochen, und eine geistige Verbindung, die zerrissen wurde.

Zwei Gegner können in einem gemeinsamen Trunke den Streit fortspülen, weil etwas Starkes in dem Horn ist, das alle Disharmonie heilt und jeden Durst nach Rache stillt; und darüber hinaus etwas, das ein neues Gefühl herstellt. Sie nehmen die gute Gesinnung unmittelbar in sich auf. Deshalb muß das Gesetz einem Mann das Recht verweigern, bei seinem Gegner Wiedergutmachung zu suchen, wenn er aus eigenem freien Willen Haus und Kost mit ihm geteilt hat. Wie jedes andere Ding in der Welt hat der Trunk sein besonderes Heil, einen konzentrierten Auszug aus der Hamingja, die zu dem Hause und der Familie gehört. Wenn der Braut beim ersten Gang zur Tür ihres neuen Heims, beim ersten Überschreiten der Türschwelle eine Kostprobe von der Speise und dem Trank gereicht wurde, die dort zubereitet wurden – wie es die Sitte in späteren Zeiten verlangte –, dann geschah es, um sie einzuweihen und aufzunehmen in den Geist, der dort herrschte, und damit sie mit dem Heim eines Sinnes werden sollte. In Schweden, und möglicherweise auch anderswo, genügte es nicht, daß Braut und Bräutigam den Hochzeitsbecher mit ihren Verwandten zusammen im Brauthaus leerten: nachdem die Braut ihrem Gatten übergeben worden war, begab die ganze Gesellschaft sich zusammen zu dem Haus des Gatten und feierte dort eine Hochzeit. An dem ersten Ort wurde die Übereinkunft von allen, die es anging, durch Trunk gefestigt; an dem zweiten wurde das Brautpaar zu seinem neuen Dasein eingeweiht.

Es liegt im Wesen des Trunkes, daß er in bezug auf einige Dinge Vergessenheit brachte und in bezug auf andere ein um so besseres Gedächtnis; in dem stärksten Bräu assimilierte er den Trinker mit sich und löschte seine Vergangenheit dermaßen aus, daß er ein neuer Mann wurde; er brachte die Vergessenheit, die die Tatsachen stehen lassen mag, aber ihr Licht, ihren Schatten und ihre Wirklichkeit wegnimmt. So geschah es mit Sigurd, als die Königin ihm in Gjukis Halle das Horn reichte: sobald er das Bier gekostet hatte, vergaß er Brynhild und alle seine Versprechungen an sie, er dachte nur daran, daß Gudrun eine prachtvolle Frau und ihre Brüder so wacker seien. Der Inhalt des Horns ist ein Erinnerungstrank, wenn er die Seele aufwecken soll, und ein Vergessenheitstrank, wenn er die Vergangenheit verschließen soll; das Bier ist in beiden Fällen dasselbe, und sein Hauptbestandteil ist der unverfälschte starke Hausbräu. Die Geschichte von Hedins Bezauberung, als er die Königin Högnis, seines Blutsbruders, tötet und seine Tochter entführt, braucht keine weitere Erklärung als die einfache und glaubwürdige, daß er einmal im Walde einer Frau begegnet war, die ihm aus einem „Horn voll Bier" zu trinken gab, und daß er, als er getrunken hatte, sich an nichts aus seiner Vergangenheit erinnerte, an nichts davon, daß er Högnis Gastfreundschaft empfangen hatte oder sein Blutsbruder geworden war, sondern nur den einen Gedanken hatte, daß die Ratschläge, die ihm die Bierbringerin gab, die einzigen in der Welt waren, die ihm etwas bedeuteten, und denen er folgen mußte.

In der dänischen Ballade von Herrn Bösmers Besuch im Elfenland hat noch die Wirklichkeit Gültigkeit, daß der Trunk, kraft seines Ursprungs, eine gewisse Ehre und ein gewisses Schicksal, besondere Erinnerungen und besondere Zwecke enthielt, die von selbst alles andere vertrieben. Der symmetrische Stil des Volksliedes formt sich hier, als wäre er um dieses Thema gegossen; bevor er den Elfentrank gekostet hat, weiß er:

„In Dänemark bin ich gebürtig und geboren,
dort wurden meine Hofkleider alle geschoren,
dort ist meine Braut, eine Jungfer fein,
mit ihr will im Leben und Tod ich sein."

Und er fühlt das Unheilvolle in seiner Reise. Aber in dem Augenblick, wo er getrunken hat, kehren alle die kleinen Worte sich um:

„Im Elfenland bin ich gebürtig und geboren,
und dort wurden alle meine Kleider geschoren,
und hier steht Ihr, meine Braut so fein,
mit Euch will im Leben und Tod ich sein."

Es geht ihm wie Sigurd; als

„den Becher er hob an den Mund und trank,
die ganze Welt um ihn versank,
Vater und Mutter vergaß er so sehr,
von Schwestern und Brüdern er wußte nichts mehr."

Zwei kleine Elfenkörnchen in den Wein getan, um die Wirkung des Horns zu steigern – weiter war nichts Ungewöhnliches geschehen, und diese Körnchen sind zu guter Letzt nur eine Betonung der Tatsache, daß der Trank die Naturerzeugnisse des Elfenlandes enthält.

Das Bier, das Sigurd und Hedin hinunterstürzten, war im wahren Sinne ein Zaubertrank, denn es war böse und führte Böses mit sich. Beide kommen zur Besinnung, und ihr Gedächtnis findet den Weg zu ihrem früheren Wesen, aber sie können nicht ihr früheres Ich wiedererlangen. Sie haben keinen Willen, diesen Zustand zu überwinden, und ohne Zögern schreiten sie auf dem Wege weiter, den der Trunk ihnen gezeigt hat, die Konsequenz ihrer neuen Natur anerkennend, wie einer das anerkennt, was die Begründung eines ganzen Lebens besitzt. Sigurds Treue zu seinen Schwägern ist nach seinem Aufwachen nicht gelockert, und Hedins Schmerz über das Unrecht, das er seinem Blutsbruder angetan hat, ist nicht Reue im modernen Sinne; es kann ihn dazu bringen, Wiedergutmachung anzubieten, aber wenn sein Angebot abgelehnt wird, hat er keinen anderen Ausweg, als sich zu behaupten. Der einzige Weg für ihn, sich vor der Neidingschaft zu retten, ist, seinen jetzigen Charakter durchzuführen und ihn zu seiner Ehre zu machen, genau so wie die Besitzer von Tyrfing das düstre Schicksal dieser Waffe als eigenen Willen annehmen müssen. Die Stärke, die tragische Größe dieser alten Helden liegt in der Aufrichtigkeit ihrer Seele. Sie versuchen nie, gleichzeitig zwei Männer zu sein, und so kennen sie nie die innere Disharmonie, die moderne Menschen verzehrt, wenn sie sich selbst für das, was sie sind, verachten und sich nach dem sehnen, was sie nicht sein können – und auf diese Weise nie zur Tragik gelangen.

Das im Hause gebraute Bier war ein Lebenselixier, das auf dem Hof des Bauern und am Hofe des Königs unmerklich Tag für Tag die Seelen schuf. In ihm wurde der Friede geboren.

Wenn ein Mann allein im fremden Lande oder an Bord eines Schiffes starb, war es natürlich, seinen Tischgenossen zum Erben zu ernennen, nicht weil eine solche Genossenschaft den Charakter von Verwandtschaft hatte, sondern weil das gemeinsame Essen der innerste Kern der Sippe und überhaupt jedes Kreises war, dessen Zusammengehörigkeit gleicher Art war wie die des Verwandtenkreises. Ohne eine ständig wiederholte Erneuerung des Seelenfriedens durch die Speise und besonders durch den Trank, der mit dem eigenen Heil des Hauses gesättigt ist, würden sich die Bande lockern und der einzelne verdorren. Wir hören, daß niemand entmündigt werden konnte, solange er „biertüchtig“ und „roßtüchtig“ war, solange er den Becher leeren und sich unter fremden Menschen allein, ohne Hilfe, bewegen konnte. Dies beweist eine Gleichwertigkeit zwischen den beiden Begriffen, die jetzt nicht mehr einleuchtend ist. „Im Metsitz sitzen“ bedeutet: noch unter den Lebenden sein, und dieser Ausdruck enthält keine dichterische Freiheit.

Speise und Trank können, nein, müssen das Kennzeichen sein, wodurch sich das Leben vom Tod unterscheidet. Wenn der Ausgestoßene in einem fremden Hause einen Platz auf der Bank erhalten hat und ein neuer Mensch mit neuem Leben und neuen Gedanken wird, ist die Verwandlung nicht bildlich geschehen: er hat körperlich ein Heil empfangen und aufgenommen. Und wenn das Kind Nahrung zu sich genommen hatte, war es gegen Aussetzung gesichert, ganz einfach, weil es Wirklichkeit eingesogen hatte und damit ein unverletzbarer Wert geworden war. Es hatte „Frieden“ gekostet und war dadurch in der Ehre versichert, so daß nun nicht einmal seine Eltern Macht darüber besaßen. Es gibt eine Geschichte aus Friesland von einer hochgeborenen Frau, die das Kind ihres Sohnes aus Zorn darüber aussetzen ließ, daß ihm nur Töchter geboren wurden. Als sie erfuhr, daß eine andere Frau das kleine Wesen an sich genommen hatte, schickte sie Männer aus mit dem strengsten Befehl, das Kind sollte aus der Welt gebracht werden; aber die Männer kamen zu spät; das Kind lag da und leckte wohlgefällig seine Lippen nach der Mahlzeit – und sie mußten unverrichteter Dinge zu ihrer gestrengen Hausfrau zurückkehren.

Andererseits steigert sich der Ausschluß aus der Tischgemeinschaft zum Todesurteil über den Friedlosen. Wenn der Staat einen Neiding *óœll* erklärt, wie es auf Island genannt wird, das heißt jemand, vor dem jedermanns Hand und Vorratsschrank verschlossen bleiben soll, dann bedeutet das, daß es für ihn keine Fortdauer der Menschlichkeit gibt: das Leben darf nicht mehr in ihn hineinströmen.

Wenn wir so weit gekommen sind, suchen wir unwillkürlich nach einem feierlichen Brauch. Obwohl uns die Quellen hier wie beinahe überall, wo es sich um alltägliche, selbstverständliche Dinge handelt, so ziemlich im Stich lassen, wissen wir doch eines: ebenso wie das Heil und die Ehre ihre Lebensfunktionen durch das Kleinod ausübten, müssen auch die Mahlzeit und das Zusammensein nach dem Essen, wenn der Trunk herumgereicht wurde, ihre Formen gehabt haben, durch welche das tiefe Atemholen des Friedens sichtbar wurde. Ein bedeutungsvoller Einblick in das Leben auf einem Bauernhof wird uns in der kleinen Bestimmung im Frostathingsgesetz gegeben, daß „die Schalen, mit denen die Frauen einander über die Diele zutrinken, an die Töchter vererbt werden". Am Hofe des Königs, wo der Mann mit dem Heil des Häuptlings verknüpft und von seinem Willen durchsäuert war, „durch Gabe und Bier", wie der Beowulf sagt, ging die Königin zur Trinkstunde mit dem Horn in der Hand durch die Halle und bot es an ringsum auf allen Bänken, nachdem sie zuerst ihren Gatten hatte trinken lassen. Dies tat die Königin offenbar sowohl alltags wie an den Festtagen, gleichviel ob ihr Herz sie besonders dazu trieb oder nicht. Die Männer forderten diese Bedienung als ihr Recht. „So gut gefällt uns, König Garibald, deine Tochter, daß wir gern einen Vorgeschmack des Glückes haben möchten, das unser wartet; so laß sie denn, Lieber, uns jetzt einen Becher reichen, wie sie ihn uns später zutragen wird"; so spricht mit unschuldiger Unmittelbarkeit die kleine Schar der Gesandten König Autharis, als sie sich auf den Bänken König Garibalds ausruhten, nachdem sie seine Einwilligung zu der Heirat des Mädchens mit ihrem Herrn erworben hatten. Der wirkliche Sprecher war aber König Authari selbst, der sich aus

Neugierde als einer seiner eigenen Gefolgsmannen verkleidet hatte und jetzt den alten Brauch ausnutzte, um sich seiner Verlobten zu nähern. – Da aber die Formen, die das Gefolge des Königs beobachtete, nur eine verstärkte Abbildung der häuslichen Sitten waren, können wir vermuten, daß ein solches geistiges Dienen zu den Pflichten einer germanischen Hausfrau gehörte und ihre wesentliche Leistung als Weberin des Friedens war. Der Sagaerzähler findet keinen Ausdruck, der so unzweideutig Brynhilds Mannhaftigkeit bezeugt, wie diesen, daß sie keinem Mann erlauben will, neben ihr Platz zu nehmen und daß sie keinem den Biertrunk reichen will; ihr Sinn steht nach Krieg und nicht nach Ehe.

Die alten Schilderungen des festlichen Mahles gehen mehr in die Einzelheiten, besonders bei solchen Gelegenheiten, die eine Veränderung im Leben der Teilnehmer mit sich führten. Das Fest beginnt außerhalb des Hauses, wo ein feierlicher Trunk die Gäste bei ihrer Ankunft erwartet. Die Hochzeitsgebräuche späterer Zeiten in Norwegen zeigen dieses Ritual in eindrucksvollen Formen. Die Männer versammeln sich im Hofe des Bräutigams, um dort die Freundschaft durch tüchtiges gemeinsames Essen und Trinken zu bestärken. Darauf ziehen sie unter Lärmen und Schreien in wildem Lauf zu dem Brauthause, und wenn sie sich dem Ort nähern, schicken sie zwei Herolde voraus, die um Nachtquartier bitten sollen. Als Antwort auf ihre Anfrage werden ihnen einige Schalen Bier gereicht, die der wartenden Gesellschaft gebracht werden, und erst wenn dieser Biergruß sie in die große Gemeinschaft einverleibt hat, die sie erwartet, reiten sie heran und sitzen ab. Dieses Bild aus dem Leben des 18. Jahrhunderts beweist seine Ehrwürdigkeit durch die Übereinstimmung in jeder Einzelheit mit den zerstreuten Andeutungen, die einen Weg in die schwedischen Gaugesetze gefunden haben. Nach ihnen sollten auch zwei Männer aus der Gruppe des Bräutigams bei der Ankunft im Brauthause den Herrn des Hauses um Frieden für sich und ihre Begleiter bitten; und wenn dieser gegenseitig vereinbart und die Waffen abgelegt worden waren, fand das erste gemeinsame Trinken statt als Einleitung zu der formellen Forderung des Sprechers auf Auslieferung der Braut.

Gleichviel ob der Einweihungstrunk im Freien oder im Hause geboten wurde, konnte der Gast ihm nicht entgehen. Wie wir in der Hymiskvida hören, wurde der Gott bei seinem Besuch in

Jötunheim bei seinen Gesippen mütterlicherseits in der Halle von seiner goldgeschmückten Verwandten mit dem Bierhorn empfangen. Und der Mann, der in Olaf Kyrris Halle Gast gewesen ist, ruft seinen Willkommsgruß mit demselben Bild in seine Erinnerung zurück: „Der Kampffürst grüßte mich zum Willkomm mit freundlicher Gesinnung, der Rabenfütterer, der Ringverschwender trat mir selbst entgegen mit einem goldenen Horn, um mit mir zu trinken." Ein byzantinischer Schriftsteller aus dem 6. Jahrhundert, Priskos, hat in den Erinnerungen an seine Gesandtenreise an den Hof Attilas die Prüfungen beschrieben, die ein gebildeter Mensch um seines Vaterlands willen durchmachen mußte. Diese Barbaren hätten natürlich die merkwürdigsten Sitten, und das Schlimme war, daß man auf ihre Absonderlichkeiten eingehen mußte, wenn man hoffen wollte, irgend etwas zu erreichen. Er wurde eines Tages zu einem privaten Gastmahl bei der Königin eingeladen, und gleich wurde er von einem umständlichen skythischen Zeremoniell überwältigt; jeder der Anwesenden erhob sich beim Eintritt der Griechen und bot ihnen einen gefüllten Becher dar, und nach dieser Leistung wurden sie von den lieben Gastgebern mit Umarmungen und Küssen belohnt. Nach allem zu schließen, ist Attilas Hof mehr als halb germanisiert gewesen, und Priskos hat in dieser skythischen Gastmahlssitte eine Probe bekommen, was es heißen wollte, nach gotischer Art zu leben.

Es besteht kein Wesensunterschied zwischen diesen alten Auftritten aus dem Süden und Norden einerseits und den einfach großzügigen Formen der schwedischen und norwegischen Bauern andererseits, wo der Wirt mit dem „Willkomm" in seiner Hand auf die Stufen hinaustritt, der vielleicht in einer Schale enthalten ist, die besonders für diesen Zweck aufbewahrt wurde. Und die Sitte in Dithmarschen fügt sich wiederum dem Ganzen ein, beinahe wie ein ausführlicher Kommentar zu den alten Andeutungen. Hier geht die Mutter des Hauses, wenn der Gast die erste Mahlzeit mit seinen Wirten geteilt hat, zu ihm hin und begrüßt ihn in feierlichen, altherkömmlichen Formeln mit frischem Bier in frischer, neuer Schale; ihr folgen auf dieselbe Weise die Söhne und Töchter, und schließlich zeigt das Gesinde ihm seine gastliche Gesinnung.

Diese Zeremonien beziehen sich in hohem Grade auf den Gast, der nicht selbst zu der Gemeinschaft gehört und der deshalb erst in ihr Leben aufgenommen werden soll; aber in den allgemeineren Zügen sind die Formen, die bei einem Gastmahl beobachtet werden, nur eine Betonung und Anpassung dessen, was immer verlangt wurde. Die Sitten bei den hohen Festen lehren uns, in welchem Grade die Formen für Tischgemeinschaft alles Beisammensein der Menschen beherrschten.

Langsam und stetig zieht das Leben unserer Vorfahren vorüber; wir finden vielleicht den Schritt verzweifelt langsam. Es scheint uns, daß diese Menschen festsitzen und in einem Gewebe von Formen hängen. Zögernd, zaudernd, immer abwägend und überlegend bewegen sie sich: denn die Rücksicht auf die Wirkung, die jede Tat auf eine unermeßliche Zukunft ausüben mag, macht jeden Schritt zu einer ernsten Angelegenheit. Es besteht keine Möglichkeit, den Brauch zu durchbrechen; ohne diese Formen und Gebräuche gibt es überhaupt keinen Verkehr zwischen Menschen, immer wieder müssen die Menschen sie anwenden, um sich gegenseitig in Gedanken zu finden. Sogar die allerflüchtigste Begegnung setzt bis zu einem gewissen Grade Bund und Bündnis voraus – nicht ohne Grund erforderte die Sitte bei Wirt und Gast eine so große Zurückhaltung, daß sie tagelang bewirteten und sich bewirten ließen, bevor sie ihr Geschäft vorbringen konnten. Wenn eine erste Bekanntschaft so weitreichende Folgen wie die haben konnte, daß der Wirt die Sache seines Gastes aufnehmen und sie gegen seine Neigungen wie seine eigene verfolgen mußte, ja sogar auch dann, wenn dieses neue Interesse seinen früheren Verpflichtungen so sehr entgegenlief, daß Witz und Heil nottaten, um eine Katastrophe zu vermeiden – dann müssen eben Bedächtigkeit und diplomatisches Geschick im Volke großgezogen werden.

Nun werden wir vielleicht staunen, wenn wir entdecken, daß diese Vorsicht eine Gegenseite mit ebenso ausgesprochenen Zügen hat.

Nicht genug damit, daß der Wirt in der Gewalt seines Gastes ist – zu guter Letzt ist jeder von dem ersten besten Reisenden abhängig. Der Gast ist der stärkere; er kann sich mit Gewalt Zutritt erzwingen und die Freundschaft eines Mannes an sich reißen; er kann sich mit List einen Anteil vom Heil des Hauses erschleichen, und dann nimmt die Hamingja sich selbst seiner Sache an, zwingt sie mit dem Pulsschlag in die menschlichen Vertreter hinein und treibt diese dorthin, wohin sie nicht wollen. Ist der Gast erst innerhalb der Tür, so braucht er sich nicht zu bücken und seine Anwesenheit demütig in der dunkelsten Ecke zu verbergen, noch weniger in geborgten Kleidern umherzuschleichen; er hält seine Sache keck ans Licht und fragt seine Wirtsleute, wann sie denn nun eine Anstrengung machen wollen, um ihm zu seinem Rechte zu verhelfen. Die Macht des Gastes ist so groß, daß er auf die Bande der Gastfreundschaft hinweisen kann, auch wenn er sich in die Gewalt des Mannes begibt, den er gekränkt hat. Es ist eine Schande für einen Mann, demjenigen Böses anzutun, der sich ihm ausgeliefert hat – mit diesen Worten leitet er seine Bitte ein.

Es gibt eine bemerkenswerte Geschichte von dem jungen langobardischen Fürsten Alboin. Um die Auszeichnung unter Fremden zu gewinnen, die für einen Mann zur Erreichung des vollen Ansehens im eigenen Heim erforderlich war, zog er kurz entschlossen mit einem auserwählten Gefolge zum König der Gepiden, Thurisind, dem er kurz vorher in einer Schlacht einen seiner Söhne geraubt hatte. Als Gast von höchster Geburt wurde ihm ein Platz auf dem leeren Sitz neben dem König angeboten, und die Mahlzeit begann, wie es sich geziemte. Thurisind schwieg lange, und alle nahmen sich wohl in acht, ihre Gedanken zu äußern; als aber der König plötzlich ausrief: „Mit frohen Augen betrachte ich den Sitz da, aber schwer ist es, diesen Mann darin sitzen zu sehen", geriet die Halle in Aufruhr. Die Gepiden verhöhnten ihre Gäste und nannten sie Stuten mit weißen Socken nach den weißen Bändern, die sie um ihre Beine trugen. Die Langobarden fragten, ob sie bei Asfeld gekämpft und gesehen hätten, wie die Stuten mit ihren Hufen treten könnten, und die Gepiden hatten plötzlich mehr Erinnerungen, als sie meistern konnten. Aber der König sprang zwischen sie und warnte und bedrohte jeden, der es wagte, Gottes Langmut zu versuchen und einen Gast in seinem Hause niederzuhauen. Die Männer beruhigten sich, und das Fest wurde „mit Freuden" fortgesetzt. Thurisind nahm die Waffen seines Sohnes von dem Platze herunter, wo sie hingen, und legte sie selber Alboin an.

Hier sieht man die Gastfreundschaft im Streit mit großen und mächtigen Gefühlen, und sie trägt den Sieg davon.

Die Vorsicht war groß, aber die Gastfreundschaft war größer. Der Reisende war immer sicher, empfangen zu werden. Tacitus gibt seinen Lesern den Eindruck, daß der Tisch gedeckt wird, sobald bloß der Schatten eines Fremden in die Türöffnung fällt, und er hat recht, wenn er es als ganz sicher hinstellt, daß niemand auf eine Einladung zu warten brauchte. „Es ist Neidwerk, jemandem Unterkunft zu verweigern“, sagt eine volkstümliche Redensart in Norwegen; und wenn der Wirt Gastfreiheit gewährt hat, ist er sofort in die Schwierigkeiten des Gastes verwickelt. Unüberlegt würden wir jene Isländer nennen, die den verfolgten Mann beinahe ins Haus ziehen, wenn er eines Abends an die Tür klopft wie einer, der es eilig hat, unter Dach zu kommen; im Widerspruch zu ihrer eigenen Meinung über ihn riskieren sie Leben und Wohlfahrt, um den Mann offen und geheim zu beschützen; mit einer Empfehlung schicken sie ihn zu ihren Freunden und Verwandten, damit sie für ihn sorgen. Aber schon Cäsar hatte Männer getroffen, die den Isländern ähnlich waren, und er hat uns seine Einsicht in ihre Vorstellungen von Gastfreundschaft offenbart, indem er einfach sagt: „Diese Leute betrachten es als eine Schande, einen Gast zu kränken. Wer er auch sein mag und welche Gründe ihn auch veranlassen, die Gastfreundschaft anderer zu suchen, sie beschützen ihn gegen Unrecht. Er ist heilig; alle Häuser stehen ihm offen, und das Essen steht für ihn bereit.“

Erst wenn wir die Gegensätze bis in ihre äußersten Konsequenzen durchleben, können wir an der Harmonie teilhaben, in der diese Kultur ruht. Alles, was ein Mann ist, muß er ganz sein, innerhalb eines Heils oder außerhalb von ihm – es gibt keine tangierende Zwischenlage. Wenn ein Mann seinem Nachbar gegenübersteht, muß einer von zwei Fällen eintreffen; entweder wirft man ihm Worte zu über eine tiefe, bodenlose Kluft, und die Worte werden dann notwendigerweise Waffen, oder die beiden mischen den Sinn, und die Worte werden willige Boten des Wohlwollens. Der Gast, der die Kost des Hauses geschmeckt hat, ist wirklich innerhalb der Seele, denn ein Besuchender, der sich nicht ganz vom Heil des Hauses verschlingen läßt, ist undenkbar, weil keine Familie einen solchen toten Fleck innerhalb ihres Organismus dulden könnte.

Die Selbstverständlichkeit, mit der man sich zu späteren Zeiten bei allem, was von einem Hause aus verübt wird, an den Hausherrn hält, ist nur ein schwacher Ausdruck für das persönliche Gefühl des Wirtes, daß die Taten des Gastes seinem eigenen Willen entsprungen sind, oder mit anderen Worten, daß sie die eines Verwandten seien. Er muß den Gast mit seiner äußersten Kraft beschützen, weil das Unglück des Fremden das ganze Haus mit sich zu Fall ziehen würde.

Prokop erzählt von Thurisind, dem König der Gepiden, daß er einmal vom Kaiser von Byzanz in Versuchung geführt wurde, einen fremden Thronforderer auszuliefern, den das Schicksal dazu gebracht hatte, in dem Volke Zuflucht zu suchen. Als weitgereister Mann. der die fremden Sitten der zivilisierten Nationen kennengelernt hatte, war er imstande zu verstehen, daß die altmodischen Regeln der Moral im Falle von politischen Verwicklungen nicht genügten, und er versuchte seinem Volke begreiflich zu machen, daß eine Übereinkunft, die man mit etwas zahlte, was man nicht besaß, reiner Profit wäre. Aber durch die Worte des ausländischen Historikers klingt noch deutlich die Ablehnung des Volkes: „Das sei uns fern! Besser wäre es, wir gingen mit Frauen und Kindern zugrunde!" Gegen den altertümlichen Doktrinarismus des Volkes vermag die Aufgeklärtheit des Königs nichts – er ist genötigt, die Angelegenheit mit dem Gegner unter der Hand zu erledigen und Schleichwege zu gehen, wie es der Fortschritt oft tun muß, um sich in der Welt durchzusetzen.

Was wir Form nennen, war die Wirklichkeit selbst. Der Verkehr der Alten untereinander fand nicht unter gewissen Formen statt, sondern geschah in ihnen; sie lebten das Leben selbst mit dem langsam kreisenden Trinkhorn, sie teilten ihren Sinn, wenn sie miteinander Brüderschaft tranken, sie tauschten in dem Becher fließende Gedanken aus, so wie sie beflügelte Gedanken in ihren Worten austauschten; sie kosteten die Ehre und die Erinnerungen des Hauses mit seiner Speise, genossen gleichzeitig als Augenweide die Erbstücke und Siegeszeichen der Halle und zogen die Atmosphäre der Sippe mit dem Atem ein. Es war ein Erlebnis, das keinem anderen ähnlich sah, die Waffen anzufassen, wenn sie in der Hand so schwer von Seele waren, daß sie den Besitzer zwangen, den Mund aufzutun und zu sagen: „Diese Brünne trug Heorogar während eines langen Lebens", „dieses Schwert gehörte meinem Großvater Jökul und den alten Vatsdœlamännern vor ihm, und es gab ihnen Sieg." Es war ein einzigartiges Gefühl, einen Wertgegenstand zu besitzen, wenn seine Natur dermaßen Schicksal, Vergangenheit, Gegenwart und Zukunft war, daß die Gabe nicht nur die Seele des Empfängers erschütterte, sondern ihn zu einem Gedicht auf den Geber inspirierte.

Die feierlichen Gebräuche sind der Strom des Lebens selbst und keine einengenden Ufer, an denen das Leben sich im Vorbeifließen reibt. Sie sind ehrwürdig, weil sie notwendig sind, sie sind notwendig, weil sie ihr Dasein nur der Tatsache verdanken, daß die Menschen dem Drang des Lebens nach Entwicklung keinen Widerstand entgegenstellen. Leben heißt: mit der Sonne gehen, mit dem Mond wachsen und wachsen lassen, den Brauch halten, durch den die Verwandtschaft mit Natur und Menschen gestärkt und erneuert wird, durch den die Sonne in ihrer Bahn gehalten wird und Erde und Himmel in ihrer Jugend und Stärke bewahrt bleiben; Ehre und Heil gewinnen, dem Kind seine Namensgabe geben, den Becher der Verbrüderung trinken – das heißt leben! Es sind die Formen, die Lebendige von Toten unterscheiden. Man kann einem Geächteten nicht verbieten zu essen, und man denkt nicht daran, ihn jeder Nahrung zu berauben, aber von der wirklichen Speise, von derjenigen, die Freude und Gedanken mit sich bringt, ist er ausgeschlossen. Er ist aus den Formen in die Formlosigkeit hinausgestoßen.

Heiligkeit

Das Kleinod und der Mensch sind eins; aber der Mensch hat seine Zeit, und wenn die vorüber ist, löst ein anderer ihn ab; das Kleinod bleibt und gibt das Heil weiter an seinen Nachfolger. Der Mensch erscheint an seinem bestimmten Tage; kraft seines Heils geht er seinen Weg in das andere Dasein hinüber; aber er nimmt nicht den ganzen Inhalt mit sich; ein Teil, und zwar kein unwichtiger Teil, bleibt in den Dingen, die er hinterläßt, dort erwarten sie den Mann, der ihm nachfolgen soll. Mit gutem Recht können daher Waffen, Kleider, Haushaltungsgegenstände Träger des Lebens genannt werden; das Schwert ist nicht nur ein bleibendes Ding, es ist ein Born des Lebens, aus dem ein Mann den Vorrat in sich erneuern, aus dem er Kraft vom „Ursprung" schöpfen kann. Der Siedler hieb seine Axt in den neuen Boden, um sein Eigentumsrecht anzukündigen, und sie hat Hamingja genug, um das ganze Land ihrem Willen zu unterwerfen, es ihrem Herrn dienstbar zu machen und ihn gegen Eingriffe zu schützen. Das norwegische Gesetz hat eine Erinnerung an das kräftige Verbot bewahrt, das gegen unrechtmäßige Nutzung von Land dadurch erlassen werden konnte, daß der Besitzer sein Zeichen (Gesetzesstab genannt) darauf setzte und es auf diese Weise gegen jedes andere Heil absperrte. Oft zeigt die Waffe ihre innige Verbindung mit der Familien-Hamingja, indem sie dem Besitzer Kenntnisse verrät, von denen sein persönlicher Hugr nichts wußte. Das Schwert weiß es im voraus, wenn Schlacht oder Tötung bevorsteht, und verkündet laut sein Wissen. Die siegreiche Axt, Skrukke, sang ihrem Herren, dem „mörderischen" Steinar, immer laut und fröhlich vor, wenn der Kriegspfad sich vor ihm auftat, genau wie Gunnars Hellebarde immer herannahende Geschehnisse mit Klang begrüßte. Kleider lassen sich nicht leichtherzig bei unklugen Unternehmungen tragen: Als Thorgils trotz des warnenden Erscheinens seiner Fylgja zu dem Gesetzesthing geritten war, sprach sein Mantel warnende Verse, während er zum Trocknen an der Wand hing.

Ebenso ist das Vieh Teilhaber am Heil wie dessen Vermittler. Im Schweinekoben war Heilung zu holen, sogar für eine so ernste Krankheit wie Mangel an Traumgesichten. Als Halfdan der Schwarze alle möglichen Kuren probiert hatte, um von seiner Traumlosigkeit befreit zu werden, und alles fehlgeschlagen war, stellte er sein Bett in den Schweinekoben hinaus, und sofort wurde die herrliche Zukunft, die seinen Sohn erwartete, ihm offenbart. Die schöpferische Kraft des Tieres kommt vor allem in gewissen ausgezeichneten Exemplaren, den Kleinoden des Viehstandes, zum Vorschein, nämlich in solchen Kühen, Ochsen, Pferden, denen der Besitzer selbst Glauben schenkt. Wenn Not herankam, hatte er mehr Vertrauen zu ihnen als zu anderen, und er glaubte an ihren Rat. Thorir, einer der ersten Ansiedler auf Island, baute seine Zukunft auf seine Stute Skalm; einen ganzen Herbst durch wanderte er wie ein Nomade in ihren Fußspuren umher, und auf der Stelle, wo sie sich schließlich unter ihrer Last niederlegte, errichtete er sein Heim. Schon zu Tacitus' Zeiten gab es Stämme im Süden, die die prophetischen Gaben des Pferdes als Staatsorakel ausnutzten; in kritischen Zeiten, wenn das Wohl des Volkes eine Wahrsagung für die Zukunft erforderte, wurden die heiligen Hengste des Priesters oder des Königs vor den heiligen Wagen gespannt und feierlich vorwärtsgelenkt, bis ihr Wiehern und Schnauben das erwartete Zeichen gab.

Als Vermittler zwischen dem Menschen und seinem Heil führten solche Tiere und Kleinode das Leben aus den tiefen Gründen der Hamingja, in der es befestigt war, herauf. Aber dieser Vorrat an Ehre und Segen quoll auch durch andere Brunnen hervor, die sich mitten im Hause weit auftaten. Man konnte neue Stärke und neuen Willen holen, schon wenn man sich in den Hochsitz setzte; der Brauch, einen Mann zu dem Hochsitz zu führen, bedeutete, wenn es ein Fremder war, daß er in die Sippe, deren Mittelpunkt der Hochsitz war, aufgenommen wurde, und wenn es der Sohn des Hauses war, daß er die Herrschergewalt zugeteilt erhielt. Viel ist von den Hochsitzpfeilern die Rede, den Stützen, die das Dach über dem Sitz des Hausherrn trugen; in ihnen war Weisheit, so daß sie, wenn der Siedler sie etwa kurz vor Island über Bord warf, vorausschwammen und einen Ort anzeigten, wo er mit Aussicht auf Glück seinen neuen Hof errichten konnte. Wenn ein Ingolf, ein Thorolf und außer ihnen eine Schar von Ungenannten diese Pfeiler so sorgfältig mit sich an Bord nahmen und so gewissenhaft ihre Anweisungen befolgten und ihre vorläufige Unterkunft aufgaben, sobald die Neuigkeit von ihrer Auffindung eintraf, so geschah es, weil dies Holz eine große Sicherheit der Wohlfahrt gewährte. Der Raum, den diese Pfeiler begrenzten, enthielt den Sitz des Familienoberhauptes und war von der Hamingja seines Geschlechts erfüllt. Die Eigenheit, die mit Odins Hochsitz verbunden war, war – daß man alles sah, wenn man sich hineinsetzte –, sie war nur eine Steigerung der Weisheit und des Heils, die mit dem Platz im Hochsitz immer verbunden war. Wenn der Thronfolger von seinem Vater in den königlichen Sitz geführt wurde, so wurde er in die Macht eingekleidet, und gleichzeitig ging es ihm wie Saul, als Samuel sein Haupt mit Öl gesalbt hatte: das Herz wandelte sich in ihm.

Auf ähnliche Art wohnte das Heil in den Herdbalken, den Pfosten, die den Fußboden der Stube gegen den niedrigeren Mittelraum begrenzten, wo das Herdfeuer brannte. Diese konnten, wie auch der Hochsitz, wenn sie über Bord geworfen wurden, einen Weg übers Meer zeigen und den rechten Platz für eine Wohnung finden; möglicherweise waren ihre geistigen Kräfte die Ursache, daß Thorgest zuerst die Herdbalken Eriks des Roten borgte und sich später weigerte, sie zurückzugeben, so daß Erik sie mit Waffengewalt nehmen mußte.

Das ganze Haus ist von Hamingja durchdrungen, vom Dach bis zu den Wurzelspitzen seiner Grundpfosten, sogar bis in die Kochtöpfe hinein; es gibt keinen Winkel im Hause oder um das Haus, der nicht von ihr erfüllt ist, von den Wetterfähnchen auf den Giebeln, die das Wetter voraussagten, hinab bis zu dem Feuer auf dem Herde, das auch unzweifelhaft durch sein Benehmen jede nahende Veränderung des Glücks im voraus anzeigte. Wo das Feuer hingetragen wurde, bahnte es der Sippe einen glücklichen Weg, und auf diese Weise verpflanzten die ersten Siedler Islands durch die Glut, die sie von dem alten Herde mitbrachten, ihr Heil in das neue Land – ebenso wie ihre Vorfahren viele Generationen hindurch den wilden Erdboden gebändigt und bezwungen haben mochten. Wenn das Feuer auf einem fremden Grundbesitz angezündet wurde und einen rechtmäßigen Anspruch auf den Boden bezeugte, fraß es sich durch und durchbiß den Willen, der bislang an dieser Stelle geherrscht hatte, es verzehrte dem früheren Besitzer den Grund unter den Füßen. Als Glum sich von den Schätzen seines Großvaters getrennt hatte, wurde er von seinen Feinden so in die Enge getrieben, daß er seinen Grund und Boden verkaufen mußte. Aber im letzten Augenblick machte er einen Versuch, dem Schicksal zu trotzen: am Ziehtage blieb er in seinem Hochsitz sitzen, befahl, daß die Halle mit Tuch ausgeschlagen werde wie zu einem Fest, und tat, als hörte er nicht, als die andern ihn riefen. Da kam die Mutter des neuen Besitzers und grüßte ihn mit den Worten: „Jetzt habe ich Feuer auf dem Grundstück angezündet, und ich verlange, daß du mit all dem Deinigen fortgehst, denn das Land ist meinem Sohne geweiht." Nun begriff Glum, daß sein Recht und sein Heil zu Ende waren, es hatte keinen Zweck, gegen den Stachel zu löcken, und mit einem bitteren Wort erhob er sich und verließ den Ort.

Die Macht des Herdes wird sowohl in der gesetzlichen Sprache wie in späteren Gebräuchen stark betont. Der Norweger stellte als Bedingung für die rechtmäßige Übertragung eines Besitzes die Entnahme von Erde von den Stellen im Hause, wo diese Macht am stärksten war, und wenn er den Hochsitz und die Herdecken erwähnt, können wir überzeugt sein, daß er innerhalb der Türschwelle nichts Heiligeres wußte. Die Möglichkeit ist auch nicht ausgeschlossen, daß der Herd bei gewissen Stämmen, vielleicht sogar in gewissen Familien, das Herz des Hauses war, ähnlich wie in Norwegen der Hochsitz. Hier wie überall ist trotz aller Gleichartigkeit ein Spielraum für den individuellen Charakter des Heils gelassen.

Als der offene Herd in der Mitte des Hauses mit dem Schornstein vertauscht wurde, da wurde die Heiligkeit auf den Schornsteinbalken übertragen, das Querstück, das von den beiden Seitenbalken des Herdes getragen wurde; die dänische Volkssitte betrachtet diesen als die eigentliche Grundlage des Hauses, beim Umzug wurde er sorgfältig fortgenommen und in der neuen Behausung in die Wand eingebaut.

Neben diesen natürlichen Zentren konnte das Heil einen eigenen individuellen Hochsitz im Hause haben. Auf Thord Gellirs Hofe, Hvamm, lag mitten in der Stube ein Stein, der kein gewöhnlicher Felsblock war, denn auf ihm wurden große Schwüre abgelegt. Und von dem Stein auf Hvamm wenden die Gedanken sich leicht zu dem Hause Völsungs. Es war nach der Sage um eine Eiche gebaut, dergestalt, daß der Stamm das Rückgrat des Hauses bildete, während die Blätter die Halle überschatteten, und es wird weiter gesagt, daß der Stamm, der den Grundstock des Hauses bildete, der Kinderbaum genannt wurde. Die Überlieferung berichtet ferner, daß Odin als ein alter einäugiger Mann erschien und das Schwert fest in den Stamm stieß, wobei er es dem Manne versprach, der es herauszuziehen vermöchte. In diesem Schwert, das sich erst lockerte, als Sigmund an ihm seine Kraft erprobte, lag das Schicksal des Geschlechts, das durch Sigurd den Drachentöter berühmt geworden ist. Es ist möglich, daß diese Sage einmal ein Teil einer Familienüberlieferung gewesen ist, aber gleichviel, ob ein solches Haus existiert hat oder nicht, liegt für uns das Interessante in der Tatsache, daß es skandinavischen Zuhörern keine Schwierigkeit machte, die Tragweite dieser Geschichte zu fassen.

Die heiligen Gebräuche führen uns weiter hinaus; außerhalb des Hauses konnte man einen Stein, einen Wasserfall, eine Wiese, einen Berg als das heiligste der heiligen Dinge bezeichnen, dem der wahre Born alles Heils, aller Ehre, allen Friedens entströmte, um durch die Adern der Verwandten weiterzufließen. Thorolfs Familie hatte ihre geistige Heimat in dem Berg, der sich hinter dem Hofe erhob, – Helgafell („der heilige Berg") wurde er natürlich genannt. Einer der Zeitgenossen Thorolfs, der Landnahmemann Thorir Snepil, wohnte auf Lund, und er „verehrte den Wald" *(lund)*; ein anderer, Lodin, nahm Besitz vom Flatœtal bis zu den Gunnsteinen, und er verehrte die Felsen dort. Hrolf wohnte auf Fors, und sein Sohn Thorstein verehrte den Wasserfall *(foss)*, und alle Überreste vom Haushalt wurden in die Stromschnellen geworfen.

Helgafell war vom täglichen Leben durch ein heiliges Schweigen abgesondert; nichts, weder Mann noch Tier, durfte dort umkommen, kein Blut durfte fließen, keine Unsauberkeit ihre Flecke hinterlassen. Aber es war nicht nur ein unverletzbarer Ort; es war der Ort, wo das Heil zu holen war. Wenn es galt, die rechte Entscheidung in einer schwierigen Sache zu treffen, wurde die Besprechung an den heiligen Ort verlegt. Der Gode Snorri, der spätere Herr des Hofes, dessen „kalte" weise Ratschläge berühmt waren, wußte, daß Pläne, die auf Helgafell gemacht wurden, größere Aussicht auf Gelingen hatten als alle anderen. Aus dem Wasserfall kam Erleuchtung über den Seher Thorstein Raudnef, so daß er im Herbst immer sehen konnte, welche Stücke Vieh nicht über den Winter leben würden und deshalb für das Schlachten ausgesucht werden müßten. Diese Kraft der Heiligkeit ist dieselbe, von welcher Tacitus bei den Südgermanen hat reden hören; in dem

Lande der Hermunduren war eine Salzquelle, wo die Götter zu finden waren und wo die Wünsche der Menschen erfüllt wurden. Er weiß auch, daß die Bataver sich in einem heiligen Hain versammelten, um Pläne gegen die Römer zu schmieden, und wenn die Versammlung, was nicht undenkbar ist, am heiligen Orte selber stattgefunden hat, muß die Stelle aus demselben Grunde gewählt worden sein, der den Goden Snorri veranlaßte, auf den Helgafell hinaufzugehen.

Auf der Insel Fositesland, „die mittwegs zwischen den Dänen und den Friesen liegt", fand der Missionar Willibrord ein Heiligtum. Ein glücklicher Zufall hat uns den Bericht über seine Erlebnisse in den wenigen Tagen, wo er sich dort aufhielt, erhalten, und in der rein äußerlichen Beschreibung, die die christlichen Beobachter geben konnten, zeigen sich deutlich dieselben beiden Züge: der Segen der Quelle, die im Hain war – denn dort holten die Einwohner ihr Wasser – und der Friede und der feierliche Ernst, die die Wohnstätte des Heils bezeichneten. Die Tiere weideten dort in heiliger Unverletzbarkeit, alles, was sich innerhalb der Grenzen befand, lag ungestört auf seinem Platze, während die Menschen kamen und gingen; die Leute gingen schweigend nach der Quelle in der Mitte, schöpften Wasser und begaben sich schweigend wieder fort. Wir erfahren auch, daß die Einwohner überzeugt waren, der Ort habe die Macht, ohne menschliche Beihilfe seine Heiligkeit zu behaupten; denn als die Missionare mit ostentativer Gleichgültigkeit dort hineintrampelten, die Tiere schlachteten und die Bekehrten in der Quelle tauften, erwarteten die Einwohner, daß die Übertreter den Verstand verlieren oder einen plötzlichen Tod finden würden. Die Hoffnung der Fositesländer wurde diesmal getäuscht, einfach weil das Heil der Christen zu stark war, um von dem alten Heiligtum beeinflußt zu werden; aber die Heiligkeit behauptete sich später und zwang den Gott der Christen, die Pflichten der alten Mächte zu erfüllen. Adam von Bremen erzählt von einer Insel, Farria, wo die christlichen Einsiedler ein gesegnetes Leben führten, unberührt von den stürmischen Zeiten rings um sie herum; sie bewahrten nicht nur ihr irdisches Gut in Frieden, sondern empfingen sogar Besuche von Seeräubern, die ihnen in tiefster Ehrfurcht den Zehnten von ihrem Raub boten. Es waren natürlich Gott und die guten Heiligen, die das Land beschützten und den unbesonnenen Wikingern Schiffsheil und Schwertheil nahmen, so daß sie bald auf der See umkamen oder in der Schlacht fielen, wenn sie den Frieden der kleinen Insel durch den kleinsten Raubzug verletzt hatten; aber es ist wohl kaum eine Beeinträchtigung der Ehre jener Erhabenen zu vermuten, daß sie den Teufeln den Ort abgerungen hatten, oder zu zeigen, daß es eben das Heil der alten Heidengötter war, das sie hier gegen diese Götter selbst kehrten.

Wir können vermuten, daß die Sippe in schwierigen Zeiten, wenn es darauf ankam, das Heil in die Verwandten fließen zu lassen und gewaltig einen neuen Anfang ihres Lebens durchzuführen, nach dem Berg oder der Quelle zog und von dort Segen empfing. Thord Gellir, ein Häuptling aus dem berühmten Geschlecht, das auf Hvamm saß, wurde, bevor er seine Häuptlingschaft übernahm, in den Hügel hineingeführt, der für die Leute auf Hvamm der heilige Mittelpunkt war. Die alte Wendung, mit welcher der Zweck eines solchen Besuches ausgedrückt wurde – *heimta heill,* „Heil holen" – wurde später auf den Gang des Brautpaares zur Kirche nach der Hochzeit angewendet und hat sich in dieser Form bis in unsere Tage gehalten. In Dithmarschen geht man nicht in die Kirche, sondern auf den Friedhof, und dort ist es die Braut, die von ihren Schwägerinnen zu dem heiligen Ort geführt wird – als ob sie mit dem Mittelpunkt des Heims, zu dem sie von jetzt ab gehört, bekannt gemacht werden sollte.

Im heiligen Ort, dem Speicher des Heils, war das Leben der Verwandten verborgen, und während sie im Leben meist außerhalb des Heiligtums gesehen wurden und wirkten, traten sie nach dem Tode hinein und verschmolzen mit dem Heil. Der Landnahmemann Kraku-Hreidar wählte den Mœliberg als Aufenthaltsort nach seinem Dahinscheiden, Selthorir und seine heidnischen Verwandten starben in die Thorirsfelsen (Thorisbjörg) hinein, und Thorolf beabsichtigte, mit all seinen Verwandten in Helgafell zu enden. Aud, die isländische Stammutter des Geschlechts, das auf Hvamm wohnte, hatte während ihres Aufenthaltes auf den britischen Inseln das Christentum empfangen, wo ihr Ehegatte, König Olaf der Weiße, ein Königreich errichtet hatte. Und als sie sich nach dem Fall ihres Mannes auf Island niederließ, suchte sie sich einen Hügel als Stätte ihrer Verehrung aus; dieser Ort behielt für ihre heidnischen Nachkommen seine Bedeutung als der heilige Ort des Hofes, und sie wählten den Hügel als ihre Ruhestätte nach dem Tode. Wir wissen, daß Thorstein Dorschbeißer, als er zu seinen Verwandten in den Berg Helgafell ging, nicht als Geist zu einer immateriellen Geisterschar hineinschwebte; die Vitalität der Versammlung machte einen starken Eindruck auf den Hirten, der an jenem Abend von weitem zusah, wie sein Herr von seinen verstorbenen Vorfahren willkommen geheißen wurde. Aber wir brauchen nur aus dem, was wir wissen, ihre Persönlichkeit im Verhältnis zu dem Leben zu betrachten, das sie beseelte, um zu verstehen, daß die Verstorbenen nichtsdestoweniger als eine Kraft im Steine ruhten.

Über das örtliche Verhältnis zwischen dem Sitz der Macht und dem körperlichen Aufenthaltsort der Toten geben unsere Quellen uns kaum genügend Aufklärung. So viel ist glaubhaft, daß die Begräbnisstätte in der Regel mit der heiligen Stätte verbunden war, gleichviel, ob die beiden nebeneinander lagen oder identisch waren. Das Problem ist aber, vom Standpunkt des alten Denkens aus betrachtet, von geringerer Wichtigkeit, als es in unserer Welt sein würde. Äußerliche Zusammengehörigkeit ist, wie wir gesehen haben, nur von geringer Bedeutung gegenüber der inneren Identität. Die beiden Regionen waren seelisch eins, wo sie auch lagen, auf dieselbe Weise wie der tote Mann und seine Hamingja, wie die verschiedenen Kleinode, wie jeder Verwandter, ob aus Menschenstamm oder Tier oder Pflanze, identisch war mit allen Individuen seiner Art in Midgard. Der Grabhügel wurde *vé* genannt – Weihestätte –, derselbe Name, der Ehrfurcht vor den göttlichen Orten ausdrückte, weil er von gleicher Art war wie sie und in derselben Beziehung zu dem Kreis von Menschen stand, der in ihn hineinstarb. Jede Sippe hatte ihre eigene Ruhestätte, und diese Abgesondertheit im Tode hat sich weit in die christliche Zeit hinein gehalten, so daß die Friedhöfe oft topographische Abbildungen der Dörfer wurden. Die Strenge, mit der das Gesetz das heilige Recht der Sippe, ihre Toten in Frieden bewahren zu dürfen, behauptete, wurzelt von Anfang an in etwas Tieferem als der bloßen Scheu davor, die Gefühle der Lebendigen zu verletzen. Wenn ein Sohn, der meinte, daß er von seinem Bruder ungerecht behandelt worden sei, sich auf den Grabhügel seines Vaters setzte und von dort aus sein Erbe und seinen gerechten Anteil forderte, wählte er diesen Ort nicht der Aussicht wegen; der Sitz sollte seiner Forderung Macht und Rechtmäßigkeit verleihen; die Hamingja seines Vaters sollte durch ihn sprechen. Wir finden auch die Spuren einer Macht von ähnlichem Charakter in der herkömmlichen Formel, in welcher man seine Vorfahren bis zu dem Ort zurück aufzählte, an welchem sie begraben waren – „zurück zum Hügel“, wie es in der Rechtssprache hieß –, z. B. in einem Fall, wo der ununterbrochene Besitz umstrittenen Landes bewiesen werden sollte; und wenn jemand auf diesem Weg beweisen konnte, daß die Toten, die in diesem Land ruhten, seine Vorfahren waren, sprach der Boden sich ihm selbst als sein rechtmäßiger Besitz zu.

Im Hochsitz, im Hain, auf dem Berge stehen wir Angesicht zu Angesicht mit einer Macht, die sich uns anscheinend noch nicht aufgedrängt hat – der Heiligkeit; aber in Wirklichkeit haben wir ihren Einfluß auf Schritt und Tritt gespürt. Sie ist das Heil in seiner mächtigsten Form. Die Verbindung ist schon im Namen enthalten, denn nordisch *heilagr* – heilig – und *heill* – gutes Glück oder gutes Schicksal – sind sehr nahe verwandt. Formell gesehen ist das eine aus dem anderen abgeleitet: *heilagr* ist das, in dem *heill* wohnt; aber die formelle Beziehung zeigt nicht, daß der Begriff des Adjektivs jünger als der des Substantivs sein muß. Wir kommen der geistigen Verwandtschaft am nächsten, wenn wir beide als sprachliche Ausdrücke des grundlegenden Gedankens betrachten, in welcher die germanische Kultur einst das innerste Geheimnis des Lebens in einer Summe vereinigte; *heill* ist Menschlichkeit, und *heilagr* ist menschlich im weitesten Sinne dieses Wortes.

Heiligkeit ist der juristische Ausdruck für die Unverletzbarkeit eines Mannes und für sein Recht, sich auf das Gesetz als seinen Verbündeten zu berufen. Er ist „heilig“, solange er sich keine Blöße vor einem Gegner gegeben hat; wenn er als heilig erschlagen wird, steht sein Wert als Mann auf und entkräftet die Verteidigung seines Töters. Unheilig sterben heißt, daß er durch eigene Schuld das Schicksal herausgefordert hat, so daß sein Tod sein eigener Fehler ist.

Das Zeichen, das den Mann vom abhängigen Individuum, das nicht unabhängig handeln kann, unterscheidet, ist ausgedrückt mit dem skandinavischen Wort *mannhelg*, das juristisch seine persönlichen Rechte und unmittelbar seine Heiligkeit als Mann bezeichnet. Wenn ein Freigeborener in Knechtschaft gerät und seine Verwandten ihn loszukaufen wünschen, müssen sie zu allererst Mannhelg auf ihn legen – das heißt, das Recht eines freien Mannes fordern – und eine Lösesumme anbieten, worauf er das Recht des freien Mannes auf volle Buße für jede Kränkung hat, die ihm angetan wird. Zögern die Verwandten, so daß der Besitzer vergebens auf die Lösesumme wartet, kann dieser seinem Knechte doch nichts tun, bevor er auf dem Thing gewesen ist und erreicht hat, daß sein Mannhelg von ihm genommen wird.

Diese juristische Heiligkeit beruht nicht auf einer gesellschaftlichen Übereinkunft, die ein für allemal festgelegt hat, daß der Unschuldige unverletzbar sein soll, wie alle Rechtswerte ist sie in einem Erlebnis gegründet. Das starke Heil, das ganz ist und ohne Fehl, ist das, was den Mann stark und unverletzbar macht. Und das Heilsein selbst enthält auf der anderen Seite auch eine Verpflichtung; das Heil wird durch das geringste Gebrechen beschädigt; ob dieses von innen kommt oder von außen, durch Schuld oder durch eine Kränkung, kann höchstens einen Unterschied dem Grade nach bedeuten. Es ist derselbe Geist, der den heiligen Mann und den heiligen Ort beseelt. Wenn wir sehen, wie das Heiligtum sich um einen Flüchtling zusammenschließt, während seine Verfolger draußen bleiben, ratlos oder höchstens entschlossen, den Augenblick abzuwarten, wo er genötigt sein wird, sich von seinem Zufluchtsort fortzuschleichen, denken wir vor allem mit Bewunderung an die Macht, die aufgeregte Gemüter so bezähmen und sie Ehrfurcht oder sogar Furcht empfinden lassen kann. Aber in Wirklichkeit haben die Verfolger einen besseren Grund, ihn dort in Frieden zu lassen. Nicht nur die Unverletzbarkeit des Ortes, sondern auch seine Gerechtigkeit geht auf den über, der sich in seinen Frieden hineinpreßt; Heil ist Recht sowohl wie Macht, und wer unter seinem Schutze steht, ist in jedem Fall der Überlegene. Es war keineswegs mythologische Exzentrizität, die die Götter veranlaßte, vorsichtig mit dem Fenriswolfe umzugehen, der auf ihrem eigenen heiligen Boden unter ihrer Duldung groß geworden war. Als sie an dem Wolf Zeichen unheilvoller Neigungen bemerkt hatten, wagten sie nicht, ihn zu töten, sondern banden ihn fest an das Eingeweide der Erde. Sie wußten, daß sie in dem Wolf ihr eigenes Unheil großzogen, aber die Heiligkeit des Ortes durchdrang ihn und konnte nicht fortgenommen werden – um zu dem juristischen Ausdruck zurückzukehren. Andererseits ist die Fülle des Heils ein vernichtendes Urteil über den, der außerstande ist, den Segen aufzunehmen; wenn ein Neiding, in dem der Lebensfaden feierlich zerrissen worden ist, sich in den heiligen Ort hineindrängt, befleckt er die Hamingja durch seine Berührung, und wenn das Heil gesund und stark ist, wird es ihn zurückstoßen. Es hatte keinen Zweck für Glum aufzutrotzen, nachdem sein Sohn Vigfus vom versammelten Gericht verurteilt und ausgestoßen worden war. „Frey vergönnte ihm nicht, dort auf dem Hofe zu verbleiben, weil dieser so große Heiligkeit besaß“, heißt es in der Saga.

Die Heiligkeit ist der eigentliche Lebenskern im Menschen, und sie wurde dem Kinde an dem Tage eingeimpft, wo es in Wahrheit und im Geiste geboren wurde; wenn der Vater ein uneheliches Kind anerkennt und ihm vollen Zutritt zur Sippe gewährt, heißt es, daß er es heiligt. In den Kleinoden ist Heiligkeit, und nach dem poetischen Sprachgebrauch, der in das Innerste sieht und die Dinge nach ihrem wahren Wesen benennt, sind Vieh und Waffen einfach heilig. Heiligkeit ist der innerste Sinn des Eigentumsrechts. Die besondere Einweihung, die aus einem Hain oder einem Hügel ein Heiligtum machte, und die Bereitung des Landes durch Feuer, wodurch es bewohnbar wurde, sind zwei Abstufungen desselben Aktes; vom Helgafell, oder wie der Mittelpunkt nun heißen mochte, verbreitete die Heiligkeit sich ohne Unterbrechung, nur in ständig schwächerem Grade, zu den fernsten Grenzen des Landes. Das erste, was ein Siedler tat, war, das Land für sich heilig zu machen; Thorolf, der Priesterhäuptling, weihte Thor seinen Grund und Boden auf dieselbe Weise wie seinen Tempel. Ein anderer unter den heiligen Häuptlingen, Thorhadd der Alte von Drontheim, übertrug Mæris Heiligkeit auf seinen neuen Grundbesitz; die Heiligkeit, die die Seele Mæris an der Drontheimer Förde gewesen war, nahm er von diesem Orte fort und trug sie mit sich in seinen Hochsitzpfeilern und in der Erde, die der Stelle entnommen war, wo die Pfeiler in der Erde gesteckt hatten, und als er in sein neues Heim kam, führte er sie in seine Ländereien an der Stödvarförde ein. Von der sozialen Seite gesehen ist die Tat des Siedlers einfach ein Akt der Besitznahme, weil das Wesen des Besitzes Identität zwischen dem Besitzer und dem Eigentum war; daher kann das Wort *helga,* heiligen, gleich gut für Besitznahme wie für die höhere Einweihung gebraucht werden, durch welche die Menschen dem Tempel die letzte Vollendung gaben und ihn dem Gotte widmeten. Die Hamingja, die den Besitz zusammenhielt und ihn dem Manne dienstbar machte, war dieselbe, die in seinen eigenen Adern wohnte, so daß Blut, das von unbekannter Hand auf den Boden vergossen wurde, über das Haupt des Besitzers kam und ihn der Tötung schuldig machte. Der arme fränkische Totschläger, der nicht imstande war, seinen Teil des Wergeldes zu zahlen, nahm eine Handvoll Erde von seinem Grundstück und warf sie auf den nächsten Verwandten, bevor er über den Zaun sprang; der Staub der Erde enthält hier nicht nur das Eigentumsrecht, sondern auch die Verantwortlichkeit des unglücklichen Mannes, genau wie Pflicht so gut wie Stärke in der Waffe enthalten ist, die dem besten Mann in der Familie zufällt. Sollte der Töter sterben, bevor er Wiedergutmachung geleistet hat, gehen seine Verpflichtungen auf seinen Erben über, und dies wird im norwegischen Gesetz mit folgender Redewendung ausgedrückt: der Erbe hebt die Axt auf.

Nicht alle Siedler waren große Häuptlinge mit prachtvollen Tempeln auf ihren Gütern und reich genug, um einen ganzen Berg als heiligen Ort zu haben, aber alle besaßen eine Heiligkeit, die sie auf die Felder hinauspflanzen konnten, ein Heil gleicher Art wie Thorolfs und Thorhadds, bloß schwächer an Kraft. Der Unterschied zeigt sich am Boden. „Halben Manneswert soll der Freigelassene haben, wenn er auf Jarls-Boden kommt, ganzen und vollen, wenn er auf den des Königs kommt", heißt eine alte Redewendung, die auf unerklärliche Weise ihren Weg in das isländische Gesetz, die Graugans, gefunden hat, und die Worte deuten unverkennbar eine Wertung des Mannes an, dem Boden entsprechend, auf dem er wohnte. Der Königssohn wurde auf heiligem Grunde geboren, wie es in der Dichtung heißt, und die Wirkung zeigt sich in seiner reckenhaften Gestalt. Wir ahnen, daß die Fülle an Heiligkeit im Boden an seine Bewohner Ansprüche stellte; der Grundbesitz des gewöhnlichen Bauern war kaum so empfindsam wie der Glums, der einen Geächteten wie die Pest von sich stieß, oder wie Thorhadds, auf dessen Feldern nie etwas umkommen durfte außer Vieh, das geschlachtet werden sollte. Bei einem solchen allgemeinen Umzug, wie dem, bei welchem Familien aus den verschiedensten Teilen Norwegens sich Seite an Seite den isländischen Küsten entlang niederließen, mußte die alte Selbsteinschätzung notwendigerweise manche Erschütterung aushalten. Unabhängige Geschlechter aus den verschiedenen Gegenden Norwegens wurden durcheinandergeschüttelt, und die alten, sehr heiligen Geschlechter mochten es schwierig finden, die Würde zu behaupten, die sie in dem alten Lande besessen hatten, wo die Ehrfurcht durch Jahrhunderte unaufhaltsam emporgewachsen war. In der Eyrbyggjasaga machen wir Bekanntschaft mit einer Art Entscheidung, zu der es verschiedene Parallelen geben mag. Die unabhängige Familie auf Helgafell versuchte ihre altgewohnte Herrschergewalt innerhalb des Bezirks aufzurichten, aber ihre Oberherrschaft wurde von den mächtigen Geschlechtern abgelehnt, die sich in der Nachbarschaft niederließen, und die Empörung findet ihren natürlichen Ausdruck in dem Rufe: „Sollen sie ihren Boden heiliger halten dürfen als andere Besitztümer um die Breidaförde herum?“ Sie setzten ihren Protest durch, indem sie mit Gewalt auf den Grund eindrangen und ihn entweihten, und eine Schlacht folgte, die zu einer Entscheidung führte, bei welcher den wetteifernden Geschlechtern die gleichen Rechte zugestanden wurden. Dieser Streit bedeutet in Wahrheit einen Kampf um die Oberherrschaft, aber er wird natürlich von seiner religiösen Seite beschrieben, weil es kein Streit um Formen ist, sondern eine Kraftprobe zwischen zwei Hamingjen.

Um die alten Gedanken und die alte Erfahrung darzulegen, müssen wir innerhalb der Hamingja bleiben und sie sich ganz vor uns entfalten lassen. Vom Zentrum aus verbreitet die Heiligkeit eines Mannes sich durch das Haus, erfüllt es mit seiner Atmosphäre und durchdringt die Menschen mit seiner Kraft, so daß sie im Hause andere Wesen sind als außerhalb. Wir können diese Heiligkeit in dem „Hausfrieden“ verfolgen, in dem hohen Grade von Unverletzbarkeit, den die Gesetze dem Mann in seinem Hause zugestehen. Wer ihm über seine eigene Schwelle nachsetzt und ihn auf der Bank oder am Feuer verletzt, hat ihm eine tiefere Verwundung zugefügt, als einer, der auf offener Landstraße nach ihm schlägt; er hat sein Heil getroffen, wo es am dichtesten ist und am heftigsten blutet, und seine Tat ist Neidingswerk. Im dänischen Gesetz ist der ernstere Charakter eines Friedensbruches im Hause dadurch gekennzeichnet, daß er in derselben Kategorie steht wie Tötung nach Versöhnung. In der schwedischen Rechtsprechung ist der Standpunkt so konsequent durchgeführt, daß das Urteil über eine Tötung, die in der Toröffnung zum *tún* – der Umzäunung – begangen wurde, von der Lage der Leiche abhängig ist: wenn die angreifende Partei mit ihren Füßen innerhalb der Umzäunung und mit ihrem Kopf außerhalb liegt, ist sie selbst für ihren Tod verantwortlich, wenn sie in die umgekehrte Richtung gefallen ist, soll eine Buße gezahlt werden, denn der „Kopf fiel von dort, wo die Füße standen“. Die deutschen Gesetze können die Tötung innerhalb des Hausfriedens als Neidingswerk kennzeichnen, indem sie Todesstrafe darauf setzen und die Möglichkeit einer Erledigung durch Buße, wie sie in gewöhnlichen Fällen von Tötung gestattet war, ausschließen.

Im Grunde war ein Mann im Hause eines anderen ebenso heilig; wenn irgend jemand ihn dort angriff, kränkte er die Ehre und die Heiligkeit der dritten Familie, die mit hineingezogen wurde, und bekam dadurch statt eines unversöhnlichen Feindes zwei. So stark ist der Friede im Hause, daß die Heiligkeit des getöteten Mannes keinen Schaden durch die Tatsache erlitt, daß er die Rache herausgefordert hatte; wenn der Verfolgte nicht von irgendeinem großen Neidingswerk gebrandmarkt war, mußte sein Gegner gewisse Formalitäten beobachten, bevor er ihn entfernen oder ihn innerhalb des Hauses fassen konnte. Nur ein Ächtungsspruch konnte sein Recht auf Zuflucht vernichten; wenn seine Heiligkeit, das heißt: sein Leben, von ihm genommen worden war, fiel er vom Stamm, und man konnte ohne Gefahr mit ihm schalten.

In den Mitgliedern des Geschlechts, die ständig im engsten Kreise des Heils wohnten, war die Heiligkeit am stärksten. Frauen waren in so hohem Grade von Frieden erfüllt, daß ein Angriff auf sie nicht eine Kränkung, sondern eine Gewalttätigkeit war, das geht aus der besonderen Sorgfalt hervor, mit der ihre Unverletzbarkeit in den Rechtsbestimmungen umschrieben wird; das strenge Urteil der Gesetze erhält den besten Kommentar in dem unüberwindlichen Widerwillen, den der Skandinavier gegen gedankenlose Übertretungen dieser Regel empfand. Inmitten einer Gesellschaft, in welcher der Mann für jedes müßige Wort, das er gegen einen Mitmenschen ausgesprochen hatte, zur Verantwortung gezogen wurde, stand die Frau und erlaubte sich ein Urteil über ihren Nachbarn, als ob ein Wort sich nie gegen seinen Urheber hätte kehren können. Und sie kannte ihre Macht, wenn sie ihre Ansicht über den Wert eines Mannes oder seinen Mangel an Wert frei in Worte kleidete, die an Offenheit nichts zu wünschen übrigließen. Wer unter die Zunge einer Frau fällt und ihre Worte auf sich niederprasseln fühlt, versucht es nie, diese schicksalschweren Äußerungen mit demselben Mittel aufzuhalten, das er unwillkürlich gegen einen männlichen Spötter anwenden würde. Sollte er sich jedoch so weit vergessen, daß er seine Hand hebt, hat er hoffentlich einen guten Freund bei sich, der ihn daran hindert, dieses „Unheil“ zu begehen. Und doch ist der Grund seiner Verträglichkeit sicher nicht, daß die Worte einer Frau weniger Kraft haben als die eines Mannes, im Gegenteil, er geht fort mit einem unheimlichen Gefühl in der Seele, denn die Worte einer Frau haben einen doppelten Stachel, wie ihre Ratschläge auch: sie kommen unmittelbar von „den Mächten".

Die Frau verrät auch in ihrem Auftreten, daß sie eine engere Fühlung mit dem Heil hat, als der Mann unter gewöhnlichen Verhältnissen aufrechterhalten kann. Diese Ahnungen, dieses untrügliche Vorgefühl für kommende Dinge, gleich einer unmittelbaren Aufwallung des Heils aus der Tiefe der Seele, ist am stärksten in ihr. Ein kluger Mann überhörte nicht, was die Frau in einer ernsten Sache sagte; aus den Sagas wissen wir, welches Gewicht ihre Ratschläge bei den Entscheidungen der Männer hatten; ein Mann pflegte aufmerksam aufzuhorchen, wenn der Klang ihrer Stimme ihm verriet, daß sie wahrsagte. Deshalb ist die Seherin in der germanischen Vergangenheit eine historische Gestalt geworden. Tacitus kannte sie, die Jungfrau aus dem Volke der Bructerer, die mit Rat und Wahrsagung den Kampf ihrer Stammesangehörigen gegen die Römer lenkte und ihre besten Beutestücke als Ehrengabe erhielt. Nahezu göttlich nennt er sie, heilig in ihrer Unverletzbarkeit, und seine allgemeinen Eindrücke von der Stellung der Frau gipfeln in den unzweideutigen Worten, daß die Germanen in ihr „etwas Heiliges und Vorausschauendes" sahen. Lange vor Tacitus' Zeit hatten seine Landsleute mit Schaudern alte Frauen gesehen, die sich barfuß und weißgekleidet unter den Scharen der Kimbern bewegten und prophetischen Dienst verrichteten, indem sie die Wahrzeichen bei der Opferung der Kriegsgefangenen deuteten.

Die volle Heiligkeit erforderte viel Rücksicht und viel Sorgfalt. Je größer das Heil war, das ein Mann in sich gesammelt hatte, um so größer war die Kraft seiner Bewegungen, aber um so größer auch die Gefahr bei jedem Fehltritt. Die Frauen hatten ihren Platz in der Heiligkeit des Heims, sie brauchten nicht das Heil in irdenen Töpfen ins Leben hinauszutragen, von ihnen erwartete man nicht die blitzschnelle Anpassung an den Augenblick, bei der ein Mann die Vorsicht, die er der Heiligkeit schuldig war, vergessen konnte. Die Männer andererseits lebten an der Peripherie, und um sich bei ihrer täglichen Verrichtung außerhalb des Hauses leichter bewegen zu können, mußten sie einen Teil ihrer Heilsrüstung ablegen und eine leichter aufgeschürzte Bekleidung tragen. Deshalb beginnt das Mannesalter mit einer Befreiung: der Jüngling wird von dem schrankenlosen Gehorsam dem Frieden gegenüber befreit und auf einen geringeren, männlichen Grad von Heiligkeit herabgesetzt.

Es gab zwei Möglichkeiten in der Behandlung der Kinder; entweder wurden sie während ihrer Kindheit außerhalb der Hamingja gehalten, als eine Art von Aspiranten des Heils – in diesem Falle wurden sie in bezug auf grundsätzliche Lebensregeln und vielleicht auch Lebensbedingungen in eine Reihe mit den Knechten gesetzt, so daß ihre Seele ihnen erst bei der Einweihung zum Mannesalter gegeben wurde; oder sie wurden zu der Heiligkeit zugelassen und in ihr aufgehoben, bis die Mannesreife sich ihnen auftat. Wir können nicht sagen, daß alle germanischen Völker die letzte Möglichkeit erwählten, aber viele von ihnen taten es. Der Übergang des Jünglings von einem recht abhängigen Samenkörnchen des Heils zu dem Zustande eines selbstbewußten Trägers und Erhalters des Heils wird durch das Abschneiden der Haare gekennzeichnet; bis zu dem Tage, wo er in den Männerkreis aufgenommen wurde, trug der Jüngling lange Haare wie die Frauen; seine Locken bezeichneten ihn als heilig und unverletzbar im höchsten Sinne; von diesem Tage an bekräftigte er seine Äußerungen auf männliche Art, indem er die Ehre in der Waffe anfaßte, während die Frau, die ihr ganzes Leben hindurch das Heil in ihren Haaren gesammelt trug, mit der Hand um den Zopf schwur. Was mit dem Knaben geschah, haben diejenigen, die ihm im Geiste verwandt waren, durch ihre Ehrfurcht vor „Haarschönheit" genugsam angedeutet. Eine Strafe war für den festgesetzt, der die Haare eines Jünglings – oder noch schlimmer, eines Mädchens – ohne Einwilligung ihrer Verwandten abschnitt. Eine Mutter wie Gudrun, die erleben mußte, daß ihre Tochter von Rossen zerstampft wurde, jammert über die in den Staub getretenen Haare. „Das war das härteste Leid, das ich erfuhr, daß Svanhilds schöne Haare von den Hufen der Rosse getreten wurden", heißt ihre Klage. „Gelockt" wurde als ein offizieller Titel gebraucht, der unmißverständlich den Herrscher vor allen anderen Sterblichen auszeichnete, und die Menschen erkannten an der reichen Haarfülle des Königs gern eine höhere Macht. So empfindlich war die königliche Hoheit, daß ein fränkischer Fürst sein Haar nie schneiden lassen durfte; nach der Schilderung eines Zeitgenossen, anscheinend eines Augenzeugen, trug er seine Haare in der Mitte gescheitelt und lose über seine Schultern fließend. Berührte seinen Kopf ein

Messer, wurde er wie einer aus der gewöhnlichen Plebs, um Childeberts Worte zu gebrauchen, als er andeuten wollte, wie man einen unbequemen Königssprößling außerhalb aller Hoheitsansprüche stellen konnte. Nach Chlodomers Tod meinten seine Brüder, Childebert und Chlotar, daß die Welt keineswegs zu groß sei für zwei und daß die Sorge ihrer Mutter um die beiden kleinen Knaben ihres Sohnes nur dazu diente, eine Möglichkeit offenzuhalten, die lieber geschlossen sein sollte. Sie bekamen die Knaben in ihre Gewalt und schickten der Königin ein Schwert und eine Schere, die sie sich ansehen sollte, um dann zu wählen, welches Gerät an den Burschen verwendet werden möchte. „Lieber will ich sie tot sehen als geschoren", rief sie, „wenn sie nicht auf den Thron kommen sollen."

Es ist der Reichtum der Seele, der dem Jüngling und der Frau gemeinsam ist mit dem größten Heiling, der das Leben hindurch, jedenfalls von der Stunde an, wo er Häuptling der Sippe wird, die Intensität der Heiligkeit bewahrt. Die besondere Ausstattung, die die Priester der Nahanarvalen auszeichnete, wurde von Tacitus, zweifellos mit mehr Recht, als er wußte, als weiblicher Schmuck aufgefaßt; er sagt, daß der Tempelherr ein Priester in weiblichem Schmucke war, und wir dürfen annehmen, daß der heilige Mann, wenn er am Altar stand, seine Haare offen trug und sich auf diese Weise in die Stärke der Heiligkeit hüllte. Was es bedeutete, wenn die Frauen ihr Haar offen trugen, erfahren wir, wenn wir uns herablassen, bei den Hexen anzufragen; die Schweden waren streng gegen Weiber, die mit offenem Haar umherliefen, während brave Leute im Bette lagen.

Das Abschneiden der Haare muß also eine wirkliche Verletzung einer Art von Heiligkeit gewesen sein. Es wurde ein Stück von dem Knaben abgeschnitten. Soweit wir erfahren können, wurde die Operation immer einem Fremden anvertraut, oder jedenfalls nicht jemandem, der zu der nächsten Familie gehörte, und der Grund dafür war vielleicht kein anderer als die natürliche Abneigung der Familie, ihr Heil zu beschneiden, wie nötig die Operation auch sein mochte. Auf der anderen Seite war es notwendig, sich durchaus vom Wohlwollen des Beauftragten zu überzeugen, bevor er mit der Ausführung einer so wichtigen Handlung betraut wurde, wie es die Beseitigung von etwas Heiligem war; die enge Verbindung schuf eine gegenseitige Verpflichtung im Frieden, so daß der Mann, der einem Jüngling die Haare schnitt, sein Ziehvater wurde, dem man Geschenke gab. Unzweifelhaft wurde die Möglichkeit, einen Mann von Ansehen auffordern zu können, als eine Art von Ziehvater zu fungieren, in hohem Grade ausgenutzt, da sie sowohl dem Jüngling wie seiner Sippe Gelegenheit zu einem Bündnis und Zuwachs an Macht eröffnete. Und in den großen Herrscherfamilien wurde das Haarschneiden eine Staatsaktion, bedeutend genug, um in der Geschichte verewigt zu werden. Paulus Diaconus berichtet, daß der fränkische König Karl seinen Sohn Pippin zu Liutprand schickte, damit dieser, wie es die Sitte gebot, seine Haare nehmen möchte. Und als er ihm die Haare vom Kopf schnitt, wurde er sein Vater, gab ihm königliche Geschenke und ließ ihn wieder heimkehren.

Aber obgleich die Männer im täglichen Leben ihre Röcke sozusagen aufgeschürzt trugen, um größere Bewegungsfreiheit zu haben, stand ihnen doch immer die Möglichkeit offen, die größere Heiligkeit anzulegen. Der Mann, der in Thord Gellirs Halle auf den Stein stieg, um mächtige Eide zu schwören, und der Flüchtling, der im Heiligtum Zuflucht suchte, zeigen uns den Germanen, der sich zu übermenschlicher Größe erhebt. Wenn er am heiligen Ort steht, ist er selbst und das, was von ihm ausgeht, stärker als gewöhnlich; Seele quillt aus dem Born empor, preßt sich in seinen Worten hervor, füllt sie bis in ihre äußersten Verzweigungen, so daß sie ihm mit Wucht und Klang über die Lippen fließen. Die Worte sind ganz, sind heil – wahr, müßten wir sagen –, aber Wahrheit ist in der alten Wirklichkeit etwas Aktives; sie haben Macht. Ein Mann „tritt auf den Stock", das heißt, er setzt seinen Fuß auf den Herdbalken, wenn er den Eid schwört, daß man in Zukunft von ihm hören soll, und sein innerstes Leben ist in der Erklärung, nein mehr, die ganze Kraft der Verwandten erfüllt sie. Kein Widerruf ist dann möglich, das heißt, das Wort geht voran und bahnt der Tat einen Weg, aber es zieht auch den Sprecher mit sich; denn sein Wort wäre verloren und würde seine Hamingja mit sich reißen, wenn es nicht eingelöst würde.

Eine ähnliche Verwandlung – nicht so durchschlagend in ihrer Macht, aber identisch im Charakter – findet im Manne in dem Augenblick statt, wo er das Kleinod, Schwert, Speer oder Ring, ergreift und seine Worte „bekräftigt"; durch seinen Eid überwältigt er den Gegner, der seinen männlichen Wert angegriffen hat. Seine Worte sind außerordentlich wahr und stark, so daß jeder überzeugt werden muß, weil in ihm und in seiner Rede eine

Ehre und ein Heil brausen, die alles vor sich niedermachen. Aber der Schwur bindet auch ihn selbst, weil er ihn an die Wirklichkeit seiner Erklärung fesselt. Wenn er verspricht, diese oder jene Tat zu tun, muß die Tat getan werden. Wenn er sagt, daß dieses oder jenes wahr ist, muß es wahr sein, weil sein Leben mit dieser Wahrheit verknüpft ist. Seine Worte erhalten einen besonderen hohen Wert, etwas, das man fassen und festhalten kann, etwas, das gebraucht werden und das verletzen kann. Indem er schwört, gilt er dem Richtspruch mehr, weil er in erhöhtem Grade er selber ist.

Noch in ihrer christlichen Form kennen einige der germanischen Gesetze den Eid „mit bewaffneter rechter Hand" oder den Eid, der auf heilige Waffen geschworen wurde, wo das Wort heilig unzweifelhaft ein Echo aus alten Tagen ist; und diese Geste beim Schwören war etwas, was den Fremden aus anderen Ländern leicht auffiel. Die gebildeten Südländer erzählen einander von diesen Barbaren, den Quaden, die bei ihren Schwertern schwuren, die sie als Götter betrachteten; und als die Deutschen ein zivilisiertes Volk wurden und ethnographische Notizen über das Land im Norden machten, wo die Männer gewohnt waren, bei den Waffen zu schwören, fiel den Beobachtern dieser absonderlichen fremden Sitten natürlich die Geste auf, die das höchste Symbol von absoluter Glaubwürdigkeit war. Dennoch würden Außenstehende kaum bemerkt haben, daß der Eid bei den Barbaren keine Einzelerscheinung zur Erledigung einer Gewissenssache war. Der Eid ging unmerklich abgestuft in die alltäglichere wahre Aussage über. Es kommt auf dasselbe hinaus, ob wir das Schwören der Germanen nur eine nachdrückliche Form der Äußerung nennen oder ob wir sagen, daß die Germanen sich von einem Tag zum andern durchs Leben schwuren. Immer wenn eine entscheidende Änderung verlangt wird, findet eine materielle Bestätigung statt. Der Franke, der eine Forderung an seinen Nächsten hatte und der fühlte, daß er größere Männer dazu bringen mußte, sich für seine Sache zu interessieren, wenn er Recht bekommen sollte, er ging vor den „Grafen", den königlichen Landeshauptmann, ergriff den Stab und forderte jenen auf, als Schützer des Gesetzes seine Pflicht zu tun und sich mit dem saumseligen Mitbürger zu befassen: „Ich setze mich selbst und alles, was ich habe, auf dieses Wort, daß du ihn ruhig pfänden lassen kannst." Die alte weltbewegende Macht eines Wortes hat sich in diesem Brauche neuen Bedingungen angepaßt. Vor der Zeit, wo die Gesellschaftsordnung von königlichen Beamten behütet wurde, ging der Franke zum Gesetzesthing, ballte seine Faust um einen Stab oder Speer und ließ seine Worte über die Versammlung tönen mit der begründenden und zwingenden Macht, die alle Anwesenden berühren und das Dasein für den Angegriffenen unsicher machen mußte, bis er sie durch seine Verteidigung niederschlagen konnte.

Auch die Schweden bestätigten ihre Vereinbarungen „bei dem Schaft"; der Handelnde und mit ihm alle seine Zeugen – die sie später wurden – ergriffen den Schaft des Speeres und verstärkten auf diese Weise das Wort, das ihr Sprecher sprach, so daß die Vertragsformel wie über sie selbst so über alle anderen Macht hatte und eine Sicherung für den Empfänger des Versprechens wurde.

Der Mann, der sein Schwert hingelegt hatte, war ein anderer, als der, der einen Augenblick zuvor mit dem Schwert in der Hand dagestanden hatte; er war ein Bogen mit gelockerten Strängen. Ebenso bestand ein Unterschied darin, ob ein Mann noch seinen Fuß an der heiligen Stelle oder ob er seinen irdischen Stand wiedergewonnen hatte; aber ganz derselbe war er gleichwohl in dem Augenblick noch nicht, wo er die heilige Stelle verließ oder vom Hochsitz heruntertrat; es verging wohl einige Zeit, bevor er den anderen wieder gleich war. Ein Mann wünschte auch wohl nicht immer, so schnell seine männliche Heiligkeit zu verlieren; er konnte im Gegenteil die Heiligkeit absichtlich in sich befestigen. In kritischen Zeiten, wenn es galt, das Heil bis zu seiner äußersten Leistungsfähigkeit zu spannen, konnte man sich alles Alltäglichen entledigen und ausschließlich als Eingeweihter des Heils leben. Dem Auszug des Heeres sind gewisse uns unbekannte Bräuche vorangegangen, die die Krieger in eine heilige Schar verwandelten, und die Wirkung dieser Weihe zeigt sich in dem Frieden, der sie zu einer Einheit von derselben Festigkeit verschmolz, wie es die Gemeinschaft der Verwandten war. Ein Solidaritätsbruch galt dann als höchstes Neidingswerk, und das Land ruhte in feierlichem Schweigen; das Gesetz bestimmt, daß alle Rechtshändel eingestellt werden, während das Heer im Felde ist. Tacitus weiß, daß die gerichtliche Gewalt, solange die Götter im Lager waren, aus der Hand des Heerführers in die der Priester, der heiligen Tempelhäuptlinge, hinüberglitt. Dieselbe Weihung wird durch das ungestörte Wachstum des Haares bezeichnet. Nach einer großen

Niederlage, die die Sachsen gegen die Sueben erlitten hatten, schwuren sie einen heiligen Eid, Haar und Bart nicht zu scheren, bevor die Schande gerächt sei; sie weihten und stärkten sich für die große Aufgabe, wie Civilis, als er den römischen Legionen den Tod schwor, und wie Harald Schönhaar, als er von seinen Eroberungsplänen ergriffen worden war.

Bei den kriegerischen Chatten machte die junge Mannschaft eine heilige Jugendzeit als Krieger durch, wo kein Rasiermesser an ihre Häupter kam; für den größten Teil dieser Jugend war die erste Tötung die Einleitung zu einem ruhigeren Leben, aber viele machten es zu einer Ehrensache, das strenge und entbehrungsreiche Leben als Kriegsgeweihte fortzuführen, bis sie so alt waren, daß die Kräfte versagten. Ähnliche Kriegerbünde fanden sich, so weit die germanischen Völker verbreitet waren, und in den überlieferten Gesetzen der Jomsburgwikinger ist uns ein Abglanz der strengen Ethik des Weihekriegers geblieben. Die Grundlage des Gesetzes war der „Heerfriede" oder der unverletzbare Friede in den Schlachtreihen; persönliche Beziehungen und persönliche Bevorzugungen galten gering gegenüber der Treue zu dem Bund; alle Fragen wurden der Entscheidung des Führers unterworfen, und die Beute wurde geteilt. Diese heilige Einheit schnitt die Männer von der übrigen Welt ab, besonders von dem normalen Alltagsleben, darin es Arbeit und Kinderzeugen galt; es war den Kriegern verboten, außerhalb des Lagers zu schlafen, und keiner durfte mit Frauen Verkehr haben.

Unter den Liedern der Edda ist ein Gedicht erhalten, das das Epos des Weihekriegers genannt werden kann, die Hamdismal. Aber unglücklicherweise ist der alte Gedanke dem Dichter entgangen – wenn es nicht die mangelhafte Überlieferung ist, die der Klarheit Abbruch tut; die Nacherzählungen in Prosa helfen uns nur wenig, da spätere Sagamänner offenbar die Vertrautheit mit der zu ihrer Zeit veralteten Kriegstechnik verloren haben. So viel wissen wir, daß Gudrun ihre Söhne, die sie aussendet, um ihre Schwester zu rächen, in unverletzbaren Brünnen weiht und ihnen unverbrüchliche Gesetze zu befolgen gibt. Mit unwiderstehlicher Kraft drängen die „kampfheiligen" Männer in Jörmunreks Saal, hauen auf ihn ein, trotz des Widerstandes seiner Gefolgsmannen, bis er daliegt wie ein unförmiger Klumpen, ohne Hände und Füße. Aber sie hatten die Befehle, die ihnen gegeben waren, gebrochen und verloren darum den Sieg, so daß Sörli am Giebelende der Halle, Hamdir an der hintersten Wand fiel. Das Unheil kam über sie in dem Augenblick, wo Hamdir in seiner Prahlsucht den Rat seiner Mutter vergaß, während des Kampfes zu schweigen; da gewann Jörmunrek Vernunft und Rede, so daß er seinen Männern sagen konnte, sie sollten versuchen, was Steine an ihnen vermöchten, da Eisen sie nicht angreifen wollte. Doch das Unglück muß früher begonnen haben, vielleicht unterwegs, als die beiden ihrem Bruder Erp begegneten und ihn in einem Wortstreit töteten; aber die Tötung selbst war wohl nicht ihr einziges Vergehen. Woher hatte Jörmunrek den glücklichen Einfall, bei Steinen Hilfe zu suchen? – Von Odin, sagen die Sagamänner natürlich, die ein für allemal entdeckt haben, daß der Gott zu kommen und gehen pflegt, da Männer kämpfen; die ursprüngliche Geschichte wird etwas anderes gesagt haben, etwa, daß die beiden Brüder selbst die Steine zu ihren Feinden gemacht hatten. Bevor sie die Königshalle erreichten, müssen sie auf die eine oder andere Weise die Steinhamingja verletzt haben, die ihre Mutter wahrscheinlich für sie gewonnen hatte, als sie ihre Rüstung unangreifbar machte. Aber worin die Verblendung bestand, ob es Erps Blut war, das auf den Stein floß, oder eine Handlung, die wir gar nicht kennen – das bleibt ein ewiges Geheimnis.

Auch wenn Menschen sich zu freundschaftlichem Wettstreit beim Jagen oder Fischen versammelten, riefen sie das Heil an und stellten sich unter seine uneingeschränkte Herrschaft. Streit auf den Fischplätzen machte alle Mühe vergebens, hören wir, und wir wissen dann, daß der Wille, keine Fehler zu begehen, sich andere Äußerungsformen geschaffen hat als bloß eine fromme Gesinnung. Deshalb war die Schiffsmannschaft heilig und das Schiff selbst ein geistiges Gegenstück zu dem Haus – wir finden hier denselben tiefen Zusammenhang in den Gedanken des Dichters, wenn er ein Haus das Schiff des Herdes nennt. Die Aufschmückung am Steven eines Schiffes hatte die Kraft des Hochsitzes in sich; die Schiffsreling machte Worte eines Schwörenden ganz und voll, so gut wie der Speer und der Schild; der Aufenthalt auf oder bei dem Schiffe gab einem Mann den Wert des Hausfriedens.

In Zeiten großer Stärke und Erneuerung im Leben der Sippe verdichtete sich die Heiligkeit im Hause und umfing alle mit ihrer Kraft. Hausfriede wurde zu Festfriede, und die Unverletzbarkeit verdichtete sich zu Unantastbarkeit. Bei einer Tötung, die in der Opferzeit, bei der Hochzeit oder beim Erbbier begangen wurde, half dem Übertreter keine Reue, er wurde für immer ein Neiding, „ein Wolf im Heiligtum". Die Heiligkeit war dann so dicht, daß sie sogar in die Unfreien hineindringen und ihnen Leben vom menschlichen Leben geben konnte, wie es die schwedischen Gesetze zu erkennen geben, indem sie für deren Tötung bei großen Gastmählern volle Mannesbuße bestimmen. Hier erreicht das Wort heilig seinen festlichsten, aber auch seinen ernstesten Klang, wie wenn die schwedischen Gesetze mit ehrwürdigem Gewicht von dem heiligen Brautpaar sprechen und von den heiligen Sitzen, die sie einnehmen.

Mit dem Frieden des Festes, der vollkommenen Hausheiligkeit, sind wir in die Stille eingeführt worden, die im heiligsten der Häuser herrschte, wo keine Waffe über die Schwelle gebracht werden durfte. Bis zu dem Punkte, wo die Tempeltür sich öffnet, ist das Heil durch sich selbst erklärt, aber damit ist nicht alles gesagt, und um das letzte zu finden, müssen wir den Schritt von dem Zeitlichen in das Religiöse machen. Doch in Wirklichkeit existiert der Schritt nur für uns; für die alte germanische Seele war der Übergang vom menschlichen Leben zu dem göttlichen eine ungebrochene Steigerung. Beginnt man mit der religiösen Heiligkeit, mit der Bereitschaft der Menschen den Göttern gegenüber, so gelangt man unmerklich zu den Regeln für die soziale Auseinandersetzung der Menschen untereinander auf dem Gesetzesthing, zu ihrem Handeln und ihren Händeln. Und wenn wir uns streng an die weltliche Seite von Kauf, Verkauf und Tausch halten, werden wir doch eines schönen Tages entdecken, daß dort noch andere Spuren zu finden sind als die von Menschen allein. Es fallen Strahlen der Göttlichkeit über all die juristische Schlauheit, durch die wir uns haben hindurcharbeiten müssen.

In der Heiligkeit begegnen sich Menschen und Götter. Der heilige Ort war der Ort, wo „die Mächte" wohnten.

Der Tempel

Wir haben im Norden ein geschichtliches Beispiel dafür, wie ein ganzes Volk seine Existenz aus dem Boden herausreißen und in ein anderes Land versetzen mußte, nicht durch allmähliche Verpflanzung und Gewinnung neuen Bodens für die alte Kultur, sondern durch Verstauung in den Schiffsraum und Überführung durch das große Meer. Aus den Geschichten von Thorolf und Thorhadd wissen wir, was der letzte Gedanke der Auswanderer im alten Lande und der erste im neuen war –, und wir kennen damit zugleich ihre innersten Gedanken, wenn sie daheim in der Ungestörtheit des Alltags ihren Verrichtungen nachgingen. Es war keine Kleinigkeit, die Hochsitzpfeiler herauszuzerren und die Erde vom heiligen Ort zusammenzuscharren. Das konnte nie ein Ort wie andere werden, und es hatte sicher seine tiefen Ursachen, daß die Isländer, wenn sie erwachsene Männer wurden, ihren Blick dem Land ihrer Väter zukehrten. Die Berichte von den Fahrten der Isländer nach Norwegen stammen aus christlicher Zeit; wir können nicht erwarten, in ihnen etwas über die Anziehungskraft der alten heiligen Orte zu finden. Doch hat ein kleiner Zug mit gewichtiger Bedeutung in die Landnama Eintritt gefunden; Lopt machte jeden dritten Sommer eine Reise nach Norwegen, um für sich und seinen Mutterbruder Flosi in dem „Hof" (Tempel) zu bloten [1], den Thorbjörn, Flosis Muttervater, in Gaular verwaltet hatte.

Unzweifelhaft regte sich in vielen die Furcht, sich und ihre Vorfahren auf dieser Welt heimatlos zu machen, wenn sie nach einem Lande führen, das sie nicht kannten, und wo kein Ort sie kannte. Wenn aber anscheinend doch der Entschluß die Zaghaftigkeit ganz verschlingen konnte, so war das nur möglich, weil man sich sicher darauf verlassen, nein, weil man wissen konnte, daß die Götter mitziehen würden, wenn man handelte, wie man sollte. Und dann konnte ein neues Gotteshaus errichtet werden. Die Heiligkeit war in den Dingen festgewurzelt, man konnte sie selbst einen neuen

[1] Anmerkung d. Übers.: Über die Wörter bloten, Blot siehe u. S. 201.

Ort wählen lassen –, oft war es wohl ein solcher, der in Aussehen und Lage an die alte Wohnstätte des Geschlechts erinnerte –, und man konnte die Heiligkeit dort einführen und sie festmachen.

Die Heiden verehrten Bäume und Wasserfälle und Steine, sagen die Norweger von ihren unaufgeklärten Vorfahren, als sie selbst vergessen haben oder vergessen zu haben wünschen, daß diese selben Bäume und Wasserfälle in ihrer Heiligkeit nicht weniger menschlich als göttlich waren. Niemand soll falsche Götter „bloten" oder an Haine und Steine glauben – so drohen schwedische Gesetzesmänner ihren umnachteten Zeitgenossen. Das Gotlandgesetz definiert alle Religiosität in einem gewichtigen Paragraphen: „Niemand darf Hain und Hügel noch heidnische Gottheiten, weder *vé* noch Lattenzaun anrufen", und ihre Saga übersetzt das Verbot, wenn sie sagt: „Männer glaubten an Hain und Hügel und Heidengötter."

Im Süden sind so gut wie keine Erinnerungen an menschliche Heiligkeit in Verbindung mit Örtlichkeiten übriggeblieben; um so besser erinnerten die Menschen sich der eindrucksvollen Tatsache, daß die Götter an den heiligen Orten wohnten. Unglücklicherweise sind viele dieser fremden Berichte so allgemein gehalten, daß sie auf den größten Teil der Bevölkerung der Erde passen könnten, und ihre Allgemeingültigkeit beruht darauf, daß der Erzähler sich nicht berufen fühlte, den individuellen Tatsachen die Ehre einer Beschreibung anzutun, sondern daß er nur alte Sprüche benutzte, um das Heidentum, das er vor sich sah, wie jede andere heidnische Abscheulichkeit zu verurteilen. Wenn der Schriftsteller einen Heiden nur damit kennzeichnet, daß er an Stock und Stein glaubte, so passen weder er noch sein Held in eine Monographie über die Religion unserer Vorfahren hinein, denn diese reichlich allgemeine Wahrheit paßt ja für alle Heiden bis in unsere Zeit. Außerdem kopierten die gelehrten Väter gegenseitig ihre Briefe, Ermahnungen und Kirchenversammlungsbeschlüsse mit einem Eifer, als wollten sie ihre eigene Originalität so viel wie möglich schonen; und die Anathemas, die nach dem geistigen Bedarf der Griechen und Italiker zurechtgeschnitten waren, mußten, so gut es ging, weiter nördlich ihren Dienst tun, indem die Entlehner sich nicht einmal die Mühe machten, ihnen lokale Färbung zu geben. Die Geistlichkeit beansprucht nicht, in den Gedankengang eines Heiden eindringen zu wollen; sie hatte einen starken Glauben an die Macht der üblichen Arznei, die Krankheit von selber zu finden;

daß die Krankheit aber zum großen Teil in einer Neigung bestand, zwischen Steinen und Bäumen umherzulaufen, das ist die unbestreitbare Voraussetzung für die Seelsorge dieser Hirten.

So viel ist nach den verschiedenen Andeutungen klar, daß die Art eines Ortes an sich nicht entscheidend war. Die Nordländer blickten auf den einzelnen Stein oder Felsen sowohl wie auf den großen Berg, auf den Wasserfall sowohl wie auf die Quelle und den Fluß. Und dasselbe taten die Südgermanen. Agathias erzählte der gebildeten Welt, die zu seiner Zeit, im sechsten Jahrhundert, besonderen Anlaß hatte, sich für die rothaarige Gefahr zu interessieren, daß die Alemannen gewisse Bäume, Flüsse, Hügel und Klüfte verehrten. Nach den heiligen Biographien zu schließen, hatte der Missionar in Deuschland vor allem mit Bäumen zu kämpfen; eine Axt war eine notwendige Ausstattung, wenn er sich in eine finstere Gegend begab, und die Bekehrung zerfällt in zwei Abschnitte: eine vor dem Fall des heiligen Baumes, wo die Furcht des Volkes sich offenbarte, und eine nachher, wo das Volk sich wunderte und seinen Irrtum einsah. In Bonifatius' Leben erkennen wir sofort an vielen Zügen den festen Ablauf des Prozesses, der für die legendarische Geschichtsschreibung so notwendig war; aber die wunderbar mächtige Jupitereiche, die er im Lande der Hessen so dramatisch fällte, hat jedenfalls typische Wirklichkeit. Zum Teil mit Recht, aber weit mehr ohne Grund, hat der Wald in den Vorstellungen von früherer germanischer Gottesverehrung eine hervorragende Stelle eingenommen. Für den Kultus, der in unserer Zeit um diese gotische Naturkirche emporgeschossen ist, ist Tacitus in hohem Grade verantwortlich. Er war es, der die Deutschen mit seinen tiefsinnigen Worten von dem „Unsichtbaren, das im Geiste geschaut wird", als Mystiker hinstellte. Nicht damit zufrieden, zu erzählen, was ganz einfach erzählt werden konnte, daß sie sich in einem Hain versammelten, der Hercules geweiht war, daß ihre Göttin Nerthus in einem geweihten Hain wohnte oder daß sie, allgemein gesprochen, Hain und Hag als heilig betrachteten – er versucht, seinen Lesern etwas von dem Wesen der Heiligkeit zu erzählen, und als der Spätromantiker, der er ist, ersetzt er die Schilderung, die seine Gewährsmänner ihm gegeben haben, durch eigene sentimentale Lyrik.

Die Völker, die zwischen Feld und Hügel wohnten, verehrten den Hain – einen Abschnitt der sie umgebenden Natur – in derselben Weise, wie Felsen, Wasserfall und Berg bei Gebirgsbewohnern die häufigste – jedoch nicht ausschließliche – Wohnstätte des Heils waren. Die Schweden gingen in der Regel „ins Holz", zu dem Waldhügel. Aber der heilige Ort war nicht der Geist oder die Idee des Hains, nicht der Schatten, das Säuseln des Windes – es war die Stelle; das Erdreich wie der Stamm, die Quelle, die aus dem Rasen hervorsprudelte, wie das Laub; auch wenn der Hain sich nach vielen Richtungen hin erstreckte, unterschied sein Wesen sich nicht von der kleinen Stelle, die einen Stein, einen Felsen oder einen einsamen Baum trug.

Rings um den Ort ging der Stabzaun, die heilige Einzäunung, die an sich ebenso große Heiligkeit und „Atmosphäre" enthielt wie die geheimnisvollste Stelle im Dunkel innerhalb. Das Gotlandgesetz muß ausdrücklich den Zaun erwähnen, der in Würde unmittelbar nach dem *vé* oder der heiligen Stelle selbst folgt. „Wenn ein *frith-geard* – ein Friedenszaun – auf dem Grundstück eines Mannes steht, um einen Stein oder Baum oder um eine Quelle oder dergleichen ungöttliche Torheit ...", so donnert eine englische Verordnung, und es hat keinen Zweck, den Scharfsinn mit der Frage zu bemühen, ob die Androhung in erster Linie die Einzäunung betrifft oder den Raum, den sie umschließt; denn die beiden sind identisch und gleicherweise von Heiligkeit beseelt.

Die Stelle war nicht reine Natur, sie war als der Welt der Menschen zugehörig gekennzeichnet, und die Kennzeichnung scheint gewöhnlich in einem Steinhaufen bestanden zu haben; als Auds Andachtshügel in einen Familientempel verwandelt wurde, da wurde ihr Holzkreuz durch einen Steinhaufen, *hörgr*, ersetzt. Die Gesetze nennen ausdrücklich den Hörg neben dem Hügel: „Wir sollen weder heidnischen Göttern noch heidnischen Geistern opfern, weder Hügel noch Hörg."

Dem heiligen Ort schließt sich das heilige Haus an. Immer wieder lesen wir in der Landnama von diesem oder jenem vornehmen Siedler, daß er ein großes *hof*, einen Tempel, baute. Und in der Saga von den Siedlern an der Breidaförde finden wir eine ausführliche Beschreibung des Gebäudes, das Thorolf bei seinem Gehöft Hofstad errichtete, als er Thorsnes mit Helgafell weihte. Das „Hof" war ein großes Haus mit einer Tür in der einen Seitenwand nach dem einen Ende des Hauses zu. Wenn man durch die Tür trat, sah man an der langen Wand gegenüber den Hochsitz mit den Pfeilern auf jeder Seite, die als Zeichen der Macht mit Nägeln beschlagen waren. Am anderen Ende war ein kleiner Raum, gleich dem Chor in einer christlichen Kirche, und dort stand ein *stallr* – ein Stein oder Block – mitten auf dem Fußboden, wie ein Hochaltar. Das „Hof" bestand also, wenn wir auf das antiquarische Wissen der Saga bauen dürfen, aus einem kleinen Gotteshaus und einem Festsaal oder Versammlungssaal. Die Ausgrabungen alter isländischer Tempel haben diese Beschreibung bestätigt. Die Überreste der Grundmauern deuten einen großen Raum an, der bis zu hundert Fuß lang war; er war länglich in der Form und hatte an einem Ende eine abgetrennte Kammer mit einer eigenen Tür ins Freie. Doch diese Kammer war anscheinend von der langen Halle durch eine besonders dicke, undurchbrochene Wand getrennt. Die große Halle im „Hof", die Festhalle, unterschied sich keineswegs von dem gewöhnlichen Versammlungsplatz der Familie, sie war tatsächlich ein Gegenstück zu ihrer Wohnstube: hier begegneten sich die Teilnehmer am Opfer bei großen Festen, aber auf kleineren Gehöften fand die Versammlung mit derselben Feierlichkeit und mit demselben Erfolg um den alltäglichen Herd statt. Der gemeinsame Aufenthaltsraum auf dem Gehöft war die ursprüngliche Tempelhalle, und sie verblieb es auch in vielen Häusern während der ganzen heidnischen Periode. Egil kam eines Tages, hören wir, zu einem Gehöft, wo ein Opfer stattfand, und er erhielt Unterkunft in einem Nebengebäude, da das Opferfest im Hauptgebäude vor sich ging.

Wenn eine besondere Festhalle gebaut wurde, wurde sie mit der Opferhütte, dem *afhús* oder Nebengebäude, verbunden; so benennt sie die Eyrbyggja mit einem Ausdruck, der dem Vergleich mit christlichen Kirchen entnommen ist. Gewöhnlich hatte das Gehöft sein kleines Hof, eine Opferstätte, den Sitz der Götter oder richtiger der Gottheit. In der Geschichte von dem nächtlichen Besuch der Ingimundsöhne bei Hrolleif und seiner Mutter Ljot erhalten wir einen Umriß der Lokalitäten; als sie an das Gehöft kamen, sahen sie zuerst eine kleine Hütte außerhalb des Einganges, durch einen kleinen freien Platz vom Hause getrennt, und Thorstein sagte gleich, daß dies das Blothaus oder die Opferhütte der guten Leute sein müßte. Und dies ist keineswegs das einzige Mal, wo wir von solchen Blothäusern hören, die unmittelbar neben der Wohnung der Leute errichtet werden. In der Nacht, wo die Söhne der Droplaug ihren Weg im Unwetter verloren, orientierten sie sich dadurch, daß sie sich um eine Hütte herumtasteten, die plötzlich vor ihnen auftauchte; als sie an die Tür kamen, erkannten sie sie als Spakbessis Blothaus. Wenn Hörds Saga erzählt, daß Thorstein zu seinem Blothaus geht und eine Art Morgengebet vor einem Stein verrichtet, bewegen die Gedanken des Erzählers sich so, wie seine eigenen christlichen Gebräuche es veranlassen, aber er hat unzweifelhaft eine alte Überlieferung im Gedächtnis, die sich auf die frühere Anordnung der Stelle bezieht. Beim Bau von Kirchen folgten die Männer wahrscheinlich meist oder doch recht oft denselben alten Regeln. Die Beschreibung der Trinkhalle und der Kirche in Jorfjara auf den Orkney-Inseln erinnert lebhaft an Ljots Gehöft; dort hatte die Trinkhalle eine Tür in der östlichen Giebelwand an dem Südende des Gebäudes, und die Kirche lag vor der Tür zur Halle, so daß man, da der Hof auf einem Abhang lag, von der Halle zur Kirche hinunterging.

Das Blothaus repräsentierte den heiligen Ort; nach der alten Vorstellung waren sie identisch, aber dies bedeutet nicht notwendigerweise buchstäbliche Identität der Lage. Das Blothaus ist seinem Wesen nach dasselbe wie der Hörg und hat auch ein Recht auf den Namen, wenn Hof und Hörg eine dauernde Verbindung bilden, um den ganzen Tempel – Blothaus und Festhalle zusammen – zu bezeichnen. Wenn ein eifriger Forscher solche heilige Bezeichnungen wie *hörgr* und *vé* einer vergleichenden Sprachuntersuchung unterzieht, um die Etymologie dazu zu verwenden, eine topographische Skizze vom germanischen heiligen Land zu entwerfen, so kommt er zu einem kläglichen Resultat; denn währen der nordische *hörgr* der Steinhaufen und das Gebäude ist, das den heiligen Ort kennzeichnet, so bedeutet bei den Südgermanen das entsprechende *harug* den Hain selbst. Die Konstruktionsgeheimnisse lassen sich den Wörtern nicht entringen. Aber für den, der zu wissen wünscht, was wirklich da ist, und nicht was nach seiner Meinung da sein müßte, geben sie volle Aufklärung. Was der Hügel und der Hain, der Hörg und das Blothaus wirklich sind, ist *vé*, das Heilige, der heilige Ort, die Quelle der Macht, und der Hinweis auf eine bestimmte Form wie Haus oder Haufen, Einzäunung oder Zaun ist nur eine Schale um den großen Kern von Bedeutung; deshalb gleitet der Name unmerklich von dem einen Ding auf das andere über, und deshalb kann das Wort die scheinbare Undeutlichkeit in der Verwendung haben, die uns in Unwissenheit darüber läßt, welches Bild der Text im Augenblick meint. Auf Auds Andachtshügel erhob sich an Stelle eines Kreuzes ein Steinhaufen, und vielleicht wurde der Hörg auch noch von einem Hause bedeckt; wir haben gesehen, daß Thord Gellir zum Herrn des Hauses geweiht wurde, indem er „in den Hügel geführt wurde“, und diese Worte beziehen sich vielleicht auf das Blothaus. Das norwegische Gesetz bedroht den Mann mit schweren Strafen, der überführt wird, einen Hügel oder ein Haus errichtet und es „Hörg“ genannt zu haben. Und es will damit ohne Zweifel die verschiedenen Formen von Glauben an heilige Orte treffen.

Das Blothaus stand zweifellos unmittelbar an dem heiligen Ort, wenn dieser, wie es der Fall sein konnte, sich direkt an das Wohnhaus anschloß. Andererseits scheint es, daß der Hörg auf Auds altem Wohnsitz Hvamm eher etwas abseits gelegen hat. Jarl Hakons Blothaus erreichte man nach der Mitteilung des alten Sagaschreibers, wenn man vom Hofe in den Wald ging, erst auf einem breiten Wege, von dem nachher ein kleiner Pfad abbog; der Pfad endete in einer Lichtung, in deren Mitte ein Haus stand, von einem Stabzaun umgeben. Innerhalb dieser Umzäunung war, unserm Gewährsmann zufolge, ein Haus mit so vielen Glasfenstern, daß nirgends ein Schatten Platz fand. Den Raum erfüllte eine Schar von Göttern, und in ihrer Mitte thronte eine Göttin mit einem Ring am Arm. Der Jarl warf sich vor ihr kopfüber zu Boden, häufte eine Menge Silber vor ihren Füßen auf und ereichte dadurch, daß die Göttin sich langsam so weit erweichen ließ, daß sie ihre Hand öffnete und dem Jarl erlaubte, den kostbaren Ring von ihrem Arm zuziehen. Diese Beschreibung des Inneren schmeckt nach mittelalterlicher Buchgelehrsamkeit und klerikaler Phantasie, aber der Mönch spinnt offenbar seine Märchen über einen Kern von Tatsachen, nämlich den, daß der Jarl seinen Freund Sigmund zu seinem Blothause führte, um Segen für ihn zu erwerben, bevor er ihn auf ein gefährliches Unternehmen hinausschickte, und daß der Segen in einem Ring enthalten war, der in dem Heiligtum ruhte. Echt, das heißt dem wahren Geist des alten Lebens entsprechend, sind auch die Worte: „Der Jarl sagte, daß Sigmund sich nie von dem Ring trennen dürfe, und Sigmund gab sein Versprechen.“ In nahezu allen norwegischen Schriftdenkmälern aus der Zeit von Olaf und Hakon spüren wir die mittelalterliche Schaustellung von allerlei Angelesenem und die unbändige Neigung der Schüler, das Gelernte zu verwenden. Nichtsdestoweniger hat die klerikale Phantasie an den meisten Stellen eine überlieferte Grundlage, auf der sie aufbaut, und wir sehen kaum anderswo so deutlich, wo die Wirklichkeit endet und die Phantasie beginnt, wie in dieser Beschreibung von Sigmund, der von Jarl Hakon „in den Hörg geführt wurde".

Wir wissen nur wenig über die anderen germanischen Tempel, und dies wenige fügt sich ohne Schwierigkeit dem überlieferten Bilde ein. Das einzige geschichtliche Beispiel, das wir von einem englischen Tempel besitzen, ist ein Hörg mit einer Umfriedung, und der Hörg ist eine überdachte Stelle, eine Opferhütte. Beda zeigt uns den bekehrten heidnischen „Bischof", wie er in seinem ersten Eifer gegen die alten Götter losstürmt. „Wer will der erste sein, die Altäre und den Hörg mit ihren Zäunen umzuwerfen?" ist die Frage, und der „Bischof" antwortet: „Ich." Und dann brach er durch Furcht und Ehrfurcht, indem er seinen Speer in den Hörg warf, und seine Gefährten vollendeten das Werk, rissen den Hörg nieder und verbrannten ihn mitsamt dem umgebenden Zaun. – Die römischen Hinweise sind hier und dort zerstreut: bald eine zufällige Beobachtung in bezug auf die Lage eines Tempels, bald eine ebenso zufällige Bemerkung über die Tatsache, daß ein Tempel dem Erdboden gleichgemacht werden konnte – so daß die verschiedenen Einzelheiten nicht zu einem zusammenhängenden Bilde zusammengestellt werden können. Die Tempel, von denen wir hören, lagen in Hainen, das heißt, unmittelbar auf dem heiligen Ort; es waren keine Gebäude zum Einsperren des Göttlichen, sagt Tacitus, und wir müssen wohl vermuten, daß er einige Gewähr für diese Bemerkung hatte, auch wenn wir uns nicht von seiner Verallgemeinerung blenden lassen. Sicher stand der Hörg oft im Freien, das können wir in der Beschreibung der Begegnung der römischen Soldaten mit Varus' verlorenen Legionen deutlich zwischen den Zeilen lesen: die gebleichten Gebeine der Krieger lagen auf dem Felde neben Bruchstücken von Waffen und toten Pferden, abgeschnittene Köpfe hingen in den Bäumen, und in dem Hain dicht daneben waren die Altäre, wo römische Offiziere geopfert worden waren. Da wir andererseits von Opferfesten in den Hainen hören und von Tempeln, die dem Erdboden gleichgemacht wurden, können wir mit Sicherheit schließen, daß Gebäude irgendwelcher Art in der Nähe des Hörgs errichtet wurden; natürlich müssen alle heiligen Orte, die für würdig befunden werden, in einer höchst offiziellen Geschichte erwähnt zu werden, Mittelpunkte großer Gemeinschaften und infolgedessen sorgfältiger ausgebaut gewesen sein als die bescheideneren Heiligtümer der Sippen.

Im Blothaus stand ein Stein, erzählt die Hördsaga, und dieser Felsblock ist ein gutes Zeugnis dafür, daß der Erzähler seine Beschreibung von Thorstein und seiner Morgenandacht auf einer wirklichen Überlieferung aufbaute, denn ohne einen solchen Zügel, der ihn bändigte, hätte er ebensogut dem Anbetenden ein „Idol“ schenken können. Durch diesen Stein offenbarte sich dem Thorstein die Zukunft in einem Vers über seinen nahen Tod – und auf seinem Wege zurück über den freien Platz fiel die Rache über ihn her. Dieser Felsblock ist außerdem als der Sitz der Götter dem Wesen nach dasselbe wie der Hörg und wie der Stein, die in dem Hause auf Hvamm, dem Gehöft von Thord Gellir, die Wohnung der heiligen Macht waren.

Ein solcher Felsblock wurde *stallr* genannt, und er wird immer wieder mit dem fremden Altar verglichen. Man konnte auf ihn treten, um mit den Mächten in Verbindung zu kommen und sie in Bewegung zu setzen. Auf ihm lagen die heiligen Dinge, die Hauptkleinode des Tempelvorstehers, vor allem der heilige Armring, der bei allen feierlichen Gelegenheiten die Götter und große Heiligkeit verkörperte. Auf diesen Ring wurden große Eide geschworen, und er wurde vom Häuptling getragen, wenn die Kriegerschar in heiliger Schlachtordnung hinauszog. Glücklicherweise – für uns – rettete der Tempelring einmal den Herrn von Helgafell, den Goden Snorri, als Steinthors Hieb nach dem Kampf bei Karsstad seinen Arm traf; denn es ist dieser mißlungene Hieb, dem wir es verdanken, daß wir jetzt im glücklichen Besitz einer historischen Tatsache an Stelle einer notgedrungenen Vermutung sind. Wir wissen, daß der Priester bei den Gesetzesversammlungen den Ring als Zeichen seiner Würde anlegte; damit wissen wir, daß er ihn trug, sobald er sich auf sein großes Heil verließ. Und nun begreifen wir sofort, warum Krieger und Ring so unzertrennlich sind. Die angelsächsische Chronik erzählt von einigen bösen Dänen, denen Alfred den Kopf zurechtsetzte; sie schwuren ihm Frieden auf den heiligen Ring, eine Ehre, die sie nie früher einem Volke zugestanden hatten. Tacitus hatte über die Selbsteinweihung der Chatten zum Kriegerleben gehört, daß sie den Ring nahmen und ihn als ein Zeichen ihres Anrechts auf den vordersten Platz in der Schlacht und ihrer Gleichgültigkeit gegen friedliche Beschäftigung trugen. Mit anderen Worten: der

Ring war ein Zeichen, daß sie zu einer heiligen Schar gehörten, die vom gewöhnlichen Lebenskreis abgesondert war.

Dieses Kleinod war so hoch über den gewöhnlichen Besitz erhaben, wie die große Heiligkeit über den gewöhnlichen Segen des Alltags, und aus ihm schöpften alle anderen Werte ihre Kraft; der heilige Gegenstand war die Hauptquelle der Schätze, die dem Geschlecht gehörten, wie es in der mythischen Legende von Draupnir, Odins Ring, ausgedrückt wird, von dem es heißt, daß von ihm jede neunte Nacht acht Ringe tropften. Der religiöse Charakter des Tempelkleinods zeigt sich in dem mönchischen Bericht von dem Ring, den Jarl Hakon der Thorgerd Hölgabrud vom Arm nahm und seinem Freund für immer schenkte. Sigmund mußte dem Jarl versprechen, daß er ihn nie verschenken werde, und er hielt sein Versprechen trotz schwerer Versuchung. Nach Hakons Tod, als Sigmund Olafs und Gottes Mann geworden war, fiel der Blick des Königs zufällig auf den schweren Goldring. Er betrachtete ihn näher und sagte: „Willst du mir den schenken, Sigmund?“ Aber Sigmund antwortete frei, daß er Heil und Freundschaft des Gebers zu hoch schätze, um das Kleinod zu verschenken. „Es kann sein, daß dir sowohl der Geber wie der Ring gut dünken“, sagte der König, „aber das Heil wird dir nicht frommen, denn der Ring wird dein Tod.“ Und so kam es. Olaf hatte recht, man kann nicht Gottes Stärke in seinen Gliedern und Hakons Opferring am Arm tragen.

Von gleicher Bedeutung wie die norwegischen Schilderungen von dem Ring auf dem *stallr* ist Tacitus' Beschreibung von den heiligen „Zeichen“ in der Form von Tieren, die in Kriegszeiten aus dem Hain geholt und im Volke herumgetragen wurden. Die Nordländer kannten ebenfalls solche Häuptlingskleinode, Banner, die auch als *vé* bezeichnet wurden, die einem Heere in der Schlacht den Weg zeigen und außerdem das Glück wenden konnten, wie sie wollten. Harald der Gestrenge hatte ein Banner, das „Landverwüster“ hieß, und dieser tüchtige Sieger in Schlachten hatte sicher viele Vorgänger gehabt, die in Blothäusern an den Heimstätten der großen Kriegshäuptlinge aufbewahrt wurden. Die Einheit des Banners mit dem heiligen Ort ist in dem Worte *vé* angedeutet, das ohne Unterschied als Bezeichnung für das Banner und die heilige Umfriedung gebraucht wird.

Daß es hauptsächlich die Reichen und Mächtigen waren, die sich besondere Tempelhallen bauten, ist durch mehr als die Tatsache begründet, daß sie die Mittel dazu besaßen, etwas über das Gewöhnliche hinaus zu tun. Das Heil machte die Sippe groß, vermehrte ihren Reichtum und schuf die Notwendigkeit eines geräumigen Versammlungsortes für alle Verwandten, wenn sie von nah und fern zusammenkamen, um ihr gemeinsames Leben zu stärken. Wenn ein Zweig der Familie sich absonderte, um ein unabhängiges Leben zu führen, holte er sich wohl Heiligkeit vom Hörg der Vorfahren und pflanzte ein Heiligtum wie einen Absenker in seine eigene Mitte. Aber das Gefühl der Gemeinschaft wurde nicht zerstört, wenn die engere Verbundenheit in gemeinsamen Erinnerungen und gemeinsamen Zielen sich auflöste. Bei großen Festlichkeiten versammelten sich alle am heiligen Ort, aus dessen Kraft die neuen Heilzentren gebildet worden waren. Und auf der Stelle, wo die Sippe sich seit alter Zeit zu treffen gewohnt war, wurde ein großes „Hof" errichtet, groß genug, um allen, die sich zur selben Hamingja bekannten, Einlaß zu gewähren und mit ihnen anderen Sippen, die bei den Göttern der Mächtigen Zuflucht gesucht hatten. Es waren solche „Höfe", die Thorolf und Thorhadd mit sich an Bord nahmen; denn aus dem Zusammenhang sehen wir deutlich, daß ihre Tempel für andere außer der kleinen Gesellschaft, die sich auf die große Reise begab, Bedeutung hatten; Thorolf und Thorhadd waren in ihrer alten Heimat kraft ihres Heils Häuptlinge gewesen, und sobald die Hochsitzpfeiler in dem neuen Lande errichtet worden waren, zeigte sich die Macht des Hofs, die Leute heranzuziehen. Die Gaukönige des Mutterlandes wurden Führer unter den Siedlern, und ihre Opferfeste wurden von allen besucht, die ihre Führerstellung anerkannten.

Aber das „Hof" war keine notwendige Bedingung für die Anbetung der Götter, und wir dürfen die Linie nicht so ziehen, daß die großen Männer mit einem Hof auf der einen Seite stehen und auf der anderen Seite kleinere Leute, die nur ein Blothaus hatten. Das Wachstum eines Geschlechts zerstörte nicht unbedingt das alte Verhältnis zwischen der Opferhütte und der Festhalle; und auch wenn die Anzahl der Verwandten zu der Errichtung eines besonderen Versammlungshauses führte, bedeutete diese Ausdehnung doch nicht durchaus, daß ein Tempel vom isländischen Hoftyp gebaut werden sollte. Vielleicht ist die isländische Erfindung, die Hütte mit der Halle zu verbinden, den Siedlern durch ihre Kenntnis der christlichen Gotteshäuser nahegelegt worden, die viele von ihnen bei ihrem Aufenthalt auf den britischen Inseln gesehen hatten; eine Neuerung dieser Art konnte sich bei einer Bevölkerung leicht einstellen, die in einem neuen Lande ihr Leben von vorne beginnen mußte. Der Bericht über die Händel, die die reformierenden Könige von Norwegen mit ihren hartnäckigen Untertanen wegen religiöser Angelegenheiten hatten, enthält keine Hinweise auf kirchenähnliche Gebäude. Als Olaf den Götzenanbetern von Drontheim ihre altertümlichen Gebräuche vorhielt, konnten sie sich – nach der Saga – unschuldig stellen, als wären sie nur gute Genossen, die sich zufällig bei einem Freundesfest trafen. „Wir hatten Julgelage und geselliges Trinken im ganzen Bezirk, und die Bauern sind nicht so knauserig bei der Vorbereitung zum Julfest, daß nichts übrigbleiben sollte, um nachher lustig zu sein. Und was Mæri (den alten Opferplatz) betrifft, so ist es ein großer, sehr geräumiger Ort, und die Nachbarschaft ist reich bevölkert, und die Männer meinen, daß gemeinsames Trinken die Heiterkeit erhöht“, – so begegneten die Bauern sanft den Beschuldigungen des Königs.

In der Laxdœlasaga lesen wir von einem isländischen Häuptling, Olaf Pfau, der sich durch seine persönlichen Eigenschaften über die soziale Stellung seines Vaters erhoben hatte; nach einer Weile wurden seine Zelte ihm zu klein, und er baute deshalb bei seinem Gehöft eine Festhalle, deren prachtvolle Ausschmückung in Ulf Uggasons Gedicht, der Haus-Drapa, gepriesen wird. Leute, die die Holzschnitzereien von Thors Kampf mit dem Midgardwurm und Balders Scheiterhaufen gesehen hatten, behaupteten, daß die Halle ohne Behang schöner war, als wenn sie mit Tüchern ausgeschlagen wurde, wie es bei großen Festlichkeiten Sitte war. Dieses Haus ist deutlich kein „Hof“, und die Saga hat wahrscheinlich recht, wenn sie Olafs große Tat als eine rein weltliche Unternehmung schildert; aber natürlich ist eine solche Festhalle der Ort, wo die Opferversammlung zusammenkommt, und das Gebäude auf Hjardarholt mag typisch gewesen sein für eine gewisse Art von größeren Gehöften.

Hundert Jahre nach der ersten Ansiedlung auf Island hörten alle Opfer auf, aber sie hinterließen keinen leeren Raum. Die wohlhabenden Leute fuhren lange danach fort, ihre Freunde und Verwandten im Herbst zu einem großen Gelage zusammenzurufen. Und in der Festhalle blieben hier und dort die alten Hochsitzpfeiler als ein Bindeglied zwischen der Gegenwart und der Vergangenheit.

Um den Bierkessel

Zweimal, dreimal im Jahr, vielleicht auch häufiger, versammelten die Leute sich in der Stube oder in der Tempelhalle zum Opferfest, zum *blót*.

Die Zeit des Opferfestes hob sich gegen die anderen Lebenszeiten als etwas Hohes ab, etwas Heiliges und Ernstes, etwas Glückliches und zugleich Gefährliches. Sie war erfüllt von wildem Jubel und entschlossenem Ernst. Und das, was zu diesen Zeiten den Seelen der Menschen Weite und Spannung gab, war die Anwesenheit des Höchsten. Nun nahmen die Götter oder die Mächte, wie die Nordländer sagten, das Heim ganz in ihren Besitz und vereinigten Männer und Frauen in Verantwortlichkeit vor der höchsten Heiligkeit. Die heilige Stätte breitete sich über das ganze Land aus.

Wir möchten gern etwas von den Gebräuchen wissen, unter welchen die Männer die Heiligkeit des heiligen Ortes in das Haus hineintrugen und die Stube unter die uneingeschränkte Herrschaft des Hörg stellten – aber alle Erinnerungen sind begraben, und der Widerwille des Mittelalters gegen alles Heidnische und dessen Werke liegt wie ein Stein auf dem Grabe. Wir haben unsere Vermutungen darüber, wie die Teilnehmer den Weg zum heiligen Ort oder zum Blothaus gingen und die Göttlichkeit in ihre Glieder und Kleider aufnahmen. Wir lesen auch an einer Stelle von einem besonderen Blot – demjenigen, das Ljot hielt, als sie versuchte, ihren Sohn unverletzbar gegen die Feindschaft der Ingimundsöhne zu machen – und hier scheint es, daß der junge Mann, den die Opferhandlung betraf, in einer besonderen roten Tracht von dem Wohnhaus zum Blothaus geführt wurde. An diesem kleinen Familienfest sind verschiedene Unregelmäßigkeiten, die uns davon abhalten, den vielversprechenden Jüngling und seine unternehmende Mutter als Zeugen für das Betragen ehrlicher Leute in den Festhallen heranzuziehen. Der Sagaschreiber sieht mit bösen Blicken auf die Vorgänge in dem kleinen Hause, das ein wenig abseits von der Eingangspforte stand, es waren Zauberkünste von verdächtiger Art, und seine Meinung ist nicht nur vom christlichen Standpunkt aus berechtigt, denn heimliches Bloten ist mehr als halbe Zauberei. Aber es ist zweifellos ebenso sicher, daß das Blot in bestimmten überlieferten Formen gehalten wurde. Der Weg, den Thord Gellir am Beginn seines Manneswerkes ging, muß oft betreten worden sein, und aller Wahrscheinlichkeit nach gerade zur Zeit der großen Feste.

Glücklicherweise konnten viele von den heidnischen Handlungen harmlos, ja sogar dem Herrn heilig gemacht werden, und von dem Augenblick an, wo die Opfergenossen in der Stube versammelt sind, liegt das alte Blot offen vor uns.

Wir können ruhig sagen, daß das Fest mit einer feierlichen Einweihung begann durch die über die Teilnehmer Friede verkündet wurde. Ein Fest und ein Gesetzesthing waren ihrem innersten Wesen nach in ihrer Abhängigkeit vom höchsten Frieden verwandt, und nach allem, was wir schließen können, waren sie sich in der Form ähnlich. In Island „weihte" der Priester das Gesetzesthing, und die Wirkung zeigte sich gleich in der gesteigerten Heiligkeit der Thingmänner, die jede Kränkung, die ihnen zugefügt wurde, doppelt so teuer machte als ein Vergehen zu anderen Zeiten. Im Geiste des Gesetzesthings ist es, wenn Hafr in der Grettirsaga die Spiele weiht, die auf Hegranes stattfinden, wo der geächtete Räuber verkleidet erscheint und um Zutritt bittet, und es ist noch in Hafrs Worten etwas von dem Rauschen, mit dem der Geist der Heiligkeit über das Volk niederschwebte und alle in tiefstes Schweigen versetzte: „Hier setze ich Friede *(grid)* zwischen alle Männer, alle Häuptlinge und guten Bauern, die ganze Schar von waffentüchtigen Männern und Kampffähigen ... zu Lust und Spiel, zu jeder Freude, zu Sitz hier und Heimkehr ... Ich setze *grid* für uns und unsere Verwandten, Freunde und Verbündeten, für Frauen und Männer, Knechte und Mägde, Dienstleute und selbständige Männer."

Obgleich nichts von dem, was uns diese Zeilen bieten, unmittelbar für das Opferfest verwendbar ist, gibt die Formel doch einen Hauch von dem Geiste, in welchem eine Männerversammlung eröffnet wurde.

Während die Ohren der Anwesenden von den erläuternden Worten erfüllt wurden, waren ihre Augen sicher voll von der Wirklichkeit des Blotes; es stand ein wenig abseits in den gefüllten Gefäßen. Tiere wurden zu dem Fest geschlachtet, großes

Vieh und kleines Vieh, riesige Kessel voll Fleisch wurden aufs Feuer gesetzt, und wir wissen aus dem Erlebnis Hakon Æthelstansfostris, daß es eine notwendige Bedingung für die Teilnahme am Segen war, vom Opfer mitzuessen. Aber es war etwas anderes und etwas Wichtigeres als dieses, was Auge und Ohr beschäftigte. In der Wohnstätte der Götter bildete Sæhrimnir, der Eber, der nie aufgegessen wurde, wie viele Speckscheiben auch von seinen fetten Seiten abgeschnitten wurden, einen köstlichen Mittelpunkt; aber trotz all seiner fetten Herrlichkeit fehlte ihm doch die Majestät, die sich darin zeigt, daß man eine Geschichte hat. Es mögen ja Mythen von seiner Vergangenheit berichtet haben, aber jedenfalls setzte der Ursprung des Specks die Neugierde späterer Zeiten nicht so in Bewegung wie der Erfrischungstrank, der in der Halle der Götter die Gemüter erheiterte. In dem innigen Verweilen des Mythos bei der reichen Vorgeschichte des Mets haben diese Leute indirekt bewiesen, daß sie, trotz aller Freude über das Fleisch, das im Kessel unter der Fetthaut Blasen schlug, doch etwas Glücklicheres und Stärkeres erwarteten. Die gefüllten Hörner waren es, um die der heiligste Teil des Festes stattfand.

Daß es der Bierkessel ist, der in jeder Vorstellung von gemeinsamer Festlichkeit den beherrschenden Platz einnimmt, das beweisen schon die Namen der Gelage. Eine Heimkehr wurde bei einem Willkommbier gefeiert, und wenn der Gast sich verabschiedete, wurde er mit einem Abschiedsbier auf den Weg geschickt; das Leben begann mit einem Taufbier und verlief über Verlobungsbier und Brautbier und Hochzeittrinken zum Erbbier oder Grabbier – eine Reihe von „Bieren“, die jeder Gelegenheit gerecht wurden. Es hat seinen guten Grund, daß der Friede, der die Teilnehmer eines Festes umfaßt, Bierfriede genannt wird und die Festzeit *mungátstidir*, d. h. Biertage.

Die nordeuropäischen Bruderschaften oder Gilden zeigen deutlich ihren germanischen Ursprung in der Abhängigkeit vom Gelage, von der Tischgenossenschaft als vereinigender, gemeinschaftsbildender Kraft, und trotz aller weiser Bemühung des Mittelalters, etwas Solides auf dem Tisch zu haben, geht aus den Formeln und Symbolen dieser braven Trinkbrüder doch sehr deutlich hervor, daß der Trank ein gewichtigerer Bestandteil ihrer geistigen Haushaltung ist als die Speise. Die Trinkgemeinschaft bildet geradezu den formellen Rahmen ihrer ganzen Organisation. Die Versammlung heißt „das Trinken“, eine Versammlung abhalten wird immer genannt „ein Gelage trinken“, auch wo der Zweck der Versammlung etwas Praktisches ist. „Das Gelage wurde mit Kraft gefeiert und getrunken“ ist eine regelmäßige Form von Eintragung in das Protokoll einer begebenheitsreichen Generalversammlung. Der anwesende Bruder wird im Gegensatz zu einem Abwesenden als einer vermerkt, der „das Gelage trinkt“, und die Zeit wird berechnet nach „dem erstenmal, wo das Gelage getrunken wurde“ oder „vor dem zweiten Gelagetrunk“; eine Sache wird aufgeschoben „zum nächsten Gelage“. Der neue Bruder wird vor den Vorstand der Gilde geführt und trinkt seine Eintrittskanne auf wahre Bruderschaft. Wir verstehen weiter, daß Küfer, Mundschenke und Koster eine bevorzugte Stellung in der Organisation innehatten; ihre Würde beruht nicht darauf, daß sie als nützliche Brüder mitwirken und dafür sorgen, daß der Körper als unentbehrlicher Gefährte der Seele in seinem Dienst ermuntert wird; sie sind in Wahrheit der körperliche Ausdruck für die Idee der Bruderschaft.

Diesen formellen Überlieferungen entsprechen unsere unmittelbaren Nachrichten über den ausgezeichneten Platz des Trankes bei den alten Kultfesten. In dem überlieferten Bild des Opferfestes auf Hladir ist es Jarl Sigurds imposante Gestalt mit dem Opferhorn, die den Mittelpunkt bildet; und als der neue Brauch sich über diese heidnischen Versammlungen empört, da wendet der Widerwille sich deutlich gegen dieses „Bier“, das den Göttern geweiht war; Christi Erzfeind steckte im Becher. Ein Gelübde in der Not bezog sich auf Güter und Bier. Als eine isländische Gesellschaft vom Wetter aufgehalten an der Küste Norwegens lag und aus guten Gründen den Besuch des Königs an Bord fürchtete, versprach sie den Göttern große Trinkgelage; Frey sollte das Bier haben, wenn der Wind nach Schweden hinüber wehte, Thor oder Odin, wenn er östlich wäre, lesen wir. Und als das Wort *blót* wegen seiner innigen Verbindung mit dem Heidentum aus dem Wortschatz verschwand, schoß *samburđaröl* (Genossenschaftsbier: ein Gelage, zu dem jeder der Teilnehmer etwas beitrug) an seiner Stelle empor, und zwar als die technische Bezeichnung für das Julfest sowohl in der heidnischen Form wie für die christliche Fortsetzung der alten Feier. Denn im norwegischen Christentum wurde der Trank als das Wesentliche an der Gottesverehrung betrachtet. Die Kirche organisierte den alten Bedarf an Blot, um auf diese Weise darüber zu herrschen und es zu einer Angelegenheit der Kirche selbst zu machen; und mit der Weisheit, die der katholischen Kirche in den ersten Jahrhunderten des Mittelalters eigen scheint, verstanden die geistlichen Gesetzgeber nicht nur das Unvermeidliche zu respektieren, – sie besaßen vielmehr eine höhere Einsicht, die ihnen sagte, daß sie die Seele annektieren könnten, indem sie den Bedarf der Seele annektierten und zum eigenen Gebot machten. Die Formel, in welcher die Übernahme erklärt wird, steht als Kulturzeugnis weit über allen Berichten der Historiker, weil das Gefüge der Worte die Sicherheit zeigt, mit der es direkt ins Wesentliche trifft. Mindestens drei Bauern – sagt die Verordnung – sollen ihr Festbier zusammenbringen, ein Maß Bier für den Hausherrn und eins für die Frau in jedem Hofe, und am Heiligen Abend sollen sie ein Fest zu Ehren von Christus und Sankta Maria feiern. Und wenn ein Mann so weit weg, auf einer Insel oder in den Bergen, wohnt, daß er nicht zu seinen Nachbarn kommen kann, da soll er selbst ein Bier machen, so groß wie drei. Die Unterlassung soll zuerst mit einer Geldstrafe gebüßt und darauf durch ein Trinkgelage *post festum* wieder gutgemacht werden; fährt aber ein Sünder fort, drei lange Jahre nacheinander trockenen Mundes zu sein, dann sind König und Bischof Herren über sein Haus, und er mag sich außerhalb von Norwegen ein Land suchen, wo Gottlose gedeihen.

Nicht nur die Nordländer versammelten sich um die Bierbottiche, wenn sie sich von den Göttern dazu angeregt fühlten, ein Blot zu halten. Die Franken taten es auch. Ein Mann in hoher Stellung, Hocin, lud Chlothar den Ersten und seine Hofleute samt dem heiligen Vedastus zu einem Fest. Das Festbier stand in der Mitte des Hauses bereit, aber mit Rücksicht auf die gemischte Art der Gesellschaft war es in zwei Lager geteilt. Der eine Teil umfaßte das gewöhnliche Bräu für die Christen, und hierzu kam dann etwas, das „auf heidnische Art geweiht war", für diejenigen, die dem alten Brauch folgten. Zum Glück für uns trieb der Geist den heiligen Mann dazu, dieses Fest zu besuchen, sonst wäre das Bier nie in den Bericht über das Leben und die guten Taten des Heiligen gekommen; denn als er den heidnischen Trank sah, machte er das Zeichen des Kreuzes über ihn, so daß die Bottiche barsten und die Heiden bekehrt wurden. Im Leben des Missionars Columbanus wird ein anderer Kessel erwähnt, der dieselbe explosive Kraft enthielt. Diesmal war es bei den Sueben, wo ein heiliger Mann die Versammlung bei einem Feste vorfand; sie saßen um einen großen Bottich, „der in ihrer Sprache *cupa* genannt wird und 26 Maß enthält, und er war voll von Bier, das wollten sie ihrem Gott Wodan weihen". Der Heilige blies den Kessel in Stücke, so daß es allen kund wurde, daß der Teufel in der Tonne saß und auf suebische Seelen lauerte. Was nun immer die Leute gesagt und der Heilige wirklich getan haben mag, der fromme Biograph muß doch in bezug auf diese Bierbottiche und ihren zentralen Platz beim Kultfest recht haben, denn eine so anormale Form von Gottesdienst können die klerikalen Chronisten aus keiner anderen Quelle als der der Wirklichkeit geholt haben.

Es scheint, daß das Christentum, das die südlichen Germanen eroberte, leider den rechten Blick für die frömmigkeitsfördernde Kraft der Bierkessel hat vermissen lassen oder es jedenfalls fertiggebracht hat, ohne sie gute Christen zu machen; aber trotzdem vergaßen die Nachkommen der Alemannen und der Sueben nie ganz, sich in Erbauung um ihre *cupa* zu versammeln. Hier und da lassen die alten Deutschen uns verstehen, daß sie wohl das Verlangen nach St. Gertruds Minne kannten, wenn die Seele unruhig war und der Gesellschaft bedurfte oder beim Abschied nach Trost, nach Versöhnung, nach Segen seufzte. Johannisminne, Johannissegen ist der Name eines anderen guten Tranks, dessen Wirkungen man bewahrt hat, indem man ihn schlauerweise ein wenig mit einem christlichen Kraut gewürzt hatte; wenn es eine Hochzeit gab, ließen die Leute den Priester in der Kirche *amorem Sancti Johannis* für das Brautpaar weihen, und er ist gern bereit, eine kleine Rede über das Blut Christi und die Hochzeit in Kana zu halten; aber er kann das Bier nicht gänzlich in Wein verwandeln, da die Johannisminne aus rein weltlichen Gefäßen getrunken werden muß. An anderen Orten hat der Johannistrunk seinen sozialen Charakter als eine Kraft bewahrt, die die Menschen in Friedenskreisen vereinigt, wenn die Nachbarn sich in Mengen um den Tisch im Freien setzen und auf gute Nachbarschaft trinken. Germanisches Heidentum wird man vergebens in dem Segen der Johannisminne suchen – christlicher Abendmahlsglaube und die alte Sitte der Libation haben den Trank durchströmt; aber wir können doch ohne Zweifel annehmen, daß die Art und Weise, wie der Segen in diesem Falle empfangen wird, in alten Sitten der Heimat wurzelte.

Die gesamten Erzeugnisse der lustigen Brüder und der gestrengen Heiligen beweisen uns nicht, daß das Trinkblot zu irgendeiner Zeit die einzige Form germanischer Götterverehrung war; sie deuten nur an, daß der Trank im ganzen germanischen Bereich bis zu den letzten Tagen des Heidentums den Mittelpunkt des alten Kultes bildete, und das tat er wahrscheinlich von der Zeit ab, wo die Götter unsern Vorfahren das mächtige Geheimnis des Bieres offenbarten. Es erschien offenbar Tacitus' germanischen Zeitgenossen ganz natürlich, sich im heiligen Haine zu einem Trinkgelage zu versammeln, und wir gehen kaum zu weit in unsern Schlüssen, wenn wir annehmen, daß die Germanen, als die gewaltigen Trinker, die sie waren, sich in dieser Kunst unter den Auspizien der Götter selbst geübt hatten.

Als Vedastus als Gast unter die Franken trat, wurde sein Blick sofort von dem großen Bierkessel gebannt. Er stand in der Mitte des Kreises, und einen ähnlichen bedeutsamen Platz muß das norwegische *skapker* eingenommen haben, aus welchem der Trank geschöpft wurde. Die Kraft, die sich dem Mann Gottes auf so unheimliche Weise offenbarte, machte sich auch im Norden deutlich bemerkbar, denn neben diesem *skapker* stand der Schuh, in welchen eine adoptierte Person beim „Eintritt" in die Sippe treten mußte. Das Gefäß war heilig, und sein Platz war heilig und voll von Kräften. Aber das Fest forderte auch reine Trinkgefäße in den Händen, Hörner, die an Heiligkeit dem Segen entsprachen, den sie im geselligen Kreise herumtragen sollten. Ohne Zweifel waren die im Alltag gebräuchlichen Schalen wie alle neumodischen Erfindungen von den hohen Feiertagen ausgeschlossen. Das Gelage sollte aus den ehrwürdigen Rinderhörnern getrunken werden – so etwas wird tatsächlich in der geschichtlichen Notiz über Olaf Kyrris Bruch mit der Vergangenheit angedeutet: bevor er das Hofzeremoniell nach modernen Ideen reformierte, pflegten die Könige, wie wir hören, aus Tierhörnern zu trinken, aber nach jenem Tage wurden der König und seine vornehmen Gäste mit Schalen bedient. Wenn das Haus zum Feste geweiht und geschmückt war, wurden die schönsten Trinkgefäße des Hauses herbeigetragen; und wir ahnen ein wenig von der Ehrfurcht, die diesen Hörnern erwiesen wurde, und von den Gedanken, die die Männer sich machten, wenn wir sehen, welche Stellung sie in den Sagen bis in unsere eigene Zeit einnehmen. Sie gehörten zu den Kleinoden des Geschlechts, Pfänder für Leben und Heil, sie offenbarten verborgene Gedanken und Pläne; sie hatten eine Persönlichkeit, die einen eigenen Namen verlangte, und ihre Vererbung innerhalb des Geschlechtes wurde mit eifersüchtiger Sorgsamkeit überwacht. Olaf Tryggvason hatte zwei Paare solcher Hörner, die Grimme und die Hyrninge, und das erste Paar hatte er einst auf wunderbare Weise aus Jötunheim erhalten. Eines Abends zur Zeit des Julfestes kamen zwei Männer zum Hofe des Königs, sie nannten sich beide Grim, und sie brachten ein Paar prachtvoller, goldgeschmückter Hörner mit als Gruß von Gudmund auf Glasisvellir. Gudmund war eine Persönlichkeit, von der christliche Männer nicht gern einen Gruß annahmen, und die heidnische Art der Fremden machte sich auch deutlich bemerkbar, als ein Trank, der auf christliche Weise geweiht war, ihnen gereicht wurde: sie verschwanden mit einem Donnerschlag. Als die Lichter wieder angezündet wurden, lagen drei von Olafs Männern tot in der Halle. Aber der König behielt die Hörner. In dieser Geschichte – der Umgestaltung einer alten Sage – steht die Bewunderung des Mythos für das Kleinod und für dessen übernatürlichen Ursprung in Konflikt mit der christlichen Neigung, dem Teufel eins zu versetzen, und die Sage hat den widerspenstigen Stoff nur halb bezwungen. Sie zeigt sich schließlich doch als eine Verherrlichung des Horns, indem sie sagt, daß die Menschen überall, wo seine kunstvoll gearbeiteten Verzierungen über die Bank gereicht wurden, fühlten, daß die Gottheit ihnen entgegentrat.

Beim Beginn des Gelages stand eine Reihe von kleinen niedrigen Tischen vor den Bänken, das Essen wurde auf Schüsseln verteilt, und die Gäste nahmen selbst, so viel sie wollten. Wenn alle ihren Hunger gestillt hatten, wurden die Tische weggerückt, und nun begann der Trank zu kreisen. So ging es auch bei dem feierlichsten aller Gelage: in dem Augenblick, wo das Horn erschien, erreichte das Opferfest seinen Höhepunkt. Ein strenges Ritual regelte jede einzelne Handhabung des Trinkhorns. Es wurde zuerst zu dem Vornehmsten getragen, dem Mann, der den Hochsitz innehatte, und wenn er es geweiht hatte, trank er dem nächsten in der Reihe zu, und so ging das Horn beständig von Mann zu Mann weiter im Kreis. Wenn man es entgegennahm, stand man auf – Hardeknud wurde vom Schlag getroffen, als er beim Trinken stand, und er fiel tot um, das Gefäß in der Hand; das Mittelalter hindurch hielten die Männer an der guten Sitte fest, dem Trank Ehrerbietung zu zeigen, indem sie sich erhoben. Mit einem

Wort, das Wunsch und Gelübde ausdrückte, wurde das Horn geleert, und wenn es an den nächsten Mann weitergereicht wurde, wurde es wieder gefüllt, damit auch er seine Pflicht tun und es dann weiterreichen möchte. Von Mann zu Mann mußte es in der Richtung des Sonnenlaufs umgehen, es war keinem der Anwesenden erlaubt, seine Vorliebe für den einen oder anderen am Tische Anwesenden zu zeigen; jeder Versuch, seinen Nachbarn zu überspringen und um ihn herum weiterzutrinken, enthielt eine Kränkung gegen den Hintangesetzten und war ein ernster Bruch des heiligen Gesetzes. Das Verbindende zwischen ihnen war nicht ein Tisch, sondern die Hand, die der Hand gereicht wurde; „das Horn geht in den Händen der Männer", das ist der wahre Ausdruck für das Trinkgelage, und das Gefäß von sich zu stellen, statt es dem Nachbarn weiterzureichen, war eine schwere Beleidigung. „Wenn ein Mann den Becher hinstellt, anstatt ihn seinem Nachbarn zu reichen, wo die Leute trinken, soll er nach dem alten Gesetz einen Schilling an den Herrn des Hauses, sechs Schillinge an den gekränkten Mann und zwölf Schillinge an den König zahlen" – so befiehlt es das angelsächsische Gesetz von Hlotære und Eadric. Dies bedeutet, auf eine ältere Form zurückgeführt, daß der Beleidiger sich nicht nur gegen seinen Tischgenossen und den Wirt versündigt hatte, sondern auch gegen die göttliche Hoheit.

Priskos hat uns eine Beschreibung der Gastmahlsgebräuche an Attilas Hof gegeben, und ein Vergleich des byzantinischen Berichtes mit nordischen Quellen zeigt nicht nur deutlich, daß der große Hunne seine Hofettikette nach germanischem Muster angelegt hatte, sondern auch, daß die Gebräuche, die mit dem Trinken in Verbindung standen, nördlich und südlich der Ostsee dieselben waren. Priskos wurde mit den anderen Mitgliedern der Gesandtschaft zusammen zu einem Gastmahl eingeladen, das ihnen zu Ehren gegeben wurde, und der erste Mann, den sie trafen, war natürlich der Mundschenk, der ihnen einen Becher reichte, den sie mit einem guten Wunsche leeren sollten, bevor sie sich hinsetzten. Als die Mahlzeit begann, erschien ein Diener vor Attila mit einer Schale voll Wein, er nahm sie und begrüßte seinen Tischnachbarn; jeder Mann, der beim Becher angeredet wurde, erhob sich und durfte sich nicht wieder hinsetzen, bevor er einen Schluck genommen oder den Becher geleert und ihn dem Mundschenk zurückgegeben hatte. Auf diese Weise ehrte Attila einen

Mann nach dem anderen, indem er den Becher nahm und mit einem Wunsch für Heil und gutes Glück mit ihm trank. Als diese Ehrenbezeugung zuletzt der ganzen Gesellschaft erwiesen worden war, wurde die erste Schüssel hereingetragen. Aber nach jedem Gericht wiederholte sich derselbe Brauch von einem Ende der Halle bis zum anderen, und jedesmal mußte die Gesellschaft der Reihe nach die Schale im Stehen leeren.

Inmitten der großen Feststimmung wurden bei dieser Gelegenheit mehrere besonders bezeichnete Becher getrunken, „Minnen", wie sie mit einem mittelalterlichen Ausdruck genannt wurden. In ihnen ist das Opfer konzentriert, und die Erwartung des Gelages ist aufs äußerste gespannt. Der Bericht von dem berühmten Erbbier, das Svein Gabelbart nach dem Tode seines Vaters hielt, läßt vermuten, daß es in alter Zeit bei einem solchen Blot mindestens drei Hauptminnen gegeben hat. Freilich sagt die Fagrskinna nur, daß man am ersten Abend, wenn die Leute zum Erbbier versammelt waren, viele Becher füllen sollte, „auf dieselbe Weise wie jetzt Minnen", und diese Becher waren den Mächtigsten aus dem Geschlecht gewidmet, in heidnischen Zeiten Thor oder anderen unter den Göttern. Zuletzt wurde der *bragarfull* – Schwurbecher – eingeschenkt, und man erwartete, daß der Geber des Festes, wenn er diesen trank, ein Versprechen ablege – und mit ihm alle die Anwesenden – und wenn er dies getan hätte, in dem Hochsitz des Verstorbenen Platz nehme. Snorri andererseits gibt einen detaillierten und genauen Bericht; er erzählt, daß König Svein am ersten Tage des Festes, bevor er in dem Hochsitz seines Vaters Platz nahm, seinen Minnebecher trank und versprach, bevor drei Winter vorüber seien, würde er nach England ziehen, König Æthelred töten oder ihn aus dem Lande vertreiben. Diesen Becher mußten alle Anwesenden trinken. Aber darauf mußten alle Christi Minne trinken. Der dritte Becher war die Minne Michaels, und diese wurde von allen getrunken. Darauf trank Jarl Sigvaldi die Minne seines Vaters und gab das Versprechen, daß er, bevor drei Winter um seien, nach Norwegen gehen und Jarl Hakon töten oder ihn aus dem Lande vertreiben würde. Nach ihm versprach sein Bruder, Thorkel, Sigvaldi nach Norwegen zu begleiten und nimmer zu fliehen, so lange sein Bruder noch kämpfe. Darauf schwur Bui, mit ihnen zusammen nach Norwegen zu gehen und gegen Jarl Hakon furchtlos zu kämpfen, und so folgte einer dem anderen in der rechten Reihenfolge.

Sveins Erbbier hat dasselbe Schicksal gehabt wie so manche gute Erzählung, die die Geschichte mit Rücksicht auf Chronologie und Quellenkritik aus dem Hause hat verweisen müssen, oder die sie jedenfalls nur als Stellvertreterin einer unbekannten, mehr nüchternen Tatsache aufnimmt; aber wie hoch oder niedrig diese Becher und Schwüre von den Darstellern der politischen Geschichte eingeschätzt werden, – sie sind ohne Zweifel ein springender Punkt in der Phantasie des Mittelalters und der vorausgehenden Zeiten. Und obgleich es den verschiedenen Schriftstellern an allem authentischen Material über das gefehlt hat, was in jenem unvergeßlichen Jahre am Königshofe geschah, – es fiel ihnen doch nicht schwer, ein glaubwürdiges Bild davon zu entwerfen, wie es hätte zugehen können, denn sie hatten selbst für Freunde und Verwandte Erbbier getrunken. Der Mangel an Übereinstimmung zwischen den beiden Versionen beruht auf der Verschiedenheit in der Methode. Die Beschreibung in der Fagrskinna ist gedacht als eine geschichtliche Aufklärung über die Trinksitten unserer Vorfahren; der Sagaerzähler hat ein feines kulturgeschichtliches Gewissen und möchte verhüten, daß seine Zuhörer gedankenlos ihre eigenen Vorstellungen auf die alte Zeit übertragen. Snorri aber schildert den Auftritt als Stilist und Künstler, er beschäftigt sich hauptsächlich mit dem dramatischen Element, und für ihn sind Christus und St. Michael ebensogut wie Götter und Verwandte. Er schreibt unmittelbarer von seinen eigenen Voraussetzungen aus, und daher finden wir in seiner Wiedergabe ein Stück alte Geschichte, nämlich die mittelalterliche Aneignung und Anpassung der alten Opfergebräuche. Aber hieraus ist nicht zu schließen, daß der Verfasser der Fagrskinna Snorri als Zeuge der Vergangenheit übertrifft. Die Dreiteilung, die die Heimskringla so stark betont, ist nicht mit Rücksicht auf das Stilistische oder Dramatische geschaffen worden; die Gildegesetze, die das Resultat der Umkehrung des Umtrunks zu einem christlichen Brauch enthalten, setzten die heiligen Tischsitten der Frühzeit fort, und hier begegnen wir wieder diesem Dreiklang auf eine solche Weise, daß wir den bestimmten Eindruck von einer Konvenienz erhalten, die im alten Brauch wurzelte. In der gotländischen Karinsgilde sollten drei „Minnen“ getrunken werden: „Die Minne unseres Herrn und Bruders, unserer Schwester und Frau und der heiligen Katharina.“ Die dänische Eriksgilde bekannte sich zu St. Erik, unserm Erlöser und unserer Lieben Frau, während die schwedische Eriksgilde nur St.-Eriks-Minne erwähnt, die gefeiert wird, wenn es sechs schlägt, und die Minne aller Heiligen, wenn es neun schlägt. Die schwedischen St.-Görans-Brüder unterlagen der mittelalterlichen Versuchung, so viele Heilige wie möglich in ihre himmlische Schutzwache einzustellen; nicht zufrieden mit unserem Herrn, unserer Frau und St. Göran, erwarben sie St. Erik und St. Olaf samt dem heiligen Kreuz und allen Heiligen insgesamt, sowie St. Gertrud und St. Bengt im besonderen. Alle neun werden in den Minnen bedacht, aber je drei und drei zusammen, so daß die Minnen doch innerhalb der Dreiheit gehalten werden. Diese Gildegebräuche geben der Heimskringla ein gewisses Gewicht, wenn sie bei Jarl Sigurds Blotfest auf Hladir den Becher für Odin um Sieg und Macht für den König, den Becher für Njörd und Frey um Ernte und Frieden und Bragis Becher mitsamt der Minne mächtiger Verwandter zum Mittelpunkt des Festes macht; doch empfinden wir, wenn wir *bragarfull* in Angleichung an die der anderen Götter fälschlich als Bragis Becher eingetragen finden, einen leisen Verdacht gegenüber einem so weit getriebenen Ordnungssinn.

Auf der anderen Seite stehen die norwegischen Gildegesetze nahezu einmütig zusammen und beschränken die Anzahl der Minnebecher auf zwei: die Onarheimsgilde leert Mariae Minnebecher und Olafs Minnebecher, während die Olafsgilde merkwürdigerweise nur Christus und Maria erwähnt und ihren eigenen Schutzheiligen wegläßt. Die norwegische Formel für christlichen Festtrunk, die die höchste Sanktion der Kirche erhielt, macht auch Christus und Maria zum Gegenstand der Feier. Da diese Formeln nicht darauf berechnet sind, Proselyten in die Geheimnisse des Kultes einzuweihen, haben sie nicht nötig, alles zu sagen, und wir brauchen nicht lange in ihnen nach Lücken zu suchen, wo dies oder jenes vielleicht ungesagt bleibt, das sich von selbst verstand; aber auch wenn wir alle Möglichkeiten gelten lassen, bleibt doch die Tatsache bestehen, daß zwei der Minnebecher abgetrennt sind und besondere Erwähnung finden.

Um aber das rechte Gewicht zu erhalten, müssen diese isolierten Minnebecher vor dem Hintergrund des Opferfestes betrachtet werden, wo Minne in ununterbrochener Reihenfolge auf Minne folgt. Odins und Freys Becher sind die *großen* Minnebecher, die größer und wichtiger sind als alle anderen, denn die besonderen Becher – das Ausbringen einer Gesundheit, wie wir heute sagen würden – waren im allgemeinen Verlauf des Trinkgelages keine

Ausnahme, sondern bildeten die eigentliche Form für das ständige Leeren des Hornes. Das wandernde Horn war der Brennpunkt des Festes; jede einzelne Zeremonie dauerte, bis es ganz herumgereicht worden war, und das Fest selbst bestand in einer Wiederholung der kreisenden Bewegung. „Viele Hörner kreisten", heißt es vom letzten Abend am Hofe der Gjukunge, bevor Gunnar und Högni sich auf den schicksalschweren Zug zu Atli begaben; und wenn sie dies erfahren hatten, wußten alle, daß das Fest dieser kühnen Männer ein großes Fest war, das lange dauerte. Deshalb konnte die Egilsaga das mächtige Blot auf Atley nicht besser charakterisieren, als wenn sie sagt: „Manche Minne ging im Kreise umher, und bei jeder Minne sollte ein Horn geleert werden."

Immer wenn die mittelalterlichen Berichte ein Fest erwähnen, ist es diese Minnekette, die dem Wort einen Sinn gibt, und deshalb kann die Menge Flüssigkeit, die getrunken werden darf, leicht reguliert werden, indem die Zahl der Minnen festgelegt wird. Im Mittelalter ordneten die Könige und Gesetzgeber eifrig das Leben der Bürger, indem sie bestimmten, wieviel Schmuck getragen werden durfte und wie viele Tage anständige Christen zechen durften. Die guten Gotländer standen zu der Zeit, wo ihr Gesetz niedergeschrieben wurde, unter einem Zuchtmeister; es gab Regeln dafür, wieviel Flüssigkeit für eine Hochzeit passend war und welcher Grad von Trockenheit bei kleineren Anlässen geduldet werden konnte. Wenn sie zu einer Hochzeit zusammenkamen, war Mariae Minne das Ende von allem Trinken, aber bevor sie hereingetragen wurde, konnte der Wirt so viele Minnebecher einschenken, wie er wollte. Das ist natürlich der praktische Ausdruck für die Ansicht, daß die Gesellschaft so viel trinken konnte, wie sie wollte, bis der unabwendbare Augenblick kam, wo dem Zeremoniell zufolge Maria mit einem Becher geehrt werden sollte, und dann mußte das Trinken aufhören, es waren keine Extrabecher erlaubt. Mit solchen Voraussetzungen ist es auch möglich, die Dauer eines Trinkgelages und seine Intensität zu regeln, indem vorgeschrieben wird, daß drei Minnebecher, und nicht darüber, bei der Abholung der Mitgift der Braut getrunken werden dürfen.

Aus diesem ganzen Minnestrom erhebt sich wiederum ein besonderer Becher als der Becher über alle, der eigentliche Kern des Festes. Wahrscheinlich geht „die höchste Minne" des Mittelalters auf den Hauptbecher in der heidnischen Trinkhalle zurück, entweder als unmittelbare Anpassung oder als Ersatz für etwas Gewohntes. In den Gilden ist es die Gottheit, entweder der Hauptgott Christus oder der lokale Gott, der Schutzheilige, der die höchste Ehre genießt. Die Bruderschaft von St. Göran, mit ihrer Anordnung einer dreifachen Dreiheit, hat in der höchsten Minne Platz für den Gott, die Göttin und den Schutzheiligen, und diese wurde „im besonderen mit Fackeln und Trompeten" getrunken, das heißt, auf festlichere Weise als die anderen Minnebecher. Bei den Gelagen und Julfesten, die von dem niederen Volke gefeiert wurden, fuhren die Leute fort, einen Becher für Gott und den Heiligen Geist zu leeren, sogar nachdem es für notwendig befunden wurde, ein Wort der Entschuldigung an den Höchsten zu richten, weil man ihm die gebührende Ehre bezeugte, und es scheint, daß *der* Becher vor allen anderen gerade dieser eine für Gottvater war.

Das Fest endete nicht formlos. Es würde im Widerstreit zum Charakter und Zweck des Blotes stehen, wenn es wie ein erlöschendes Licht zerflattert wäre. Bei den schwedischen Hochzeitsgelagen wurde den Gästen als Abschluß des Festes der Waffentrank gereicht, während ihnen gleichzeitig der Wirt ihre Waffen reichte, die während des Festes aufbewahrt worden waren. Die mittelalterlichen Gilden richteten sich nach der alten Sitte, und zuweilen lassen sie die letzte der drei großen Minnen als ein Amen gelten. Die Gesetze von St. Göran drückten es folgendermaßen aus: „St. Bengt bedeutet Abschiednehmen und gute Nacht." Nachdem die drei Hauptminnen getrunken worden waren, konnte man die nicht bemühen, die bei Tisch bedienten – wenn nicht alle Gäste einig waren, daß sie sich zu wohl befanden, um aufzubrechen, wird an einer Stelle vorsichtig zugefügt. Als die Gesetzgebung es als eine ihrer vielen Aufgaben zu betrachten begann, den Leuten für das Betragen bei den Festen Anweisungen zu geben, wurde die Minne zu einer Art Polizeistunde der Freude gemacht. In Gotland durfte jedermann frei gehen, wenn Mariae Minne getrunken worden war; die Meinung ist deutlich, daß die guten Leute daran klug täten, diese Erlaubnis zu benutzen.

Solange das Fest eine Art Gottesdienst war, mußten notwendigerweise alle Teilnehmer während des ganzen Vorgangs dableiben, wenn sie nicht sich selbst und allen Blotgenossen schaden wollten, und vor ihrem Fortgang vergewisserten sie sich, daß alles, was recht und notwendig war, geschehen war, so daß die Gesellschaft sich ohne Nachteil für den Segen auflösen konnte. Der einzelne

Gast trank seinen Wohlseinsbecher, wenn er die Gesellschaft verließ und sich in die Dunkelheit hinausbegab, und in dem großen Waffenbecher lag schließlich die Versicherung, daß alle Teilnehmer den Segen mit sich nahmen. Das schwedische Gesetz deutet noch die religiöse Bedeutung an, wenn es vorschreibt, daß dieser Waffentrunk aus demselben Gefäß getrunken werden soll, den die Gäste bei dem Hochzeitstrunk benutzt hatten.

Während die Stadtleute den letzten Becher zu polizeilichen Zwecken ausnutzten, drehten die Bauern manchmal die Sache so um, daß er die gastliche Bewirtung förderte; er konnte z. B. als Unterstützung der Bereitwilligkeit hereingetragen werden, wenn es galt, die letzte Falte im Wams auszupolstern. Bei Hochzeiten in Dithmarschen wurde das Gelage mit dem Becher auf den Heiligen Geist geschlossen; der Braten wurde mit einem Warnungsruf hinuntergewürgt, daß „der Heilige Geist vor der Tür stände"; wenn alle ihr Unvermögen beteuern mußten, und erst dann, wurde die Minne des Heiligen Geistes mit dem Wunsche eingeschenkt: „Mag dies für euch ein frohes Jahr mit dem Heiligen Geist werden!"

In den Gildegesetzen sehen wir alte Tendenzen und einen neuen Geist zusammenwirken, und der innere Streit zwischen ihnen hat die Worte geprägt, so daß der Genuß oft als Pflicht formuliert wird, während in früheren Zeiten die Teilnahme gleichzeitig Freude und Notwendigkeit war. Das Mittelalter brauchte den Minnebecher, um Ordnung zu schaffen, sowohl als ein Mittel, um festzustellen, daß die Brüder ihre Pflicht erfüllten – so war das alte Gefühl – als auch um vorzubauen, daß sie des Guten nicht zu viel taten. Als die Kultur so weit über das Alte hinausgewachsen war, daß der Schwerpunkt ganz und gar in der christlichen Vorstellung lag, gewannen die mäßigen Eigenschaften des Minnebechers die Überhand. Aber die Veränderung im religiösen Ton zersetzte gleichzeitig die Macht, die den Trank zu einem Mittel zur Zügelung der überschwenglichen Heiterkeit der Brüder gemacht hatte.

Für den, der das Ganze als ein Ganzes ergreifen und nicht seine Aufmerksamkeit auf bloße Einzelheiten verzetteln will, vereinigen sich das Zeugnis der Gildegesetze und die Gebräuche des niederen Volkes zu einem hinlänglich deutlichen Bilde des Blotfestes. Das Horn war das Herz des Festes; die Stunden wurden zusammengehalten und zu einer lebendigen Ganzheit gemacht durch dies Horn, das langsam von Hand zu Hand herumgereicht wurde. Das Leben des Blotes war in einigen großen Minnebechern konzentriert, in welchen die Heiligkeit zu ihrem höchsten Gipfel gesteigert wurde. Diese Hauptminnebecher sammelten die Einzelheiten des Blotes zu einem festlichen Rhythmus, und es ist möglich, daß die Neigung des Mittelalters, in einem Dreiklang von Minnen auszuruhen, in alter Ehrfurcht vor dem Dreifachen als Vollkommenheit wurzelte, obschon sie durch christliche Vorstellungen gestärkt worden sein mag. Aber das Zeremoniell, das durch diese nordischen Zeugnisse angedeutet wird, war kein Muster, das äußerlich für alle Zeiten und Orte passen muß; es stellt eher ein innerlich empfundenes System dar, das den Brauch zusammenhält. Innerhalb des Rahmens der wichtigsten Minnebecher muß Platz sein für eine bunte Mannigfaltigkeit von Einzelheiten. Alle die feierlichen Augenblicke in dem Leben der Sippe, die wir zum Teil von der sozialen Seite kennengelernt haben, waren Opfer, Blote, und der Charakter und der Zweck der Versammlung bestimmte das relative Gewicht der verschiedenen Minnebecher. Je nach der Zeit und den Umständen wurde diese oder jene Minne zu größerer oder geringerer offizieller Bedeutung erhoben. Beim Erbbier erreichte der Schwurbecher eine besondere Bedeutung, weil er die Übernahme der Macht durch den Erben betonte; und seine Ausrufung seines Lebensprogramms warf ein Licht auf die, die, nachdem sie ebenfalls ihre Gelübde abgelegt hatten, sich um ihn versammelten und ihn ehrten, indem sie entweder seine Sache zu der eigenen machten, wie es Bui mit Sigvaldi tat, oder mit ihm wetteiferten, wie Sigvaldi mit Svein. Im Brauthause stand natürlich der Kaufbecher an erster Stelle als Bedingung für Glück bei der eingegangenen Verbindung wie auch für ein sicheres Verhältnis zwischen den beiden Häusern, die unter einem Schild vereinigt wurden. Ein Fest des Friedens und des Bündnisses war nichts ohne den Vergleichsbecher – und so hatte jeder Festtag seine Fürsorge. Bei den eigentlichen Gottesdiensten war es das Heil in seiner höchsten Verallgemeinerung, das den Verlauf des Festes bestimmte, aber es liegt im Charakter der Geschlechtshamingja, daß es vom Wirklichen, vom „Schicksal" des Geschlechts abhängig war.

Der Minnebecher gab dem Blotfest seinen Charakter. Da er alle die vereinigte, die an ihm teilnahmen, sammelte er den Geist der ganzen Versammlung in einem Brennpunkt. Und die allumfassende Heiligkeit, die in der Versammlung als Ganzem wohnte, entließ die Gefährten nicht aus ihrem Bann, bis der letzte Becher des Blotes getrunken war.

Bei gewöhnlichen Trinkgelagen löste die Gesellschaft sich zu einem gewissen Zeitpunkt in Gruppen auf; der Freund zog den Freund von der allgemeinen Bruderschaft der Feststimmung fort und trank sich näher zu ihm. Wir sehen ihn in den isländischen Sagas mit seinem Horn die Diele herabschreiten und *til móts* mit dem anderen trinken; das heißt, halb austrinken und seinem Freund den Rest in dem Horn reichen. Oder die Tischnachbarn drehten sich einander zu und bildeten Paare; im Norden heißt das *tvímmening* trinken, wenn die Männer zu zwei und zwei oder manchmal ein Mann und eine Frau zusammen ein Horn teilten.

Die Vermutung taucht auf, daß das Blot eigentlich unter strengeren Regeln ausgeführt wurde, und die Vermutung kann sich hier in Gewißheit wandeln. Zur Zeit des Sagaschreibens war es noch nicht vergessen, daß heilige Feste durch den Gang des Hornes rings in der Halle herum gekennzeichnet waren, das Horn „sollte ums Feuer getragen werden“, hören wir, das heißt, daß nur die heiligen Gefäße benutzt wurden, und diese wurden durch den Mundschenk von einem Mann zum anderen durch die Halle getragen, um darauf rings ums Langfeuer und an der entgegengesetzten Wand der Halle entlang aufwärts zu wandern.

Hier hat die Frau dem Feste ihre Heiligkeit beigesteuert; „Biergöttin“ wird sie in der Dichtkunst der Skalden genannt, und der Name ist sehr bedeutsam, denn er war durch tiefe Erfahrung inspiriert. Der unmittelbare Reiz einer Frau, die als Hausfrau den Weg durch die Bierhalle schreitet, ist nur ein schwacher Abglanz der Hoheit, die die Frauenheiligkeit und die Festheiligkeit ihr in den Augen der Anwesenden verlieh. In Wirklichkeit ist es die Schilderung eines Blotes, die in den Versen des Beowulf enthalten ist, wo die Königin ihrem Gatten den ersten Becher reicht und dann die Reihe der Männer entlang weitergeht, bis sie zu dem Gast kommt. „Im Mann soll der Kampf, soll die Waffentat gedeihen, doch die Frau soll in Gunst unter Männern wachsen; in der Metstunde der Gefolgsmannen erst den Fürsten begrüßen, dem König das Horn reichen“; so wird die Sitte am Königshof in einem poetischen Kraftspruch ausgedrückt, wo das „soll“ den normalen Verlauf des Lebens anzeigt, und diese Zeilen können ohne Übertreibung als ein Teil des Opferrituals bezeichnet werden.

In der Saga, die von der Heimkehr Olafs des Heiligen nach seinen ruhmreichen Auslandsfahrten erzählt, ist als Beweis für die großzügige Gastfreundschaft Sigurd Saus gegen seinen Stiefsohn vermerkt, daß er ihn und sein Gefolge jeden zweiten Tag mit Festkost bewirtete, mit Fleisch und Bier, und das Horn nach der Art eines großen Gelages kreisen ließ, gleichviel ob es Feiertag war oder nicht. Er machte den Tag zu einem Fest. Das festlichere Zeremoniell schloß die üppigere Verpflegung mit ein, denn beim Minnetrank erhielt jeder Mann das Horn für seinen eigenen Mund gefüllt, so oft es zu ihm kam.

Aber das Fest verlangte auch jedesmal, wenn einer von ihnen trank, ein Zusammenwirken aller Anwesenden. Solange das Blot dauerte, konnte niemand die Schale ruhen lassen und einen Augenblick ein persönliches Erlebnis haben, weder in Gedanken noch im eigenen Trinken. Der Minnestrom durfte nicht unterbrochen werden, und gleichviel, ob der Becher für die ganze Gesellschaft oder für eine bestimmte Person war, ob er Brautbecher oder Abschiedsbecher war, wurde er durch eine Reihe von stehenden und segensprechenden Trinkgenossen weitergereicht, und die Gesellschaft beteiligte sich in hingerissener Erwartung. Wir wissen genau, zu welcher Zeit der norwegische Hof so modern geworden ist, daß er die schwerfällige alte Sitte außer Kraft setzte und sich frei der Freude des Trinkens ergab. Vor der Zeit von Olaf Kyrri galt der Brauch, das Horn ums Feuer in der Halle kreisen zu lassen, vom König zum Nächsten im Rang und so weiter; aber Olaf befreite die persönlichen Gefühle, er führte eine neue Sitte ein, wonach jedermann den Eingebungen seines eigenen Gewissens folgen und so trinken durfte, wie es ihm gefiel. Bei dem niederen Volke ließ diese Neuerung lange auf sich warten, und wenn z. B. in Dithmarschen im 16. Jahrhundert der Vormund der Braut ihrem Bräutigam im Namen des Vaters, des Sohnes und des Heiligen Geistes zutrank, taten alle Anwesenden ihre Pflicht bei der Handlung, indem sie einen Becher aus derselben Schale leerten.

Was der Abschiedstrank von einem Mann forderte, kann niemand besser erzählen als Thorstein Bœjarmagn, der beim Jötenbeherrscher Geirröd in Jötunheim zu Gaste gewesen war und dort die Leute aus dem Horn Grim hatte trinken sehen. Freilich muß es schwierig sein, in nüchternen Alltagsworten dem Ausdruck zu geben, was zwischen solchen mächtigen Persönlichkeiten vor sich ging wie Geirröd, dem selbstherrlichen Herrscher über alle Jöten und Thursen, und Gudmund von Glasisvellir; und wir erhalten deshalb auch aus dem Versuch des Erzählers, das Unaussprechliche auszusprechen, einen lebendigen Eindruck davon, daß die Verhältnisse unter den Jöten sowohl viel größer als auch viel merkwürdiger waren als in den gewöhnlichen Hauswirtschaften im Norden. Als Grim in seiner bis an den Rand gefüllten Majestät hereingetragen wird, fällt das ganze Volk von Jöten und Thursen auf die Knie – sie wußten ja, daß ihr Herr nur sein Ohr über ihn zu neigen brauchte, um die geheimsten Dinge zu erfahren. Das Horn begibt sich zuerst zu Gudmund als dem vornehmsten Gast, der Mundschenk wartet, bis er es geleert hat, und geht dann zum Wirt. Vor ihm wird Grim aufs neue gefüllt, und Geirröd dreht die Spitze nach oben, so daß der Inhalt sich wie eine Meereswoge durch seinen Hals hinunterpreßt. Während der Held trank, richtete er den Blick auf Agdi Jarl, und jetzt ist der an der Reihe, das frisch gefüllte Horn zu nehmen; der arme Jarl tat alles, was die Pflicht erforderte, aber er mußte zweimal dazwischen Atem schöpfen. „Alter und Männlichkeit vertragen sich nicht", sagte Grim, denn das Horn hatte mehr als menschlichen Verstand. Die übrige Gesellschaft hielt man nicht für fähig, solche Leistungen zu vollführen, und sie durfte dem Gesetz zu zwei und zwei nachkommen. Unser Gewährsmann läßt diesen Abschiedstrank von zwei anderen Bechern begleiten, außer von Thors und Odins Bechern, und die Wirkung auf uns moderne Leser ist nicht nur, daß wir Agdi Jarl mit tiefem Mitgefühl betrachten, das viel entschuldigt, sondern auch daß wir den Verfasser in Verdacht haben, daß er, wie so viele seiner Kollegen unter den späteren Sammlern von romantischen Geschichten, die Vergangenheit ein wenig zu sehr durch Intuition rekonstruiert hat. Aber einen Vorteil hat er vor uns voraus: er kannte die Sitten seiner Zeit, und auch wo seine Vorstellungskraft ganz frei waltet, kann er nicht über die Voraussetzungen hinaus, die durch diese gegeben waren. Er sieht das ganze Gelage als eine Reihe von Minnebechern, und er hat Ehrfurcht vor der göttlichen Macht, die im Horn wohnte und die es zu einem Träger der Weissagung machte.

Es war die Anwesenheit der höchsten Heiligkeit, die ein strengeres Zeremoniell notwendig machte. Die Kriegerschar lebte unter den Regeln der größeren Heiligkeit und war deshalb ständig von der formloseren Trinksitte ausgeschlossen; sie durften nie paarweise *(tvímmening)* trinken. Die heiligen Waffenbrüder mußten nach dem Ritual zechen, wenn sie sich versammelten, oder, mit anderen Worten, ihre Mahlzeiten waren immer Opferhandlungen. „Es war Wikingergesetz, daß alle auf einmal zusammen tranken, auch wenn sie zu einem Gelage kamen“, erfahren wir zufällig. Aus demselben Grunde wurden die kriegsheiligen Trinkfeste am Hofe des Königs immer mit zeremonieller Formstrenge gefeiert; die Gefolgsleute des Königs waren das ganze Jahr hindurch Wikinger und lebten ständig vor ihren Göttern. Es ist möglich, daß die höchste Heiligkeit sich beim Gebrauch der göttlichen Becher unmittelbar offenbarte, so daß ein ungezwungener Verkehr in der Halle nicht stattfinden konnte, solange sie benutzt wurden und in den Händen der Zecher kreisten.

Gebet und Opfer

Das Bier brachte immer einen festlichen Glanz mit sich, es gehörte nicht zu der nährenden und durstlöschenden Alltagskost, sondern war in höherem Grade als Milch und Molken eine geistige Erquickung, eine heilige Stärkung. Und natürlich mußte der Trank, der die hohen Feste mit seinem Segen ehrte, von besonderer Kraft sein, um Götter und Menschen zu vereinigen.

Hier drängen die Vermutungen sich uns wiederum auf, obschon wir außerstande sind, sie richtig ans Licht zu ziehen und ihnen all die Wirklichkeit zu geben, nach der sie verlangen. Wenn das Festbier gebraut wurde, war es dann möglich, die Braubottiche mit dem täglichen Mindestmaß an religiöser Sorgfalt zu behandeln – denn ein Vorgang von so großer Wichtigkeit wie die Zubereitung des nährenden Heils des Hauses konnte nie ganz weltlich im modernen Sinne des Wortes werden – hat man nicht jede kleine Zutat mit kultischer Feierlichkeit behandelt, hat man sich nicht gereinigt und die freie Bewegung der Zunge und der Glieder gezügelt, wenn man zu der wichtigen Aufgabe schritt, das Blot vorzubereiten?

In der Ehrfurcht, mit welcher das Festbier von den norwegischen Bauern betrachtet wird, ist ohne Zweifel eine Spur von dem Ernst, der in der alten Braustube herrschte. Von den alten Telemärkern wird erzählt, daß sie ihren Feiertrank mit großer Andacht zubereiteten, aus Furcht davor, daß ein leichtsinniges Umgehen mit dem Bräu verursachen könne, daß das Bier nicht stark würde, was nicht nur ein Mangel, sondern ein positives Unglück gewesen wäre. Wenn das Bier sich beim Gelage unfähig zeigte, die Gäste unter die Bank zu schicken, ging der Wirt in einem Zustande von Elend herum, der nicht größer hätte sein können, wenn sein Hof bis auf den Grund abgebrannt wäre.

Die Tüchtigkeit einer Frau im Brauen war viel mehr als Hausfrauentüchtigkeit; sie war die Probe auf ihre Heiligkeit und deren Kraft, die Probe, ob sie die Götter und das Heil zwingen konnte. Als König Alreks zwei Frauen, Geirhild und Signy, sich darum stritten, wer Königin sein sollte, war es das Bier – das Bier, das sie zum Empfang des Königs bei seiner Heimkehr nach dem Kriege brauten –, das schließlich die Sache entschied. Geirhild rief Odin an und versprach ihm ihren ungeborenen Sohn; er gab ihr ein wenig von seinem Speichel als Hefe für den Trank, und das Bier wurde gut.

Unzweifelhaft begann also das Blot in der Braustube; von der ersten Handreichung ab herrschte die Heiligkeit uneingeschränkt. Der Inhalt der Kessel und Wannen erreichte jedoch erst in der Festhalle die volle Opferkraft. Das Opferfest begann mit dem Füllen des Hornes unter andächtigem Schweigen und mit zeremoniellen Bewegungen. Darauf segnete, „weihte“ der Mann, der den Vorsitz führte, das Horn; das alte Wort für die Handlung ist *vigja*, mit *vé* verwandt, und diese sprachliche Verbindung gibt uns das Wesen der Handlung. *Vé* bedeutet Heiligkeit, die äußerste Stärkung und alles, was heilig ist: der heilige Ort, die heiligen Kleinode, das Banner, das den Weg zeigt und Kühnheit oder Vorsicht hervorruft und durch seine Anwesenheit mitten im Heer den Erfolg verbürgt. *Vé* ist das Starke im heiligen Sinne, und um seine Reichweite zu erfassen, müssen wir uns die ganze Schwere der primitiven Vorstellungen über das Leben und seine Offenbarungen ins Gedächtnis rufen. Das Verbum bedeutet dann inspirieren, eine Göttlichkeit und eine Gottheit in das Ding einführen, es göttlich machen.

Die Verba, die für die erste Handlung mit dem Becher benutzt werden, drücken auf verschiedene Weise die innere Verwandlung des Trankes aus, aber über die Form, in welcher die Veränderung bewirkt wurde, haben wir leider keine direkten Nachrichten. Vielleicht ist die Einweihung durch feierliche Gebärden geschehen. Es gab so etwas wie Zeichen, die in der Luft gemacht wurden, wenn wir die etwas zweifelhafte Sage von Hakon Æthelstansfostri glauben dürfen, der das Zeichen des Kreuzes über das Blot-Fleisch machte, bevor er es kostete, aber von Jarl Sigurd entschuldigt wurde, der es für Thors Hammerzeichen erklärte; die bemerkenswerte Tatsache, daß Bauern eine Erklärung für eine gute heidnische Gebärde hätten benötigen sollen, schließt vielleicht die Möglichkeit nicht ganz aus, daß die Geschichte eine schwache Entsprechung in der Wirklichkeit gehabt habe. Dies scheint bestätigt durch das Verbum *signa*, „segnen“, das oft für „weihen“ verwendet wird; denn „segnen“ (lat. *signare*) bedeutet unter anderem auch ein Zeichen machen. Aber es ist ebensogut möglich, daß das fremde Wort in Wirklichkeit den Gebrauch von heiligen Mitteln bezeichnet, von Kleinoden mit anderen Worten. Da wir die Macht der Besitztümer kennen, liegt die Versuchung nahe, die Vermutung für Gewißheit auszugeben und zu sagen, daß man die Schätze des Geschlechts, den Speer und den Halsschmuck, die Pfeile und die Ringe hervorgeholt und dem Trank erlaubt habe, sich mit dem, was sie enthielten, vollzusaugen; die allerheiligsten Dinge mögen aus dem Blothaus geholt worden sein, und das Bräu ist mit ihnen gesättigt worden, bis es zum Bersten voll war – wie jene *cupa*, die zersprang, sobald der Priester mit seinen feindseligen Worten die Mächte in ihr in Wut versetzte. Im Mythos macht Thor seine Böcke heil und lebendig, nachdem sie geschlachtet und gegessen worden waren, indem er seinen Hammer über ihre Felle und Knochen schwingt, und aus dieser Kultsage können wir sichere Schlüsse in bezug auf den Gebrauch des Hammers oder eines ähnlichen zeremoniellen Gegenstandes bei der Weihe ziehen. Eine andere Andeutung ist in dem Eddagedicht Thrymskvida enthalten, wo geschildert wird, wie Thor seinen Hammer wiedergewann, indem er sich als Braut verkleidete. Während der Gott mit dem roten Barte schlief, hatten die Jöten ihren Unfug getrieben, ihm seine göttliche Waffe entwendet und sie nach Utgard gebracht. Der Dieb wollte seine Beute nicht ausliefern, wenn er nicht durch den Besitz der Göttin Freyja belohnt würde. Die Götter waren ratlos, bis Heimdal vorschlug, daß Thor den Brautschleier anlegen und im Brautschmuck zu dem Jöten ziehen sollte, um sein Herz zu erfreuen. Bei der Ankunft der Brautgesellschaft wurde ein Fest gefeiert, und die Unholde waren natürlich über den Appetit der Schönen erstaunt, aber die schlaue Brautjungfer, die von Loki gespielt wurde, erklärte zur Zufriedenheit aller, Freyja habe durch ihre tiefe Sehnsucht nach ihrem Gatten einen furchtbaren Hunger bekommen. Zuletzt wird der Zweck der Komödie erreicht, als der Hammer hereingetragen und in den Schoß der Braut gelegt wird. Das Gedicht ist eine Burleske, nach unverkennbaren Reminiszenzen des Hochzeitsrituals geformt, und die zeremonielle Grundlage kommt in den Worten des Jöten zum Vorschein, als er befiehlt, daß der Hammer hereingebracht werde: bringt her den Hammer, die Braut zu weihen, legt Mjölnir in den Schoß der Frau.

Die heiligen Gegenstände sind bei dem Blot anwesend gewesen, und niemand wird wohl vermuten, daß sie müßig dabei hingen oder lagen. Die Erinnerung an die Kraft der Kleinode gibt den besten Kommentar zu der übermütigen Beschreibung der Edda von dem schüchternen Gott mit dem roten Bart, der Ochsen auf Ochsen verschlang in ungeduldiger Erwartung des Augenblicks, wo der Hammer hereingebracht werden würde, um den Schoß der Braut zu weihen. An dem Tage, wo ein Tempelfest auf Ölfusvatn gefeiert wurde, saß die Hausfrau, Signy, auf einem Stuhl, ihre Kleinode im Schoß, und der Tag wurde der Beginn von Unheil, denn ihr kleiner Sohn Hörd kam zu ihr hingetrippelt und packte im Fallen den Halsschmuck, so daß er zersprang. Es ist nicht undenkbar, daß dieser Auftritt wegen seiner Bedeutung für die Saga von Hörd und für sein trauriges Schicksal ein Andenken an die alten Blottage enthält und uns einen Einblick in die Blothalle selbst gewährt.

Als Olaf der Heilige die Blotmänner in der Gegend um Drontheim überraschte, machte er eine große Beute an Gefäßen, die bei den Festen gebraucht wurden, und an „Wertgegenständen" – *grípir* – die die Gesellschaft beim Fest mitgehabt hatte. Sie war in ihrem besten Schmuck erschienen, würden wir sagen, aber dies bedeutet in der alten Sprache einfach, daß die heiligen Erbstücke der Geschlechter angelegt wurden, um das Opferfest mit Heiligkeit zu erfüllen.

Die zeremonielle Weihe verlangte ohne Zweifel eine Handlung, aber um Wirkung auszuüben, brauchte die Handlung ein begleitendes Wort. Beim Blot wurde von dem, der das Fest leitete, „für das Horn gesprochen". Dieser technische Ausdruck – *mæla fyrir* – ist wie so viele andere in das Christentum übergegangen; ein norwegisches Gildegesetz spricht von der einleitenden Handlung beim Hauptfest der Gilde als „Fürsprechen oder Segnung der Minne". Was in heidnischen Zeiten gesagt wurde, werden wir nie direkt erfahren, aber wir können uns einen schwachen Begriff von den Worten bilden und von den Gedanken, die in den Worten verborgen waren. Die Wirkung dieses zeremoniellen „Fürsprechens" kennen wir aus der Rechtssprache, wo es verwendet wird, um eine Rechtsformel einzuprägen und um überdies in gesetzlich bindender Form einen Anspruch zu erheben; im Alltagsleben verbindet das Wort zwei Bedeutungen: beglückwünschen, z. B. in Verbindung mit einem Geschenk, und verfluchen. An der Wurzel des offiziellen und privaten Gebrauchs liegt derselbe Gedanke: etwas mit Gewicht sagen und mit der Absicht, Ehre und Heil zu binden, so daß durch die Worte in der Gesinnung und dem ganzen Zustand eines anderen eine Veränderung hervorgerufen und entweder das Heil an ihn gebunden oder er seines Heilsinns beraubt und zu einem Neiding gemacht wird. Die entsprechenden Substantiva, *formáli* und *formæli,* haben eine ebensoweite Verwendung: vom Segen zum Fluch, von der gesetzlich bindenden Verabredung und der gesetzlich bindenden Formel zu der seelenbindenden Bestimmung, die man an die Verwendung eines Dinges knüpft und die vom Gebraucher respektiert werden muß, wenn er bei der Benutzung des Übergebenen Erfolg haben will. Wir können das Gewicht des Wortes aus dem folgenden Satz aus der Völsungensaga ermessen: Die Nornen kamen bei Helgis Geburt, gaben ihm *formáli* und sagten, daß er der ruhmreichste unter den Königen werden sollte.

Es besteht eine innige Beziehung zwischen der religiösen und der juristischen Bedeutung des Wortes *formæli.* Das Wort war ein notwendiger Zusatz zu jeder Handlung, es legte sein besiegelndes Glück dazu, so daß die Wirkung unmittelbar auf das erstrebte Ziel zusteuerte. Nachdem alle notwendigen Vorbereitungen für die Wohlfahrt des Verstorbenen getroffen worden waren, trat das Wort hinzu und setzte ihn in den vollen Genuß der Zukunft: man „sprach für" sein Grab und öffnete ihm den Weg an seinen Ort, mochte es nun Walhall sein oder eine andere Halle. Noch näher dem Blot steht die Handlung des Siedlers, wenn er seine Hochsitzpfeiler über Bord wirft und „fürspricht", daß er seinen Hof an der Stelle bauen werde, wo sie ans Land kommen. Er gab ihnen mit den Worten Willen und Kraft, all ihr heiliges Glück anzuspannen.

Genau so wie die Namengebung die Seele in das Kind hineinführen sollte, war das *formæli* im Kult darauf berechnet, der Kraft des Festes die richtige Richtung zu geben und seinem Zweck Grenzen und Maße abzustecken. Das *formæli* mußte sich deshalb dem Anlaß des Festes fügen. Es besiegelte die Wirkung des Minnebechers, die Menschen zu verschmelzen, aus einem Fremden durch Adoption einen Verwandten zu machen, das Versprechen der Brautgabe zu bestätigen. „Dein Vater soll König Gjuki sein, ich deine Mutter und deine Brüder Gunnar und Högni ...", sagt Grimhild, als Sigurd das Horn nimmt, das ihn dazu bringt, die Gjukunge in einem neuen Licht zu sehen. Wenn Hochzeit getrunken wurde, bestand das Fürsprechen unter anderem in einer Ausrufung der Bedingungen für die zwischen den Geschlechtern eingegangene Verbindung, die jetzt festgetrunken werden sollte. In späteren Zeiten wurde in Norwegen aufgezählt, daß der Bräutigam einen Hof mit soundso vielen Pferden hatte und daß der Vater der Braut seine Tochter nicht als Bettelmagd fortschickte, sondern von „eintausend norwegischen Speziestalern, einem fertigen Bett, Pferd und Sattel, fünf Kühen ... jetzt wißt ihr es", begleitet, und diese Erklärung ist als Formæli dem alten Geiste nicht ferne. Eine schwedische Formel deutet an, daß das Brautbier getrunken wird „auf Ehre und Hausfrau und aufs halbe Bett, auf Schloß und Schlüssel ... und auf jedes Recht." Der Becher, der den „Kauf" bestätigte, wurde *njótsminni* genannt, und in diesem Namen ist der Inhalt des Formæli angedeutet, nämlich, daß es den Empfänger zum *njótr* machte oder Genießer der Seele und des Nutzens des Gegenstandes. Beim Friedensschluß kann die Formel nicht sehr weit von der berühmten Friedensformel entfernt gewesen sein: „Jetzt sind alle Sachen verglichen, mit Gütern gebüßt, wie Ermesser maßen, wie Richter urteilten, wie Zähler zahlten, wie Gebende gaben und Empfänger empfingen. Wir sollen Männer sein, die verglichen sind in der Sache und in dem Sitz, um den Bierkessel und den Eßnapf, auf dem Thing und beim Zeitvertreib ... Messer und Fleisch und alles unter uns teilen wie Verwandte und nicht wie Feinde ... Für sich selbst und seine Erben, für Geborene und Ungeborene, für Gezeugte und Ungezeugte, nimmt jedermann Verprechen und gibt Versprechen, wackeres Versprechen, tüchtiges Versprechen, die ewig gehalten werden sollen, solange die Erde steht und Männer leben; ... wie Sohn zu Vater und Vater zu Sohn bei allem Tun, wo sie sich begegnen, zu Lande oder zur See, auf Schiff oder Schi, auf dem Meere oder dem Pferderücken, Ruder oder Schöpfkelle, Ducht oder Deck zu teilen ... wie der Freund dem Freund auf der See begegnet, wie der Bruder dem Bruder auf dem Weg begegnet."

Bei den großen Festen, wo der Zweck die Wohlfahrt der ganzen Gesellschaft in jener Zukunft war, die durch das Blot eingeleitet wurde, war das Formæli der Hauptminne notwendigerweise von allgemeinen Charakter. Und wir können glücklicherweise noch die Hauptzüge in der heiligen Formel erkennen, teils aus zerstreuten Andeutungen in den Sagas, teils in der christlichen Anpassung des Mittelalters. Dieses „zum guten Jahr und Frieden", das sich unfehlbar findet, wo das heidnische Blot erwähnt wird, ist als Motto für die christliche Umformung des Erntefestes stehengeblieben: das Bier soll Christus und Maria zum Dank, zum guten Jahr und Frieden gesegnet werden. Auf eine etwas andere Weise finden wir die Formel den Grundgesetzen der norwegischen Gilden einverleibt. Das Gesetz der Olafsgilde beginnt so: „Wir sollen unser Gildefest jeden Sommer feiern dem heiligen Christ, unserer lieben Frau Maria und dem heiligen König Olaf zum Dank, uns zum Wohl, zum Jahr und Frieden und zu aller Barmherzigkeit Gottes hier und jenseits", und es schließt: „Gott und St. Olaf stärke und helfe zum Guten, wer dieses Gesetz hält, zum Jahr und Frieden und allem Wohl in dieser Welt und jenseits zum Eingang in das Himmelreich ohne Ende". Das Fest wurde für ein gutes Jahr, für Fruchtbarkeit auf dem Acker und im Stall gehalten – *til árbótar,* zur Besserung der Ernte, wie nach einem enttäuschenden Sommer, der Mißtrauen in die Wirkung der früheren Blote geweckt hatte, noch ausdrücklicher gesagt werden konnte. Ein Bericht über die heimlichen Opfer der Thrönder, dem Verbot Olafs des Heiligen zum Trotze, gibt uns das Formæli, nach welchem das Blot zur Besserung der Ernte, zum Frieden und zum guten Wetter sein sollte. In Schweden wird dieselbe Formel in den einleitenden Sätzen des Gotlandgesetzes angedeutet: „Wir sollen an einen Gott, den Allmächtigen glauben und ihn bitten, daß er uns Jahr und Frieden, Sieg und Gesundheit vergönne." In diesem „Jahr und Frieden" mögen wir die Hauptader erblicken, die sich von den Heilversammlungen des Geschlechtes in die Gemeinde- und Gaufeste hineinverzweigte. Der Zweck des Blotes war Heil im Sinne von allem Wohlsein und dabei in erster Linie Friede, der unverbrüchliche Sinn für Einheit und Gemeinschaft als Bedingung für den Erfolg der Arbeit. In einem isländischen Formæli, das bei Olafs Minne verwendet wurde, klingt derselbe Ton wieder: „St. Olafs Ehrenminne wird eingeschenkt und hereingetragen. Das wollen wir mit Lust und Freude und mit der Gunst Gottes, unseres Herrn, trinken. Habt keinen Streit und Zank untereinander, denn der hohe Herr, König Olaf, ist der Schutz der Länder."

Derjenige, der das Fest eröffnete, indem er zuerst das Horn leerte, war der Urheber des Formæli, deshalb wird von ihm im engeren Sinne gesagt, daß er „Fürsprecher" war. Nach ihm wiederholte jeder der Anwesenden die heiligen Worte, wahrscheinlich ohne Änderung. Was in unserer Kenntnis der Kultformel noch fehlt, können wir durch Vergleich mit der Rechtsformel ergänzen. Die beiden waren dem Geiste nach eins, und aus der inneren Gemeinschaft folgte, daß sie sich auch in der äußeren Form glichen. So wie diese aus festgeprägten, ein für allemal bewerteten Wortverbindungen bestand, so wurde auch die andere Jahr für Jahr einmal um das andere mit demselben unveränderlichen Wortlaut wiederholt, der der Inspiration keinen größeren Spielraum gab, als es die Rücksicht auf die Aktualität erforderte. Zu der gleichbleibenden Form gehörte auch eine besondere Art des Hersagens, das immer der feierlichen, gereimten Rede angepaßt war, ob die Worte nun Rechtsformeln oder Preisgedichte oder starke Zauberverse waren. Der Mann, der mit dem Horn in der Hand dastand, mußte rezitieren – *kveða* – in einem Tonfall, der uns technisch unbekannt ist, da er immer nur durch seine Wirkung auf die Zuhörer beschrieben wird, der aber doch wahrscheinlich durch die kurzen, schlagenden Verse mit den stark hervorgehobenen Stabreimen bezeichnet war. In den mittelalterlichen Gilden und an den norwegischen Höfen wurden die Minnen gesungen. Alle Brüder erhoben sich und sangen, nachdem die höchste Minne eingeschenkt worden war, oder, wie die Dänen es ausdrücken, die Brüder empfangen die Becher sitzend, und wenn sie sie erhalten haben, erheben sie sich wie ein Mann und stimmen in die Minne ein. Wir können vielleicht diese Liturgisierung des Minnebechers als einen Versuch betrachten, die alte Sitte in kirchliche Form zu kleiden, und in einigen Gegenden gestaltete dieses Absingen der Minne sich zu einer festlichen Form von Geselligkeit und hielt sich als solche, solange die Sitte überhaupt innegehalten wurde; die Männer tranken einander zu „mit dem Vers eines Liedes“, und bei den Bauern endete die Minne wirklich in Nachklängen von Volksliedern oder in Reimen aus der biblischen Geschichte. In Skandinavien hat sich das Wort *kvæði* in unsere Zeit als technische Bezeichnung für Trinkspruchritual erhalten, und auch nachdem das Formæli zu einer freien oratorischen Leistung degradiert worden war, hielt man noch an der Sitte fest, es Reim oder *Kvæde* zu nennen.

Das Formæli hat zwei Seiten. Erstens bestätigt es den Weiheakt, der stattgefunden hat: jetzt ist das Bier göttlich; und zweitens bestimmt es, wohin der Gott und seine Stärke gehen soll. Die beiden Seiten sind dem Wesen der Sache entsprechend eins, weil die Kraft, die in den Worten und in den Handlungen des Opfernden wohnt, eine auf die Erschaffung des zukünftigen Heils gerichtete göttliche Macht ist. Das Formæli deckt also alles, was Worte einer Handlung zufügen können, von der großen Heiligsprechung des Trankes und der Einweihung zu einem bestimmten Zweck bis zu den freundlichen Begrüßungen und Segnungen der Tischnachbarn durch einen Gildebruder. Seine bindende Macht und seine lebenspendende Fähigkeit sind eins. Ein Fürsprechen wie das, das den Ehebund oder die Morgengabe der Braut betraf, mußte durch Mitwirkung des Horns zu einem positiven Heil gemacht werden, wenn es irgendeinen Wert für den Empfänger haben sollte, und es mußte auch in der gelobenden Partei zu Ehre erhärtet werden, um ihren Willen zu binden. Das schwedische Östgötagesetz wußte, was nottat, und sagte es in Worten, die zugleich von religiöser Bedeutung und von sozialer Wichtigkeit sind. Wie soll man heiraten? wird gefragt, und die Antwort heißt: „Sie sollen zwei rechtskräftige Trinkgelage abhalten; bei dem einen die Werbung um das Mädchen vorbringen und ihr die Morgengabe versprechen; und wenn die Werbung geschehen ist, sollen sie das zweite trinken, und bei diesem soll der Heiratsmann (der Vormund) seine Verwandte in die Ehe geben. Darauf sollen sie den Waffentrank aus demselben Gefäß haben, aus dem sie vorhin tranken." Durch dieses Vorgehen werden die Worte eines Mannes heilig und infolgedessen bindend gemacht.

Es liegt nahe, das Formæli das Festgebet zu nennen, und der Vergleich ist durch die Geschichte selbst gegeben, denn die Christen benutzten dasselbe Wort, *mæla fyrir,* für „Gebete sprechen". Aber das alte Formæli ist ebensoweit vom christlichen Gebet um Gottes Segen und Gottes Barmherzigkeit entfernt wie von allem Schachern mit einem Unsichtbaren um den Empfang von Opfern für erwiesene Gunst. Wenn das Formæli dem neuen Gott dienen sollte, mußte es sich vor allem der Hälfte seines Inhalts entledigen. Die Anrufung blieb, aber die alte Kühnheit und Zuversicht, die sich mit Gewalt Zutritt verschaffte und sich selbst die Erfüllung erzwang, mußte fortfallen. In dem feierlichen: *„mæl heill"*, – das in der Übersetzung heißen würde: „Dieses sei von dir in der Fülle des vollziehenden Heils gesagt" – ein Ausruf, der wie ein Freudenruf bei willkommenen Neuigkeiten oder bei großen Gelübden, Zusagen oder Mahnungen ertönte, in ihm haben wir das alte, starke Gebet, und es kann auch nach der Einführung der neuen Religion als

Gebet betrachtet werden; wenn aber der Christ den Worten hinzufügt: „und Gott möge es gelingen lassen“, verrät er, was die Heiden von den Christen trennt; die ersteren warteten ruhig darauf, daß die Wirkung ihrer Worte zum Vorschein kommen sollte, die letzteren konnten nur hoffen und sich darauf verlassen, daß der eigenwillige Gott ihren Wunsch erfüllen werde.

Es ist für uns nicht leicht, ohne weiteres dieser Art von religiöser Anrufung ihren rechten Platz in der Welt des Gebets anzuweisen; aber um ihre Wirkung zu verstehen, genügt es, das Heil und sein Wesen zu kennen. Wenn das Formæli schon nichts mit einer armen Seele zu tun hat, die im Staube vor einem Herrn kniet, der dem einen gibt, der ihm geeignet dünkt, und die Bitte des anderen abschlägt, wie es ihm gefällt, so ist es doch ebensoweit von der Magie entfernt, die mit einem Zauberhaken im Trüben fischt. Das Formæli ist eine Hamingja. Wo der Jude mit seinem Gott in Gebeten ringt, benutzt der Heide das Gebet als eine Kampfwaffe und wirft es seinem Gegner direkt ins Gesicht. Diese Waffe verlangt aber wie jede andere Tüchtigkeit und Stärke von dem, der sie schwingt, und um sie mit Erfolg zu gebrauchen, muß er eine Beziehung zu ihrem innersten Wesen haben; die Waffe muß Seele von seiner Seele sein, so daß sie nicht nur in seiner Hand liegt, sondern eine Verlängerung seines Armes bildet und ihre Kraft unmittelbar aus seinem Herzen gewinnt.

Als Egil sich mit König Erik entzweite, errichtete er eine Neidstange und schleuderte sein Formæli gegen seinen Feind: „Hier setze ich eine Neidstange und richte diesen Fluch – *nið* – gegen König Erik und die Königin Gunnhild, richte diesen Fluch gegen die Götter, die in diesem Lande wohnen“ – damit die Worte das bewirken mögen, was sie ausdrücken: alle Götter, die in jenem Lande wohnten, den Weg verfehlen zu lassen, so daß sie nicht eher ihren Ort fänden, bis sie Erik und Gunnhild aus dem Reich gejagt hätten; hätte der, der die Worte aussprach, nicht gewußt, daß sie hinausgehen, die Götter fassen, ihre Gedanken verwirren und das Heil des Landes unter dem König zu einem wogenden Meer machen würden, er hätte sie nicht über die Lippen gebracht, ja er würde sie vermieden haben, in heimlicher Angst davor, sich selbst irgendeiner schicksalschwangeren Einwirkung auszusetzen. Denn ein Mann äußert nur das, zu dessen Verwirklichung er Heil genug in sich fühlt. Es ist die Verbindung mit den Mächten und das Bewußtsein, das man von ihrer Kraft getragen wird, die das

Formæli leicht von den Lippen gleiten lassen und ihm Kraft geben, eine Zukunft vor sich herzutreiben auf jegliches Ziel zu, wie es seinem Herrn beliebt.

Die Verwandlung, die das Formæli durch den Einfluß des Christentums durchmachte, steht in enger Verbindung mit der Tatsache, daß das Wort seine Bindung an die Handlung verlor – oder daß ihm jedenfalls die Möglichkeit aufgezwungen wurde, eventuell allein stehen zu müssen. Das Gebet ist für das heutige Bewußtsein von den Worten eingefriedet, für die Heiden lag sein Wesen gerade darin, daß es Zubehör zu einer kultischen Handlung war. Wenn es seine eigene Erfüllung als eine Selbstverständlichkeit mit sich führte, so war es deshalb, weil den Worten die Vollführung durch die Tat innewohnte. Der Redner hat das Horn vor sich oder sogar in der Hand, er spricht über den Trank und leistet dem Horn Genüge, bevor er es weiterreicht. Das Formæli und das Trinken sind mehr als gleichwertig im modernen Sinne, sie sind eins, so wie Namengebung und Namenbestätigung, Verabredung und Vollführung des Kaufs, Versprechen und Erfüllung des Versprechens eins sind, weil das eine alles ist, sein Gegenstück eingeschlossen hat, und ohne sein Gegenstück weniger als nichts ist, nämlich Unheil und Kränkung. Die Zwiespältigkeit, die in so viele der alten Sitten ihren Einzug hält, sobald sie in unserer Sprache ausgedrückt werden, verschwindet, wenn die alten Bilder von handelnden Männern in ihrer Gesamtheit vor uns gestellt werden. „Sei heil" sagt der, der zuerst trinkt, „trink heil" antwortet der, der auf das Horn wartet. Hier haben wir das alte Gebet sowohl wie das alte Opfer.

Die schärfste Beleidigung würde es sein, einen Becher mit einem Fluch anzubieten und so dem Empfänger vorzuschlagen, sein eigenes Urteil zu bestätigen. In der Sage von den unglücklichen Liebenden, Hagbard und Signe, wird der Held buchstäblich aufgefordert, den Kelch der Bitterkeit zu leeren. Als Hagbard unter dem Galgen steht, rächt die Königin ihre beiden Söhne, die von dem verurteilten Mann erschlagen worden waren, indem sie ihm einen Becher reicht und mit diesen Worten „fürspricht": „Trink den Becher des Todes, und wenn du ihn geleert hast, dann steig hinab in das Reich des Todes." Der Haß kann nicht weiter reichen, als wenn er den Mann auffordert, auf seine eigene Verdammung zu trinken.

Ein Fremder muß oft den umgekehrten Weg gehen und im

Gegensatz zum Eingeborenen die Regel aus der Ausnahme begreifen. Es ist ziemlich viel Einfühlungsvermögen erforderlich, um die Ehrfurcht vor der Macht des Wortes richtig zu werten, wenn Furcht und Selbstverteidigung in gebräuchlichen Formen Ausdruck finden, wenn z. B. eine Vorladung in der Rechtssprache einen Mann zwingt, sich vor Gericht zu verteidigen; aber in so ungewöhnlichen Fällen wie dem, wo Æthelfrid die Priester bei ihren Gebeten überfällt, macht sie sich deutlich bemerkbar. Auf ähnliche Weise kann die Verwendung der Opferform unter Bedingungen, die den alltäglichen, natürlichen Hintergrund vermissen lassen, plötzlich ihre Kraft mit fast experimenteller Deutlichkeit offenbaren. Es war in der Tat das Blot, das dem Grönlandfahrer Thorgils – der Christ war und christlich zu handeln meinte – bei der letzten seiner harten Prüfungen auf dem Eismeer half. Ausgehungert und erschöpft arbeiteten seine Männer hart an den Rudern, um an die Mündung einer Förde zu gelangen, aber sie kamen nicht vorwärts, und unterdessen nahmen ihre Kräfte ab, und der Durst wurde schlimmer. Zuletzt sagte einer von ihnen: „Ich weiß, daß Männer früher, wenn sie auf der See in der größten Not waren, ihr eigenes Wasser mit dem Meerwasser gemischt und so ihr Leben gerettet haben." Thorgils wagte zu dem Vorschlag weder ja noch nein zu sagen und sah schweigend zu, während sie die Schöpfkellen füllten; aber gerade als sie trinken wollten, hielt er sie zurück mit den Worten: „Gib es mir und ich will den Trank ‚fürsprechen' *(mæla fyrir minni)*: Du arger Troll, der du jetzt unsere Fahrt hinderst, du sollst nicht bewirken, daß ich oder jemand von uns hier die eigene Unreinlichkeit trinkt." Und im selben Augenblick flog ein Vogel, einem Alk ähnlich, schreiend vom Boot nach Norden, und die Männer erreichten das Land und fanden eine Quelle. Thorgils vollführte das Trankopfer freilich nicht, er beabsichtigte eben, durch seine Tat den gottlosen Vorgang zu vereiteln, aber seine Worte taten ihre Wirkung, weil sie in der Opferform geäußert wurden.

Aus dem Außergewöhnlichen in diesem Geschehnis lernen wir die natürliche Erfüllung des Blotes begreifen: sie bricht nicht so handgreiflich aus dem Augenblick hervor, aber sie vollzieht sich mit ebenso unwiderstehlicher Kraft in dem, was wir die natürliche Ordnung der Dinge nennen: daß die Erde Früchte trägt und daß die Sonne scheint.

Um Erntesegen und Frieden

Das Opfergelage ist eine Verherrlichung der Tischgenossenschaft. Der Segen des Blotes beruht darauf, daß im Kessel ein besonderer Trank schäumt, ähnlich dem Bier, das auf den anderen feiernden Höfen gebraut wird, aber doch grundverschieden von ihm, ein Trank, der eben nichts anderes ist, als das besondere Ahnenheil, aus dem das Geschlecht besteht.

Wenn wir die alten Worte gebrauchen – sei es nun Schwurbecher, Friedensbecher oder Odinsbecher – es ist immer etwas Unwirkliches am Ton, wodurch sich dasjenige verflüchtigt, was die Hauptsache sein sollte; das Gelübde, der Friede oder der Gott werden über oder neben den Trank gesetzt, dem sie innewohnen sollten. Solche Sätze wie diese: das Bier ist Friede, ist wogender Gedanke und Erinnerung, ist Hamingja, Seele und Gottheit – sie gehen durch einen leeren Raum, bevor sie uns erreichen; und die Wirkung dieser Brechung ist ein poetischer Glanz, der den wirklichen Sinn verwischt und an seine Stelle eine unbestimmte Ahnung setzt. Bei den Nordländern scheint die übliche Benennung der Opferschale *full* gewesen zu sein, ein Wort, dessen altertümlicher Bau für Alter und Würde spricht und dessen Bedeutung gleich gut Fülle, den Zustand des Erfülltwerdens oder Überfluß und das, was voll ist, sein kann. Ein anderes heiliges Wort ist *veig*, das, was immer seine ursprüngliche Bedeutung gewesen sein möge, den Gedanken an Kraft und Ehre zusammenfaßt. Die südlichen Völker drückten die ganze Wahrheit aus in ihrem heiligen Worte *minne.*

Minne hat eine eigentümliche Geschichte. Das Wort gehört als kultischer Ausdruck dem südlichen Zweig des germanischen Stammes an und hat bei den alten Deutschen dieselbe Bedeutung wie das altnordische *full* und *veig*. Als das Heiltrinken in den Gilden sich in einen christlichen Brauch verwandelte, wanderte das Wort nach dem Norden, von den Gildegesetzen getragen, und nach mittelalterlicher Gewohnheit wurde es in den historischen Berichten über die Sitten des Heidentums in den Opferbecher zurückverlegt. Der Verfasser der Fagrskinna erkennt noch den Unterschied, denn dort, wo er von dem alten Erbbier spricht, sagt er, daß die Becher bei einer Erbfeier eingeschenkt wurden „wie heutzutage die Minnen". In den nordischen Sprachen hat das Wort Minne die Bedeutung von „Erinnerung" bekommen, und die Sprache in Verbindung mit den christlichen Ideen ließ mehr und mehr das Gedenken als den Hauptzweck erscheinen, wenn man einen Becher im Namen Gottes und des Heiligen leerte. In der volkstümlichen deutschen Sprache vertiefte Minne sich immer mehr zu der Bedeutung von Liebe, und so wird der Minnebecher durch eine parallellaufende Entwicklung zu einem Liebesbecher; auf die Liebe der Heiligen zu trinken – *in amore sanctorum bibere* – so gibt man in lateinischer Sprache diese Sitte wieder; aber hier und da zeigen sich die anderen Phasen des Wortes, so daß wir neben dem *amor* ein *salus* finden, Heil und Gesundheit. In seinem ersten Ursprung ist Minne nahe verwandt mit dem nordischen *munr*, Gemüt, Seele, Hamingja; es findet seine beste Erläuterung in den Worten der Sigdrifa über den Becher: „Bier bringe ich dir, gemischt mit Megin und mächtiger Ehre." Der Minnebecher war einfach Hamingja in jedem Sinne.

Wenn der Becher geleert wurde, war die Wirkung vor allem ein Gefühl der Gemeinschaft – „zum Jahr und Frieden" *(til árs ok fridar)*, so lautet der Segenswunsch. Die Männer tranken miteinander und tranken sich zusammen, wie die alte Redewendung sagt, in dem Kraftbräu ihrer Ahnen. Die Versammelten verschmolzen miteinander, und diese einigende Kraft des Trankes wird ausgedrückt in dem Brauch, der forderte, daß das Horn von Mann zu Mann durch die Halle gereicht werden sollte; die Kette mußte ununterbrochen sein und in sich selbst zurückkehren – die Versammelten sollten eins werden. Wer es ablehnte, auf den Trinkspruch zu antworten, oder seinen Nachbarn übersprang, der machte sich einer ernsten Kränkung schuldig, indem er ihn als ein Kind böser Geister behandelte; aber in der Person des Gekränkten beleidigte er die ganze Gesellschaft, weil er den Segen des Festes zerstörte. Das berühmte Opferfest auf Hladir, wo Jarl Sigurd den König Hakon Æthelstansfostri dazu bewog, ein Blot zu feiern, begann damit, daß der Jarl als Vorsitzender mit dem ersten Horn dem König zutrank und ihn auf diese Weise in den Friedenskreis zog. Die Leute in Drontheim achteten gespannt darauf, daß der König seine Schuldigkeit tue, und es ist kein Wunder, daß sie über sein Zögern empört waren. Wenn Hakon nicht mit ihnen von der Heiligkeit essen und trinken wollte, war er nicht aus ihrem Frieden, und wer konnte sich dann darauf verlassen, daß er ihr Heil und ihre Ehre mit ihnen teilen und behaupten würde? Seine Ablehnung war eine höhnische Herausforderung, weil der Verweigerer, wenn er als ein toter Punkt im Kreise dasaß, dessen Kraft zersprengte und das Wohlwollen der übrigen gegeneinander aufs höchste gefährdete.

Das Opfergelage war keine Institution zum Flicken und Ausbessern der Gesellschaft, so wie jene Versöhnungsfeste, wo man einen ewigen Frieden proklamiert und sich heimlich mit dem Gedanken tröstet, daß es nicht abzusehen sei, wie übel es um die Welt bestellt sein würde, wenn nicht immer wieder das Wort „ewig“ mißbraucht würde. Das Gelage wollte Frieden, und es setzte unweigerlich seinen Willen durch: seine Frucht war die Unverletzbarkeit des Geschlechts. Die Heiligkeit des Festes ist eine Folge der allgemeinen Veränderung, die in den Verwandten dadurch vor sich ging, daß sie denselben göttlichen Trank teilten und die Hamingja in sich wiedergebaren.

Die mittelalterlichen Ermahnungen an die Gildebrüder, eines Sinnes zu sein, nicht mit Übelwollen gegen einen Bruder zum Trinken zu kommen, sondern sich vorher versöhnen zu lassen und alle Feindseligkeit in der Heiligkeit ruhen zu lassen, das sind juristische Ideale, die auf Realitäten ruhten, die keines Befehles bedurften. Und das, was die Gesetze mit so großem Ernst als das grundlegende Prinzip des echten Gildegeistes festhielten, wurde auf dem Lande bei den jährlichen Festen des niederen Volkes in der Praxis verwirklicht. Die schwedischen Thingbücher kennen keine Erklärung – und brauchen keine Erklärung – für das Vertrauen des Volkes in die friedenstiftende Kraft des Bechers. Anläßlich eines Totschlags in Albo im Jahre 1617 wird Folgendes berichtet: Während die Gesellschaft trank, entstand ein Wortstreit über eine Kerze, die ausgebrannt war und nicht schnell genug erneuert wurde, worauf Jöns von Ware einfältiglich wie einer, der einen Ausweg weiß, sagte: „Solche Worte wollen wir hier nicht hören. Hol eine Kanne Bier, wir wollen auf den Herrgott trinken.“ Als das Bier gebracht wurde, trank er die Minne des Herrn, sprach ein Formæli, so gut er es vermochte, und trank Jöns von Tubbemåla zu; dieser nahm wohl den Becher entgegen, aber mit höhnischen Worten, indem er wahrhaftig sagte: „Wenn Gott der

Allmächtige uns nicht helfen will, da muß der andere [1]) uns an seiner Statt helfen." Und dieses sagte er dreimal. Jöns von Ware, die gute Seele, lehnte „den anderen" als Trinkbruder ab, die Messer wurden gezückt, und der Jöns des Teufels wurde dort hingeschickt, wo er hingehörte. So schicksalschwer war noch im 17. Jahrhundert in Wärend die Unterbrechung der Trinkgemeinschaft in einem kritischen Augenblick.

Das ganze Mittelalter hindurch und weit in unsere Zeit hinein behielt man die gute alte Sitte bei, die jährlichen Festversammlungen zum Ort der Versöhnung zu machen, wo alte Streitigkeiten geschlichtet und der Boden vorbereitet wurde, damit er im kommenden Jahr so wenig bittere Früchte wie möglich tragen möge. Ein alter Priester preist den Segen, den der Julbecher über Småland bringt: Nachbarn und Freunde gehen am Weihnachtsabend zueinander mit ihrem besten Trank in der Hand und trinken auf das Wohl Gottes im Himmel, indem sie einander und ihren Familien Gottes Gnade und Segen wünschen. So werden die Hände durch den ganzen Ort ineinander gelegt; alle müssen nun Freunde sein und den Julfrieden halten; niemand darf ihn brechen, wenn er nicht von allen als ein Ungeheuer und ein Neiding betrachtet werden will.

Wie sehr auch Stil und Geist sich vom Blot bis zur Andacht um das Psalmbuch, von der Sippe zur Familie einer Einzelhaushaltung geändert haben, wir finden doch in den Gebräuchen am norwegischen Weihnachtsabend noch einige Züge, die in die alten Beschreibungen hineinpassen. Der Weihnachtsabend in Norwegen wurde dazu benutzt, alle Seelen auf das kommende Jahr vorzubereiten. Bei dem feierlichen Weihnachtsmahl, das um Mitternacht aufgetragen wurde, setzten Vater und Mutter sich in den Hochsitz, ihre Söhne an der einen und ihre Töchter an der andern Seite und die Dienstleute am unteren Ende des Tisches; alle, Hausherr, Hausfrau und so weiter, die ganze Tafelrunde herum, tranken sich aus einem gemeinsamen silbernen Becher auf ein fröhliches Weihnachtsfest zu.

In alter Zeit war das Fest ein Prüfstein für den einzelnen. Wehe ihm, wenn er nicht fühlte, daß der Friede und das Bier ihm scharf zusetzten! Wer sich nicht in die geistige Genossenschaft der anderen hineintrinken konnte, der mußte freilich ein Heilloser, ein

[1] Anmerkung d. Verf.: „Der andere" ist ein volkstümlicher Euphemismus für Satan.

Neiding sein. Als die Götter die Erde verließen, wurde das Bier zu Alkohol und der göttliche Rausch zu reiner und gemeiner Betrunkenheit, und dann mochte es wunderlich klingen, daß die Neigung der Gäste, ihren Sitz auf der Bank mit dem Fußboden zu vertauschen, eine Bekräftigung für das gute Gewissen des Wirtes gewesen sein sollte; aber alte, ernste Gedanken schlummern hinter dem Glauben des gemeinen Volkes an die Rechtfertigung durch den Trank und durch seine Wirkungen. War das Bier nicht gut, war das Heil daran schuld, es war im Begriff, das Haus zu verlassen, und dann war alles Feiern vergeblich. In den Tagen des düsteren Heidentums hätte man wohl ein solches Unglückshaus geflohen; in späteren Zeiten, als die Sitten unter dem Einfluß des Christentums milder wurden, pflegten rücksichtsvolle Gäste in Norwegen die Betrunkenen zu spielen und, so natürlich ihre mimische Begabung es ihnen erlaubte, unter den Tisch zu rutschen, um dem Wirt Seelenqualen zu ersparen. Ein guter Zuchtmeister zu wahrer Humanität war natürlich die Sorge um den eigenen guten Ruf; denn, wie unsere Quellen weiter bestätigen, wenn es sich traf, daß jemand als eine nüchterne Ausnahme mitten unter denen saß, die angeregt waren, nahm man an, daß Gottes Fluch über ihn war. „Gott helfe dem, dem Gottes Gaben nichts anhaben können", flüsterte man rings um ihn.

Das religiöse Aufflammen des Feuers auf dem Herde der Sippe wurde nicht nur dadurch hervorgerufen, daß die Gluten zu einem großen Feuer zusammengetragen wurden; man erwartete eine Neuentzündung und eine Vermehrung des Feuers. Es liegt ja im Charakter des Friedens, daß die Wirkung der Opferkraft nicht auf die Verwandtengemeinschaft beschränkt war; die innige Verdichtung der Genossenschaft bedeutete eine Wiedererstarkung der ganzen Hamingja. Durch Trinken aus dem Horn wurden die Freunde heilhafter, kräftiger im Kinderzeugen und Kampf; ihr Gedächtnis und die Worte auf ihren Lippen, Ernteheil und Spinnheil, heilende Hände und Sieg, wie Sigdrifa sagt, wacher Grimm im Streit und unverbrüchlicher Friede unter den Menschen daheim, alles wurde gestärkt und erhöht. Es war die Seele selbst, die erneuert wurde, es war das Menschgefühl, das davor behütet wurde, in die Auflösung der Neidingschaft hinabzugleiten. Ohne die große Erneuerung des Friedens, die das Blot enthielt, mußte das Dasein zum Stillstand kommen; die Männer würden vergessen, wer sie seien, und ihre Toten würden den zweiten Tod sterben. Das furchtbare Schicksal, das Hjörleif traf, daß er den zweifachen Tod von den Händen der Knechte starb, war ihm – nach der Überlieferung – vorausbestimmt als Folge seiner Weigerung, am üblichen Opferfest teilzunehmen. Ingolf, sein Blutsbruder, hielt den alten Brauch mit seinen Verwandten und konnte sich des Lebens freuen.

Als die christliche Anbetung das alte Blot ablöste, wurden die Verstorbenen draußen im Dunkeln gelassen oder der Gnade der Kirche übergeben. Das Leben des sterbenden Mannes war nicht mehr in dem Geschlecht gesichert, und er mußte dementsprechend seine Vorsichtsmaßregeln treffen. Seine Sorge um die Zukunft macht sich Luft in Anordnungen von Feiern mit Trinkgelagen, die zu „seinem Gedächtnis" gehalten werden sollten, und in Stiftungen für die dauernde Fortsetzung der Gedächtnisfeiern – oder sagen wir ruhig: des Blotes.

Trotz aller Vorwände der christlichen Kirche wurde eben doch in der Blothalle die Frage nach dem ewigen Leben und dem ewigen Tod entschieden. Und in dieser Hinsicht zeigen die mittelalterlichen Gilden sich sehr deutlich als Erben der alten Opfergenossenschaft. Die Brüder hatten sich in die Hut der Kirche begeben, und die Kirche hatte ihre unerschütterliche Auffassung davon, wie die Fürsorge der Lebenden am besten der Wohlfahrt der Seele im Himmelreich dienen könnte; und die Verwandten jenseits ließen es sich gern gefallen, die Ehre in neuen Gefäßen zu empfangen, solange sie sicher waren, das zu erhalten, was ihnen zustand. Sie fanden immer treue Helfer auf dieser Seite des Grabes, die nicht nur fleißig die Messe nutzten, sondern auch versuchten, heimlich so viel wie möglich von den alten Formen in sie hineinzuschmuggeln. Die Gilden wachen mit peinlicher Sorgfalt darüber, daß ihre Mitglieder der Vergangenheit in der neuen Form die Treue halten. Die Verstorbenen sollen unter der vollzähligen Anwesenheit der Brüder Seelenmessen erhalten; ihre Namen sollen beim Gelagetrinken vorgelesen werden, und damit die Dahingegangenen in Gedanken bei der hohen Feier anwesend sein mögen, werden sie mit einem Gebet in der Minne bedacht, wenn sie nicht eine Minne für sich erhalten können.

Das Heil, das in dem Manne wohnte, mußte bei Vernachlässigung des Blotes seinen Glanz verlieren; die Schwerter mußten rosten, Pferde und Rinder tot zu Boden fallen, die Äcker mußten aufhören, Frucht zu tragen. Die Leute in Drontheim machten bittere Erfahrungen, als Olaf der Heilige die alten Blote verbot und seinen Untertanen mit Feuer und Schwert drohte, wenn sie es wagen sollten, Heil und Fruchtbarkeit nach Art der Väter zu suchen. Was sollten die guten Männer aber tun? Der König mochte mit seinem Gott und dem Teufel losdonnern, aber all dies Donnern hinderte die Ernte auf den Feldern nicht am Verfaulen; die Bauern betrachteten ihre Kornfelder und hörten außerdem, daß der Frost höher im Norden alle Männer auf Halogaland in seine Gewalt bekommen hatte, seitdem sie aufgehört hatten, das Blot zu feiern. Sie erinnerten sich auch, wie Erde und Meer sich des Heils erfreuten, als Jarl Hakon ins Land gekommen war und die heiligen Orte, wie der Dichter singt, zu wahren *vé* gemacht hatte, zu wahren Orten der Heiligkeit für das Volk. Kein Wunder, daß die hartnäckigen Bauern beschlossen, sich nicht an des Königs Befehl zu kehren und die alten Quellen des Segens wieder zu eröffnen.

Als Folge des exklusiven Charakters des Christentums bedeutete die Bekehrung eine Unterbrechung des geistigen Verkehrs mit der Sippe, und der Abtrünnige gestaltete das Leben der Sippe tragisch. Ein einzelner Mann, der aus der Blotgenossenschaft austrat, schnitt nicht nur sich selbst vom Heil ab; seine Neidingschaft wurde die Zerstörung seiner Sippe. Er „sagte sich selbst aus dem Geschlecht heraus“, brachte Schande über seine Verwandten, und das Urteil der letzteren ist in dem feierlichen Wort *frændaskömm* konzentriert – „Verwandtenschande“ oder, wie es noch schärfer gesagt werden kann, *ættarspillir* – der Zerstörer seines Geschlechts. Verräterei gegen die innerste Bindung im Frieden ist mit dem Wort „Gottneiding“ oder Abtrünniger ausgedrückt, und zwar mit um so mehr Berechtigung, als er nicht nur diesen oder jenen Gott beleidigt hatte, sondern „die Götter“ gekränkt und sie für seine Verwandten nutzlos gemacht hatte. Es ist die Pflicht der Verwandten, sich zu behaupten und die Wunde auszuätzen: die Pflicht wurde vom isländischen Allthing im Jahre 997 denen unter der Verwandtschaft auferlegt, die ferner waren als Halbvettern und näher als die Halbvettern der Halbvettern, eine ausgleichende Anordnung, die einen guten Einblick gewährt in das Gefühl der Zeit für die Heiligkeit der Verwandtschaft. Die Geschichte von Radbod, dem friesischen König, dessen Seele Wolfram zu retten sich bemühte und der sich weigerte, allein in den Himmel zu gehen und aus dem Taufbecken hinaustrat, als er hörte, daß seine Verwandten auf den Bänken der Hölle saßen – diese Geschichte läßt sich nicht in moderner Sprache wiedererzählen; das wahre Pathos der Treue wird in unserer Wiedergabe karikiert, weil wir nie die Angst und Verlassenheit der alten Helden bei der geistigen Vereinsamung zu fühlen bekommen können. Es gab nur ein Mittel, um Heil und Friede zu erhalten: daß die anderen Verwandten ebenfalls zu dem neuen System übergingen; und alle, die nicht verblendet waren, behalfen sich mit diesem Mittel, wenn das Unvermeidliche über ihnen war. Die rein äußerliche Massenbekehrung, die so viele Witzeleien und so viel frommes Bedauern unter Protestanten hervorgerufen hat, war für diese Männer die einzig mögliche Form für die Wiederherstellung der Seele.

Vor dem Beginn jedes ernsten Unternehmens wurde ein Blotfest abgehalten, bei welchem die Kraft sich vor der kommenden Probe sammelte und die Teilnehmer ihre höchste Heiligkeit anlegten. Wir wissen aus dem Leben der Bauern, wie das Jahr von Neuanfängen durchzogen ist: Umzugsbier, wo ein Becher auf die *tomtebolycka*, das Heil im neuen Wohnsitz, getrunken wurde, Richtbier, wenn das Dach eines neuen Hauses errichtet wurde und so weiter. Dies ist ein echtes Bild von dem Leben in alter Zeit. Während die Schiffe klar zum Wikingzug lagen, tranken die Männer daheim Abschiedsbier, „und es gab viel Trinken mit großen Worten", das heißt Versprechen künftiger Taten. Mit dem Trinkgelage in der Halle beginnt Beowulfs großes Unternehmen gegen das Ungeheuer: „Setz dich nieder beim Biere, wirf starke Taten unter die Männer, wie dein Sinn dich trieb", sagt Hrodgar, und die stolzen Krieger nehmen Platz in der Bierhalle. Ein Mann trägt die festlichen Bierkessel durch die Halle und gießt die klare Flüssigkeit ein, man hört die laute Stimme des Sängers in Heorot, der Jubel unter den Kriegern auf den Bänken steigert sich aufs höchste, als Beowulf sein Versprechen ablegt. Die Königin schreitet durch die Halle und reicht den Trank zuerst dem König, darauf denen, die ihm am nächsten sitzen, einem nach dem anderen, bis sie zu Beowulf kommt, ihn mit Dank für sein Kommen grüßt und den krönenden Ausruf aus ihm hervorlockt, daß er entweder zwischen den Jöten und dessen Kopf gehen, oder in der Halle das Todesgericht über sich selbst niederstürzen lassen will. Und noch höher steigt der Jubel der Kampfrecken, jetzt voll Seligkeit, bis der König die Gesellschaft aufhebt, um sich zur Ruhe zu begeben, und Beowulf sich allein mit seinen Mannen hinlegt, um das Kommen des Ungeheuers abzuwarten.

Das Fest fand statt im Schatten des Grauens. Der Dichter muß sich daran erinnern, wie oft schon früher große Versprechen in bezug auf denselben Grendel abgelegt worden sind, er kann sich nicht enthalten zu erwähnen, daß der Ausgang jedesmal derselbe war: beim Anbruch des Tages war die königliche Halle voll von Blut. Aber der scheinbare Widerspruch zwischen den traurigen Erfahrungen mit früheren Versuchen einerseits, die es zweifelhaft machten, ob je jemand die Überlebenden vom Todesschicksal würde befreien können, und der wilden Ausgelassenheit beim Feste andererseits, hat seine Erklärung eben in der Tatsache, daß die Mutlosigkeit von der Steigerung des Lärms verschlungen werden sollte. Das Fest war für die, die daran teilnahmen, eine neue Stärkung im Heil, eine Ermutigung in ihrem Gott. Sieg schritt durch die Halle in dem Augenblick, da die Krieger auf ihren Auszug tranken, und es war notwendig, ihn mit Kraft an sich zu reißen, wenn man ihn haben wollte. Wenn er nicht so in die Männer einging, daß der Jubel aus ihnen hervorbrach, war das Fest vergebens gewesen, dann mußten sie sich lieber gleich verkriechen und Schutz suchen.

Jeder Anfang erfordert ein Blot, das die neue Zukunft mit der Wirklichkeit des Heils zu beseelen vermag. Wenn ein Mann in eine andere Sippe aufgenommen werden sollte, mußte der Ochse oder der Widder neben dem Leiter der Zeremonie zum Schlachten bereit sein, und der Schuh mußte neben dem Bierbottich stehen. Die Hochzeitsgäste mußten wissen, daß sie „dieses Bier getrunken" hatten und daher für die Wirklichkeit des Ehebundes eintreten konnten. Aber am Erbbier sehen wir am deutlichsten, wie das Blot neu macht, wie man zur Quelle zurückgeht und das Leben von vorn anfängt, wenn das alte plötzlich verdorrt ist. Das Christentum war verwundert über die Heiterkeit, die die heidnischen oder heidnischgesinnten germanischen Völker zu Ehren der Verstorbenen entfalteten, und diese ihre Gewohnheit hielt sich trotz häufiger Eingriffe sowohl persönlicher wie offizieller Art lange genug, um alle Möglichkeiten des Staunens zur Entfaltung kommen zu lassen: die Indignierten haben protestiert, die, die Ärgernis genommen hatten, haben Vorwürfe gemacht, und schließlich hat die ästhetische Logik sich über den Widerspruch zwischen dem traurigen Anlaß und der unpassenden Ausgelassenheit der Gäste lustig gemacht. Der englische Priester im 10. Jahrhundert empfängt die Ermahnung: „Du sollst nicht teilnehmen an dem Jubelschrei über die Toten; wenn du zu einer Begräbnisfeier eingeladen wirst, dann verbiete die heidnischen Lieder und das laute schallende Gelächter, an dem die Leute ihre Freude haben." Ungefähr tausend Jahre später können wir mit Sympathie über den Bauern lächeln, der resigniert die Zeit herankommen sieht, wo „das Kirchspiel seinetwegen einen lustigen Tag haben soll."

Das Erbbier war kein betrübliches Fest, wo Freunde und Verwandte sich zu gemeinsamer Versenkung in ihren Verlust versammelten, um die Trauer mit vereinten Kräften zu durchackern, so daß sie, von Becher und Schüssel gestärkt, aufs neue hinausziehen konnten, um den Bedürfnissen des Lebens entgegenzutreten. Aber das Erbbier war eine ernste Angelegenheit, weil durch den Überfall des Todes auf die Sippe die Hamingja gefährdet worden war; deshalb war es notwendig, die Freude anzuspannen und sie ihre ganze Kraft hergeben zu lassen. Es galt das Leben sicher über einen kritischen Punkt zu führen, das Heil war zum Stillstand gelangt, der Hochsitz stand leer als sichtbares Zeichen einer Lücke im Zaun, die Verwandten fühlten sich zu unsicher, um es zu wagen, sich in Männerversammlungen zu begeben. Erst beim Erbbier wurde die Festigkeit durch Schaffung der neuen Form für das Dasein der Sippe wieder hergestellt. Aus diesem Grunde ging es nicht an, dies Fest zu lange aufzuschieben, nicht über das Todesjahr hinaus, wenn wir der Geschichte in der Fagrskinna Glauben schenken dürfen, die in diesem Punkte im vertrauenerweckenden Widerstreit zu anderen Berichten vom Erbbier König Haralds steht, in welchen die Feier von Jahr zu Jahr verschoben wird, um die dramatische Spannung der Erzählung zu erhöhen.

Stufe für Stufe führen die Gelegenheitsfeste zu den jährlichen Kultfesten empor, die feste Punkte im Dasein bildeten, wo das Leben regelmäßig erneuert und zu einer Zukunft gemacht wurde. In ihnen opferte man, um Winter oder Sommer „willkommen" zu heißen, wie die Nordländer sagen, und das Verbum, das für bewillkommnen gebraucht wird – *fagna* – schließt Freude ein und bezeichnet die Fröhlichkeit, die notwendigerweise den rechten Anfang kennzeichnen mußte.

Wenn das Blot erfolgreich gewesen war und seinen Zweck erfüllt hatte, gab es den Teilnehmern Frieden im Herzen und ein wunderbares Gefühl der Sicherheit, weil es eine Zukunft geschaffen und eine Kette solcher kommenden Begebenheiten angefangen hatte, die die Herzen der Verwandten erfreuen mußten. Als die

Ingimundsöhne fortzogen, um ihren Vater an seinem Töter, Hrolleif, zu rächen, war ihre größte Besorgnis, daß Hrolleifs Mutter, die alte Hexe, Zeit gewinnen könnte, ein Blot für ihren Sohn vorzubereiten. Sie reisten ohne Unterbrechung, um das Gehöft zu erreichen, bevor das Opfer beendigt wäre. „Seine Mutter wird ohne Zweifel bloten, wie sie es zu tun pflegt, und wenn es ihr gelingt, werden wir nicht die Kraft haben, unsere Rache auszuführen", sagte Thorstein.

Wenn sie in ihren Unternehmungen Erfolg gehabt hatten, opferten die Männer, um die glücklichen Ereignisse für die Zukunft zu befestigen. Für den feierlichen Zweikampf war ein Stier oder eine Kuh erforderlich, die vom Sieger niedergestochen werden sollte; damit hielt er Blot und bestätigte seinen Sieg und die Überlegenheit, die er durch ihn gewonnen hatte, als dauernden Zustand der Dinge für die Zukunft. Es wird zufällig von einem streitsüchtigen Isländer, Vigastyr, erzählt, daß er nach erfolgreicher Erledigung einiger schwieriger Streitigkeiten mit den Nachbarn versuchte, der Gegenpartei den Weg zur Wiedergutmachung zu versperren, indem er zwei Stiere niederstieß, so daß keine Rache für die Tötung genommen werden konnte. Der Sinn ist der, daß er seine Überlegenheit befestigte und die Zukunft zwang, sich nach dem von ihm gemachten Entwurf umzugestalten, wo Vigastyr als der Held dasteht, der die Ehre der anderen genommen hat und sie behält.

Ob das Blot erfolgreich gewesen war und seinen Zweck erreicht hatte oder nicht, konnte durch sichere Kennzeichen festgestellt werden. Die Männer gingen *til fréttar*, das heißt, sie baten um die Beantwortung einiger gestellter Fragen. Wie gefragt wurde und auf welche Weise die Antworten empfangen wurden, wird uns nicht mitgeteilt. Was wir erfahren, ist nur dieses, daß der Blotzweig geschüttelt wurde und daß man die Blotspäne fallen ließ, und diese Ausdrücke finden keine Aufklärung in Tacitus' Beschreibung von dem Priester, der „zum Himmel emporblickte" und las, was auf einem Stäbchen, das er dem Haufen entnahm, geschrieben stand. Wie wir auch über Tacitus denken mögen, es bleibt sicher, daß der Wille der Götter erfragt wurde, bevor die Runen erfunden wurden. Das Fallenlassen des Zweiges deutet auch auf eine Beobachtung des fallenden Spans hin, und zwar in bezug auf seine Lage, nachdem er zur Ruhe gekommen ist, und auf seine Beziehung zur Bewegung der Sonne, oder was sonst als bedeutungsvoll angesehen worden sein mag. Ob nun das Los durch Runen oder durch Bewegungen sprach, jedenfalls verdankte es seine Stimme der Tatsache, daß es geblotet worden war. Es ist das Heil des Blotes, das durch das Los spricht, und dasselbe Heil sprach in der Freude der Gäste, in dem hellen Klang der Hörner, in der fließenden Beredsamkeit des Vorsitzenden des Gelages; kurz, in allem, was geschah, nachdem die Kraft des Blotes in die Blotenden eingekehrt war. Den besten Kommentar finden wir in solchen Geschichten wie der von Jarl Hakon, der an Land ging und ein großes Blot hielt und aus dem Schrei der Raben erfuhr, daß er Sieg gewinnen würde, wenn es zum Kampf käme. Die Aasvögel erschienen als ein unverkennbares Zeichen, daß das Kampffeld für ihn bereit war. Die Blotenden blickten nicht zu den Göttern empor, um von ihnen einen Wink zu bekommen, ob sie mit dem Blot zufrieden seien und ob sie bereit seien, den Wunsch ihrer Verehrer zu erfüllen; die Männer blickten nach der Wirklichkeit, die eben im Begriff war, Gestalt anzunehmen, um zu erfahren, ob Heil und Schicksal geboren worden waren, wie Hakon es sicher an dem Erscheinen der Raben erkannte, die sein Heer grüßten.

Es gab warnende Zeichen, die dem Eifer der Fragenden ein „noch nicht“ entgegenstellten; wenn er weise sei, solle er warten, bis das Heil bereitet sei. Aber ein Germane, der ausgezogen wäre, um einen Gott nach seinem Ja oder Nein zu befragen, wäre eine komische Figur gewesen, und wer zum Blot in der Erwartung gegangen wäre, ein gutes oder böses Wahrzeichen zu erhalten, wäre nicht mehr als komisch, sondern als wahnsinnig angesehen worden. Die Alten opferten, um ein gutes Wahrzeichen zu schaffen, indem sie die Wirklichkeit schufen, aus der die Wahrzeichen hervorgingen, sie verlangten eine mächtige, kräftige Bestätigung, die das Heil durch und durch erwärmen könnte. Wenn das Formæli ihnen fehlschlug, war es in erster Linie Unheil, daneben aber auch ein böses Wahrzeichen; es bedeutete, daß das Leben sich nicht durch die Geburtsstunde hatte zwängen können und daß das Opfer vergebens war.

Es heißt, daß Jarl Hakon eine prophetische Waage besaß, auf welcher er das Schicksal wog. Zu den Waagschalen gehörten zwei Gewichte, die wie Menschen geformt waren, das eine aus Silber, das andere aus Gold. Wenn wichtige Sachen entschieden werden sollten, legte er die Gewichte in die Schalen und sagte, was jedes von ihnen bedeuten sollte, und wenn es so kam, wie er es wünschte, rasselte das Gewicht immer in der Schale, sagt eine Überlieferung.

Aber es gibt eine andere Überlieferung, die weit besser verstanden hat, was es bedeutete, wenn ein Heiling Formæli hielt; sie sagt gerade heraus: „Und es fiel immer so aus, wie es der Jarl wünschte, und das Gewicht rasselte in der Schale." Denn Hakon war ein Jarl, der Heil in sich hatte, und er wurde mit Ehren Hakon der Blot-Jarl genannt.

Die Beantwortung der Frage, wie geblotet werden sollte, kann die Geschichte von Floki geben oder die Geschichte von dem isländischen Landnahmemann, der mit einem Blot von dem alten Lande Abschied nahm. Er blotete, um sein Schicksal kennenzulernen; die Antwort wies ihn nach Island, und er vollführte vertrauensvoll seinen Plan. Wie man nicht bloten soll, wird in der Geschichte von Vebjörn, dem Häuptling von Sogn, gezeigt. Er und seine Verwandten hatten Streit mit Jarl Hakon und mußten Norwegen verlassen. Sie opferten, um einen neuen Wohnort zu finden, und der Ausfall zeigte ihnen, daß der Jarl dagegen blotete; in ihrem Eifer, fortzukommen, ließen sie das Blot außer acht, stachen in See – und erlitten Schiffbruch. Das Blot hatte seine Begrenzung darin, daß der Blotmann vielleicht nicht genug Heil besaß, um seine Absicht ganz durchzuführen und das Leben bis zum erwünschten Höhepunkt zu steigern. Halfdan der Alte blotete, um 300 Jahre als König zu leben, so berichtet die Sage eines alten norwegischen Geschlechts; die Antwort war, daß er nicht länger als ein Menschenalter leben sollte, aber in seinem Geschlecht sollte durch 300 Jahre kein Mann ohne Häuptlingsheil geboren werden und keine Frau.

Die beiden Seiten sind in Ausdrücken vereinigt, die den Zweck des Opfers bezeichnen: man ging, um „Heil zu holen". Keine Übersetzungskunst kann diese Redensart wiedergeben, weil sie etwas ausdrückt, woraus jetzt zwei Dinge hervorgegangen sind. Wir sind genötigt, das Wort in unseren Wörterbüchern zu zerlegen in eines, das „Heil" bedeutet, und ein anderes, das „Wahrzeichen" bedeutet. Ein Mann zog aus mit bösem Heil, wenn seine Reise schlechten Erfolg hatte, und hier ist es nicht nötig, zu überlegen, ob die Worte mit „böses Heil" oder „böses Wahrzeichen" übersetzt werden sollen, denn Heil enthält beide Bedeutungen. Sich selbst zum Heil warf der Landnahmemann seine Hochsitzpfeiler über Bord, damit sie ihm den Weg zeigen und einen guten Platz für ein Heim finden möchten.

Spiel und Gelübde

Es gehört noch mehr als ein Opfer zu einem Fest, bei dem die Menschen sich in ihrem Gott stärken. Nach der Mahlzeit erhebt das Volk sich, um zu spielen. Wenn die Männer ihren Gefährten zu seiner Ruhestätte im Hügel begleitet haben, wenn sie ihn an den Ort geführt haben, wo es ihm gut gehen soll, und ihm die nötige Wegzehrung mitgegeben haben, mögen sie Wettrennen und Preissingen abhalten. Und ob nun diese Spiellust mit der Rücksicht auf den Gott, den Toten oder die Lebenden begründet wird, gipfelt die Erklärung in der Tatsache, daß die Wettkämpfe dieselbe Kraft und dieselbe Wirkung haben wie das Gelage im Hause – sie sind ein Teil des Blotes.

Wir wissen, daß bei den Männerversammlungen in der Frühzeit alle Arten von Wettkämpfen gebräuchlich waren. Ballspiele, Pferdekämpfe, Ringkämpfe kommen oft in den Festberichten der Sagas vor, aus dem einfachen Grunde, weil das Blut der Isländer oft so erhitzt wurde, daß die Wirkung lange hinterher in der Ortschaft zu spüren war. Über den Vorgang beim isländischen Pferdehetzen besitzen wir ausführliche Mitteilungen; es wird beschrieben, wie die Hengste von ihren Besitzern gegeneinander geführt wurden, wie sie sich auf die Hinterbeine stellten und sich bissen, während die Führer die Tiere mit dem Roßstab in der aufrechten Stellung stützten und sie gleichzeitig zum wildesten Angriff hetzten. Diese Kämpfe galten als Proben der Ehre, der Besitzer war im Geiste in seinem Kampfhengst anwesend, so daß der Sieg des Hengstes sein Wachstum bedeutete, die Niederlage des Tieres den Zerfall seiner Ehre. Und nicht selten folgte der Entscheidung durch die Hengste eine nicht ganz zufällige Begegnung der Männer mit den Waffen. Aber wir finden gar keinen Hinweis auf Beziehungen zur Götterverehrung: der Kampf war scheinbar eine volkstümliche Belustigung geworden.

Die norwegische Form der Pferdekämpfe aber hat deutliche Erinnerungen an ihre ursprüngliche Anknüpfung an die Kultfeste bewahrt. Diese *skei,* wie sie genannt wurden, fanden jedes Jahr statt, in Sætersdalen an einem Sonnabend im August, in Telemarken am Bartholomäustag, und sie waren offenbar zu Anfang ein Teil eines alten örtlichen religiösen Festes. Die Hengste wurden zu zwei und zwei herausgeführt, durch die Anwesenheit einer Stute erregt, und nach den Kämpfen folgten wilde Ritte auf ungesattelten Pferden. Und das wußte man: „Wenn die Pferde gut beißen, bedeutet es eine gute Ernte". In diesem Doppelspiel zwischen der Auffassung des Vorganges als einer Probe der Männlichkeit und einer Sicherung des Heils liegt wahrscheinlich ein letzter Überrest des alten Blotgedankens.

Kulturhistorisch gesehen ist es von Wichtigkeit, daß das Wort *leikr* (*laik*, Laich, Spiel) in den germanischen Sprachen Opfer bedeuten kann, und es ist andererseits ebenfalls charakteristisch für die Kultur, daß das Wort auch als Umschreibung für Kampf dient. „Hilds Spiel" ist nicht der wunderliche Einfall eines Dichters, der Ausdruck hat eine tiefere Bedingtheit. Die Männer spielten viel in jenen Zeiten, und sie packten immer fest zu, aber die schwieligen Fäuste waren nicht allein die Ursache des festen Griffes. Der Ton in unserem Worte „Spiel", das jetzt die überwiegende Bedeutung einer Abstraktion von der Wirklichkeit hat, ist geradezu eine Verleugnung dessen, was in alter Zeit die Seele des Spieles ausmachte. Es sollte Ernst sein, sonst hatte es keine Berechtigung, sonst war es Langeweile an Stelle von Kurzweil. Je grimmiger die beiden Parteien aufeinander losgingen, um so größere Freude hatten sie und die Zuschauer an der Zusammenkunft. „Jetzt haben sie uns amüsiert, laß uns nun die anderen amüsieren", sagte der Isländer, als „sie" – zwei aus der Gesellschaft – so gründlich aufeinander losgehauen hatten, daß der eine von ihnen tot auf dem Platz blieb. Grettir fand sich einmal in der Zeit seiner Ächtung von einer dankbaren Volksmenge umgeben. Es war, als er sich verkleidet in eine Ortschaft schlich, wo die Männer beim Spiel versammelt waren, und er durch seine Stärke die Kämpfe härter als gewöhnlich machte. Als er die Gesellschaft verließ, klang warmer Dank dafür, daß er so sehr zum Vergnügen beigetragen hatte, und es war nichts Gezwungenes in diesen Danksagungen, wie bei Leuten, die eine anerkennende Miene zeigen, um einen Eindruck von Männlichkeit zu machen. Die Einherier von Walhall, die so glücklich sind, jeden Tag mit der Aussicht aufzuwachen, daß sie einander ganz töten werden, waren, wie alles Vollkommene in dieser Welt, zu einer Zeit geschaffen worden, wo die Menschen nicht mehr das

Leben als eine Einheit beherrschten oder Poesie und Prosa des Lebens im selben Tritt marschieren lassen konnten, und wo sie also etwas schaffen mußten, was Ideal genannt wird. Die Männer der Wikingerzeit waren ein ästhetisches Geschlecht, das den Kampf ums tägliche Brot aufgab und das Leben verfeinerte, indem es nach unverdünnter Ehre strebte. Trotz all ihrem bezaubernden Glanze gehören die Einherier doch in das silberne Zeitalter. Es ist auch etwas den Einheriern Ähnliches bei den norwegischen und schwedischen Bauern späterer Zeiten, wenn sie ihre Feiern mit Messern und Äxten begingen; sie zogen im Triumph zu einem Feste und wetzten ihre Messer vorher gut; ihre Frauen sorgten dafür, Totenhemden in die Versammlung mitzubringen, um ruhig dort sitzen zu können, ohne den störenden Gedanken, irgendeinen Augenblick aufstehen und schnell ihren Gatten nach Hause schaffen zu müssen, bevor er ganz steif und kalt geworden war. Sie fragen nach der Zahl der Getöteten, bevor sie ein Urteil darüber fällen, ob das Fest gelungen war. Wir wundern uns über den Gleichmut, mit dem der Bauer ans Säen ging, wenn die Frage, ob er seine Ernte unter Dach bringen würde, davon abhing, ob sein Nachbar mittlerweile Hochzeit hielt; Ungewißheit ist das erste, was wir sehen, aber für sie war es die Spannung und die Erprobung der Kraft, die jeden Gedanken an eine fröhliche Zusammenkunft beherrschten.

Auch die spätere Bauernkultur erscheint als ein silbernes Zeitalter, jedoch ein Zeitalter des gehemmten Wachstums, eine langgedehnte Verfallzeit. Die alten Ideale und die alten Sitten blieben im Kurs, aber die Harmonie ist zerstört, weil die tieferliegende Kultur durch die Zivilisation und die offizielle Religion davon abgehalten wird, alle ihre Funktionen auszuüben, und sich auf einen Bruchteil des Lebens beschränken muß; wie klein auch die Veränderung äußerlich erscheinen mag – das Leben ist doch zu einem Zerrbild seines früheren Zustandes geworden. Wenn aber die Einherier zu einem silbernen Zeitalter gehören, so deshalb, weil sie Sehnsucht nach etwas haben, das dem goldenen Zeitalter noch natürlich erschien, und hiermit wird eben der Kultur, aus der sie hervorgingen, ein wertvolles Zeugnis ausgestellt. Sie können uns das alte Fest nicht heraufbeschwören, aber sie können das Wesen der feierlichen Erwartung bannen.

Das Fest sollte ein Ereignis sein, das war das Verlangen der alten Zeit. Etwas sollte geschehen. Deshalb drängten die Männer sich um den Erzähler und den Sänger, die vergangene Begebenheiten wieder geschehen ließen. Heldentaten erleben, Kämpfe und Siege erleben, das war das Vergnügen der Zuhörer, das war die Festfreude.

Als das wichtigste von allen Festen sollte das große Blot ganz und gar von dem Licht durchstrahlt werden, das das Leben verklärte. Die mächtige Ehrenseite in der Seele mußte ein Gegenstück haben. Es genügte nicht, die Anwesenheit des Heils zu fühlen, die Genossen mußten es wirken sehen. Es mußte ausgeübt und vorgezeigt werden. Das Schwert wurde hervorgeholt und der Gesellschaft beim Trunke gezeigt; sein Besitzer pries es, erzählte von seinem besonderen Heil und ließ es wiederum kampffreudig seinen Gang weitergehen, wie es uns der Angelsachse geschildert hat. Die Kleinode sollten von ihrer Macht zeugen – entweder im Waffentanz, bei Pferderennen und Pferdehetzen oder auf andere festliche Weise, die wir selber erraten müssen. Und eine Vorführung ist nichts, wenn sie nicht zugleich eine Probe und ein Beweis ist, eine Anspannung der Hamingja bis zu ihrer äußersten Grenze.

Die große, dem Feste eigene Form von Heldentat heißt Gelübde. Es erscheint in seiner eindrucksvollsten Gestalt bei dem Feste für die Verstorbenen.

Um seinen Zweck zu erfüllen, muß das Erbbier notwendigerweise eine schöpferische Tat enthalten. Daß das Fest eine Wiederaufrichtung sein sollte, ist durch das Gesetz betont, welches das Erbbier als gesetzliche Begründung für das Recht des Nachfolgers auf den Platz des Erblassers betrachtet; infolgedessen bedeutet das alte Wort für erben – *erfa* – gleichzeitig „das Erbbier trinken" und „die Erbschaft antreten". Aus der Art, wie die in der Geschichte so berühmten Erbbiere von König Svein und König Ingjald beschrieben werden, sehen wir außerdem, daß das Fest der Wiederaufrichtung sich um den Becher konzentriert, der zum Gedächtnis des Verstorbenen getrunken wird. In dem Augenblick, wo der Bragarbecher hereingetragen und das Gelübde ausgesprochen wird, kommt der entscheidende Wendepunkt, wo das Geschlecht ein Oberhaupt bekommt und das Leben aufs neue zu blühen anfängt. Beim Beginn des Festes saß der Erbe auf der Stufe vor dem Hochsitz, aber sobald er sein Gelübde abgelegt und den Becher getrunken hatte, wurde er zu dem Platz geführt, den sein Vater innegehabt hatte. „Dann hatte er das Recht zur Erbschaft" nach ihm, „dann sollte er das Erbe und die Ehre nach dem Verstorbenen übernommen haben, aber nicht früher", sagen die Quellen, und wir mögen ihre Worte genau beachten, denn der Ausdruck ist keiner Überlieferung entsprungen, die beliebig ersetzt, was sie unterwegs verloren hat, er ist von Männern gewählt worden, in denen das, was bezeichnet werden sollte, noch lebendig war.

Dieser eine Schritt, von der Stufe in den Stuhl, setzt eine Revolution im innersten Wesen der Dinge voraus; nichts hätte den Sohn aus der Asche des Fußbodens in den Sitz zwischen den heiligen Pfeilern emporheben können, wenn der Auftretende dort nicht selbst einen Einsatz geleistet hätte, der die Würde in ihm hervorbrachte. Das Ziel, das der Gelobende erreichen sollte und das er wirklich erreichte, ist sowohl in dem Namen *bragarfull* wie in dem angelsächsischen *gilp* bezeichnet; das erste bedeutet einfach Mannesbecher oder Tatbecher, das letzte weist auf das Gelübde hin und auf die Ehre und den Ruhm, die die Tat bewirkt.

Ohne Zweifel gab es leere Gelübde und wahre Gelübde – die letzteren zeichneten sich besonders dadurch aus, daß sie ihre Bürgschaft in der Vergangenheit des Gelobenden hatten, seine Vorfahren natürlich mit eingeschlossen. In dem Augenblick, wo ein Jüngling gelobte, „nicht weniger ein Mann zu sein als seine Vorfahren", hatte er das Heil seiner Ahnen aufgenommen und sich selbst in die Sippe geführt. Aber wir haben keineswegs die Fülle des Augenblicks erschöpft, wenn wir nur an die Voraussetzungen denken, die für die Geburt der Tat erforderlich waren. Ein Mann, der ein solches Gelübde ablegte, leerte einen Becher, in welchem seine Vorfahren ihr Schicksal gebraut hatten; er genoß ihre Hamingja: große Feste zu feiern, Sieg auf dem Schlachtfeld zu gewinnen, kühn und klug zur See zu fahren, während stets günstige Winde die Segel füllen; und indem er dieses tat, eignete er sich alle Feste und alle Siege an. Er war jetzt die Verkörperung des Geschlechts, er galt als der, der die Vergangenheit gewirkt hatte. Ohne zu prahlen, konnte er jetzt wie Thorkel Hak den Kampf mit dem Ungeheuer auf seinem Hochsitzpfeiler abbilden lassen und sagen: „Ich war dabei."

Unsere Vorfahren waren nicht geneigt, lautes Krähen für vollführte Tat zu nehmen. Diese Männer, die in Rechtshändeln wie im Frieden die deutlichsten Beweise für die Gesinnung ihres Nachbarn forderten, bevor sie den kleinen Finger rührten, hielten auch hier in der Blothalle so ängstlich wie irgendein Skeptiker an dem

Grundsatz fest, daß der Erfolg der Anfang des Glaubens ist. Kein Gelübde konnte im geringsten ihre Wachsamkeit abstumpfen, es diente nur dazu, sie auf den Punkt zu richten, wo die Entscheidung fallen würde; sie achteten darauf, daß der Erbe trank, und daß er den Becher ganz leerte. „Trink wohl", riefen die Anwesenden und meinten damit: „Vollführ es wohl." Darauf nahmen sie selbst als Blotgenossen an der Tat teil und leerten denselben Becher. „Diesen Becher müssen alle, die beim Feste anwesend sind, trinken", damit er Gültigkeit hat. Würden die Verwandten nicht eins mit dem Erben, so hatte das Erbbier keine Kraft, die Sippe wiederaufzurichten, und die Wirkung des Festes und des Gelübdes mußte verlorengehen.

So wird der Schwur in den Göttern besiegelt, und so wird er eine Zukunft, ein Schicksal. Die Geschichte von Hedin Hjörvardson ist auf die Erfahrung gebaut, daß ein über den Bragibecher getaner Schwur sich von selbst zum Willen des Schwörenden macht und ihn von innen aus bindet. In dämonischer Verblendung hatte Hedin auf der Bierbank damit geprahlt, daß er die Braut Helgis, seines Bruders, gewinnen wollte, und vergebens irrt er auf wilden Wegen umher, um seinen Bruder zu finden und ihm seine Not zu klagen. Helgi weiß nur eins: „Bierworte werden wahr, Hedin." In dieser Macht über die Zukunft ist der Wert des Schwures als einer götterverehrenden Handlung begründet, er schafft die Freude, die dem Blot antwortet. Der Sohn, der eine Ehrenernte heimzubringen schwur, machte das Fest groß, bereitete ein gutes Jahr vor, genau wie der Reiter, der am kühnsten ritt, oder der Hengst, der am tüchtigsten biß. „Wirf starke Taten unter die Männer", sagt Hrodgar zu Beowulf – das ist der wahre Gruß an den, der eben beim Bier seinen Schwursitz einnehmen will, und die wahre Antwort auf den Wunsch ist das „Lärmen der Siegerschar".

Ohne Zweifel spielt das Gelübde wegen des kritischen Charakters des Festes eine besondere Rolle beim Erbbier; aber das Leeren des Schwurbechers ist nicht für den antretenden Erben allein eigentümlich. Es war eine ganz gewöhnliche Handlung beim Abschied, wenn die Wikinger von Hause fortzogen, wie auch bei einem solchen Fest der Vorbereitung wie in Heorot. Sveins Eroberungsschwur hat sein Gegenstück in den Zusagen, die die Gefolgsleute mit dem Bier auf den Lippen gaben, wenn sie riefen, daß sie ihren König rächen und nie fliehen wollten, solange er noch stände; aus dem Osten und Westen hören wir von Schlachtfeldern, auf denen Worte erfüllt wurden, die in Zeiten ausgesprochen worden waren, wo die Männer sich behaglich auf den Bänken streckten. In der Dichtung und in der Geschichte hören wir natürlich nur von den Schwüren, die groß genug waren, um das Blot der Könige und der Eroberer auszufüllen, aber wir stehen nicht ganz ohne Zeugnis von der Prahlerei im Hofe des Bauern, wo der Blotschwur dem lokalen Ehrgeiz der Bauern entsprach. Eine isländische Saga beschreibt den Verlauf von Begebenheiten, die von einer Hochzeit auf Grund, einem Hofe in Svarfadardal, ihren Ausgang nahmen. Als der Sohn des Hauses seinen Geist vom Biere angeregt fühlte, erinnerte er sich eines Streites mit einem Nachbarhäuptling, dem Goden Ljotolf, und versprach, diesen als Feigling zu brandmarken, bevor drei Jahre vorüber seien. Ein jüngerer Verwandter folgte seiner Führung und prahlte damit, daß er Yngvild Schönwange zur Kebse haben wollte, ohne ihren Bruder Olaf oder etwa ihren besonders guten Freund, den Goden Ljotolf, um Erlaubnis zu bitten; und schließlich verpflichtete der Bräutigam sich, mit dem Schiffe hinzufahren, wo es ihm gefiel, und, gleich wie der Wind sei, in jedem beliebigen Hafen anzulegen; diese Worte waren nebenbei ein boshafter Hieb auf den hohen und mächtigen Goden und seine Gefolgsleute, indem sie darauf anspielten, daß Ljotolf in seinen Unternehmungen und Händeln mit Männern wiederholt genötigt worden war, die Segel zu streichen und zufällige Häfen anzulaufen. – Aus diesem kleinen Ausschnitt aus dem täglichen Leben, der in eine späte und ziemlich verworrene Saga eingeflochten ist, sehen wir, daß der Schwurbecher leicht große Unruhe im Leben der Ortschaft hervorrufen und große Begebenheiten auslösen konnte. Den alten Überlieferungen zufolge ist sogar die Besiedelung Islands die indirekte Folge eines Trinkgelages, bei dem es viele Gelübde gab. Die Blutsbrüder Ingolf und Hjörleif wurden durch die Feindschaft mit den Jarls auf Möri aufs Meer hinausgetrieben, und diese Feindschaft entstand bei einem Feste, bei dem einer der Söhne Jarl Atlis schwur, Hjörleifs Schwester Helga zu heiraten. Hjörleif mußte ein so anmaßendes Gelübde als ebenso kränkend betrachten, wie eine wirkliche Entführung des Mädchens es gewesen wäre, und als sie sich bei der nächsten Gelegenheit trafen, war ihr Abschied derartig, daß Norwegen für Ingolf und Hjörleif kein sicherer Aufenthaltsort mehr war.

Schließlich wissen wir auch, daß das Mannesgelübde ein notwendiges Glied der festen Blotgelage der Sippe war. Der Julschwur des Helden ist in der nordischen Dichtung ein stehendes Thema geworden, in späteren Berichten degeneriert er zu einem Kunstgriff, der irgendeine große Begebenheit ankündigen sollte. Angantyr feierte den Heiligen Abend, indem er versprach, daß er die Tochter des Upsalakönigs Yngvi gewinnen oder sterben wolle; am ersten Julabend sehen wir in der Hördsaga die Helden auf den Herdbalken treten und geloben, den Hügel des Wikings Soti zu öffnen und die grausige Majestät des Hügelbewohners aufzusuchen; es ist zur Julzeit, als Hedin in seiner Betörung schwört, die Braut seines Bruders zu stehlen. Die Regelmäßigkeit dieser Beispiele ist freilich verdächtig, aber es ist doch nichtsdestoweniger deutlich, daß das künstlerische Motiv in einer Wirklichkeit verankert ist. Der fromme Sagaschreiber hat also volle Berechtigung, einen Julabend als Hintergrund für den Ausruf eines Wahrheitssuchers zu wählen: „An diesem Abend werden viele Gelübde getan an Orten, wo es den Leuten nicht besser geht als hier, und deshalb gelobe ich, dem König zu dienen, der am größten ist, und ihm allein" – und zwar eine bessere Berechtigung, als die Sehnsucht nach dem Christentum, mit der er den Redenden ausstattet.

Neben dem Schwurbecher gibt es noch eine andere Form für die Probe auf das Heil: den *mannjafnaðr*, den Männervergleich. Dieser bestand in einem geistigen Zweikampf, wo getane Taten – oder vielleicht geplante – an Stelle der Schläge traten; ein Mann verglich sich selbst mit seinem Gegner, oder seinen eigenen Helden mit dem des anderen. Der Männervergleich kam leicht zustande, wo zwei Kriegerverbände, von denen jeder um seine eigene Ehre eiferte, sich auf der Bank zusammenfanden, aber er hatte sicher einen guten Platz als Festspiel im kultischen Sinne, um die Götter zu ehren. Das Spiel muß dann so durchgeführt worden sein, daß Hieb und Parade durch Züge aus dem göttlichen Trank wirklich gemacht worden sind. Ein Hinweis auf derartige Spiele findet sich in einem angelsächsischen Gedicht, in welchem ein gottesfürchtiger Mann das niedergelegt hat, was gute Christen von den Sitten der Halle denken sollten. Oft sitzen stolze, beredte Kämpen bei ihren Bechern, sprechen gewichtige Worte und versuchen herauszufinden, wie tüchtig die Männer des Hauses beim Schwingen der Eschenspeere sind, und das Haus ist voll von Lärmen und Schreien – so klagt er und warnt seine Zuhörer, daß dergleichen gottlose Prahlerei und Überheblichkeit einen Mann unbedingt in den tiefsten Teil der Hölle bringen muß, wo die Würmer ihn am schlimmsten zerfressen.

In der späten Saga von Örvarodd gibt es einen sensationellen Auftritt, in welchem der Mannjafnad mit großer Wirkung verwendet wird. Der alte Held wankt unerkannt in einen Hof hinein, der natürlich von den hochmütigsten Leuten, die man sich vorstellen kann, bewohnt ist, und er muß es erdulden, zum niedrigsten Sitz, im Zuge der Türöffnung, geführt zu werden. Er ist übertrieben bescheiden, als von Fertigkeiten und Spielen die Rede ist; in solcher Gesellschaft, wo ohne Zweifel alle Anwesenden Meister mit Pfeil und Bogen sind, wagt er kaum zu behaupten, daß er jemals nach etwas gezielt habe, und er will ihnen natürlich nicht gern zum Spott dienen; aber wenn sie darauf bestehen, ihren Spaß daran haben zu wollen, kann er sie ja damit unterhalten, an der Bogensehne zu zerren. Als vom Schwimmen gesprochen wird, will er sich nicht erinnern, daß er jemals die große Zehe bloß im Wasser gehabt hat, aber nach einiger Zeit läßt er sich überreden, zu probieren, wie es wohl sein mag, zu schwimmen. Seine Leistungen sind, es braucht nicht gesagt zu werden, recht erstaunlich, gelinde ausgedrückt. Diese Saga gehört zu einer Literaturgruppe, in welcher alte Sagen wiederaufgefrischt und melodramatisiert worden sind, um biedere Bürger zu erquicken, wenn sie in ihren Feierstunden nach dem schweren Tagwerk starke Romantik brauchen; der Held muß Schicht um Schicht seine Bescheidenheit ablegen, denn er tritt vor einem Publikum auf, dem es gefällt, Tugend und Laster in Entkleidungsszenen zu sehen. Aber merkwürdigerweise, die entscheidende Kraftprobe, in welcher er sich zu seiner vollen Größe erhebt, ist ein Zweikampf mit Worten und Bier, ein Mannjafnad, wo die Schläge mit den vollen Hörnern versetzt werden. Zwei Mundhelden schreiten über die Diele, das Horn in der Hand, und treten vor Odd, indem sie im Gesang sich selber preisen und den Gast verspotten. Und Odd leert das Horn, schreitet vor ihre Plätze hinauf, offenbart seine Größe in Versen und trinkt ihnen zu. Und so wandert Odd auf und ab, so wandern die anderen ab und auf, bis der Fremde siegreich auf seinem Platz sitzt und den Schluß singt, während die anderen lang auf dem Stroh liegen, und weder singen, hören noch trinken.

In der Sagaliteratur hat der Mannjafnad, wie auch der Julschwur, das niedrige Amt bekommen, Begebenheiten auszulösen; seine religiöse Farbe ist verblichen, aber etwas bleibt, das den kultischen Wert bedingt hat: die Probe ist ein Urteil über den Mann. Diese kleine Erinnerung an Odd mag so undeutlich und verwischt sein, wie sie will, sie bildet doch einen farbigen Hintergrund für das Abschiedsbier der Wikinger; wenn die Schiffe klar zum Segeln lagen, feierten die Krieger, wie wir gesehen haben, ein großes Fest und hielten von ihren kommenden Taten bei den Bierbechern in Mannjafnad und großen Gelübden Generalprobe ab.

In der modernen Zivilisation, die sich hauptsächlich auf die Erfahrung der Kaufleute und der Handwerker gründet, ist das Leben in einen physischen und einen geistigen Teil zersplittert, auf der einen Seite ist lauter tierisches Wesen, auf der anderen Seite reine, verfeinerte Seele; und infolgedessen scheint die bloße Möglichkeit, Körperübungen oder Spielen und Wettkämpfen einen passenden Platz in der Kultur anzuweisen, für immer vorüber. Dem religiösen Ernst der Spiele der Griechen und der primitiven Völker gegenüber besitzen die modernen Menschen nur eine hilflose Höflichkeit; und sie werden nie imstande sein, das tiefe Pathos der Erzählung zu verstehen, in der berichtet wird, wie Eindridi durch die hinreißenden Fertigkeiten König Olafs bekehrt wurde. Der König hatte verschiedene Spiele mit dem emporstrebenden Jüngling gespielt, und obschon der Knabe sich nicht gegen den König hatte behaupten können, war er doch nicht überzeugt; als er aber den König auf den Rudern eines geruderten Schiffes gehen und mit Schwertern jonglieren sah, fand er volle Bestätigung für den neuen Glauben. Der junge angehende Häuptling sah den König an, als er nach dieser Leistung auf Deck kam, er sah ihn an und schwieg; bis in die tiefsten Gründe seiner Seele hat er das Bekenntnis holen müssen, daß es in *seinem* Glauben weder einen Gott noch einen Engel gäbe, der einen Mann in der Luft schwebend halten könnte.

Wenn aber der Mensch eine Einheit ist und keine Scheidewand zwischen physischer und geistiger Kultur errichtet worden ist, kann die Liebe zu Kraft und Tüchtigkeit nie den Wert der Dichtung beeinträchtigen; im Gegenteil, der Dichter ist dort eine Kraftquelle, während sein moderner Kollege nur ein Spaßmacher oder ein Tröster ist. Die Literatur der Isländer hat wie die der Griechen ihren Ursprung in Festaufführungen. Die Heiligkeit des Festes bildete die Grundlage für ihre Meisterschaft in der Erzählung von Sagen und Sagas. In den feierlichen Lobpreisungen des Häuptlings und seiner Hamingja wurde die Dichtkunst des Nordens geboren und zu der festdekorativen Form gestaltet, die ihren Tod herbeiführte.

Die Formen des Lebens sind mit idealer Stilisierung im Beowulf wiedergegeben, wo der Sieg über den Unhold das Volk in Festrausch versetzt. Inmitten der Lobpreisung dieses Helden vor allen anderen sprengen die Reiter im Wettrennen über das Feld davon, und ein Mann des Königs, der einen Schatz von alten Liedern und Sagen besitzt, beginnt das Preislied zusammenzufügen; feurig berichtet er Wort für Wort von den Wanderungen Sigmund Völsungs, von denen allein er und Sinfjötli, die beiden treuen Gefährten, wußten, von Kämpfen mit Menschen, Kämpfen mit Jöten, von unsterblichem Ruhme, den sie sich erwarben, indem sie den Drachen erschlugen und sein Gold aus dem Felsen raubten.

Leider fehlen uns alle Mittel, diese idealen Bilder eines Festes, so wie es sein sollte, in eine realistische Beschreibung mit richtiger Reihenfolge und richtigen Proportionen umzusetzen; das letzte Blot wurde gefeiert, bevor jemand da war, der es hätte unsterblich machen können. Die Geschichte der Sippe und alles, was für die Erinnerung wichtig war, wurde beim Feste ans Licht gerückt, und wir brauchen uns nicht mit seiner Ursache zu beschäftigen, wenn wir wissen, welchen Sinn es hatte. Das, was die Verwandten auf dem Herzen hatten, mußte sich einen Weg erzwingen, weil die Dinge der Vergangenheit nicht wie etwas kamen, das aus dem Halbdunkel der Achtung und Erinnerung hervorgeholt wurde, sondern weil sie die Seele selbst waren, die Leben heischte. Ehre war darin, zu hören, daß über einen selbst oder über jemanden aus der eigenen Familie gesungen wurde, und daß die eigene Saga erneuert wurde, und diese Ehre war von gleicher Beschaffenheit wie alle Wiederaufrichtung; sie ging in die Seele ein und machte den Mann gesünder. Egil vermochte neuen Mut in sich hineinzusingen nach dem Tode seines Sohnes; als er sein „Sonatorrek“, den Sohnesverlust, sprach, steigerte sich seine Lebenskraft, und als er geendet hatte, war sein Entschluß, zu sterben, vergessen und er ging in seinen Hochsitz. Die Männer fanden in vollem Ernst Trost über den Verlust eines Verwandten, wenn sie das Lob des Toten hörten. Völusteins Sohn, Egil, kam einmal zu Gest Olleifson, einem hervorragenden Weisen, und fragte ihn, ob er nicht wüßte, wie man den nagenden Schmerz lindern könnte, der seinen Vater seit dem Tod seines Sohnes Ögmund verzehrte. Gest unterzog sich der Aufgabe und dichtete gleich den Anfang von Ögmunds Drapa.

Die Toten kommen zum Dichter und Erzähler mit einem Dank für das Leben, wie Vatnar von Vatnarshügel zu einem vorübersegelnden Kaufmann kam, der seinen Gefährten Geschichten erzählt hatte von dem Hügel, den sie am Strande sehen konnten. „Du hast meine Saga erzählt, ich werde es dir lohnen", sagte der tote Mann, „grab in meinem Hügel und du sollst den Lohn deiner Mühe finden." Der alte Vatnar fühlte das Leben in sich wachsen, als das, was er gewesen war, erneuert wurde, und daraus wissen wir, was das Blot den Abgeschiedenen wie den Überlebenden brachte, die das Leben ihrer Vorfahren noch einmal lebten. Vatnar wurde wiederaufgerichtet, und auf ähnliche Weise mußte jede Vergangenheit wiedergeboren werden, wenn sie nicht verschwinden sollte. Eine der Aufmerksamkeiten, die man dem Toten bezeigen mußte, war die *erfidrápa,* das Erblied, das wahrscheinlich beim Erbbier vorgetragen wurde; in diesem Lied wurde das Leben des Nachruhms begründet, wenn das Gedicht zum Formæli beim Trinkgelage gemacht und in der Umhüllung des Blotes mit Wirklichkeit erfüllt wurde.

Das Beowulfgedicht endet am Grabe. Als der alte Heldenkönig seinem Schicksal begegnet war, bauten die Schweden auf der Landzunge einen Hügel, der weit über das Meer sichtbar war. Rund um den Hügel ritten die Kampfkühnen, sie betrauerten den König und woben die Rede der Verse auf den toten Mann. Seine Häuptlingschaft priesen sie, seine kräftigen Taten riefen sie laut aus, so wie es sich geziemt, daß Männer ihren Führer und König hoch in Worten ehren, wenn er den Körper verläßt. Er war von allen Königen der Welt der mildeste, der freigebigste, der beliebteste und der ruhmgierigste.

So verklingt die alte Zeit über der Nordsee.

Das Blot

Das Verbum *blóta,* das Wort, das im Nordischen die Hauptbezeichnung für das aktive Verhältnis der Menschen zu den Göttern ist, enthält die religiöse Handlung in ihrer ganzen Machtfülle. Es drückt das Vermögen des Menschen aus, einen Gegenstand von gewöhnlicher Heiligkeit so zu verwandeln, daß er mit der Kraft der Göttlichkeit erfüllt wird und der menschlichen Welt Stärke vermittelt. Als Floki im Begriff war, nach Island zu fahren, hielt er ein großes Opferfest und blotete drei Raben, die ihm den Weg zeigen sollten. Darauf baute er an der Stelle, wo das Blot stattgefunden hatte, eine Steinwarte, und stach in See. Bis zu den Shetlandinseln und den Färöern wußte er, welcher Route er folgen sollte, aber sobald die letzten bekannten Riffe dem Blick entschwanden, schickte er seine Raben aus. Und sie fanden das Ziel auf Wegen, die sein Heil nie gekannt hatte. Kein anderes Beispiel bei den germanischen Völkern zeigt uns so deutlich die mächtige Gabe des Menschen, seine Seele mit einer außerhalb stehenden Seele zu vereinigen und über diese zu herrschen, nicht wie über einen Sklaven, sondern wie über einen Teil des eigenen Ich; der Mann zieht die eigentümlichen Eigenschaften der fremden Hamingja in sich und benutzt sie, er versetzt sich in die andere hinein und macht ihren Willen zu dem eigenen – und der Rabenmann fliegt mit sicherem Instinkt über die See.

Zu derselben Kategorie wie Flokis Raben gehören auch die Blotrinder, die die Leute heimlich verehrten, als der Sturm der Bekehrung, von den Olafs entfesselt, am heftigsten übers Land fegte. In den propagandistischen Olaf-Sagas hat das Blotrind einen ehrenvollen Platz unter den Geräten der Hölle, und oft genug mußte das Bekehrungswerk einen Umweg über den Viehstall machen, um an den Herrn des Hauses heranzukommen. Ein Stück Missionsgeschichte ist in dem riesigen, wütenden Ochsen konzentriert, von welchem Harek auf Reina bei einem der Besuche Olaf Tryggvasons beichten mußte; der Mann wollte die Beschuldigung, daß er das Tier verehre, nicht gelten lassen, er versuchte den

König zu überzeugen, daß es nur die ungewöhnliche Anhänglichkeit des Tieres sei, die seine Gegenliebe erwecke. Aber Olaf war selbst Heide genug gewesen, um zu wissen, was solche Liebe bedeutete, und er tat, was er nur tun konnte, um Hareks Gefühle in eine höhere Sphäre zu lenken.

Es gibt eine Geschichte von König Ögvald auf Ögvaldnes, die uns einen kurzen Einblick in die Seelen gewährt, in denen die ganze Vergangenheit sprungbereit hinter der dünnen Mauer stand, die das Christentum zwischen Vergangenheit und Gegenwart errichtet hatte. Das Vorgebirge Ögvaldnes war nach Ögvald benannt, heißt es, nach einem König, der sein Vertrauen auf eine Kuh gesetzt hatte. Aus topographischen Gründen könnte man denken, daß Ögvald ebensogut an alle möglichen anderen Dinge hätte glauben können, aber wenn wir die Geschichte in ihrer Gesamtheit hören, verstehen wir, daß die Kuh im Grunde die wichtigste Person war. Als Olaf einmal zu Ostern auf der Karmtinsel zu Gaste war, geschah es, daß Odin eines Abends hereingewandert kam, ganz unschuldig, wie einer jener absonderlichen Landstreicher, die im Lande umherziehen und ihren größten Reichtum im Munde haben. Der fremde Gast weiß so viele Geschichten aus alten Tagen und erzählt sie so lebendig, daß alle, die nahe genug sitzen, um etwas aufzuschnappen, ohne Ausnahme die Ohren spitzen. Der König vergißt Zeit und Schlaf, er vergißt, auf das Mißvergnügen des Hofbischofs zu achten. Nach vielem Ausfragen und vielem Erwidern kommt das Gespräch auf den Ort, wo sie sich aufhalten, und auf seine Vergangenheit; auch darüber weiß der Gast Bescheid. Er weiß zu berichten, daß der Ort nach König Ögvald benannt ist, der seine Zuversicht dermaßen auf eine Kuh setzte, daß er sie mitnahm, wohin er ging, auf dem Lande und zur See, und daraus ist das Sprichwort entstanden, das der König oft gehört haben mochte, daß Kerl und Kuh zusammengehen sollen; zuletzt wurde Ögvald in einem Hügel auf dem Vorgebirge bestattet und die Kuh in einem anderen. Die Kunst des Erzählens hat bei den Alten nie so schlauen Humor hervorgebracht wie hier, und der Leser fühlt, daß diese Schelmerei einem Gemüte entstammt, das sich wohl ein wenig nach der Vergangenheit zurücksehnt, aber doch vollständig mit den Dingen zufrieden ist, wie sie sind; sie ist der Ausdruck einer Resignation, die keine Wehmut ist, sondern ein fröhliches Sichabfinden mit der Tatsache, daß, was vorbei ist, unwiederbringlich dahin ist. Man weicht den alten Lebensprinzipien aus, wenn sie tot sind, man zerstampft sie wild, wenn sie noch eine kleine Spur von Leben zeigen, aber wenn sie sicher gefesselt sind, zeigt man gern scherzend ihre Stärke – wie hier in dieser Geschichte. Diesen Kämpfern des Glaubens, diesen Olafs gegenüber, mußten Odin und seine Kampfgenossen sich eben drücken und froh sein, wenn sie ab und zu die Gelegenheit wahrnehmen konnten, im Spaß einen Sieg über den Christengott zu gewinnen. Die Weisheit des alten Gottes ist die Weisheit des Zwerges geworden; und zielsicher bohrt er gerade dort hinein, wo die hartnäckigsten Gedanken der Vorzeit eingekerkert saßen.

Das Blottier ist nämlich das Mittel, durch welches der Mensch sich über seine Begrenzung emporzuheben vermag. Bloten heißt, Eigenschaften bis ins Ungewöhnliche, ja bis ins Göttliche steigern. Wir wissen, daß es bei den Tieren verschiedene Abstufungen von Heiligkeit gab. Edle Tiere wie Brands Faxi standen hoch über der gewöhnlichen Herde von Milchkühen und Lasttieren, und über den edlen stand wiederum das heiligste von allen, das geblotete Tier. In der christlichen Zeit nimmt das Partizipium „geblotet", von einem lebenden oder nicht lebenden Wesen gebraucht, die Bedeutung von „verzaubert", „verhext" an; es ist ganz natürlich, daß der Träger mächtiger heidnischer Kräfte zu einem Werkzeug des Bösen unter dem Himmel degradiert wird. Es war für die Auswahl entscheidend, daß das Tier von der Natur durch Größe und Schönheit ausgezeichnet war, aber außerdem entfaltete seine Kraft sich infolge der Weihe auch in der äußeren Erscheinung zur Größe. Hareks Blotochse verwunderte alle durch seine ungeheuer großen Glieder. Auf dem festen Boden der Wirklichkeit läßt die Phantasie wilde Triebe emporschießen, wie in der Beschreibung der Taten Olafs des Heiligen in Spanien, nach welcher die Leute einen Eber bloteten und diesen als Schutzheiligen anriefen. Dem König war die Bestie mit dem aufgesperrten Maul im Walde begegnet, und er hatte selbst gesehen, wie ihre Borsten die Wipfel der Bäume fegten. Und wie die Größe zunahm, so auch alle Kraft; das Blotrind schwoll in der Vorstellung der Epigonen mehr und mehr an. Ein König wie Eystein von Upsala, einem Ort, in dem das Blot ehrwürdiger war, als es sonst in den nördlichen Ländern bekannt ist, konnte sich eine Kuh leisten, die so sehr geblotet war, daß niemand es aushielt, sie brüllen zu hören. Sobald die Schweden ein feindliches Heer sich nähern sahen, ließen sie die Bestie vor den Reihen der Kämpfenden los; gewöhnliche Sterbliche flohen, wenn sie ihre grobe Sprache hörten, und was ihre siegreiche Stimme verschonte, fiel vor ihren Hörnern.

Auf dieselbe Weise, wie das geweihte Tier über das alltägliche Dasein als Haustier emporgehoben wurde, so wurde auch der Blotmann von Kindheit an in eine Sonderstellung versetzt und zu einem heiligen Manne Gottes gemacht. Thorolf weihte seinen Sohn Stein dem Thor und nannte ihr Thorstein. Dieser Thorstein hatte einen Sohn, der in der Wassertaufe Grim genannt wurde; sein Vater weihte ihn dem Thor, bestimmte, daß er Priester am Heiligtum – *hofgođi* – sein sollte, und nannte ihn Thorgrim. Ein anderer unter den Söhnen Thorolfs blotete ebenfalls seinen Sohn und gab ihn Thor – und so hatte man es von den frühesten Zeiten an getan. Der geblotete Mann war reines, ungetrübtes Heil; von ihm hieß es mit Recht, daß er ein Auge hatte, das durch alles hindurch sehen und alles voraussehen konnte – „nichts kam unversehens über ihn". Er hatte ebenso viel körperliche wie seelische Kraft, er konnte das Abwehrbare abwehren und das Unabänderliche bewältigen; er trug eine geistige Rüstung, undurchdringlich für jedes feindliche Heil.

Das Bloten von Söhnen geschah in solchen großen Häuptlingsfamilien wie der von Thorolf Mostrarskegg, der den wichtigen heiligen Sitz auf Mostr innehatte; Generation auf Generation weihte sich in einem ihrer Mitglieder und natürlich gerade in *dem* Mann unter den Verwandten, der das meiste Heil zu besitzen schien – dem Häuptling der Sippe, wie er genannt wurde. Die Einweihung bedurfte einer Bestätigung seitens der Sippe; in ihrem heiligen Häuptling tat sie der Welt den ungewöhnlich starken Charakter ihrer Hamingja kund, und gleichzeitig enthielt die Handlung einer Erklärung des Rechtes hinsichtlich der Familie, eine führende Stellung in dem sozialen und religiösen Leben des Bezirks einzunehmen.

Flüchtig zeigen sich hier und da die Erinnerungen an diese hervorragenden Geschlechter, die sich durch ihre Götter und ihre „fromme" Macht auszeichneten, Sippen, die sich rühmten, große Blotmänner zu sein – das heißt heilige, göttlichstarke Männer. Die Unverletzbarkeit Harald Kampfzahns und sein großes Siegesheil entspringen der Tatsache, daß er „gesegnet" war – oder verzaubert, wie es in der christlichen Wiedergabe heißt; und dieses Sippenzeichen ist so fest mit ihm und den Seinigen verbunden, daß das Hyndluljod in seiner Aufzählung von Ottars Verwandtschaft den

Zweig der Familie, der auf Harald zurückgeht, als „gottgesegnete" Männer hervorheben kann.

Die Weihe machte sich in den Namen bemerkbar. Diese Thorsteins und Thorgrims und Thorolfs in der Mostrarskeggsippe sind vor größerer Wichtigkeit als alle die Thornamen, die in den folgenden Jahrhunderten, als die Bedeutung abgeschwächt war, den Norden überfluteten. Ein braver Mann in Sogn, ein Blotmann namens Geir, war stolz auf sein *vé,* und seine ganze Kinderschar trug es in ihren Namen: Vebjörn, Vestein, Vedis, Vegest, Vemund. Die Stellung dieser Sippe im Bezirk ist durch den Beinamen angegeben, den der älteste Sohn trug: er wurde „die Zuversicht der Leute von Sogn" genannt.

Es ist die Feierlichkeit der Einweihung, die der Geschichte von Eyvind Kinnrifa den stolzen Ton gibt. Eyvind war vom Mutterleibe her besonders geweiht und deshalb davon ausgeschlossen, das Christentum anzunehmen. Die erbauliche Geschichtsschreibung um König Olaf schwelgt in der Beschreibung vom Ende dieses Heiden, und mit jeder neuen Umdichtung der Geschichte Eyvinds sieht er den Karikaturen von „armen, verfinsterten Heidenseelen" ähnlicher, die jetzt den Beitragsstiftern der christlichen Missionsgesellschaften das Herz erfreuen. Wir erkennen die psychologischen Ungeheuerlichkeiten wieder, die den Geschichten aus dem Arbeitsfeld der Mission eigentümlich sind, wenn wir lesen, daß Eyvind eine Frucht der Hexerei der „Finnen", der lappländischen Zauberer, ist, und daß diese Finnen verlangt hatten, daß er immer Thor und Odin dienen sollte. Aber Eyvinds großes Bekenntnis ist doch nicht so weit von der Wirklichkeit entfernt worden, daß man nicht sehen könnte, was ihn band und was ihn nicht nur „den milden Worten" des Königs, seinen „stattlichen Gaben" und seinen „großen Belehnungen" trotzen ließ, sondern auch dem großen Becken voll glühenden Kohlen, das auf seinen Leib gelegt wurde und ihn zerstörte. „Nimm das Becken einen Augenblick fort", bat er zuletzt, als das Ende sich näherte, „und laß mich ein kleines Wort sagen, bevor ich sterbe." Und dann offenbarte er dem König sein Geheimnis. Seine Eltern waren lange kinderlos gewesen, bis sie zuletzt bei Riten und Beschwörungen *(fjölkyngi)* Rat suchten. Darauf wurde ihnen ein Sohn geboren, und sie gaben ihn den Göttern. Sobald er selbst erwachsen war, wiederholte er die Einweihung auf mannigfaltige Weise, so daß er jetzt nicht mehr menschliche Natur hatte, sondern mit seiner ganzen Hamingja an die alte Religion gebunden war.

Dieses ist Eyvinds Bekenntnis: „Hier stehe ich, ich kann nicht anders“, und um dieses Bekenntnisses willen sollte es ihm vergönnt sein, ein Leben des Nachruhms zu leben.

Der Blotmann hatte die göttliche Kraft nicht nur seinem eigenen teuren Ich zuliebe; seine Kraft kam der ganzen Sippe zugute und mehr als das: dem ganzen Volke war er eine Zuversicht. Und aus dem Vertrauen der Sippe zu ihren Toten folgt, daß die Leute dem Blotmanne nicht den Rücken drehten, wenn er zu seinen Vorfahren gegangen war. Der Tote konnte so gut wie der Lebende geblotet werden. Es wird von Halfdan dem Schwarzen erzählt, daß sein Ernteheil und seine Volkstümlichkeit ihn nach seinem Tode zu einem Gegenstand des Streites machten. Die Männer auf Vestfold und die auf Vingulmark und die von Raumarike, alle wünschten sie ihren Häuptling unter sich zu haben, und das Ende war, daß sie die Leiche teilten und einen Hügel in jedem Bezirk bauten „als Zuversicht und Blot für das Volk“. Und nicht nur große Könige waren es, die die Ehre genossen, nach ihrem Tode umworben zu werden, es gab einen Siedler auf Island, dessen Großvater so beliebt gewesen war, daß er nach der Beendigung seines gesegneten Lebens geblotet wurde. Aber niemand wurde geblotet, weil er tot war. In einem Vebjörn, Vegeirs Sohn, Vesteins Bruder, wie in einem Thorolf, dem Vater der Tempelgoden, ist der Segen durch das Sippenheil gegeben, zu dem der Hügelbewohner gehörte und das er in seiner herrlichsten Gestaltung personifizierte. Es war kein Abgrund zwischen den Abgeschiedenen und den Lebenden und also kein besonderer Unterschied in dem Blotverhältnis zu den beiden; der tote Mann wurde nicht höher eingeschätzt, weil er tot war, umgekehrt, seine Würde mochte wohl nur so lange dauern, bis ein lebender Vertreter erschien, der auf dieselbe Gipfelhöhe der Hamingja erhoben wurde.

Diese höchste Heiligkeit ließ sich nicht wie ein verborgenes Leben tragen, das unbemerkt wirkte; mit dem höchsten Heil verband sich die größere Auszeichnung vor den anderen. Der besonders heilige Hengst und Stier mußte gewisse Rücksichten nehmen, sich sowohl größere Selbstverleugnung auferlegen wie größere Anforderungen an seine Umgebung stellen als gewöhnliche Tiere. Hrafnkel, der Gode auf Adalbol, hatte sich und alles, was ihm gehörte, dem Frey geweiht und hatte besonders einen Hengst ausgezeichnet, Freyfaxi, der als Träger des Göttlichen geheiligt wurde.

Er ging in der Herde der Stuten, aber er ertrug keinen Mann auf seinem Rücken; als der Hirt ihn einmal in einer Verlegenheit benutzte, um nach einigen verscheuchten Rindern zu suchen, lief er spornstreichs nach Hause und ließ durch unverkennbare Bewegungen seinen Herrn verstehen, daß etwas Furchtbares geschehen sei. „Es geht mir an die Ehre, was dir da angetan worden ist; gut, daß du es mir selber sagen konntest, es soll Rache genommen werden", sagte Hrafnkel tröstend. Worauf Faxi zu seiner Weide und seinen Stuten zurückging.

Unzweifelhaft führte auch die größere Gnadengabe in dem Häuptlingpriester besondere Verpflichtungen der Art mit sich, daß er sich verschiedener Alltagsverrichtungen enthalten und gewisse rituelle Verhaltungsmaßregeln innehalten mußte, mit denen gewöhnliche Männer nur gelegentlich zu tun hatten; mit einem Wort, der Blotmann sollte sich sein Leben lang so benehmen, als ob das ganze Jahr von Anfang bis zum Ende ein einziges Fest wäre.

Die Heiligkeit des auserwählten Häuptlings kann über die Zweckmäßigkeit die Oberhand gewinnen und zu priesterlicher Absonderung führen. Vom höchsten Gipfel des Menschlichen ist nur ein kleiner Schritt zum Unmenschlichen, und die Waagschalen einer Kultur brauchen nur einen kleinen Ausschlag zu machen, um zu bewirken, daß der höchste Nutzen in etwas Gefährliches umschlägt. Wenn eine Epoche des Schaffens sich ihrem Ende zuneigt, kommt eine Generation, die nicht genügend kräftige Schultern hat, um die große Verantwortung zu tragen, oder, anders ausgedrückt, die Kultur kommt zu einem Punkt, wo sie nicht vollauf damit beschäftigt ist, Taten auszulösen. Wenn sie nicht mehr als geschlossene Impulsmasse wirkt, verlieren ihre verschiedenen Seiten das rechte Verhältnis zueinander, und die Harmonie wird zerstört. Dann wird das Trefflichste unter schützende Isolierung gesetzt. Der Häuptling wird von seinem Hochsitz in die Stille des Tempels geführt, die Waffen entgleiten für immer seinen Händen, die Taten, die der Sicherheit halber gemieden werden sollten, nehmen an Zahl zu, bis er, wenn die Kultur Zeit hat, ihre Bahn bis ans Ende zu durchlaufen, wie ein Gefangener hinter Gittern sitzt, in Heiligkeit verwahrt. Die Nordländer kamen nie so weit, ihre Könige waren und blieben heilige Kriegerfürsten, die voranschritten und Begebenheiten nach sich zogen. Die Angelsachsen waren ein ganzes Stück weiter, sehen wir; sie hatten

Priester, die nie einen Hengst reiten oder einen Speer schwingen durften. Was die südlicheren Nationen betrifft, sind unsere Nachrichten zu spärlich, um uns ein allgemeines Urteil zu erlauben.

In einem anderen Sinne, aber natürlich von derselben Vorstellung von Einweihung ausgehend, werden Männer den Göttern geblotet und getötet. Kriegsgefangene, das heißt Inkarnationen einer Hamingja, die erobert worden war oder erobert werden sollte, werden den Göttern geschenkt als Gewähr dafür, daß der Feind in seinem innersten Heil gebrochen wird und daß ihm Hand und Fuß vom Willen der Eroberer gebunden werden. Die Beute wird den Göttern geweiht. Wir wissen von Tacitus, wie Arminius die Legionen des Varus vernichtete, nicht nur auf dem Schlachtfelde, sondern auch später am heiligen Ort, indem er die Gefangenen erhängte, die römischen Adler und Waffen den Göttern weihte und sie im heiligen Hain aufhängte. In diesem Fall vereinigt die Weihung nach unseren Begriffen zweierlei: heilig machen und abscheulich machen. Aber für die Erfahrung der Alten bedeutete diese Art von Verfluchen und In-den-Bann-Tun wirklich Einweihung, bei welcher die Kriegsbeute außer Gebrauch gesetzt und den Göttern übergeben wurde, damit die Hamingja, die sie enthielt, von ihrer Macht aufgesogen werden möchte. In besonderen Fällen von Vergehen, wenn die Kränkung das Gemeinwesen in außergewöhnliche Gefahr brachte, wurde der Übeltäter getötet, damit die Quelle der Schwäche vollständig beseitigt und die Gefahr der Ansteckung überwunden werden möchte. Aber die Tötung eines Mannes, der zu einer Friedensgemeinschaft gehörte, war, auch wenn er sorgfältig vom Stamm getrennt wurde und alle Bande zerschnitten wurden, die ihn mit seinen Verwandten und mit dem Gesetz verbanden, immer eine Sache, die vorsichtige Handhabung erforderte. Um alle unglücklichen Folgen abzuwehren, mußte die Exekution durch einstimmigen Beschluß und in einem Zustande der Heiligkeit ausgeführt werden: der Verbrecher wurde in Wahrheit von den Göttern getötet.

Aus derselben Schicht in der Vorstellung ist die Form von Selbstmord hervorgegangen, von der im Norden berichtet wird: sich im Tempel oder am heiligen Ort aufzuhängen; wer sich das Leben nahm, sicherte sich wahrscheinlich auf diese Weise im voraus, indem er sein Leben den Göttern übergab und sich also gegen die Möglichkeit schützte, von der Hamingja der Sippe getrennt zu werden.

Einen Schritt weiter in das Heiligtum hinein, und wir stehen Angesicht zu Angesicht mit den Göttern. Die Götter oder den Hain und den Felsen bloten – das sind Ausdrücke, die mit der Einweihung von Männern und Rindern durchaus parallel gehen.

In der Religion der Germanen sind solche Ausdrücke wie Gottesdienst und Anbetung, Buße und Versöhnung im jüdischen und christlichen Sinne leere Worte, sie fallen machtlos zu Boden; die Nichtübereinstimmung zwischen dem tiefsten Bedürfnis der Religion und ihrer Bedeutung macht sie leer und oberflächlich. Der Verehrer des Heiligen ging zu seinem Hain und zu seinem Gott, um Stärke zu suchen, und er brauchte nicht vergebens zu gehen; aber es hatte für ihn keinen Zweck, sich ständig als bedürftig zu melden und im stillen eine Auffüllung mit allen guten Gaben zu erwarten. Es war seine Sache, die Götter menschlich zu machen, im alten, tiefen Sinne des Wortes, wo die Betonung auf einer Identifizierung liegt und auf der daraus folgenden Verkettung von Seele mit Seele. Ohne „Sinn zu mischen" gab es keine Möglichkeit von Vereinigung hier in Midgard – wer nicht seinen Nachbarn mit sich selbst beseelen konnte, wurde nie sein Freund, und kein Wille konnte dann vom einen zum anderen reichen. Die Götter selbst konnten nichts tun, nein sie wollten nichts tun, bevor ihre „Anrufer" sie lebendig gemacht hatten, so wie Floki die Raben blotete. Es waren die Menschen, die die Götter gnädig machten, nicht indem sie ihre Sympathie erweckten, sondern indem sie sie mit Frieden von ihrem Frieden beseelten. Dieses aktive Zusammenwirken ist der Ursprung solcher Epitheta wie „milde", „sanft", „dem Volke gut", die im Nordischen mit den Göttern verbunden werden, Lobesworte, die folglich in der Wurzel verschieden sind von den Gedanken, die von diesen Worten getragen, zu unseren Göttern emporsteigen. Aber noch größere Anforderungen wurden an den Menschen gestellt, wenn er blotete – er machte die Götter groß und stark. Es war mehr als männlicher Mut und mehr als gewöhnliche Siegeskraft vonnöten, um eine Stadt anzugreifen, die als ein großer „Blotort" bekannt war, oder eine Stätte, wo gewöhnlich mächtige Blote abgehalten wurden. Es war schwieriger, mit den Göttern zu ringen, die viel geblotet wurden, als mit gewöhnlichen übernatürlichen Wesen – nach dem was christliche Schriftsteller berichten.

Über die kultischen Handlungen, die die Verschmelzung des Menschlichen mit dem Göttlichen zustande brachten, haben wir nur spärliche Nachrichten. Götter und Menschen teilten wohl zweifellos das Schlachtopfer; der größte Teil des Opferfleisches kam auf den Festtisch, und ein Teil ging, wie wir annehmen können, in das Blothaus. Wenn die Sagen schildern, wie Thor mit seinem Hammer in der Faust in dem „Hof" steht und mit der unerschütterlichen Ruhe eines holzgeschnitzten Götzen seine tägliche Ration von vier Laib Brot mit Fleisch verzehrt, können wir die Gewährsmänner leicht erkennen: die guten Sagamänner hatten nicht vergebens Kirchengeschichte studiert. Möglicherweise hätte ein unverfälschter Heide nicht verstanden, daß *er* der Gegenstand des Lachens war, wenn die Kirchenmänner ihre altbewährten Witze über knabbernde Standbilder losließen, aber nichtsdestoweniger hielt er Tischgenossenschaft mit seinen Göttern.

Der Schwerpunkt liegt beim Opfer in dem Charakter des geschlachteten Tieres. Hätte dieses nicht mehr als bloß tierische Natur in sich gehabt, wäre das Opfer vergebens gewesen, und je stärker seine Hamingja oder seine Göttlichkeit war, um so mächtiger war der Friede, der zwischen Göttern und Menschen errichtet wurde. Zur Festzeit wurde in der Herde eine Auswahl getroffen. Der Eber, der in den Sagen als das übliche Opfer auftritt, war, wie der Name *sonargöltr* besagt, der Leiter der Herde – *qui omnis alius verres in grege battit et vincit* –, welcher nach einer langobardischen Verfügung gegen Diebstahl oder Raub durch eine dreifache Buße geheiligt war. In außergewöhnlichen Fällen, wo eine mächtige Steigerung der Kraft des Festes nötig war, mußten sogar die edelsten Vertreter aus dem Viehbestand des Hofes das Fest mit ihrem Fleische ehren.

Das Blut des Opfers diente als Mittel zur Verteilung der Heiligkeit. Es wurde über den Stein oder über den Steinhaufen – Stallr oder Hörg – am heiligen Ort gegossen. Der Ring des Häuptlings, aufbewahrt in dem Heiligtum, wurde bei feierlichen Gelegenheiten gerötet, und wir hören an einer Stelle von zwei Isländern, die auf die Würde eines Priesterhäuptlings *(goði)* Anspruch erhoben, daß sie die heilige Kraft hervorbrachten, indem sie ihre Hände in dem Blut eines Widders röteten. Die Zweige, die als Wahrzeichen dienten, wie auch der Ring auf dem Stallr wurden in das Opferblut getaucht und auf diese Weise geblotet, um ihre Aufgabe im Volk zu erfüllen. Als die Schweden den christlichen König Ingi aus der Versammlung der Männer verjagten und Blot-Svein an seine Stelle setzten, wurde nach der

Hervararsaga die Veränderung durch ein Blot bestätigt; und es besteht keine Veranlassung, daran zu zweifeln, daß die Saga in den Einzelheiten recht hat, wenn sie sagt, daß ein Pferd auf das Gesetzesthing geführt und in Stücke zerhackt wurde, wobei sein Fleisch als Essen verteilt und sein Blut zum Röten des „Blotbaums" benutzt worden sei.

Oft offenbart sich die Wirklichkeit spontan in den Bildern des Dichters. Eine Sage erzählt vom schwedischen König Egil, daß er seinen Tod von seinem eigenen Blotochsen empfing. „Es geschah in Schweden", lautet die literarische Form, „daß ein Ochse, der zum Bloten bestimmt worden war, alt war und so eifrig gefüttert worden war, daß er wütend wurde; und als die Männer versuchten, ihn zu fangen, floh er in die Wälder und stiftete großen Schaden unter den Männern und dem Vieh." Einmal traf Egil ihn auf der Jagd, und bevor der König sich verteidigen konnte, hatte der Ochse Pferd und Reiter aufgespießt. Dieses wird in den Versen Thjodolfs auf die Ynglinge folgenderweise ausgedrückt: „Der Ochse, der lange den hervorstehenden Hörg seiner Stirn im Ostlande herumgetragen hatte, rötete den Speer seines Hauptes in dem Könige." Der geblotete Ochse, der Hörg und das Röten waren nicht drei ungleichartige Vorstellungen, die lose zu einem Paar Verszeilen zusammengeschüttelt wurden; die Umschreibungen wurden offenbar dem Dichter von einem Bilde aufgezwungen, das ihm vor Augen stand.

Während des Blotes scheinen Götter und Menschen in demselben heiligen Naß vereinigt gewesen zu sein, wenn wir der Heimskringla glauben dürfen, die eine detaillierte Beschreibung der Anwendung des Blothauses beim Opferfest gibt: „Alles Blut von den Opfertieren wurde in Bottichen gesammelt, und in ihnen standen Zweige, die zu Besen geknüpft waren; mit diesen wurden der Stallr und die Wände des Tempels innen und außen gerötet, und auch die Leute wurden besprengt." Der Verfasser hat deutlich seine Schilderung in Übereinstimmung mit der christlichen Besprengung mit heiligem Wasser geformt, und sein Zeugnis muß dementsprechend bewertet werden.

In dem Worte Blot sind also alle Handlungen enthalten, die dazu bestimmt waren, die höchste Kraft der lebensvollen Hamingja hervorzurufen. Die Menschen bloten die Götter mit Opfertieren, mit Speise und Trank, oder indem sie Männer oder Tiere oder Dinge weihen. „Männer bloten heidnische Mächte, wenn sie ihr

Vieh für andere als Gott und seine heiligen Männer ‚segnen'", heißt die Definition der christlichen „Graugans" der Isländer, die die heidnischen Greuel verurteilt.

Die Menschen bloten mit Worten; in nachheidnischer Rede und noch heute in der schwedischen volkstümlichen Sprache ist das Wort *blóta* ein starker Ausdruck für beschimpfen und fluchen, das heißt, etymologisch gesprochen, etwas von jemandem behaupten und durch die Worte eine Eigenschaft in ihn hineinzwingen. Beim Blot wurde eine volle und vollständige Einheit zwischen Menschen und Göttern errichtet, und der geblotete Gegenstand diente als Mittel und Medium für den Gebrauch der heiligen Kraft. Ohne wesentliche Änderung der Bedeutung kann das Verbum bloten durch „geben" ersetzt werden. Wenn ein Sohn oder ein Kleinod den Göttern gegeben wird, macht das Geben die Gabe im höchsten Grade nützlich, weil „geben" eine Erstarkung des innigen Vertrauens der beiden Parteien bedeutet, und die Gabe nimmt das Megin des Besitzers an. Um den abgrundtiefen Unterschied zu verstehen, der die religiöse Bedeutung von Gabe von unsern Vorstellungen trennt, müssen wir uns den Charakter der Seele der Alten und die Erfahrung dieser Seele vergegenwärtigen; Gemeinschaft bedeutet Einheit von den innersten, verborgenen Winkeln des Gedankens und den Verzweigungen des Heils bis zum äußeren entsprechenden Handeln.

Wenn eine Einweihung wirksam sein sollte, war die notwendige Voraussetzung, daß die Weihe bei einem Bier ganz oder wirklich gemacht werden konnte, und die Macht des Bieres hängt davon ab, daß die Männer sich in Eintracht versammeln. Wer ewig zu leben wünschte, war kein solcher Narr, daß er sich nur um seine Versorgung mit Speise und Trank nach dem Tode kümmerte; er verlangte, daß zu seinem Gedächtnis Trinkgelage von Männern gehalten werden sollten. Das Geheimnis des Blotes ist der Friede, der die erste Bedingung des Lebens ist. Das einträchtige Handeln aller Verwandten ist das, was jedem anderen Teil des Blotes seinen Wert verleiht. Während *vigja* das Heiligmachen bezeichnet, wie es vielleicht auch von einem einzelnen ausgeführt werden kann, enthält das Wort *blóta* die unwiderrufliche Veränderung, die dadurch bewirkt wird, daß die Einweihung in höchster Heiligkeit ausgeführt wird, und zwar von einem Mann, der sich gereinigt hatte, an einem Ort, der mit Göttlichkeit erfüllt war, und mit der erstarkenden Hilfe einer heiligen Festversammlung, die

– nicht symbolisch, sondern im buchstäblichen Sinne des Wortes – aus *einem* Herzen und *einer* Seele handelte.

Um frei und glücklich atmen zu können, muß der einzelne am Blot teilnehmen; der einzelne konnte nichts ohne die Gemeinschaft machen, aber auf der anderen Seite konnte die Gemeinschaft ebensowenig ohne den einzelnen auskommen. Insofern ist es die bestimmte Pflicht eines jeden Verwandten, das jährliche Fest zu besuchen, aber er braucht durch keinen Befehl dazu angehalten werden. Von der Zentripetalkraft – oder richtiger von den Gewohnheiten, die sie in die Seelen hineingewirkt hatte –, stammen die stehenden Befehle in den Gildegesetzen, sich bei den Festen einzufinden, und die strenge Verurteilung der Brüder, die sich aus Faulheit oder Bosheit fernhalten oder gar aus Trotz zur Festzeit die Stadt verlassen.

Andererseits war der Zutritt zu der Feier für alle Fremden gesperrt. Diese Zusammenkünfte, wo die Männer mit vollen Schalen aus der Quelle der Kraft schöpften, waren nur für die Mitglieder der Sippe, für die wahren Verwandten oder die wahren Genossen. Die Abgeschlossenheit des Festes verursachte dem Skalden Sigvat nicht wenig Ungemach auf einer Reise, die er am Anfang des Winters als Sendbote Olafs des Heiligen zum Jarl Rögnvald in Gautland unternahm. Er und seine Begleiter suchten eines Abends Unterkunft in einem Hof, aber die Tür war verschlossen, und die Leute im Haus sagten, das Haus sei heilig. Am nächsten Ort, wo sie hinkamen, stand die Hausfrau in der Türöffnung und bat sie, draußen zu bleiben, denn es würde ein *alfablót* (Opfer an die Alben) abgehalten. Am folgenden Abend versuchten sie es mit vier Höfen, und auf dem vierten wohnte sogar der beste Mann der Gegend (d. h. nach der nordischen Bedeutung des Wortes „gut“: der am gastfreiesten war) aber niemand wollte sie einlassen. Das war ein unangenehmes Erlebnis zur Winterzeit in ziemlich öden, ungastlichen Gegenden; die kalten Nächte, die Sigvat und seine Gefährten in den Wäldern verbrachten, prägten gewisse Seiten des Alfablotes tief in ihr Gedächtnis ein: nicht eins dieser Teufelskinder, das nicht in seinem Hause den Taten der Finsternis ergeben gewesen wäre; keines von ihnen wagte es, ehrliche Leute sehen zu lassen, was es vorhatte – das waren die Überlegungen des Dichters vor den verrammelten Türen dieser heidnischen Ausländer.

Wir können sehen, daß Egil seinem Kreise etwas Ähnliches über seine Erlebnisse in Norwegen erzählt hat, als er seine Händel mit Bard auf Atley beschrieb, obschon der Kernpunkt in der Komposition des Sagaerzählers verlorengegangen ist und durch eine recht armselige Psychologie aus eigenem Fabrikat ersetzt wurde. Eines Abends kam Egil zu dem Hofe des Königs auf Atley und wurde von Bard empfangen, der die Zureisenden in ein Nebenhaus führte und sie mit saurer Milch bewirtete. Der Hausherr bedauerte sehr, daß er nur so einfache Kost anzubieten hätte, aber Bier sei nicht zu haben – der Schelm, er erwartete seinen Herrn, König Erik, zu Besuch und hatte das Haus voll vom herrlichsten Bräu. Später wurden Egil und seine Gefährten nach dem ausdrücklichen Befehl des Königs in die Stube eingeladen, und es wurde ihnen reichlich Gelegenheit gegeben, den Milchgeschmack aus ihrem Munde zu spülen, aber Egil hat nie gern durch eigene Höflichkeit die Unhöflichkeit anderer ausgeglichen, und am Schluß seines Besuches gab es ein unheilbares Loch im Körper des armen Bard und viel Lärm bei der Jagd nach dem ungestümen Reisenden, der König Erik um einen guten Verwalter ärmer gemacht hatte. Der Verfasser der Saga weiß, daß das Fest, das im Hause gehalten wurde, ein Blot war, und daß das Horn in festlicher Weise „rings ums Feuer“ kreiste; er weiß auch, daß der Wirt das Horn segnete, bevor er es Egil reichte, und er mag recht haben, daß es nicht die sanfteste Gesinnung war, mit der Bard den Trank würzte, aber seine Klugheit reicht nur aus, um einen Vergiftungsversuch daraus zu machen. So weit hält er sich an die Überlieferung, weil diese Umstände nötig waren, um die Begebenheiten in Gang zu setzen; aber was die Ursache für die Ungastlichkeit des Wirtes gegen Egil betrifft, so ist er ratlos, und er versucht eine Begründung zu geben, indem er Bard in sehr dunklen Farben als einen geizigen Kerl malt, während er doch indirekt die Tatsache bezeugt, daß zufällige Fremde zu einem Blot keinen Zutritt hatten.

Das Fest dauerte, solange das Bier reichte. Erst wenn der heilige Trank ganz abgezapft war und die letzten Überreste vielleicht auf das Feuer oder auf die Blotstätte geschüttet worden waren, konnten die Männer ihre Heiligkeit ablegen, die Tür öffnen und das neue Jahr beginnen, das „willkommen“ geheißen oder vielmehr beim Feste vorbereitet worden war. Jedenfalls konnten keine Überreste zum Gebrauch beim täglichen Tisch aufbewahrt werden, so viel vermögen wir durch Analogien zu erschließen, und diese Vermutung wird durch eine Überlieferung bestätigt, die auf die früheste Zeit der norwegischen Mission zurückgeht. Es wird von Hakon Æthelstansfostri erzählt, daß er, als er es mit List versuchte, den Männern in Norwegen sein Christentum aufzupfropfen, zuerst das Julfest in die Zeit der christlichen Feiertage verlegen ließ, und „dann sollte jedermann das Fest mit einem Maß Bier begehen und so lange feiern, als das Bier dauerte.“ Wem auch die Ehre für diesen Vorschlag gebührt, der Reformator war jedenfalls ein weiser Mann und ein großer Baumeister. Indem er die herrschenden religiösen Gefühle benutzte, konnte er das heilige Julfest und die volle Ehrung Christi sicherstellen, denn alle Leute verstanden sofort, daß das Alltagsgeschäft ruhen und die Feier herrschen sollte, solange das Bier im Hause war.

Das schöpferische Fest[1]

Je länger wir das Blot betrachten, um so größer erscheint es dem Auge. Ein Kreis von Männern sitzt um den Bierkessel – und Götter werden geboren; die Männer beginnen miteinander zu ringen oder erzählen sich wahre Geschichten – und die Götter fühlen das Blut kräftiger durch ihre Adern rollen. Das Opferfest umspannt Himmel und Erde.

Kein Wunder, daß mächtige Begebenheiten aus der Versammlung der Männer in der Blothalle hervorgingen, denn das Blot ist das Leben selbst, in dem festlichen Augenblick konzentriert als Zusammenballung der Stärke. Die Verdichtung ist zu spüren in der alldurchdringenden Heiligkeit, die zugleich große Kraft und äußerste Gefahr ist. Wir wissen, daß die Seele eine homogene Ganzheit ist, und das Schicksal der Hamingja ist jederzeit mit allen ihren Offenbarungen verknüpft, so daß ein einzelnes Wort oder eine einzelne Handlung üble Folgen haben kann, wenn ein Ring zerbricht oder das Vieh stürzt, ein Verwandter stirbt oder Spottworte gegen die Sippe geschleudert werden, so ist das ein Zeichen, daß das Heil zerbrochen ist und mehr Unglück folgt, wenn das Unheil nicht erstickt wird. Die Einheit der Menschenseele ist so absolut, daß es keinen Unterschied zwischen Mißgeschick und Sünde gibt. Wir können die Tatsache des Verfalls von innen her ausdrücken und sagen, daß Schwäche und Unheil eine Schuld ist, die durch Entheiligung der Seele verursacht wurde; oder wir können die Dinge von außen betrachten und sagen, daß Sünde ein Riß ist, der bis in die Mitte der Seele geht und der zeigt, daß die Hamingja einen Fehler hatte, der sich früher oder später zeigen mußte. In der Sünde und im Leiden offenbart sich die Ungesundheit eines Menschen; das Unheil, das in seiner Konstitution lauert, „kommt heraus", wie die alten Sprüche sagen.

Deshalb gestaltet ein Mann in allem, was er tut, seine Zukunft. Aber seine Taten nehmen gewaltig an Bedeutung zu in den großen

[1] Vgl. u. die Abhandlung „Das kultische Drama".

Augenblicken des Festes, wenn er mehr als sonst mit Seele erfüllt ist und die ganze Hamingja unmittelbar mit aller Macht durch alles wirkt, was er sagt und tut. Er ist ungeheuer stark und muß infolgedessen darauf achten, seiner Stärke keine Blöße zu geben. Wenn er im Zustande der Heiligkeit von Sünde befleckt wurde, mußten die Folgen gefährlich, vielleicht verhängnisvoll sein, weil die Tat sofort die ganze Hamingja mit hineinzieht; wurde er von etwas berührt, das nicht geheuer war, etwa von Zauberei oder Fäulnis, so mußten die Folgen sich gleich bis in den Kern des Lebens verbreiten.

In den Festtagen werden die Männer auf den höchsten Gipfel des Lebens gehoben; durch das Blot wird die ganze Hamingja hervorgerufen, und sie erfüllt die Teilnehmer und ihre Umgebung. Das Blot schafft Götter. Als Floki die Raben blotete, tat er mehr, als die Raben mit Menschen zu verbinden; er machte sie zu seinen Göttern. Die notwendige Bedingung war, daß er seine ganze Persönlichkeit und die Persönlichkeit aller seiner Angehörigen in den Tieren konzentrieren konnte. Hinter den schlichten Worten: „Er hielt ein großes Blot“, liegt die Fülle des Lebens: eine Gemeinschaft mit festlichem Lärmen, mit Erneuerung der Vergangenheit, mit Bier und Gelübden. „Dort, wo das Blot gehalten worden war, bauten sie eine Steinwarte“ – als eine Mahnung an die, die später an den Ort kamen, damit sie ihren Fuß vorsichtig aufsetzten, denn der Ort war heilig; an dieser Stätte war eine Hamingja herabgestiegen und hatte sie zu einem Gotteshaus gemacht.

In einem gewissen Sinne läßt sich mit einiger Wahrheit sagen, daß der Mensch seine Götter in dem Fest schaffe; sehen wir die Sache von einem anderen Gesichtspunkte aus, können wir mit der gleichen Wahrheit behaupten, daß die Götter im Blot den Menschen schaffen – keiner der Sätze enthält aber die volle Wahrheit. Der Charakter des Festes ist in der Tatsache gegeben, daß die einzelnen Menschen vollständig beiseite geschoben werden oder verschwinden und daß ihr Platz vorübergehend von dem eingenommenen wird, was erhabene, immer empfundene Wirklichkeit ist: die Sippe oder ihre Hamingja, ihre vergangenen und gegenwärtigen und zukünftigen Lebenszeiten in einer Spanne.

Für die primitive Erfahrung ist das Leben immer in zwei Schichten geteilt. Hinter dem lebenden Kreis von Männern und hinter ihren täglichen Beschäftigungen steht ein Vorrat an Stärke, aus dem sie sich beständig neu versorgen. Die Geschehnisse und die Begebenheiten des Alltagslebens bilden nur einen schmalen Ausschnitt des Lebens, so daß das Leben der einzelnen Menschen und ihre Handlungen sich nach rückwärts in große Tiefen des Daseins hinunter erstrecken. Dieser Grundsatz beruht nicht auf Spekulationen, was deutlich daraus hervorgeht, daß er sich in praktischen Handlungen und religiösen Gebräuchen einen natürlichen Ausdruck schafft; er ist einfach Erfahrung, die in Übereinstimmung mit allen anderen Erfahrungen wirkt. Für spätere Zeiten ist der Mensch ein einzelnes Individuum, durch die Schranken von Geburt und Tod ringsum eingeschlossen und von seinen Nachbarn durch die Grenzen der physischen Persönlichkeit abgesondert; und Persönlichkeit im Sinne von Charakter bedeutet, nach den Bedingungen „moderneren" Daseins, oft genug die Summe von Erfahrung, die der Mensch in einer kurzen Spanne von Jahren in seinem isolierten Gehirn aufspeichern kann. Aber in der urtümlichen Kultur, wo die Erfahrung auf der breiten Grundlage der Gemeinschaft gesammelt und nicht auf dem Individuum zu einem schmalen Obelisken aufgestapelt ist, ist der Mensch eine ewige Persönlichkeit, die durch ungezählte oder unerforschte Zeitalter lebt, wechselnd in der äußeren Erscheinung, aber nichtsdestoweniger fortdauernd und ununterbrochen in den sich ablösenden Generationen. Seine Persönlichkeit ist nicht auf seinen Körper oder auf die Gedanken und Gefühle beschränkt, die in seiner isolierten Gestalt eingeschlossen sind; seine Seele ist in Übereinstimmung mit der Tätigkeit seines Geistes in Vorstellungen, Gefühlen, Idealen, Überlieferungen und Eigenschaften ausgedehnt, die unabhängig von seinem privaten Sein oder Nichtsein existieren. Tatsächlich lag, psychologisch gesehen, das Zentrum seiner Persönlichkeit außerhalb seines Körpers, in den Vorstellungen und Dingen, die von einer Generation zur anderen fortdauern, während die individuelle Existenz vergeht und wiederauflebt. In der Fortdauer der Sippe, in ihren Erbstücken, ihrem Landbesitz, sogar in ihren Viehherden, sehen primitive Menschen ganz natürlich stärkere Offenbarungen ihres Lebens als in sich selbst, so wie das Leben des Mönches, auf den gleichen geistigen Erfahrungen fußend, vom Kloster und von der Kirche verschlungen wird. Wir erleben unser Dasein als isoliert und können es nicht vermeiden, die Grenzen unserer Person als die entscheidende Kluft im Leben zu fühlen, weil das Individuelle unsere Ordnung der Erfahrungstatsachen darstellt, den Boden, auf welchem unser Leben aufgebaut ist, die Grundlage, auf welcher unsere Formen und Institutionen ruhen, die Wirklichkeit, aus der sich unsere Freude und unser Leid nähren muß. Ebenso lebt und erlebt der primitive Mensch seine eigene Ewigkeit, indem er, vom anderen Ende her, beginnt, die Tatsachen des Daseins praktisch und theoretisch zu ordnen. Der einzelne Mensch existiert durch Ableitung von dem großen Menschen seiner Gemeinschaft, und sogar alle Menschen der Sippe bilden, in irgendeinem gegebenen Augenblick als Gesamtheit genommen, nur einen kleinen Teil der ganzen Hamingja. Im Feste bricht die Quelle frei hervor, und der ganze Mensch nimmt Besitz von ihr, indem er durch alle handelt, nicht nur durch die Körper und die Geister lebender Gesippen, sondern auch durch ihre Eigenschaften und ihre Umgebung. Das Haus wird voll; die Bänke und die Pfeiler, das Feuer und die Luft werden lebendig. Es gibt keine Menschen; streng genommen, sind sie auch nicht Götter, sondern nur Gott oder Gottheit.

Das ist die Ursache dafür, daß alle Worte und Handlungen mit unendlichen Wirkungen geladen sind; der Raum ist voll von schöpferischer Kraft, und jede Handlung gebiert kommende Ereignisse. Wenn die Männer sich zum Krieg oder Blot versammeln, eingehüllt in die Macht der Heiligkeit, wird die Zukunft aus ihren Handlungen geboren. Es war von den ältesten Zeiten ab Sitte, eine Schlacht mit einem Zweikampf zwischen zwei auserwählten Recken zu beginnen. Die beiden, die vor die Reihen der Krieger traten, um sich miteinander zu messen, entschieden wirklich den Willen des Tages; und wenn das Schicksal des Ganzen in ihre Hände gelegt worden war, hatten die Übrigen nichts weiter zu tun, als den Ausfall abzuwarten und dann entweder einen Siegesruf zu erheben und Zins zu verlangen oder den toten Mann fortzutragen und sich der Notwendigkeit zu fügen; denn der Sieg hatte sich selber angekündigt. In der Beschreibung des Tacitus von den Vorbereitungen zum Krieg kommen wir der Blothalle nahe: die Deutschen nahmen einen Gefangenen aus dem feindlichen Volke und ließen ihn mit seinen eigenen Waffen gegen einen ihrer Männer kämpfen, und der Ausfall des Zweikampfes zeigte ihnen, ob ihr Glück im Steigen oder im Fallen war. Möglicherweise sind die Erzählungen von Zweikämpfen vor der Front des Heeres in der Hauptsache Reflexe solcher kultischer Vorbereitungen zum Kriege. Aber uns entgeht die tatsächliche Aufregung des Auftrittes, wenn wir die kultische Handlung nur als einen Versuch auffassen, den Willen der höheren Mächte zu erkennen; in dem Individuum versucht ein Schicksal zur Herrschaft über das gegnerische Schicksal zu gelangen. Der Kämpe konnte Sieg und er konnte Niederlage in der kommenden Schlacht schaffen, weil er als Gesamtvertreter der Hamingja eines ganzen Heeres dastand. Ein anderer Ritus war der, daß der Heerführer seinen Speer über die feindlichen Reihen schleuderte, bevor die Schlacht begann: *til heilla.* Dieses „zum Heil" bedeutet zugleich ein gutes Wahrzeichen und den Beginn des Sieges. Zu Beginn unserer Zeitrechnung gelang es den Hermunduren, einen entscheidenden Sieg über die Chatten zu gewinnen, weil sie das feindliche Heer den Göttern und die ganze Beute, Rosse, Männer und alles andere, der Zerstörung weihten.

Diese Bilder aus dem Kriegserleben erläutern das erweiterte Blot, in welchem durch das Gehaben und die Bewegungen der blotenden Brüder die ganze Zukunft geschaffen und gestaltet wurde. Die Mannheitsprobe im Spiel oder beim Schwurbecher war der Entwurf, nach welchem die folgende Zeit sich gestalten mußte. Wenn der norwegische Bräutigam sein Schwert in den Dachbalken stieß und sich dadurch ein Eheglück schuf, genau so tief wie die Kerbe, ist etwas vom alten Festteilnehmer an ihm; er kann in aller Bescheidenheit neben Hakon genannt werden, der blotete und in seinem Heil die Schlacht durchführte, so daß die Raben angeflogen kamen, bevor noch der Feind erschienen war.

Noch etwas näher kommen wir an die Blothalle, wenn wir das Darradlied hören, wie es auf Katanes im nördlichen Schottland an dem Tage gesungen wurde, wo Sigurd, der Jarl der Orkney-Inseln, in Irland fiel. Ein Mann sah zwölf Frauen in einem Hause sitzen; sie webten mit Gedärmen als Einschlag und einem Pfeil als Schiffchen, und während sie webten, sangen sie den Speergesang, das Darradlied:

„Speere werden klirren, Schilde krachen, Äxte Eisen schlagen.
Webet, webet Darrads Gewebe, später folgen wir dem Fürsten; wo der Männer Schilde blutig sind, schützen Walküren den König.
Webet, webet Darrads Gewebe, früher war es des Königs; vorwärts wir schreiten, stürmen in die Schlacht, wo die Waffen der Freunde sich regen.

Es sollen über Länder walten, die schauernd saßen am Strand; einem König, einem Mächtigen, verspreche ich den Tod. Jetzt ist der Jarl vom Stahl gefällt.
Jetzt ist das Gewebe gewoben, das Kampffeld gerötet. Todesboten gehen übers Land."

Und als sie ihr Siegesgewebe gewoben hatten, sprengten sie davon, sechs nach dem Norden, sechs nach dem Süden, zu Pferd.

Das Lied gleitet von der Gegenwart in die Zukunft, denn dort, wo diese Walküren weben, gibt es keine Zeit; die Schlacht wird wirklich ausgefochten, während die Frauen singen, und sehr bald wird ihr Siegesgesang „herauskommen" und auf dem Kampffeld erscheinen. Einer der Verse offenbart die Verbindung zwischen diesem poetischen Symbol und der Wirklichkeit; die Frauen sagen zuletzt:

„Wahrlich, wir sangen vom jungen König Siegeslieder in Menge; laßt uns singen mit Kraft; und wer es hört, lerne der Speerlieder Menge und künde sie Männern."

Wer dieser König ist, über den Siegeslieder gesungen werden, wissen wir nicht, aber eins ist sicher, die Walküren verraten hier, daß sie dem Blotmann das Wort von den Lippen genommen haben. Nicht in dem Sinne, daß das Darradlied ein Kultgedicht sei, es ist eher eine Phantasie, in einer Seele erzeugt, in der die Stimmung des Blotfestes herrschte. Das Formæli der Blotgenossen, das Lied der Frauen am Webstuhl, kampfwaltende Walküren und die Zeitlosigkeit des Schicksals haben sich zu einem poetischen Bild gestaltet, wie es vielleicht nur gemacht werden konnte, wenn der Dichter halb von der alten Religion emanzipiert war. Und obwohl das Gedicht, streng genommen, keine einzige wörtliche Kultformel enthält, sind die Verse doch auf dem Formæli aufgebaut, und es ist vor allem das Formæli, das den Fluß der Worte inspiriert. Es ist die Macht des Blotes, die die Frauen erfüllt, wenn sie „mit Kraft" singen, denn diese Übertragung ist nur ein geringerer Ersatz für die Worte selbst, die bedeuten: mit der Kraft des vollbringenden Heils.

Aus dem Blot werden gute Zeiten und Wohlfahrt gewonnen zum Segen des kommenden Jahres, aber die Fruchtbarkeit wird nicht allgemein geschaffen, wie der moderne Europäer es sich unwillkürlich von seinen abstrakten Voraussetzungen aus vorstellen muß, wenn er den primitiven Kult betrachtet. Der kultischen

Handlung entnimmt der Mensch die Kraft des schöpferischen Lebens, aber er betrachtet nicht das Leben als eine plastische Möglichkeit, die neugeschaffen wie formloser Lehm daliegt und die später nach Belieben zu konkreten Geschehnissen geformt werden soll. Die schöpferische Hamingja ist durch ihren Inhalt und durch ihre Ziele individuell gekennzeichnet, sie ist nicht Heil, sondern Sippenheil und Sippenschicksal – *aldr* Fruchtbarkeit bedeutet, daß *unsere* Felder gedeihen und *unser* Vieh sich vermehrt, seiner Art entsprechend; und nur, wenn wir uns die primitiven Vorstellungen von Seele vergegenwärtigen, können wir die Bedeutung von „unser" hinlänglich schwerwiegend und treffend machen. Sippenheil bedeutet Geburt von Kindern, aber es sind Kinder von unserm Gepräge in Körpern, Bestrebungen und Überlieferungen. Kampfheil bedeutet Sieg über unsere besonderen Feinde, Macht und Herrschaft in unserem jetzigen Zwist und Ruhmstreben – Heil in der Richtung, die durch die individuellen Gaben des Besitzers bestimmt ist, wie wir sagen könnten. Durch die Taten und Worte der Opfernden ist nicht nur der Inhalt der Zukunft, sondern auch ihre Form und die Verkettung ihrer Begebenheiten vorausbestimmt. Auf diese Weise zeigt es sich, daß das Formæli und die Einweihung des heiligen Tranks in Wirklichkeit eins sind, obschon sie für unsere Augen als zwei erscheinen: sie machen das Bier göttlich und geben seiner Kraft ein Ziel.

Nicht nur die Zukunft mußte geschaffen, auch die Vergangenheit mußte in dem Blot erneuert werden, um ihre Wirklichkeit zu bewahren. Die ewige Fortdauer des Lebens beruhte nicht auf der Tatsache, daß es einmal angefangen hatte, sondern lediglich darauf, daß es immer wieder neu angefangen wurde, so daß das Opfer des Blotmannes rückwärts sowohl wie vorwärts zeigt. Um dem Sinn des Blotes Gerechtigkeit zu erweisen, müssen wir sagen, daß es nicht nur die Vergangenheit verdichtet und erneuert, sondern sie in vollem Ernste immer wieder neu erschafft.

Diese Wiederherstellung oder Erneuerung, wie wir sie nennen sollten, ist keine Wiederholung eines Geschehens, das ursprünglich und für alle Zeiten vor Jahren oder vor Zeitaltern geschaffen wurde. Das jetzige Wiedergeschehen ist ebenso ursprünglich, ebenso original wie das allererste Geschehen, und die Teilnehmer sind keine Zeugen bei den Taten eines Helden oder Gottes, keine Wiederhersteller, die die Tat wiederbeleben, sondern einfach und buchstäblich die ursprünglichen Helden, die schicksalschwere Taten in die Welt schicken, wie etwa Schlachten aus alter Zeit oder die Erschaffung Midgards. In dem Erzählen der Sage, in der kultischen Handlung wird die Erde für das Leben der Menschen vorbereitet, sie wird aus der Tiefe gehoben, wird *heore* und fruchtbar gemacht; durch den rituellen Vorgang werden die Leute geboren, die Feinde werden niedergeworfen, und Ehre wird gewonnen. Mag so und so oft die Welt geschaffen, die Schlacht gewonnen worden sein: jede folgende Erschaffung und jeder spätere Sieg ist ebenso original wie jeder ihrer Vorgänger.

Leben und Geschichte nehmen ihren Anfang im Blot. Die Zeit wurde vom primitiven Menschen nicht so erlebt, wie wir sie empfinden, wie einen Fluß, der vom Ursprung aller Dinge bis ans Ende des Universums dahinfließt. Die Zeit beginnt immer wieder aufs neue. Das Fest bildet, was wir einen Plan über dem Strom der Stunden und der Jahre nennen könnten, eine Art verdichteter Ewigkeit, in welcher Vergangenheit, Gegenwart und Zukunft nicht unterschieden sind und von den Blotenden in der Spannung und Erregung als unmittelbar wirklich empfunden werden. Und von diesem bestimmten Ursprung aus wird die Zeit, das heißt das folgende ganze oder halbe Jahr, dahinfluten, geschwängert von der Macht und den Geschehnissen der Blotstunden. Es ist also auch buchstäblich wahr, daß die wirklichen Taten in der Blothalle getan werden, so daß die Schlachten und die Ernten der äußeren Welt nur die äußere Vollführung der Handlungen sind, die zur Festzeit geschaffen wurden. Sie sind die Entfaltung ritueller Handlungen. Das Feld wird wirklich gepflügt, wenn der Priester oder Häuptling seine Pflugschar in den Boden schiebt und die Ochsen etwa drei kultische Furchen ziehen läßt und dazu die gebührenden Formeln spricht, oder die Sage vom ersten Pflüger hersagt, oder was nun das Zeremoniell sonst vorschreiben mochte. Die Schlacht wird im Kriegstanz oder in dem Gelübde, das mit einem Horn voll Bier hinuntergespült wird, wirklich ausgefochten und gewonnen, und das übrige wird als eine Selbstverständlichkeit folgen oder wird herauskommen, wenn die Hamingja imstande ist, zu vollführen, was sie sich vornimmt; wenn aber die Verwandten ihre Bestrebungen nicht verwirklichen konnten, als sie in ihrer ganzen Stärke handelten, werden sie bei der Probe mit materiellen Waffen nicht gewinnen.

Jetzt sind wir imstande, die Götter zu suchen, wo sie wirklich zu finden sind. Sie sind in den Begebenheiten als Kraft und in den

Opfernden als Personen anwesend. Der Vormann, der handelt und spricht, seine Genossen, die mit Horn und Formæli seiner Leitung folgen, der Sänger, der seine Verse vorträgt, vermögen vergangene Begebenheiten vor den Augen lebendig zu machen, weil sie der alte Held sind, seine Taten vollführen und alle Teilnehmer als wirkliche Ausführende in den Strom der Begebenheiten hineinreißen, ob sie nun die äußerlichen Gesten machen oder nicht. Der Rezitator und derjenige, der das Ritual ausführt, sind nicht weniger Gegenstand des Gedichtes als der ursprüngliche Held selbst und nicht weniger verantwortlich für den glücklichen Ausgang seines Unternehmens: der Bekämpfung von Jöten oder menschlichen Feinden. Was die Vergangenheit der Sippe in zukünftigen Zeiten sein wird, hängt von Sieg oder Niederlage in dem Kreis um den Blotkessel ab.

Diese Betrachtung führt zu einem anderen Typ von Geschichte und einer anderen Art Dichtkunst, als es die unsrigen sind. Die alte Geschichte kann in Wahrheit nicht in unsere Ausdrucksweise übertragen werden, weil sie keine Theorie ist, sondern eine Erfahrung; wenn wir sagen, daß sie die Projektion des Wirklichen auf die Leinwand der Vergangenheit ist, ersetzen wir nur die Tatsache durch eine Travestie und stellen unser System als einzig geltendes Muster für die Geschichte auf. Die Geschichte war immer veränderlich, da sie formbar war, aber sie war nichtsdestoweniger konstant, weil sie ihre Wurzeln im nüchternen Sinn der Sippe für die Wirklichkeit ihrer Vorfahren hatte und in ihrem gesunden Bewußtsein, daß Taten und Ahnen nicht in das Dasein hineingeschmuggelt werden können. Um die Begebenheiten der Vergangenheit ausführen zu können, war es vor allem notwendig, eine Vergangenheit zu besitzen, die solche Taten enthielt; um die Vorfahren noch einmal zu leben, muß man das Recht dazu haben, es zu tun, und Recht ist, wie genügend gezeigt worden ist, in der primitiven Gesellschaft nie eine formale Angelegenheit – es hat nur Geltung, wenn es sich als Tatsache erweist. Große Leistungen gehörten aber nicht den individuellen Menschen an, sondern der Hamingja, der Persönlichkeit der Sippe, die durch die Individuen handelte, und daher konnte die Heldentat innerhalb der Schranken der Verwandtschaft von einem Helden zum anderen wandern – wie wir sagen können.

Was wir Poesie und Mythos nennen, ist nichts anderes als Geschichte. Aber um die Bedeutung der Überlieferung, wie sie beim

Feste weitergereicht wurde, zu erfassen, genügt es nicht, die gesprochenen oder gesungenen Worte zu verstehen; die Augen müssen den Ohren helfen. Für die Teilnehmer selbst bestand die Geschichte aus Handlungen, die durch Formæli und Verse ergänzt wurden. Daraus folgt, daß wir nicht imstande sein werden, den Sinn aus den Worten allein oder aus der Handlung allein zusammenzustellen; beide müssen zusammengenommen werden, um das Ganze zur Klarheit zu bringen. Diese Doppeltheit verursacht die scheinbare Zerrissenheit und Uneinheitlichkeit aller alten und primitiven Poesie, solange die Dichtung nicht ihre Verbindung mit dem Fest aufgegeben und eine unabhängige literarische Laufbahn eingeschlagen hat. Aber auch wenn wir Handlung und Wort zusammennehmen, werden wir möglicherweise außerstande sein, den Sinn ohne weitere Hilfe zu verstehen; denn die Opfernden handelten und sprachen nicht, um eine Geschichte zu erzählen, sondern um eine Tatsache zu erleben; das Thema lebte in allen Anwesenden als etwas Selbstverständliches, und der Vorgang in der Blothalle diente nur dazu, die Vergangenheit hervorzurufen und ihr einen Weg in ein neues Leben zu eröffnen. Für uns sind die Auftritte nichts als eine Reihe kurzer Eindrücke von einem Spiel, das im Unsichtbaren vor sich geht und hier und da in Augenblicken intensiver Konzentration den Schleier durchbricht.

Andererseits dürfen wir nicht erwarten, in der kultischen Handlung eine fortgesetzte Erzählung zu finden, die sich methodisch von Akt zu Akt, von Auftritt zu Auftritt abrollt. Wenn wir das Wort Drama für die kultische Schilderung anwenden, tun wir es, gestützt auf die historische Entwicklung, da Komödie und Tragödie sich während des Verfalls der Religion aus der kultischen Handlung entwickelt haben. Aber wenn wir unsere Bezeichnung „Drama“ für die religiösen Riten anwenden, müssen wir dem Wort einen neuen Sinn geben, weil sämtliche Elemente der modernen Bühne bei der ursprünglichen Aufführung fehlten. Unser Drama ist ein Thema, das sich innerhalb des dramatischen Ganzen entwickelt; die dramatische Fruchtbarkeit eines poetischen Gegenstandes zeigt ihre Macht, indem sie als eine Reihe von zusammengedrängten Begebenheiten explodiert. In dem primitiven Drama durchdringt das Thema die ganze Aufführung als ein allgegenwärtiger Geist, es explodiert in jedem Akt und macht jede Zwischenhandlung zu einem konzentrierten Drama an sich; obschon jeder Ritus einen eigenen bestimmten Wert und eine eigene Wichtigkeit in der Entwicklung der Handlung haben mag, ist er nichtsdestoweniger von der Idee des Ganzen beseelt, so daß die Sage den eingeweihten Männern in einer einzelnen Geste und Formel offenbar wird.

Die Bedeutsamkeit der Gesten ist nicht von irgendeiner theatralischen Haltung der Ausübenden abhängig; obschon Nachahmung bei der Aufführung wohl vorkommen kann, braucht der Auftritt, der für die Zuschauer so außerordentlich suggestiv ist, nicht durch irgendwelchen dramatischen Schmuck vor anderen Auftritten ausgezeichnet zu werden, weder imitativ noch symbolisch – nach unserer Bedeutung der Worte. In der Tat ruht das primitive Drama nicht vollständig auf den menschlichen Ausführenden. Oder mit anderen Worten, es gibt keine bestimmte Grenze zwischen den Schauspielern und den Theaterrequisiten; der Gott kann ebensogut von einem lebenden Mann wie von einem religiösen Werkzeug vertreten werden, indem er während seines Wirkens von einer Personifikation zur anderen wechselt. Da die Personen des Dramas nur die Hamingja in ihren verschiedenen Offenbarungen sind, wirkt diese ohne Unterschied durch die Männer oder durch ihre Kleinode; Thors Hammer, der Schädel des Opfers und das Opfer selbst in verschiedenen aufeinanderfolgenden Stadien des Lebens und Todes sind ebensosehr wirkliche Agierende, wie es die Männer sind, die diese Dinge in verschiedene Stellungen bringen. Dramaturgisch gesprochen bedeutet dies, daß der Schwerpunkt in den Worten und den Aktionen, nicht in den Agierenden und Sprechenden liegt.

Während der moderne Zuschauer sein Vergnügen aus dem Umstand herleitet, daß er in fremde Szenen und Leidenschaften eingeführt wird, war das gleichzeitige Erleben von Spannung, Freude und Erbauung im Opferfest eine Folge der nahen Vertrautheit mit der stattfindenden Handlung. Die Bühne lag im Gottesverehrer, und ob er nun unmittelbar oder nur als Helfer an den Riten beteiligt war, er war ein Teil des Dramas und nicht nur ein unverantwortlicher Zuschauer. Die Auftritte, die sich vor seinen Augen abspielten, bildeten das vitale Drama des Lebens, und dadurch wird es verständlich, daß jeder Auftritt mit eifriger Sorgfalt beobachtet wurde und die geringste Entgleisung von Hand oder Zunge in allen Beteiligten Widerwillen und böse Vorahnungen hervorrief. Das Horn, das vergangene und zukünftige Geschehnisse schuf, wurde Richter der Männer und Prüfstein ihrer Rechtschaffenheit; denn ein Mangel im Heil oder im Charakter eines Mannes mußte im erhabensten Augenblick hervortreten und seine Zunge über die schicksalschweren Worte straucheln lassen. Jetzt verstehen wir, daß es eine Sache von Gewicht war, das Horn zu leeren, so daß verdienstvolle Männer gezwungen waren, sich vom Hofe zurückzuziehen, wenn ihr Atem zu kurz wurde für das rechte Trinken der Minne. Jetzt erkennen wir auch vollständig die Schande der Niederlage, die Thor in der Halle des Jöten erlitt, als er genötigt war, das Horn abzusetzen, ohne seinen Trunk beendigt zu haben; der Triumph der Unholde war aber nur illusorisch, weil sie bloß durch die Überlistung ihres gefürchteten Feindes mit einem Horn, dessen Spitze ins Meer ging, imstande waren, ihn zu überbieten. Doch in dem Augenblick, wo der Gott nach seinem dritten Versuch das Horn zurückreichte, fühlte er sein Heil und seine Göttlichkeit beim Blinzeln der glotzenden Trolle wanken.

Die Sage oder der Mythos nimmt eine Sonderstellung ein, getrennt vom kultischen Text. Im Mythos wird die Geschichte, die in den Auftritten und Worten enthalten ist oder die vielmehr im Hintergrunde des Dramas liegt, zu einer erklärenden Erzählung umgeschrieben. Die Sagen wollen uns nicht erzählen, was in diesem oder jenem Jahr, chronologisch genommen, geschah; bei unserem Verlangen nach einem Kern von historischer Wahrheit in den Mythen setzen wir naiverweise voraus, daß die Schöpfer der Mythen in einem ihnen unbekannten System denken sollten, unseren annalistischen Studien zuliebe. Der Mythos enthüllt, was geschah, als die Tat wirklich getan wurde, nämlich beim Fest, wo die Schlacht gewonnen und die Erde bewohnbar gemacht wurde; und daher ist das *sine qua non* für das Verständnis seiner Offenbarung Einsicht in den Kult, seinen Verlauf und seinen Inhalt.

Abgesehen von der zentralen Kulthandlung mit dem Bierhorn ist das germanische Ritual verlorengegangen, und wir werden nie imstande sein, den Kult in seinem ganzen Verlauf zu rekonstruieren; nur die Mythen oder vielmehr einige Sagen, die sich der Vorstellungskraft der Nachwelt einprägten, sind uns hinterlassen worden, und durch diese Erzählungen können wir nur schwach wie durch einen Schleier den Kult erkennen. Die Gedichte der Edda und die Geschichten, die von Snorri in seinem Handbuch für Dichter erzählt werden, sind weit davon entfernt, Kultdenkmäler zu sein, und können nicht einmal in allen Fällen Mythen genannt werden. Die Verse und die Prosa haben einen starken Anstrich vom neuen Geist der Wikingzeit bekommen; und teils durch ihre Liebe zum Erzählen, teils durch ihre offene Empfänglichkeit, welche sie für die Anregungen des Westens zugänglich machte, schufen die Männer der Übergangszeit eine glänzende Literatur aus dem alten Stoff. Aber der Stil der Geschichten trägt noch ein Merkmal, das von ihrer Geburt in der Methalle zeugt. Obschon die Dichter die Sagen zu Erzählungen verwoben haben, macht doch das Plötzliche oder der sprunghafte Charakter der kultischen Darstellung sich in der Technik der Verfasser bemerkbar. Im Kult sind die Auftritte, Verse und Formeln nur Episoden, in welchen ein darunterliegendes, zusammenhängendes Thema für einen Augenblick aufblitzt und sofort nach dem Aufleuchten verschwindet; in den Gedichten sind die Blitze zu einer fortschreitenden Enthüllung verbunden, aber die ursprüngliche Art der Darstellung tritt in dem episodischen Charakter des Erzählens und in der abgerissenen Einführung des Dialogs hervor.

Als Kunstwerk ist die Völuspa zugleich das fortgeschrittenste und das konservativste von allen Gedichten der Edda. Der Verfasser ist ein durchaus originaler Denker, weder Christ noch Heide; er hat seine eigene Philosophie, man könnte vielleicht sagen: Religion, und in seinem Gedicht enthüllt er in der Verkleidung einer Kosmologie und einer Eschatologie seine Angst und seine Hoffnung, indem er die Historie der Welt ausbreitet von der Zeit ab, wo nichts war, bis ans Ende der Tage, wenn, nach Sünde und Schuld, Kampf und Tod, die neue Welt und der neue Gott über den Horizont emporsteigen werden. Es ist eine Vision, die kein Seitenstück in der Literatur hat, von einem Propheten geschaut, der von der christlichen Apokalypse so tief erschüttert worden war, daß eigene Gedanken und Grübeleien sich seinen Erlebnissen entrangen. Seine Beängstigung, als er die alten Bande des Friedens von den ehrgeizigen und umherschweifenden Abenteurern zerstört sehen muß – so daß Bruder gegen Bruder kämpft, jeder um seinen eigenen Ehrgeiz zu fördern, Königreiche auf Augenblicken der Eroberung gegründet werden und Königreiche sich bei dem Fall eines einzelnen Helden in nichts auflösen – all dies bricht bei der befruchtenden Wärme des Christentums in einem Gericht über die Menschheit aus; in dunklen Versen verkündet er die Geschichte als ein Fortschreiten von Frieden und Ehre zu Schuld, von Schuld zu Auflösung, wo jedermann gegen seine Verwandten kämpft, von der Auflösung durch den letzten Kampf der Menschen und Götter, durch den allumfassenden Tod und die Vernichtung zu einem endgültigen Zustand von Friede und Ehre ohne Fehl. Aber bei der Gestaltung seines Bildes benutzt er souverän den alten Stoff, das heißt Kultauftritte, und bei der Einordnung der mythischen Szenen in ein neues Gefüge ändert er ihre Bedeutung von innen heraus und beseelt sie mit einem neuen Sinn in bezug auf das Ganze, ohne die Worte wesentlich zu ändern. Daher sehen wir durch seine Schilderung in die Blothalle hinein. So etwa in dem Bilde von der Erde und ihrem Glück. Da kann der Gott Hœnir „die Stäbe der Wahrzeichen küren" – in diesen Zeilen ist der vollkommene Zustand der Menschheit zusammengedrängt, der Zustand, wo die Hamingja immer ihre Wünsche und ihr Los zur Vollendung bringen kann, wo sie immer in den Stäben sichere Zeichen findet, daß ihr Schaffen gelungen ist; der Sinn des Satzes liegt in dem Wort *kjósa,* das, äußerlich gesehen, bedeutet: glückliche Wahrzeichen empfangen, aber innerlich: Stärke haben, um die Geschehnisse zu schaffen, die als gute Zeichen hervorbrechen. Und die Inhaltschwere des Verses besagt, daß dieser Auftritt im Ritual der Blothalle der Ausdruck für Sieg war. Ein anderes Bild ist in dem letzten Vers enthalten, der durch seine Stellung im Gedicht in eine Prophetie verwandelt wird, daß der Tod nicht mehr sein soll. „Der düstere Drache kommt geflogen, die gleißende Schlange von den unteren Bergen, und er trägt Leichen in seinen Fittichen, der Raubvogel der toten Männer, Nidhögg; er fliegt niedrig über die Erde dahin, bald versinkt er." Sicher ist die ergreifende Wirkung der Wortwahl in diesem Verse durch die Vorstellungskraft des Dichters und die Inspiration westlicher Visionen gegeben, aber die Szene selbst ist unzweifelhaft dem Opferritual entsprungen, bei welchem die Blotmänner die Schlange haben dahinschnellen sehen, heraufbeschworen von irgendeiner kultischen Geste und bei dem Laut bezwingender Worte versinkend.

In anderen Gedichten sehen wir, daß der alte Kult die Grundlage der poetischen Komposition ist und das Fundament bildet, auf welchem der Dichter eine literarische Form geschaffen hat; wenn etwa die Beschreibung der Edda von Sigurds Drachentötung und seiner Werbung um die schlafende, brünnengekleidete Frau in einem rituellen Trinkspruch gipfelt, wo sie ihrem Befreier ein Horn reicht und mit einem Formæli sein Trinken einleitet, ist die Reihenfolge der Auftritte möglicherweise durch den Vorgang beim

Feste bestimmt. Durch das poetische Sinnbild werfen wir einen Blick in die Blothalle in dem Augenblick, wo die Begebenheiten der Vergangenheit beim Kreisen des Hornes gefeiert und wirklich gemacht wurden; der Zusammenhang zwischen der literarischen Form und ihrem zeremoniellen Vorbild ist enger, als es zuerst scheint, weil der Dichter indirekt die Taten beschreibt, wie sie beim Feste geschahen, wo der Sprecher und die Trinkenden als Personifizierungen der alten Helden agierten. Die Sage oder der Mythos ist Heldengedicht geworden, aber der zugrundeliegende Typ ist noch nicht gebrochen.

Obschon das Fehlen aller unmittelbaren Beschreibungen uns daran hindert, die zeitliche Folge der Riten zu rekonstruieren, sehen wir doch das Ritual des Festes in den Mythen und in dem poetischen Wortschatz mit leidlich klaren Umrissen durchschimmern. Der erste Aufzug des Opferfestes wurde im Viehstall gespielt, wenn die göttlichen Schlächter mit einem geweihten Werkzeug auszogen, um die für das Fest ausgesuchten Opfer zu töten. Die dramatische Intensität des Schlachtens ist in dem Mythos von Thors Reise zum Jöten Geirröd ausgedrückt, in welcher alle Umstände des Tötens in kosmische Bedeutsamkeit übertragen sind. Einmal wurde Thor von Loki verlockt, sich in das Reich der Jöten zu begeben, ohne seinen Hammer und seine gewöhnliche Ausrüstung, den Gürtel und die Handschuhe, anzulegen. Unterwegs kehrte er mit seinen Begleitern, Loki und Thjalfi, im Haus eines Jötenweibes ein, das Grid hieß und die Mutter Vidars war. Grid warnte den Asen vor den Gefahren, die ihn auf dem Hofe Geirröds erwarteten, und schenkte ihm einen Gürtel und ein Paar eiserne Handschuhe und außerdem ihren Stab, Gridarvöl. So ausgestattet zog Thor weiter und erreichte das Ufer eines breiten Flusses namens Vimur. Er legte Grids Gürtel an und watete durch den Strom, indem er sich an dem Stabe festhielt, ihn gegen die Macht der Wogen fest in den Grund stieß und noch seine Freunde stützte, die sich an seinen Gürtel klammerten. Als er mitten im Strom war, schwoll der Fluß so an, daß das Wasser ihm über die Schultern stieg. Er warf einen Blick auf die Berge hinauf und sah die Tochter Geirröds quer über dem Flusse stehen, und nun wunderte er sich nicht mehr darüber, daß die Flut so mächtig war. „Einen Strom muß man an der Quelle stauen", rief er und warf einen Stein nach ihr, was bewirkte, daß das Wasser sank und er eine Eberesche, die am Ufer wuchs, fassen und auf diese Weise sich selbst und seine Begleiter aus dem Strom herausziehen konnte. Aus dieser Geschichte geht hervor, warum die Eberesche „Thors Rettung“ genannt wird. Als Thor zum Hofe Geirröds kam, wurde er in den Ziegenstall geführt, aber kaum hatte er sich hingesetzt, da merkte er, daß der Stuhl sich unter ihm erhob, und er konnte sich nur retten, indem er seinen Stab gegen die Decke stemmte und sich zurückstieß, und gleich hörte man einen lauten Schrei, denn als er seinen Stuhl gegen den Fußboden drückte, hatte er Geirröds Töchtern den Rücken gebrochen. Was dieser Umstand als erfaßbare Tatsache in bezug auf die rituelle Behandlung des Opfers bedeutet, kann nur unsicher erraten werden, aber der Sinn ist unzweideutig: jetzt ist das Opfer endgültig erledigt, und im Tiere ist der Feind besiegt woren. Darauf wurde Thor in die Halle gebeten. Dort brannten mehrere Feuer den ganzen Raum entlang, und die Leute waren beim Wettkampf. Hier wurde der endgültige Sieg erkämpft, und die „ungeheuren“ Mächte wurden noch weiter überwältigt. Er bekam einen Sitz dem Jöten gegenüber, und Geirröd nahm einen glühenden Eisenbolzen und warf ihn nach dem Asen, aber Thor fing ihn mit seinen Eisenhandschuhen auf und hob ihn, bereit zum Wurf. Erschrocken über die drohende Haltung des Asen lief der Jöte hinter einen Pfeiler, um Schutz zu suchen. Thor warf den Bolzen mit solcher Gewalt, daß er durch den Pfeiler ging und den Jöten, der sich dahinter verkrochen hatte, tötete.

Das Gedicht, das die Heldentat des Gottes beschreibt, enthält in seinen Metaphern eine deutliche Erklärung der dramatischen Form, in welcher der Kampf ausgefochten wurde: der fliegende Bolzen war das Herz des Opfers, das dampfend heiß aus dem Kessel genommen und von den menschlichen Inkarnationen des Gottes verzehrt oder gekostet wurde. In diesem Sakrament mit dem lebenswichtigsten und heiligsten Teil des geopferten Tieres wurde Kraft eingenommen, und die Gegner des Lebens wurden für immer niedergeworfen.

Wenn wir den Kult anderer Religionen – vor allem der indogermanischen Brüder der Germanen in Griechenland und Indien – zum Vergleich heranziehen, sehen wir uns zu der Annahme berechtigt, daß der Kampf des Asen im Drama durch das Abschlachten des Opfertieres ausgedrückt wurde, und in Snorris Umdichtung des Geirröd-Mythos sind noch Spuren einer alten Sage vorhanden, die deutlich genug sind, um zu zeigen, daß der Kampf zwischen Thor und Geirröd beim Feste dargestellt worden ist. Bei seiner Ankunft wird Thor in den Ziegenstall geführt und von dort in die Halle, wo der Wettkampf stattfindet: mit anderen Worten, die Geschichte spielt beim Blot. Der Sagenmann hat sich offenbar vorgestellt, daß der Empfang als verächtliche Geste gemeint war, und von einem ziemlich zerfahrenen Abschreiber ist das Ziegenhaus in ein „Gästehaus" geändert worden, aber Thors Besuch bei dem Kleinvieh darf keineswegs als eine romantische Episode im heldischen Leben des Asen betrachtet werden. Die Sage deutet auf einen dramatischen Auftritt beim Schlachten, wo der Ase oder, kultisch gesprochen, der Vertreter des Asen unter den Blotenden, sich mit seinen Gehilfen in den Stall begab, um das Opfertier und damit symbolisch den Jöten zu töten. Zu diesem Zwecke war der Leiter der kultischen Handlung mit einem Stabe versehen. In der Regel schwingt der heldenmütige Jötentöter eine gewichtigere Waffe, und der Mythos erklärt, wie es kam, daß der Ase auf den Kampf nicht vorbereitet war und mit diesem schlechten Ersatz für seinen berühmten Hammer vorlieb nehmen mußte. Diese Episode aus dem Besuch bei Geirröd deutet darauf hin, daß der Blotende an dieser Stelle des Dramas mit einem besonderen kultischen Gerät ausgestattet war, und bietet also eine Parallele zum Frey-Mythos, wo erzählt wird, daß der Gott seinen Gegner mit einem Hirschgeweih töten mußte, weil er sich von seinem Schwerte getrennt hatte. In Wirklichkeit gibt diese Stelle des Mythos oder vielmehr der Sage, die hinter dem Mythos steht, keine Erklärung, sie stellt eine Kulthandlung dar, die das Blotfest eingeleitet hat und in welcher der Kultleiter für sein Amt eingeweiht und mit den zu dem Auftritt gehörenden Blotgeräten ausgestattet wurde. Daß der Stab ein kultisches Gerät war, bestätigt schon sein Name [1]. Erstens wird der Stab durch das kultische Wort *vǫlr* bezeichnet, und außerdem wird er in seiner Eigenschaft als kultisches Gerät bestätigt durch seine Beziehung zu einer Macht, die nur als „Thors Freund" bezeichnet werden kann.

Was das Aussehen dieses Geräts betrifft, so kann der erste Teil des Mythos vielleicht einige Hinweise geben. Wir finden dort eine genaue Beschreibung von Thors Reise nach Utgard. Er wurde bei dieser Gelegenheit von reißenden Strömen aufgehalten, die ihn sicher umgeworfen hätten, wenn er nicht seinen Stab fest in den

[1] Anm. d. Herausg.: Sollte nicht der Name *Griđarvǫlr* mit *griđ*, „Friede", zusammenhängen und der Name der Riesin sekundäre Aithiologie sein?

Grund gestoßen hätte. Wahrscheinlich wurde diese kühne Tat des Asen, seine Durchquerung der eisigen Flüsse, die voll von Gift und scharfen Schwertern waren, beim Blotfest in dem Augenblick dargestellt, wo das Blut aus dem Opfer spritzte. Das Vergießen des Blutes war ein Vorgang, bei dem größte Sorgfalt und Mühe verwendet werden mußte, und es ist möglich, daß Thors gefährliche Fahrt dramatisch und symbolisch in jener kultischen Handlung wiedergegeben worden ist, die notwendig war, um zu verhindern, daß das Blut im Gefäß überfließt und verlorengeht. Die Verbindung zwischen Sage und Kult wird ganz deutlich in dem Zuge, daß der Ase, indem er eine Eberesche packte, sich selbst aus dem Flusse heraushob; vielleicht mußte der heilige Stab aus Ebereschenholz sein; die Worte: „Die Eberesche ist Thors Rettung" klingen, als ob sie aus einer kultischen Formel hervorgegangen wären oder aus einer poetischen Kenning, die in einem feierlichen Spruch wurzelte.

Die folgenden Auftritte sammeln sich um die Kessel, in welchen das heilige Fleisch gekocht wurde. Die Mythen geben Hinweise auf Spiele und Bierfreude: die Zubereitung der göttlichen Speise wurde behütet und erleichtert durch einen Trank und eine Aufführung, die von heiligen Sprüchen begleitet wurden. Immer wieder wird die Schlacht erneuert, der Angriff der Dämonen wird in jedem Punkte abgewehrt, und die Überlegenheit des menschlichen Heils wird bestätigt. Eine Sage, die sich auf diesen Teil des Festes bezieht, ist in der Geschichte wiedergegeben, die berichtet, wie drei Götter den Jöten Thiazi umbrachten. Einmal, als Odin, Hœnir und Loki auf einer Reise waren, wurden sie hungrig und töteten einen Ochsen, um sich eine Mahlzeit zu bereiten. Sie zerschnitten das Fleisch und fertigten einen Kochofen an – offenbar ein archaischer Zug, der auf eine alte Art des Fleischzubereitens durch Einschließung in heißen Dampf zurückweist. Als die Götter den Ofen öffneten, sahen sie zu ihrem Erstaunen, daß das Fleisch noch roh war, und als sie sich umsahen, erblickten sie einen Jöten, der sie in der Verkleidung eines Adlers von einem Baum aus beobachtete. Der feindliche Zuschauer gab offen zu, daß er den Mißerfolg verursacht hatte, und er verlangte Zutritt zu dem Feste. Aber als der Gast unverhohlen seine Gier zeigte, indem er die besten Teile des Ochsen schnappte, schlug Loki ihn im Zorn mit einer Stange, und der Erfolg war, daß das eine Ende der Stange an dem Adler hängen blieb, während die Hände des Gottes am anderen Ende festklebten. Loki wurde von dem dahinfliegenden Adler über Stock und Stein gezogen, bis er wahnsinnig vor Qual war und gern auf den Vorschlag des Adlers einging, das Mädchen Idun aus dem Bereich Asgards herauszulocken und sie dem Feinde auszuliefern. Idun war die Göttin, die die verjüngende Speise hütete, und als sie verschwand, wurden die Haare der Götter grau; sehr bald richtete der Verdacht sich auf Loki, und er wurde gezwungen, sich auf eine neue Reise zu begeben, um das Mädchen zurückzustehlen. Der listige Gott verwandelte sich in einen Falken, und es gelang ihm, die Göttin in seinen Klauen fortzutragen, aber seine Flucht weckte den Jöten, der ihn in der Gestalt eines Adlers verfolgte; als der Feind aber über die Mauer Asgards hereingesaust kam, fand er sich plötzlich von Flammen umgeben; die Götter standen bereit, hatten Späne von ihren Speeren geschnitzt, und im entscheidenden Augenblick steckten sie den Haufen in Brand, so daß die Flammen aufloderten und die Flügel des Eindringlings versengten. – In diesem Mythos haben wir das Ritual für das Feuerzünden, das ein Mittel darstellt, um die Mächte der Zerstörung oder der Krankheit, die hinter allen Dingen in Midgard lauern, zurückzudrängen und dadurch den vollen, schöpferischen Kessel zum Zwecke der Bewahrung der Menschen und ihres Heils zu erhalten. In dieser Kulthandlung erscheint wiederum der Stab oder ein ähnliches Gerät als kultisches Zubehör. Welche Gefahr durch das Vorhaben des Jöten entsteht, zeigt sich im letzten Teil des Mythos; wenn sein Plan gelungen wäre und Asen und Menschen der geweihten Speise beraubt worden wären, hätten sie alles Heil, Jugend und Gesundheit, verloren.

In einer anderen Sage ist es Hrungnir, „der Entführer von Thrudr“ (d. h. der Kraft), der Tochter Thors, der gewaltig geschlagen wird. Noch andere kultische Mythen erzählen davon, wie das räuberische Streben des Jöten nach Freyja, der Göttin, mit der das Licht der Welt verbunden ist, verteilt wurde. Welche Gestalt die Mythen auch annehmen, sie zeigen den Hintergrund eines kultischen Kampfes, indem sie ausdrücken, was geschehen würde, wenn das heilige Werk nicht zu einem glücklichen Ende gebracht würde. Es war diese große zeitlose Schöpfung während des Blotes und die Überwindung der Mächte des Chaos in ihm, die die Götter und Menschen zu Herren der Welt machten und die Jöten gebannt hielten, in ohnmächtiger Wut, außerhalb ihrer Grenzen lauernd. Der Kult bestätigte den Sieg, und die Sage feiert die erfolgreiche Anspannung der Kräfte.

In dem Kampf um Weltherrschaft personifiziert das Opfer den

Feind, und das Schlachten stellt das Töten der „ungeheuren" Dämonen dar. Aber das Drama hat auch eine andere Seite, die ein Ausdruck ist für die Heiligkeit und den Segen, die in dem geweihten Tiere wohnen.

Der Mythos von Thor, der seine Böcke schlachten und als Fleischgericht dienen läßt und sie wiederbelebt, indem er seinen Hammer über die Knochen und Felle schwingt, zeigt uns einen zentralen Auftritt beim Töten des Opfers. Die geschlachteten Tiere waren nicht so und so viele Stück Herdenvieh, die aus dem Gehege herausgenommen und niedergestochen wurden; sie repräsentierten die heilige Herde, die den Opfernden als beseelende und stärkende Speise ihr Wesen schenkte, ohne sich einem Verlust an Lebenskraft auszusetzen; das Leben kehrte in seinen Ursprung zurück und strömte in neuer Fülle hervor. Deshalb war es notwendig, das Blut des Opfers am heiligen Ort zu vergießen und gewisse Teile des Fleisches als Sitz der neubelebenden Kraft aufzuheben. Die Tatsache, daß Thors Böcke hinkten, weil einer der Tischgenossen einen Knochen zerbrochen hatte, um das Mark auszusaugen, zeigt, daß die Knochen des geweihten Tieres im allgemeinen als heilig und unverletzbar galten. Der Mythos holt, wie es seine Art ist, den inneren Sinn hervor, indem er darauf hinweist, was das Resultat wäre, wenn die kultische Handlung nicht ihren Zweck erreichte oder wirkungslos gemacht würde, indem irgendein schöpferischer Gegenstand vernachlässigt würde. Das Schlachten war weit davon entfernt, eine Beeinträchtigung des Heils und der Fortdauer des Viehs zu sein, es führt vielmehr eine neue Geburt mit sich, für die Herde sowohl wie für die Menschen, die das Fleisch unter sich teilten; durch die kultische Weihe des Opfers mit dem Hammer oder einem anderen Gegenstand, der über dem Tierkörper geschwungen wurde, ward die Herde geboren.

Es ist augenscheinlich, daß der Mythos eine realistische Schilderung des Auftrittes gibt: die Knochen wurden gesammelt und auf den Fellen ausgebreitet, um gesegnet zu werden. Wir können die weitere Folgerung ziehen, daß dem Hirnschädel ein hervorragender Platz in der Halle gegeben war und daß er bei den dramatischen Vorgängen eine Rolle spielte. Diese Vermutung wird bestätigt durch einige Andeutungen der alten Literatur von einem mythischen Kopf, den Odin in Zeiten der Not um Rat befragte, und sie bekommt noch größeres Gewicht durch einige deklamatorische Worte des Papstes Gregor; der heilige Vater ist erschüttert durch das unpassende Benehmen der Langobarden, die angeblich um den Kopf eines Widders herumlaufen und ihn mit greulichen Liedern verehren.

Es ist notwendig, das Tier zu töten, weil die Erschaffung und Aufrechterhaltung der Menschen und ihrer Welt von seinem lebenspendenden Fleisch abhängig ist; aber so unbedingt geboten die Maßnahme auch sein mag, bedeutet der Angriff auf den Träger der heiligen Hamingja nichtsdestoweniger nicht nur eine furchtbare Gefahr, sondern geradezu einen Überfall, der an Gewalttätigkeit grenzt, ja er würde ein wahrer Gottesfrevel sein, wenn er nicht durch die folgenden Weihehandlungen gerechtfertigt und gesühnt werden könnte. Der norwegische Mythos von Skadi bezieht sich auf eine sühnende Handlung dieser Art. Als Thiazi getötet worden war, erschien, wie erzählt wird, seine Tochter in voller Rüstung, um Mannesbuße zu fordern; die Asen empfingen sie mit schönen Worten und boten ihr Versöhnung und Wiedergutmachung an, indem sie ihr die freie Wahl gaben, sich einen der Asen als Ehegatten auszusuchen, bloß mit der einen Einschränkung, daß bei der Wahl nur die Füße der Asen sichtbar sein sollten. Sie wählte das schönste Paar Füße im Kreise, indem sie fälschlich annahm, daß diese nur Balder, dem vollendet schönen, gehören könnten. Anstattdessen sprang aber Njörd auf und forderte sie als Braut. Sie machte nun ihre Zustimmung davon abhängig, ob die Asen sie zum Lachen bringen könnten, und Loki befriedigte sie durch eine Posse; die sagenhafte Beschreibung von Lokis kleinem Scherz bildet offenbar das Programm eines dramatischen „Spiels", das aufgeführt worden ist, um die Freude der Kultgäste nach der finsteren Abschlachtung wiederherzustellen, oder mit anderen Worten, um den Erfolg der sühnenden Handlung darzustellen – und dies bildet eine Parallele zu dem wohlbekannten Auftritt im eleusinischen Drama.

In einer Burleske, in welcher ein eifriger Christ einen kultischen Auftritt travestiert hat, der Völsi-Geschichte, erfahren wir, daß das Zeugungsorgan eines Pferdes jedenfalls gelegentlich bei einer Zeremonie benutzt wurde, die Befruchtung andeutete; das fragmentarische und recht armselige Stückchen Satire gewinnt dadurch großes Interesse, daß es uns einen Wink über die Stellung gibt, die poetische Formeln im Blot einnahmen. Jeder Anwesende, hören wir, nahm den Gegenstand in die Hand und sprach ein rhythmisches Formæli, auf Zeugung hindeutend, das mit den Worten endete: Mörnir empfange dieses Blot. Die Völsi-Verehrung wird von dem Verfasser als ein ländlicher Kult hingestellt, von düsteren Heiden in einem abseits liegenden Gehöft ersonnen; es ist aber wahrscheinlicher, daß es die Reminiszenz eines Aktes beim Opferfest ist, der die wirkliche Zeugung darstellte, wo der zeugende Samen in die Leiber von Frauen und Tieren einging und so jede folgende Zeugung fruchtbringend machte.

Die Zurüstung des Bierfasses, oder in früheren Zeiten des Metkübels, ist nur in einer einzelnen Sage erwähnt, wo erzählt wird, wie Odin dem Jöten Suttung durch Betrug den Met entriß, indem er sich einen Weg in die Höhle bohrte, wo Suttung die köstliche Flüssigkeit aufbewahrte, und wie er Suttungs Tochter durch Liebeserklärungen betörte. Diese Geschichte, die in zwei Versionen überliefert ist, eine bruchstückartig und abgerissen in Versen der Edda, eine andere von Snorri wiedererzählt oder richtiger zu einer humoristischen Erzählung umgeformt, kann nur auf das Vorhandensein eines umfassenden Kults hinweisen, vermag uns aber kaum einen Schlüssel zu dessen Eigenart zu geben.

Aber der Kult ging nicht plötzlich mit der Schlacht gegen die Jöten zu Ende. In der Mitte der Halle wurde die ganze Welt dramatisch dargestellt, sie wölbte ihren Himmel über breite Flächen mit weit dahinströmenden Flüssen; die Erde und alle Gewässer der Erde waren in den Kesseln und der Feuerstätte enthalten und darüber neigten sich die Zweige der Esche Yggdrasil, die mit ihren ausgebreiteten Armen die Heimstätten der Götter, Menschen und Jöten schirmte. Die Halle und die Feuerstätte, wie sie den Blotgenossen erschienen, die mehr die darunterliegende Wirklichkeit als die äußere Gestaltung erblickten, sind von Snorri nach den Angaben alter Verse geschildert worden. Die Zweige der Esche erstrecken sich über die ganze Welt und reichen über den vollen Himmelsbogen; die Esche sendet drei weitverzweigte Wurzeln nach unten, die eine ist bei den Göttern, die andere bei den Jöten und die dritte endet im Reiche der Toten. Unter den Wurzeln sind Quellen, die eine ist die Quelle der Weisheit, eine andere, Urds Brunnen, ist die Quelle von Leben und Schicksal.

Um zu verstehen, was die Augen der Alten sahen, müssen wir unsere geographisch und räumlich beschränkte Erfahrung mit der Wirklichkeit der primitiven Auffassung vertauschen. Das Megin der Erde, ihre Weite und Breite, ist in einer Handvoll Erde enthalten, die auf oder rings um die Feuerstätte aufgehäuft ist, der

Stamm und das Laub des Baumes ist ganz und gar im kleinsten Zweig vorhanden; genau so stellt jeder Teil, z. B. der Hirnschädel, das ganze lebende Tier dar, dessen Flanken von den Pulsschlägen des Lebens zittern, dessen Beine von ungesprungenen Sprüngen beben – ja, noch mehr: er stellt alle Arten von atmenden und springenden Tieren dar. Die Szene schildert gleichzeitig den schützenden Baum, der, eine tiefe Quelle überwölbend, vor dem Hause steht, und das kultische Gegenstück des Baums und der Quelle, das jetzt in die Kulthalle hineinverpflanzt ist, denn die beiden sind identisch; beide sind heilig, d. h. sie sind der Prototyp oder der schwangere Mutterleib der Welt, und mittels der Kraft des Festes ist die ganze Hamingja am heiligen Ort konzentriert, so daß sie nicht nur das Urbild aller existierenden Dinge, sondern die Welt selber wird und die bloße Räumlichkeit von Erde und Himmel an tiefer Realität überbietet.

Aber die Welt wird nicht auf dem Herde ausgebreitet als etwas, was einfach existiert. Allmählich wie die kultische Handlung fortschreitet, erhebt die Erde sich und gestaltet sich zu der glücklichen Wohnung des Menschen, und die himmlischen Lichter treten hervor und ordnen sich zu ihrem täglichen Rundgang. So wie das Opfer zerschnitten und auf die Kessel verteilt wird, wird der Urjöte Ymir von den Göttern getötet, sie erschaffen die Erde aus seinem Körper, die Gewässer aus seinem Blute und den Himmel aus seinem Schädel. Darauf entsteht das Geschlecht der Menschen, oder vielmehr unser Geschlecht, durch den Vorgang, der in der Völuspa beschrieben wird: drei Götter kamen zu dem Hause und fanden auf der Erde Ask und Embla, ohne Kraft und ohne Schicksal; Odin gab Geist, Hœnir Klugheit, Lodur Lebenssaft und die Farbe der Gesundheit, *lá ok lito góða*. Wie der letzte Teil der Schöpfung im Kult ausgeführt wurde, ist in der Skaldensprache, in einer poetischen Metapher angedeutet, die mit Beziehung auf das Ritual geprägt worden ist und in der der Inhalt des Horns mit derselben Bezeichnung – *lá* – benannt wird. Einen weiteren Kommentar liefert ein Vers der Edda, nach welchem Odin sich freut, weil er den Met vom Reich der Jöten geholt und ihn „am Rande des Heiligtums der Menschen“ hingestellt hat; er frohlockt darüber, daß er „glücklich erworbene Farben“ gekostet hat. Die kultische Bedeutsamkeit der Ausdrücke enthüllt sich in dem wiederholten Vorkommen der Bezeichnung *litr*, die in dem Vers in der Völuspa gebraucht wird.

Die Erschaffung der Welt durch die Zerstückelung des Opfers wurde ohne Zweifel von anderen ausmalenden Umständen begleitet; die Mythen haben Hinweise auf die weiße Erde, die benutzt wurde, „um die Wurzeln Yggdrasils zu überschütten", und in einem Kataloggedicht wird gesagt, daß die Erde von den großen Göttern *aurr* genannt wird, was wahrscheinlich bedeutet, daß *aurr* eine kultische Bezeichnung ist. Wir hören außerdem, daß „das Megin der Erde" dazu gut ist, das Bier stark und gesundheitspendend zu machen, und aus dieser Andeutung sehen wir, daß die Erde in dem Kult vertreten sein mußte, wenn das Blot voll und ganz sein sollte.

Der Schöpfungssage zufolge entstand die Erde mitten im Ginnungagap, in der gähnenden, leeren Kluft zwischen der glühenden Hälfte im Süden und dem eisigen nördlichen Teil; die Funken aus dem Brand stießen mit den giftigen Tropfen aus der Kälte zusammen und mit dem Nebel, der von den vereisten Flüssen aufstieg, und das Ganze erstarrte zu einer Masse, ähnlich der Schlacke, die aus einem Feuer rinnt. Die Götter legten den Körper des erschlagenen Jöten Ymir in die Mitte von Ginnungagap, um daraus die bewohnbare Welt zu bauen, und die fliegende glühende Asche befestigte sich am Himmel und wurde zu Sternen und Himmelskörpern. Diese Sage ist der Text des Schöpfungsdramas, das an der Feuerstätte im Spiel der Flammen und des Rußes aufgeführt wird, die den heiligen Kessel mit dem Schlachtopfer in der Mitte umkreisen.

Jetzt kommt die innere Wahrheit der Völuspa zum Vorschein. Die abgerissenen Bilder ihres ersten Teils sind kurze Andeutungen der Aufzüge in der Blothalle, und aus diesem tief suggestiven Stoff konstruiert der Dichter ein fortschreitendes geschichtliches und eschatologisches Drama. Er beginnt mit der Zeit, wo nichts war, weder Sand noch See noch kalte Wogen; es war keine Erde, kein Himmel oben, nur Ginnungagap und nirgends ein Grashalm. Es war in den Urzeiten, als Ymir lebte. Da hoben Bors Söhne die Erde und die Götter, die Midgard schufen, empor; die Sonne schien von Süden auf die Fliesen der Halle, grüner Lauch deckte den Boden. Die Sonne kannte ihren Platz nicht, der Mond kannte sein Megin nicht. Die Götter gingen zu den Ratssitzen und gaben Nacht und Morgen, Mittag und Abend ihre Namen. – So fängt das mächtige kosmische Drama an. Die Verse eröffnen keinen Einblick in das Chaos von Nichts und Nirgends, wo spätere christliche Dichter den leeren Raum mit den Flügeln der Phantasie überwinden, sondern in die deutlich bestimmte Umgebung der Blotgenossen. Die neue Sonne trifft „die Fliesen der Halle" mit ihren Strahlen; in den Versen, die berichten, wie die Götter das Land emporheben und zu den Sitzen gehen, wo das Schicksal entschieden wird, haben die Worte eine exakte und gleichzeitig weitreichende dramatische Bedeutung.

Wahrscheinlich sind die Mythen in ihrer späten Form vom Einfluß christlicher Schöpfungssagen berührt, aber die Umstellungen sind nicht in ihren Kern gedrungen, und sie tragen noch das unverkennbare Zeichen eines lebenden Kults. Unsere Analyse aber könnte leicht abgelenkt werden durch unsere traditionelle Vorstellung der Schöpfung, als ein für allemal, rein aus dem Nichts vollzogen, die eine Periode der chronologischen Zeit voraussetzt, wo die Welt nur als eine zukünftige Möglichkeit existierte. In der primitiven Sprache bedeutet Schöpfung ein Werden wie jedes andere Werden, ein immer neues und immer wiederholtes organisches Aufbauen, das das Dasein wirklich und zuverlässig macht. Unsere Schlußfolgerung, daß ein Nichts dagewesen sein muß, bevor ein Etwas entstand, hat hier keine Berechtigung, weil die Voraussetzung, die diese Folgerung für unser chronologisch fortschreitendes Denken notwendig macht, in der primitiven Erfahrung fehlte. Um einen Wert zu haben, müssen die Antworten, die die Menschen auf ihre Probleme geben, latent in der Frage vorhanden sein. Für uns ist das natürliche Problem: Was war, bevor die jetzige Welt geschaffen wurde? Die primitive Erfahrung stellt die Frage: Was wäre, wenn die Schöpfung fehlschlüge? Jener Schlund, aus dem die Welt sich durch die mächtigen Taten der Götter erhob, ist, wie die Raubüberfälle der Jöten, eine dunkle Möglichkeit von Chaos, die ständig durch das Blot abgewehrt wird. Schöpfung bedeutet Sieg über die formlosen, zerstörenden Mächte, es bedeutet die Welt *heore* zu machen, und deshalb beginnt das kosmische Drama mit der Tötung des Jöten und mit der Zerstörung, die die ertränkenden Ströme seines Blutes über sein Geschlecht bringen.

Der Kult enthielt einen Aufzug, der die Einweihung oder Fruchtbarmachung der Kleinode genannt werden konnte. Gold, entweder ein Ring oder ein anderer kostbarer Gegenstand, wurde offenbar auf den Herd gelegt oder in den Kessel getaucht, wie es am deutlichsten in den festen Metaphern der Dichter angedeutet wird. Gold wird sehr häufig die Glut der Tiefe oder das Feuer der Flüsse genannt, was bedeutet, daß es geboren und heilhaft gemacht wird durch Versenkung in die urbildlichen Flüsse, die von den Kesseln durch die Welt strömen. Dieser kultische Vorgang wird in einem Vers der Grimnismal erwähnt, der sagt, daß die Flüsse die „Schätze der Götter" umfließen. Welche Rolle diese Behandlung des Goldes im kosmischen Drama spielte, können wir nicht sicher sagen, aber da wir die tiefe Bedeutsamkeit der Kleinode als Träger der Hamingja kennen, brauchen wir nur zu bedenken, wie weit ausgreifend das Heil der Sippe war, und können ungefähr erraten, welche repräsentative Wichtigkeit das Gold in dem kosmischen Drama besessen hat. Es mag die Reichtümer der Menschen personifiziert haben, mag vom ersten Ursprung der Dinge ausgegangen sein und danach alle ihre Offenbarungen von der Fruchtbarkeit des Bodens an bis zur Sonne mit einbezogen haben. Von der Wirkung des Kults findet sich eine Andeutung in dem Mythos von Draupnir, dem Ring der Götter, der auf Balders Scheiterhaufen gelegt und aus der Unterwelt zurückgeschickt wurde, und der die Gabe hatte, in der Nacht neue Ringe zu träufeln.

Über die äußere Form oder die Ausschmückung des Dramas haben wir keine Hinweise außer denen, die in der Terminologie der Mythen enthalten sind. Die Ausschüttung von Erde auf die Feuerstätte und das Hinstellen der Kessel, Manipulationen mit den Kleinoden und Hirnschädeln und Bewegungen mit dem „Thors-Hammer", ebenso wie das Heben des Hornes waren Handlungen, die voller Bedeutsamkeit waren, aber wir wissen nichts über die Art, wie sie ausgeführt wurden. Und was die Worte betrifft, die die Handlungen begleiteten, können wir nur erraten, daß sie alle Abstufungen von kurzen Versen oder Formeln in gebundener Rede bis zur Rezitation von Stammtafeln und dem Vortrag von Sagenliedern aufwiesen. Wir können vielleicht aus der traditionellen Form der Eddagedichte schließen, daß der Kult zum Teil in der Form von Fragen zur Ausführung kam. Aus der Tatsache, daß das Wechseln von Frage und Antwort regelmäßig in der Nähe von rituellen Stellen auftaucht, brauchen wir nicht den Schluß zu ziehen, daß das Blot als eine Katechisation ausgeführt wurde. Doch ohne Zweifel ist diese Art, mythologisches Wissen weiterzugeben, auf der Basis einer altertümlichen

Anrede emporgewachsen; wir wissen, wie der Vormann das Horn „segnete“ und den Trank durch sein Formæli wirkungsvoll machte, und wenn wir von diesem Bilde ausgehen, können wir uns einen Auftritt vorstellen, wo die Genossen aufmerksam zusahen, wie ihre Brüder die kultischen Gegenstände handhabten und auf das Formæli warteten, das den Vorgang erklären und vollenden sollte.

Die Einsicht, die wir durch Mythos und Sprache gewinnen, ist reich an Andeutungen, aber nichtsdestoweniger in den Umrissen sehr verworren, und eine Darstellung muß nach dem vorhandenen Stoff geformt werden; eine Schilderung ist um so wahrer, je mehr sie die Tiefe des Sinns und des Pathos des Blotes zeigt, ohne willkürlich die Umrisse des Bildes stärker aufzutragen.

Dies sind also die Hauptthemen des Kults; sie wechseln ohne Zweifel in den Einzelheiten und der Gestaltung von einem Ort zum anderen, aber sie sind in den Ideen und im allgemeinen Charakter identisch. Die Geschichte der Sippe fügte sich nun diesem zeremoniellen Schema ein. Man hörte die Stimmen der Vorfahren, die sich mit der Rede der Götter mischten; aus dem Kampf mit den Jöten entsprangen Taten früherer Generationen, die mit sterblichen Feinden zu streiten hatten. Alle kultischen Handlungen waren wahrscheinlich von einem mitwirkenden historischen Sinn angeregt, der von den Männern, in welchen die Vergangenheit eine lebendige, plastische Kraft war, deutlich verstanden wurde, gleichviel ob er sich nun bloß *implicite* behauptet hat oder sich in unmittelbaren Anspielungen auf wohlbekannte Überlieferungen Ausdruck verschaffte, oder ob er in Rezitationen und Preisliedern hervorgeströmt ist. In dieser Form sind die Stammesüberlieferungen der Völsungen der Nachwelt erhalten geblieben; die Heldentaten, die die Grundlage für den Ruhm und die Macht der Sippe bildeten, sind in der Sage vom Kampf des Ahnen mit dem Drachen Fafnir und von seiner Eroberung des schicksalsschweren Andvarihortes verewigt. Die historischen Verhältnisse der Erzählung sind in den Nebenumständen angegeben: Bevor Fafnir zu einem Wurm wurde und auf sein Gold kroch, hatte er seinen Vater getötet, um in den Besitz der Reichtümer zu gelangen, die von den Göttern stammten, und Sigurd, der Drachentöter, wird von Regin, dem Bruder Fafnirs, dazu erzogen, die Rache auszuführen, die der Verwandte ersehnte – und doch verwünschte. Als Sigurd die Tat ausgeführt hat, während Regin hinter den Büschen versteckt war, werden die finsteren zweizüngigen Pläne des Anstifters, der genötigt ist, die Tötung seines Bruders zu ahnden, dem Helden von den Vögeln offenbart, die über seinem Kopfe zwitschern, und er vollendet kühn sein Werk, indem er den Ränkeschmied denselben Weg schickt, den sein Bruder gegangen war. Dann lädt er die Schätze auf sein Pferd, wirft sich auf dessen Rücken und reitet zu neuen und kühnen Abenteuern davon. Die Spuren der Familienüberlieferung sind deutlich, aber die historischen Begebenheiten sind bis zur Unkenntlichkeit verkleidet, weil sie in der Gestaltung des Blotes wiedergegeben sind. Die Sage spiegelt nicht nur die äußeren Tatsachen wieder, sondern erzählt die Geschichte noch einmal, wie sie sich während des Festes in kultischen Worten und Taten entfaltete, wenn die Heldentaten in der Anwesenheit und der Kraft der Götter wirklich gemacht wurden. Im nordischen Gedicht werden Fafnir und Regin Reif-Thursen genannt, und das bedeutet, daß ihnen das Leben beim Töten des Thursen, beim Schlachten des geweihten Opfertieres genommen wurde. Ferner schneidet Sigurd das Herz aus und brät es über dem Feuer, und er trinkt das Blut des Erschlagenen – eine Szene, die das kultische Kosten der inneren Teile und das Bespritzen mit dem heiligen Blute wiedergibt, welches die vollständige Niederlage der Feinde des Menschen, der menschlichen wie der dämonischen, gewährleistete. Obwohl das Gedicht, wie es jetzt dasteht, eine bloße Erzählung geworden ist, deutet es doch durch die Form seiner Schilderung an, wie die beiden Seiten, die eine, die wir historisch nennen, und die andere, die wir als kultisch bezeichnen, in dem Drama der Blothalle verschmolzen waren: rein menschliche Ausbrüche von Schmerz und Trotz und Triumph sprudeln organisch hervor aus der kultischen Behandlung des Fleisches vom Opfertier und der Flüssigkeit aus dem Bierfaß.

In der Geschichte der Opferhalle ist der individuelle Krieger in den Gott eingegangen oder, was dasselbe ist, in die ideale Personifikation der Sippe, in den Helden. Diese Form von Geschichte verursacht endlose Verwirrung unter den späteren Geschichtsschreibern, wenn sie sich eifrig bemühen, die mythischen Überlieferungen als chronologische Begebenheiten zu ordnen und die Heldentaten des Stammes in Annalen und in die Reihenfolge der Könige einzureihen. Und die Verwirrung steigert sich ins Absurde, wenn rationalistische Logiker beim Lichte der gesunden

Vernunft versuchen, den historischen Kern von der Spreu des Aberglaubens zu trennen. In einer königlichen Gestalt wie der des berühmten Froda, des Hardubardenfürsten, sind politische Taten unentwirrbar mit kultischen Vorgängen vermengt. Einerseits ist er ein irdischer König, schlicht und einfach, wenn er Krieg führt und sich mit dem benachbarten Hause der Skjöldunge durch Heirat verbindet. Andererseits ist er eine Personifikation des Friedens, der zur Festzeit herrscht, wenn er als der ideale Friedensstifter gepriesen wird. Während seiner Regierung, hören wir, war es im Reich so sicher, daß ein Goldring jahrelang unberührt auf der Landstraße liegen konnte, und daß man von keiner Tötung hörte; sogar der Rächer ließ den Töter seines Bruders unbehelligt. Der Friedensspender ist nichtsdestoweniger kein anderer als der mächtige Kriegerkönig: seine Herrschaft wird durch die Bezeichnungen gepriesen, die vom Opferfest stammen. Keine deutliche Linie scheidet den Gott von dem Fürsten, und der Geschichtsforscher, der von modernen Grundsätzen ausgeht, wird, je nach seiner Einstellung, dazu gebracht werden, entweder das menschliche Element als verkleideten Mythos zu deuten oder den Kult zu zwingen, eine symbolische Geschichte zu liefern; und in beiden Fällen wird er in unlösbaren Schwierigkeiten enden. Diese Ungereimtheit, die durch die Tatsache verursacht wird, daß die Geschichte in kultische Sprache übertragen ist, haftet der ganzen Masse alter Sagen an und wird sie zu einem Apfel des Zankes zwischen dem profanen Geschichtsschreiber und dem Religionshistoriker machen, solange Religion und Geschichte des Lebens als zwei trennbare Gebiete betrachtet werden.

In der primitiven Kultur steht die Religion in enger Fühlung mit der Alltagswirklichkeit. Im Fest wird das ganze Dasein, mit Arbeit und Kampf, Fischerei und Jagd, Essen und Zeugung emporgehoben und verinnerlicht, ohne jedoch so vergeistigt zu werden, daß es seine Tatsachenstofflichkeit verlöre. Es gibt eine Dichtkunst des Lebens, die gelebt und nicht nur ausgedacht und gesungen wird: Poesie und Kunst werden in dem Feste greifbar gestaltet, das gleichzeitig Tragödie und Farce enthält und vollendete Freude bereitet, denn Leben und Erfolg hängen von dem Spiel und den Scherzen ab. Dieser künstlerische Grundsatz erlaubt keine Unterscheidung zwischen der poetischen Welt der schönen Gefühle und der grauen Prosa des täglichen Daseins; eine rein ästhetische Wertung von Schönheit und Kunst, wie sie notwendig wurde, als die Religion vom Leben getrennt wurde, ist bei alten und primitiven Völkern undenkbar, bei denen Religion eine Verklärung der Totalität des Lebens und seiner Nöte ist. Die Worte der Dichtkunst sind schön und begeisternd, wenn sie wirklich sind, auf die innersten Quellen des Daseins zurückgreifen und Heil schaffen; die Verse sind kraftvoll und nützlich, wenn sie die Herzen der Männer bewegen, ihren Mut stählen und ihre Hoffnung beflügeln. Die Poesie der Worte ist nichts weiter als die Sprache des Lebens, wenn es am stärksten und vollsten pulsiert, sie ist die Sprache des Festes und also durchtränkt von dem Geiste des Blotes; ihre Metaphern stellen die anregenden Bilder der Opferhalle dar, und daher werden sie für uns ein Gefäß religiöser Ideen und Gebräuche.

Es gibt ein Gebiet des Kultes, das einen besonderen Charakter hat, nämlich das Ritual, das dazu bestimmt ist, ein Bindeglied zu bilden zwischen den Menschen und der goldhaarigen Göttin der Scholle. Der Kult der Germanen, wie der ihrer Vettern, der homerischen Griechen und der vedischen Völker, gruppiert sich um das Viehheil als Mittelpunkt, und in vielen Gegenden blieben die Herden der Grundstock des Reichtums. Ziegen werden häufig an verschiedenen Stellen des germanischen Gebietes als Hauptbestandteil des Opferfestes erwähnt, und in Mythos und Kult nimmt der Widder eine hervorragende Stelle ein, während die Färse ausgeschlossen ist; später waren die Wiesen wohlhabender Leute voll von Kühen und sogar von Pferden, aber in ärmeren Gegenden bildete das Kleinvieh den Hauptunterhalt der Bevölkerung.

Die Kunst, die Erde fruchtbar zu machen, indem man ihren Körper mit der Pflugschar aufriß und sie mit lebendem Samen schwängerte, ist in prähistorischen Zeiten aus dem Süden eingewandert. Und in der primitiven Kultur brachte die Einführung neuer Geräte und Methoden geistige Ausdehnung sowohl wie materiellen Fortschritt. Der Gebrauch des Pfluges und die Kenntnis seiner religiösen Belange und der rituellen Art seiner Handhabung sind unzertrennlich, denn niemand kann nur durch mechanische Manipulationen Erfolge erzielen. Landwirtschaft lernen heißt in einen Kult eingeweiht werden, und daher verbreiteten sich die Zeremonien, die sich auf das Getreide bezogen, in sehr frühen Zeiten durch Deutschland und Skandinavien; landwirtschaftliche Riten wurden in den Rahmen des gewöhnlichen Blotes aufgenommen und in allem Wesentlichen mit den alten Aufzügen und Formeln verschmolzen, und diese wurden mehr oder weniger oberflächlich von ihnen geprägt, je nachdem die Landwirtschaft die hauptsächliche Beschäftigung war oder nur als Behelf eine Rolle im Leben des Volkes spielte.

Auf den weiten Ebenen im südlichen Skandinavien und im mittleren Schweden war der Einfluß der Ackerbauriten weiter verbreitet und färbte die Feste stärker als in Norwegen. Wir müssen bedenken, daß der Ackerbau nicht auf einmal eingeführt wurde; er sickerte vielmehr langsam durch, eine Erfindung folgte der anderen, und jede trug einen reicheren Kult mit sich. Diese Einwanderung der Riten ist durch Tausende von Jahren fortgesetzt worden, wie wir es aus den heutigen Gebräuchen der Bauern sehen, die deutlich anzeigen, daß der Einfluß der Religion der Mittelmeerländer nicht einfach mit dem Sieg des Christentums erschöpft war, sondern daß er durch das Mittelalter hindurch fortdauerte und sich oft der Geistlichkeit zum Trotze durchsetzte, noch häufiger aber vielleicht durch die förmliche Aufnahme vorchristlicher Riten in den Usus der Kirche sich ausbreitete. In Schweden wurde das von den Vorfahren übernommene Blot so vollständig von landwirtschaftlichen Zusätzen fremder Art gefärbt, daß gewisse fürstliche Familien ihren Gott mit dem Namen Herr, *Freyr*, bezeichneten; im Stammbaum der Ynglinge, die in früheren Zeiten im südlichen Skandinavien gewohnt haben mögen, aber später jedenfalls ein Königreich in Upsala gründeten, steht Frey unmittelbar über dem Urahnen, Yngvi.

Der reicher zusammengesetzte Kult führte Zeremonien mit, die von sexueller Leidenschaft und fieberhafter Erregung stark gefärbt waren. In den Überlieferungen des Nordens zeichnen sich die Riten von Upsala als außerordentlich dramatisch und überschwenglich aus, voll von wollüstigen Tänzen, obszönen Liedern und menschlichen Schlachtopfern – wie spätere historische Schriftsteller, ein Saxo und ein Adam von Bremen, uns berichten.

Die Hauptlinien des Kults sind aus diesen Andeutungen genügend klar zu erkennen, so daß seine nahe Berührung mit den Sitten feststeht, die an den Mittelmeerküsten wohl bekannt waren; aber unser Stoff erlaubt uns nicht, den wirklichen Vorgang zu rekonstruieren. Bei Tacitus finden wir eine kurze Erwähnung von Prozessionen, in welchen die Göttin Nerthus auf einem Wagen durch die Gegend fuhr, mit Jubelausbrüchen begrüßt, wohin sie kam, bis sie schließlich in das Dunkel eines Hains verschwand, wo rätselhafte Riten mit Waschungen und Tötungen stattfanden. Aus Norwegen kommt eine höchst erbauliche Geschichte von einigen amüsanten Abenteuern, die einem norwegischen Jüngling in Schweden passierten. Der Ausreißer trifft eine hübsche Priesterin und wird von ihr herausgeputzt, um den Gott Frey auf seiner Fahrt durch das Land zu personifizieren, nachdem er den alten teuflischen Götzen tapfer in kleinste Stücke zerschlagen hat; der neue Gott benimmt sich sehr entschieden in seiner Forderung, die Opfergaben zu Gold und beweglicher Habe verwandelt zu erhalten, und er erfreut das Herz seiner Verehrer, als er seine Braut mit einem Kinde schwanger macht. Zuletzt entflieht er, und es gelingt ihm nicht nur, die Beute fortzuschaffen, sondern er sichert sich auch noch den glücklichen Genuß seiner Reichtümer, indem er sich taufen läßt. – Der widerspruchsvolle Charakter der Erzählung macht ihren Wert als Zeugnis zweifelhaft, außer in bezug auf die Tatsache, daß rituelle Reisen von der Art der Nerthus in einigen Teilen von Schweden häufig, in Norwegen aber unbekannt waren.

Die Sage von dem Krieg zwischen den Asen und den Vanen handelt von einem Streit zwischen zwei Stämmen oder Völkern mit verschiedenen Ritualen, da die Vanen ein Volk von Njörd-Verehrern oder Ackerbauern *par excellence* waren. Dieses Volk muß materiell und religiös in einem Teil von Skandinavien vorherrschend gewesen sein, da sein Name als Bezeichnung für den Götterstamm, der mit Feldbestellung und Ernte verbunden wurde, in die Überlieferung eingegangen ist. Frey und Njörd – nahe verwandt mit der Nerthus des Tacitus – und ihre Verwandten werden in der Mythologie des Mittelalters als Vanen und Vanengötter bezeichnet, ihre Verehrer sind der Vergessenheit anheimgefallen. Die Mythen verbinden diese Götter mit der Vorstellung von großem Reichtum und verewigen auf diese Weise die Erinnerung an Erfolg und Überfluß der Völker, die eine weite Ebene beackern, und vor allem an diese nichtlokalisierbaren Vanen, die wahrscheinlich eine Zeitlang ihre Heimat in Schweden hatten und Landwirtschaft mit einträglichen Seefahrten und kaufmännischen Unternehmungen in ziemlich großem Umfang verbanden. Der Mythos von der Heirat zwischen Skadi, einer Stammesgöttin aus dem nördlichen Norwegen, und Njörd weist, durch einige Andeutungen in der historischen Literatur gestützt, darauf hin, daß ein Teil von Norwegen um Drontheim herum eine enge Verbindung mit dem Frey-verehrenden Volk in Schweden hatte.

Im Kielwasser des Rituals von Ackerbau und Fruchtbarkeit folgte natürlich das Schwein, das überall das Haustier des Bauern ist. Genau so wie Thor, die Personifikation der einheimischen Kräfte, vom Bock unzertrennlich ist, so ist Frey überall von einem Eber begleitet. In dem Kreis der Frey-Verehrer und noch weiter mag der Eber beim Opfermahl das Kleinvieh ersetzt und die alten Riten des heiligen Blotes auf sich genommen haben.

Die leidenschaftliche Spannung der fruchtbarmachenden Kulthandlungen, die von den Extremen sentimentaler Sehnsucht zu sinnlicher Verzückung reichen, wie wir sie auch sonst bei den Bestellern des Bodens finden, wenn sie hinausgehen und weinen und köstlichen Samen bringen und die Garben mit Jubel heimtragen, diese Stimmung spiegelt sich in den Mythen von Frey, die merkwürdig schlecht zu der Besonnenheit des sozialen Lebens bei den typischen Germanen passen. In einem der Gedichte der Edda, den Skirnismal, ist die zugleich schmachtende und glühende Sehnsucht der Riten, die die goldhaarige Erde in ihren Liebhabern hervorrief, in ein göttliches Liebesgedicht verwandelt, das in der nordischen Literatur kein Seitenstück hat.

Die Götter

Über das Wesen der Götter braucht nur noch weniges hinzugefügt zu werden. Sie zeigen in ihrem Wesen, das den neutralen Zustand von Macht mit Persönlichkeit verbindet, keine besondere göttliche Kraft, denn das ist das Wesen des Lebens in all seinen Offenbarungen. Sie wohnen an dem heiligen Ort und in den heiligen Kleinoden, aber sie können jeden Augenblick hervortreten und sich ihren Freunden offenbaren, entweder im Traum oder beim Licht des Tages. Als Macht oder Heil werden die Götter im Altnordischen *ráđ* und *regin* genannt; *ráđ* bedeutet Rat: Weisheit und Wille, die Kraft zu entscheiden und machtvollen Entschluß; *regin* drückt einfach Heil und Kraft aus (vgl. I 156). In ihrer persönlichen Erscheinung werden die Götter Asen genannt oder in südlichen Dialekten Ansen, ein Name, der nach den Beobachtungen von Jordanes dahin erläutert wird, daß bei den Goten die Häuptlinge, in deren Heil das Volk siegte, Ansen genannt wurden. Ihrer Gestalt nach sind die Götter in einigen Geschlechtern männlich, in anderen Familien und Gegenden weiblich; ihre weibliche Erscheinungsform hat eine natürliche Erklärung in der Tatsache, daß Frauen gewöhnlich einen höheren Grad von Heiligkeit als der Durchschnittsmann vertraten. Die Frage, ob die Götter Tiergestalt annahmen, ist nicht ganz klargestellt. Freilich wanderte die göttliche Kraft der Hamingja in der Herde auf den Feldern umher und hauptsächlich in den Rindern, die geweiht und zu Führern ihrer Schar ausgewählt oder Medien des Segens waren; und in der Blothalle erfüllte die göttliche Stärke das Festopfertier. Das Tier war Gott, aber es war nicht die Götter, und wir haben auch keinen Hinweis darauf, daß die Mächte Tiergestalt annahmen, wenn sie sich ihren Freunden offenbarten.

Zwischen Mensch und Gott besteht kein Artunterschied, jedoch ein vitaler Gradunterschied, indem die Götter die ganze Hamingja sind, die Menschen aber nur ein Teil. Die Grenze zwischen Göttern und Menschen ist stets vorhanden, aber sie ist beweglich; sie verschiebt sich nach unten, wenn die Menschen ihren täglichen Geschäften nachgehen, und sie kann nach oben gerückt werden, wenn sie ihr heiliges Gewand anlegen und in geschlossener Gemeinschaft einen Ausfall machen, zum Kampf oder zum Fischfang. Nur im Blot wird die Grenzlinie verwischt, aber während der Festzeit gibt es keine Menschen, weil die Hamingja alles ist und in allen ist. Die Göttlichkeit der Menschen im Zustand der Heiligkeit kommt in den Metaphern der Dichtkunst zum Vorschein: wenn der Krieger der Gott des Schwertes oder der Gott des Kampfes genannt wird, ist das nur eine Beschreibung der Tatsachen. Dieselbe Wirklichkeit zeigt sich in der Benennung der Frau als „Göttin des Geschmeides“ und noch bedeutsamer als „Biergöttin“, was auf ihr heiliges Amt beim Trunkopfer hinweist.

Die einzige Möglichkeit, das Wesen Gottes zu erläutern, liegt darin, daß das göttliche Element sich in verschiedenen Inkarnationen offenbaren kann, stärker oder schwächer, umfassender oder mehr beschränkt, mehr Gott als Mensch oder umgekehrt mehr Mensch als Gott.

Eine fortgesetzte Linie von aufsteigender Göttlichkeit geht von dem sterblichen Mann durch die Frau und den Häuptling zu den ewigen Mächten, die aus dem Heiligtum hervorgehen. Ein Verbindungsglied zwischen Menschen und Göttern bildet die Fylgja oder der Schutzgeist, der die gestaltende Kraft der Hamingja darstellt. Wenn von der Fylgja die Rede ist, die zu einem einzelnen Menschen gehört, bedeutet dies, wie der römische Genius, die eigene Seele des Menschen und noch etwas darüber hinaus. In Übereinstimmung mit der besonderen römischen Erfahrung und dem streng patriarchalischen Aufbau der römischen Familie ist der Genius die Seele oder die Hamingja des *pater familias*, der der Vertreter des Geschlechtes ist und der, solange er lebt, die Hamingja des Hauses in seiner Person sammelt. Durch seinen Genius geht er in die zeitlose Persönlichkeit der folgenden Generationen auf, durch die Kraft seines Genius verehrt er die Götter und herrscht; der *pater* verehrt seinen eigenen Genius, weil dieser die Familie ist, die in ihm wohnt, und seine Angehörigen verehren seinen Genius, weil er das Glied ist, das sie mit der Hamingja des Hauses verbindet. So ist auch die Fylgja die Seele des Menschen in enger Verbindung mit dem Heil des Geschlechts, wenn auch mit wichtigen Variationen, die für das germanische System charakteristisch waren, welches weniger streng patriarchalisch war als die römische Familie. Der freie Germane personifiziert das Geschlecht in sich und verdankt keinem *pater* seine Selbstbehauptung, aber zugleich ist die Hamingja in dem Führer oder in dem Haupt der Sippe stärker, und infolgedessen ist seine Fylgja eine vollere Verkörperung von dem Heil und der Macht des Geschlechts. In einer Geschichte wie der von Vigfus' Fylgja, die beim Ableben des alten Mannes zu seinem Tochtersohn Glum überging, nähert der Begriff Fylgja sich an Würde der des römischen Schutzgeistes, da sie tatsächlich Träger der Macht und der Verantwortung in Verbindung mit der höheren Kraft ist, die in dem Häuptling der Familie wohnte. Der Dichter Hallfred starb auf einer Reise von Norwegen nach Island; als das Ende sich näherte, „sahen sie eine Frau hinter dem Schiff herschreiten, sie war groß und trug einen Harnisch; sie ging auf dem Wasser, als ob es fester Boden wäre. Hallfred schaute sie an und sah, daß sie seine Fylgja war. Er sagte: ‚Ich verzichte auf jede Verbindung mit dir.' Sie wandte sich zu seinem Bruder und sagte: ‚Willst du mich willkommen heißen, Thorvald?' Er lehnte es ab. Da sagte der junge Hallfred: ‚Bei mir bist du willkommen.' Die Frau verschwand. Hallfred sagte: ‚Ich gebe dir das Schwert Königsnautr, mein Sohn, aber meine übrigen Schätze sollen in meinen Sarg gelegt werden, wenn ich an Bord sterbe.'"

In Hallfred war der Kampf zwischen der Liebe zum christlichen König Olaf mit seinem weißen Christ und der Sehnsucht nach den alten Mächten schwer und endlos gewesen, und seine letzten Worte des Verzichts waren sicher von der Furcht eingeflößt, daß seine Fylgja ihn nach Orten mit sich ziehen könnte, wo es für einen getauften Mann unheimlich wäre; aber die alten Gefühle und Vorstellungen bestätigen sich doch in seinen letzten Verfügungen: seine hochgeschätzte Waffe soll mit der Fylgja zu dem Mann gehen, der den Willen und die Macht hat, die Ehre und das Heil der Sippe aufrechtzuerhalten. Wenn von dem göttlichen Schutzheiligen gesprochen wird als der Fylgja des Geschlechts oder, in Mehrzahl, den Fylgjen der Gesippen, nähern diese Mächte, „die die Verwandten begleiten", sich sehr der Identität mit den Göttern: sie sind wirklich die göttlichen Mächte in ihrem Alltagskleid, die die Männer des Geschlechts außerhalb der heiligen Blotzeit führen und schützen, sie mit klugen Gedanken beseelen und sie in Träumen warnen. Die Fylgja kann sich ebensogut in der Gestalt der heiligen Tiere verkörpern und als Ochse oder Widder erscheinen oder in anderen Fällen als Wolf und Bär, wenn die

Hamingja der Sippe Spuren der wilden Natur in ihrem Blute aufweist. Was die zahlreichen Traumfylgjen betrifft, die in den isländischen Sagas kommen und gehen, so müssen wir viele der Schilderungen als späteren Witz und Symbolismus betrachten, ähnlich wie wenn der Hugr eines Kriegers mit dem eines gierigen Wolfes und der eines schlauen Mannes mit einem Fuchs verglichen wird, so daß es Krieg bedeutet, von Wölfen zu träumen, und als eine Warnung gegen Ränke aufgefaßt wird, wenn man von Füchsen träumt. Nichtsdestoweniger erläutert dieser Symbolismus das Wesen der Hamingja, indem die Vorstellungskraft von einer grundlegenden Tatsache inspiriert wird, nämlich davon, daß eine Sinnesmischung zwischen dem Krieger und dem Tier des Krieges besteht und eine Identität zwischen einem Geschlecht und seinem Vieh vorhanden ist.

Die Hamingja ist, wie sie sich in ihren menschlichen Vertretern offenbart, im Stammvater konzentriert, der im Blot anwesend war und der durch seine Gesippen die Taten der Vergangenheit ausführte. Er ist Gott und er ist nicht Gott, je nachdem wir diese Bezeichnung auffassen. Ähnlich wie der Ring und andere Kleinode, die gleichzeitig das irdische Leben sind, das in das Unsichtbare hinausragt, und das Unsichtbare, das in das Alltagsleben hineinstößt, so mag der Stammvater als das Göttliche betrachtet werden, das sich in den Menschen hineinsenkt, oder als der Mensch, der sich in das Göttliche hinausdehnt. Der Stammvater trägt einen Namen, der für das Geschlecht bezeichnend ist; er ist Yngvi bei den Ynglingen, Skjöld bei den Skjöldungen, Geat in den angelsächsischen Stammbäumen; und Gaut, das Odin als Beiname bekommen hat, ist der Geate oder der gautische Mann. Er ist der ideelle Besitzer der Familienkleinode sowohl wie der Geschichte und des Schicksals, in welchen sie sich offenbart haben. Die Sippe, die später als die Jarlsfamilie von Hladir berühmt wurde, stammte von Männern ab, die in Halogaland, nördlich von Drontheim wohnten; ihr Stammvater war Hölgi, der Halogaland-Mann, und wir hören, daß der Speer, der Hölgi gehört hatte, in Jarl Hakons Blothaus aufbewahrt wurde. Der historische Stammvater übernahm die Züge des Stammvaters der Sippe, d. h. des Großvaters oder vielleicht des Urgroßvaters, je nach den Umständen, und er mochte unter einem in der Familie hochverehrten Namen auftreten. Wir haben ihn in Ketil Lachshaken bei den Hrafnistamännern getroffen und in Olaf Geirstadaalf in dem

Ynglingatal; wir sehen ihn in Halfdan dem Schwarzen, dem Vater Harald Schönhaars, der im alten Sinne des Wortes historisch ist, was bedeutet, daß die individuellen Erfahrungen eines einzelnen Mannes von der Familiengeschichte aufgesogen worden waren.

In der primitiven Religion ist jede Frage nach Monotheismus oder Polytheismus müßig, weil die Tatsachen das Dilemma, das aus dem Kontrast zwischen Hellenismus und Christentum entsteht, nicht aufkommen lassen. Die göttliche Macht kann sich als eine oder als viele offenbaren, je nach den Umständen. In der Hamingja oder der göttlichen Kraft lag natürlich die Möglichkeit, bei allen ihren Funktionen als Persönlichkeit hervorzutreten, und so können wir annehmen, daß die verschiedenen Stellen im Hause ihre schützenden Gottheiten hatten; unsere Nachrichten sind in dieser Beziehung sehr spärlich, aber als andeutender Hinweis können Snorris dogmatische Angaben über die Göttin Syn zitiert werden: sie bewacht die Türen des Hauses und hält sie vor unwillkommenen Gästen geschlossen. Das Gelübde beim Fest, das den Bund zwischen Gatten und Gattin besiegelte, zeigt sich in der Göttin Var, der „Treue". Der Satz, der bei der Scheinhochzeit der Thrymskvida vorkommt: Leg den Hammer in den Schoß der Magd, weihe unseren Bund mit Vars Hand – er deutet an, daß die auftretende Person die göttliche Macht der Treue darstellte, oder, was dasselbe ist, daß sie die Treue in Person war, weil die Worte in ihrer Person lebendig wurden.

Die göttliche Kraft der menschlichen Handlungen offenbart sich überall, wo Männer miteinander zu tun haben. Syn oder „die Abwehr" ist auch mit der Aufgabe betraut, beim Gericht im Auftrag des Verteidigers gegen ungerechtfertigte Beschuldigungen aufzutreten, und sie war sicher nicht die einzige Gottheit, die in der Volksversammlung anwesend war. Forseti, „der Vorsitzende", ist vom Mythologen in eine himmlische Wohnung übertragen worden, aber seine Urbilder arbeiteten ohne Zweifel auf den Thinghügeln und taten, was sie konnten, um die streitenden Parteien zu vergleichen, so daß „alle sich im Frieden voneinander trennten", um den mythologischen Katechismus Snorris zu zitieren.

Die Kontinuität der Götter ist nicht davon abhängig, daß sie als dauernde Persönlichkeiten ihr Leben von einem Jahr zum anderen fortführen. In den Zwischenräumen zwischen ihren Erscheinungen ruhen sie im Stein oder Hügel, und jedesmal, wenn sie hervortreten, kann man wohl sagen, daß sie aufs neue geboren werden. Diese Art des Daseins, gemeinsam für alle Wesen, mag bei den großen Göttern der Gemeinschaft besonders ausgeprägt gewesen sein. Die Geschichte zeigt uns, daß die Götter des Königtums oder des Jarltums gewöhnlich die des herrschenden Geschlechts waren, und für die große Masse des Volkes sprangen sie nur bei den Gelegenheiten ins Dasein, wo die ganze Bevölkerung sich zum Blot oder Krieg versammelte. Aber wir sind nicht berechtigt zu sagen, daß der germanische Staat immer in einem Abhängigkeitsverhältnis zur königlichen Familie stand, und die Heiligkeit der gemeinsamen Versammlung oder des Gesetzesthings hatte natürlich ihre Mächte, die den Frieden vertraten, in welchem vorübergehend alle Stämme vereinigt waren, die von dem gemeinsamen Gesetz und Gerichtsverfahren zusammengehalten wurden. Die alte Kultur wurzelt in jeder Beziehung in geistigen Tatsachen: kein Beweis ist gültig, wenn er nicht in den Männern, die den Kauf abgeschlossen haben, eine innere Wirklichkeit bildet; kein Bund erhält Wirkung, wenn er nicht in einer Mischung der Hamingjas besteht. Das Gesetzesthing und die Gemeinschaft, deren soziales und religiöses Zentrum es ist, existieren nur in den Perioden, wo die Leute zusammenkommen, um Recht zu sprechen, oder wenn das Heer zu vereinigter Tat eingezogen wird; zu anderen Zeiten konnten sie von irgendeinem Mitgliede ins Dasein gerufen werden, das es ablehnte, Rache für eine Kränkung zu nehmen, und anstatt dessen sich und seinen Gegner der Vermittlung oder dem Urteil der Thinggenossen unterwarf, indem er in formalen Worten Klage gegen seinen Gegner erhob und ihn vor die Gemeinschaft laden ließ. In den Zwischenräumen zwischen den Gesetzesversammlungen bildeten die Sippen freie Einheiten, ohne andere wechselseitige Abhängigkeit als die, die durch Bündnis und Verschwägerung geschaffen wurde; und in ihre Tötungen und Auseinandersetzungen mischte sich kein Gesetzessystem, und sie überschritten auch kein geschriebenes oder ungeschriebenes Gesetz. In der Zwischenzeit schlief der Staat, aber er war sofort eine lebendige Wirklichkeit, wenn ein Mann den Pfeil herumschickte, um die ganze Gesellschaft zum Gesetzesthing zu laden; wenn der Friede erklärt wurde, verschmolzen die Männer zu einer Brüderschaft, und eine gemeinsame Hamingja sprang hervor, nicht weniger wirklich als die Seele, die alle Verwandten zu einer festen Körperschaft zusammenballte. Der Friede des Things, der Gesetzesversammlung und des Heeres war keine formale Etikette, sondern eine lebende Seele, deren Körper alle die Mitglieder waren, durch die er wirkte, und in seiner Heiligkeit mußten natürlich starke Götter verborgen sein. Zu den Zeiten, wo die Gesetzesversammlung aufgehoben war, lösten sich diese Götter auf oder hörten auf zu sein – unserm Wörterbuch fehlt ein Wort, um diesen Zustand des Unterdaseins auszudrücken – aber sie sprangen in demselben Augenblick ins Leben, wo das Gesetzesthing einberufen und die Seele der Gemeinschaft wiedergeboren wurde. Ihre Geburt zeigte sich in den *vé*-Bändern oder heiligen Seilen an, die ausgespannt wurden, um den Thingplatz zu umfrieden und ihn als heilig und als Gerichtsstätte geeignet zu kennzeichnen, und aus dieser Kundgebung ist wahrscheinlich der Name Bande – *bönd* – abgeleitet, mit welchem die Götter in der skandinavischen Literatur bisweilen bezeichnet werden.

Gewöhnlich hatten die Götter keine Namen oder richtiger vielleicht: sie brauchten keine Namen; sie waren einfach die Götter des Stammes, unsere Götter, die Frauen *(dísir)* des Stammes, die Disen, die unsere Verwandten begleitet haben. Aber sie können zu jeder Zeit durch irgendeine Reminiszenz aus der Vergangenheit oder irgendeine Eigentümlichkeit an der Ehre und dem Heil des Stammes gekennzeichnet werden; die Sachsen z. B. nannten ihren göttlichen Urahnen Saxnot, den Schwinger des kurzen Schwertes, des Sachses.

Die Familien, die zu historischer Größe aufstiegen, hoben auch ihre Götter zum Ruhm empor, und in den unruhigen Zeiten der Überfälle und Kriegszüge stellte die Erhabenheit der Erobererasen der Wikingerfürsten die heimatlichen Mächte in den Schatten. Odin riß die Welt mit, weil er die Kriegerscharen über die See führte und kleine Gaukönige vom Hochsitz ihres Vaters als Gebieter ganzer Völker auf den königlichen Thron erhob; die Erhöhung dieser Gottheit der Franken zeigt, wie wertvoll das geistige Bündnis mit den mächtigen Eroberern im Süden für die ehrgeizigen Häuser des Nordens war. Die Loslösung der Wikingabenteurer vom heimatlichen Boden und die Wandlung der alten Ehre zu einem unersättlichen Durst nach Ruhm inspirierten die Dichter dazu, Himmel und Erde im Gleichnis der königlichen Methalle umzugestalten und den Gott in ihren Hochsitz zu setzen nach der Art der Eroberer, die in fremden Ländern saßen und ständig neue Unternehmungen zu Wasser und zu Lande planten.

Die Vorherrschaft der Erobererkönige in der Wikingerzeit und der überwältigende Einfluß, den ihre Höfe auf die Literatur ausübten, haben Odin und das Pantheon von Valhall so sehr in den Vordergrund der hinterlassenen Mythologien gerückt, daß durch die göttliche Familie, die gleich irdischen Königen einen Hof hält, die ehrwürdigen Mächte der Häuptlinge und Gaukönige überschattet wurden und ihre Namen der Vergessenheit anheimfielen. In einigen Fällen durften die örtlichen Götter am Leben bleiben, weil sie als Folie für die strahlenden Neuankömmlinge gebraucht werden konnten, indem sie zu Halbtrollen oder Jöten reduziert wurden. Und manchmal werden sie sogar vollständig in eine Art von Dämonen verwandelt, was natürlich besagt, daß ihre Verehrer nur wilde Horden waren, wie wir sie jetzt benennen würden. Ein deutlicher Fall ist der der Göttin Skadi, die zur Tochter eines Jöten gemacht wird; ihre Ortszugehörigkeit und Stellung unter den Häuptlingen des nördlichen Norwegens ist genügend in ihrer Eigenschaft als Skiläuferin und Jägerin angezeigt und weiter durch die Tatsache, daß sie in den Genealogien solcher Stämme wie der der Jarle auf Hladir auftritt. Eine andere Göttin hat hartnäckig ihren Platz im Gedächtnis der Menschen behauptet, obschon sie nie zum höfischen Pantheon in Beziehung gesetzt wurde: Thorgerd Hölgabrud. Der Grund ihrer isolierten Dauerhaftigkeit liegt nahe: sie ist die Schutzgöttin der Jarle auf Hladir und wird durch deren trefflichsten Sohn, Jarl Hakon, in die Geschichte eingeführt, der mit den Königen auf den Thronen wetteiferte und lange Zeit ganz Norwegen regierte. Aber man weiß nur wenig über diese Tatsache außer dem Hinweis, der in ihrem Namen verborgen ist, der einfach bedeutete: die Frau der Männer von Halogaland oder die Frau von Hölgi (dem *heros eponymos* der Gegend). Wie wir gesehen haben, wußten die christlichen Sagamänner noch, daß der Speer, „der Hölgi gehört hatte“, in einem Tempel ruhte, der Thorgerd geweiht war und dem Jarl Hakon gehörte. Thorgerd ging mit dem auswandernden Zweig des Geschlechts nach Island, wie wir zufällig aus einer Saga erfahren; denn es wurde erzählt, daß Grimkel die Göttin in seinem Tempel hatte, und wir wissen, daß er von dem berühmten Geschlecht der Jarle abstammte.

Die wenigen Benennungen, die aus den nordischen Quellen gesammelt werden können, vermehren sich durch die Andeutungen, die manchmal in lokalen Namen verborgen liegen, und noch mehr durch Denkmäler und klassische Nachrichten über die Volksstämme, die an den Grenzen des römischen Reiches wohnten und die oft in Roms Legionen Dienst nahmen; da aber jede historische und mythologische Aufklärung fehlt, sind die Namen für uns nur leere Worte. Sie mögen insofern das Interesse erregen, als sie das Bild ein wenig färben, das wir indirekt aus der volkstümlichen Literatur von Geschlechtern und Völkern zusammenstellen können, von denen jedes innerhalb der eigenen Heimat und des eigenen Heiligtums die Mächte seiner Vorfahren verehrte; sie mögen so mithelfen, ein für allemal die Chimäre eines gemeinsamen germanischen Pantheons oder eines Systems von mythologischen Lehrsätzen, das überall im germanischen Gebiet Allgemeingültigkeit gehabt haben soll, zu zerstören.

Eine besondere Klasse in der Welt der Götter bilden die göttlichen Wesen, die nur Personifikationen einer Phase im Kult sind. Während des Blotes ist alles mit Göttlichem durchtränkt, und alle Handlungen oder Zustände können sich zu der persönlichen Erscheinung einer göttlichen Macht kristallisieren oder, mit anderen Worten, jede auftretende Person ist eine Personifikation der göttlichen Handlung, die durch ihre Einwirkung zustandekommt. Die Götter Hœnir und Lodur, denen wir in der Schöpfungssage begegneten, sind blasse Gestalten, wie wir sagen, weil sie kein Dasein über den kultischen Dienst hinaus haben, der notwendig ist, um das Opfer zu vollführen. Die interessanteste Person unter diesen Kultgestalten, weil verhältnismäßig wohl bekannt, ist Heimdal. Sein Charakter ist genügend durch seinen kultischen Beinamen angezeigt; er wohnt im Opfer, denn er wird der Gehörnte genannt und dadurch mit dem ursprünglichen und häufigsten Opfertier, dem Widder, identifiziert. Er ist von neun Müttern geboren, deren Namen in mythologischen Verzeichnissen bewahrt sind; unter diesen befindet sich die Jötin, die von Thor bei seinem Besuch in Geirröds Viehstall getötet wurde, und man kann mit Sicherheit vermuten, daß alle neun Schwestern Personifikationen irgendeines Vorganges beim Blote sind. Der Mythos von seiner Geburt beschreibt dann die buchstäbliche Wahrheit, daß der Gott durch die Vorbereitungen zum Feste ins Dasein gerufen wird. Er wird vom Blut des Opfers und von dem Megin der Erde ernährt, d. h. er wächst während der Zubereitung des Fleisches und des Opferherdes. Er ist der Wächter der Götter am Rande der Welt; er ist der Vater der „heiligen Schar“, die sich in der Blothalle versammelt. Heimdal ist das Blot selbst, die Stille und der Friede, nicht im modernen abstrakten Sinne, sondern als die Macht, die im Hause weilt und die in die Menschen eingeht, sie zu gegenseitiger Nachsicht zwingt und zu sorgfältiger Beobachtung der notwendigen Regeln für die glückliche Durchführung der Opferhandlungen; er ist der Geist, der gegen Unfälle und Übergriffe von seiten der dem Blot feindlichen Mächte schützt und der am Rande der Welt oder des kosmischen Herdes wacht. Wir müssen hieraus schließen, daß der Hirnschädel des Opfertieres nahe bei oder auf die Feuerstätte hingelegt wurde und eine symbolische Rolle im Opferdrama spielte. Und wenn gesagt wird, daß Heimdals Schwert in der poetischen Sprache sein Kopf genannt wird, ist der Sinn wahrscheinlich der, daß er durch den Schädel mit den Hörnern daran dargestellt wurde, und daß dieser Schädel eine kultische Waffe war, die gegen die bösen Mächte gekehrt wurde. Aber diese symbolische Personifizierung schließt natürlich nicht die Möglichkeit aus, daß einer der Darsteller seine Rolle in dem kultischen Dienst gespielt haben mag, genau so wie der Häuptling, der das Schlachten und den Kampf mit den Jöten im Viehstall und in der Halle ausführte, Thor verkörperte, den Gott des Stammes, der im heiligen Hammer wohnte.

Zu dieser Klasse von göttlichen Erscheinungen gehören auch die Tochter von Thor, Thrudr, die die „Kraft“ ist, und Thors Söhne, Modi und Magni, die sein mächtiger Mut und Entschluß sind. Um diese Personifikationen zu verstehen, ist es notwendig, sich den Unterschied zwischen primitiver Psychologie und moderner Abstraktion zu vergegenwärtigen und zu erinnern, daß psychische Zustände als Eigenschaften der Seele erlebt wurden; alle Tugenden und Leidenschaften sind mit Persönlichkeit geladen, weil sie Menschen in einem besonderen Zustand von Mut oder Furcht vertreten und nicht Leidenschaften, die durch Analyse von der Unterlage abgetrennt sind, wie in unserer Psychologie. In Modi lebt der Entschluß, der Thor und seinen menschlichen Vertreter fortwährend die gefährliche Arbeit ausüben läßt, das geweihte Tier zu töten und die Dämonen zu bekämpfen.

Unter den Göttern nimmt Loki eine Sonderstellung ein. Seine Rolle in dem heiligen Drama ist die des Intriganten, der den Konflikt auslöst und die Jöten zu dem Angriff führt, der mit ihrer Niederlage endet. Sein Ursprung und seine *raison d'être* sind rein dramatisch; gleich seinen Mitbrüdern in anderen Ritualen und Mythologien ist er ein Kind der „Spiele“, und darin liegt die

Ursache für seine doppelte Natur. Als listiger Vater der Kunstgriffe, dessen Aufgabe es ist, die dämonischen Mächte mit ins Spiel zu ziehen und ihren Sturz zu bewirken, vertritt er nahezu das Böse, und er ist somit mythisch mit den *unheoren* Unholden verwandt, mit denen die Götter ringen; seine Kinder sind die Schlange, deren Haupt Thor wiederholte Male zerschmetterte, und der Fenriswolf, der Gegner Odins. Aber als heiliger Agierender, der eine notwendige Rolle in dem großen Heilswerk des Blotes spielt, ist er – d. h. seine menschliche Personifikation – ein Gott unter Göttern, wohltätig und unverletzbar. Er ist der Humorist und Spaßvogel der Riten, bösmäulig und voller Arglist. Unter dem Einfluß christlicher Ideen und Legenden entwickelte sich dieser doppelzüngige Urheber schicksalschwerer Begebenheiten zu einer Personifikation des bösen Prinzips im Dasein; die Sagen, in denen er eine hervorragende Rolle spielte, waren ihrem Charakter nach so schwerwiegend, daß sie keinen besonderen Druck benötigten, um sich zu der Lebensgeschichte eines boshaften Dämons zu entwickeln. Loki wurde nahezu das Gegenstück zum christlichen Teufel, aber sein Ursprung machte ihn dem Vater des Bösen weit überlegen an feinen Abschattungen des Charakters. Die Eschatologie der Wikingerzeit verdankt es zum Teil dieser überaus menschlichen und so außerordentlich dämonischen Gestalt, daß sie eine Tiefe und Größe bekam, in der sie den strengen Dogmatismus ihres Vorbildes, oder richtiger: ihres inspirierenden Beispiels, der Apokalypse der christlichen Kirche, übertraf.

Das Opferfest liegt nun in seiner ganzen Tiefe offen vor uns. Das Blot ist die Verklärung des Lebens, und wir werden uns nicht wundern, wenn wir sehen, daß die Stimmung der Teilnehmer alle Abstufungen des Lebens umfaßt. Das Fest stellt eine Hemmung im Strom der Geschehnisse dar, es bewirkt, daß das Leben anschwillt und den Menschen mit seiner Kraft erfüllt, bis er beinahe aus seinem Sitz gehoben wird.

Die große Spannung in den Seelen besagte, daß das Heil weit über das tägliche Maß hinaus eine Kraft in den Menschen geworden war, daß die hohe Heiligkeit nach seinem Willen in ihnen herrschte und ihnen keine Freiheit ließ, nach den zufälligen Impulsen des Augenblicks zu handeln. Alle Bewegungen der Seele und des Körpers waren stärker als gewöhnlich, aber auch gewichtiger. Die Heiligkeit band sie. Die Menschen bewegten sich in der täglichen Heiligkeit wie in etwas Großem, das ihnen gemäß war. Das Leben im Feste wurde als das weit Größere, sie Überschattende empfunden.

Jede Handlung und jedes Wort ist ewig, und sie wirken nicht wie bei der alltäglichen Beschäftigung auf einen begrenzten und einzelnen Gegenstand zu einem besonderen Zweck, sondern wie wir sagen würden: sie wirken als Urbild; sie gehen von der Hamingja als einem Ganzen aus und beeinflussen ihr Schicksal als ein Ganzes. Das Blot ist Schöpfung im tiefsten und weitesten Sinne des Wortes. Im Opfer ziehen die Menschen die Götter in sich hinein und schöpfen den lebenspendenden Trank aus der Quelle der Hamingja; und auf der anderen Seite erschaffen sie die Götter und das Leben selbst. Durch das Schlachten und das Essen nehmen sie die dem Leben des heiligen Tieres innewohnende Hamingja in sich auf, aber nichtsdestoweniger erschaffen sie die Herden und lassen sie in ein neues und fruchtbares Dasein eingehen. Wenn alles gesagt ist, zeigt sich die Wahrheit: das Blot besteht nicht darin, daß Menschen Götter erschaffen oder Götter Menschen erschaffen, sondern es ist ein Schöpfungsakt, aus dem Götter und Menschen und alle Dinge hervorgehen. Die grundlegende Erfahrung des primitiven Lebens, die sich oft unmittelbar in dem Geist und der Morphologie der Sprache ausdrückt, ist: Sein und Werden, Handeln und Leiden – wogegen sich das Leben für uns um das Individuum konzentriert, das ist oder wird, das handelt oder leidet; unser Satz hat seinen Mittelpunkt in einem Subjekt, das das Verbum beherrscht, aber hinter dieser Sprache liegt ein anderes System, in welchem das Verbum die Seele ist und der Mensch viel eher Erscheinung und Medium als Subjekt. Die beste Erläuterung dieser Auffassung ist in den nordischen Wörtern enthalten, die die Götter bezeichnen: *ráđ* und *regin*, die beide Neutra sind und Macht oder Hamingja bedeuten, die Mächte, die die Eigenschaft der Persönlichkeit besitzen, aber persönlich sind durch etwas, das tiefer und weiter ist (vgl. II 249).

Es war noch etwas darüber hinaus: eine feierliche Spannung, die jede kleine Einzelheit in den Handlungen der Kultgenossen begleitete, weil eine Zukunft, deren Umkreis die Welt war, und deren Tilgung die Zertrümmerung dieser Welt bedeutet hätte, allmählich durch die Zeremonien aus der Welt der Möglichkeit in die Welt der Wirklichkeit verschoben wurde. Von Mann zu

Mann wanderte das Horn durch die Halle, der eine nach dem anderen unter den Anwesenden richtete den Blick nach ihm, und die Stimme des stehenden Trinkers klang durch eine erwartungsvolle Stille; ob seine Worte ohne Stottern von den Lippen flossen, ob er richtig trank, ob er den ganzen Becher leerte, diese Dinge entschieden Heil und Ehre.

Spannung war in dem Opfer, aber keine Furcht. Gewißheit in bezug auf Mittel und Zweck war eine Notwendigkeit für den Blotmann. Er konnte nicht vortreten und sein Formæli sprechen, wenn er nicht das in sich empfand, was die Worte ganz, heil machte; sobald er die Welt nicht meistern konnte, war die Blotzeit für ihn und sein Geschlecht für immer vorüber. Aber die Gewißheit war voll von starker, religiöser Glut, weil sie von dem Willen und von der Kraft der Menschen abhing, sich einer endgültigen Ordnung der Dinge zu fügen, die für den, der in der Mitte stand, Stärke bedeutete, aber für jeden, der einmal das Gesetz kreuzte, den Tod.

All dies enthält das Wort Blot. Seine latente Inbrunst spürt man, wenn man beobachtet, wie es der Erfahrung des Christentums dient. Die meisten Stämme schafften es ab, da es viel zu stark mit alten Vorstellungen und Gefühlen durchtränkt war; aber die Goten stellten es in den Dienst des neuen Gottes, indem sie das Verbum *blótan* für die Verehrung Gottes durch einen heiligen Körper, der Gott gefällig war, verwandten und es auf Anna bezogen, auf die Prophetin, die mit Fasten und Beten Nacht und Tag Gott diente, und auf die heiligen Anbeter Gottes, die seinen Willen tun.

Eine eigene Stille war beim Blot geboten.

Die Andacht des Blotfestes verklang nicht in Unachtsamkeit. Wir finden einen Widerhall in den mittelalterlichen Gildegesetzen über die Trinksitten der Brüder. An alles wird sorgsam gedacht: zu allererst soll der Minnebecher ohne Unterbrechung herumgetragen werden, alle sollen in ruhiger Erwartung sitzen und dem Vorgang ihre volle Aufmerksamkeit schenken, weder ihre Plätze verlassen, noch während der Feier sich auf den Bänken schlafenlegen, die einzelnen sollen sich erheben und richtig und vollständig die religiöse Pflicht mit dem Becher vollführen, bevor sie sich wieder hinsetzen; es besteht auch eine Vorschrift für den Fall, daß jemand den Minnebecher aus der Hand gleiten ließe oder es ablehnte, ihn zu nehmen, wenn der Nachbar ihn ihm reichte, oder daß er sich weigerte, aufzustehen und die Minne zu feiern, wenn er angeredet würde, wie auch für den Fall, daß er mit angelegtem Dolch und bedecktem Haupt auf der Diele stände und die Minne spräche. In diesen Befehlen, die das betreffen, was getan und was gemieden werden soll, wenn die Minne gesegnet oder gesungen wird, steckt die Ehrfurcht vor dem Kult. In der Tat kann der Umstand, daß die Schicklichkeitsregeln aufgezwungen oder im Notfall durch Strafe aufrechterhalten werden mußten, nur den Eindruck verschärfen, den sie auf uns machen; denn viele der Regeln waren rein traditionell, so daß ihre Einhaltung nur eine tief eingedrungene Gewohnheit bezeugt.

Aber die Stille mußte ein genaues Gegenstück im festlichen Lärm haben, im lauten Jubel über den Sieg des Lebens. Das Gelage mußte mit Macht getrunken werden, alle mußten fühlen, daß der Gott im Hause war. Wenig Freude war bei dem Feste, so klingt die Klage über ein mißlungenes Blot.

Als Symbol für das Minnetrinken können die Einleitungsverse der eddischen Sigrdrifumal Aufmerksamkeit erheischen. Sie sind eine poetische Phantasie über den Kult des Lebens, verallgemeinert in dem Bilde zweier Helden, d. h. typischer Menschen, unter den heilig mächtigen Formen, die ihre Kultur zusammenhielten.

Als Sigurd die Brünne der Sigdrifa mit seinem Schwert zerschnitten und sie dadurch aus ihrem Zauberschlaf erweckt hatte, setzte sie sich auf, sah den Mann an und sagte:

„Was traf meine Brünne? Was löste mich aus dem Schlaf? Wer freite mich aus dem schlummer-blassen Bann?“

Er antwortete:

„Das tat Sigmunds Sohn und Sigurds Schwert – eben hat es den Raben ein Fest bereitet.“

Dann fragte er nach ihrem Namen, worauf sie ein Horn mit Met nahm und ihm einen Minnetrank reichte:

„Heil Tag, Heil Tags Söhnen, Heil Nacht und der Schwester der Nacht; mit milden Augen schaut hernieder und gebt denen Sieg, die hier sitzen.

Heil Asen und Heil Asinnen, Heil dir, vielnützliche Erde, gib Rat und Rede uns Edelingen beiden und heilende Hände, solange wir leben.“

Dieses Wort *heill* zu übersetzen, durch welches den Göttern

Glück gegeben wird, und durch das sie um Glück gepriesen werden – das bedeutete, unsere Kultur in jene zu übertragen, die in ihrer späten Blüte diese Verse geschaffen hat.

Exkurs über das kultische Drama

Das primitive Drama

Es ist eine beinahe hoffnungslos schwierige Aufgabe, die Kultur und die Religion eines primitiven Volkes in moderner Sprache schildern zu wollen. Unsere Worte sind nicht fähig, Vorstellungen wiederzugeben, die nicht nur inhaltlich, sondern auch der Dimension nach von den unsern abweichen. Wenn wir versuchen wollen, das Gedankenleben jener Völker wiederzugeben, müssen wir zunächst unsere eigene Psychologie verlernen und eine andere erlernen, die nicht weniger auf Vernunft gegründet und doch prinzipiell von ihr verschieden ist. Primitive Vorstellungen, Gefühle und Empfindungen haben eine ganz eigentümliche Harmonie und Spannung, weil im primitiven Volke die geernteten Erfahrungen von anderem Gesichtspunkte aus verwertet und auf Grund einer uns fremden Anschauungsweise ins Bewußtsein aufgenommen werden, um eine Wirklichkeit aufzubauen, die so weit von der unsrigen verschieden ist, daß Worte wie Gott und Mensch, Leben und Tod, so wie wir Europäer sie verstehen, in ihrer Sprache keinen Sinn haben.

Lieber als die Bezichnung „primitiv" – der die falsche Vorstellung von etwas Anfänglichem und daher weniger „Entwickeltem" anhaftet – möchte ich vorschlagen, das Wort „klassisch" zu benutzen, um die Kultur zu bezeichnen, die uns bei den alten Völkern in Griechenland, Rom und Indien und heute noch bei Völkern außerhalb der Grenzpfähle der europäischen Zivilisation begegnet.

Der Gegensatz zwischen klassischer und moderner romantischer Kultur tritt am deutlichsten in dem Umstand hervor, daß die erstere eine Auffassung von Zeit und Raum voraussetzt, die mit unseren elementarsten Begriffen unvereinbar ist und zu unserem Erleben in schroffem Widerspruch steht. Für unsere Erfahrung ist die grundlegende Eigenschaft eines Körpers Ausdehnung, aber in der klassischen Kultur herrscht grundsätzlich die Vorstellung von einer Kraft oder schlechthin von Leben. Die Erde ist nicht in erster Linie die Ausdehnung des fruchtbaren Bodens, sondern die Fruchtbarkeit selbst, und die Wirklichkeit der geräumigen Erde ist ebenso vollständig in einem Erdklumpen, den ich in der Hand halte, wie in den weitgedehnten Feldern vorhanden; ein Mundvoll Wasser ist Wasser in demselben Sinne wie alle Flüsse und Ozeane der Welt. So ist auch Zeit für unsere Erfahrung ein Strom von Begebenheiten, aus unbekannten Nebeln des ersten Beginns unaufhörlich in eine Zukunft, in das Unbekannte, hinabflutend. Aber für die Menschen des klassischen Zeitalters war wirkliches Leben das Resultat eines wiederkehrenden Anfangs und hatte seinen Ursprung in dem religiösen Fest. Das Fest ist für sie eine Schöpfung oder eine Neugeburt außerhalb der Zeit, es könnte ewig genannt werden, wenn das Wort nicht wie alle anderen irreführend wäre und ungeeignet, eine Erfahrung von vollkommen anderem Charakter wiederzugeben. Wenn der Gode oder der Häuptling die kultische Furche pflügt, wenn man die erste Saat sät, während der Mythos von der Entstehung des Korns feierlich gesprochen wird, wenn die Krieger das Kriegsspiel aufführen, wird Geschichte gemacht, wird wirkliche Arbeit getan, ein wirklicher Kampf gekämpft, und wenn nachher die Männer mit dem Pflug, der Saat oder den Waffen ausziehen, verwirklichen sie nur, was schon in der kultischen Handlung geschaffen wurde. Mit der Vergangenheit verhält es sich ähnlich wie mit der Zukunft: die religiösen Handlungen schaffen Wirklichkeit, und das Leben erlangt Wirklichkeit, insofern es die Erfahrungen, die in der Welt der Götter gemacht wurden, in aufeinanderfolgenden Ereignissen und endgültigen Einzelheiten entfaltet. Während des Festes beherrschen die Götter die ganze Stätte, alles ist von göttlichem Leben, von Schöpfungskraft erfüllt: die Menschen und ihr Besitz, das Haus, in welchem das Opfer gebracht wird, die Zeit von der Eröffnungsfeier an bis zur letzten Weihehandlung, alle Handlungen sind ewig und kraftgeladen, wie ein Samenkorn, das in seinem Kern die künftige Pflanze birgt. Die feierlichen Handlungen mögen an Heiligkeit verschieden sein, aber sie sind von gleicher Art: alle geben sie den Zügen der Zukunft ihr unauslöschbares Gepräge. Die Trächtigkeit des Lebens während des Festes ist erkennbar an der gespannten Sorgfalt der Festteilnehmer und drückt sich in strengen Regeln aus, die jedes Tun, das der Zukunft schädlich werden könnte, ausschließen. Der Weg der

Blotenden ist sowohl durch Verbote wie durch Anordnungen und Befehle bezeichnet, es ist ein Weg, der zu Freude und Stärke führt, aber er ist durch Tabus abgesteckt, welche zu vermeidende Gefahren bezeichnen.

Die klassische Kultur ist deshalb ihrem Wesen nach aktiv. Für unsere Erfahrung sind Zeit und Geschichte gegebene Tatsachen: sie sind Schicksal und verketten das Leben des Einzelnen mit dem Leben der Vorfahren. Die Zeit ist ein Strom von Begebenheiten, und wir können nicht verhindern, daß wir Wogen dieses Stromes sind, die durch das bloße Gewicht der Vergangenheit vorwärtsgetragen werden. Der urtümliche Mensch fühlt die Bedeutung der vergangenen Begebenheiten ebenso stark wie wir, und er erkennt ihren entscheidenden Einfluß noch stärker, aber für ihn ist die Vergangenheit Energie. Er empfängt freudig sein Schicksal oder vielmehr das Schicksal seines Volkes, wie es sich in seinen Vorfahren offenbart, als seinen eigenen Willen, und anstatt auf die Vergangenheit zu reagieren, handelt er von ihr aus und formt sie neu zu lebendiger Wirklichkeit.

Daraus folgt, daß seine Religion wesentlich dramatisch ist; seine Frömmigkeit zeigt sich nicht in Ergebenheit und Unterwürfigkeit, in Beten und Empfangen, sondern in Handlung. Das Leben muß gewonnen, der Tod, die Sünde, das Böse müssen besiegt werden. Einen wahren Begriff von dieser Eroberung des Lebens erhalten wir, wenn wir uns vergegenwärtigen, daß klassisches Denken in seinem innersten Wesen konkret ist; für unsere Erfahrung ist das Leben etwas Abstraktes, Kraft oder Energie, die in vielen verschiedenen Formen auftreten, aber für die klassische Kultur bedeutet Leben „Heil und Ehre". Das Leben offenbart sich im Charakter der Sippe, in ihrer Geschichte, in ihren ererbten Freundschaften und Feindschaften gegen andere Kreise von Menschen und in ihrem individuellen Verhältnis zu den Mächten und Wesen der Natur. Das Fest schließt die Geschichte der Sippe oder des Volkes in sich ein, und zwar vom ersten Anbeginn an bis zu dem Festtage selbst, in eine einzige erschütternde Handlung zusammengezogen. So wird das Leben neugeschaffen, nicht als plastische Möglichkeit, als Ton, der zu irgendeiner Form geknetet werden kann, sondern als Schicksal, als eine bestimmte Reihe von Begebenheiten, Krieg, Wirtschaft, Heirat, Geburt oder Gründung von Freundschaften, wie sich die Geschichte in die Zukunft fortsetzte. Derjenige, der in der kultischen Handlung den Kampf führt, ist der Gott, ist die

Sippe, in einem Helden personifiziert, wie wir sagen würden, und sein Gegner, durch den Jöten verkörpert, ist nicht nur ein Einzelfeind, sondern stellt alle Feinde des Volkes dar, die geistigen sowohl wie die materiellen; wenn Thor den Jöten zerschmettert oder Indra den Vrithra erschlägt, sind in diesen Taten alle die Kriege enthalten, die im Gedächtnis der Sippe leben, und der Erfolg sichert ihr die Wiederholung ihrer Siege in der Zukunft. Der Gott kämpft den Kampf *kat' exochen* und gewinnt den Sieg *kat' exochen*. Da unsere Wörter außerstande sind, die Ganzheit oder den Reichtum der klassischen Erfahrung auszudrücken, sind wir genötigt, sie von verschiedenen Gesichtspunkten aus begrifflich zu bestimmen, z. B. indem wir die Vorgänge beim Feste „urbildlich" nennen. Um die Fülle, die ewige oder universelle Kraft des Festes auszudrücken, sind wir versucht, sie gleichsam durch Abschälung auf annehmbare Begriffe zu reduzieren, z. B. indem wir sagen, daß der Kult eine Art göttliche Handlung oder Begebenheit darstellt, während er zugleich die Geschichte der Sippe symbolisiert. Dies ist vielleicht unser einziger Weg, wenn wir uns der klassischen Erfahrung nähern wollen, aber nichtsdestoweniger haben wir durch eine solche Erklärung rettungslos den Sinn der kultischen Handlung mißdeutet und die organische Ganzheit ihres Gedankens zerstört. Das religiöse Prinzip erlaubt weder eine Analyse nach unserer Art noch eine Übertragung in unsere historischen Formen.

Die kultische Handlung ist von vornherein durch den aktiven Charakter der klassischen Kultur bestimmt. Es gibt in Wirklichkeit keine besonderen religiösen Formen in dem Sinne, daß fromme Andacht Handlungen und Gesten schüfe, die nur der Verehrung angehörten. Die kultischen Handlungen sind lediglich Vorgänge des täglichen Lebens: Essen, Trinken, Arbeiten, Jagen, Pflügen, Kämpfen – alle durch das Fest emporgehoben und in ewige, urbildliche, trächtige Handlungen gesteigert. Tatsächlich wird aus jeder Handlung, die während der geheiligten Zeit ausgeführt wird, eine kultische Handlung. Wenn die Umstände es erfordern, daß die Teilnehmer sich von einem Ort zum anderen bewegen, wird ihr Gang eine Prozession, ein schöpferischer Marsch; wenn ein Gerät in eine andere Lage gebracht werden soll, entsteht eine heilige Handlung von religiöser Bedeutung; wenn die Teilnehmer beim Essen und Trinken zusammensitzen, gestaltet sich das Mahl zu einem Sakrament. Die religiösen Formen variiren nach dem Charakter und den Gewohnheiten des betreffenden Volkes. Bei Jägervölkern werden Vorgänge der Jagd wiedergegeben, bei Bauern Bilder des Pflügens, Säens und Erntens, bei Hirtenvölkern die Opfergelage und bei Kriegern einzelne Auftritte aus dem Kampf, kurz gesagt, der Kult wiederholt die Geschichte und das tägliche Leben des Volkes in den größeren Dimensionen der Heiligkeit. Das herrschende Motiv des Dramas bei den arischen Völkern ist der Kampf: der große Wettstreit zwischen den Göttern oder den lebenspendenden Mächten und den Jöten, die unaufhörlich eine Gelegenheit suchen, Tod und Zerstörung zu säen und die ganze schöne Welt in eine wüste Einöde zu verwandeln.

Die Verschiedenheit der Erfahrung bewirkt einen radikalen Unterschied in den tragenden Grundlagen des klassischen und des modernen Dramas. Ein modernes Schauspiel ist aus einer Reihe von Begebenheiten aufgebaut, die vor den Zuschauern chronologisch abgerollt werden, und wir betrachten sie mit derselben erwartungsvollen Anteilnahme, mit der wir einen Vorgang auf der Straße im Verlauf seiner Entwicklung beobachten; wir erwarten, daß uns eine neue Geschichte erzählt werden wird, daß uns Personen vorgestellt werden, die uns bis dahin fremd waren, und daß wir in ihr Schicksal eingeweiht werden, indem wir ihrem Gespräch und ihrem Zusammenspiel folgen. Mit eifrigen Blicken betrachten wir sie, und gespannt erwarten wir zu erfahren, wie die Katastrophe vorbereitet, auf welche Weise der Konflikt geschürt und schicksalhaft gestaltet und wie das Problem gelöst wird. Im kultischen Drama gilt das Umgekehrte, denn das klassische Drama setzt voraus, daß die Fabel den Teilnehmern gegenwärtig ist, die Zuschauer brauchen weder Aufklärung hierüber noch nähere Angabe des Themas, denn das Drama ist ihre eigene Geschichte, und seine Entfaltung geht aus ihrem eigenen Schicksal hervor. Sie sind in Wirklichkeit nicht Zuschauer, sondern Auftretende, und durch ihre Anwesenheit entsteht das Schauspiel. Sie sind nicht gekommen, um zu erfahren, wie die Geschichte verläuft, sondern um sie zu erleben und sie bis zu ihrem glücklichen Ende durchzuführen. Sie wissen genau, was geschehen soll und wie es enden soll, und sind doch alle für eine Durchführung verantwortlich, die eine mögliche Katastrophe in einen Sieg des Lebens verwandelt. Da ist kein Raum für ein Gefühl wie unsere Neugierde, und an Stelle unserer eifrigen Erwartung ist eine Anteilnahme von viel stärkerer Spannung getreten, denn sie erwarten mit angehaltenem Atem, daß die Geschichte sich selbst verwirkliche und siegreich in ein neues, machtvolles Dasein hineinschreite.

Es ist im Wesen des kultischen Dramas begründet, wenn es in seiner äußeren Gestaltung vollkommen von dem abweicht, was uns natürlich erscheint. Das moderne Drama erhebt sich in seinem Verlauf, von der Exposition durch den Konflikt bis zur Lösung, wie ein fest geschwungener Bogen, wogegen dem kultischen Drama eine innere Kraft und Verdichtung eigen ist, die in keiner uns bekannten Form ihresgleichen findet. Wenn wir uns von dieser Darstellungsweise einen klaren Begriff bilden wollen, müssen wir in der klassischen Kultur selbst eine passende Illustration suchen und uns ins Gedächtnis rufen, daß das Leben dort nicht an eine bestimmte Erscheinungsform gebunden, noch als Wirklichkeit von einer sichtbaren Manifestation abhängig ist, sondern als eine Kraft existiert, die eine außerordentliche Fähigkeit besitzt, in Gestalten zu erscheinen, die den Sinnen wahrnehmbar sind. Das kultische Drama entwickelt sich nicht etwa im Gehege des Festes, nein, das Fest selbst ist das Drama, und sein ganzer Inhalt ist in jedem Augenblick gegenwärtig und erscheint während des Festes in jedem einzelnen Auftritt. Wenn etwa die vedischen Kultteilnehmer das Opfer töten, wenn man dessen Fleisch beim Kultmahl verzehrt, wenn Soma ausgepreßt, herumgereicht und getrunken wird, so wird bei jedem dieser Vorgänge den Teilnehmern Indras Kampf lebendig gemacht.

Da Fest und Drama identisch sind, muß jede für praktische und kultische Zwecke notwendige Handlung den ganzen dramatischen Vorwurf ausdrücken. Die Wendung einer Hand, das Aufblitzen eines Messers, das Aufheben des Opfers vom Boden, die Zerlegung des Fleisches – alle diese Dinge spielen eine Rolle. Infolgedessen wird ein außenstehender Zuschauer nie imstande sein, die Bedeutung der Bewegungen sofort zu erkennen. Er ist darauf angewiesen, den Sinn zu erraten, es sei denn, daß er ihn auf Grund von positiven Mitteilungen der Eingeweihten erklären kann. Das kultische Drama besteht also zum großen Teil aus symbolischen Handlungen und gibt keineswegs eine realistische Darstellung, aber die feststehenden Gesten gehen allmählich in nachahmende Bewegungen und Stellungen über, die mehr oder weniger an das Spiel auf unsern Bühnen erinnern. Daher läßt sich auch unsere Unterscheidung zwischen symbolischer Darstellung und realistischer Nachahmung für das kultische Drama nicht aufrechterhalten. Die Wörter „Symbol“ und „symbolisieren“ sind an sich schon geeignet, Irrtümer hervorzurufen, insofern sie oft genug nur eine erdichtete oder zufällige Parallele zwischen Form und Inhalt bezeichnen. Auf den folgenden Seiten dient das Wort Symbol daher nur dem praktischen Zweck, solche dramatischen Gesten und Gegenstände zu bezeichnen, deren Bedeutung dem Uneingeweihten nicht verständlich ist.

Aus dem aufgestellten Satz: „Das Fest ist das Drama“ folgt ferner, daß in der kultischen Handlung keine Grenzlinie zwischen den Auftretenden und den Geräten gezogen werden kann. Der Gott mag durch einen Mann verkörpert sein, es ist aber auch möglich, daß er in der Gestalt eines Schädels, eines Widderkopfes, eines Hornes oder irgendeines anderen Gegenstandes erscheint, der auf der geheiligten Stätte ruht, und daß er sowohl in dieser Gestalt als auch in dem Spiel und den Bewegungen der Blotenden auftritt.

In der klassischen Kultur bilden Handlung und Rede die Totalität des Dramas, so daß keins von beiden fortfallen konnte, ohne daß das Drama selbst auseinanderfiel oder sich auflöste. Unsere Spiele sind auf dem Grundsatz aufgebaut, daß die Worte den Inhalt oder die Handlung enthalten, und zwar so, daß der Leser die Geschichte der Personen vollkommen kennen würde, wenn er den Dialog läse; das Schauspiel wird aufgeführt, um die Begebenheiten, die in den Worten vorausgesetzt sind, ans Licht zu bringen. Im primitiven Drama ergänzen Spiel und Rede einander so innig, daß das Drama gerade durch dieses Ineinandergreifen entsteht.

Der Inhalt und das Ziel des kultischen Dramas werden in einer Sage wiedergegeben, die beinahe als das Programm des Spiels bezeichnet werden könnte. Die Sage wiederholt die Geschichte, wie sie wirklich geschehen ist, das heißt, wie sie während des Festes auf der kultischen Szene feierlich dargeboten wird. Für Augen, die an andere Formen der Überlieferung gewöhnt sind, mag es den Anschein haben, daß die Sage wirkliche Begebenheiten mit anderen Bestandteilen vermischt. Eine eingehende Prüfung der klassischen Geschichte im Gegensatz zu modernen Berichten über die Vergangenheit würde aber einen Unterschied aufdecken, der nicht in voneinander abweichenden Überlieferungsformen besteht, sondern von unvereinbaren Arten des Erlebnisses herrührt. Unsere historischen Begebenheiten bewegen sich im Tempo der Chronologie vorwärts, die klassische Geschichte dagegen ist eine ewige schöpferische Wiederholung, die im Feste vor sich geht und eine Erneuerung des täglichen Lebens bewirkt. Unsere Vergangenheit wird als eine Reihe von Tatsachen aufbewahrt, und diese sind in sich abgeschlossen, unveränderlich und nach den Daten wie getrocknete Beeren auf Fäden gezogen; die klassische Geschichte aber lebt und atmet, sie wird dauernd in neuen Kombinationen und neuen Harmonien der Erfahrung verwirklicht, wie es bei lebendigen Dingen und Wesen der Brauch ist. Diese Geschichte ist es, die sich im Drama und in der Sage offenbart. Jede neue Art des Erlebnisses schafft sich, ihrem Bedarf entsprechend, ihre eigene Form, und selbstverständlich können diese Formen nicht gegeneinander abgewogen werden, und keine Analyse, keine Formel oder Theorie dessen, was man den primitiven Seelenzustand nennt, vermag sagenhafte Geschichte in einen chronologischen Bericht zu verwandeln. Die Auslegung der Mythen durch die europäische Analyse trifft weit vom Ziel, weil der Analytiker gewöhnlich seine eigene historische Auffassung auf den Sagenerzähler überträgt, als ob es für den klassischen Menschen möglich gewesen wäre, aus sich herauszugehen und sich selber von außen zu betrachten. Der Ethnologe betrachtet den Mythos als ein Stück bildlicher Verkleidung oder als Notbehelf und sucht nach einem Körnchen Tatsache unter den Verzierungen der mythischen Phantasie, als ob diese wissenschaftliche Behandlung bewirken könnte, daß der „primitive" Mann fähig würde, seine eigenen Vorstellungen und Gefühle von einem ihm gänzlich fremden Gesichtspunkt aus zu prüfen, und sie nur aus Mangel an Zeit und Gelegenheit zur Entwicklung seiner seelischen Kräfte auf ungeeignete Weise gestaltet hätte. Sobald der ursprüngliche Charakter der Sage erkannt ist, wird die Mythologie einen neuen Standpunkt einnehmen und sich als eine Sammlung wertvoller „historischer Dokumente" enthüllen.

Der einzige Weg zur Deutung der Sagen eines Volkes geht über ein gründliches Studium seiner Erfahrungen und seiner Vorstellungen, oder richtiger gesagt: durch die Erfassung seiner individuellen Harmonie von Erfahrung und Vorstellung als der Grundlage seines Lebens und seiner Institutionen. Der Religionshistoriker wird nicht die Möglichkeit haben, den Kult und die Sagen eines klassischen Volkes zu erläutern, bevor es ihm gelungen ist, sich selbst mit den Blotenden zu identifizieren – sofern eine Identifikation dem modernen Menschen möglich ist –, ja, bis es ihm gelungen ist, die Dinge mit ihren Augen zu betrachten, Himmel und Erde, Tiere und Pflanzen neu zu erleben und diese neue Erfahrung in angemessene Vorstellungen zu kleiden. Keine allgemeine Untersuchung der Bräuche und Mythen der „primitiven" Kultur kann mehr tun, als den Boden bereiten für eine Untersuchung jedes einzelnen Volkes als einer Persönlichkeit.

Die Sage ist nicht durch den Kult als eine Erklärung der Gebräuche und feierlichen Handlungen entstanden. Alle Spekulationen über den Ursprung des Mythos sind zwecklos, denn in den meisten Fällen entstammt er Zeiten, die so fern sind, daß sie sich unserm Blick entziehen, auch wenn wir mit den stärksten Fernrohren der vorgeschichtlichen Theorien ausgestattet wären. Der Ursprung des Mythos, seine Abstammung und die Frage, ob er dem eigenen Boden entsprossen oder von außen hereingekommen ist, das alles sind Dinge von untergeordneter Bedeutung, denn die Mythen sind wahr, insofern sie dem Kult einverleibt und in dramatische Vorwürfe verwandelt worden sind. Bei der Prüfung des mythologischen Stoffes stehen wir einem wichtigeren Problem gegenüber, nämlich dem der Unterscheidung zwischen wahrer Sage und freierfundenen mythologischen Fabeln oder Erzählungen. Die letzteren sind nichts anderes als Unterhaltungsgeschichten, wie sie überall zum lustigen Zeitvertreib erzählt werden mögen, während jene dem Feste einverleibt war und lediglich zu gewissen Zeiten und vor bestimmten Kreisen von Menschen erzählt werden konnte. Die norwegische Literatur weist mehrere Proben solcher Märchen auf, zum Beispiel die Geschichte von Thors Besuch bei Utgarda-Loki (S E 44). Berichte dieser Art sind ungemein interessant, weil sie die Vorstellungen und Gefühle der Erzähler und Zuhörer beleuchten. Die Posse von dem Gott, der in dem Netz von Illusionen zappelt, das die Jöten geknüpft haben, gibt ein packendes Bild der unheimlichen Erlebnisse des Norwegers in Utgard. Auch der Form nach tragen solche Fabeln den Stempel der Vorstellungskraft, die in den Sagen zum Vorschein kommt, denn die Menschen haben nur eine Vorstellungskraft, die in den Mußestunden bei Scherz und Spiel sowohl wie in den stark leidenschaftlich bewegten Zeiten herhalten muß – und so kommt es, daß die Bilder der Sage die feierliche Bilderwelt des Kultes angedeutet haben. Einige der Auftritte in den Geschichten von Thor, wie

z. B. die Tötung seiner Böcke, gehen deutlich auf rein kultische Motive zurück, aber gerade in bezug auf diese Sage ist das Problem durch die Tatsache erschwert, daß die nordischen Mythen einer literarischen Behandlung unterworfen gewesen sind. Vermutlich hatte Snorri oder einer seiner Vorgänger seine Hand mit im Spiel, wenn eine lustige Geschichte durch Beimischung von Zügen aus verschiedenen anderen Quellen in Kunst verwandelt wurde.

Die Sage entwickelt nicht nur die dramatische Handlung zur erzählenden Form, sie entfesselt auch die Idee der Handlung, und damit die Gefühle der Festteilnehmer, ihre Angst, ihre Spannung, ihren Sieg. Die Bosheit und Feindseligkeit der Jöten, die im Hintergrunde des Dramas wie ein finsteres, drohendes Gewitter ruhen, das durch die glückliche Vollbringung des Kultes zerstreut werden soll – sie werden durch die Sage in epische Aktivität verwandelt. Wenn die Götter nicht unaufhörlich die Anschläge der bösen Mächte vereiteln, wenn sie nicht immer wieder die Welt aufs neue schaffen, werden die Jöten sie verwüsten, sie werden Thors Hammer stehlen, die Sonne und den Mond verschlingen und das Licht der Welt auslöschen, die Göttin mitsamt ihrer lebenspendenden Speise entführen, das Bier verbergen und alles *unheore*, das heißt unheimlich machen, und in der Sage ist diese entsetzliche Möglichkeit zeitlich verwirklicht, als ob sie schon eingetreten wäre und Abhilfe notwendig machte. Wenn die Schlange nicht immer und immer wieder getötet wird, werden die Begebenheiten im Ragnarök, die in der Sage geschildert werden, sofort eintreten: die Midgardschlange speit nahe und fern Gift und erfüllt die ganze Luft und das Meer mit ihrem tödlichen Atem, und der Bericht des Mythos über die Zerstörung des bösen Rates der Jöten durch den Gott wird lauten wie in den Versen der Völuspa (25 f.): „Wer hat die Luft mit Gift erfüllt und die Göttin in das Reich der Jöten entführt? – Thor erhob sich, er bleibt nur selten sitzen, wenn solche Dinge seine Ohren erreichen."

In der klassischen Kultur ist die Religion das Herz des Volkes. Im Feste wird das Leben auf den höchsten Gipfel erhoben; das kultische Drama ist eine leidenschaftliche Darstellung des vollauf genossenen Lebens, das Spiel oder Kunst wird. In der modernen Zivilisation, wo Kunst und Religion getrennt sind, verlassen die Menschen ihre Arbeit, um zu spielen; sie geben sich den Spielen hin, um sich zu erholen, sie lassen das Tagwerk ruhen, um in poetischer Einsamkeit über das Leben und ihre eigenen Seelen nachzusinnen, Lieder zu singen und Dramen zu dichten, die sich mit dem Leben befassen. Das Spiel hat seine eigentliche Berechtigung darin, daß es absolut ist und in sich selber ruht, mit anderen Worten in seiner Unabhängigkeit von den Gesetzen, die das wirkliche Leben leiten, also in seiner Unwirklichkeit, die so nachdrücklich zu Worte kommt in einem Ausdruck wie *l'art pour l'art,* Kunst um der Kunst willen, sei es nun, daß diese Phrase bedeuten soll, daß die Kunst überhaupt keinen Zweck außer sich selbst hat, oder daß ihr zugemutet wird, indirekt ein geistiges Stärkungsmittel zu sein, um Glück und Moral gewöhnlicher Menschen zu fördern. Welche Bedeutung man dem Worte auch beilegen mag, so ist unser intellektuelles Leben das Leben eines Zuschauers beim Spiele, und unsere literarischen und künstlerischen Interessen haben eigene Formen entwickelt; durch diese Zweiteilung des Lebens ist die Kunst als selbständige Einheit entstanden, und das ästhetische Vergnügen wird geboren – neben der religiösen Hingabe und also im Gegensatz zu ihr. In der klassischen Religion kann die Kunst nie von der Religion getrennt werden, weil Religion Kunst an sich ist und dadurch Kunst wird, daß sie in einer Sphäre weit über den Nöten des Alltags wirkt. Das kultische Drama war ein Spiel in einer für uns fremden Bedeutung, denn es enthielt einen wirklichen Streit, und das Interesse, das es erweckte, beruhte darauf, daß der Ausgang von größerer Bedeutung war als alle weltlichen Entscheidungen, daß seine Gefahren alle denkbaren Wagnisse des Alltagslebens übertrafen und seine Auswirkungen weit bedeutungsvoller waren als irgendein praktischer Erfolg. Die Freude am Spiel ist so fest im leidenschaftlichen Ernst verwurzelt, daß das Spiel seinen Reiz ganz verlieren würde, wenn es in eine bloße Vorstellung oder „Vormachung" verwandelt würde. Himmel und Erde, Heil und Ehre, Vergangenheit und Zukunft, Glück in materieller und seelischer Bedeutung wurden auf die Waage gelegt und durch das Spiel gewonnen – oder verloren. Kein Wunder, daß das Spiel in siegreicher, überwältigender Freude endet – Jubel herrscht in der Halle.

Wenn hier gesagt wird, daß die durch das Fest hervorgerufenen Gefühle intensiv, ja ausschließlich religiösen Charakters waren, bedeutet das also, daß sie das einschlossen, was wir die ästhetische Freude über die Handlung als Kunst und die Sprache als Poesie nennen. Der Kult bewegt sich in einem Bereich der Sprache, der hoch über unserm gewöhnlichen Alltagsgespräch liegt: er schafft sich einen Wortschatz, der überreich ist an Umschreibungen und Bildern und an feierlichen, ernsten Sätzen, die schon in ihrem Rhythmus und Fortschreiten von gleichem Gewichte sind wie Gesang. Diese zeremonielle Redeform ist Poesie, denn sie ist die leidenschaftliche Sprache des Lebens selbst in seinen höchsten und stärksten Augenblicken; sie ist nicht der Aufschrei einer Seele, die sich künstlerisch und ästhetisch durch hochgestimmte Gefühle und ekstatische Ausbrüche in eine Spannung hineinsteigert, halb Freude und halb Schmerz, sondern es sind die nüchtern inbrünstigen Worte des Lebens selbst, die in den Wehen der Neugeburt, am Rande des Abgrundes schwebend, siegreich sich selbst erlösen. Die klassische Poesie gibt Kunde davon, wie die Geschichte – und zwar die Geschichte der Sippegenossen – lebendig wird und durch die Neugeburt Kräfte sammelt, um noch größere und siegreichere Taten zu vollführen. Die poetische Sprache unterscheidet sich von der gewöhnlichen Sprache durch das prächtigere Gewand und den leidenschaftlicheren Geist, aber sie ist nicht weniger natürlich und echt; ihre Bilder und Umschreibungen erheben sich über die vertrauten täglichen Redewendungen, weil sie die Tatsachen des Lebens erläutern, wie sie sich auf dem kultischen Schauplatz zeigen: das Leben, wie es wirklich ist.

Die Poesie der Germanen hat die kultische Sprache in der Form von Kenningar und Beinamen bewahrt. Die stilistische Regel der Skaldendichtung, daß Helden durch einen göttlichen Namen umschrieben werden sollen, wie zum Beispiel: der Tyr des Schwertes, entspringt der Tatsache, daß die Männer während des Festes Götter waren. Wenn die Frauen Disen oder Göttinen des Mets genannt werden, sehen wir, wie die heilige Gestalt die Schale durch die Halle trägt, die Reihen der Festteilnehmer entlang. Ungefähr im elften Jahrhundert wurde die poetische Sprache zu einer besonderen literarischen Ausdrucksweise, fast zu einem Jargon, und die meisten Kenningar sind eigentlich nur Klischees, aber diese Klischees verdanken der Pracht des alten Dramas, daß sie dennoch gangbare Münze sind. Wenn Gold als das Licht des Wassers umschrieben, ein Schild Ulls Schiff genannt wird, das Schwert als Heimdals Kopf und Odin als Hœnirs Freund bezeichnet wird, dann sind diese Kenningar nichts anderes als dramatische Auftritte – und Mythen – in eine Gestalt hineinstilisiert.

In der Hofdichtung wurden die Kenninger später allmählich zu bloßen Ersatzbezeichnungen für das nackte Wort, und sie werden willkürlich eingefügt, je nachdem es Rhythmus und Reim erforderten. Ihr Gebrauch war ursprünglich nicht durch die ästhetische Phantasie, sondern durch wahre künstlerische Rücksichten bestimmt, d. h. durch die religiöse Wirklichkeit, und sie wurden benutzt, um einen wirklichen Auftritt zu erläutern oder ein bestimmtes Bild aus der dramatischen Szene wiederzugeben. Der literarische Handwerker machte Odin zu Hœnirs Freund, wenn aus metrischen oder ästhetischen Gründen eine Abwechselung erwünscht war, oder wenn er fühlte, daß seine Verse ein wenig mehr Schliff nötig hatten. In der kultischen Dichtung deutet die Kenning auf einen Auftritt hin, in welchem Odin und Hœnir zusammen handeln. In der dichterischen Umschreibung, wo Odin der Räuber des Biers oder des Mets genannt wird, wollte der Skalde nur einen ziemlich abgebrauchten Namen auf hübsche Weise ersetzen; in der Sage dagegen wurde durch die Kenning ein Auftritt von lebendiger Wirkung und also von überwältigendem Einfluß auf die Vorstellungskraft der Zuhörer heraufbeschworen. Die ursprüngliche Kraft der poetischen Sprache tritt in den Versen der Grimnismal (50) hervor, die eine Aufzählung der Namen Odins enthalten: „Ich nannte mich Svidurr und Svidrir in dem Hause Sökkmimirs, als ich meinen Namen vor dem alten Jöten verbarg und seinen Sohn Midvidnir tötete." Die frühesten Skalden hatten sich von der Wirklichkeit des Festes nicht ganz freigemacht; oft ist eine Flut von poetischen Ausschmückungen an die Stelle der engen Umschreibungen der Sagendichtung getreten, aber gelegentlich leuchten die scharfgeschnittenen Bilder des Dramas durch ihre ausgearbeiteten Vergleiche hervor. Ein ausgezeichnetes Beispiel bieten die einleitenden Verse von Eyvinds Haleygjatal (vgl. u. S. 327 f.).

Der dramatische Charakter des Festes findet eine Bestätigung im Stil der Eddadichtung, der noch deutlich von ihrem Ursprung aus der ergreifend lebendigen Schauspielkunst des Dramas Zeugnis gibt. Diese Dichtung besitzt keins von den besonderen Merkmalen der ruhig schreitenden epischen Poesie. Die Gedichte der Edda berichten nicht einmal den Gang der Geschichte; ein Auftritt folgt dem anderen, manchmal hervorgerufen durch das aufblitzende Sichtbarwerden einer bestimmten Haltung oder eines Schwertes, das auf einen Kopf niedersaust, manchmal durch das Bruchstück eines Gespräches. Die Bilderfolge weist auf eine Kette von Begebenheiten hin, die eine gewaltige, leidenschaftliche Geschichte darstellen, aber es ist dem Gedächtnis – nicht der Vorstellungskraft – der Leser überlassen, die Bindeglieder zwischen ihnen herzustellen.

In der Fülle seiner Andeutungen und Anspielungen wendet dieser Stil sich also nicht an die Vorstellungskraft, sondern an das Gedächtnis oder vielmehr an eine imaginative Erinnerungskraft und gibt die Mythensprache wieder, wie sie, durch verschiedene Entwicklungsstufen hindurchschreitend, allmählich ein Mittel der Dichtkunst wurde. Einige dieser Gedichte sind beinahe reine Mythen, andere sind so weit entwickelt, daß sie Gedichte mit sagenhafter Grundlage geworden sind und Bruchstücke des kultischen Stoffes enthalten.

Weitere Belege für das Blotfest der Germanen sind in dem Worte enthalten, das für Spiel oder Wettspiel gebraucht wurde; altnordisch *leikr* – angelsächsisch *lác* – bedeutet Spiel und Opfer. In Norwegen kommt *leikr* vor in Kenningar, die Schlacht bedeuten, eine Tatsache, die die Heiligkeit der Krieger und den religiösen Charakter des Krieges andeutet (*Hildar leikr* usw.).

Auf Grund einer Untersuchung dieser Überreste, die in poetischen Gleichnissen enthalten sind und durch den in den Mythen verborgenen Sagenstoff vervollständigt werden, dürfen wir die Hoffnung hegen, einmal eine klare Vorstellung über den Kult bei den nordischen Völkern zu erhalten. Doch würden die Spuren des Dramas kaum erkennbar sein, wenn das Auge des Forschers nicht geschult wäre durch Erfahrungen aus anderen Gegenden, wo die religiösen Formen in ihrer Vollständigkeit und in ihrer ganzen Kraft hervortreten. Der bruchstückartige Zustand des Stoffes wird immer einer Rekonstruktion des Dramas im Ganzen hinderlich sein, aber die Fragmente dürften doch wohl zahlreich genug sein, um eine Anzahl verschiedener Auftritte zu rekonstruieren, die den Charakter des Blotes zeigen. Der hier behandelte Stoff ist bei weitem nicht vollständig. Er enthält keinen Bericht über eine ganze Menge von Forschungsversuchen, die den Entdeckungsreisenden vor Hypothesen stellten, von denen nur das eine gesagt werden konnte, daß die Möglichkeit besteht, daß sie wahr sind; aber ich bin überzeugt, daß es einem erfinderischen Geist und einer stärkeren gestaltenden Kraft gelingen wird, die Fäden, die hier noch ungeknüpft und ungeordnet hängengeblieben sind, zu einem wirklichen Muster zu vereinigen.

Der Gegenstand, der im nordischen Drama hauptsächlich behandelt wird, ist der Kampf zwischen den Asen und den Jöten. Durch die spätere Bearbeitung und nicht am wenigsten durch Snorris Erzählergabe sind die Mythen von Thor in reichverzierte Kunstwerke verwandelt worden, aber all der dichterischen Kunstfertigkeit des Geschichtsschreibers zum Trotz ist der Stempel ihres Ursprungs als Sagen oder Programme der kultischen Dramen doch nicht ganz verwischt, und in einigen Fällen sind die Spuren eines zugrundeliegenden Dramas deutlich zu erkennen – ganz besonders in dem Mythos, der von Thors Besuch bei dem Jöten Geirröd berichtet (s. o. II 230 ff.).

Zufällig ist diese Sage in einem Gedicht, das uns erhalten geblieben ist, der „Thorsdrapa" Eilifs, dichterisch behandelt worden. Eine nähere Untersuchung der Strophen zeigt, daß der Dichter mit der Sprache des Dramas Fühlung gehabt und höchstwahrscheinlich selbst den Mythos aufgeführt gesehen hat; seine Kenningar sind nicht bloße Wortgepränge, aus dem Wörterbuch der höfischen Skalden hier und da zusammengelesen und zusammengestellt, wie der Stil und die Versfüße es verlangten, sondern sie sind – zum größten Teil jedenfalls – so ausgewählt, daß sie den Vorgängen im Drama entsprechen. In Eilifs Umschreibungen werden die reißenden Flüsse „das Blut der Jötin", „der spritzende Strahl ihres Blutes", „das schwerterzeugte Naß" genannt. Der kultischen Darstellung treu bezeichnet er den Himmel als das Dach der Halle. In V. 7 hat er Teile des Opferspruches bewahrt: Die einzige Rettung – *ráð* –, die für Thor übrigblieb, als der Strom ihn beinahe umwarf, war, laut zu rufen: „Mein Megin wird bis in das Dach wachsen, wenn das Blut der Jötin nicht gestillt wird." In Snorris Wiedergabe ist dieser Spruch in epische Mythologie verwandelt: „Steigt nicht höher, Vimurs Gewässer, ich muß bis zum Sitz des Jöten eure Fluten durchwaten; wisset, wenn ihr höher steigt, wird mein Asenmegin hoch bis in den Himmel wachsen." Der Stoff ist in Eilifs Gedicht derselbe wie in Snorris Erzählung, aber in der poetischen Fassung ist der Vorgang den aufregenden Auftritten in der Blothalle entnommen.

Was die kultische Bedeutung des Stabes betrifft, so erfahren wir durch den Mythos hierüber nichts, aber einige Andeutungen, wenn auch nicht eine vollständige Erklärung, sind vielleicht in einer Geschichte enthalten, die der Landnama eingefügt ist. Ein isländischer Bauer, Lodmund, war in einen langwierigen Streit mit seinem Nachbarn Thrasi verwickelt. Eines Tages bemerkte der letztere, daß eine Wasserflut vom Berg oberhalb seines Hofes herabströmte; er kam auf den glücklichen Gedanken, sich dieses Naturereignis zunutze zu machen, und durch eine Kunst, die er allein kannte, leitete er das Wasser so gut und weise, daß es über den Hof seines Gegners hinabstürzte. Lodmund saß in der Halle, als einer seiner Knechte mit verschlagenem Atem hereinkam und seinem Herrn zurief, daß vor dem Haus ein See entstehe. Der alte Mann, der blind war, erhob sich und bat den Knecht, ihn bis an das Ufer des Sees zu führen und seinen Stab in das Wasser zu stoßen, dann ergriff er den Stab, setzte seine Zähne in einen daran befestigten Ring, und sofort machte das Wasser kehrt und lief den Feldern Thrasis zu. Thrasi nahm die Herausforderung an, und nun folgten die beiden Weisen dem Strome und leiteten ihn Drehung um Drehung, bis sie sich am Rande eines Abgrundes trafen und einig wurden, den Fluß durch diese Kluft den kürzesten Weg nach der See zu schicken. Diese Erzählung, oder diese Sage, wie sie richtiger genannt werden muß, zeigt, daß der Stab, von kundiger Hand geführt, über fließendes Wasser Macht hat, und sie kann gedeutet werden als ein Hinweis auf den Gebrauch des Stabes beim Blot, wo er verhindern sollte, daß das Blut neben das Gefäß lief, das es aufnehmen sollte.

Der Geirröd-Mythos vermittelt uns einen Schimmer von einem feierlichen Auftritt, bei welchem ein Stab benutzt wurde, und in der Form eines Kommentars wird noch hinzugefügt, daß diese kultische Handlung symbolisch die Reise des Asen nach Utgard enthält. Der Mythos deckt nur einen Teil der Vorgänge, nämlich das Aufsammeln des Blutes; für die Tötung des Opfers und die dadurch ausgedrückte Erschlagung des Jöten muß ein besonderer Mythos vorhanden gewesen sein, der verlorengegangen ist. Selbstverständlich symbolisierten die Reiseerlebnisse auch den Sieg über die Jöten; aber aus der Art, wie den Jötinnen der Rücken gebrochen wurde, können wir keine Schlüsse auf die Art der Tötung des Opfers ziehen. Der dramatische Gedanke, der in der Sage erklärt wird, ist nicht bildhaft mit dem Kult identisch und kann nicht als Ausgangspunkt für unsere Vermutungen über die feierliche Handlung selbst benutzt werden. Eilifs Kenning, die auf das

Blut als „das Schwerterzeugte“ anspielt, weist direkt auf andere Auftritte des Kultdramas hin.

Der Auftritt in der Halle Geirröds ist nicht weniger reich an Anspielungen auf das Drama. Wir hören, daß Thor in die Halle gebeten wird, um an den „Wettkämpfen“ teilzunehmen, und daß er seinen Platz dem Jöten gegenüber erhält. In der Episode mit dem eisernen Bolzen erheischt das Kampfmotiv einen neuen Ausdruck, und wiederum zeigt uns Eilifs Gedicht den Charakter des hinter der Sage stehenden Kults.

Wir wissen, daß ein kultisches Kosten der Eingeweide oder der inneren Teile, die als besonders lebensvoll und heilig angesehen wurden – Homers σπλάγχνα χπάσαντο –, als Einleitung zum Opfermal stattgefunden hat. Der heilige Wert dieser Teile gab den Kultgästen durch die Handlung des Kostens göttliche Kräfte und versetzte infolgedessen den Jöten einen mörderischen Hieb. In Eilifs Umschreibung wird das rotglühende Stück Eisen – oder die Masse von rotem Eisen, was es wahrscheinlich bedeutet – bezeichnet als „ein Stück Fleisch, in der Schmiede gekocht“, oder als „das rote Gebiß der Zangen“ und „der emporgehobene Mundvoll“, und entsprechend ist Thors greifende Hand umschrieben mit: „Thor gaffte mit dem Munde des Armes und schlang mit dem eifrigen Rachen des Armes.“ Schließlich ist das Fleischstück wiedergegeben mit *segi*, einem Wort von kultischer Bedeutung, der heiligen Benennung für Herz; es kommt in einem kultischen Auftritt vor in der Zusammenstellung *fjörsegi*, das Fleisch des Lebens oder das Herz. Die Kenningar sind so eigenartig und feststehend – ja gerade in ihrer Künstlichkeit von ererbten Vorstellungen abhängig –, daß sie unter der mythischen Schale einen dramatischen Kern aufweisen. Trotz ihres schwülstigen Stils unterscheidet sich die Thorsdrapa doch stark von der künstlichen Poesie des elften Jahrhunderts, der Dichter wendet sich nicht an die Mythologie wie an ein Warenhaus, das mit Masken und Prachtgewändern vollgepfropft ist, sondern er zielt durch die Wahl seiner Bilder auf wirkliche dramatische Situationen. Man darf ruhig annehmen, daß er die Drapa unter dem Eindruck des alten Kults gestaltet hat.

In der Geirröd-Sage spielt Thor die Hauptrolle, wogegen in der Sage von Thiazi Odin die Hauptperson ist; dieser Unterschied besagt nur, daß die Mythen kultische Dramen repräsentieren, die ursprünglich in verschiedenen Kreisen von Blotenden beheimatet waren. In Harbardslied 19 ist eine Form des Thiazi-Mythos bezeugt, in der Thor den Mittelpunkt bildet. Die Mythen stimmen darin überein, daß sie den Gott zusammen mit zwei anderen Asen auftreten lassen; dadurch wird die Tatsache hervorgehoben, daß bei einigen Kulthandlungen der Blotleiter in seinem Amte von zwei Helfern unterstützt wurde. Die Regel, daß bei gewissen Weihehandlungen drei Offizianten oder, vom dramatischen Standpunkt aus gesehen, drei Auftretende amtieren, von denen jeder besondere Pflichten zu erfüllen hat, ist durch viele verschiedene Mythen bezeugt; hier sind es Thor, Thialfi und Loki oder Odin, Hœnir und Loki, in anderen Fällen sind es Odin, Lodur und Hœnir oder Odin, Vili und Ve. Eine der kultischen Bezeichnungen Odins ist Thridi, der Dritte, das heißt die bedeutendste Person unter dreien; eine andere ist Tveggi, was vielleicht bedeutet: der Ase, der mit einem anderen zusammen handelt. Sowohl die Thorsdrapa wie die Haustlöng weisen in ihren Kenningar auf die dramatische Situation hin; weit davon entfernt, nur poetische Wortgebilde zu sein, dienen ihre Umschreibungen dazu, dem Auftritt Wirklichkeit zu verleihen, indem sie auf ein gemeinsames Wirken von Göttern in einem kultischen Auftritt anspielen; Loki und Odin sind „Hœnirs Freunde", so wie auch Hœnir „Odins Freund" ist, und es wird der Hypothese nicht allzusehr Gewalt angetan, wenn man annnimmt, daß auch der Rest der Kenningar – wie zum Beispiel diejenige, die Loki „den Verwandten des Farbauti" nennt – nicht der dichterischen Phantasie entsprungen ist.

Was die kultische Betätigung dieser Auftretenden betrifft, so geben die Sagen nicht viel Aufklärung. Lokis Charakter kommt in der Sage zum Vorschein, er ist derjenige, der Streit entfacht und dadurch den Sieg herbeiführt, aber über den Kult, der diese Tat wiedergibt, erfahren wir nichts. Aus der Haustlöng sehen wir, daß Hœnir die Aufgabe zufiel, das Feuer anzuzünden und anzublasen: *Hœnir hlaut blása* heißt es in V. 4, und es muß noch betont werden, daß das Verbum *hljóta* eine kultische Bedeutung hat. Die Endstrophe der Thorsdrapa: „Zornig stand der Bruder Röskvas, Magnis Vater war siegreich, weder Thors noch Thjalfis Herz bebte", ist alles andere als ein poetisches Füllmaterial; die Worte weisen auf eine kultische Haltung hin, die die handelnden Personen einnehmen mußten, um einen guten Erfolg zu sichern. Schließlich schenkt uns die Haustlöng eine Anzahl Kenningar, die von der Betätigung der Götter beim Aufsagen der angemessenen Sprüche zeugen; sie werden *segjandi* genannt, Sprecher – *segja* bedeutet kultisches oder juristisches Sprechen. Odin wird *hapta snytrir* genannt (V. 3), der Lehrer der Götter oder, mit anderen Worten, der Leiter der Kulthandlung (s. u. S. 320); *sagna hrœrir* (V. 9) bedeutet vielleicht: Der Gott, der Sprecher ist oder heilige Worte aufsagt.

Die Schlachtung des Tieres ist eine heilige Handlung, die für die Erhaltung von Leben und Heil notwendig ist; das Leben des Tieres muß genommen werden, um die heilige Speise zu beschaffen. Dieser Vorgang ist äußerst gefahrvoll und zugleich frevelhaft, denn er bedeutet einen Eingriff in etwas Heiliges und Göttliches; er ist eine Verletzung des Unverletzbaren, die, obwohl unvermeidlich, darum doch nicht weniger schrecklich und verderblich ist – αἱ δ' ὀλόλυξαν θυγατέρες. Um die bösen Folgen und die Schuld, die diese Handlung nach sich zieht, abzuwenden, wird das Schlachten durch strenge kultische Formen geregelt. Die Rücksichtslosigkeit und Gefährlichkeit der Handlung ist auch in einer kultischen Handlung dramatisiert, die die Wiedergutmachung, die Buße und Sühne bewirkt, wie es z. B. auch beim Töten des Stieres in Attika der Fall war, wo die Opfernden zum Schein vor einem kultischen Gericht des Mordes angeklagt wurden. In den Sagen wird die Ehrfurcht der Blotenden dadurch ausgedrückt, daß der Ase mit Furcht geschlagen wird und sich – ähnlich wie Indra nach der Tötung Vrithras – verbirgt, oder dadurch, daß er flüchtet und eine kultische Reinigung durchmacht, wie Apollo, als er Python getötet hatte.

Im Drama war das Opfer ein Symbol des Sieges über die Jöten, die Mächte des Bösen, und infolgedessen bedeutete die kultische Sühnehandlung eine Art Wiedergutmachung oder Mannesbuße, die die Asen ihren Gegnern für die gewalttätige Handlung schuldeten. Die Überreste vom Fleisch des Opfertieres oder seine Knochen wurden als heilig verehrt, sie waren Gegenstand der Anbetung, was damit übereinstimmt, daß diejenigen Teile des Opfers, die nicht gegessen wurden, unantastbar waren (vgl. den Mythos von Skadi, II 236).

Die hier erwähnten Mythen bezeichnen nur einen Teil der kultischen Handlungen, die bei der Schlachtung des Opfers erforderlich waren; wahrscheinlich konnte jeder Augenblick eine Sage entstehen lassen, und eine dieser Sagenreihen ist in einem Mythos enthalten, der auf die Zerlegung des Opfers hinweist und die Erschaffung der Welt symbolisiert (s. u. S. 288 ff.).

Eine andere Form des göttlichen Kampfes finden wir in dem Mythos von Thors Kampf mit Hrungnir. Der Jöte prahlte damit, daß er den Asen töten und die Asinnen Freya und Sif entführen wollte, und er forderte Thor auf, sich ihm an der Grenze bei Grjotunagard zum Zweikampf zu stellen. Da die Jöten wußten, daß ihr ganzes Leben von Hrungnirs Sieg abhing, bauten sie auf dem Kampfplatz einen Mann aus Lehm, neun Meilen hoch und über der Brust drei Meilen breit, aber sie konnten kein Herz finden, das groß genug war, bis sie eins aus einer Stute herausschnitten und es ihm in die Brust setzten. Neben diesen Lehmriesen stellte Hrungnir sich auf, er deckte sich mit einem Steinschild und hatte als Waffe einen Wetzstein. Thor kam mit Blitz und Donner angefahren, aber Thjalfi lief im letzten Augenblick vor und riet dem Riesen, seinen Schild unter die Füße zu schieben, da Thor unter der Erde angefahren käme, um ihn von unten anzugreifen. Thor warf von weitem seinen Hammer, und der Hammer traf den Wetzstein in der Luft, erreichte aber doch den Kopf des Jöten, und während dieser auf seinen Schild niedersank, machte Thjalfi kurzerhand mit dem Lehmmann ein Ende. Bei seinem Falle kam Hrungnir auf Thor zu liegen, der eine seiner Füße drückte den Nacken des Asen zu Boden, und keiner der Asen war imstande, den Bruder zu befreien, bis sein Sohn Magni dazukam und den Fuß mit einem Griff zur Seite warf. Ein Stück vom Wetzstein blieb in Thors Stirn sitzen und konnte nicht herausgenommen werden.

Diese Sage enthält verschiedene Hinweise auf eine dramatische Aufführung in der Blothalle: der Umstand, daß die Jöten einen Lehmmann errichteten und ihm das Herz einer Stute gaben, und daß sein Fall auch Hrungnirs Fall bedeutete, hat seinen Ursprung offenbar in einer kultischen Anordnung; ferner heißt es von Hrungnirs Kopf, daß er aus Stein gewesen sei und dreieckig wie das Zeichen, „das Hrungnirs Herz genannt wird", und das tatsächlich ein kultisches Zeichen war. Wenn der Jöte auf einem Schild getötet wird, gibt dies unmittelbar eine kultische Handlung wieder. Die Haustlöng bestätigt einfach, daß er auf seinen Schild fiel, und gibt keine andere Erklärung als: „so haben es die Asen befohlen, so haben es die Disen angeordnet"; also fand der Tod des Jöten auf einem Schilde statt.

In dem Mythos, der davon berichtet, wie Thor die Midgardschlange tötete, erscheint der Jöte in der Gestalt eines Wurms oder eines Drachen, aber dieser Mythos ist uns nur in einer literarischen und ziemlich verwässerten Form überliefert. Thor begleitete den Jöten Hymir auf einen Fischzug, hängte das Haupt eines Ochsen als Köder an seinen Angelhaken und angelte nach dem Wurm; als der Kopf der Midgardschlange über der Oberfläche erschien, erschrak Hymir dermaßen, daß er die Schnur durchschnitt. Thor warf seinen Hammer nach dem Kopfe, als dieser gerade untertauchte, aber niemand kann sagen, ob der Wurf geglückt ist. Im Drama mußte Thor den Jöten töten, und die ursprüngliche Fassung ist in Bruchstücken von Thordichtungen angedeutet. Der Kampf ist in der Völuspa erwähnt; hier muß er notwendigerweise mit der religiösen Anschauung des Dichters in Einklang gebracht werden, aber obschon der Gedanke des Gedichtes erfordert, daß Asen und Jöten einander töten, gönnt es der Verfasser dem Thor doch, seinen Sieg einige Augenblicke zu genießen.

Das Trinkgelage, das dem Opfermahl folgte, hat dasselbe dramatische Motiv; wenn das Bier geweiht und das Horn geleert war, war der Jöte gänzlich geschlagen. Dieser Vorgang ist genau auf dem Kreuz von Gosforth abgebildet; der Blotende ist hier mit dem Horn in der Hand neben dem Leichnam des Jöten dargestellt.

Das Trinkgelage war eng mit dem Blot verbunden: das Bier leitete geistig seine Kraft und sein Heil von der Tötung des Opfertieres und der Vergießung seines Blutes her. Die Tatsache, daß der Lebenstrank durch den im Opfer geschaffenen Segen vergeistigt wurde, wird in einem Vers der Grimnismal (25) mythisch ausgedrückt: der Met fließt aus dem Euter der Ziege Heidrun. Weiter ist sie im Mythos von Kvasir entwickelt, dessen Blut in das Metfaß lief. Kvasir wird das weiseste von allen lebenden Wesen genannt, er wurde von Zwergen getötet, die sein Blut in einem Bottich sammelten, es mit Honig mischten und auf diese Weise einen köstlichen Trank, den Met, herstellten; später waren sie gezwungen, ihn dem Riesen Suttung als Lösegeld für ihr Leben auszuliefern.

Das Bier hieß kultisch *lǫgr,* und nach den Kenningar zu schließen, bezog sich diese Bezeichnung auch auf das Blut des Opfertieres.

In der kultischen Handlung, die mit dem Brauen des Bieres und dem Herumreichen beim Trinkgelage verbunden ist, wurde der Sieg gewonnen und gefeiert; das hinter der Kulthandlung stehende Drama wird in einem Mythos umschrieben, der davon berichtet, wie Odin das lebenspendende Naß dem Suttung raubte. Snorri hat mit feinem Humor den Mythos in einer Fassung wiedergegeben, die zahlreiche Überreste des Kults mit Bestandteilen aus verschiedenen Märchen vermengt, und das verworrene Gebilde bietet allen Versuchen der Analyse Trotz. Die Hauptzüge kehren wieder in einer Reihe von Strophen, die den Havamal einverleibt sind, und diese Fassung hält sich offenbar viel näher an die ursprüngliche Form der Sage: „Ich besuchte den alten Jöten, und jetzt bin ich zurückgekehrt. Nicht viel gewann ich, als ich meine Zunge im Zaume hielt, durch viele tapfere Worte tat ich mich hervor. Gunnlöd wies mir einen Sitz im goldenen Stuhle an und gab mir einen Trunk vom köstlichen Met; übel wurde sie gelohnt für ihren treuen Sinn und ihre große Liebe. Ich ließ Rati durch den Fels einen Gang nagen, unten und oben waren die Wege der Jöten; meinen Kopf setzte ich aufs Spiel durch diese Tat. Glücklich genoß ich den gewonnenen Trank, ein kluger Mann erreicht sein Ziel. Jetzt ist der Kessel Odrœrir heraufgeholt und auf die heilige Stätte der Menschen gestellt worden. Kaum wäre ich vom Hofe der Jöten entkommen, hätte nicht Gunnlöd mir geholfen, die edle Magd, die in meinen Armen ruhte. Am Tage darauf schritten Reifjöten in Hars Halle, sie fragten nach Bölverk, ob er unter den Asen weile oder von Suttung erschlagen wäre. Ich glaube, Odin schwur einen Eid auf seinen Ring; wer kann auf sein Wort bauen; er hat Suttung um seinen Met betrogen und Gunnlöd in Tränen verlassen."

Diese Fassung zeigt durch ihre Reihenfolge von kultischem Gespräch und kultischen Bildern, daß sie eine echte Wiedergabe der dramatischen Aufführung ist. Snorri ergänzt noch die Andeutungen, wenn er beschreibt, wie Odin sich einen Weg durch den Felsen – die Wege der Jöten – mit Hilfe eines Bohrers, Rati, bahnt, und weiter durch die Mitteilung, daß der verkleidete Odin den Namen Bölverk angenommen habe; andere kultische Überreste aber hat er weggelassen, zum Beispiel den Stuhl, auf dem Odin saß, und den Schlußauftritt, wo die Jöten erscheinen, um Wiedergutmachung zu fordern, und wieder um ihr Recht betrogen werden.

Odins Tat ist uns in einer Anzahl Kenningar erhalten. Dieser dichterische Nachlaß des Blotes ist zwar in poetische Flitter zerfallen, aber hier und da zeigt sich doch der ursprüngliche Charakter, so in dem Prolog zu Eyvinds Haleygjatal. Er redet den Gott Odin an als den Asen, der das Lösegeld der Zwerge auf mächtigen Flügeln aus Surts dunklen Tälern in der Unterwelt herauftrug –

ór Surts Sǫkkdǫlum; die Namen *Sǫkkdalir* und *Sǫkkmimir* kommen auch anderswo als kultische Bezeichnungen der Unterwelt und ihres Herrschers vor.

In der Wikingerzeit wird das Bier hauptsächlich als die Quelle gefeiert, aus welcher Dichter und Weise ihre Inspiration holen. Schon in der frühesten Zeit quoll der Becher über von *ráđ:* Rede, mächtigen Worten, weisen Gedanken – die Macht des Bieres machte die Überlieferungen der Sippe immer frisch und stark –, aber dieser Segen war nur ein Teil eines noch gewichtigeren Heils, das reich genug war, um Körper und Seele der Sippegenossen wie auch ihr ganzes Wirken und ihren Besitz zu erneuern. Durch ihre einseitige Lobpreisung des Bieres als Macht der Inspiration haben die Skalden seinen Wert als Lebenstrank überdeckt. Snorris Umschreibung des Suttungs-Mythos gibt ein Bild von den Gefühlen der Wikingerzeit, wogegen die Strophen der Havamal uns vom Met eine echtere Auffassung überliefern, und zwar als eines stärkenden Tranks, der die Backen mit der Farbe blühender Gesundheit färbt, dem Zeichen von Jugend und Kraft, und der das Blut heiß und rot in den Adern fließen läßt. „Glücklich gewann ich *litar* und habe sie glücklich genossen", heißt es; *litar* bedeutet einfach Farbe, Kraft und Gesundheit.

Die großen Momente des Festes, wie das Opfer, das Festmahl und das Trinkgelage, sind, religiös gesehen, nur hochragende Gipfel, die von der allerersten Vorbereitung an bis zur Entlassung der Kultgäste auf vielen Stufen in einen Irrgarten von kultischen Begebenheiten hinabsteigen. Jeder kleine Vorgang: das Brauen des Bieres, die Reinigung der Gefäße, wurde mit kultisch feierlichem Ernst ausgeführt, und jeder einzelne kultische Vorgang enthielt wiederum den ganzen dramatischen Vorwurf des Festes. Was die vorbereitenden Handlungen betrifft, so haben wir nur eine Nachricht über sie, und diese ist in einer Sage enthalten, die sich mit der Herbeischaffung des Bierbottichs und seiner Reinigung befaßt. Die Hymiskvida – der Form nach eins der am durchgreifendsten literarisch überarbeiteten Gedichte der Edda, aber nichtsdestoweniger fest in der kultischen Sage verwurzelt – zeigt uns das Programm für den Vorgang beim Brauen oder einen Teil davon. Die Asen hatten beschlossen, ein Biergelage zu feiern, und die Wahrzeichen verlangten, daß Ägir das Bier zubereiten sollte. Als er geltend machte, daß ihm ein geeigneter Bottich fehle, zog Thor aus, um den Bottich von den Jöten zu holen. Diese Sage zeigt, wie

Heiligkeit und Heil für das Brauen und für die dabei benutzten Geräte hergestellt wurde; daß es kultisch bedeutsam ist, zeigt sich ferner darin, daß die Erbeutung des Gefäßes eng mit der Sage von dem Kampf des Asen mit der Midgardschlange verbunden ist.

Durch eine vergleichende Untersuchung der im Mythos enthaltenen Zeugnisse und der Belege, die wir dem skaldischen Wortschatz entnehmen können, vermögen wir uns eine Vorstellung von dem kultischen Drama bei den nordischen Völkern zu bilden, und dieses weist Züge auf, die für primitive oder klassische Religionen typisch sind. Die dramatisierten Begebenheiten leben in den Teilnehmern, und ihr Gedächtnis und ihre Vorstellung sind von Bildern erfüllt, die schon immer bereit lagen und bei der leisesten Andeutung hervorspringen. Sie sahen den Asen über die abschreckenden Einöden Utgards schreiten, durch gefährliche Schluchten, wo furchtbare Stürme tobten, er watete durch eisige Flüsse, die ihm mit ätzendem Gift und spitzen Schwertern ins Fleisch schnitten, um den Riesen in seiner ungeheuren Größe und Furchtbarkeit aufzusuchen; diese Visionen werden erläutert oder richtiger verwirklicht in dem Auftritt, wo das Opfertier zu Boden fällt und das Blut aus seiner Wunde spritzt. Die in der Erinnerung aufgespeicherten Bilder werden ins Leben gerufen durch die jubelnde Freude des Sieges, und sie erscheinen in den bei der Handlung verwendeten Gegenständen, in den Handlungen und Bewegungen, die notwendig waren, einfach weil das Blot es verlangte. Das Drama war zu einem großen Teil aus solchen kultischen Vorgängen aufgebaut, die ihre Existenz und ihre dramatische Kraft keinem theatralischen oder künstlerischen Impuls verdanken; andererseits gehen die rein kultischen Handlungen unmerklich in Haltungen und Bewegungen von ausgesprochen dramatischem Charakter über, von der Art derer, auf welche die Schlußstrophen der Thorsdrapa anspielen: „Zornig stand der Bruder Röskvas, Magnis Vater war siegreich, weder Thors noch Thjalfis Herz bebte." Aber auch in solchen Fällen hatte die Haltung in erster Linie einen kultischen und religiösen Zweck, was wir aus ähnlichen Formen in anderen Religionen ersehen. Um den frevelhaften, aber heiligen Angriff auf das Tier ausführen zu können, muß der Blotende seinen eigenen Gefühlen Gewalt antun und sich auf feierliche Weise starr und hart machen, und diese kultische Notwendigkeit verleiht der Geste ihre dramatische Kraft. Die kultischen Vorgänge werden allmählich echte Nachahmung und nachahmendes Spiel.

Und doch wäre es ein verkehrtes Beginnen, wollten wir versuchen, den Gedankengang der primitiven oder klassischen Kultur zu erfassen und die Psychologie, die hinter diesen Vorstellungen liegt, in moderne Erfahrung zu verwandeln. Wir möchten den Geist des Dramas auf eine uns gemäße Art erklären, als ob die den Kultgästen innewohnenden Erinnerungen durch das dramatische Ritual erweckt worden wären; was aber für unsere Denkweise sekundär ist, ist von einem klassischen Gesichtspunkt aus primär: das Drama schafft Wirklichkeit, und die Vorstellungen oder die Erinnerungen sind lediglich Rückstrahlungen der mächtigen Begebenheiten, die im Drama erlebt werden.

Wahrscheinlich wurden auch die Jöten im kultischen Drama symbolisch dargestellt, aber in bezug hierauf haben wir nur außerordentlich spärliche Nachrichten. Man muß immerhin beachten, daß *gandr,* der Stab oder das magische Gerät der Hexen, in der Mythologie und wahrscheinlich auch im Kult als ein Synonym für Jöte erscheint. Es wird der Midgardschlange angefügt – Jörmungandr – und dem Wolf in der Zusammensetzung Vanargandr, die noch eine Anspielung auf den Fluß Van in der Unterwelt enthält. Das Kreuz von Gosforth stellt die Jöten in der charakteristischen Form von breiten Bändern dar, die umeinander geschlungen sind und in einen Kopf mit einem offenen Rachen auslaufen; es besteht die Möglichkeit, daß der Bildner dieses Muster gewählt hat, weil es der gewohnten Gestalt in der Blothalle ähnlich sah oder an sie erinnerte.

Die Schöpfung

Das Blot schuf eine Wiedergeburt des Lebens; die Blotenden erneuerten ihre Hamingja oder ihr Heil, und durch diese Erneuerung wurde die Welt neu erschaffen, die „Nützlichkeit“ – der Segen, die Fruchtbarkeit der Natur – zu neuem Leben erweckt. Durch das Blot wurde diese schöne Erde mit ihren laufenden, fliegenden und wachsenden Geschöpfen und der Himmel mit Sonne und Mond, Licht und Wärme davor gerettet, in die Hände der Jöten zu fallen und *unheore,* nicht geheuer, zu werden; in der Sprache der Mythen ausgedrückt: die Welt wird den Jöten abgerungen, sie entsteht neu und stark aus ihrem Tode. Die Folgerung liegt nahe, daß das nordische Drama einen schöpferischen Auftritt enthalten hat, wo die Welt und die Sippe oder das Volk geboren wurden, wie in anderen ähnlichen Religionen; diese Annahme wird durch Sagen bestätigt, die einen kräftigen dramatischen Sinn bezeugen und, noch mehr, Spuren davon tragen, daß sie einst auf dem kultischen Schauplatz aufgeführt worden sind. Wir verdanken unsere Kenntnisse der alten Kosmologie hauptsächlich Snorris Bericht in seiner Edda. Snorri hat offenbar verstreute Überlieferungen zu einer umfassenden Geschichte der Welt verarbeitet, und seine Wiedergabe hat zwar den Charakter eines ausgeglätteten Textes, aber im großen und ganzen treten die ursprünglichen Züge der Sagen in seiner Nacherzählung doch stark hervor.

In den Urzeiten gab es weder Erde noch Himmel, kein Meer schlug gegen die Küste, in der Mitte war nur ein ungeheurer Schlund, Ginnungagap. Im Norden erhob sich das eisige Niflheim, wo grimmige Stürme in dunklen Nebeln tobten, und mitten in Niflheim entsprang die Quelle Hvergelmir und ergoß sich in eine Vielfalt von Flüssen. Im Süden leuchtete Muspelheim so glühend und heiß, daß nur, wer hier heimisch war, in dem sengenden Feuer leben konnte. Surt heißt der Hüter dieses Landes, und sein Schwert ist die lodernde Flamme.

Als die Asen noch nicht geboren waren, wuchs das Eis in Ginnungagap, reißende Ströme schossen hervor, und in den Nebelschwaden, die über Niflheim brüteten und hin und her wogten, erstarrten die Ströme wie Schlacken, die aus einem Feuer fließen, das Eis staute sich in schweren Gletschern, die sich Woge auf Woge vorwärtsschoben und in Ginnungagap ansammelten. Der Nebel und Regen, der auf dem Eise brütete, erstarrte zu einer Rauhreifdecke. Aber aus Muspelheim blies ein heißer Wind gegen das Eis in Ginnungagap und stand zitternd wie die Luft an einem schwülen Sommertag. Als der Reif mit der Wärme zusammenstieß, schmolz er und träufelte in lebenden Tropfen herunter, und die Tropfen nahmen menschliche Gestalt an. So entstand ein gewaltiger Riese, Ymir, der bei den Reifjöten Aurgelmir genannt wird. Während er noch im Schlafe lag, brach ihm am ganzen Körper der Schweiß aus; aus seiner linken Armhöhle wuchsen ein Mann und eine Frau hervor, und sein rechter Fuß zeugte einen Sohn mit dem linken. Von diesen Kindern des Urriesen entsproß eine Brut von Riesen oder Jöten, die bald die Welt erfüllten.

Die Rauhreifdecke schmolz weiter und träufelte herunter, und aus den Tropfen sprang eine Kuh, Audumla, hervor, und von ihrer Milch nährte sich Ymir. Während der Riese an ihrem Euter sog, leckte sie die salzigen Steine, die aus dem Gletscher hervorragten; am Abend wuchsen die Haare eines Mannes aus dem Stein heraus, am nächsten Tage war es schon ein Kopf geworden, am dritten Tage sprang der Mann auf und stand frank und frei auf dem Felde. Er war schön, von großer Gestalt und vielen Kräften, sein Name war Buri. Buris Sohn Bor heiratete eine Frau aus dem Geschlecht der Jöten und wurde Stammvater der Asen: Odin, Vili und Ve.

Als die Asen wuchsen und kräftig wurden, töteten sie Ymir, und sein Blut floß in Strömen und überschwemmte die Welt, so daß sein ganzes Geschlecht in den Fluten umkam. Nur einer, Bergelmir, kletterte, um sich zu retten, auf einen *lúdr* und wurde mit seinem Weibe zusammen gerettet; dieses Paar zeugte eine neue Brut von Jöten, und diese Sippschaft ist es, die noch immer in dieser Welt Unheil anrichtet. Die Asen trugen Ymir in die Mitte von Ginnungagap und schufen die Erde aus seinem Körper; sein Blut strömte aus ihm heraus und wurde zu Flüssen und Meer, sein Fleisch wurde Erde, seine Knochen Berge, seine Zähne und seine Knochenstücke wurden als Gestein und Blöcke verstreut. Die Asen leiteten die Gewässer fort, bis sie in einem Kreise um die Erde herumflossen, und auf diese Weise befestigten sie die Wohnstätten der Menschen und der Asen mit dem großen Meere. Sie setzten Ymirs Schädel über die Erde und machten aus ihm das Himmeldach, und sie stellten einen Zwerg als Hüter an jede der vier Ecken, Ost, West, Nord und Süd. Unter dem Himmel schwebt Ymirs Gehirn, daher sind die Wolken kalt und finster wie Jötengedanken.

Die Funken, die aus Muspelheim kamen und in der Luft herumwirbelten, wurden am Himmel befestigt, so daß sie über der Erde leuchteten. Die Asen bestimmten Bahnen für alle Himmelskörper, damit sie nacheinander dahinschreiten, so wie Tag auf Nacht und Nacht auf Tag folgen.

So ist es gekommen, daß die Erde mitten im tiefen Meere ruht. Am äußersten Meeresrand wiesen die Asen den Jöten einen Wohnsitz an. Aber in der Mitte der Erde heiligten sie ein Land und umzäunten es mit Ymirs Augenwimpern, und diese Einfriedung wurde Midgard, die Wohnung der Menschen, genannt.

Dieser Bericht wird durch einen Vers in den Vafthrudnismal (29) vervollständigt, wo die Namen der aufeinanderfolgenden

Generationen von Jöten genannt werden: Aurgelmir, Thrudgelmir, Bergelmir.

Diese anschauliche Beschreibung der Urgeschichte, wo die bewohnbare Erde durch die kämpfenden Kräfte von Hitze und Kälte gestaltet wurde, entsprach der nordischen Auffassung der Natur. Die Männer, die diese Sagen formten, hatten in ihren Ohren das Brüllen des Meeres, sie kannten die Kälte der wüsten, felsigen Einöden und die eisigen Winde, die von den Gletschern herwehten. Ihre Auffassung von den Kräften, die in der Welt wirksam waren, entsprang weder der abstrakten Spekulation, noch ist sie in schwachen, fließenden Theorien über einen hypothetischen Zustand der Dinge begründet; aber ganz abgesehen davon, ob diese kosmologische Weltanschauung spekulative Bestandteile enthält oder nicht, sie beurteilt und erläutert sie in Bildern, die dem Drama und der heiligen Stätte des Kultes entliehen sind. Das Bild der jüngeren Edda von den Gletschern, die wie Schlacken aus dem Feuer fließen, ist sicher nicht Snorris stilistischer Erfindungsgabe entsprungen; dieser Zug geht auf die Sagen zurück, über welche er seine literarische Darstellung geformt hat. Es ist tatsächlich höchst wahrscheinlich, daß die Beobachtungen, die in Snorris erläuterndem Gleichnis vorkommen, bis an die Wurzel der norwegischen kosmologischen Spekulation reichen. Daß Hvergelmir in die Mitte von Niflheim verlegt wird, setzt durch die Genauigkeit der Angabe nicht nur ein dramatisches Bild voraus, sondern auch noch ein Ineinandergreifen des kultischen Erlebnisses und der kosmologischen Spekulation über die Kräfte, die in den Grundelementen der Welt am Werke sind. Diese Sage wurde gewiß von einem Manne geschaffen, der die konsolidierenden Kräfte von Feuer und Wasser bei der Schöpfung der Welt in Wirksamkeit gesehen hatte.

Den Mittelpunkt des schöpferischen Auftrittes im Drama bilden das Feuer und die Blotkessel. Ymirs Tod ist ein alter Blotmythos, der dem Programm eines Schöpfungs-Spieles ähnlich sieht; die Wortwahl der Sage trägt noch den Stempel ihres dramatischen Ursprungs: Die Asen trugen Ymir nach Ginnungagap und legten ihn in die Mitte des öden Abgrundes. Wenn wir wüßten, was die Namen Bergelmir, Thrudgelmir und Aurgelmir bedeutet haben, die die Urjöten trugen, so würde die kultische Darstellung in allen Einzelheiten ein tieferes Relief haben – so aber müssen wir uns mit der allgemeinen Feststellung begnügen, daß es einen symbolischen Schöpfungskult gegeben hat, der mit dem Zerlegen des

Opfertieres und seiner Zubereitung zum Kochen verbunden war.

Ein einziger Auftritt, der zu diesem Drama gehörte, ist noch zwischen den mythologischen Trümmern erhalten geblieben, nämlich der Mythos von Bergelmir, in dem auf ein Vorkommnis bei der Geburt der Gewässer angespielt wird; leider aber ist er in zu knappen und dunklen Worten abgefaßt, als daß wir das Bild wiederherstellen könnten. In den Vafthrudnismal wird der Jöte eingeführt, indem er sagt: „Das erste, worauf ich mich besinnen kann, ist, wie Bergelmir geboren und auf einen *lúdr* gebracht wurde.“ Diese Strophe ist offenbar die Wiedergabe eines kultischen, dramatisch bedeutsamen Auftrittes, aber leider ist die Erklärung von einem Worte abhängig, dessen Bedeutung unbekannt ist. In dem Grottalied bedeutet *lúdr* der Kasten einer Handmühle; wie das Darradlied (s. o. S. 220/21) ist dieses Gedicht freie Erfindung, durch einen kultischen Auftritt eingegeben: das kultische Drama, das Reichtum und Heil für den König „mahlt“. In einem Skaldengedicht verbindet eine Kenning *lúdr* mit dem Worte für Malz, und die Zusammenstellung bezeichnet den Braubottich. Ferner kommt *lúdr* in einem Spruch vor, der benutzt wurde, um gutes Wetter zur See zu erwirken: „*gǫgn* – Heil, wahrscheinlich Blotheil – und das Blotnaß mögen sich zu deinem Heile verbinden und dir eine friedliche Reise sichern.“ Aus einer vergleichenden Untersuchung geht hervor, daß verschiedene Blot-Gefäße mit dem Wort *lúdr* bezeichnet werden, und wir wissen nicht, was es in der Geschichte von Bergelmir bedeutet.

Diese verstreuten Überreste werfen ein neues Licht auf die Beschreibung der Völuspa von den ältesten Zeiten. Die einleitenden Strophen führen geradewegs in die Halle in dem Augenblick, wo das schöpferische Drama aufgeführt wird: „In den fernen Zeiten, als Ymir lebte, gab es weder Meer noch sandige Küsten, gegen die sich kalte Wogen brachen, weder Erde unten noch Himmel oben, nur Ginnungagap, wo kein Grashalm keimte, bevor Burs Söhne den Boden hoben und den schönen Midgard schufen; die Sonne stand im Süden und schien auf die Fliesen der Halle, und der Boden war mit grünen Kräutern bedeckt.“ Dieses Emporheben der Erde, das Anwachsen des Bodens, wurde, so vermuten wir, durch eine kultische Handhabung der Geräte und des Körpers des Opfertiers dargestellt sowie durch kaum merkbare Gebärden, Handbewegungen und andere symbolische Handlungen, die zum Teil noch erkennbar sind; wir wissen aus den Grimnismal (42), daß das Wegnehmen der Kessel vom Feuer als schöpferischer Auftritt ein Bestandteil des Dramas war: „Da öffnen sich die Welten als neugewonnener Besitz vor den Asen“ (s. u. S. 295). Obschon die Völuspa unser Wissen in bezug auf Reihenfolge und Charakter der Handlungen nicht bereichert, führen uns ihre Verse doch in die Aufmachung und Ausstattung des Dramas ein; die Halle ist die Welt, so wie das Dach des Hauses in dem Auftritt in der Thorsdrapa der Himmel ist; die Strahlen der Sonne treffen die Fliesen der heiligen Stätte. In der Beschreibung der Erde oder des Landes gebraucht die Völuspa einen poetischen Ausdruck, *bjǫd*, wahrscheinlich kultischen Ursprungs, der den Kultgästen den Auftritt, wo die Erde sich zeigte und ihren Platz einnahm, auf lebendige Weise nahebrachte.

Nach der Schilderung der Völuspa zu schließen, folgte der Erschaffung der Welt im Drama ein Auftritt, in welchem chaotisch verstreute himmlische Körper in feste Ordnung und rhythmische Bewegung versetzt wurden. Zuerst hatten Sonne und Mond kein Heil und kein Megin (vgl. I S. 256 f.), sie wanderten ziellos über den Himmel, bis die Asen ihnen Bahnen schufen und sie dazu bestimmten, Jahre und Tage anzugeben; Strophe 6 zeigt den Kult in klaren Worten: „Die Asen gingen zu ihrem Ratsitz und gaben der Nacht und dem mondlosen Dunkel, dem Morgen und dem Mittag, dem Nachmittag und dem Abend Namen zur Zählung der Jahre.“

Die Schöpfung endet mit der Erschaffung des Menschen, der Entstehung der Sippe. Drei Asen fanden Ask und Embla auf dem Boden liegend, Wesen, die noch kein Heil, keine Bestimmung noch Ziel hatten. Odin gab Atem, Hœnir Seele, Lodur warmes Blut und Farbe (vgl. o. S. 238); so wuchsen die Menschen allmählich heran von schicksallosen Wesen zu Männern von Ehre, deren Leben Zweck und Ziel hatte. Diese Beschreibung ist ganz durch das Drama bestimmt; als der Dichter die drei Asen einführt, benutzt er einen Ausdruck, der eine Andeutung enthält: „Drei kamen vom Rate, mächtig und huldreich“; wir brauchen unsere Vorstellungskraft nicht sehr anzustrengen, um zu sehen, wie drei Offizianten aus der Menge der Blotenden schreiten, um ihres heiligen Amtes zu walten.

Eine andere Kulthandlung, die auf einen *hieros gamos* weist, wird wiederholt angedeutet, aber niemals so, daß sie klare Umrisse annimmt (vgl. u. S. 337).

Aus dem Grundprinzip des Lebens, aus jener Form von Erlebnis, die bei den Germanen Gedanken und Handlungen – und deren Harmonie und gegenseitiges Ineinanderspielen – bestimmt, ergibt sich, daß das Blot kosmische Bedeutung hat. Diese grundlegende Eigenschaft des Festes führt zu einer Betrachtung der heiligen Stätte als kosmologisches Symbol, und die Hypothese wird bestätigt, wenn wir verwandte Kultformen in anderen Teilen der Welt zum Vergleich heranziehen, nicht zuletzt, wenn wir die Belehrungen der Brahmanas über den Opferplatz (Vedi) betrachten. Die heilige Stätte war eine dramatische Nachahmung der ganzen Welt, wie wir es in unserer Sprache ausdrücken möchten, Urbild und Ursprung der Wohnung der Menschen, wie es die Germanen und ihre geistigen Verwandten ausdrücken mußten. Im Norden bildeten die Feuerstätten und die Kessel zusammen mit den Bierbottichen eine kosmische Bühne, überreich an Symbolen, wovon jedes einzelne im Drama eine Rolle spielte, auf dieser Bühne oder auf diesem Altar waren Himmel und Erde vertreten, wie wir es einer Anzahl verstreuter Anspielungen entnehmen können. Die Karte der Welt, die wir in der jüngeren Edda vor uns ausgebreitet sehen, wird verständlich, wenn man in Betracht zieht, daß sie Sagen entstammt, die in kultischer Darstellung wurzeln. Die Gewässer, woraus alle Flüsse entspringen, die die Erde nähren, sind in den heiligen Kesseln dargestellt und tragen noch Namen, die auf diesen Ursprung hinweisen: Hvergelmir oder Kesselgelmir und die beiden Kerlauge oder das Kesselnaß.

Der kosmische Charakter des Altars trägt in hohem Grade dazu bei, einige dunkle Strophen in den Eddagedichten zu erläutern. In den Grimnismal (42) wird eine dramatische Handlung angedeutet. Zwischen den Feuern sitzend, sagt Odin: „Ull und alle Asen werden dem Manne hold sein, der am Feuer behilflich ist, denn offene Welten dehnen sich um alle Asensöhne, wenn die Kessel vom Feuer gehoben werden.“ Die Worte des Asen in einer vorhergehenden Strophe lauten: „Heilig ist das Land, das ich nahe den Asen und den Alfen liegen sehe“, und sie zeigen uns den Raum rund um das Feuer, wie er sich dem Blick des Blotenden darbot. Durch die Havamal erfahren wir ein wenig davon, wie lebhaft bewegt dieser Auftritt war: „Jetzt ist Odrœrir heraufgebracht und auf seinen Platz am Rande der Erde gestellt worden", nämlich am äußersten Rande der heiligen Stätte der Menschheit. Dieselbe Strophe enthält eine dramatische Darstellung von Odins Hinabsteigen in die Unterwelt, von wo er den Lebenstrank holen wollte, wie im Suttung-Mythos berichtet wird. Durch diese Strophe werden wir Zuschauer bei dem Schlußauftritt, wo der Kessel feierlich auf seinen Platz in der Halle gestellt wird.

Diese Andeutungen weihen uns in die mythische Geographie des Altars ein und gleichzeitig in die kosmische Bedeutung solcher Handlungen wie die Unterbringung der Kessel auf dem Feuer oder ihre Wegnahme. Diese Beobachtungen beleuchten wiederum den dichterischen Aufbau der Grimnismal und deuten auf einen inneren Gedankenzusammenhang der mythologischen Einzelheiten, die sich beim ersten Blick wie ein Haufen Gerümpel ausnehmen. Der Dichter beginnt damit, Odin zwischen den beiden Feuern sitzend zu schildern, und geht dann dazu über, eine Aufzählung der Höfe und ein Verzeichnis von deren Hausgerät zu geben; nun verstehen wir, daß die belehrende Übersicht des Verfassers über die göttlichen Wohnungen durch sein Erlebnis in der Blothalle bedingt ist. Es ist auch auffällig, daß er eine kultische Bezeichnung für Feuer, *funi,* benutzt, wie es der Dichter der Fafnismal in einem Auftritt kultischen Ursprungs ebenfalls tut.

Der Altar trug ein Symbol, das die nützliche, fruchtbare Erde darstellte und das vielleicht aus einem kleinen Häufchen Erde bestand. Der kultische Name dieses kosmischen Erdhügels ist *aurr* – „Erde heißt bei den hohen Asen *aurr*", erfahren wir aus den lehrhaften Alvismal. Der *aurr* wird als weiß bezeichnet, sicher nicht mit Bezug auf die Farbe, sondern als Ausdruck seiner Kraft, reinigend und segnend zu wirken. Dieses heilige Symbol war weiter die Kraft oder das Heil – Megin – der Erde genannt, und aus anderen Formeln geht hervor, daß es zum Zwecke der Einweihung auch mit anderen Kultsubstanzen, wie dem Wasser und dem Kesselsaft, vermengt wurde. Dieser *aurr* wurde über die Wurzel der Weltesche ausgegossen, um den Baum frisch und grün zu erhalten. Die Völuspa (14) gibt uns einen Hinweis auf diese Stelle im Kult, wenn es von den neugeschaffenen Zwergen heißt, daß „sie sich von den Fliesen in der Halle nach *aurvanga sjǫt* begaben" – nämlich zu dem Orte der *aurr*-Felder.

Den Mittelpunkt der Welt bildet die heilige Esche Yggdrasil, aus ihren Wurzeln entspringen die lebenspendenden Gewässer. Nach dem, was die jüngere Edda berichtet, strecken sich die Zweige der Esche gegen den Himmel und breiten sich über die ganze Welt aus; sie hat drei weitverzweigte Wurzeln, eine bei den Asen, eine andere bei den Reifjöten, dort wo einst Ginnungagap war, und eine dritte über Niflheim; unter dieser Wurzel fließt Hvergelmir, und der Drache Nidhögg nagt an der Wurzel. Unter der Wurzel nach den Reifjöten zu ist Mimirs Brunnen. Die dritte Wurzel ist im Himmel, und die heiligste Quelle, der Urdbrunnen, befindet sich unter ihr. Beim ersten Blick macht diese Beschreibung den Eindruck, daß ihr der innere Zusammenhang fehlt, und es mag so sein, daß sie auf mehrere Sagen verschiedenen Ursprungs aufgebaut ist; aber es ist keineswegs unwahrscheinlich, daß der Altar mehrere Sinnbilder des Wassers trug, nämlich Urds und Mimirs Brunnen (Hvergelmir, s. o. S. 289). Der heilige Baum und die Quelle gehörten zur heiligen Stätte im Freien, aber das Grundprinzip des Blotes machte es unumgänglich notwendig, daß sie auf dem Altar vertreten waren. Wenn gesagt wird, daß die Flüsse in der Mitte der Welt entspringen, so bedeutet dies, daß sie aus dem Blotfest fließen und aus der idealen – d. h. der realen – Welt entspringen, die auf dem Altare auf der heiligen Stätte lag.

Aller Wahrscheinlichkeit nach wurde der Baum in Gestalt eines Zweiges oder eines Astes in die Halle getragen. Da der Kosmos der Völuspa, wie wir gesehen haben, vom Gesichtspunkt des Festes aus dargestellt ist, so ist anzunehmen, daß die Völva, wenn sie sagt, daß sie sich an die Zeit erinnert, wo der Baum unter dem Erdhügel war, jenes dramatische Bild vor Augen hat, wo der Zweig in oder neben dem *aurr* eingepflanzt wurde.

Der Baum findet in der Völuspa ehrenvolle Erwähnung durch das Epithet *heiđvanr,* und dies ist sicher keine dichterische Ausschmückung. Aus dem Kompositum geht seine Bedeutung unmittelbar hervor: etwas, das mit einem Gegenstand oder einer Person namens *heiđ* verbunden ist, vielleicht etwas, das *heiđ* braucht und es nicht entbehren kann. Dieses Wort kehrt in einigen mythischen Zusammensetzungen von deutlich kultischem Ursprung wieder. In einem Falle wird eine Ziege erwähnt, Heidrun, die von den Blättern von Lærad lebt und die Bierbottiche mit dem Strom aus ihrem Euter füllt; in einem anderen Falle spricht die Sigrdrifa von einer Runenweisheit, die Hroptr in dem Naß fand, das aus dem Schädel Heiddraupnirs und dem Horn Hoddrofnirs floß. Leider wird aber der Vers nicht durch irgendwelche entsprechenden Überlieferungen hinsichtlich dieser rätselhaften Bilder erläutert. In der Skaldenpoesie wird „Gedicht" mit „Odins Met" umgeschrieben, und in einem der Gedichte Kormaks finden wir in dieser Bedeutung *haptsœnis heið.* Die Bedeutung von *haptsœnis* ist unklar, aber wahrscheinlich hängt sie mit *són*, Biergefäß, zusammen; *heiðr* ist somit der Inhalt des göttlichen Kessels. Eine Untersuchung von *heið* führt also zu der Hypothese, daß *heiðvanr* sich auf ein Biertrankopfer bezieht, das über dem Baume, der den *aurr* auf dem Altar beschattete, ausgeführt wurde.

Wie schon erwähnt, wurden die Gewässer von den Kesseln und den Bierbottichen vertreten. „Alle Gewässer entspringen aus Eikthyrnirs Horn: Körmt und Örmt und die beiden Kerlauge", lesen wir in den Grimnismal. Durch diese Kessel hindurch kam Thor zu Yggdrasil, oder mit anderen Worten, der Gott im Drama geht in seinem feierlichen Zug an den Kesseln vorbei, „denn die Asenbrücke steht in Flammen und die Himmelswasser sieden" *(hlóa;* vielleicht ist Hlorridi ein kultischer Name, der in Verbindung mit diesem Kult erklärt werden kann).

Die Bierbottiche und die Fleischkessel sind in den Sagen kaum zu unterscheiden, vielleicht aus dem Grunde, weil sie vom dramatischen Gesichtspunkte aus dasselbe waren, sei es denn, daß sie die heiligen Wasser oder das Urbild des Meeres und der Flüsse darstellten; ihr kultischer Name ist *lǫgr* (vgl. o. S. 284), Bier und Blut, was daher in der dichterischen Ableitung der kultischen Sprache Meer und Wasser bedeutet.

Wie früher im Text gezeigt worden ist, waren die Kleinode und Erbstücke der Sippe eine Verkörperung von Leben und Heil des Geschlechts; der Ring des Häuptlings, gleichzeitig ein Symbol seiner Ehre und ein Pfand seiner Herrschaft, begleitete ihn in die Schlacht und zum Thing, er wurde benutzt, wenn ein Eid geschworen wurde, und er ruhte auf dem *stallr* des Blothauses (vgl. II S. 12). Wir können ruhig aus dem heiligen Charakter der Kleinode schließen, daß sie mit in das Blot hineingehörten; ihre Anwesenheit war notwendig, weil sie die Hamingja der Sippe verkörperten, und andererseits mußten auch sie, wie diejenigen, die sie trugen, an der Neugeburt, die aus dem Blot hervorgeht, teilnehmen (vgl. II S. 167). Die kultische Macht der Kleinode ist symbolisch in Draupnir dargestellt, in dem Ring des Asen, der jede neunte Nacht acht Ringe von gleichem Werte träufelte.

Ein Vergleich mit dem vedischen Kult läßt vermuten, daß das Gold in die Urgewässer getaucht wurde, und diese Vermutung wird durch die Verse der Grimnismal bestätigt, wo es heißt, daß die Flüsse, die aus Hvergelmir entstehen, um den *hodd* oder die Kleinode der Asen herumfließen. In der Skaldensprache findet sich dieser dramatische Vorgang versteinert in einer Anzahl von Kenningar, die das Gold als das Licht oder den Glanz des Wassers umschreiben. Der Schwur, der im zweiten Lied von Helgi Hundingstöter erwähnt wird: „Bei dem hellen Wasser des Lichtes und dem kalten Stein der Woge", deutet vielleicht auf einen feierlichen Auftritt hin: Worte, die durch die heilige Flüssigkeit und das Gold, das mitten in ihr ruhte, bestätigt wurden.

Der kultische Name für Gold und Besitz oder richtiger für das Heil der Erbstücke und des Besitzes ist *auðr* (vgl. I S. 402); *auðr* und Freude zu verlieren, ist der Tiefpunkt menschlichen Elends und gleichbedeutend mit einem Dasein als Neiding oder Wolf. Dieses *auðr* ist personifiziert worden und in die kosmische Genealogie als naher Verwandter von Erde und Tag und Nacht eingegangen, in Anerkennung der Tatsache, daß *auðr* in dem Drama, das die Schöpfung der Welt darstellte, eine Rolle spielte.

Schlußfolgerungen aus dem Kulte anderer Völker berechtigen ferner zu der Annahme, daß die kultischen Geräte, die auf dem Altar ruhten, im Drama mitspielten; sie symbolisierten eine Person oder einen Ort und konnten nicht gehandhabt oder von einem Ort zum anderen getragen, aufgehoben oder niedergelegt werden, ohne daß es einen mythischen Vorgang bezeichnete. Während das Gold mitten im Wasser ruhte, mag es eine Welt dargestellt haben, die eben erschaffen wurde, oder einen Ort in der neuerschaffenen Welt. Die dramatische Anwendung der Symbole läßt sich aus der Mythologie und aus den dichterischen Umschreibungen erkennen.

Es überrascht uns nicht, unter den kultischen Gegenständen, die auf dem Altar ausgelegt waren, ein Schwert hervorblitzen zu sehen. Die Fjölsvinnsmal stellen eine Aufzählung von kultischen Bildern dar, da sie aber nur aus abgerissenen und kurzen Andeutungen bestehen, machen sie auf uns den Eindruck einer Rumpelkammer voll von Rätseln; die Strophen 31–32 sprechen aber wahrscheinlich doch von einer Halle, die stets auf der Spitze der Schneide bebt und von einem Feuer, *vafrlogi*, umgeben ist (s. u. S. 335). Diese Anspielung erinnert an einen Vers in der Völuspa, durch welchen wir das Bierhaus eines Jöten kennenlernen: es liegt in Ókólnir, dem Ort, wo es nie kalt ist, und der Name der Halle ist Brimir. Weiter wissen wir aus den Grimnismal, daß Brimir der

Name eines Schwertes ist – das trefflichste Schwert wird es genannt, mit einer Umschreibung, die benutzt wird, um göttliche oder kultische Gegenstände als solche hervorzuheben. Diese verstreuten Anspielungen verschmelzen und bilden irgendwie einen Zusammenhang, wenn sie einem Satz der kultischen Sprache, der in den Sigrdrifumal zitiert wird, gegenübergestellt werden: „Er stand auf dem Hügel mit Brimirs Schärfen und mit einem Helm bekleidet; da sprach Mimirs Haupt das erste weise Wort“; der betreffende „er“ ist Hroptr, der in den Tropfen aus Heiddraupnirs Schädel Runenweisheit fand. Dieses Bild ist eine Schilderung des opfernden Häuptlings, wie er sich, um Wahrzeichen zu nehmen, dem Altar näherte und das Schwert erhob, das am Blotfest teilgenommen hatte und dadurch mit Heil erfüllt war. Im Lichte dieses Satzes verlieren die anderen Verse, die oben angeführt wurden, etwas von ihrer Undurchsichtigkeit; das Schwert – oder in den Fjölsvinnsmal möglicherweise der Speer – mag, wie auch das Gold, einen Ort in der idealen Welt versinnbildlichen.

Von diesen Andeutungen über die Rolle, die Brimir im Kult spielte, kommen wir zu einem Vers in der Lokasenna, der vermuten läßt, daß die Fesselung des Jöten Loki durch einen kultischen Auftritt in der Blothalle erläutert wurde, und daß in diesem Auftritt ein Schwert vorkam: „Die Asen werden dich mit den Gedärmen deines eiskalten Gesippen auf das Schwert binden.“ Der Mythos, auf den hier angespielt wird, erzählt uns, daß die Asen, als sie den Betrüger gefangen hatten, seinen Sohn Vali töteten und seine Gedärme herausrissen, um Loki damit zu binden; jetzt steht der Kult deutlich vor uns: der Jöte wird mit den Eingeweiden des Opfertieres in Fesseln geschlagen. Durch die Haustlöng können wir einen Blick auf die heilige Stätte in diesem Augenblick werfen, nämlich durch V. 7, der noch durch V. 11 erläutert wird, wo auf Loki hingewiesen wird als den, „den die Asen gefesselt sehen“; das Gedicht enthält die Beschreibung einiger mythischer Auftritte, die auf einem Schilde gemalt waren, und der betreffende Satz deutet in erster Linie auf dieses Bild auf dem Schilde hin. Aber dieses Bild ist wiederum die Darstellung eines Auftrittes in der Blothalle, wo – wie die Wortwahl des Satzes schließen läßt – Götter und Menschen den gefangenen Jöten in irgendeinem Symbol vor Augen hatten. Dies veranschaulicht den dunklen Sinn einer Strophe in der Völuspa: „Sie sah liegen unter dem Holz der Kessel – dem Baum an der heiligen Stätte – in Fesseln etwas

Düsteres, dem Loki ähnlich", nämlich ein kultisches Symbol des gefesselten Loki. Dieses kultische Bild gibt dem Dichter die Anregung zu seinen ergreifenden Einleitungsstrophen zum Tage des Jüngsten Gerichtes: „Die Esche erbebt, der alte Baum, der Jöte kommt los" – nämlich der Jöte, der an Händen und Füßen gebunden unter dem Baum in der Halle liegt, bricht seine Ketten.

Die Weisheit, die durch das Blot geschaffen wurde, war in den heiligen Gewässern unter dem Baum verborgen; gute Ratschläge, Weissagungen und Wahrzeichen flossen aus der Quelle und wurden durch kultische Mittel aufgespeichert; aus der Quelle wurde das Schicksal geboren oder, in mythischer Vermenschlichung, die Nornen, die Hamingjas, die den Menschen Zukunftsheil geben. Diese Weisheit oder Macht der guten Weissagung war vertreten durch Mimir, den Berater Odins. Manchmal erscheint Mimir als ein Haupt, und ein Mythos, den Snorri wiedergibt, erklärt, wie es kam, daß sein Haupt von seinem Körper getrennt und zum Zwecke der Weissagung bewahrt wurde. Die Sage ist in einer kultischen Tatsache begründet: ein weissagendes Haupt – das entweder in dem Schädel des Opfertieres oder im Kessel oder noch wahrscheinlicher in beiden Symbolen vermutet werden kann – stellte Mimir, die Macht der Weisheit, dar. Mimirs Quelle, der Bierbottich, bildete den Mittelpunkt in einem kultischen Auftritt, auf welchen der Vers der Völuspa hinweist, und ebenso die belehrende Prosa der jüngeren Edda, wo Odin sein Auge verpfändet, um Weisheit zu erlangen. Da aber die Überlieferung so abgerissen ist und jede Vergleichsmöglichkeit fehlt, sind alle Versuche, den kultischen Vorgang wiederherzustellen, von vornherein verfehlt.

Die Völuspa

I.

Unter den treibenden Wrackstücken der alten Literatur sehen wir einzelne Trümmer des kultischen Dramas vor uns auftauchen. Es existiert zum Glück ein Werk, das einen Gesamteindruck des Kultfestes gewährt, nämlich die Völuspa. Aber um den Wert dieses Gedichtes in seinem Verhältnis zu den Blotvorgängen und deren religiöser Bedeutung abzuschätzen, ist es notwendig, Näheres über den Standort seines Verfassers in der geistigen Entwicklung der Wikingerzeit zu wissen.

Die Völuspa ist nicht geschaffen worden, um eine Erläuterung des Blotes zu geben. Ihr Verfasser ist ein Mann erhabenen Geistes, der über das Schicksal der Menschen und den Sinn der Geschichte tief gesonnen hat, und seine Gedanken steigern sich machtvoll zu einer Vision der kosmischen Tragödie vom Anbeginn der Zeiten bis zu ihrer Vollendung. Um diese Vision in Worten zu gestalten, tritt er in der Maske der Völva auf, der weisen wahrsagenden Frau der nordischen Völker; ihre Augen durchdringen mit ihrem Blick alle Welten und schauen in die Zukunft – in die noch nicht „herausgekommene" – und in die dunkelsten Tiefen der Vergangenheit.

Das Gedächtnis der Völva reicht bis in die Zeit zurück, wo nichts existierte, weder kühle Wogen noch grünes Gras noch ein Himmel, der sich über der Erde wölbte; es war nichts da als ein tiefer Schlund. Aus diesem Abgrund wird die Erde von mächtigen Wesen emporgehoben, von grünen Pflanzen sprießend; die Sonne scheint von einem klaren Himmel und beginnt ihren geordneten Lauf. Die Asen treten hervor und schreiten im schönsten Schmuck der Jugend über die neugeborene Erde. Sie errichten Heiligtümer mit hohen Dächern, sie schmelzen Erz und schmieden Kleinode – Gold gibt es in Überfluß; sie sind voller Freude und sitzen auf dem grünen Rasen vor der Tür beim Brettspiel. Über ihren Köpfen breitet Yggdrasil, die Weltesche, ihre Zweige, ihre immergrünen Blätter rauschen, und zwischen ihren Wurzeln steigen die Schicksalsjungfrauen herauf.

Plötzlich geschieht eine Veränderung mit der Welt; die Asen stellen sich in Schlachtordnung auf gegen die Schar der Vanen. Odin schleudert seinen Speer für Heil und Sieg. Der Krieg ist in die Welt gekommen, man hört das Stampfen der Krieger.

Vor den spähenden Augen der Völva erscheint ein Kreis von düstren Gesichten, der das leuchtende Reich der Asen eng umschließt. Die Asen waren zu Rate gegangen und hatten beschlossen, einen Wall zu bauen, um die Jöten fernzuhalten; nach einem Vertrage, den sie mit dem Riesen schlossen, sollte er ihnen seine Kräfte für das Werk leihen und zum Lohn Sonne und Mond erhalten. Als aber der Wall seiner Vollendung nahe war, hatten die Asen keine andere Wahl, als den Jöten um seinen Lohn zu betrügen, um das Licht der Welt zu retten. Seitdem hat es die Jöten immer nach den himmlischen Lichtern und nach der Liebe der

Göttin gelüstet, und die Asen müssen zu den Waffen greifen, die sie mit Trug und gebrochenen Gelübden geschmiedet haben, um sich gegen die Tücken und die rohe Kraft ihrer Feinde zu wehren. Voll banger Ahnungen sucht Odin die Völva auf, die im Dunkeln weilt, um bei ihr Rat zu holen; sie sieht Walküren mit donnernden Hufen über das Land reiten.

Das Schicksal vollzieht sich. Einer der Asen liegt blutend im Kreise seiner Verwandten; Balder steigt in das Reich der Toten hinab, seines Bruders Pfeil trägt er in seiner Brust. Eine Stimme klagt, die Asin Frigg trauert über Walhalls Weh. Und nun zeigt sich ein Ausblick in den düsteren Ort, wohin die Strahlen der Sonne niemals dringen; das fahle Reich Naströnds wird von Wildbächen durchtobt, die von Schwertern strotzen und von Gift schäumen, und Neidinge, Schwurbrecher und heillose Mörder waten durch die reißenden, wirbelnden Ströme. In der Halle, die auf dem öden Vorgebirge steht, öffnet sich die Tür gegen Norden, und vom Dache träufelt giftiger Tau.

Im wilden undurchdringlichen Walde vermehren sich die Wölfe. Ihre Brut stürmt in den Himmel hinauf und schnappt nach der Sonne, sie verschlingt die Leichen der Gefallenen, Blut geifert aus ihren Mäulern, es träufelt auf die Sitze der Asen hinab und färbt das Sonnenlicht düster rot.

Die Welt hallt wider von unheilkündenden Stimmen; das schallende Singen des Jöten von seinem Horst auf dem Hügel, das Krähen der Hähne, die aus getrennten Welten einander antworten: Der goldkämmige Hahn, der die Bewohner Walhalls weckt, der feuerrote Hahn der Jöten und der rußrote Vogel, der von Hels Zaun her kreischt. Und über all dieses wirre Getöse dröhnt das heisere Heulen des Hundes vor der Höhle im Felsen.

Das Leben ist verdorben, und von den Asen verbreitet sich der Fluch bis in die Wohnstätten der Menschen. Durch den Aufruhr der Natur und durch die Auflehnung in ihren eigenen Seelen werden die Gedanken der Menschen verfinstert und verstört, und in ihrer Verwirrung handeln sie gegen die tiefsten Gesetze des Lebens. Die Bande der Sippe werden in blinder Leidenschaft verletzt; Brüder kämpfen gegen Brüder, Verwandte verwunden einander, keiner traut dem Nächsten, es graut eine neue Zeit: die Zeit der Schwerter und Äxte; die Menschen hören jetzt nur das Getöse krachender Schilde und das Heulen der Wölfe, die an den Leichen der Erschlagenen zerren.

Die Zweige der Esche beben, die Erde hallt vom Stampfen ruhloser Schritte, stöhnend stehen die Zwerge vor ihrem steinernen Tor.

Von den Felsen schallt das gellende Heulen des Hundes zurück, jetzt reißt er die Fessel, der Wolf rennt über das Land. Von allen Seiten nahen die Heere: die Midgardschlange windet sich durch die Tiefe und peitscht die Wellen mit ihrem Schweif; auf dem Nebelwege drängen sich tote Männer hinauf; die Männer von Muspelheim kommen von Osten gerudert, und Loki steht am Steuer; eilig naht Surt aus dem Süden, die Kriegssonne blitzt von seinem Schwert.

Das Schicksal, dem die Göttin lange schon nachgesonnen, vollzieht sich jetzt: Odin zieht wider den Wolf, Frey kämpft gegen Surt, Asen und Jöten töten und werden getötet. An der Schlange kühlt Thor seinen Zorn und trägt seinen Sieg neun Schritte über das Schlachtfeld.

Die Sonne verfinstert sich, das Land sinkt zurück in das Meer, wie Regen stürzen die Sterne hinab, und himmelan lodert das Feuer. Als der Weltbrand flackernd erlischt, ertönt das Hundegeheul zum letztenmal. Das wilde Getöse und alle Stimmen verstummen – und neu erhebt sich die Erde aus den Fluten, frisch ergrünend. Von den Hügeln springen Bäche herab, hoch oben aber kreist der Aar und späht in die Ströme hinab. Auf den Feldern, die ohne Aussaat sprießen, begegnen sich die Asen, sie gedenken der Sagen von tapferen Taten und der alten Weisheit, und im Gras zu ihren Füßen finden sie die goldenen Tafeln. Eine neue Halle erhebt sich mit goldenem Dache, schöner als die Sonne; hier wird ein Geschlecht edelgesinnter Menschen mit fröhlichen Herzen wohnen.

Dann steigt der Mächtige, der Allmächtige, von oben herab. Der finstere Drache fliegt fort, seine Flügel, von den Leichen der Toten beschwert, streifen den Boden. Er versinkt im Abgrund und entschwindet.

Diese dichterische Vision ist näher mit der Eschatologie des Christentums als mit der Kosmologie der alten Germanen verwandt. Zweifellos ist sie unter dem Einfluß der apokalyptischen Prophezeiungen der Kirche entstanden. Aber hier wie überall, wo wir es mit lebenden Menschen zu tun haben, sind die Worte „Anleihe“ und „Einfluß“ wertlos; die analytische Methode, die Menschenseelen zerfetzt und zersetzt – indem sie die Gedanken von irgendwoher hernimmt und die Bilder oder Formen von anderswo –, diese Methode sollte sich gründlich ausruhen, nachdem es ihr glücklich gelungen ist, in der Religions-, Literatur- und sonstigen Geschichte überall die Welt der lebendigen Menschen zu zerstören und in ein Häufchen intellektueller Brocken zu verwandeln.

Weit entfernt davon, christlich zu sein, tragen die Gedanken und Gefühle des Dichters und die Vision, in welcher seine Hoffnung und seine Furcht vereint erscheinen, keinerlei christliche Züge. Seine Angst entspringt nicht der Furcht des Christen vor der Sünde und den Folgen des Ungehorsams, sondern der Furcht des Germanen, der seine tiefe Ehrfurcht vor Geschlecht und Sippe durch Ehrgeiz und Machtgier unterhöhlt sieht. Der Verfasser hat den Stoff für sein Dichtwerk aus den Schatzkammern der alten Religion geholt. Die Vorstellungen, die seine Bilder beseelen und sie zu einem Drama von Gericht und Auferstehung gestalten, wurzeln im Glauben seiner Vorfahren: voll Schrecken sieht er den Umsturz der Zeit – die Ehre, die Quelle jedes Vorzugs, wird erstickt, edle Menschen werden vom stürmischen Schicksal ergriffen und von seiner blinden Wut mit fortgerissen. Die Heiligkeit des Friedens ist es, die seinem Gedicht dramatische Spannung verleiht, und in dem alten Gegensatz zwischen Asen und Jöten erreicht die Katastrophe des Dramas ihre Höhe. Es ist schon richtig, daß der Dichter durch Bekanntschaft mit der christlichen Eschatologie inspiriert worden ist; durch die apokalyptischen Bilder angeregt, lernte er seine eigenen Gedanken lesen und die Erfahrung seiner eigenen Epoche, der Wikingerzeit, in Worte fassen.

II.

Die Männer der Wikingerzeit betrachteten das Leben als ein Abenteuer. Aber diese großen Könige und kleinen Häuptlinge, die über die Meere schweiften und an vielen Gestaden kämpften, waren nicht nur Abenteurer; viele unter ihnen waren zumindest auch noch gewiegte Politiker, die in die Welt zogen, um sich ein Königreich oder einen Landbesitz zu sichern. Aber der Abenteurergeist ist am stärksten und sich selber am besten treu, wenn er von Ziellosigkeit und Zufallsglück nichts wissen will. Der Abenteurergeist floß den Wikingern durch die Adern und erzeugte ehrgeizige

Pläne; je besser diese Pläne erdacht waren, vom Geiste des Abenteuers beschwingt, desto größer war auch der Mut der Abenteurer und ihre Kampflust.

Des Bauern Leben auf dem Hofe daheim hatte einen ruhigen, langsamen Gang; die Begebenheiten folgten einander so stetig und regelmäßig, wie eine Jahreszeit der anderen folgt. Die ehrgeizigen Pläne und Unternehmungen der Söhne waren mit den Taten der Väter eng verknüpft, sie gingen aus ihnen hervor, denn sie waren von den Überlieferungen und dem Heil der Sippe eingegeben. Unter den umherschweifenden Häuptlingen war das Leben gleichsam ein Spiel um Ruhm und Macht, ein Spiel, in welchem der Krieger sein eigenes Dasein einsetzen mußte, immer wieder mit dem äußersten Wagnis: alles oder nichts.

Für die Germanen bedeutet das Leben Kampf, der Mann hält seine Waffen scharf, indem er sie dauernd an seiner Ehre schleift. Trotzdem war es nicht der Krieg, sondern die Arbeit, die den Inhalt des Lebens bestimmte und den gesellschaftlichen wie den religiösen Gebräuchen Gestalt gab. Ein Mann behauptete sich in seiner Vornehmheit aber ebensosehr, wenn er mit Heil seinen Acker bestellte und eine großzügige Gastlichkeit erwies, wie durch den Mut seiner Taten. Wenn die enge Verbundenheit mit dem Tagwerk und den Alltagspflichten verletzt wurde, wie es in den Heeren geschah, die sich auf fremden Boden niederließen, nahm der Krieg von allem Besitz. Das echteste, ja das einzige Zeugnis für die Vornehmheit eines Mannes schlechthin waren dann Taten, mit der Axt vollbracht. Diese tapferen Krieger waren oft geneigt, auf das treue Wirken des Broterzeugers verächtlich zu blicken, wie aus einem Epigramm im Harbardslied hervorgeht: „Die Jarle hat Odin, die da fallen im Feld, das Knechtsvolk hat Thor.“ Von alters her waren Krieg und Fest unzertrennlich; an den Höfen heiliger Könige kreiste das Horn festlich in der Runde. Wenn der König seine Halle in ein fremdes Land verlegte, wenn sein Heil aus den Äckern und Weiden rings um seinen Hof herausgerissen wurde, gestaltete sich das Leben notgedrungen als eine Folge von Schlachten und Trinkgelagen.

Das Heil und die Ehre einer Heimstätte war ein Sippenkleinod, das von Geschlecht zu Geschlecht weitergereicht und durch die vereinte Kraft der ganzen Sippe erhalten wurde. Draußen in der Welt aber mußte jeder einzelne Mann mehr oder minder allein sein Glück erringen und auf eigene Faust den Stand seiner Sippe behaupten. Und so wie der Athlet der Askese sich selbst zu überbieten versucht, weil er den gesunden sozialen Maßstab verloren hat, so war der Wiking leicht versucht, übers Ziel zu schießen: seine Ehre wird immer anspruchsvoller und geht knurrend umher, wie ein gieriges, nie zu sättigendes Raubtier. Mancher Wiking hatte Königreiche entstehen und zerfallen sehen. Als die stärkste Persönlichkeit wurde der betrachtet, der zu sagen vermochte: ein Königreich ist verlorengegangen, aber es ist Zeit, ein neues zu gewinnen. In einer Zeit, wo die moralische Stärke eines Mannes weniger darin bestand, sich seiner Ehre würdig zu zeigen, als darin, Ruhm zu gewinnen, war das Sterben eine ebenso große, ja vielleicht eine größere Tat als das Siegen. In den Ruhmesworten des kommenden Geschlechts das Leben nach dem Tode zu erneuern, war schönster und bester Gewinn. Die Ehre, die der Sippe stets das tägliche Brot gewesen war, verwandelte sich jetzt in den starken Trank der Unsterblichkeit, der hinter der Pforte des Grabes ein Reich der Freude sich öffnen ließ.

Der Einfluß der Geschichte auf das Geistesleben der Wikingerzeit ist am stärksten in der Auffassung des Schicksals zu spüren. Im Heimatlande war das Schicksal mit dem Heil der Sippe verbunden gewesen, die Nornen gestalteten – „kürten" – das Leben des Kindes, indem sie ihm Inhalt verliehen, eine Anzahl von Jahren, Begebenheiten, sie auszufüllen, und Ziele, die die Anstrengung lohnten. Und diese „Kürung" wurde nicht als Befehl empfangen, sondern als Wille empfunden. Im Leben des Wikings dagegen wirkte das Schicksal als eine Gottheit mit eigenem Willen, die ihm oft genug die Waffe aus der Hand schlug. Dem Geiste seiner Vorfahren treu, nahm der Wiking die Fügung des Geschicks als unvermeidlich entgegen; er setzte seine Ehre darein, nicht zu klagen, wenn er dieser willkürlichen Macht gegenüberstand, die bald hier einen Mann auf den Königssitz hob und die ihn dort mit einer Handvoll Männern an den Rudern aufs Meer hinauszutreiben vermochte. Moralische Stärke bewies ein Mann, wenn er vor dem Winde zu segeln verstand, solange der seine Segel blähte, und lachend unterzugehen, wenn sein „Tag" gekommen war.

Nirgends werden in der Wikingerzeit die Grundgesetze der germanischen Kultur preisgegeben; die Eroberer und Gründer neuer Königreiche bewahren in treuen Herzen die Überlieferungen ihrer Vorfahren. Auch die schärfsten Nachforschungen werden keine Änderungen der Gedanken und Gefühle, der Ideale und

Institutionen zutage fördern; aber die alten Gefühle werden zu fieberhafter Glut gesteigert und durch ihr Anschwellen gewandelt. Und in dieser Vergeistigung nimmt auch die Religion eine neue Gestalt an, durch die veränderte Betonung gewinnen der Kult und die ihm zugrunde liegenden Vorstellungen neues Gewicht, wie auch die Gemeinschaftsformen neuen Zwecken dienen mußten. Wenn die nordischen Völker übers Meer fuhren, war ihre Auswanderung nicht nur eine Bewegung von einem Platz zum anderen. Zu Hause konnten sie die Welt, wie groß sie auch war, von der Wohnstätte aus mit den Augen der Seele überschauen. Doch als dieser Gesichtskreis jetzt vor ihren Augen zerrann und ein neuer sie einkreiste, verlor das alte Midgard seine Geltung, und an seine Stelle trat etwas, das mit unserem Universum näher verwandt war. Dieser veränderte Rundblick hat eine neue Anschauung von Göttern und Menschen geboren. Die lokalen Gottheiten, deren Machtbereich mit dem örtlichen Bezirk ihrer Verehrer zusammenfiel, wurden durch eine Gemeinschaft von Göttern ersetzt, die die Welt regierte. Die heilige Stätte mit ihrem Blothaus, die den Mittelpunkt Midgards gebildet hatte, wurde erhöht und in eine göttliche Fürstenhalle verwandelt. Altehrwürdige Mythen, die von den Taten unabhängiger Gottheiten berichteten, wurden in dichterische Mythologie umgestaltet, und es entstand eine Götter-Sage, ähnlich der, die ein früheres Geschlecht von Wikingern geschaffen hatte – die Griechen Homers.

Diese Religion gebar einen neuen Gott, Odin, den Führer der Männer, den Herrn des Schlachtfeldes. Odin ist jung – im selben Sinne wie seine Verehrer. Er stammt von einem Häuptlingsgeschlecht im Süden und war die Verkörperung von dessen Hamingja, und ähnlich wie er, der zuerst auf der heiligen Stätte der Sippe ruhte, sich von einer örtlichen Gottheit in einen kriegerischen Genius verwandelt, wandelt sich die Geschichte seines Volkes. Über seinen Geburtsort können nur Mutmaßungen angestellt werden; schon in den ältesten Zeiten finden wir ihn in den Sagen über Sigurd und Sigurds Geschlecht, aber es fehlen uns sichere Grundlagen, um die Identität der Völsunge festzustellen oder überhaupt zu entscheiden, ob die Völsunge die Ur-Verkörperer des Dramas waren. Aus den Andeutungen der Geschichte und der Sagen geht jedenfalls so viel hervor, daß Odins Einfluß sich in den Jahrhunderten der Umwälzung, die der Geburt des mittelalterlichen Europas vorausgingen, durch Bündnisverträge zwischen den führenden Häusern stark ausgedehnt hat. Aus den Stammtafeln und Familienüberlieferungen erhellt, daß die ehrgeizigen skandinavischen Fürsten entweder durch Heirat oder auf andere Weise eifrig nach Bündnissen mit solchen königlichen Geschlechtern strebten, deren Stolz es war, die Hamingja der Völsunge zu besitzen.

In der Odin-Religion sind die Ideale der Krieger in Weltgesetze umgestaltet. Krieg ist der Sinn des Lebens, die Jahre werden nach Ruhmesernten gezählt, der Tod wird als der Einzug in das Heldenparadies gefeiert, dort wird die Kampflust jeden Tag erneuert, und das Bier fließt jede Nacht. Walhall ist ein göttliches Ebenbild des Königshofes: der Gott thront im Hochsitz, die Krieger lassen den Becher kreisen im Angedenken vergangener Taten und viel mehr noch in Erwartung zukünftiger; sie sind vom roten Licht des Feuers überflutet, es spiegelt sich in Schilden und Schwertern, die das Heil ihres Häuptlings verkörpern.

Odin trägt die Züge eines edlen Königs. Wanderer wird er genannt. Auf den Schlachtfeldern in allen Teilen der Welt tritt er auf und zeigt seine Macht mit einer Bewegung seiner Hand; seine einzige Freude ist das Schwerterklirren und der Aufmarsch von Männern, die die Gabe eines ehrenvollen Todes zu geben und zu nehmen wissen. Er hetzt die Könige aufeinander im Kampf, immer eifrig, seine Bänke in Walhall mit Einheriern zu füllen. „In Walland war ich und wanderte zu Schlachten, schuf Fürsten Fehde, doch Frieden nie", sagt er von sich selber im Harbardslied.

Odin schreitet von einer Schlacht zur anderen, aber er geht auch von einem Stelldichein zum anderen. Im Harbardslied prahlt er mit seinen siegreichen Liebesbegegnungen – „Vollauf genoß ich ihr Wohlwollen und ihre Wonne" –, und die vielen Abenteuer, die die Sagen von ihm berichten, rechtfertigen diese Prahlerei. Die Odinsmythen geben ein Bild von der lärmenden Lustigkeit eines Hofes, von seiner Verherrlichung des Krieges, seinen Scherzen und Sticheleien, seiner ausgelassenen Freude und seiner Bewunderung der Dichter.

Durch diese Neigung zur Vergöttlichung des Königs trat auch der Dichter in den Vordergrund. Wenn er in einem Gedichte die Heldentaten seines Königs verherrlichte, wollte er nicht etwa die Fröhlichkeit der Stunde damit erhöhen; die wuchtigen Ornamente und üppigen Bilder seines Liedes dienten dazu, dem König und seinem Gefolge ein ewiges Denkmal zu errichten. Die neue Betonung von Heil und Ehre bewirkte auch im Kult eine Umstellung. Der Becher, der früher von der Fruchtbarkeit der Menschen, der Tiere und des Feldes und von Kampfheil überquoll, schäumte jetzt über von hehren Waffentaten und von unsterblichem Ruhme. Und als die Ehre sich zum Ruhm nach dem Tode kristallisierte, wurde aus dem Dichter ein Priester der Ehre, der den König durch seine Lieder unsterblich machte und buchstäblich den Körper schuf, in welchem der Krieger durch kommende Geschlechter weiterleben sollte.

Diese Umwandlung drückt den Sagen ihren Stempel auf: Odin erobert sich einen Platz als kühner Räuber des lebenspendenden Bieres und der Unsterblichkeit, aber der Kessel, den er aus der Jötenwelt mit heraufbringt und siegreich am Rande des Blotherdes hinstellt, enthält jetzt die dichterische Inspiration. Die uns überlieferten Sagen sind von der Wikingerzeit scharf geprägt. Mit feinem Witz erzählt Snorri den Mythos von dem Asen, der durch eigene List die Tücke des Jöten vereitelte, tollkühn in die Felsenhöhle des Riesen eindrang, seine Tochter durch Liebe betörte und mit dem köstlichen Naß, sicher in seinem Leibe aufbewahrt, entfloh. Er schließt seine Erzählung mit einer artigen Verbeugung vor den Dichtern, die durch die Gunst des Asen zu der wahren Quelle der Inspiration freien Zutritt haben.

Diese Fassung Snorris zeugt von dem Selbstbewußtsein der Hofskalden; da Snorri aber einem ästhetischen Zeitalter angehörte, hat er die Geschichte durch ein wenig literarische Kritik verbessert: Odin entflieht glücklich der Verfolgung des Jöten und überfliegt gerade noch zur rechten Zeit die Mauer Asgards, so daß er von den Schüsseln Gebrauch machen kann, die seine Verwandten schnell aufgestellt haben, aber in seiner augenblicklichen Aufregung läßt er einen Teil des Metes nach hinten fahren, und diese Tropfen sind unbehütet; hier erfahren wir, woher die schlechten Dichter die Inspiration für ihre Afterkunst holen.

Der Gott, der im Hochsitz saß, trug die Züge eines Königs, sagten wir vorhin. Aber die Linien in seinem Antlitz sind tief eingegraben und offenbaren und verhüllen in geheimnisvoller Weise einen Geist, der sich mit seinen eigenen Gedanken berät und ihren Ratschlag für sich behält; es ist dasselbe unberechenbare Rätsel, das die Krieger im Antlitz des Schicksals sahen. Seine Entscheidungen sind die unerforschlichen oder vielmehr launischen Entscheidungen des Schicksals, er zeichnet die Männer zum Sieg oder zum Tod, wie es ihm gefällt, er kürt seine Lieblinge unter den Königen, ohne nach Recht oder Wert zu fragen, er stachelt sie auf zum härtesten Ehrgeiz und durchkreuzt ihre Pläne in dem Augenblick, wo sie erfolgreich sind. Immer führt er sie mit starker Hand, wie es ihm beliebt.

Diese Wikingerreligion ist in ihrer äußeren Form auf uralten Grundlagen aufgebaut, die Stifter haben keinerlei Neuerungen eingeführt. Die ständig wiederkehrenden Biergelage in der Halle des Königs, die Bedeutsamkeit der Dichtkunst oder der kultischen Sprüche für das Leben nach dem Tode, der Raub des Mets, die Tendenz und der Inhalt der Sagen, ja sogar die Liebesmotive in der *chronique scandaleuse* Odins: wohin wir sehen, überall begegnen uns die altehrwürdigen Elemente des Kults und des Dramas. Und doch hat sich alles geändert. Das Leben selbst hat einen neuen Rhythmus bekommen, und mit dem veränderten Zeitmaß meldet sich eine neue Harmonie. Wenn Gedanken, Gefühle und Taten in ein neues Gleichgewichtsverhältnis eintreten, kann dadurch ein so merkwürdiger neuer Ton entstehen, wie er von keiner revolutionären Lehre hervorgebracht werden könnte. Genau wie in der alten Zeit sind im Leben der Wikinger Kampf und Ehre das, was wir die grundlegenden Lebenswerte nennen, aber sie sind jetzt gesteigert in Grundregeln des Lebens, durch welche das Universum selbst gelenkt wird: Durch sein Leben und durch seinen Tod trägt der Krieger – als Krieger oder Schwertmann muß hinzugefügt werden – dazu bei, das Schicksal des Universums zu gestalten.

In den Gedichten der Wikingerzeit hallt es vom Kriegsgetöse und Krachen der Schilde; sie sind vom Feuer brennender Städte erhellt. Aber das ungestüme und fast schrille Odinslied, das von der Schönheit des Krieges singt und von der Majestät des mutig ertragenen Todes – es hat einen traurigen, beinahe tragischen Unterton. Die Männer, die mitten im Wirbel des Streites standen, hielten manchmal plötzlich inne, erschrocken über die geistige und soziale Umwälzung, die dieser Kampf um Ruhm und Macht hervorrief. Auf ihren Heerzügen und ganz besonders in den fernen Niederlassungen waren diese Männer ganz aus ihrer gewohnten Umgebung herausgerissen und in eine neue Kameradschaft hineingestellt worden, die die alten verwandtschaftlichen Verpflichtungen oft in den Schatten stellte oder doch hemmte. In ihrem Streben nach Herrschaft wurden Brüder als Feinde gegeneinander geschleudert, und die Ichsucht konnte sich in manchem so sehr steigern, daß sein Ehrgeiz das Gehege des Friedens durchbrach. Die Germanen konnten das Leid und die äußerste Verzweiflung nicht tiefer ausdrücken als in den Worten der Völuspa: „Brüder kämpfen und bringen sich Tod, Brudersöhne brechen die Sippe.“ Das ethische Leben hatte seinen Ursprung und sein Wesen im Gefühl der Verwandtschaft, aber wenn die Wurzel aller Tugend vergiftet war, wurde auch der Wille zur Ehre zerstört. Wenn Brüder sich entzweien, folgt ein Zeitalter nicht nur der Schwerter und Äxte, sondern auch der Wölfe; die Völuspa sagt: „Ehebruch geht um, Trug, Meineid und Meuchelmord.“ Der moralische Zerfall rührt an die tiefsten Wurzeln des Lebens, sagt der Dichter weiter; denn die Freuden des Lebens, seine Fruchtbarkeit und alle seine Güter, die greifbaren wie die geistigen, sind mit der Ehre verknüpft, und wenn die Ehre fehlt, ist das Heil, die Tatkraft des Lebens, verletzt. Das Zeitalter der Kriege versinkt in ein Zeitalter von Stürmen, vernichteten Ernten – Winter und Frost herrschen das ganze Jahr, verkündet die Völuspa.

Unter der Lobpreisung des Krieges als des Maßes der Menschen und unter der Verherrlichung des Todes als Maßstab des menschlichen Wertes lauert ein Ton heimlichen Zweifels, ob nicht das Schicksal sich zu einem Gewitter ballt, das plötzlich losbrechen und die ganze Welt durch einen Blitz vernichten kann. Die Geschichte von Balders Tod ist, wie wir sie von den Isländern empfangen haben, ein von der tragischen Stimmung der Wikingerzeit inspiriertes Dichterwerk. Es ist von einer schicksalsschwangeren Düsterkeit überschattet, die von dem tragischen Auftritt ausgeht, wo die Asen, vor Angst und Verzweiflung stumm, sich um den Leichnam ihres Bruders drängen. Wenn innerhalb der Sippe Blut vergossen wurde, warf die Tat einen Schatten kommenden Unheils über den ganzen Besitz der Verwandten. Hier ist der Schatten so breit, daß er die ganze Welt in das Dunkel des Todes hüllt.

Die Geschichte von Balder (s. o. I 103 und 109) entstammt einem alten Mythos. Es sind reichlich Merkmale der Sage erhalten, die deutlich genug sind, um die Hypothese zu bestätigen, daß die Erzählung über ein Blotdrama geformt wurde, das wahrscheinlich zum Freykult Beziehungen hatte; wir sind aber nicht imstande, es in seiner ursprünglichen Form und mit seinem ursprünglichen Inhalt wiederherzustellen. Ein ungenannter Dichter der Wikingerzeit hat diesen Stoff in die eigene Erfahrung getaucht und aus dem

Mythos ein Gedicht mit bestimmter Tendenz, wie wir sagen würden, gestaltet. Indem er alle Vorgänge eng mit dem Gedanken einer göttlichen Schandtat – *nidingsverk* – verknüpft, so daß die Qual der Asen, als sie mit gesenkten Köpfen und zitternden Händen dastehen, jedes Wort wie mit eiskalter Furcht vor kommenden Geschicken überzieht, wandelt er ein Fruchtbarkeitsdrama in ein dichterisches Symbol des Inhalts, daß der Lauf der Geschichte sich unaufhaltsam einem Tage des Gerichtes zuneigt.

Der Verfasser der Geschichte von Balder war in den damaligen erregten Zeiten keine Ausnahme. Die Literatur der Wikingerzeit zeigt, daß auch andere Denker einen weiten historischen Überblick hatten und die Menschheitsgeschichte als kosmisches Drama – im modernen Sinne des Wortes – auffaßten, ein Drama, das sich dem Verhängnis näherte und seinem Untergang in einer endgültigen Kraftprobe zwischen den Asen und den bösen Mächten entgegenging. Im Lichte dieses Gedankens wird das Schicksal, oder der Wille Odins, enthüllt und offenbart ein weitreichendes Ziel. Der Ase starrt in die Zukunft, seine Augen deuten die Zeichen am fernen Horizont, er weiß, es wird das Schicksal der Welt entscheiden, ob seine Kriegerreihen tief genug sind, wenn sie gegen den Wolf und seine Brut in Schlachtordnung aufgestellt werden. Ein tiefer Plan liegt im Grunde seines Entwurfs. Er spornt die Könige an ohne Rücksicht auf ihre eigenen Ziele und ihren eigenen Ehrgeiz. Um seine Bänke mit den besten Männern zu füllen, führt er die Könige auf das Feld des Todes und kümmert sich nicht um ihre Freundschaften oder Feindschaften.

Dieser Geist hat einen grandiosen Ausdruck in den Eireksmal gefunden, einem Liede, das zum Andenken an König Blutaxt gedichtet wurde (s. I 322). Das Kampfgetöse von Eriks letzter Schlacht gab in Odins Halle dröhnenden Widerhall. Das Gebälk krachte, es war, als ob tausend Männer hergezogen kämen. Odin erwacht, er hatte geträumt, daß die Bänke in Walhall mit frischem Stroh gedeckt und die Bierkessel zum Empfang der Helden nach der Schlacht bereitgestellt wären. Ein Gefühl freudevoller Erwartung sagt ihm, daß ruhmreiche Krieger unterwegs seien, donnernde Schritte künden Eriks Ankunft. – „Warum erwartest du Erik vor anderen Königen?“ wird gefragt. – „Weil er in vielen Ländern seine Klinge gerötet und sein Schwert, schwer von Blut, weit und breit umhertrug.“ – „Warum nahmst du ihm das Kampfglück, wenn er kühn dich dünkte?“ – „Keiner weiß, was kommt, der graue Wolf schielt nach dem Asensitz." – Erik zieht ein, von fünf Königen umgeben und an der Spitze von tausend Gefolgsmannen. Vom Sturm der Schwerter zieht er nach den Sitzen des Gottes.

Während ihres Aufenthaltes auf den britischen Inseln kamen die nordischen Völker mit religiösen Vorstellungen in Berührung, die von denen ihrer Väter abwichen. Jeder, der die Literatur der Wikingerzeit liest, muß erkennen, daß die Bilder und Gedanken des Christentums und besonders seine Eschatologie auf die Skalden Eindruck gemacht haben. Aber der Strom der christlichen Gedanken hat die nordischen Völker nicht überschwemmt. Weit entfernt davon, dem Einfluß der englischen Kultur zu unterliegen, gewannen sie aus dem Kontakt mit Männern anderen Glaubens neue Stärke. Die Geschichte jener Zeit besteht nicht aus einer Reihe von Heerfahrten, die sich nur in der Errichtung kurzlebiger Königreiche und der Beimischung skandinavischen Blutes auswirkten; eher wäre es berechtigt, sie als eine geistige Auseinandersetzung zu bezeichnen, die für die moralische Entwicklung der Eroberer wie der Eroberten weitreichende Folgen hatte. Die Skandinavier, die in das Land einfielen, begnügten sich nicht damit, einen verwunderten oder gierigen Blick auf das Äußere der englischen Kirchen zu werfen, sie verkehrten mit den Christen und erwarben intuitiv eine keineswegs oberflächliche Auffassung der neuen Weisheit. Es ist ein starker Beweis für ihre geistige und moralische Stärke und die Eigentümlichkeit ihrer seelischen Struktur, daß sie durch die neu einbrechenden Gedanken und Vorstellungen nicht überwältigt wurden; sie nahmen sie frei auf und verwandten das Gelernte frei für ihre eigenen Zwecke. Die christliche Eschatologie wirkte in ihnen wie eine Inspiration, aus der sich ihre Erfahrung neu herauskristallisierte, und die Gefühle bewegten die Komödie und Tragödie der wirren Zeit und formten sie zu scharfgeprägten Ideen. Der geistige Gewinn, den sie aus der Befruchtung durch die englische Kultur zogen, war zunächst ein freier Blick auf die Welt und eine originelle Auffassung der Geschichte und des Kampfes der Menschheit. Das zehnte Jahrhundert war in Wahrheit ein Zeitalter kultureller Ausdehnung. Die lebhaft wechselnden Begebenheiten moralischer und politischer Art wirkten anregend auf den germanischen Geist und fanden ihren Niederschlag in einer Literatur von eigentümlicher Tiefe und Schönheit. Sie überschritt die nationalen Grenzen und nahm einen Platz ein unter den Werken, die der Welt gehören.

III.

In dieser Literatur nimmt der Dichter der Völuspa eine besondere Stellung ein. Sein Gedicht hebt sich von anderen literarischen Werken aus derselben Zeit dadurch ab, daß ein Meistergedanke die Strophen so fest miteinander verbindet wie einzelne Glieder einer Kette und sie gleichzeitig mit dichterischer Kunst von gespannter, beinahe überspannter Kraft erfüllt. Nach seiner Ansicht wurde die Geschichte der Welt dadurch bestimmt, daß Unredlichkeit und Streit in sie kamen. Das Leben ist im innersten Wesen tragisch, und diese Tragik haben die Götter selber geweckt: Durch Betrug und Gewalt haben sie ihre Herrschaft erkauft, und darum krankt sie an einer inneren Schwäche. Seit dem ersten Krieg trägt die Welt an einer geheimen Schuld, die durch ihre eigene Wucht weiterrollt und Götter und Menschen unaufhaltsam gegen den Abgrund des Todes treibt. Um sich Ehre und Heil zu erhalten, müssen die Götter immer aufs neue ihre Zuflucht zu Arglist und Tücke nehmen. Gerade weil sie Wahrheit, Gerechtigkeit und Schönheit hoch in Ehren halten, müssen sie immer wieder die Schleichwege der Ehrlosen gehen; soll die Welt gerettet werden und nicht in die Klauen der Jöten geraten, so müssen sie ihren hinterlistigen Ränken mit schlauer Verschlagenheit begegnen.

Bei jedem Sieg, den die Götter über die Mächte der Finsternis und der rohen Gewalt gewinnen, säen sie Zerstörung und Tod. Die herkömmlichen mythologischen Szenen sind von dem Dichter so geordnet, daß sie zeigen, wie diese Saat keimt und Früchte trägt, die am Jüngsten Tag im großen Ragnarök geerntet werden sollen.

Der erste Schatten fiel auf die Welt, als Odin seinen Speer in die Reihen der Vanen schleuderte und den ersten Krieg herbeiführte; er wurde noch düsterer, als der Riese um seinen Lohn betrogen wurde. Durch diese Bilder leitet der Dichter über zu der Vision einer Welt, in welcher die Sterblichen im Dunklen tasten, von den Taten der Götter geblendet. Balders Tod ist der Eingang zu einer Hölle auf Erden, wo die Menschen ihre eigenen Seelen vergiften, indem sie die heiligsten, erhabensten Gesetze, die Grundgesetze des Lebens, verachten. Die Schatten werden länger, und am Horizont ballen sie sich zu einer schwarzen Wolke zusammen; plötzlich schlagen die Flammen hoch hinter der dunklen Wolke aus dem Todesreich der Jöten und verwandeln sie in ein Feuer von düsterem Rot und Gelb.

Doch der Dichter schließt nicht mit Tönen der Verzweiflung. Er blickt vorwärts in der starken Hoffnung auf einen Tag der Wiedergeburt, auf eine neue Welt voll Frieden und Gerechtigkeit. Der Fluch wird in seinem eigenen Feuer verzehrt, Götter und Menschen beginnen ein neues Leben voll Ehre, Heil und Frieden, und die Lauterkeit und das Wohlwollen dieses Lebens ruft den Mächtigen aus der Höhe herab. Der Tod wird aus der Welt vertrieben. Die letzte Vision, die vor den Augen des Dichters vorbeizieht, ist der alte Drache, der in den gähnenden Abgrund sinkt.

Dieser Dichter ist nicht der Mann aus dem Norden, der den Glauben an Odin und Thor auslegte, wie es eine Generation von romantischen Historikern vermutete; er ist auch nicht unter den Heiligen des neuen Glaubens zu finden. Er predigt eine Religion, die weder christlich noch heidnisch ist; sie hat Verbindung mit den Gedanken und Gefühlen großer Kreise unter den Norwegern in der Wikingerzeit, ist aber im höchsten Maße ursprünglich, das Bekenntnis einer individuellen Seele. Wahrscheinlich hat die Religion der Völuspa nie mehr als einen einzigen Anhänger gehabt, nämlich den Mann, der diese Vision hatte. Doch er behauptet trotzdem seinen Platz unter den religiösen Sehern der Welt.

Der Dichter erreicht sein Ziel durch meisterhafte Behandlung des alten Stoffes. Der größte Teil des Gedichtes ist aus uralten Sagen zusammengesetzt, ganz einfach in der Form wiedergegeben, die unter den Zeitgenossen des Verfassers geläufig war, aber durch ganz wenig Anpassung gelingt es ihm, den Stoff neu zu beleben, indem er ihm sein eigenes Erlebnis einflößt. Die Wirkung wird durch freie Anordnung der Mythen erzielt, und diese ist so fein ausgestaltet, daß schon durch ihre Rückwirkung aufeinander ein historischer Überblick gegeben wird. Eine Erzählung bekommt oft eine neue Bedeutung lediglich durch Eingliederung in eine Reihe von Visionen, so der Krieg der Götter oder die Geburt der Wölfe. Eingeschoben zwischen den Ritt der Walküren und den Einblick in Hels finsteres Reich, wird die Geschichte von Balders Tod eng mit der Vergangenheit verknüpft und als ein Wendepunkt in der Geschichte betont. Durch die Ermordung des Asen wird die ätzende Schuld, die das Herz des Lebens zerfrißt, sichtbar und verdunkelt die ganze Welt. Manchmal wird das Thema vom Dichter durch eine kleine Wendung noch einmal zugespitzt, so bei der Übertölpelung des Riesen: mit feiner künstlerischer Berechnung dämpft er den triumphierenden Ton, der dem Mythos eigen ist, und setzt an seine Stelle ein angstvolles Grübeln über das moralische Gesetz, daß der Sieg sich notwendig am Sieger rächen muß, wenn er gezwungen ist, ihn um jeden Preis zu erkaufen. Die größte Anzahl der Sagen, die vom Kampf mit den Jöten handeln, werden für den letzten Teil des Gedichtes aufbewahrt, um die Grundlage für die Beschreibung des Jüngsten Tages zu bilden; da werden die Asen von ihrem tragischen Schicksal verschlungen, eine neue Welt tritt an die Stelle der alten, von Streit und Blut befleckten. Mit dem sicheren Griff vollendeter Kunst gliedert der Dichter seinem Entwurfe einige wohlbekannte Erzählungen ein und erreicht damit eine starke Betonung des Schreckens. Die Strophe, die den Riesen schildert, wie er auf seiner Warte auf dem Hügel lustig singt, das Krähen der Hähne, die von hoch droben, vom Reich der Götter bis tief in die Unterwelt der Toten hinunter, einander rufen, das Bellen des Hundes – alles bildet ein Mosaik bekannter Vorstellungen, aber im dichterischen Entwurf veranschaulichen diese Bilder das nahende Unwetter und die vor dem Ausbruch mit Angst geladene Atmosphäre.

Die Einzelheiten sind so sorgfältig gewählt, daß kein Zug überflüssig ist. Durch eine meisterhafte Komposition ist jede Einzelheit in die Vision aufgenommen und durch den beherrschenden Plan so belebt, daß die Vergangenheit wie durch einen furchtbaren Blitz beleuchtet wird und unheilkündende Strahlen weit in die Zukunft dringen.

IV.

Die Kraft und Größe der Völuspa strömt zum großen Teil aus der suggestiven Macht ihrer Bilder; die Verse sind oft wie Bäume, die sich krachend vor dem Sturme beugen, manchmal aber sind sie voll sanft hinabflutenden Lichtes, etwa dort, wo geschildert wird, wie die Wasserfälle von den Felsen springen und der Aar auf breiten Schwingen seine Kreise zieht. Aber nie erreicht der Dichter sein Ziel durch übertriebene Schilderungen. Die tiefe Wirkung seiner Bilder, die visionäre Klarheit und Plötzlichkeit der Auftritte sind die Folge einer bündigen, anspielungsreichen Verwendung des Wortes. Er entfaltet nie die Begebenheiten des Dramas, in einigen kühnen Strichen läßt er eine Situation entstehen, und die Geschichte wird durch die Gruppierung und die Haltung der Personen wiedergegeben. Aber über diese beziehungsreiche, fast impressionistische

Lebhaftigkeit der Wirkung hinaus liegt in der Wahl der Worte und Bilder eine unheimliche Macht, die keine Analyse dieser Kunst ausschöpfen oder erklären kann. Der Leser, der sich zum erstenmal in das Gedicht vertieft, wird möglicherweise das Gefühl haben, durch eine Reihe von finsteren Plätzen zu schreiten, die nur durch Lichtstreifen voneinander getrennt sind. Der Dichter gibt die Handlung nie in erzählender Form. „Wer hat die Luft mit Gift erfüllt und Oths Braut verraten Riesensöhnen? Thor schlug den Schlag, Eide wurden gebrochen", dies ist der Bericht über die Auseinandersetzung zwischen den Asen und dem Jöten, der den Wall um Asgard baute, und dem als Lohn für seine Arbeit das Haupt zerschmettert wurde. Wenn wir diesen Mythos nicht aus anderen Quellen kennten, wären wir nie fähig, die Folge der Begebenheiten oder auch nur den Gang der Geschichte zu rekonstruieren.

Der Dichter behandelt seinen Stoff meisterhaft, aber diese vollkommene Kunst war vor ihm da, wie der Stoff lag sie bereit, um von seinen Händen in ein vollkommenes Kunstwerk geformt zu werden; tatsächlich waren beide unzertrennlich, weil die Kunst dem Stoff innewohnte. Der Verfasser brauchte die Geschichte nicht erst zu erzählen; er konnte sich nicht nur darauf verlassen, daß seine Zeitgenossen die alten Geschichten kannten und imstande waren, sie bei der leisesten Anspielung in sich wachzurufen; er konnte sich unmittelbar an ihre Erfahrung wenden, denn sie waren Zeugen der Begebenheiten gewesen, von denen die Sagen berichteten. Durch seine Worte zwang er die Zuhörer zum Sehen, und er hatte diese Macht, weil seine eigenen Augen und die seiner Freunde vom pulsierenden Leben des Festes voll waren und daher in den Bildern des Blotdramas mühelos die ganze Welt zusammengedrängt sahen. Das überwältigende Pathos des Gedichtes rührt von der Kraft seiner Bilder her. Eine leise Andeutung genügt, nicht nur eine Situation darzustellen, sondern ein ganzes Drama aufzubauen, das in die Tiefen des Lebens und bis an das Ende der Welt reicht. Um die Zauberkraft seiner Bilder nachzuempfinden, müssen wir, so weit wir es können, den schweren Reichtum und die volle Intensität des urtümlichen Dramas zu erfassen suchen, seine religiöse, d. h. seine lebende Verbindung mit der tatsächlichen Lebenserfahrung und seinen Einfluß auf das äußere und innere Heil.

Moderne Theaterbesucher mögen ergriffen, sogar tief ergriffen sein, wenn eine neuentstandene Sympathie sie mit fremden Persönlichkeiten und Schicksalen verbindet; aber bei dem klassischen Kultgast wurzelte jeder Gedanke und jedes Gefühl in seinem heiligen Drama oder vielmehr darin, daß der Zuschauer die Begebenheiten des Dramas durchlebte. Es war nicht die Aufgabe des Dichters, die Bedeutsamkeit seiner Visionen zu demonstrieren, denn seine Zuhörer waren mit dem dichterischen Kult großgezogen, mit Bildern von kosmischer und ewiger Bedeutung. Wenn der Verfasser seine Erzählungen aneinanderreihte, verschmolzen sie und bildeten unter einem beherrschenden Gedanken eine Ganzheit, genau wie im Blot die dramatischen Einzelheiten ihre Einheitlichkeit dem alles durchdringenden Motiv verdanken, das in einer religiösen Formel Ausdruck fand: der Feindschaft zwischen dem Guten und dem Bösen. Sein eschatologisches Gedicht war nach alter Art geformt – mit dem einen entscheidenden Unterschied, daß der beherrschende Gedanke erstaunlich neu war. Der Dichter hatte es nicht nötig, sein Evangelium auszulegen oder seine Neuigkeit ausdrücklich zu verkünden, denn er konnte sich darauf verlassen, daß es den Seelen sofort einleuchten würde: sie waren darauf eingestellt, die Bedeutsamkeit dieser Dinge zu erfassen.

Kein Wunder, daß die Völuspa heute ein schwer zugängliches Werk ist. Obschon es den Leser unwillkürlich mit unbestimmter Ehrfurcht ergreift, läßt es sich doch kaum übertragen, denn es ist so voll von alten Vorstellungen und Bildern, daß die Tiefe und Kraft seiner Strophen in modernen Worten nicht wiedergegeben werden kann. Einige der springenden Punkte mögen durch eine Umschreibung in Erscheinung treten, aber auch auf diese Weise kann eigentlich nur der Weg gezeigt werden, auf dem man sich seinem Mysterium zu nähern vermag, nämlich durch ein umfassendes Einleben in die nordische Kultur in ihrer Gesamtheit.

V.

Wenn wir die Völuspa als religiöse Urkunde betrachten und uns ein Urteil über ihre Beziehung zu den geistigen Kämpfen der Zeit gebildet haben, wird es uns möglich, das Werk als zeitgenössische Beschreibung des alten Festes zu lesen. Was der Dichter uns hier schenkt, ist keine photographische Aufnahme des Dramas oder etwa ein Verzeichnis über die kultischen Auftritte in der rechten Reihenfolge; er gibt in seinem Werke eine geistige Überschau über das Drama, so wie es sich vor den Augen der Kultteilnehmer entwickelte, und mittelbar, aber mit großer Kraft, stellt er nicht nur die Auftritte in all ihrer Lebendigkeit dar, sondern noch mehr – die Poesie, die Tiefe des Gefühls und die Schärfe des Gedankens, das Erlebnis einer Wirklichkeit, wirklicher als das Alltagsleben, die in den Kultgästen brandeten, wenn die Asen über die Altarszene schritten.

Rein zufällig bereichert das Gedicht uns mit einigen Einzelheiten von beträchtlichem Interesse für unser Wissen über die Technik des Blotes. Das wichtige Unternehmen der Götter wird durch einen feierlichen Akt eingeleitet, der in den Versen so beschrieben wird: „Da gingen alle Asen zu ihren *rœk*-Sitzen und hielten Rat“ – dort besprachen sie Fragen wie diese: Wie die himmlischen Lichter benannt und in den Himmeln geordnet werden sollten, wer die Erschaffung der Zwerge auf sich nehmen solle, ob die Götter den Vanen Zins zahlen sollten, wer der Jöte gewesen sei, der die Luft vergiftet habe und der Schuld daran sei, daß Oths Braut an die Riesen verlorenging. Diese Strophen zeichnen eine Episode des Blotfestes, nämlich die kultische Beratung, die den feierlichen Auftritten vorangehen muß. Dort findet eine Probe der Bewegungen und Sprüche statt, damit die Aufführung ohne Zögern und Stocken verlaufe, dort wird der künftige Kultleiter ernannt – natürlich in Übereinstimmung mit einem festen Brauch –, mit anderen Worten: er ging zu dem *rœk*-Sitz, wo ihm die Würde verliehen wurde, sein heiliges Amt zu verrichten.

Dieselben Sitze wurden benutzt, wenn heilige Sprüche gesprochen, wenn Überlieferungen und Stammbäume aufgesagt und Regeln und Weisheitssprüche wiederholt werden sollten. Die ganze Weisheit, die der Sippe gehörte und die für ein rechtes Leben notwendig war, wurde hier eng mit der feierlichen Handlung verbunden. In der Völuspa sind dem Auftritt, wo die Zwerge von dem „schäumenden“ Blut des Opfertieres hervorgerufen werden, eine Reihe von Namen angehängt, und es finden sich auch noch andere Hinweise auf ein Hersagen der mythologischen Kunde in Begleitung der dramatischen Aufführung. Solche kultischen Rezitationen bildeten die Grundlage einiger Lehrbücher der Mythologie und der Kosmologie wie der Grimnismal, Vafthrudnismal und Fjölsvinnsmal, oder der kultischen Terminologie wie der Alvismal. Aus diesen Gedichten erfahren wir, daß sich die Rezitationen häufig als Zwiegespräche gestalteten, der eine der Kultträger fragte und zog auf diese Weise das kultische Wissen des Leiters – *hapta snytrir* – heran. Wenn wir von diesem Gesichtspunkte aus das Hyndlulied untersuchen, wird es wahrscheinlich, daß dieses Gedicht den Vortrag der Genealogie eines norwegischen Geschlechts darstellt, freilich ein wenig geändert, um sie dem literarischen Stil des zehnten Jahrhunderts anzupassen. In der didaktischen und kultischen Sammlung der Havamal sind uns auch die Formen der kultischen Aussprache bewahrt, und ein Teil dieses Gemisches ist ohne Zweifel eine direkte Auslese aus den kultischen Texten. Das Gedicht schließt in der Tat mit dem alten Spruch, der alles Vorgetragene umschloß und das Heil der Worte auf die Kultgäste „befestigt“: „Jetzt sind Hars Worte in Hars Halle gesprochen, nützlich den Söhnen der Menschen, nutzlos den Kindern der Jöten, zum Heil für den Mann, der sprach, zum Heil für den Mann, der weiß, zum Genuß der Worte für den, der lernte, zum Heil für die, die lauschten“ (dazu vgl. II 19 und 80).

Durch die Völuspa finden wir nun auch den Weg zum Verständnis des technischen Ausdrucks, womit diese kultischen Gespräche und Verkündigungen bezeichnet wurden, nämlich *dœma*, urteilen. *Drekka ok dœma*, trinken und urteilen, ist ein Kompositum, das die Vorgänge beim Fest bezeichnet. Die Schlachtung wird durch einen Auftritt eingeleitet, wo die Männer, bevor sie in den Schafstall ziehen, *dœma*. Im Hyndlulied *dœma* die Gesippen über Verwandtschaft und Familie, in den Havamal über Runen. Und als die Asen nach der Ragnarök-Schlacht zusammenkommen, *dœma* sie über die mächtigen Begebenheiten und die ungeheure Midgardschlange.

Das entsprechende Substantiv ist *dómr*, das natürlich die kultische Rede und die kultische Handlung zugleich bezeichnet, nämlich die heilige Geschichte, die den Auftritten des Festes innewohnt. Die neugeborenen Asen erinnern sich an die schicksalsschweren *dómar*, die sie durchgemacht haben. Der berühmte Vers der Havamal: „Besitz stirbt, Sippen sterben, du selbst stirbst wie sie. Eins weiß ich, das nimmer stirbt, *dómr* über den Toten“, ist eine Anspielung auf den Nachruhm – *eptirmæli* –, die Fortsetzung des Lebens durch das Blot. *Norna dómr*, das Urteil der Nornen, ist mit dem Schicksal oder dem Heil verbunden, das der Quelle am Fuße Yggdrasils entspringt, und es tritt hervor in den Wahrzeichen, die während des Blotes von dort empfangen werden. Als das christliche Evangelium eine Benennung brauchte, die in den

Ohren der Nordländer einen bekannten Klang hatte, wurde ganz natürlich *hinn dýri dómr*, der teure *dómr*, die Bezeichnung für die Worte und Taten des neuen Gottes.

Jetzt verstehen wir auch den Namen des göttlichen Sitzes; *rœk* ist gleichbedeutend mit *dómr:* kultische Rede und deshalb auch die im Drama verkörperten heiligen Begebenheiten. „Du kennst alle die *rœk der Asen*" sind die Worte, die Odin benutzt, um in den Vafthrudnismal den Riesen herauszulocken. Und in den Alvismal will Thor den Zwerg dazu bringen, sein Wissen zum Wettkampf zu stellen, indem er ihm ein wenig schmeichelt: „Du kennst *rœk fira*", nämlich das kultische Wissen, das für den Blotenden notwendig war.

Die *rœk*-Sitze (die Richtstühle) sind nicht weit entfernt, sie hatten ihren Platz nahe an der Stelle, wo das Heil, das Glück des Festes, sich besonders verdichtete, bei der Quelle am Fuße des Baumes, innerhalb der Blotumzäunung. In der Sprache der Sage gehen Thor und die Asen zu Yggdrasil, um zu *dœma;* diese Stelle in den Grimnismal gibt uns eine Andeutung der rituellen Praxis, wenn die Asen in der Kulthandlung zu ihren *rœk*-Sitzen gingen. Die Mythologie desselben Gedichtes gibt noch ein zweites Bild vom Aufzug zu den *rœk*-Sitzen im Kult: „Durch diese – die heiligen Gewässer – schreitet Thor jeden Tag zu Yggdrasil, denn die Brücke der Asen steht in Flammen, und die heiligen Fluten sieden"; wir sehen die Blotenden an den Feuern vorüberschreiten zu den *rœk*-Sitzen hinter den kochenden Kesseln unter dem heiligen Zweig, der die Weltesche symbolisiert.

Eine der Reden der Havamal beginnt mit diesem Spruch: „Jetzt ist es Zeit, heilige Worte zu üben – *þylja* – vom Sitz des Sprechers – *þular stól* – bei Urds Brunnen"; dieses Verbum weist deutlich auf kultische Rede hin, und zwar nicht in dialogischer Form, wie sie in singendem Tone von der heiligen Stätte aus vorgetragen wurde – es wird von Dichtern benutzt, die ihre Werke aufsagen, und von Menschen, die mit sich selbst sprechen.

Als Eilif, der Verfasser der Thorsdrapa, den neuen Glauben an Christ angenommen hatte, bekannte er seine Ergebenheit für den neuen Gott, indem er sagte: „Christ sitzt im Süden bei Urds Brunnen." Das heißt übertragen, daß Rom der Ort des „teuren *dómr*" war, der *rœk* Jesu, seiner Worte und Taten.

Sippengötter und Kultgötter

Von unserem Gesichtspunkt aus gibt es zwei Gruppen von Göttern: die Götter der Sippe, die göttlichen Vertreter des Verwandtenheils oder der Hamingja – und die Kultgötter, die einen Vorgang im Drama vertraten. Eigentlich war das ganze Fest mit dem Kreis der Kultgäste, dem Hause, in welchem das Blot stattfand, mit den kultischen Geräten, Auftritten und den Worten Gott, aber diese Gottheit nahm persönliche Gestalt an, oder sie wurde in jedem bedeutenden Auftritt als Persönlichkeit herausgestaltet, wie es die Funktionsgötter der Römer dogmatisch erläutern. Diese kultische Offenbarung der Hamingja in einer bestimmten Haltung ist in Wahrheit mit dem Blotenden selbst identisch, wenn er die heilige Handlung vornimmt und die Sprüche sagt, die zu der Handlung gehören.

Solche kultische Gottheiten sind nicht im Besitz irgendeiner eigenpersönlichen Dauerhaftigkeit außerhalb des Auftrittes, in welchem sie erscheinen; ihr Dasein beginnt und endet mit dieser Episode; sie werden also niemals das erhalten, was wir einen deutlichen persönlichen Charakter nennen.

In Gedichten und Bruchstücken von Mythen, in Kenningar und Namensverzeichnissen sind uns eine große Anzahl kultischer Beinamen erhalten, mehr als genügend, um den verwickelten Aufbau des Dramas zu bestätigen, aber in den meisten Fällen sind diese Namen für uns nur Stichwörter zu Auftritten, die für immer verlorengegangen sind. Manchmal können wir in dem Beinamen undeutlich die kultische Bezeichnung eines Amtes erkennen, das einem Gott oder seinem Darsteller zuerteilt war, z. B. wenn von Odin in den Grimnismal gesagt wird: „Ich trug die Namen Svidurr und Svidrir im Hause Sökkmimirs."

Zu dieser Gattung gehört die Dreiheit, die in Verbindung mit dem Jötenkampf und der Schöpfung erwähnt wird. Es zeigt sich, daß Hœnir derjenige ist, der das Blotfeuer anfacht und Leben schenkt; die Völuspa erwähnt ihn als den, der die Wahrsage-Stäbe „kürt", und deutet damit auf ein zweites Amt, das ihm beim Bloten auferlegt war. Die seltsame Bemerkung in der Heimskringla, daß Hœnir als Herrscher von Mimirs Weisheit abhängig war und sich in jeder Schwierigkeit auf ihn mit den Worten berief: „Andere mögen entscheiden" – sie könnte sehr wohl eine rationalistische Deutung einer kultischen Tatsache sein.

Ein interessanter Beiname, der sich, soweit wir sehen können, auf Hœnir bezieht und auf ein anderes seiner Ämter hinweist, ist Meili; der Name bezieht sich auf ein gemeinsames kultisches Auftreten mit Thor zusammen bei seinem Kampf gegen den Jöten. In der poetischen Umschreibung der Haustlöng wird Thor Meilis Verwandter genannt. Der Name kehrt wieder in einer Zusammenstellung Fet-Meili, der Wanderer oder Schreiter. Aus diesen Andeutungen können wir uns einen einigermaßen klaren Begriff hinsichtlich der Bedeutung dieser Anrede bilden. Wie Vishnu im vedischen Kult muß Hœnir eine kultische Umschreitung ausführen, um den Platz zu weihen, ihn sicher zu machen und dadurch den Erfolg der heiligen Auftritte, die auf dieser Stätte aufgeführt werden sollen, zu verbürgen. Ein ähnliches Umschreiten fand statt, wenn ein Ansiedler ein Stück Land erwarb. Auf dasselbe kultische Amt wird durch andere Umschreibungen hingewiesen, wenn Hœnir bezeichnet wird als „der schnelle Ase und der Langfuß". Der Beiname *aurkonungr* weist auf eine Beziehung zu dem *aurr* hin.

Es ist möglich, daß der Gott Ull in die Gruppe der Kultgötter gehört. Die Tatsachen, die herangezogen werden können, um seine Sonderart zu erläutern, sind zunächst, daß er Thors Stiefsohn genannt wird, und zweitens, daß er enge Beziehungen zu einem Schilde hat, und diese beiden Tatsachen bezeugen gemeinsam dasselbe. Die erste Benennung bezeichnet seinen Platz im Drama als Thors Begleiter und Helfer – auf dieselbe Weise wie bei Hœnir, aber in anderen Situationen. In der Thorsdrapa wird die Verwandtschaft zwischen den beiden Gottheiten durch ein kultisches Wort von unbekannter Bedeutung bezeugt: *gulli.* Die Art ihres Zusammenwirkens wird genügend durch den Schild bezeichnet, der in beiden Dramen eine Rolle spielt: im ersten ist es der Schild, auf welchem Hrungnir getötet wurde, im zweiten der Schild, der Thors Begleiter vor dem Ertrinken rettete, als sie den Strom der Unterwelt durchquerten. Das Programm zu diesen Auftritten gibt die jüngere Edda: „Schild kann Ulls Schiff genannt werden, oder er kann umschrieben werden mit einer Anspielung auf Hrungnirs Fuß." Aus dieser Bemerkung entnehmen wir, daß ein Schild zu den Kultgeräten gehörte, und ferner, daß die Kultgottheit, die zu diesem Schilde gehörte, Ull genannt wurde. Die Stelle in der Hrungnir-Sage, wo erklärt wird, daß der Riese den Schild unter seine Füße schob (oder in der Fassung Haustlöngs: auf dem Schilde erschlagen wurde), weist auf die Darstellung auf der kultischen Bühne hin. Vielleicht spielten der Schild und der Schild-Gott, wie Ull poetisch benannt wird, auch in anderen Situationen eine Rolle als in denen, die zufällig in der uns überlieferten mythologischen Literatur erwähnt sind.

In den Grimnismal findet sich eine weitere Einzelheit, die Aufklärung über die Funktion Ulls im Drama gibt: die Strophe (s. o. S. 294) deutet an, daß der Gott eine gewisse Beziehung zum Blotfeuer und zu den Kesseln hatte. Vielleicht gibt das Eddagedicht *Baldrs draumar* eine weitere Erläuterung, denn hier heißt es, daß der heilige Bierbottich mit einem Schilde bedeckt war: „Für Balder steht hier gebraut der Met, der reine Trank, der Schild liegt darauf." Weitere Beinamen Ulls sind Bogenmann, Skiläufer, Jagdgott, aber aus Mangel an erklärenden Sagen oder anderen Hinweisen muß die Bedeutung dieser Namen dahingestellt bleiben. Snorris Bemerkung, daß es der Mühe wert sei, ihn vor einem Zweikampf anzurufen, deutet wahrscheinlich auf seine kultische Rolle als Thors Helfer.

Wenn also unser Wissen in bezug auf den Gott Ull etwas unsicher und oberflächlich bleibt, sind wir auf um so festerem Boden, wenn wir uns mit der Gestalt Heimdals befassen. Obschon uns der vorhandene Stoff nur kurze Einblicke in seine Stellung im Kult gewährt, ist er doch von vielen Seiten beleuchtet, so daß wir einen sehr deutlichen Eindruck von seiner Eigenart und kultischen Bedeutung erhalten. Nach dem recht systematischen Bericht der jüngeren Edda ist er der Wächter der Götter und sitzt am Rand des Himmels, um die Brücke gegen die Jöten zu hüten. Wenn dieses symbolische Bild in eine kultische Tatsache umgesetzt wird, besagt es, daß er der Schützer der Heiligkeit des Festes ist. Wie Varuna in den Veden ist Heimdal die Verkörperung – der Funktionsgott – des Festfriedens. Er wacht über die Kultgäste, damit kein Mitglied des heiligen Kreises die Vorschriften und Verbote, von deren Einhaltung das Heil des Blotes abhängt, verletzt und etwa durch ein Versehen die heilige Stätte dem verderblichen Einfluß der Jöten ausliefere. Kraft dieses Amtes wird er der weiße Ase genannt, der weißeste und reinste der Götter, und von einem anderen Gesichtspunkt aus: *sif sifjadr*, die Verkörperung des Friedens und der Gemeinschaft der Sippe.

Die Kultgäste werden das heilige Geschlecht oder die Söhne Heimdals genannt, denn sie sind geweiht und damit den Gesetzen des Festfriedens unterworfen. Im besonderen bedeutet dies, daß

Heimdals Söhne oder Heimdals Geschlecht der heilige Name für die Versammlung ist, wenn sich die Handlung gerade auf die Weihung oder die moralischen Pflichten beim Fest bezieht, ähnlich wie sich der Kreis der Gottverehrer im vedischen Kult an Varuna und Mithra als die Hüter des Opferfestes wendet.

Die Heiligkeit des Festes fordert *euphemia:* kultisches Schweigen und fromme Aufmerksamkeit, solange die Aufführung währt und das Sprechen der heiligen Sprüche; in der heiligen Sprache heißt diese *euphemia hljóđ,* und *hljóđ* ist gebunden an Heimdals Horn, das Symbol oder die Verkörperung seiner Macht. Das Horn wird einfach sein *hljóđ* genannt, und nach der Völuspa war es verborgen – d. h. es ruhte – unter der Weltenesche an der heiligen Stätte. Die Völuspa beginnt mit der Strophe: „*Hljóđ* heisch ich heiliger Sippen, hoher und niederer Heimdalsöhne", Zeilen, in denen ein kultischer Spruch umschrieben oder, wahrscheinlicher, unmittelbar festgehalten ist.

In der Dichtung der Wikingerzeit erscheint Heimdals Horn als die Posaune, durch die die Ragnarök-Schlacht angekündigt wird. Ob diese Fanfare nun eine dichterische Erfindung der kampferhitzten Vorstellungskraft der Ragnarök-Dichter ist, oder ob sie ihren Ursprung im alten Kult hat, mag dahingestellt bleiben. Keiner der kultischen Beinamen weist darauf hin, daß das Horn je geblasen worden ist, aber ihr Schweigen ist kein Beweis dafür, daß es nicht doch als Musikinstrument benutzt wurde.

Heimdals kultisches und dramatisches Auftreten ist klar erkennbar. Er war in dem Horn anwesend, das auf der Blotstätte ruhte. Der Auftritt ist vielleicht durch die Umschreibungen der Skalden angedeutet, wenn sie das Schwert „Heimdals Haupt" nennen; wir erfahren ferner, daß das Symbol das Horn eines Widders, des Opfertieres, war, denn Heimdal ist der kultische und poetische Name für Widder; *hallinskíđi,* „Widder", ist einer der Beinamen Heimdals. Die jüngere Edda gibt die Aufklärung, daß Heimdals Haupt Schwert genannt wird auf Grund einer Geschichte des Inhalts, daß er von dem Kopf eines Mannes durchbohrt wurde, *lostinn mannz-hǫfđi í gǫgnum,* und in Fortsetzung dieser erstaunlichen Neuigkeit lesen wir: „Das ist der Grund, weshalb das Haupt Heimdals *mjǫtuđr* oder Schicksal genannt wird, und Schwert bedeutet Mannes-Schicksal." Es ist deutlich, daß irgendwo ein Glied der Gedankenkette fehlt; jedenfalls hat der Verfasser zwei Umschreibungen oder Beinamen durcheinandergeworfen, nämlich, daß das Schwert Heimdals Haupt genannt werden kann als Anspielung auf einen kultischen Auftritt, in dem das Horn eines Widders vorkam, und andererseits, daß der Gott vom Haupt eines Mannes durchbohrt wurde; die logische Schlußfolgerung des Verfassers: Haupt ist Heimdals Schicksal, Schwert ist des Mannes Schicksal, also ist Haupt gleich Schwert, macht den Eindruck eines künstlichen Notbehelfs. Aller Wahrscheinlichkeit nach entstand diese Behauptung, weil der Verfasser gern den Sinn eines Beinamens finden wollte, dessen Bedeutung dunkel oder ganz verlorengegangen war; dies schließt jedoch die Möglichkeit nicht aus, daß er zwei verschiedene Kenningar zur Verfügung hatte, die vermischt worden waren. Sollte das der Fall sein, so deutet der letzte Beiname auf einen unbekannten Kultspruch, entsprechend der Sage vom Kessel, der Odins Pfand genannt wurde.

Wir kommen jedoch ein wenig näher an die Bedeutung heran, wenn wir das Wort *mjǫtudr* untersuchen, das vom Verfasser als Stütze seiner logischen Ausführungen benutzt wird. *Mjǫtudr* ist ein kultischer Ausdruck für Glück oder Schicksal, es ist die Zukunft, so wie sie an das Blot gebunden ist und durch dessen richtige Ausführung erschaffen wird. Dieses Schicksal verdichtet sich, wie wir schon gesehen haben, auf der heiligen Stätte um den Brunnen und ist also eng mit Heimdals Horn verbunden und mit der Weltenesche, die den heiligen Ort beschattet. Es heißt, der Baum besitze unter den Menschen *mjǫtudr* – die Kraft –, Frauen in Geburtswehen zu helfen. Die Völuspa hat eine parallele Form *mjǫtvidr*. Das müßte Baum des Schicksals bedeuten, aber wir verdanken wahrscheinlich diese Zusammensetzung einem späteren rationalistischen Bearbeiter, der sein bestes getan hat, um den dunklen Text verständlich zu machen. Nach der Völuspa wird der Kampf zwischen Asen und Jöten dadurch angekündigt, daß der *mjǫtudr* in Brand gesteckt wird, wenn Heimdal das alte Gjallarhorn erhebt und laut hineinstößt. Der Satz ist nicht klar, aber er bezieht sich offenbar auf die Tatsache, daß der Baum *mjǫtudr* genannt wurde, ähnlich wie Heimdals Horn *hljód*, weil es das „Symbol" der *euphemia* war.

Heimdal wird der Wächter der Asen genannt, er sitzt am Ende der Welt, wo der Himmel die Erde berührt: ein mythischer Ausdruck für die Tatsache, daß er *vid jardar þrǫm* ruhte, am Rande der heiligen Stätte der Menschen, nämlich des Blotplatzes, wo die wirkliche oder ewige Welt zu finden war. Dort hat er seinen Platz in naher Verbindung mit dem heiligen *aurr;* Loki neckt ihn damit, daß er das Leben eines Hundes führe, und daß sein Rücken mit Schlamm beschmiert sei: *aurgu baki,* eine Travestie, die in den Grimnismal ein mythisches Gegenstück hat: Heimdal trinkt in Himinbjörg freudevoll seinen Met.

Die Einweihung Heimdals oder, mythisch gesprochen: seine Geburt, wird in Worten geschildert, die den Kult und seine Sprüche widerspiegeln. Nach dem Hyndlulied (38) wurde seine Macht vom Megin der Erde geschaffen – *jardar megin,* das in dem *aurr* wohnte –, von den kalten Wogen und dem Naß der Opferkessel. Er ist der Sohn von neun Müttern. Durch diese abgerissenen Aussagen erfahren wir ein wenig über den Kult, der das Fest einleitete und seinen Frieden herstellte: Das Horn des Widders wird herangetragen und auf den „Altar" gestellt, es wird als Hüter des Blotes geweiht und ist von neun Müttern geboren, neun Kulthandlungen, wie wir aus Mangel an besserem Wissen nur sagen können. Später nahm eine Reihe von Kulthandlungen ihren Ausgang von diesem Hüter, oder sie hatten sein Symbol zum Mittelpunkt, wie es in dunklen Anspielungen auf das Horn angedeutet wird.

In den Prosaworten, die die Rigs*þ*ula einleiten, wird Heimdal mit Rig, dem Vater der Menschen, identifiziert, aber der wirkliche Wert dieser Erläuterung ist ziemlich zweifelhaft. Es ist nicht ganz undenkbar, daß diese Identifizierung einer echten Überlieferung entstammt, etwa der Art, daß Heimdal bei der Geburt der Sippe im Drama eine Rolle gespielt hätte, aber das Gedicht selbst enthält keine nähere Mitteilung darüber, daß Rig als ein Avatar von Heimdal betrachtet worden sei.

Während der Dauer des Festes stand die Versammlung unter dem Schutze Heimdals, aber in den Augenblicken, wo die heiligen Worte von den *rœk*-Sitzen gesprochen wurden, wurde die Feierlichkeit der Stunde durch ein anderes kultisches Wort ausgedrückt. Das Vorgesprochene ist Hars Rede, die Versammlung findet in Hars Halle statt, und aus diesen Formeln erfahren wir, daß ein anderer kultischer Gott, Har oder Havi, das Sprechen leitete und den richtigen Wortlaut der heiligen Texte überwachte. Ein kultischer Satz, der auf diese Anschauung des Blotes hinweist, taucht in dem Gedicht auf, das Eyvind zu Ehren Jarl Hakons verfaßt hat: „Ich heische *hljód* in Hars Versammlung."

Die einleitenden Verse lauten: „Ich heische Gehör in Hars Halle, wenn ich den Met hebe – die Mannesbuße des Riesen – und das Geschlecht des Jarls aufzähle bis zu den Göttern in Odins Kesselflut – *lǫgr* – die er auf mächtigen Flügeln trug aus Surts tiefen, dunklen Tälern." Auch wenn wir unsere Worte bis zum äußersten spannen, werden wir nie die genaue Bedeutung und den genauen Sinn dieser Verse wiedergeben können; der einzige Weg ist vielleicht, die Fassung von Eyvinds Gedicht zu schildern. Er hatte ein Lied zu Ehren des Jarls von Hladir verfaßt, und das Thema, das er sich aussuchte, war die Überlieferung von Hakons Abstammung; er gibt in seinen Strophen eine Aufzählung der Vorfahren des Jarls oder einen Abriß seiner Hamingja – in den Namen des Stammbaumes liegt natürlich die Geschichte, die diese verschiedenen Gestalten darstellten. Ein solches Gedicht ist ein *rœk* oder *dómr;* es schenkt dem Jarl wirkliche Ehre, indem es den Ruhm seiner Sippe neu ins Dasein ruft und auf diese Weise seine Macht und sein Heil erhöht. Daraus folgt, daß es nur bei einem Feste als ein Teil des Kultes vorgetragen werden konnte, wenn es erst durch den heiligen Becher geweiht und „ganz" gemacht worden war. Eyvind beginnt sein Gedicht ganz selbstverständlich mit einer kultischen Anrede, indem er seine Zuhörer mit feierlichen Worten auf ihre Heiligkeit „in Hars Halle" hinweist. Er kleidet ferner seine einleitenden Worte in Bilder, die auf das Bier anspielen, wiederum ein Zeichen des Festes, bei welchem sein Gedicht das Formæli bildet. Es ist keine leere poetische Umschreibung, wenn sein Gedicht und die Sage vom Bier sich in einer zusammenfassenden Vorstellung vereinigen: dem Vortragen der Drapa und dem Bierreichen. Nun fühlen wir allmählich die Kraft der Kenningar in solchen Strophen: „Der das Bier auf mächtigen Flügeln trug aus Surts tiefen dunklen Tälern."

Alles, was vom Asen Vali zu sagen ist, kann in dem einen Wort ausgedrückt werden: der Rächer. Der Sage nach wurde er zum Zweck der Rache von Odin gezeugt, und im zarten Alter von einer Nacht, bevor er seine Hände gewaschen und sein Haar gekämmt hatte, brachte er seinen Widersacher auf den Scheiterhaufen (s. I 109). Diese mythologische Biographie wird durch sein dramatisches Amt hinlänglich erläutert: er ist der Ase, der nach der Tötung des Opfertieres die Harmonie wiederherstellt, er ist zu diesem Amt „geboren" wie auch Heimdal, und er hat kein persönliches Dasein außerhalb dieses Auftritts der Wiederherstellung.

Zu derselben Gattung gehören Götter wie Modi und Magni:

göttliche Stärke und Macht oder Megin bedeuten ihre Namen. Sie stellen irgendeine Situation im Drama dar. Die übrigen kultischen Götter sind für uns nur Namen und mögen weiter im Zwielicht der zerrissenen Überlieferung verharren.

Aus dem Grundgesetze des kultischen Dramas ergibt sich eine innere Spannung, die – nach unserer Ansicht – in einzelnen Auftritten eine störende Verworrenheit erzeugt. Der tote Körper des Opfertieres ist das Heiligste von allem, aber er spielt zugleich die Rolle des Jöten; die Erklärung hierfür liegt in der schöpferischen Macht des Kultes, in dem das tiefste Grundgefühl der Germanen Ausdruck findet: Um rein und wahr zu sein, muß das Leben immer wieder der Gewalt der Jöten entrissen werden – um gut und fruchtbar zu sein, muß die Erde auf ihren Leichen aufgebaut werden. In der jüngeren Edda wird die Frage gestellt: „Was machte Odin, bevor die Welt erschaffen wurde?“, und sie erheischt die Antwort: „Er wohnte bei den Reifthursen.“ Diese Worte haben ihren Ursprung in einer alten Sage und spiegeln die Vorgänge im Kult. Nicht nur große Dinge wie Himmel und Erde, Sonne und Mond, sondern auch kultische Symbole wie der Bierkessel und das Bier selbst müssen den Jöten geraubt oder genommen werden. Die Mythen weisen häufig auf eine kultische Beziehung hin zwischen den göttlichen Mächten und den Gewalten von Jötenart, auf Ehe- oder Liebesbündnisse zwischen Göttern und Mädchen, die der Jötenwelt angehören, wie z. B. Thors Freundschaft mit Grid, durch die er Gridarvöll erhielt – nach der jüngeren Edda war Vidar ein Sohn Grids –, oder die Liebeshändel zwischen Frey und Gerd, Odin und Gunnlöd.

So kommt es, daß die kultische Handlung die Zusammenwirkung von Wesen – entweder menschliche Darsteller oder handelnde Geräte – erfordert, die zugleich heilig und verwünscht sind; verwünscht, weil sie – eine Zeitlang – den tückischen Einfluß der bösen Mächte verkörpern, heilig, weil sie im Drama erscheinen, um vernichtet zu werden, und weil sie nicht am Kult teilnehmen können, ohne der Versammlung der geweihten Kultträger anzugehören. Ihre besondere Aufgabe ist es, Gegenstände oder Kräfte darzustellen, die „geheuer“ *(heore, nýt)* gemacht werden sollen, und es darf nie vergessen werden, daß die Schöpfung der Welt, die Eroberung des Goldes oder des Bieres, die Tötung des Jöten usw. keineswegs bloße Phantasiebilder sind.

Zu dieser Gattung kultischer Gestalten gehört die Tochter des

Jöten, deren Aufgabe es war, die feierliche Handlung der Versöhnung einzuleiten. In der Sage sehen wir Skadi die Bühne betreten, um den Asen Gelegenheit zu geben, sich von der Schuld zu reinigen, die sie durch Thiazis Tod auf sich geladen hatten. Die Haustlöng und die Thorsdrapa haben noch den kultischen Namen dieser Gestalt erhalten: Mörn, und es ist ein Rest von diesem Drama, wenn der Jöte „Mörns Vater“ genannt wird. Diese feierliche Benennung kommt auch in der Völsi-Geschichte vor, einem Beispiel christlicher Verspottung bäuerlicher Abgötterei (vgl. II S. 236). Hier finden wir einen weiteren Spruch, der den Namen Mörn enthält: Mörnir empfange dieses Blot. Allem Anschein nach kommt die Benennung noch einmal in einem Zaubervers vor, der als Spottlied auf einen dänischen König gedichtet wurde.

Die Skadi der Sage entstammt sicher einem Drama, das seine Heimat in einem Kultkreis in der Gegend von Drontheim in Norwegen hatte; die Bedeutsamkeit dieser Gestalt im Kult ist durch die Tatsache bezeugt, daß sie Stammutter der Jarle ist: „Odin und Skadi waren die Vorfahren dieses Geschlechts.“

Im Rat der Götter gibt es keine Gestalt, die so fesselnd ist wie Loki. Er war bei den Dichtern der Wikingerzeit äußerst beliebt. Sie gaben ihm reichlich Gelegenheit, die Rolle des Schurken zu spielen, und in ihren poetischen Mythen beschäftigten sie sich stets aufs neue mit der Schlauheit, Doppelzüngigkeit, Prahlerei, Frechheit, List, Feigheit und Tollkühnheit, die hinter seinen glatten, einschmeichelnden Zügen lauerten. Er wird die Hauptperson in der Welttragödie, die interessanteste in der Geschichte der Asen, und gleichzeitig die finstere Macht, die durch die Stärke ihrer Schwäche und die Frechheit ihrer Feigheit das Weltenschicksal formt. Die Fäden des Schicksals, in das Asen und Menschen gänzlich verstrickt werden, laufen in seinem erfinderischen Gehirn zusammen und werden durch seinen immer bereiten Witz und seinen hämischen Spott gesponnen, bis sie ein Netz geworden sind, das die ganze Welt in den Abgrund des Todes zieht. Mit seiner Doppelzüngigkeit und seinen schlüpfrigen Reden, mit seinen geschickten Späßen und Kniffen geht er zwischen den Asen und den Jöten hin und her; immer wieder lockt er die Asen bis an den Rand des Verderbens, aber jedesmal findet er einen Ausweg, um seinen eigenen Kopf zu retten. Durch sein Doppelspiel bereitet er langsam aber sicher den Tag vor, wo die Feinde des Lebens losgelassen werden, wo er an ihrer Spitze über das Schlachtfeld ziehen wird.

Dieser geschmeidige Freund der Asen hat sich immer ziemlich widerspenstig gezeigt, wenn es galt, ihn mit den sorgfältigsten Methoden der Analyse in mythologische und volkskundliche Elemente zu zerlegen. Natürlich ist er einmal ums andere aufgegriffen und auf den Seziertisch gelegt worden, sein Körper ist anatomisch zerlegt und seine inneren Organe sind numeriert worden, es wurde festgestellt, daß sie teils einem Korngeist, teils einem Naturgeist, teils etwas anderem angehören; aber es ist keiner Analyse gelungen, ihm seine Flinkheit und Geschicklichkeit zu rauben, unter den Händen der Anatomen gleitet er weg und springt sogleich mit einem anstößigen Witz auf die Füße. Als einzige Erklärung seines Charakters kann das mächtige historische Drama dienen, in welchem er die Hauptrolle spielt. Die Skalden der Wikingerzeit vermenschlichten die Götter und machten sie beinahe zu Charakterstudien, aber an diesem göttlichen Spaßmacher und Gaukler war ihre feinste Kunst verloren, so daß sie ihn beinahe zu einem Symbol der Geheimnisse der menschlichen Seele machten. Wenige Gestalten in der großen Porträtgalerie der Menschheit können sich mit diesem schlauen Kenner der Menschheit oder richtiger der Gottheit messen, der in seiner aufrichtigen Bosheit verblüffend zusammengesetzt ist, von einer Tollkühnheit besessen, die seiner Feigheit gleichkommt, in einer Scheide von zynischer Schwatzhaftigkeit und Zanklust trägt er die schärfste Klinge der feinsten Verschlagenheit, und diese Waffe versteht er auch noch in hochmütiger Unterwürfigkeit zu gebrauchen – ein listiger Schalk, der großzügig einen Kniff des Kniffes wegen liebt, der fähig ist, auch noch die eigenen Fehler zu seinem Vorteil auszunutzen, der seine Zeit damit verbringt, in Schwierigkeiten zu geraten, um sich Gelegenheit zu verschaffen, seine Schlauheit auszuprobieren, indem er sich wieder daraus retten muß, und der immer wieder mit der größten Anmut auf die Beine kommt, wenn er durch sein eigenes Pulver in die Luft gesprengt wurde.

Diese Gestalt von dämonischem Humor ist keineswegs durch reine psychologische Erfindung aus dem Nichts entstanden; sie hat mit ihren reifen Gaben eine alte dramatische Vergangenheit. Die Skalden gestalteten Loki, aber sie haben ihn nicht erschaffen. Er war, um es kurz zu sagen, der kultische Spieler, der die Aufgabe hatte, den Jöten herauszulocken, die Feindschaft zum Schwären zu bringen und auf diese Weise den Sieg vorzubereiten – daher die Doppelheit seiner Natur. Um diese Rolle spielen zu können, muß er an der Heiligkeit und Göttlichkeit des Opferkreises teilnehmen, und wenn die kultische Tatsache in die Sprache der Sage übertragen wird, nimmt sie diese Form an: Loki stammt von Jöten ab, er ist in Utgard geboren und wurde in den Kreis der Götter aufgenommen, als er mit Odin Freundschaft schloß und mit ihm Blut mischte. In der Lokasenna fordert er kraft dieses Bundes triumphierend einen Sitz, er erinnert Odin daran: Haben wir nicht in alten Zeiten miteinander Blut gemischt? Du hast geschworen, nie an einen Becher zu rühren, wenn nicht auch ich mein Teil bekäme. Die „alten Zeiten" – *árdagar* – weisen auf den Beginn der Zeit im Blot hin, und diese Strophe der Lokasenna ist wahrscheinlich die Reminiszenz eines kultischen Auftrittes, eines Ratschlages, abgehalten in den *rœk*-Sitzen, den Richtstühlen, als Vorbereitung zu der eigentlichen Handlung. Eine solche Gestalt muß den ganzen Schimpf der Kniffe und Finten tragen, die notwendig sind, um den Kampf ums Leben heraufzubeschwören, sie wird eine komische Figur, ein Gauner, der dazu vorbestimmt ist, überlistet zu werden. Die philosophischen Dichter der Wikingerzeit malen Loki auf dem Hintergrunde alter Erzählungen, und es ist anzunehmen, daß der Humor dieses Wesens schon in der kultischen Gestalt vorgebildet war. Die Auftritte, in denen dieser Jöte dargestellt ist, wie er durch seine eigenen Ränke gefangen und kopfüber ins Verderben gestürzt wurde, waren von grimmigem Humor durchtränkt, aber durch das verächtliche Spottgelächter klang ein klarer Siegeston, denn die Männer, die da lachten, verstanden es, der gefährlichen Stärke ihrer Feinde Gerechtigkeit widerfahren zu lassen. Die Kultgäste spöttelten nicht über die Jöten; wenn sie die Angriffe des Bösen abwehrten, mußten sie ihre äußerste Kraft einsetzen, und durch den gefährlichen Kampf hatten sie ihre eigene Kraft erprobt und die Macht ihrer Götter kennengelernt.

Das Drama als die Geschichte der Sippe

Weil das Blotdrama die Geschichte der Sippe von Urbeginn an bis zum heutigen Augenblick des Blotes enthält – daher das Schicksalsschwere der verschiedenen Auftritte –, bildet es ein Ganzes, das der Vorstellung widerspricht, die für uns von grundlegender Bedeutung ist: der Vorstellung, daß sich kosmische oder mythische Begebenheiten von historischen Tatsachen unterscheiden. Der Kampf mit dem Jöten bedeutet den Sieg über den Feind in jeder Form, nämlich die Überwindung des Feindlichen schlechthin; in diesem Auftritt gewinnt die Sippe ein für allemal ihre Schlachten. Dies bedeutet nach unseren Begriffen, daß die Sage einen doppelten oder vielmehr einen vielfachen Sinn hat, denn wir sind außerstande, eine seelische Haltung von so zusammengesetzter oder besser noch zusammengedrängter Art zu erfassen. Da wir mit unserer Erfahrung vom chronologischen Standpunkt ausgehen, sind wir gehindert, die Geschichte als eine Ganzheit oder Fülle zu erkennen, die ihren inneren Zusammenhang nie verliert, auch wenn sie bereitwillig in Episoden zerfällt, sobald irgendein Geschehnis ins Gedächtnis zurückgerufen wird.

Im Kampf mit dem Drachen werden die Überlieferungen der Sippe umgestaltet und gefeiert; daher hat diese Szene einen besonderen persönlichen Ton, entsprechend der Erfahrung der verschiedenen Geschlechtergruppen (vgl. II S. 33 u. f.). Die Sage schildert nie die wirklichen Begebenheiten, die für uns als Geschichte gelten, sondern sie gibt die Ereignisse so wieder, wie sie in der kultischen Handlung ins Gedächtnis gerufen wurden. In Skandinavien sind die alten Überlieferungen unter dem Einfluß englischer und irischer Erzählerkunst in literarischer Form neu gestaltet worden, aber hie und da sind die Spuren älterer Formen unter der Oberfläche zu erkennen, und in einem Falle ist der dramatische Aufbau der Geschichte deutlich zu ersehen und von der Phantasie des Dichters nur leicht überarbeitet.

Unter den skandinavischen Fürstengeschlechtern waren verwandtschaftliche Beziehungen zu den Königshäusern im Süden hoch geschätzt und eifrig erstrebt. Häuptlinge von ruhmreicher Abstammung und von weitreichendem Ehrgeiz fühlten mit Stolz das Blut der Völsunge in ihren Adern fließen und ihre Hamingja in ihren Plänen schaffen. Daher ist es kein Wunder, daß die Sage von Sigurd dem Drachentöter in den Geschlechtsüberlieferungen eine hervorragende Stelle einnahm. Dieser Mythos ist immer wieder neuen dichterischen Bearbeitungen unterzogen worden, aber er hat das zum Glück in einer Form überlebt, die noch den Stempel der Sage trägt und uns zeigt, daß die Geschichte Sigurds, in Gestalt des Kampfs mit dem Drachen, immer aufs neue aufgeführt worden ist. Eine Gruppe von Eddaliedern, die die Fafnismal, die Reginsmal und die Sigrdrifumal umfaßt, sind über dieses Drama oder über die entsprechende Reihenfolge dramatischer Begebenheiten beim Blot geformt worden.

Die Einleitung, die das Wirken der drei Asen Odin, Hœnir und Loki schildert, ist ein reiner Blotmythos. Der zweite Teil ist dadurch mit dem Blot verknüpft, daß der Kampf in Bildern wiedergegeben wird, die vom Blot herrühren – der Sieger kostet das Herz des Opfertieres –, und die Strophen enthalten kultische Bezeichnungen wie *funi* für Feuer und *fjǫrsegi* für Herz. Der Feind erscheint noch in der Gestalt des Jöten: nicht nur werden Fafnir und Regin Jöten genannt, an ihre Namen werden auch die kultischen Bezeichnungen des Jöten geknüpft: der alte Jöte, der frostkalte Jöte, wie etwa in den Vafthrudnismal, wo von Ymir gesagt wird: „Der Himmel wurde aus dem Schädel des frostkalten Jöten erschaffen", in der Lokasenna, wo Loki mit den Därmen gebunden wird, die aus „seinem frostkalten Sohne" herausgerissen sind, in den Havamal: „Suttung, der alte Jöte", und in der Völuspa: „Die Alte, die Mutter der Wölfe" usw. Der dritte Teil, wo die Begegnung Sigurds mit der Walküre geschildert wird, trägt die Merkmale eines Trinkfestes: Sie reicht ihm das Horn und begleitet diese Handlung mit einem Formæli, das nichts anderes als ein anrufender Eröffnungsspruch ist. Gleichviel ob sie eine buchstäbliche Wiedergabe oder eine dichterische Umschreibung der Worte darstellen, die beim Blot gebraucht wurden, enthalten diese Strophen die herrlichste kultische Anrufung, die uns erhalten ist.

Daß wir hier eine Wiedergabe der Einzelheiten des Dramas vor uns haben, wird ferner durch zahlreiche *dómar,* Sprüche, bezeugt, die gleichzeitig mythisches Wissen und sittliche Ratschläge darstellen. Die genannten Gedichte bilden eine wertvolle Ergänzung zu den Erläuterungen der Völuspa und der Havamal über den Vortrag der Sprüche im Gefüge der Kulthandlungen: Die Tötung des Jöten bildet die Einleitung zu einem Zwiegespräch über das Schicksal und die Nornen sowie über den Kampf zwischen den Asen und Jöten. Durch die Darreichung des Hornes wird eine Belehrung in der Runenweisheit angeregt, und eine andere Begebenheit führt zu einer Erörterung über praktische und sittliche Weisheit. Den Havamal zufolge wurde die amtierende Person, die nach dem *rœk*-Sitz schritt, um Kultisches zu verkünden, in dieser Eigenschaft bisweilen *pulr,* Sprecher, genannt; das Gedicht weist zufälligerweise auch auf diese Seite des Blotes hin, indem es dem Namen Regin das kultische Beiwort *pulr* anfügt.

Der dramatische Ursprung des Gedichtes kommt ferner in der Psychologie der Heldin zum Vorschein. Soweit wir wissen, ist

Brynhild in zwei Personen geteilt, die Frau und eine sagenhafte Doppelgängerin Sigrdrifa; die Ursache des scheinbaren Widerspruchs ist, daß wir das Drama von außen betrachten und uns deshalb an der einfachen Tatsache stoßen, daß die Heldin im Drama durch eine Gestalt, die mythische Merkmale aufweist, dargestellt wird. Die Waberlohe, die ihr Lager umgibt, mag an den Schauplatz erinnern, auf dem ein Teil der Kulthandlung aufgeführt wurde, ist also nichts anderes als das Kultfeuer. Dieses symbolische oder dramatische Feuer kommt auch anderswo vor, z. B. in den Skirnismal, in einem Auftritt kultischer Art, und sollten weitere Beweise notwendig sein, so liefert sie in unzweideutigen Worten eine Redewendung der Fjölsvinnsmal: „Wie heißt die Halle, rings umhüllt von der Waberlohe? – Sie trägt den Namen Hyrr“ – Feuer, wahrscheinlich eine kultische Benennung – „und sie bebt stets auf der Spitze der Schneide“ (vgl. o. S. 298).

Das primitive Drama vereinigt Festigkeit in der Form mit Beweglichkeit in der Verwendung. Es ist an ein vorbestimmtes Muster gebunden, das den beherrschenden Gedanken oder das Motiv des Blotes ausdrückt, aber das Muster ist insofern anpassungsfähig, als es gern der Schilderung örtlicher Vorgänge, der Geschichte in unserem Sinne des Wortes, Raum gibt.

Wenn sich göttliche und menschliche Geschichte auf diese Weise durchkreuzen, wird es bei modernen Lesern oft ein Gefühl der Verwirrung wachrufen, das entweder eine völlige Ablehnung eines solchen, für sie ziemlich leichtfertigen Umganges mit den „Tatsachen“ hervorruft oder, bei Gelehrten, etwa den Anlaß bildet, riesenhafte Heldentaten der Analyse und Deutung zu vollbringen. Ein Fall, wo das letztere zutrifft, ist die Geschichte von Balder, die in zwei parallelen Fassungen erhalten ist, in einer isländischen und in einer beim dänischen Geschichtsschreiber Saxo. Anscheinend hat Saxo bei seiner romantischen Erzählung aus unbekannten Quellen geschöpft, die ihren Ursprung in echten Sagen hatten, also in Wiedergaben eines Sippendramas. Seine Sagen von Balder und Ollerus sowie die von Hadding stellen göttliche Mythen dar, die historische Überlieferungen verkörpern, und sie schließen sich darin dem Sigurdmythos an. Da Saxos Quellen unbekannt sind, wird es uns vielleicht nie gelingen, zu erfahren, wie stark die rationalistische Parteilichkeit des Mönches bei der Gestaltung seines Stils gewirkt hat, und sein Werk wird immer ein etwas vorsichtig zu behandelndes Material für die historische und mythologische

Forschung sein. Wenn wir aber zu Recht annehmen, daß er echte Sagen zur Verfügung gehabt hat, müssen wir ihn vom Vorwurf der Eigenmächtigkeit in der Behandlung des Stoffes freisprechen – denn die Sagen boten ihm wohl einen Anknüpfungspunkt für seine rationalistische Theorie.

In Eilifs Thorsdrapa hat die Sage noch ihren ursprünglichen Charakter behalten. In der Mitte des Gedichts wird zwar der Bericht über Thors Heldentaten zugunsten einiger Strophen zurückgehalten, die dem Lobe eines zeitgenössischen Heerzuges oder mehrerer Heerzüge gewidmet sind. Diese so sehr aktuellen Sätze werden manchmal von der modernen Forschung als Einschachtelungen, die gegen die Einheit des Gedichtes verstoßen, sanft beiseite geschoben. Sicher wäre es richtiger, sie als den Kern des Gedichtes zu betrachten, denn der Dichter verwebt die wirklichen Schlachten mit dem Sieg über die Jöten, und in Übereinstimmung mit dem Hauptthema läßt er seine Kenningar auf wirklichen ethnologischen Namen spielen – Gandvíkr Skotum, Skyldbreta, vikingar usw. –, was alles beweist, daß er mit den kultischen Formen der Dichtkunst in naher Fühlung war oder vielmehr in seiner Drapa ein Kultdrama neu gestaltet hat. Wenn wir die Möglichkeit hätten, seine Anspielungen wieder ans Licht zu heben, wäre es uns wahrscheinlich ein leichtes, den König festzustellen, an dessen Hofe Eilif sein Gedicht vortrug.

„Heimdal kämpft mit Loki um das Brisingenhalsband bei der Vágasker und dem Singastein“, so heißt es in Snorris leider zu kurzer Wiedergabe einer wichtigen Sage, die sich mit der Gewinnung des Goldes befaßt; über diese kurze Inhaltsangabe des Mythos hinaus besitzen wir nur eine Andeutung, nämlich, daß der kostbare Halsschmuck inmitten des Wassers ruhte, und daß Heimdal den Preis gewann. Der Mythos stellt einen Wettkampf im Drama dar, abgehalten, um die Kleinode der Sippe vor dem räuberischen Zugriff der Jöten zu bewahren und zugleich das Heil zu erneuern, das dem Sippenbesitz innewohnt. Der Dichter der Völuspa hat dieses Drama in Gedanken vor sich, wenn er Heimdal und Loki in der entscheidenden Schlacht zwischen den Göttern und den Jöten als Gegnerpaar aufstellt. Die Tatsache, daß in unserer Fassung des Mythos das Halsband, Brisingenschmuck genannt, im Mittelpunkt steht, ist vielleicht ein Rest einer individuellen Form des Dramas, das einem Brisingengeschlecht zugehörte. Diese Brisinge waren eine süddeutsche Sippe, und wenn ihre Sage in Skandinavien eingeführt wurde, beruht das auf ehelichen oder anderen Bündnissen, ähnlich wie es bei der Sigurdsage deutlich der Fall ist. Der Kampf zwischen dem Asen und dem Jöten trat als Teil des Blotdramas überall in Erscheinung – er ist identisch mit der Tötung Fafnirs –, und er setzt sich fort in einer Reihe von Kenningar oder kultischen Sprüchen, die das Gold als Lager der Schlange oder des Jöten bezeichnen. Der Grund dafür, daß in unserer Fassung der Sage die Rolle des Retters Heimdal zugewiesen wird, liegt nicht fern: Das kultische Gold, das auf dem „Altar" seinen Platz hatte, wurde während der Handlung durch Heimdals Macht behütet.

Eine andere Sage, die auf historischem Hintergrund ein kultisches Drama wiedergibt, ist uns unter dem Titel erhalten: Der Krieg zwischen den Asen und den Vanen. In dieser Gruppierung der alten Götter in zwei streitende Parteien spiegelt sich ein Kampf zwischen verschiedenen Kulten oder vielmehr zwischen verschiedenartigen Religionen. Die Asen sind die Götter des viehzüchtenden, die Vanen die Götter des ackerbauenden Bauern. Das Opfertier der letzteren ist das Schwein, und im Mittelpunkt ihres Dramas stehen der Pflug und die Sense. Die Religion der Ackerbauern unterscheidet sich vor der der Viehzüchter nicht nur durch die Eigenart der Kulthandlungen, sondern mehr noch durch einen Geist ungestümer Leidenschaftlichkeit. Das Schöpfungsdrama enthielt gewöhnlich einen *hieros gamos* oder irgendein anderes Symbol der Fortpflanzung, und es ist anzunehmen, daß auch der Kult der Asen Handlungen enthielt, die sich auf die Geburt der Sippe oder des Volkes bezogen. Aber in der Religion der Bauern waren die kultischen Handlungen der Befruchtung und der Empfängnis von einer sinnlichen Glut durchsetzt, die den Hirten fremd, ja abstoßend war. In der alten norwegischen Literatur ist die erotische Dichtkunst nur durch ein einziges Gedicht vertreten, die Skirnismal, und diese Skirnismal sind die Umschreibung einer Sage, die zum Kult der Vanen gehörte.

Wo der Ackerbau aufkam, führte er mit den landwirtschaftlichen Geräten seinen Kult ein; der Pflug war nichts nütze, wenn er nicht von Anweisungen begleitet wurde, wie diese neue Erfindung auf rechte Art zu handhaben sei, aber bei diesen Gebrauchsanweisungen hilft uns unsere Unterscheidung zwischen werkmäßigen und kultischen Anstalten nicht weiter. Alle Regeln, die die Bodenbereitung und die Aussaat angaben, wären nichtssagend gewesen, wenn sie nicht eine Einführung in die Kulthandlungen enthalten hätten, die notwendig waren, um das Säen erfolgreich zu machen, es mit „Heil“ zu erfüllen. Als der Ackerbau bei den Nordländern eingeführt wurde, mußte dieser Kulturapparat dem einheimischen Blot einverleibt und seinem Drama eingefügt werden.

Der Vanenkult geht in Skandinavien auf die Zeit zurück, wo der erste Pflug den Boden ritzte und die erste Handvoll Gerste in die Furche gestreut wurde. Aber der Einfluß der Vanenreligion wechselte erheblich, je nachdem, ob der Ackerbau eine Nebenbeschäftigung blieb, wie in großen Teilen Norwegens bis zur Einführung des Christentums, oder als „Stab des Lebens“ den Hauptunterhalt bildete wie in Dänemark und auf den breiten, fruchtbaren Ebenen Mittelschwedens.

In unseren Worten ausgedrückt, zeugt der Streit und die Wiederversöhnung der Asen und der Vanen von einem Aufeinanderprallen wetteifernder Götter oder streitender Kultrichtungen, aber diese Behauptung bedeutet, daß die ursprünglichen Tatsachen umgestaltet werden müssen, um sich unseren quasihistorischen Abstraktionen anzupassen. In Wirklichkeit erinnert der Mythos an einen Krieg zwischen einem Stamm von Thor-Verehrern und einer anderen Gruppe von Männern, die dem Frey opferten, und dieser Kampf wurde durch kulturelle Vorurteile noch verschärft. Der Einfluß der Vanen wird durch die unheimliche Verführerin Gullveig symbolisiert, in deren Gestalt der Abscheu erkennbar ist, den die Thor-Verehrer gegenüber gewissen leidenschaftlichen und erotischen Erscheinungen empfanden. „Sie trieb Zauber, behexte die Sinne; immer ehrten sie arge Frauen“, heißt es mit den starken Worten der Völuspa (Str. 22). Der Krieg endete mit Versöhnung und Bündnis, und im Sinne des alten Friedens bedeutete Freundschaft Mischung von Heil, also kultische Gemeinschaft. Diese bedeutsame Begebenheit wurde der Geschichte des Volkes einverleibt, oder mit anderen Worten, sie wurde gefeiert und ständig im Drama erneuert, und die Sage kann nur einen Bericht der Begebenheiten geben, wie sie wirklich geschahen, d. h. wie sie von späteren Geschlechtern in der Blothalle aufgeführt wurden. Die dramatische Situation wird vom Dichter der Völuspa anschaulich wiedergegeben: „Zum *rœk*-Sitz schritten alle Götter, berieten, ob Zins die Asen zahlen sollten oder alle Götter am Feste teilnehmen“ – damit wird die Kulthandlung eröffnet, indem dafür gesorgt wird, daß sie auf rechte Art vonstatten gehen kann. Nun kommt das Kultdrama selbst: „Odin warf seinen Speer in die Schar, die Umzäunung der Götter wurde durchbrochen, ihren Kampfschrei ausstoßend, stampften Vanen die Flur.“ Die Begebenheiten, die zum Kriege führten, werden in kultischen Ausdrücken wiedergegeben, die keine noch so scharfsinnige Zerlegung in historische Darlegungen wird umbilden können: „Die Götter spießten Gullveig auf Speere und brannten sie in der Halle Hars, dreimal brannten sie die dreimal Geborene, oft, nicht selten, lebt sie doch noch.“

In der Beschreibung der Vanengötter werden ihre Verehrer mit abgebildet; es sind die Besitzer reichen, fruchtbaren Bodens, Pferdezüchter, kühne Seefahrer. Selbstverständlich bezieht sich diese Schilderung auf das Volk, dessen Drama in der norwegischen Überlieferung enthalten ist, und sie stellt eine Art von Selbstbildnis dar. Ob sie wirkliche Ähnlichkeit mit dem Volke hatte, das ursprünglich unter Freys Banner kämpfte, ist eine andere Frage, die vielleicht bejaht werden kann, aber nicht durch das Zeugnis der norwegischen Sage. Nach den durch spätere Berichte bestätigten Andeutungen der Völuspa hatte die Religion der Vanen eine besonders leidenschaftliche Kultform entwickelt, *seiðr* genannt, in welcher der oder die Ausübende im Rahmen eines unheimlichen, eindrucksvollen Rituals sich durch Gesänge selbst hypnotisierte. Es ist anzunehmen, daß die selbstberauschenden, spiritistischen Aufführungen des *seið* finnischen oder lappischen Ursprungs waren, und für die Vanenreligion ist es bezeichnend, daß schamanistische Elemente mit in den Kult hineingezogen und leicht assimiliert wurden.

Die Sage von dem Kriege zwischen den Göttern gibt uns keinen Aufschluß über ihre Herkunft. Nur ein einziger gebrochener Lichtstrahl erhellt das Dunkel, das über den Urkunden ruht. Die mythischen Namen der Freyja unterscheiden sich von allen anderen Beinamen durch eine besondere Eigentümlichkeit: sie wird die Göttin der Vanen genannt, die Frau der Vanen *(vana-goð, vanadís, vana-brúðr),* und dies deutet darauf hin, daß „Vanen“ ursprünglich die Benennung eines Volkes war, die dann später durch ehemalige Gegner auf die Vanengötter übertragen wurde. Aus den Sagas sehen wir, daß die norwegische Verehrung Freys ihren Hauptsitz in der Gegend um den Fjord von Drontheim hatte, und daß sie durch Familien, die aus diesem Teil Norwegens stammten, nach Island gebracht wurde. Die Vermutung, daß die

Sagen Kämpfe widerspiegeln, die sich vor langer Zeit in der Landschaft um Drontheim abgespielt hatten, wahrscheinlich Kämpfe mit schwedischen Königen, trifft sicher nicht weit vom Ziel. Die Leute dieser Gegenden mischten sich mit besonderer Vorliebe in die Händel der umgebenden Welt, von früher Zeit ab kamen sie mit ihren östlichen Nachbarn in Berührung, und später hielten sie scharfe Ausschau über den Ozean. Die Stammbäume der Jarle bezeugen, daß diese Häuptlinge einen eifrigen Verkehr mit den Königreichen im Süden unterhielten und auch in den dänischen Gewässern nicht fremd waren.

Es ist ohne weiteres verständlich, daß der Ackerbau nicht vollständig und mit einem Schlag eingeführt wurde. Ein ständiger Strom ländlicher Kultsitten ging vom Mittelmeerraum nach dem Norden. Die eingesammelten volkskundlichen Zeugnisse aus dem Bauerntum in Mittel- und Nordeuropa zeigen unverkennbar, daß dieses Durchsickern bis weit ins Mittelalter hinein stattfand, nachdem das Christentum die klassischen Religionen kultisch und intellektuell abgelöst hatte. Aber unsere Quellen fließen viel zu spärlich, um eine Hypothese über Ursprung und Entwicklung der Vanenreligion zu rechtfertigen oder auch nur eine Analyse zu gestatten, die Aussicht bieten könnte, spätere Entwicklungsstufen im Freykult aufzuspüren. Durch ein eigentümliches Zusammentreffen von Umständen haben die angelsächsischen Runenverse den Überrest einer dramatischen Situation bewahrt, die der norwegischen Sage ähnlich ist: „Ing wurde zuerst bei den Ost-Dänen gesehen, er zog nach Osten über das Wasser, sein Wagen kam nach.“ Diese Zeilen geben deutlich das Bild eines kultischen Auftrittes, und die Ausdrucksweise zeigt, daß die zugrundeliegende Sage und damit auch das Drama im Kult des Gottes und seines kultischen Wagens eine Anspielung auf historische Vorgänge enthalten hat.

Bei unsern Versuchen, den Sinn der Sagen zu deuten, sind wir durch die Tatsache gehemmt, daß uns die skandinavische Götterlehre in harmonisierter Form überliefert worden ist. Die Mythen sind aus dem Boden gerissen, in dem sie gewachsen waren, sie sind durcheinandergemischt, zu Systemen zusammengesetzt und in Literatur umgeschmolzen worden. Wenn es uns zum Bewußtsein kommt, daß unsere Nachrichten zum großen Teil aus nordnorwegischen Quellen stammen, dürfen wir uns darüber nicht wundern. Die historischen Urkunden, besonders die Landnama, zeugen von der Rolle, die die hochsinnigen Geschlechter dieser Gaue bei der geistigen Umwälzung, oder, wie es auf diesen Blättern genannt worden ist, bei der kulturellen Ausdehnung des Nordens gespielt haben. Den Namen Wikinger können sie in mehr als einem Sinne beanspruchen, denn sie haben sich ebensosehr auf Entdeckungsfahrten in die geräumige Welt des Geistes gewagt wie in die schönen Länder der Erde. Diesen kühnen Auswanderern verdanken wir es vor allem, daß die Weisheit und die Ideale ihrer Vorfahren über die engen Grenzen des Stammes hinausgetragen und in Formen gekleidet wurden, die einen Platz in der Literatur der Welt einnehmen. In einigen Fällen aber trägt die Sage noch den Stempel ihres Ursprungs. Im Thiazi-Mythos übernimmt Skadi die Rolle des kultischen Rächers, und auch in den Händeln zwischen den Asen und Vanen erscheint sie als die Hauptperson. Ihr Platz in der Welt ist durch den kultischen Stammbaum festgestellt, den Eyvind in seinem Haleygjatal benutzt hat, wenn er sagt: „Odin und Skadi waren die Altvordern der Sippe.“

Anhang

8. *Vadium*, Pfand[1]

(siehe II 67)

Die altertümliche Form konnte im Mittelalter ohne Schwierigkeit auf komplizierte geschäftliche Vorgänge übertragen werden. Das Vadium war der Ausweis des Mannes im gesellschaftlichen Leben, und die Weiterentwicklung des Vadiums gibt uns wie in einer Nuß die ganze Geschichte der Kultur. Ganz allmählich muß die Wirklichkeit des Pfandes dem Formalismus weichen, und schließlich wird die Form wie ein Klumpen toten Stoffes in neue Gedanken eingekapselt. Die Urkunden, in welche die jüngeren Generationen ihre Taten eingetragen haben, sind geistige Palimpseste, aus denen der Erforscher des Mittelalters und der Erforscher der Frühzeit ihre eigene Geschichte ablesen können.

Da das Vadium die Macht hat, Geber und Empfänger zu verpflichten und einen Vertrag bindend zu machen – norwegisch *festa* –, bildet es das Ende jeder Zwietracht zwischen Männern, denn mit ihm wird die Vergangenheit abgeschlossen, so daß die Sache erledigt ist. Wir sehen dies in dem Falle jenes Töters, der sich mit dem Rächer friedlich über die zu zahlende Buße einigt und gleich sein Pfand für die endgültige Zahlung anbietet (Roz. 511), und ebenso bei Theoderich und Urso, die zum Kloster des heiligen Vaters Benedict, Floriacus genannt, kommen und demütig um Verzeihung für die Sünde bitten, die sie gegen Gottvater und den heiligen Benedict mit seinen Mönchen begingen, als sie ihnen unrechtmäßigerweise die Gabe entzogen, die ihr verstorbener Verwandter für sein eigenes Seelenheil und das seiner nächsten Gesippen gespendet hatte. Der Abt erkennt die Aufrichtigkeit ihrer Reue und dankt Gott dafür; und Seiner gedenkend, der nicht gleich die Bösen straft, sondern sie zu Reue führt, nimmt er das Pfand an, das sie als Sicherheit für ihre Bereitschaft zur Wiedergutmachung anbieten (Thév. 73). Es mag auch vorkommen, daß ein Mann gedankenlos das Haus seines Nachbarn in einer Weise betritt, die er nach reiflicher Überlegung vielleicht nicht gerade gewählt hätte – ob er nun dem Herrn des Hauses sein Vadium

[1] Anhang 1–7 siehe Band I, S. 399 ff.

gibt oder, wenn der Wirt des Hauses nicht zugegen ist, sein Vadium auf die Türschwelle legt, jedenfalls werden ihm aus diesem Anlaß keine Unannehmlichkeiten über den Betrag von 3 Soldi hinaus erwachsen (Lex Baj. 11, 4).

Auch beim Abschluß eines Gerichtsstreites findet das Vadium seine Anwendung. Die Waffe des Klägers ist eine kühne, scharfe Beschuldigung, die durch Heil und Ehre, Mark und Bein schneidet, wenn sie nicht durch gesetzliche „Verteidigung" pariert wird. Die Waffe des Gegners ist der Eid, durch welchen er sich von dem Makel befreit, den die Macht des Wortes ihm zufügt. Der Besiegte bestätigt seine Niederlage, indem er durch das Vadium den ungerechten Mammon zurückgibt und ebenso durch das Vadium die nötige Wiederaufrichtung leistet oder das Versprechen abgibt, die andere Partei in dem weiteren Genusse ihres Rechtes nicht zu beeinträchtigen. Lange bevor der Rechtsstreit die Stufe des Vergleiches erreicht, hat das Vadium jedoch schon eine Rolle gespielt. Die gekränkte Partei geht zum Gegner und sagt: „Du bist der Mann! Was willst du nun tun, um mir mein Recht zu geben?" Der andere antwortet freundlich und gibt ihm sein Recht, oder er sagt: „Was habe ich mit dir zu schaffen? Ich habe das Recht, und hier ist mein Pfand darauf, daß ich dich zufriedenstellen werde, indem ich mein Recht beweise." Jetzt hat er sein Wort darauf gegeben, daß er zu verabredeter Zeit erscheinen und den Eid schwören wird, der allen Wortstreit endet. Das Vadium ist also die Achse geworden, um welche der Rechtsmechanismus sich dreht; die Verpflichtung, vor Gericht zu erscheinen, besteht von dem Augenblick an, wo der Beklagte die Beschuldigung anerkennt und sich verpflichtet, zur rechten Zeit zu erscheinen. Das gerichtliche Verfahren kulminiert in dem Urteil, das dem Beklagten befiehlt, des Klägers Unbill wiedergutzumachen und ihm – dem Kläger – durch Pfand zu versprechen, seine eigene Behauptung an einem näher angegebenen Zeitpunkt zu beweisen oder Wiedergutmachung zu leisten. „Petrus, Martin klagt gegen dich, daß du nicht zu Recht besitzest, was du hast; kannst du dein Eigentumsrecht beweisen?" Petrus meint, er sei imstande, dies zu tun. „Gib dann Martin dein Pfand darauf, daß du zur rechten Zeit erscheinen und den Beweis mitbringen wirst." Wenn Petrus ordnungsgemäß mit seiner „Verteidigung" in Bereitschaft erscheint, hat er sich gereinigt, und sein Gegner kann nichts mehr sagen; wenn er aber nicht mit einem langen Gefolge von Eideshelfern vor Gericht erscheinen, sie in Reih und Glied aufstellen und durch seinen und ihre Eide laut sein Besitzrecht verkünden kann, wird die Hamingja oder der Wille des Vadiums ihn dazu nötigen, die Buße zu zahlen (Liut. 62, 3).

Petrus und Martin sind Langobarden, und so wie sie sich benehmen, benehmen sich nicht nur alle Langobarden, sondern auch viele, die mit ihnen geistig verwandt sind. Die Franken haben gewissermaßen ihre eigenen Sitten: sie „werfen“ ihre *festuca* – die dem oben erwähnten Vadium entspricht – in die Arme der anderen Partei. In diesem Vorgang ist ein Überbleibsel aus der alten nachdrücklichen Art enthalten, Eigentum so zu übertragen, daß es sich ganz und gar dem Empfänger auslieferte. Das Schwert, durch welches Männlichkeit und Anteil an dem Erbe des Herrschers auf Beowulf übertragen wurde, wurde „in seinen Schoß gelegt“. Die fränkische Geste hat vielleicht auch eine ganz besondere eigene Betonung: der Geber überreicht den Gegenstand, ohne ihn unterwegs zu berühren, und schickt ihn voll und ganz dem Empfänger zu (Beow. 2194 vgl. B A Po. I 339 [25] und Beow. 2404, Satan 672. Vgl. auch nordische Überbleibsel in einem Wort wie *knékast*).

„... und der also angeschuldigte Mann war selber anwesend und leugnete in keiner Weise die Sache, im Gegenteil, er gab zu, daß er den Mann getötet habe, auf welchen sich die Klage bezog. Das Urteil wurde gesprochen, daß er mit seinem Vadium die Buße zahlen solle, und zwar soundso viele Soldi, und es geschah“ (Roz. 467). So endet eine germanische Gerichtsverhandlung. Indem er sein Vadium überreicht, hat er gezahlt. – Die Worte waren ursprünglich in ihrer buchstäblichen Bedeutung zu nehmen, gleichgültig, welche juristische Wendung später aus ihnen entstanden ist. Das Urteil hat es nicht nötig, über den Bereich des Gerichtshofes hinauszublicken und für endgültige Abrechnung zwischen den beiden Parteien Vorkehrungen zu treffen, denn durch die Übergabe des Vadiums war die Zahlung ebenso geleistet, als hätte der Mann seine Kühe vor dem Gegner aufgestellt. Das Vadium bildete die Krönung des ganzen Vorganges, denn in ihm war weit mehr enthalten als in soundso vielen Kühen oder Ellen Tuches, nämlich das Leben – Wille, Ehre und Heil – des Gebers.

Wenn der Schwerpunkt in die feierliche Handlung selbst hineinverlegt wird, entwickelt diese letztere eine natürliche Neigung zur Ausdehnung, so daß es z. B. nicht mehr genügt, nur die *festuca* zu werfen, der Vorgang muß dadurch abgerundet werden, daß sie erst vom Boden aufgehoben wird (Mon. Germ. Leg. V 421). Das Vadium wird ein Zeichen, das seine Stärke aus der Bedeutung ableitet, die ihm der Gerichtshof als öffentliches Beweismittel beimißt (Thév. 170, Loersch 97, Redon Nr. 179 usw.); es dient nicht mehr dazu, den Willen der Männer zu festigen, sondern ihr Gedächtnis und ihre Gedanken an das, was geschehen ist, zu festigen. Jetzt handelt es sich darum, so häufig wie nur möglich das Gute zu tun (vgl. Thév. 52, 124). Von hier aus ist kein weiter Weg mehr zu den Zeiten, wo die Form sich genügend gefestigt hat, um harten juristischen Köpfen als Prüfstein zu dienen; Interpretation, Kombination, Erklärung, Definition – hier ist Raum für die Erfindungsgabe, Arbeit für geschulte Gehirne, die knarrend Schrot für ihre Mühle fordern. Wie mögen dem Schreiber in seinem geschäftigen Wohlbehagen die Finger gejuckt haben, wenn er eine feierliche Handlung aufzeichnete, z. B. eine langobardische Verlobung, bei der der Vater des Mädchens erst das Vadium geben muß, durch welches vereinbart wurde, daß die Hochzeit an diesem oder jenem Tage im Februar stattfinden solle, und dann mit – *per* – einem Stab buchstäblich seine Tochter dem Freier übergab, um sie im nächsten Augenblick auf genau dieselbe Art zurückzuerhalten, worauf sie in seiner Obhut bleibt bis zu dem verabredeten Tag in dem verabredeten Monat (Loersch 78). Wir spüren, wie der Dogmatiker mit den überlieferten Formen Wucher treibt, indem eine Gabe, die als Entgelt überreicht wird, im langobardischen Gesetz als förmliche Quittung festgelegt wird, z. B. wenn ein Bewerber das Jawort durch Überreichung einer Gabe bestätigt, oder wenn bei einer Rechtsentscheidung die eine Partei in gleicher Weise der anderen versichert, daß alles vergessen sein solle (Roth. 143 Form., Expos. § 7; 184). Wenn einer sieht, daß sein Gegner bereit ist, einen Eid zu schwören, und sein Gewissen ihm sagt, daß er lieber gleich alles zugeben müsse, um dem anderen den Eid zu ersparen, so wird diese Tat des Verzichtes vom anderen mit einer Gabe als Entgelt anerkannt (Tosti: Monte Cassino [1842] I 222, Cod. Cav. I Nr. 115 f. usw.; I Nr. 377; als Zahlung, Cod. Cav. II Nr. 208, 302, vgl. Ficker Nr. 48 S. 71); mit einer ähnlichen Gabe bestätigt der Bewerber, daß er eine bejahende Antwort erhalten, wenn er auch schon eine Zahlung geleistet hat, die als Verlobungsgabe gilt (Thév. 48).

Vielleicht ersetzt hier das Symbol die Wirklichkeit, wenn z. B. der Handschuh den Begriff der Hand vertritt (vgl. Thév. 137, Hist. Fris. Nr. 421, Thév. 121) – ähnlich die Deutung des Brautringes, der von der römischen Gesellschaft übernommen, aber als eine Form von Vadium gewertet wurde, s. Liut. 30, Cart. Lang. 16.

Die Übergänge sind so fein, daß es unmöglich ist, irgendwo den Finger daraufzulegen und zu sagen: Hier hört das Erlebnis auf. Im Laufe der Zeit entstand die Kunst des Schreibens, und daraus gingen die Dokumente hervor. Jetzt konnte ein Mann sein Testament von einem Schreiber aufsetzen lassen, doch mußten auch solche juristischen Mittel wie die Dokumente sich den alten Sitten anpassen, um rechtsgültig zu sein. Dem Schreiber müssen erst Tinte und Pergament überreicht werden, damit er bevollmächtigt wird, das Schreiben auszufertigen. Dort wo früher Pfand und Handschuh als greifbarer Stempel auf den Papieren lagen, werden jetzt Pfand, Handschuh und Pergament aufeinandergehäuft (Thév. 42, 52, 105, 136, 143, 173, vgl. *festuca notata,* Thév. 52; 105).

Wed, vadium im Angelsächsischen: In der Bedeutung *vadium:* Lieb. 228 (3, 2), 230 (7, 12), 92 (8); vgl. Anglo-Sax. Chron. *a.* 926, 1014 usw.; Gen. 2070, Elene 1283, wo die ursprüngliche Bedeutung mit dem norwegischen *festa dóm* identisch ist, aber gebraucht in der übertragenen Bedeutung von: seine Strafe erleiden, sühnen, Beow. 2998. Als Umschreibung benutzt = Versprechen: Lieb. 238 (5), 166 (3), 181 (10); = Traktat, Verpflichtung: Lieb. 142 (5), 208 (1, 5), 46 (1), vgl. Gen. 2309, And. 1631.

Im Angelsächsischen ist die ursprüngliche Bedeutung noch erhalten: *wed-bróđer* = Bruder durch Gabe, vgl. A S Vocab. 225 (7), wo der Kommentator *wed* und *gifu* nebeneinander stellt.

Das skandinavische *veđ* hat völlig eine Bedeutung im pekuniären Sinne angenommen, die dem modernen „Sicherheit" entspricht, vgl. Skånel. 182.

In diesem Zusammenhang ist es interessant, die Formen der Verlobung bei den Langobarden, den Angelsachsen und den Schweden zu vergleichen.

Wenn der langobardische Bewerber freien geht, reicht er dem Vater des Mädchens sein *vadium,* wodurch er sich verpflichtet, dem Mädchen alles zu geben, was einer rechtmäßigen Gattin zusteht. Der Vater wiederum verlobt seine Tochter durch Schwert und Fäustling, die der Freier empfängt. Darauf bringt der Vater ein Vadium als Bezeugung, daß er seine Tochter mit pflichtgemäßer Ausstattung als Frau hergeben will, und der Bewerber seinerseits ist bereit, mit seinem Vadium zu bestätigen, daß er seine Braut empfangen will, wie es ein rechter Ehemann soll. Nachdem die Summe, die für das Mädchen gezahlt werden soll, vereinbart worden ist, dankt der Bewerber durch eine Gegengabe für alles Wohlwollen und für das Mädchen (Roth. 182 Form. [= Thév. 48] vgl. Roth. 195, Cart. Lang. 16).

Der angelsächsische Bräutigam tritt vor die Verwandten des Mädchens mit seinem Versprechen, durch *wed* bestätigt, was besagt, daß er ihre Verwandte nach dem Gesetz Gottes zur Frau haben will, und an seiner Seite stehen seine Gesippen, bereit, für ihn einzustehen. Er gibt nun kund, was er für ihr Wohlwollen zu bieten gedenkt, und sein Versprechen wird durch *wed* bestätigt. Wenn alles zur Zufriedenheit verabredet worden ist, „befestigen" die Verwandten des Mädchens ihre Gesippin an dem Bewerber (Lieb. 442).

Der schwedische Bewerber schenkt dem Vater oder dem Vormund des Mädchens eine *tilgæf,* eine Gabe, die ihm das Wohlwollen des anderen sichern soll; wenn dieser die Gabe empfängt, verspricht er damit dem Bewerber die Hand seiner Verwandten, und die Vereinbarung wird durch *handsel* bestätigt. Wenn das *handsel* getätigt ist, wird die Gabe Eigentum des Vormundes, und die Verbindung ist geschlossen (Västg. I Gipt. 2 vgl. Vestm. II Ærf. 1, Upl. Ærf. 1).

Beispiele für den Gebrauch des Vadiums im Gerichtsverfahren:

Die römische *arrha* ist mit dem Vadium verschmolzen und von dem germanischen Gedanken beeinflußt worden, daß die Gabe bindende Kraft besitze.

In bezug auf Kauf und Zahlung: Roth. 366 vgl. Form., Liutp. 16 Form., Cod. Lang. I Nr. 52, Lex. Sal. Extrav. VI.

Bei Verlobungen: Cod. Cav. I Nr. 163 vgl. Nr. 92; Roth. Form. 182, 195, Cart. Lang. 16, Thév. 135.

In bezug auf Teilung des Nachlasses: Cod. Cav. I Nr. 143, 158, 164.

Bei Zahlungen: Redon Nr. 48.

Bei Kaufverträgen und Übertragung von Geschenken: Thév. 117, Roz. 118, 133, 159, 200, 228, Pérard S. 152, Redon 37, 68, 83, 92, 144, 275; Hist. Fris. Nr. 212, 402, Cod. Lang. Nr. 92, Cod. Cav. I Nr. 126, 165, 172. – Durch das Vadium ist das Eigentumsrecht gesichert, denn der Besitzer verpfändet sich zu *antistare et defendere,* z. B. Cod. Cav. I Nr. 11, 21/2, usw.

In bezug auf Vergebung einer Verpachtung: Das Vadium wird von der einen interessierten Partei oder der anderen übergeben, Cod. Cav. I Nr. 156, 183, 187 – Nr. 91, 95, 159, 205 vgl. gegenseitig ebd. Nr. 119.

Bei Übereignungen wird das Vadium erwähnt, indem der Vorsatz des Verkäufers ausgedrückt wird: Pérard S. 57, 64; Cluny I Nr. 10; Thév. 124, 136, 143; Cod. Lang. Nr. 127, 146; Chartæ I 23, 110 usw., usw.

In bezug auf Übertragung von Machtbefugnissen: Thév. Nr. 76; Roz. 391; Vaissete II 100; Hist. Fris. Nr. 308, 366 vgl. 412.

Bei Verabredungen: Thév. Nr. 73; Cod. Cav. I Nr. 148, 194.

In bezug auf die Verpflichtung, einen Eid zu schwören: Thév. Nr. 167, Lex. Sal. Extrav. B I/II, Roth. 360 ff.; Liut. 61, 77 (78) Form., Cod. Cav. I Nr. 114, 148, 186, Murat. Ant. I S. 504, 505, 746, 975 usw. *in inf.* – Nach langobardischem Gebrauch bot auch der Gegner Vadium an als Zeichen, daß er den Eid als entscheidend annehmen oder anerkennen würde.

In bezug auf die Verpflichtung, Beweis oder Rechtfertigung zu beschaffen: Roth. 232; einen Eid zu schwören oder vielleicht eine Geldstrafe zu zahlen: Roth. 361/2 (360) Form., Liut. 30 (31), 60/1 (61) Form.; durch Kampf zu entscheiden: Roth. 146 Form., 232 Form. vgl. Mon.

Germ. Leg. III 337 (IV). – Eine besondere Entwicklung ist es, wenn das Vadium bedeutet, daß die betreffende Partei ihre Angaben in der Sache und die Entscheidung, die das Gericht auf dieser Grundlage trifft, als bindend anerkennen wird: Abh. Bayr. Akad. XII S. 220 Nr. 15.

Bei Versprechen, sich der Entscheidung des Gerichts zu unterwerfen, Buße zu zahlen usw.: Thév. Nr. 38, 96, 114; Roz. 465, 467, 511; Mon. Germ. Form. 256 (39), Mon. Germ. Script. I 528; Cod. Cav. I Nr. 106, Murat. Ant. I 534, Script. I 2, 363 vgl. Lieb. 92 (8).

Bei dem Verzicht auf Forderungen: Thév. Nr. 66; Hist. Fris. I Nr. 122, 244; Cod. Cav. I Nr. 184, II Nr. 211; Murat. Script. I 2, 470.

Bei der Anerkennung von Verpflichtungen: Tardif Nr. 202.

Bei der Verpflichtung, einen umstrittenen Gegenstand abzuliefern: Thév. Nr. 62, 80, 100 *ter*, 102, 103, 107, Loersch 36, Roz. 451, 462, 474; Mon. Germ. Form. 464 (3, 4), Mon. Germ. Dipl. I 103 (Nr. 16), 107 (21, 22), Tardif Nr. 92, Bibl. Éc. Chartes 5 Sér. IV 167; 6 Sér. V 427, 430, 432; Pérard S. 34 (13), Grénoble Nr. 24; Cluny I Nr. 3; Hist. Fris. I Nr. 121, 125, 127; Cod. Lang. Nr. 95; Murat. Ant. I 463. Vgl. betr. d. Sachsen: Mon. Germ. Script. I 156.

Bei Zahlungen: Mon. Germ. Dipl. I 68 (77).

9 a. Festuca

Der Verkäufer wirft die Festuca von sich, indem er gleichzeitig das Heil und das Recht, das dem verkauften Besitz innewohnt, aufgibt - *per festucam se exitum dicere (facere)*. Die psychologische Grundbedeutung dieser Zeremonie, die sie gesetzlich bindend macht, ist mit den Worten ausgedrückt: *absacito feci,* Thév. 105, 143, Loersch 50, Cod. Lang. Nr. 906, oder *exsortem reddidi,* Thév. 136. Dieselbe Tatsache geht aus einem anderen Fall klar hervor: Der Stab wird geworfen, um anzuzeigen, daß die Gefolgschaft widerrufen ist, Grimm: Rechts. 123.

Festuca wird beim Verkaufen oder Schenken benutzt: Thév. 29, 124, 148; Loersch 23; Roz. 255, 289; Pérard S. 40 (Nr. 26), 57, 162; Roz. 256.

Wenn Festuca beim Gericht benutzt wird, bedeutet es, daß auf den umstrittenen Gegenstand oder auf Ansprüche, die sich auf ihn beziehen, verzichtet wird.

Gerichtsverfahren beim Totschlag: Roz. 511.

Vergebung einer Erbschaft: Thév. 108.

Besitzergreifung: Thév. 103, 130, 131, 135, 141, Mon. Germ. Dipl. I 103 (16), 107 (21, 22), Mon. Germ. Script. 21, 344; Pérard S. 153; Cluny I 272.

Die andere Möglichkeit – nämlich daß die Gegenpartei das Heil und Recht, das dem übertragenen Gegenstand innewohnt, annimmt – wird durch *læsoverpire* ausgedrückt. Übertragung von Machtbefugnissen, der Gegenstand ist das Ding oder die Sache: Loersch 16, Lex Sal. 46 – ebenf. 77, vgl. Roz. 392. Ein Mann *verpit* zu einem anderen, vgl. Thév. 133, 164; *contra,* Thév. 108, 130, 131; Cluny I Nr. 799, II Nr. 1087. Die andere Partei hob die Festuca auf, Thév. 173 (*virgula* liegt auf dem Altar).

Bei der Überreichung von Festuca wurde vorausgesetzt, daß der Empfänger sich das Heil des Gegenstandes aneignete, um es genießen zu können, und gleichzeitig sicherte man ihm das volle Eigentumsrecht zu, nicht nur *liberam,* sondern *firmissimam potestatem.*

Ursprünglich sind Vadium und Festuca identisch, und man findet noch: *per vad. id est f. res in manu A. reddere et guerpire,* Vaissete V 121 vgl. die Formel Murat. Ant. I 381, und Loersch 31, wo *projecta f.* rekapituliert wird in *vadium et obs.* Die mittelalterlichen Gesetzgeber haben aber mit ihrem Sinn für Formalistik die überlieferten Formen, die immer starrer und unnachgiebiger geworden waren, differenziert und systematisiert; die Wirkungen dieser scholastischen Ummodelung treten auch auf diesem Gebiete deutlich hervor – vgl. z. B. *per v. reddere et per f. se exit. facere,* Thév. 73, 103, Bibl. Éc. Chartes 6 V S. 427, Bouquet V 697.

Adhramire, achramire vertreten unter den Franken in der Gerichtssprache das skandinavische *festa.*

Beim Versprechen, erscheinen zu wollen: Thév. 107, Roz. 454, 456, Mon. Germ. Cap. I 284 (15) vgl. Ficker Nr. 23.

Beim Versprechen, einen Eid schwören zu wollen: Thév. 100 *ter,* 109, Roz. 479, 481, 486, 498; Mon. Germ. Cap. I 70 (32), 149 (14), 284 (14), 440 (26).

Beim Versprechen eines Kampfes: Thév. 160.

Beim Versprechen, Zeugen stellen zu wollen: Thév. 36, 100; Vaissete II Nr. 6, 90; Pérard 34 (15), 36 (19).

Beim Versprechen, Beweise aufbringen zu wollen: Lex Sal. 37, 47.

Beim Versprechen eines Nachweises: Thév. 123.

Beim Versprechen, Sicherheit leisten zu wollen: Thév. 118.

Beim Versprechen, eine Leistung oder eine Verpflichtung erfüllen zu wollen: Thév. 114.

Wenn die Form *adhramire* spezifiziert wird, heißt sie: *projecta f. a.,* Thév. 107, oder *per sua f. a.,* Roz. 454, 479, 486; Mon. Germ. Dipl. I 53 (59), Mon. Germ. Form. 464 (3) vgl. Lex Rib. 30, 1, Mon. Germ. Dipl. I

59 (66). Dann ist Lex Rib. 71 leicht zu verstehen; Lex Cham. 16, 48: *a. per vad.* = sich selbst binden, für einen einzustehen.

Die Form ist nicht auf das gerichtliche Verfahren beschränkt, sondern kann bei allen Arten von Verpflichtungen benutzt werden, Thév. 108. Beim Kauf werden *festuca* und *andelang* in einem feststehenden Ausdruck verbunden: Roz. 118, 133, 159, 172, 200/01, 228, 242, 273, 331.

Bei der Überreichung von Festuca wird das Wort auf den Stab „gelegt", und in dieser Weise werden Wille und Versprechen buchstäblich überreicht: vgl. Beispiele wie Ficker Nr. 43, 51, Murat. Script. I 2, 467 vgl. 468, II 2, 525 Note, usw., ferner die Folge der Berührung der Urkunde, Tosti: Monte-Cassino I 222, Archiv. Stor. Ital. 3 Ser. 13 S. 27. In enger, wirklicher – d. h. psychologischer – Beziehung hierzu steht der Gebrauch des Stabes als Bestätigung der Aussage: Lex Sal. 50, 3, s. o. II 127. Ed. Chilp. K. 6 (Lex Sal. S. 85): Wenn ein Mann vors Gericht geladen worden ist und weder Testimonia besitzt noch jemanden, der bürgen wird, daß er einen Beweis beschaffen würde, kann er die Festuca in seine Linke nehmen und mit der Rechten sein Versprechen anbieten. Dies ist sicher kein alter Rechtsbrauch, sondern man hat sich augenscheinlich bemüht, einen Mangel beim gerichtlichen Verfahren durch Wiederaufnahme und Anpassung eines alten Brauches abzustellen.

Der Stab wird von allen germanischen Völkern als gerichtliches Gerät benutzt; in den Urkunden wird er *fuste, virga, baculum, lignum* genannt. Im Fall der Übertragung: *per fuste,* Thév. 116 vgl. Pérard S. 65; *per f. et fuste:* Cod. Lang. Nr. 138, 236, 370; Ficker Nr. 11 (S. 17), Nr. 62 (S. 86); Murat. Ant. I 529, Mon. Germ. Leg. IV 601 (Cart. L. 21); *virga,* Cod. Cav. I Nr. 108, Redon Nr. 21; *baculum,* Thév. 135 vgl. Mon. Germ. Script. I S. 43, Murat. Ant. I 381; *lignum,* Murat. Ant. I 299; Ficker Nr. 48 (S. 71). Vgl. *pedum pastor,* Ughelli: Italia Sacra VIII 82. Bei Vergleichen und Versprechen, daß alles vergessen sein soll: Roth. 143 Form., Tosti: Monte Cassino I S. 222. Es wird vom Stab gesagt, er sei in der Hand des Verkäufers: *per fuste q. in suis tenebat manibus investivit* usw., Cod. Cav. I Nr. 108; Murat. Ant. I 299, 498, ebenf. Script. I 2, 12; Thév. 116, Grénoble Nr. 24, Ficker Nr. 54/5; daß er ihn ergreift: Murat. Script. I 2, 467; Sublac. Nr. 78, 118, Cod. Lang. Nr. 673, Archiv. Stor. Ital. 3 Ser. 13 S. 24, S. 29; Ficker Nr. 26 (S. 33); daß er der anderen Partei überreicht wird, Roth. 143, Expos. § 7; Murat. Ant. I 494, Script. II 2, 525 Anm.; Ficker Nr. 43 (S. 66), Nr. 51 (S. 75); Mon. Germ. Hist. Dipl. Reg. et Imp. I S. 466; ebenf. Script. XXI 64 Z. 16, vgl. 65 Z. 30; vgl. auch den Ausdruck Ficker Nr. 48 S. 71.

Der Stab ersetzt den kriegerischen Speer (der Eid wird *stef*). In

Schweden wird das Wort noch durch das lateinische *hasta* übersetzt, vgl. *scapt, scaptlegi,* Graff II 96, VI 460. Bei langobardischen Verlobungen wurden Schwerter benutzt, Roth. 182, 195 Form., Cart. Lang. 16. Später sind diese *virgæ* oft Stöcke, die von dem übertragenen Acker genommen worden sind; hier ist die mittelalterliche Vorliebe für Symbole einleuchtend – aber natürlich der alten Betrachtungsweise angepaßt (Heil und Recht dem Besitz innewohnend).

Bei allen feierlichen Übertragungen war das Wort notwendig, um die Gültigkeit der Handlung zu gewährleisten. Die Schweden drücken beides durch *skæl* und *skapt* aus, vgl. im Falle der Heirat: *giptær mæþ mund ok mæþ mælæ,* Västg. I Arf. 7, 8, d. h. durch die Summe, die für die Braut gezahlt wurde, und die dazugehörenden geeigneten Worte. Der Mann, der die Formel sprach – der *skilja firir* mußte –, wurde *forskialaman, skilaman* genannt. – Die anderen Gesetze setzen die Worte als Bestandteil der Handlung als selbstverständlich voraus. In Schweden kommen Versprechen durch Händedruck und durch *skapt* gleichzeitig vor; das letztere ist augenscheinlich die stärkere Form: Amira I S. 269 u. folg. Versprechen eines Eides auf *træ* wird in Östg. Ræfst. 22 erwähnt.

Eine gerade Entwicklungslinie führt von der Bestätigung *per festucam* bis zu dem auf Waffen geschworenen Eid, vgl. Sv. Grundtvig: Om de gotiske Folks Våbened.

Beispiele aus dem täglichen Leben: Ammian. XVII 12, Mon. Germ. Script. I 198, 386, Fredegar IV K. 74; vgl. Grimm: Rechts. 166 oben: *usque ad sanguinis eff.*

Gerichtliche Formen: Lex Rib. 33, 1; 66, 1; Lex Alam. 86 vgl. Lex Baj. Legg. III S. 351; Lex Sax. 8, Lex Sal. 102; Roth. 359, 366, vgl. Lex Alam. 81.

Im Friesischen ist *stef* ein Pseudonym für Eid geworden: Richt. 1046; vgl. auch Thorsen: Stadsretter 159 (14).

Während der Mann ursprünglich bei seinem eigenen Schwerte schwur, wird die Waffe im Laufe des Mittelalters ein Gerichtsgerät – so wie die Bibel es in unserer Zeit ist, Thév. 24, Roz. 491 S. 593; aber auch diese Entwicklung geschah sicher in enger Anlehnung an die alten Bräuche; die Männer des Königs schwuren auf die Waffen ihres Herrn, das Schwert des Königs wurde das Symbol für den Frieden des Königs, Saxo 109 vgl. N G L II K. 31 S. 422, Lieb. 652/3 und 392.

Eine Form der gegenseitigen Verpflichtung war *collisio armorum,* eine stärkere Form des Händedrucks, s. Dudo bei Duchesne S. 96 vgl. Heims. III 346, Mork. 207, vgl. A. D. Jörgensen: Saml. Afh. I 323/4. Als gesetzliche Bestätigung wurde sie in den skandinavischen Ländern angewendet:

Gul. 267, 292; And. Sun. 90 vgl. Skånel. 139. Verwandt damit ist das langobardische *gairethinx,* Roth. 386.

9 b. Lagakefli

Natürlich war nicht eine Waffe notwendig, um den Willen eines Mannes zu bestätigen; ein Stab oder ein Stock konnten volle juristische Gültigkeit haben, vorausgesetzt, daß man „seinen Willen auf ihn legte" – oder mit anderen Worten: Heil und Seele auf ihn übertrug. Vgl. Heims. III 107: Magnus reichte seinem Verwandten Harald ein Rohr und damit die Hälfte des Königreichs Norwegen *(með þeim formála = eo tenore).* Ähnlich wie im Schwedischen *lagakar* (vgl. Anm. zu II 155), bedeutet im Norwegischen *laga* die Anerkennung von *kefli* als ein vor dem Gericht bindendes Mittel; aber diese gerichtliche Anerkennung von *kefli* beruht natürlich auf dem Gedanken, daß *kefli* – wie auch die Bierschale – eine geistige Realität war. *Lagakefli* wurde in Norwegen zum „vorwerfen" benutzt, um das Urteil zu bestätigen *(festuca)* – Frost. X 11 –, aber es konnte auch etwa auf einem Feld errichtet werden, um dieses vor dem Zutritt Fremder zu schützen; in der Folge war der Eindringling, der das *kefli* mißachtete, dem Zorn des Besitzers ausgeliefert, und wenn ein Prozeß daraus hervorging, hatte der Eindringling sowohl geistig wie gesetzlich unter dem Mangel an Heil und Recht zu leiden. Wenn zwei Männer sich um ein Stück Land stritten, konnten sie durch *lagakefli* eine gerichtliche Entscheidung erzwingen; einer von ihnen oder beide konnten in dieser Weise ein Verbot gegen die Beackerung des Bodens erlassen, bis das Eigentumsrecht durch ein Gerichtsurteil *(lǫgfesta)* entschieden wurde – Frost. XIV 11, XIII 23, vgl. Gul. 72, N G L IV, 767 N. Später wurde die wirkliche Handlung durch eine formelle, gesetzliche Bekanntmachung oder durch Vorführung von *kefli* vor Gericht als reine Formalität ersetzt, analog der Tatsache, daß die Übereignung vom Acker verlegt werden und nun vor Gericht stattfinden kann, N G L II 116 K. 19, vgl. Frost. XIII 14.

Parallelen zu *lagakefli* finden sich bei anderen germanischen Völkern: Liut. 134, 148; Ratchis 14 *(vifa)*; Lex Baj. X 18 (309).

Eine Variante zwischen Tabu-Symbolen und *festuca* ist die mittels Stab oder Stab und Handschuh durch den Gerichtsbeamten angekündigte Verbannung, Lud. 16 Form., Ficker Nr. 20, 47, 48, 57 usw., Hist. Fris. I Nr. 1217.

10. Handfesta

Der Händedruck:

A. Um Zahlung usw. zu bestätigen, Grágás I 9, 88, 115, 124 (77); II 124/5, 145/6, Gul. 36, 51 *(gjǫf)*.

B. Um Kauf, Übertragung von Gütern usw. verbindlich zu machen, Grágás I 233, II 80 vgl. Glúma 22 (62), Laxd. 182 (16), Eyrb. K. 14, Gul. 40 vgl. Frost. X 21.

handarband, Dipl. Norv. III Nr. 935 (vgl. Nr. 681) usw. vgl. Fritzner *s. v.*; Er. L. III 3, Skånel. 76, And. Sun. 39, 143/4.

C. Verlobungsvertrag, Grágás, Stađ. 162 (126) vgl. Grágás II 35, Njála 42, Islend. 207, Gul. 51.

D. Übertragung von Recht, Vollmacht, Grágás I 38, 40 (21), 128, 234; Njála 718/19 vgl. Islend. 146.

E. Aufnahme in den Frieden, in Dienst, Grágás I 40 (22), Gul. 70, Skånel. 215.

F. Um die feste Absicht, beim Gesetzesthing erscheinen zu wollen, zu bekräftigen – ob das Gesetzesthing privat oder öffentlich ist, macht in bezug auf die Form keinen Unterschied –, Grágás II 108.

G. Um die Versöhnung und die Absicht, sich einem Schiedsrichter zu fügen, zu bestätigen, Grágás I 84, 108 (60), II 189/90, Ljósv. 179 (70) vgl. Stađ. 449, vgl. And. Sun. 48 (279), Er. L. III 27.

H. Um einen Eid zu bestätigen, Egil 243, Gul. 37, 57, 254, Frost. III 3, IV 8, V 19, XIII 11, XV 4, Er. L. II 51, III 22, Vald. L. III 13, Skånel. 65, 140.

I. Um Erfüllung eines Gerichtsspruchs zu versprechen, Forns. 74 Z. 25/6, Egil 305, Gul. 266/7 vgl. Frost. X 28.

K. Als Zugeständnis, daß man im Unrecht ist, und um den Schadenersatz zu bestätigen usw., Gul. 37, Frost. I 1, II 22, XIII 11.

L. Um Geldstrafen zu bestätigen, Er. L. II 10 f., Skånel. 65, 96, 182.

Dieselbe Terminologie in schwedischen Gesetzen:

A. Östg. Bygd. 12.

B. Västg. I Jord. 2.

C. Västg. I Gipt. 2, Östg. Gipt. 4.

E. Östg. Bygd. 12.

H. Östg. Krist. 19, Vaþ. 17, Ræfst. 5/6, bem. Ærf. 10.

L. Östg. Ræfst. 26, Upl. Manh. 10; vgl. Andeutungen eines Händedrucks wie Västg. I Gipt. 2, Jord. 2, und andererseits Andeutungen einer Zeremonie, die mehr in die Einzelheiten geht; s. Anhang 8.

11. Kauf einer Braut

Die Ehe war in alter Zeit auf Geschenken aufgebaut. Von größter Bedeutung waren die Geschenke des Bräutigams – oder richtiger seiner Sippe – an die Familie der Braut; aber diese Hauptgeschenke wurden durch zahlreiche kleinere Geschenke ergänzt; Schmucksachen wurden vom Bräutigam der Verlobten und später der Frau geschenkt, und dasselbe schenkte der Vater bei der Hochzeit seiner Tochter; weitere Gaben wurden wahrscheinlich von der Familie des Brautvaters den Verwandten des Bräutigams und von der Frau den Hochzeitsgästen überreicht (Roth. 184, Thrym. 29), und vielleicht machte der Bräutigam jedem seiner Schwäger ein Geschenk.

Der Sinn der verschiedenen Geschenke ist in dem Verhältnis zwischen Geber und Empfänger psychologisch begründet; die Summe, die für die Braut gezahlt wird, soll den guten Willen der Sippe sichern, die Morgengabe soll die Liebe der Braut gewinnen (nach skandinavischem Brauch *gefa til*). Im Schwedischen wird die Summe, die für die Braut gezahlt wird, *vingæf* genannt, das Verlobungsgeschenk *tilgæf;* dasselbe Wort kann für Handgeld auf Bodenzins verwendet werden (gegeben „til", d. h. zu dem Zweck, einen Zins von dem Boden zu sichern). Im Norwegischen mag *gjǫfr mundr* und Morgengabe zusammenfassen; in Gul. 54 bedeutet es *mundr,* vielleicht auch *ib.* 115; in Gul. 51 bedeutet es Morgengabe. Die Regel muß wie folgt verstanden werden: um richtig zu heiraten, muß man die Frau durch *mundr* ehelichen und ihr am Morgen nach der Schließung der Ehe in Übereinstimmung mit früheren Versprechungen eine Morgengabe geben; wenn dieses geschehen und die Verlobung bei einem „Bier" geziemend gefeiert worden ist, sind die Kinder rechte Erben. Gul. 124 muß ohne Zweifel nach dieser Definition gedeutet werden, so daß *gjǫf* mit Morgengabe identisch ist. Die angelsächsischen volkssprachlichen Gesetze entspringen aus demselben Brauch, wenn die Summe, die für die Braut gezahlt wird, *scæt* genannt wird, Lieb. 8 (77, 83) und *gipt,* Lieb. 102 (31) oder Gabe, vgl. lat. *pretium.* Exod. 22, 17 (B A Prosa I 152) ist korrekt übersetzt; vgl. *brydgifu* und A S Vocab. 225, 1, 7, *dos = wed, gifu vel fædren feoh,* wo der Kommentator offenbar sowohl die deutsche wie die lateinische Bedeutung berücksichtigt hat.

Im großen und ganzen wird in den deutschen und skandinavischen Gesetzen in bezug auf das Verhältnis zwischen Ehemann und Frau nicht mehr der ursprüngliche Gedanke eines Brautkaufes ausgedrückt. Während die Gesetze gestaltet wurden, veränderte sich die alte Gesellschaft unter dem Einfluß der römischen Kultur; die sozialen und insbesondere die wirtschaftlichen Revolutionen haben für die Ehe und die Stellung der Frau verhängnisvolle Folgen gehabt. Die Besitztümer haben sich aus lebendigen in wirtschaftliche Werte verwandelt; die Geschenke des Ehemannes an seine Frau werden als eine Sicherheit für die wirtschaftliche Stellung der Frau betrachtet – sie werden auf ein Drittel oder ein Viertel seines Vermögens festgesetzt und als ein Gegenstück zu der Ausstattung der Frau *(gagngjald)* registriert; aber die Entwicklung muß innerhalb der alten Formen stattfinden und ihnen soweit wie möglich angepaßt werden; die Verpflichtungen des Ehemannes werden jetzt bald mit der Brautkaufsumme, bald mit der Morgengabe und auch mit beiden zusammen behandelt, bis die wirtschaftliche Betrachtungsweise vollends eingeführt wird und sowohl die Zahlung für die Braut wie die Morgengabe nur noch reine Rudimente ohne jegliche praktische Bedeutung sind. Seit alten Zeiten waren die Besitztümer des Ehemannes und der Frau durch das Heil ihrer beiden Sippen gekennzeichnet, sie gehörten zu diesen, und im Falle einer Auflösung der Ehe kehrten sie selbstverständlich zu den Sippen zurück; sobald aber die moderne Auffassung des Besitzes als Vermögen oder pekuniären Wertes überwog, war die Möglichkeit einer ökonomischen Regelung gegeben mit der Folge, daß die Vermögen von Mann und Frau gemeinsam administriert wurden, obschon grundsätzlich als getrenntes Eigentum. So beschreibt die Entwicklung eine ununterbrochene Linie des Fortschritts.

Die wirkliche und psychologische Begründung der Ehe liefert das Wort *mundr*, das im Norwegischen und Schwedischen für die Summe angewendet wird, die man für die Braut zahlt, und das auch bei den Langobarden bekannt ist. Mund ist das Glück und der Friede der Familie, wie diese sich zeigen als das Recht der Männer auf Herrschaft und als ihre Pflicht, die Frauen und die Schwachen zu beschützen (Roth. 182, 195 u. f., 204). Es bezeichnet den aktiven Charakter des Heimfriedens und enthält die höchste Steigerung des Friedens: die Heiligkeit. Im Angelsächsischen wird dieser letzteren viel Bedeutung beigemessen, so daß das Wort nicht nur die heilige Macht bedeutet, die dem Gesippen Gewalt, Recht und Pflicht gegenüber den freigelassenen Männern der Familie (Lieb. 13 [8] vgl. 134 [12]) und vermutlich auch ihren Frauen verleiht, sondern gleichzeitig die Heiligkeit bezeichnet, und zwar sowohl die passive Seite, die Unverletzbarkeit, wie auch die aktive (Lieb. 458 [7] vgl. Christ 93). Die Mund des Königs ist des Königs Friede (Lieb. 392 [4]), die Mund des Ortes ist der Friede des Ortes (Lieb. 470 [3], vgl. 381 [19], und Friede 50 [5]). Also bedeutet Mund: Ehre, der geistige Wert eines Mannes und die Buße, die ihm als Entgelt für Verletzung der Ehre zusteht, genau so wie *réttr* in den norwegischen Gesetzen den gesetzlichen Wert des Mannes und die Strafe für verletzten *réttr* bedeutet, s. Lieb. 7 (75/6) vgl. 254 (34), 264 (5) und 381 (19), wo die Einheit der beiden Bedeutungen deutlich zu ersehen ist. Ags. *mundbyrd* = Heiligtum und Buße für Friedensbruch. Also ist Mund die innere Gewalt und Ehre, die der Ehemann erwerben muß, damit er seine Frau zu erhalten und zu halten vermag – und es ist die natürliche Bezeichnung für die Gabe, mit welcher er ihre Mund gewinnt.

Mann und Frau treten in einen lebenslänglichen Ehrenbund ein, aber die Frau verliert dadurch nicht die Fühlung mit ihren eigenen Gesippen – und ihre Kleinode verlieren nicht die ursprüngliche Kraft; ihre Gesippen sind natürliche Hüter ihrer Ehre, zusammen mit oder eventuell auch gegen ihren Ehemann, vgl. o. I 86, und z. B. Östg. Vaþ. 10, Roth. 200, 202, Lex Thur. 55; Lieb. 442 (7) vertritt also eine altertümliche Auffassung, vgl. Vinogradoff a. a. O. 34 und z. B. Gud. III 8.

Die Feierlichkeit bei der Schließung einer Ehe umfaßt zwei Stufen, die beide durch Geschenke bestätigt wurden: Verlobung und Hochzeit. Die langobardischen Gesetze und die norwegisch-isländischen Bräuche setzen voraus, daß eine gewisse Zeitspanne zwischen den beiden Feierlichkeiten lag, aber dieser Aufschub war grundsätzlich kaum notwendig (vgl. Frost. III 13 mit Gul. 51).

Die älteste Form für diese Institution ist in den schwedischen Gesetzen zu finden; Västg. I erwähnt ein *tilgæf*, d. h. eine Freiergabe, die dem Vormund zusteht, sobald alle Vereinbarungen getroffen worden sind, und weiter ein *vingæf*, die Gabe, die die Ehe stiftet, und die erst, wenn die Ehe vollzogen ist, Eigentum der Schwäger wird (I Gipt. 2), die aber auch während der Hochzeit gezahlt werden muß (II Gipt. 2 vgl. Amira I 522). Sie ist das Zeichen einer gesetzlichen Eheschließung, II Gipt. 9 vgl. 3; I Gipt. 6; *giptær mæþ mund ok mæþ mælæ*, eine stehende Wendung = mit den rechten Feierlichkeiten (I Arf. 7, 8); *mundgipt* (I Arf. 8). *Vingæf* wurde vom Vater oder eventuell vom Bruder oder *arvi* empfangen, II Gipt. 2 vgl. II Anh. 8; von derselben Person, die für sie verantwortlich ist, II Drap. 11. Ohne Zweifel setzt Västg. eine Verlobung voraus, die eine gewisse Zeit vor der Hochzeit stattfand; aber die beiden feierlichen Handlungen sind nicht als verschiedene Kategorien auseinandergehalten. Durch *vingæf* wird die Frau *fæst*, d. h. sie tritt in die Rechte einer verheirateten Frau ein, I Gipt. 6, II Gipt. 9. In Östg. fallen *vingæfir* noch den Gesippen zu, und sie werden unmittelbar nach der Verlobung gezahlt – nur nicht an den Vormund, der seinen Anteil erst erhält, wenn er die Braut übergeben hat, Gipt. 10. *Vingæf* ist natürlich in diesem Fall die Gabe, die die Schwägerschaft zustandebringt, und grundsätzlich besteht kein Unterschied zwischen Verlobung und Hochzeit; die Brautkaufsumme wird gewöhnlich bei der ersten Verabredung gezahlt. Östg. Vaþ. 14 hat den Auslegern unnötige Schwierigkeiten verursacht. Nach dem Gesetze war es Sitte, daß eine Frau, die geschändet worden war, die Hälfte der ihr zustehenden Buße ihrem Vormund überließ. Von dieser Regel gibt es drei Ausnahmen: 1. wenn die Frau ohne seine Billigung geheiratet hat, so daß er seiner Gewalt beraubt ist, dann verliert sie jeden Anspruch auf die Buße, und er nimmt alles; die beiden anderen Ausnahmen sind: 2. daß sie selbst ihr Unglück verschuldet hat, und 3. daß sie mit der Zustimmung ihres Vormunds geheiratet hat – in den beiden letzten Fällen sind die Folgen nicht angegeben. Es ist vorauszusetzen, daß die Bußen an den Vormund in diesem Falle ausfallen; es ist unmöglich, im Falle von selbsterzeugter Kränkung Schadenersatz zu fordern, und im letzten Falle gehen die Bußen an den Ehemann.

Die Franken haben die Entwicklung nach modernen Grundsätzen fortgeführt, so daß der Brautkauf vollkommen verschwunden ist, nur ein *dos* wird als der Frau zufallend erwähnt, Lex Sal. 72/3 vgl. Kap. VIII 4, Geffcken S. 84. Die erwähnten Raten mögen vielleicht in Verbindung stehen mit der alten Vorstellung von Mund, vgl. Lex Rib. 37. Nur der ideale Zug ist geblieben, nämlich die Macht, eine Ehe zu schließen, welche von der Brautgabe auf *dos* vererbt worden ist: ohne *dos* sind die Kinder unehelich – wie in Norwegen, wenn die Mutter nicht „durch Mund gekauft worden war". Roz. 130, 261 kann nie als Zeugnis dienen, daß der grundlegende Gedanke etwas Nichtgermanisches enthalten sollte, vgl. auch 228 ff. – Gregor IX 20 S. 113 zeigt, wie der neue Begriff des Vermögens von den alten Benennungen gedeckt wird: *tam in dote quam in morganegyba.* Die Verlobungsgabe, *tilgæf,* ist erhalten als *solidum et denarium,* Fredegar III 18, Thév. 42, Cluny I Nr. 86, Roz. 228 ff., Gregor X S. 178. Die anderen Gesetze sind zu kurz, um mehr als Andeutungen eines Übergangszustandes zu sein. Die alte Mund-Rate ist erwähnt Lex Alam. 54, Lex Sax. 40; außerdem ist auf das Interesse der Verwandten an der Summe, die für die Braut gezahlt wird, hingedeutet in dem Brauch in Lex Sax. 40. Der spätere mittelalterliche Brauch beweist, daß die Morgengabe ein Tribut des Mannes an die Frau gewesen ist, vgl. Lex Burg. 24, 42, 62.

Während die fränkischen Gesetze uns nur den endgültigen Ausgang des Duells zwischen Vergangenheit und Gegenwart übermitteln, bieten die langobardischen beides, den Anfang und das Ende. Die ältesten Formen enthalten einen wirklichen „Kauf". Die Summe, die für die Braut gezahlt wurde – *meta* – wurde bei der Verlobung gemeinsam festgelegt, Roth. 178 u. f., 182, 190 ff., sie wurde an den Vormund gezahlt, 215, und das Gesetz hat jedenfalls Regeln bewahrt, die auf der Voraussetzung fußen, daß die Verwandten einen Vorteil daraus zogen, 160/1 und ebenso die altmodische Formulierung von 200.

Andererseits ist deutlich zu ersehen, daß der Nachdruck verlegt worden ist; die Hauptsache bei den Verhandlungen zwischen dem Bräutigam und dem Vormund ist nicht mehr *meta,* sondern der Teil seines Vermögens, den der Ehemann seiner Frau verspricht. Nach den Ermahnungen Liutprands mag es den Anschein haben, daß der Grund die übertriebene Freigebigkeit der verliebten Jünglinge sei – aber die Wahrheit kommt an den Tag: die Mädchen wurden als mehr oder weniger erwünschte Partien angesehen, je nach ihrer Aussicht auf mehr und weniger reichlichen *faderfio,* Roth. 182 vgl. 181; 199/200, 216/17; Thév. 48: *sub mundio cum rebus ad eam pertinentibus,* und Roth. 215, welches Andeutungen auf das Interesse enthält, das der Ehemann an ihrem Besitz hat.

Insofern ist die Folge also, daß *meta,* nachdem es eine Gabe an die Sippe gewesen ist, als Teil der Ausstattung der Frau eingegliedert wird, Roth. 178, 199, Liut. 89, 114, aber im Laufe der Zeit kann *meta* ihre Stellung nicht aufrechterhalten und ist zuletzt nur noch ein formelles Überbleibsel, wie die Formeln zeigen. Der Freier gibt *caballum* oder *crosnam* oder *crosnam et lanceam pro mundio,* s. Roth. 182 Form. = Thév. 48; Roth. 195 Form., Cart. Lang. 16, und diese Gabe ist so rein formell geworden, daß der Vormund sie als Vadium benutzen kann, um die Übereinkunft zu bestätigen, s. Thév. 135.

Die neue Gabe mag formell eingeordnet werden sowohl unter *meta* und Morgengabe wie unter beide als gemeinsamen Begriff: Liut. 7; 89 – Cod. Cav. I Nr. 1, 92, 154, 163; 32 usw.; Cart. Lang. 1 – Dipl. Lang. Nr. 117 – Roth. 199; Liut. 103. Zuletzt bekommen die Verpflichtungen des Ehemannes einen eigenen Namen: *antifactum,* welcher beides, *meta* und Morgengabe, zusammenfaßt. Die ganze Summe mag mit einem pleonastischen Ausdruck *antifactum et morgincaph* (Thév. 48) genannt werden – woraus natürlich unmöglich geschlossen werden kann, daß *antifactum* mit *meta* in derselben Weise wie *metphio et morgincap* und fränkisch *dos et morganegyba* identisch sei.

Der ideelle Gesichtspunkt, daß *meta* eine rechtliche Ehe bestätigt, ist formell in Kraft geblieben, vgl. Liut. 114, so wie es bei den Franken der Fall war.

In Norwegen ist die Entwicklung, obgleich auf anderen Wegen, zu demselben Endziel gelangt. Der Ursprung ist in der Terminologie der Eheschließung erhalten; *mundi kaupa* ist der Ausdruck für Heiraten und Hochzeitfeiern, Gul. 25, 27, 51, 124; *gjalda mund við,* Gul. 104, ist die rechte Art, eine Braut zu gewinnen; die Absicht der Mund ist ausgedrückt in *gefa m. til,* d. h. um zu gewinnen, Gul. 64, 124, vgl. den Brauch Oddrun. 22. Mund ist das grundlegende Kennzeichen der Ehe: es sichert die Gesetzlichkeit der Verbindung und die eheliche Geburt der Kinder, Gul. 58, 103, Frost. III 13.

Neben Mund ist aber auch ein neuer Grundsatz in *gagngjald, tilgjǫf,* einer Gegengabe, festgelegt, oder in Frost. *þriðjungsauki,* d. h. in bezug auf die Größe der *heimanfylgja* der Frau gebunden – vgl. die Formulierung des Grundsatzes Gul. 54, wenn Hertzberg (s. u. *mynda*) mit seiner Auffassung recht hat. Mund wird dann ein konventionelles Geschenk, das mit *gagngjald* zusammenfällt und also der *heimanfylgja* beigefügt wird; Gul. 54 und Frost. XI 14 ergeben, daß es ein Besitz des verheirateten Paares ist. Von diesem Gesichtspunkt aus muß das Wort *tilgjǫf* als eine Summe verstanden werden, die besonders oder als Entgelt gegeben wird; ursprünglich hat es dieselbe Bedeutung wie das schwedische *tilgæf* (und das norwegische *gefinn til konu)* gehabt, und es hat vielleicht auch noch ältere Bedeutung in Gul. 115.

Die Morgengabe bleibt in Norwegen – unbeeinflußt von der Entwicklung – die Gabe des Ehemannes an seine Frau, daher verschwindet sie früh unter den neuen Verhältnissen.

England ist das einzige Land, wo die Umlegung der Werte in Bargeld so folgerichtig durchgeführt wird, daß der Kauf einer Braut als ein Geldgeschäft im römischen Sinne betrachtet werden kann, vgl. Lieb. 5 (31). Aber das Forschungsmaterial ist hier wie in Dänemark spärlich. Wir können nach Lieb. 443, wo die Summe, die „der Ehemann seiner Frau bewilligt", höchst bedeutend ist, vermuten, daß eine ähnliche Entwicklung stattgefunden hat wie an anderen Orten. Die alte Mund ist rationalisiert worden als Entgelt an die Eltern für Beköstigung und Bekleidung der Kinder; aber die alte Überlieferung ist darin erhalten, daß die Gabe das Eigentum der Sippe, eventuell des Vormundes, war.

Abgesehen hiervon haben wir nur Andeutungen in dem Brauch, der mit dem norwegischen übereinstimmt: *ceapi geceapod, in scæt bewyddod,* Lieb. 7 (77, 83); die Glossen *dos = morgengifu,* A S Vocab. 115 Z. 13; *dos = vituma,* 18 Z. 22, und die oben zitierten.

Tacitus hat einige Tatsachen erfaßt, wenn er, Germ. K. 18, sagt: *In hæc munera uxor accipitur atque invicem ipsa armorum aliquid viro affert,* obschon die Tatsachen durch seine sentimentale Romantik ziemlich verdunkelt sind. Als die germanischen Gesetze niedergeschrieben wurden, war diese *heimanfylgja* beinahe in Eigentum verwandelt worden, das *faderfio* benannt und zum Gegenstand solcher Paragraphen wie Lex Alam. 54, Lex Baj. VIII 14 usw. gemacht werden konnte. Die ursprüngliche *heimanfylgja* bestand aus Kleinoden, durch welche die Hamingja der Frau in die ihres Ehemannes einging; die epischen Formeln bezeichnen diese Aussteuer mit *gœđa gulli,* die Braut wird mit Gold schön gemacht, Guđrúnarhvöt 16, Oddrun. 15, Gud. II 1, 26, Helg. Hj. 5, vgl. das Brisingamen in Thrym. – besonders andeutungsreich Hynd. 13: *modur átti þinn fađir menjum gǫfga.* Beow. 2025: *gold hroden,* beschreibt das ideale Weib, oder – was nach germanischer Psychologie dasselbe bedeutet – die Frau, wie sie wirklich ist, und das Adjektiv bezeichnet die Ehre und das Gedeihen, das aus der Verbindung mit einer wahren Frau fließt, vgl. Faf. 40. Nach einigen Gesetzesparagraphen ging der Schmuck der Frau auf ihre Töchter über; sein Wert aber ist durch die Tatsache verringert, daß die persönlichen Schmucksachen der Frau zu der Zeit lediglich Einzelheiten aus der ganzen Reihe ihrer Besitztümer waren, Lex Thur. 32, 38; Lex Burg. XIV 6, LI 3, LXXXVI 1; vgl. auch Frost. IX 9.

12. Das Recht der Erben

Das Recht der Sippe auf Beteiligung an der Entscheidung wird nicht nur bestätigt, wenn der Besitz der Familie ihr entgleitet, sondern auch, wenn der letzte Besitzer stirbt oder den Besitz zu verkaufen wünscht, Grág. I 247, 249, vgl. besonders Stađ. K. 79; Frost. IX 17/18 vgl. Amira I 526, 573/4, 594; II 701 u. ff., Er. L. III 2, Jy. L. I 34; Skånelag. 50, was durch And. Sun. 19 geschichtlich erklärt wird.

Betreffs der anderen Völker s. Amira: Erbenfolge 53, 105, 134, 201, 212; vgl. Roth. 168, Liut. 65. – Die früheren Forderungen der Sippe sind bewiesen durch die detaillierte *thingatio,* s. Anhang 13.

Bei dem „Kauf“ leistet der Verkäufer oder Geber eine Garantie gegen Einspruch seitens seiner Familie, Roz. 267/8, Thév. 105, 117, Cluny I Nr. 14, 20 usw. *Heredes* werden gewöhnlich erwähnt; der Typus ist ersichtlich aus Thév. 52, 118, Roz. 159, Cod. Cav. I Nr. 44 – oder *heredes et proheredes,* Thév. 73, 105, Roz. 200, 268; *propinqui* wird zugefügt Vaissete II Nr. 78, Redon Nr. 64, 91, Chartæ I Nr. 60.

Der Verkäufer oder Geber muß darauf vorbereitet sein, das Recht des Käufers zu verteidigen, Thév. 52, Lex Baj. 16, 12 (Mon. Germ. Leg. III

323, vgl. 337 IV). Im Notfalle bestätigt der Verkäufer das Recht des gegenwärtigen Besitzers durch eine Wiederholung der Übereignung, die er schon einmal unternommen hat.

Der Verkäufer verpflichtet seine Erben, das Recht des Empfängers zu *antistare et defendere*; der Typus ist ersichtlich aus Roz. 268, 273; Cod. Cav. I Nr. 2 u. f., 43; Cluny I Nr. 43.

Der Käufer mußte sich vergewissern, daß der Verkauf unumschränkt seine Gültigkeit behielt, nicht nur hinsichtlich des Verkäufers selbst, sondern auch hinsichtlich seiner Erben: *ut amodo et semper tu tuique heredes ab heredibus abere et possidere valeatis,* Cod. Cav. I Nr. 30. Er mußte ausdrücklich das Recht des Besitzes, des Schenkens und des Austausches sichern, Thév. 117, Cod. Cav. I 176, Cluny I Nr. 14, 20, Roz. 268/9 usw.

So entwickelte sich langsam und schwerfällig aus dem alten germanischen Kauf ein moderner Verkauf. Die verschiedenen Stufen der Entwicklung sind in den schwedischen Formen der Übereignung eines Besitztums klar zu erkennen; Gabe und Verkauf stellen verschiedene Abschattungen desselben Phänomens dar. Bei einem wirklichen Verkauf muß die Tatsache, daß der Gegenstand unwiderruflich Besitz des Käufers wird, besonders betont werden; aber es gab immer eine latente Neigung, die Endgültigkeit durchzuführen, s. Amira I 510, 550. Und auch wenn der Verkauf in der jetzigen Form durchgeführt wurde, blieb der alte Kauf oder die alte Gabe als eine Variante bestehen, und in diesem Falle hat die Übereignung nur für den Empfänger und vielleicht noch für seine direkten Erben Gültigkeit, vgl. Brunner in Sitzungsber. der Berl. Ak. 1885, S. 1173 ff.

Eine interessante Variante ist auch *wæþskötning* im Gegensatze zu *wærulzskötning,* vgl. Anm. zu II 67. – Ein Mann kann sein Besitztum verkaufen und sich gleichzeitig das Recht sichern, es nach einer Reihe von Jahren zurückzukaufen – z. B. Redon Nr. 60, 95 –, und er kann es verpfänden, und „wenn es nicht innerhalb von 5 Jahren zurückgekauft ist“ ... usw., s. Redon Nr. 68, 73, 170, 182 usw. So wird der alte Kauf differenziert in etwas, was wir heutzutage teils bedingten Verkauf, teils Verpfändung nennen würden.

Die mittelalterlichen Regeln hinsichtlich des Rechtes des Königs auf alles, was er „verschenkt“ hatte, haben auch ihren Ursprung in der alten Gabe – s. den Brauch bei Roth. 177, vgl. Brunner in Sitz. der Berl. Ak. 1885 S. 1190 Anm.

Die alten Begriffe von Eigentum behaupteten sich natürlich sehr lange – vor allem in dem Falle von Verkauf des Landbesitzes; aber auch wenn es sich um fahrende Habe handelte, konnte die Übereignung nur unter umständlichen Zeremonien vor sich gehen, s. z. B. Er. L. III 23, 39/40, Östg. Vins. Balk. vgl. Amira I 284/5, 346/7. Die Verantwortung des Verkäufers bleibt dieselbe bei fahrender Habe wie bei Landbesitz; wenn das Eigentumsrecht eines Mannes angezweifelt wurde, mußte er sich auf die Person berufen, von der er den fraglichen Gegenstand erhalten hatte; die Verantwortlichkeit ist rückwirkend von Mann zu Mann. Aber ab und zu wurden die Fälle so unentwirrbar, daß es notwendig war, die eine oder andere Begrenzung festzulegen, z. B. bei dem dritten Mann, Västg. I Þjuf. 8, 17; Östg. Vins. 6, 7; Upl. Manh. 44; Vestm. I Bygd. 35; vgl. Amira I 558 u. f., II 682, 692/3: Er. L. III 21/2; Lex Sal. 47; Thév. 49 vgl. Roth. 232, auch Liut. 43 vgl. mit Östg. Vins. 9.

Die psychologische Grundlage, die sich vollkommen von den modernen, abstrakten Verpflichtungen unterscheidet, tritt zutage in dem schwedischen *hemula,* das bedeutet, einen Mann *njótr* zu machen und die Rechte, die dem *njótr* innewohnen, auf ihn zu übertragen (vgl. o. II 79 ff.). Dieselbe Tiefe ist in dem entsprechenden norwegisch-isländischen *heimill, heimild* usw. vorhanden, vgl. die Wörterbücher und das Vokabular zu N G L, ebenso Schlyters Vokabular zum Skånelag.

Es ist bezeichnend für die Zähigkeit der alten Vorstellungen, daß die alte Gabe nach der Einführung moderner ökonomischer Wertung der Verpflichtungen und Leistungen durch eine besondere Gabe, *overgave,* für welche keine Zahlung gefordert wird, erhalten bleibt, s. Dipl. Norv. I Nr. 718, 795, V Nr. 721, XI Nr. 116, 171, usw. Es ist interessant zu sehen, wie die Rücksicht auf die Verwandten betont wird, Dipl. Norv. X Nr. 161, III Nr. 935 u. f. Diese besondere Gabe findet sich auch bei der Festsetzung von Bußen, III Nr. 691, V Nr. 529, vgl. Njála 638 und Jy. L. II 26, III 21: *görsum,* wofür später Geld gefordert wurde, der Tatsache zum Trotz, daß die Benennung (schwedisch: *görsima*) ursprünglich „tragbares Eigentum", „Schatz" bedeutet.

13. Thingatio

Das Interesse der Sippe und ihr Recht, an der Entscheidung der wichtigsten Dinge beteiligt zu sein, werden auch durch die langobardische *thingatio* erhellt. Nach den Gesetzen zu schließen wurde dies in folgenden Fällen verlangt:

Bei Freisprechung, wenn der Freigelassene gleichzeitig in die Sippe aufgenommen oder von jeder Art der Abhängigkeit vom früheren Besitzer gelöst wurde, s. Roth. 156, 222, 224, Liut. 9, 140.

Bei außerordentlicher Übergabe des gesamten Besitzes, Roth. 171, 173/4, 367, eventuell an Fremde, in welchem Falle der Verkäufer seine Sippe verläßt, vgl. Roth. 360.

Vielleicht überhaupt im Falle von großen Gaben, deren Schenkung ursprünglich die Zustimmung der Gesippen erforderte, vgl. Liut. 54, 73 (?).

Bei Schenkungen an uneheliche Kinder und ihre Nachkommen, Roth. 156/7.

Bei Schenkungen an freigelassene Ehefrauen, d. h. praktisch im Falle der Aufnahme in die Sippe.

Wir kennen den Verlauf der Zeremonie nicht genau, aber sie muß eine feierliche Bekanntmachung des Kontraktes enthalten haben. Jedenfalls war es wichtig, daß sie öffentlich geschah, s. Roth. 172. – Der Name deutet auf eine Art Hof, entweder eine gesetzgebende Versammlung oder ein Gesetzesthing (wahrscheinlich das erste). Die Variante *gairethinx* weist darauf hin, daß die Entscheidung durch eine Zeremonie mit Waffen bestätigt wurde; *thinx* = *gairethinx*, s. Bibl. École Chartes 2 Sér. III S. 45. Bei der Betrachtung dieser Regeln muß man immer im Gedächtnis behalten, daß das Sippensystem, obschon es bei den Langobarden zu der Zeit noch einen gewissen Einfluß auf die Gemüter besaß, doch praktisch jede gesellschaftliche Bedeutung verloren hatte; das Recht der Gesippen, privat bindende Vereinbarungen zu treffen, weicht allmählich der öffentlichen Kontrolle.

14. Die Stellung der unehelichen Kinder

Ein Kind, gezeugt mit einer unfreien Frau, ist unfrei.

Roth. 222 Form. beweist, daß das Kind keine Freiheit und kein Erbrecht besitzt. Liut. 66 bestätigt, daß ein natürlicher Sohn entweder wegen der besonderen Umstände von der Adoption ausgeschlossen ist *(nec)*, oder daß er Freiheit erwerben kann, aber in bezug auf Erbschaft als zweiter kommt *(tantummodo)*; die absurde Behauptung, ein Kind, von einer Sklavin geboren, sei *eo ipso* frei, kann nicht aus dieser Regel geschlossen werden. Roz. 137 bezeugt, daß der Vater ausdrücklich das Kind frei machen muß, das er mit seiner *ancilla* gezeugt hat. – Lex Baj. XV 9: daß ein germanischer Gedanke in einem einzelnen Punkte mit einem biblischen Lehrsatz identisch sei und daher unter Beeinflussung durch die Geistlichkeit von einem Zitat aus Paulus bestätigt werden mag, ist gewiß kein genügender Beweis dafür, daß das Zitat der Urheber der Regel ist; s. Brunner, Zs. d. Savigny Stift., Germ. Abt. XXIII 202. Nach Frost.

X 47 muß das Kind befreit werden *frá horni ok frá nappi;* dazu Gul. 57, 104; Skånel. 61.

Der uneheliche Sohn ist gesellschaftlich untergeordnet

Roth. stellt den Bastard bei der Verteilung des Erbes in eine benachteiligte Lage (154, 158 ff. vgl. 156, 171) – und auch in anderer Beziehung (161, 162).

In Norwegen haben die unehelichen Söhne nur ein sehr bedingtes Erbrecht, s. Gul. 104, Frost. VIII 8. Außerdem besteht ihr Anteil in einem freiwilligen Geschenk des Vaters, Gul. 129, Frost. IX 17. In bezug auf ihre Stellung sonst beachte man den Widerspruch Frost. X 47, Gul. 57, 104 (vgl. Fagr. 21/2).

Auf Island ist es dem Vater nur erlaubt, dem unehelichen Sohn ein Geschenk von höchstens 12 Öre zu machen, Grág. I 247; als Vorkämpfer für die Sippenehre in Rachefällen muß er den nächsten wirklichen Verwandten den Vortritt lassen, Grág. I 167/8.

In Schweden: Nach Östg. I Ærf. 4 kann der Bastard niemals erben, sondern muß zufrieden sein, wenn der Vater ihm ein Geschenk macht. Bei Bußen für Mannestötung ist ein unehelicher Bruder einem legitimen Sohn gleich, was in Drap. 7 ausdrücklich bestätigt wird. Västg. versagt in dieser Beziehung vollkommen; Add. IV 14 S. 297 ist zu schwierig zu enträtseln – es mag bedeuten, daß anerkannte Bastarde degradiert werden, oder daß Bastarde daran verhindert werden, ihre Forderungen (vielleicht zweiten Grades) zu behaupten –, und schließlich kann es eine mythisch-historische Erklärung von derselben Art wie so viele rechtliche Überlieferungen sein. – Die anderen Gesetze sagen implicite, daß uneheliche Kinder ein Recht zweiten Grades haben, Vestm. I Gipt. 9, Söderm. Ærf. 3, Hels. Ærf. 14.

In Dänemark zeigen die Unsicherheit und der Mangel an Folgerichtigkeit, die für die Gesetze bezeichnend sind, wie die Gesetzgeber des Mittelalters mit den Problemen ringen mußten. Die Grundlage ihrer Arbeit ist die Tatsache, daß Bastarde eine Ausnahmestellung einnehmen, und der Unterschied zwischen ehelichen und unehelichen Kindern beruht darauf, ob die Mutter *gulfæst* ist oder nicht, Skånel. 59, vgl. *laghgivæn,* Vald. L. II 45. Der Bastard soll sein Recht als ein Geschenk vom Vater empfangen, während dieser noch lebt, Skånel. 58 vgl. 62, Vald. L. II 45, Er. L. I 18.

Der grundlegende Gedanke in Roz. 130 stimmt derartig mit einer Gedankenfolge überein, die wir aus dem Germanischen kennen, daß nur ungewöhnlich starke Gründe sein Zeugnis erschüttern können (s. Brunner:

Savigny Stift. XVII, 23). Soviel ist sicher, daß germanische Bastarde eine Ausnahmestellung hatten, und dies ist eine Folge der Tatsache, daß ihre Mutter nicht durch Mund gekauft wurde. Aber diese Ausnahmestellung kann eine Fülle von Abweichungen aufweisen; anstatt zu versuchen, ein grundlegendes System zu konstruieren, sollte man die abweichende Behandlung des Problems in den verschiedenen germanischen Stämmen betonen.

Brunner ist der Entwicklung nachgegangen und hat gezeigt, daß hinsichtlich der Bastarde eine Verschlechterung der Verhältnisse in jeder – oder so gut wie jeder – Beziehung stattgefunden hat. Er meint natürlich nicht, daß es nur durch eine Rückverfolgung der Entwicklung möglich sein sollte, den ursprünglichen Stand der Dinge zu erfahren; aber da seine Argumentation polemischen Charakter hat, wird er dazu veranlaßt, die Tatsache in den Hintergrund zu schieben, daß der Gegensatz sich gerade in der germanischen Gedankenwelt so tief verwurzelt zeigt. Es gab eine doppelte Anschauung bei der germanischen Behandlung des unehelichen Kindes, die die Kirche benutzen konnte, um den Unterschied zwischen ehelich und unehelich hervorzuheben, während die Kirche gleichzeitig gewissermaßen die Grenzen zwischen gesetzmäßiger und unvollständiger Ehe verwischte. Das Problem ist nicht nur, so wie wir es sehen, einseitig juristisch, sondern vor allem psychologisch; die Bastarde wurden aus ihrem Kreise ausgeschieden, weil ihre Seelen sich von denen der anderen Leute unterschieden, und aus dieser Tatsache heraus entstand das Problem hinsichtlich ihrer sozialen Stellung.

Das Kind muß in die Sippe geboren oder geführt werden: *bera i ætt, koma i ætt,* Skálholtsbók 423, Stađ. 192 vgl. Grág. I 169, II 25. Keine spätere Heirat der Eltern des Kindes kann die Geburt des ursprünglich unehelichen Kindes irgendwie verbessern; vgl. betreffs *skötsetubarn* und der besonderen Beschränkung Frost. III 11, wo gezeigt wird, daß die altertümliche Auffassung eine Anerkennung nach späterer Ehe nicht guthieß (s. Wilda 279 f.).

Die Grundlage einer Entscheidung in bezug auf die Stellung der Bastarde bildet die Aufnahme in die Sippe, die Adoption oder, nach der alten Auffassung, die Geburt in die Sippe hinein, wodurch das Kind ein Gesippe wurde. Die Einwilligung des Vaters (oder eines Verwandten, Gul. 57, letzter Teil) ist ursprünglich genügend, um dem kleinen Kinde die Stellung eines Gesippen zu sichern. Das Zitat Brunners, Zs. d. Sav. Stift., Germ. Abt., XXIII, 203 sagt lediglich, daß die Männer das Recht zu behalten wünschten, ihren Söhnen die volle Ehre zu übertragen. Der Sohn wird dann direkt in die Familie hineingeboren und trägt einen ihrer Namen – vgl. die Bastarde der fränkischen Könige; Höskuld nannte seinen unehelichen Sohn Olaf – den späteren Olaf Pfau – nach den mütterlichen Verwandten seines Vaters, und dies ist typisch auf Island, s. o. I 314.

Der adoptierte Sohn ist ein wirklicher Verwandter, was deutlich hervorgeht aus der Tatsache, daß er dieselben Pflichten und dieselben Mannesbußen wie die Verwandten hat; hier lauten die norwegischen Gesetze urtümlicher als die schwedischen, die eine niedrigere Mannesbuße für den adoptierten Sohn festsetzen, weil er halb unfrei geboren ist.

Es war aber möglich, dem Knaben den guten Willen der Verwandten zu sichern oder zu bekräftigen, indem man sie alle versammelte und sie an der Adoption teilnehmen ließ, wie es in Norwegen bei der Adoption einer erwachsenen Person in ihrem späteren Leben der Fall war, Gul. 58, Frost. IX 1. Roth. 155 macht anscheinend eine ähnliche Andeutung.

Die Entscheidung, welche Form benutzt werden soll, ist nicht rechtlicher Art – der Hauptpunkt ist nicht das Recht des Vaters, die Adoption vorzunehmen, sondern die Frage, ob sein Heil stark genug ist, um dem Sohn im vollen Sinne des Wortes Leben zu geben. Das ist – wie auch Brunner betont hat – die Ursache, weshalb die königliche Familie länger als andere Leute das Recht zur Adoption behielt. Aber die Beteiligung aller Verwandten war in jedem Fall eine Sicherung gegen spätere Anzweiflung; denn wir wissen, daß z. B. Schmähungen nicht nur einen Zweifel ausdrückten, sondern direkt eine schwächende Wirkung ausübten, und dies war wahrscheinlich der Grund, warum der adoptierte Sohn durch die ganze Sippe unterstützt wurde, wenn die Gültigkeit seiner Geburt angezweifelt wurde.

Gul. 58 und Frost. IX 1 geben die folgerichtige Formulierung. Die schwedischen und die dänischen Gesetze zeichnen sich durch spätere Anpassungen und Kompromisse aus, so Västg. I Mandr. 2, vgl. II Drap. 7; Skånel. 58, Er. L. I 18, Vald. L. II 45. Aber ein solcher Kompromiß ist nur möglich, wenn er auf alter Überlieferung beruht – d. h. auf dem psychologischen Aspekt der Sache: Die Stellung des Kindes war davon abhängig, ob es ein Verwandter sei, und nicht von der formellen Anerkennung. Der gesetzliche Zustand und die Anerkennung müssen in einer Realität begründet und deren Ausdruck sein.

Bei der gesetzlichen Bestätigung muß eine andere Möglichkeit beachtet werden: die feierliche Handlung bedeutete nicht unbedingt volle Adoption; es war möglich, den adoptierten Sohn in eine anerkannte Stellung zu bringen, die keine Gültigkeit in bezug auf die Geburt verbürgte. S. den Vorschlag Östg. Ærf. 4; Västg. I Ærf. 23 deutet auch an, daß eine Stellung, die weniger bedeutete als volle Adoption, gesetzlich anerkannt werden konnte; vgl. Västg. II Ærf. 32: adoptiert und vor dem Gericht zugelassen zu der Sippe.

Wie auch die schwedischen Gesetze andeuten, war die gesetzliche Anerkennung nur ein Teil der notwendigen Zeremonien, sie setzt eine wirkliche Geburt von derselben Art wie die norwegische voraus – vgl. o. betreffend *skötsetubarn* I 244/5. Ferner deckt der Ausdruck *tage i æt* (zur Sippe zulassen) zwei verschiedene Handlungen: volle Adoption und Zutritt als Untergebener; die zweite Verwendung des Ausdrucks ist wahrscheinlich als Folge einer Verwischung der Grenze im Mittelalter entstanden, die ermöglicht hat, daß der Ausdruck auf das Verhältnis zwischen dem Freigelassenen und seinem Schutzherrn übertragen wurde.

Der Bastard wird *hornung* genannt. In Norwegen beschränkt sich das Wort auf die Bezeichnung eines Kindes, das offen mit einer freien Frau gezeugt ist, Gul. 104; auf Island ist es der Sohn eines Freigelassenen mit einer freien Frau, Grág. I 224; in bezug auf die friesischen Verhältnisse s. Richt. und hinsichtlich der weiteren Verbreitung Fritzner *s. v.* Die Etymologie zeigt deutlich den Ursprung: das Kind in der Ecke, das Zurückgesetzte; das Wort hat einen Beiklang von Verachtung, Herv. 274 vgl. Ham. 14, Half. 39, Laxd. 56, Bisk. I 35, Flat. I 101, und es besteht kein wesentlicher Unterschied zwischen *hornung* und *þýborinn* (vgl. Fagr. 21/2: der Sohn einer Sklavin, verwendet für eine Person, deren Mutter nicht nur frei, sondern auch von hoher Geburt war); gewöhnlich gehen die beiden ineinander über: man beachte die Gleichheit in Gul. 104; Gul. 58 wie auch Frost. IX 1 fußen auf der Ansicht, daß diese beiden Arten von Wesen eine gewichtige Sache vermissen lassen: das Heil einer Sippe. Infolgedessen ist *þýborinn* nahezu das Wort für den zurückgesetzten oder nur halb anerkannten Gesippen geworden – genau wie *þýsun* im gotländischen Dialekt direkt Sohn einer Beischläferin bedeutet.

In dieser Hinsicht gibt es auch keinen Unterschied zwischen einer Sklavin und einer freien Kebse, denn die letztere ist von keiner Sippe unterstützt, und es fehlt ihr also der wesentliche Zug der Freiheit und der sozialen Stellung. Der Sohn einer Kebse hat keine mütterliche Sippe; in diesem Sinne ist es möglich, daß alte Gesichtspunkte der schwedischen Regel zugrunde liegen, daß der freigelassene Mann nur halbe Mannesbuße fordern kann. Die Möglichkeit, daß ein Mann in die mütterliche Sippe aufgenommen werden konnte, ohne väterliche Verwandte zu bekommen, bestand auf germanischem Gebiet nicht – bevor das Problem der sozialen Stellung des unehelichen Kindes von einem modernen Gesichtspunkte aus erforscht wurde.

15. Wergeld

Vgl. Vinogradoff in der Zs. f. Sozial- und Wirtschaftsgeschichte VII 1 ff.

Norwegen: Gul. 218 ff. und die andere Reihe Gul. 243 ff. ist grundsätzlich nicht von diesem verschieden; der bemerkenswerteste Zug ist die Art, wie die drei „Ringe" nach allen Seiten hin mit besonderen Zugaben verbunden sind. Es ist für mich unmöglich, dem Vorschlag Amiras beizutreten, wonach *brœdrungar* von dem Ring getrennt werden müßten (s. Germania 32,131); aber Vinogradoff teilt diese seine Ansicht, weshalb ich die Leser auf seine Ausführungen verweisen muß; andererseits kann ich nicht die Folgerungen anerkennen, die Vinogradoff hinsichtlich eines agnatischen Stammes zieht, was schon aus meinen Theorien ersichtlich geworden sein wird.

Dänemark: Am besten in Er. L. III 26 ff. vgl. II 11, 38; Skånel. 84, 91.

In Schweden bestand die Mannesbuße aus zwei Teilen: Zufolge Västg. I Mandr. 1 war sie geteilt in eine Buße an die Erben, *arvæbot,* und eine Buße an die Sippe, *ættærbot;* die letztere ist eine Wiedergutmachung an väterliche und mütterliche Verwandte (je ein Viertel), umfaßte aber auch den *arvi.* Nach Östg. Drap. 7 war der Bruder der Führer der Zahler von *ættærbot,* vgl. Västg. II Drap. 7, und hier sind die Verwandten väterlicherseits doppelt soviel wert wie die Verwandten mütterlicherseits. Es ist unmöglich, aus diesen bruchstückartigen und offenbar halbverfallenen Regeln irgendeinen festen Schluß zu ziehen.

Lex Sal. 58: Empfang der Mannesbuße, 62, vgl. 101. *Chrene cruda* bedeutet ursprünglich nicht eine Übertragung von Besitz, sondern eher ein Umlegen der Verantwortung. Die ganze feierliche Handlung kann nicht von einem modernen Gesichtspunkte aus verstanden werden, für den die Übertragung eines Gegenstandes Recht oder Wert mit einschließt und nur unter dem Aspekt der Vermehrung des Besitzes betrachtet werden kann. Für den Germanen war genau soviel Pflicht als Recht, soviel Ehre als Heil in einem Ding oder einem Verhältnis; und in einem Falle wie dem vorliegenden stellt die Überreichung den Empfänger unter eine Verpflichtung, die vollkommen unabhängig davon ist, ob der Boden ihm eine Vermehrung seines Besitzes bringt oder nicht. Die Handlung ist natürlich psychologisch identisch mit Übereignung, aber unter diesen Umständen ist das Resultat eine Übereignung der Pflicht, die der Besitzer nicht erfüllen kann.

Wenn es so schwierig ist, die scheinbar widerspruchsvollen Worte zu versöhnen, ist der Grund der, daß die Männer, die den Paragraphen schrieben, von Grundsätzen ausgingen, die für unsere Überlegungen keine Gültigkeit haben. Es ist keine Frage nach entweder – oder, nach sofortiger oder allmählicher Übernahme der Verantwortung; alle Gesippen nehmen Teil an der Verantwortung der Sippe, und jeder Mann muß nicht nur seinen eigenen Teil zahlen, sondern auch das beschaffen, was sein Bruder nicht leisten kann. Die Erklärung, die Brunner für *integrum debitum* und *tota lege* gibt (Zs. d. Sav. Stift., Germ. Abt., III 38 f.), ist im wesentlichen richtig, aber es muß hinzugefügt werden, daß *tota lege* sich vielleicht auf die ganze Summe beziehen könnte, insofern sie einem einzelnen Manne zufallen kann, und dies tun muß in dem unwahrscheinlichen Fall, daß er als einziger Mann imstande wäre, die Verpflichtung der Sippe zu erfüllen. Das Kapitel befaßt sich nicht mit der besonderen Pflicht der Verwandten, ihren Teil der Mannesbuße zu zahlen, sondern mit dem Frieden, der sie für das Leben des Töters verantwortlich macht, wenn er selbst außerstande ist, seinen Teil zu bestreiten.

Lex Sax. 19: Zwei Drittel wurden vom Töter und von seinen Söhnen bestritten, ein Drittel von der Sippe.

Lex Fris. I 1, dasselbe Verhältnis; XIX 2 handelt von Mord innerhalb der Sippe, und nichts kann daraus entnommen werden, was sich auf regelrechte Erbschaft oder Mannesbuße bezöge.

Die angelsächsischen Gesetze zeugen von Verfall und sind zu bruchstückhaft, um ein zusammenhängendes System zu ergeben. Eins ist sicher, die Verantwortung der Gesippen war vollkommen anerkannt, Lieb. 4 (23), 154 (6, 1), 174 (1, 4). 392 zeigt ihre Tätigkeit, um zu einer Ordnung zu kommen; vgl. 266 (23, 25) und 120 (74, 1/2) – es ist ihre Pflicht, zu helfen – mit dem modernisierenden 186 (1 ff.): „mit Hilfe der Verwandten“. Beachte auch 100 (24, 1), 190 (7), interessant durch ihre überlieferte Terminologie: an die Verwandten zahlen. Sowohl Verwandte väterlicher- wie mütterlicherseits nahmen teil, 54 (8, 3), 66 (27). Vielleicht können wir aus dem Verhältnis, nach dem die Eideshelfer angeordnet sind, schließen, daß die väterliche Seite doppelt soviel zahlen mußte wie die mütterliche, 392 (3), vgl. Schmid: Gesetze der Angels. 628. Die nächsten Verwandten nahmen die erste Rate der Mannesbuße, den *halsfang*, aber wir müssen annehmen, daß sie ihren Teil an der späteren Zahlung hatten; es ist übereilt, hieraus zu schließen, daß die angelsächsische Mannesbuße nicht aus zwei „Ringen“ bestand.

Lex Rib. 12 und Lex Baj. VIII 20 deuten auf die Solidarität der Sippe hin, indem sie ihr Recht leugnet. Der Übergang wird vorbereitet durch das Umlegen der Verantwortung auf die Nachkommen. Die anderen Gesetze schweigen, und der Grund mag sein, daß die Sippe ihren Zusammenhang verloren hat, aber Lex Thur. 31 beweist keineswegs, daß ein einzelner Mann die ganze Mannesbuße zahlte.

Die Solidarität ist durch die Tatsache deutlich nachgewiesen, daß die Zahlung der Mannesbuße eine Angelegenheit der ganzen Sippe ist; ein individueller Friedensschluß steht außer Frage, s. a. a. O.; vgl. auch Frost. V 9. Angelsächsische Paragraphen werden häufig unter der Voraussetzung geformt, daß die Sippe dazwischentritt und für den Sünder zahlt, z. B. Lieb. 100 (24, 1), 120 (74). Lieb. 186: die Verwandten haben keine andere Möglichkeit, sich der Verantwortung zu entziehen, als indem sie den Missetäter verleugnen, und die Worte beziehen sich augenscheinlich auf den ganzen Betrag der Mannesbuße; 66 (27) zeigt, daß keine festen Grenzen zwischen den individuellen Anteilen bestanden. Lex Sal. 62 gibt keinen Schlüssel für die Vergangenheit; ein scharfer Steuereinheber zog Vorteil aus jeder Schwäche in den alten Institutionen; vgl. Liut. 13, wo zufällig der Verfall der Sippe aufgedeckt wird (Brunner, Zs. d. Sav. Stift., Germ. Abt., III 32 öffnet uns keinen Ausblick auf Zeiten, die älter sind als Lex Sal.).

Die Solidarität der Sippe bringt es mit sich, daß alle Gesippen zahlen oder leiden müssen, wenn der Töter flüchtet; wenn er stirbt, hebt sein *ervingi* die Axt auf – er muß seine Rolle übernehmen und seinen Anteil zahlen, Gul. 218; nur ein Prozeß vor Gericht auf Verleugnung des Missetäters befreit die Sippe. Eine spätere gesetzliche Neuerung versucht die Sache zu bessern, indem sie dem Töter erlaubt, „mit seinem eigenen Teil zu flüchten", und dies kann zu der merkwürdigen Folge führen, daß die Verwandten für einen Verbannten zu zahlen haben, s. Lieb. 4 (23), 66 (27), vgl. Er. L. II 9, III 30; Gul. 218; vgl. die Sprache des alten Frost., s. Germania XXXII 138. Ein Schritt weiter: Jy. L. 22, der Betrag wird beim Tod des Töters herabgesetzt, vgl. o. I 425, Anm. zu S. 94.

Die Gesetze versuchen auch die Grenzen der Verwandtschaft festzusetzen durch Bezeichnungen wie „das dritte Knie" oder „siebenter Mann", z. B. Jy. L. I 1, 22, Östg. Drap. 7 vgl. Gipt. 8; Västg. I Mandr. 1; Vald. L. I 20, Roth. 153, Lex Baj. XV 10, Lex Rib. 56, 3, aber die Forscher haben sich nicht über die Bedeutung dieser Grade einigen können. Lex Sax. 18 macht sieben Verwandte zusammen mit dem Töter verantwortlich, doch die Zahl sagt uns nichts, da wir nichts über die Personen oder die Art wissen, wie sie gezählt wurden. Die beschränkenden Bestimmungen stammen in vielen Fällen aus Zeiten, in denen die Pflicht nicht gerne angenommen, sondern eifrig umgangen wurde, vgl. Jy. L. II 26.

In Dänemark wurde eine rein formelle Grenze gezogen, vgl. o. I 366, Er. L. III 26, Skånel. 91; Seite an Seite mit dieser finden wir das unbeschränkte: *e meth hans frændsum er,* vgl. Er. L. I 17, Skånel. 33.

Die ganze Mannesbuße mußte gezahlt werden, ob die Sippe in allen ihren Zweigen in voller Kraft stand oder nicht; aber das hindert nicht, daß die Möglichkeit bestand, die Buße, je nach dem Vorhandensein solcher Verwandter wie Stiefbrüder und Ziehbrüder, zu variieren. In die Mannesbuße waren wahrscheinlich seit alter Zeit gewisse „Gaben" an die nächsten weiblichen Verwandten eingeschlossen; sie mögen gesondert erwähnt werden, wie in Gul. 221, oder sie mögen einen Teil der Buße bilden, wie in Lex Sal. 101 angedeutet.

Es mögen auch alte Beziehungen bestehen für Helsingelagen, Manhœlghis-Balker 38, aber so wie wir sie bewahrt haben, ist die Regel ohne Wert für unsere Bemühungen, die alten Vorstellungen zu verstehen, da sie eine vollkommen andere Stellung der Frau voraussetzt.

Die Redaktoren arbeiteten unter kaum zu bewältigenden Schwierigkeiten, weil sie Wirklichkeiten in Paragraphen umsetzen mußten. In alter Zeit umfaßte die Sippe Männer, die wußten – und fühlten –, daß sie Verwandte waren; nun gab die Geschichte unsern Vorfahren die Aufgabe, den „Frieden" in einer Formel zusammenzufassen, die alle Arten von Sippen, klein oder groß, von junger Tradition oder von altem Ruhm und weitreichendem Einfluß vereinigen sollte. An vielen Stellen arbeiteten die Redaktoren außerdem zu einer Zeit, wo die Macht der Sippe im Abbröckeln war.

16. Hörg

Hörg = eine Steinsetzung, Landn. 158; beachte die Parallele zwischen Kreuz und Hörg, Gul. 29, Sverris Krist. 79 vgl. Hynd. 10. Beachte den Gebrauch Flat. III 246, *hamra ok hǫrga,* sicher ein überlieferter Ausdruck; *brenna hof* und *brjóta hǫrga* vertritt ohne Zweifel eine alte Sitte, Flat. I 285, Fornald. II 288, auch wenn die Form von anderen Konstruktionen gekreuzt ist: Flat. I 287, Fornald. II 288, Fornm. I 283 vgl. den Vers Flat. I 285 (Rekstefja 9 = Skjald. 527 [9]), Fornm. II 41. Ferner: N G L IV 7, und die Bedeutung in alten Mundarten, s. Beispiele bei Fritzner *s. v. hǫrgr* am Ende, Rietz: Svenskt Dialekt-Lexicon 244.

hof und *hǫrg* bilden eine dauernde Verbindung, Vsp. 7, Vaf. 38, Helg. Hj. 4, Flat. I 285 usw. Als traditioneller Gebrauch Stjórn 580, 582, Karlamagn. 131, 137.

hörg = Blot-Haus, vgl. Grim. 16, Gylfag., S E (A M) K. 14, *cum var.,* beide Lesarten in der Wirklichkeit begründet (S E [A M] I 62, II 260).

hörg = ein Ort oder ein Gegenstand der Anbetung, Sverris Krist. 79, Gul. 29, Bisk. I 20.

Ags. *hearg* umfaßt die vollen Inhalte vom heiligen Ort bis zur göttlichen Macht; oder in christlicher Sprache zum Idol, Dan. 181 vgl. 715, Christ 485, And. 1687, usw. Ags. Vocab. übersetzt *hearg* durch *lucus,* 433, 23, *fanum, sacellum,* 517, 13; 519, 10; 199, 10, *lupercal,* 433, 22.

hærgtraf = Blot-Haus, Beow. 175.

hearg = Heiligtum, nicht notwendig Gebäude umfassend, Beda, ags. Übersetzung II 13, 15, III 30 = Early English Text Soc. 95 f., 136 f., 142, 250; II 13, *getimbro* wird so erwähnt, daß Hörg in diesem Fall ein Haus bezeichnen, aber vielleicht auch nur eine Einzäunung bedeuten kann, vgl. B A Prosa I 178, 30.

In der angelsächsischen Übersetzung der Bibel ist es auf einen festen Gebrauch eingeschränkt. Das Bild selber wird *god* genannt (B A Prosa I 74, 19; 164, 17); *hearg* ist der Gegenstand der Anbetung, das Idol (164, 15; 175, 2; 177, 1: *hearg* und *god,* die zusammen die Idole bezeichneten), wobei immer eine materielle Manifestation in Betracht gezogen wird, „Stöcke und Steine" (vgl. 178, 30).

Ahd. *harug* = *lucus, fanum, ara,* Graff IV 1015 vgl. altnorwegisch *vé,* ags. *veoh,* ahd., altsächs. *wih,* und ags. *ealh,* ahd. *alah,* got. *alhs* –, die der Bedeutung nach Duplikate von *hǫrg* sind.

17. Kultische Formeln und Texte

a) *Formæli*

(vgl. II 167 ff.)

Juristische Formeln: Heid. 98 (23, 27), 100 (9), Njála, Kap. 8 (22), Forns. 124, Sturl. II 158, vgl. z. B. Jy. L. I 21, III 21. *Med þeim formála* = *eo tenore,* Heims. III 107. Vgl. *leggja á, vadium dedit eo ordine ut, skilia fyrir,* s. o. Anh. 9 a, S. 350.

Opferformeln: *mæla fyrir,* Heims. I 192, Flat. I 283, II 452, Sturl. I 17, Unger 219 (11), Herv. 283 f. (beachte den Text des formæli), vgl. Flat. I 280. Formæli: Fornm. I 90, Egil 208, Mork. 20. Formáli: Heims. II 219, Flat. II 184, Egil 263, Kormak 20. Vgl. die christliche Anpassung des Wortes = Gebet, Bisk. I 140, 167; N G L III 254 Nr. 41, bezüglich einleitender Worte bei Beichten; und die interessante Stelle Fornm. VII 198; Grágás Stađ. 442 vgl. Finsen: Register til Skálh.

Norwegisch: *skille for skaalen,* N. h. T. 2 III 204, vgl. den Rechtsausdruck *skil,* Worte und Handlungen, die gesetzlich binden; *skilja fyrir,* s. o. und z. B. Flat. III 274 Z. 2, Västg. I Gipt. 2; 9.

Über das Grab sprechen: Heims. I 219; über die Hochsitzpfeiler, Landn. 7.

Das *formáli* der Nornen: Völs. 100; vgl. den Segen des Vaters, welcher ein typisches formáli ist.

mæla fyrir, Heil wünschen, segnen: Forns. 148 (3), 136 (16), Sturl. II 104.

mæla fyrir, fluchen: Grettir 94, Fornald. II 250, vgl. auch Bisk. I 774 Z. 35, Grettir 177, Islend. 59, Norr. Fornkv. 324, Hrolf 56, Fornald. II 287.

b) *kjósa*

Die Bedeutung des Wortes *kjósa* ist bestimmt durch den aktiven Charakter des alten Denkens. Wenn ein Germane wählt, fügt er sich weder der Notwendigkeit, noch macht er das beste aus ihr, sondern er bejaht sie in einer solchen Weise, daß die Wahl sein Wille und sein Schicksal wird, oder er entscheidet die Zukunft durch seine Handlung; daher geht *kjósa* allmählich in die Bedeutung über: „mittels einer höheren Macht eine Entscheidung treffen“ (Beispiele s. Fritzner *s. v.*).

In der religiösen Welt, wo die Aktivität aufs höchste gesteigert ist, bedeutet *kjósa* „durch Opfer wählen“, d. h. Heil und *eo ipso* gute Wahrzeichen schaffen – daher in volkstümlicher Sprache: Zauber treiben. (Helg. Hj. 32, Faf. 12, Vsp. 63: nur gute Wahrzeichen erhalten = in Zukunft immer glücklich leben.)

Nach Strabo VII K. 2 konnten Wahrzeichen unmittelbar dem Blut des Opfertieres entnommen werden; Hym. 1 zeigt möglicherweise in dieselbe Richtung, bedeutet aber doch eher: erwartete gute Wahrzeichen. Die Freude der Opfernden, *seledreám,* Weisheit, erleuchtende Vorstellungen, prophetische Einsicht, waren an sich gute Wahrzeichen.

c) *gefa – fórn*

Die Gabe bedeutet Mischung von Seele und Leben, Gemeinschaft und Inspiration, und diese Wirklichkeit wird im Verhältnis zu den Göttern gesteigert. Zu besitzen – *eiga* – bedeutet lebende Verbindung zwischen dem Besitzer und dem Gegenstand, und das Verbum *eigna* bedeutet, Leib und Seele übertragen, wie wir sagen würden, um die Übertragung wirklich zu machen; so sind *gefa* und *eigna* religiös gesehen identisch mit *blóta* – Fagr. I 283: *Óđni er ǫl gefit ok ásum eru full eignuđ;* Fagr. 85: *eignađu þau full hinum rikastum frændum sinum.* Ein interessantes Echo in Fornald. III 389: *gefinn,* d. h. auf seinen Platz gewiesen, mit Leben im

Grabe erfüllt, indem das Bier und das Opfertier geweiht wurden. Daher umfaßt ein Wort wie ags. *lác* natürlich die Bedeutung: „Spiel“, „Kult“ und „Gabe“.

Der technische Name für eine Gabe, die den Göttern geweiht ist, ist *fórn*, vgl. Flat. I 144, 213; in der christlichen Terminologie wird es gebraucht für Votivgabe und Opfer, s. Fritzner *s. v.*, vgl. Atlam. 5. Geben oder weihen: Forns. 143, Herv. 233, Austf. 96, Eyrb. Kap. 7 usw.; Ol. Tr. 24.

Das geweihte Opfertier konnte *blót-naut* genannt werden, aber das Wort kommt in dieser Bedeutung nicht häufig vor, Egil 244.

Anmerkungen

Kleinode

S. 8: *fridu-sibb,* Beow. 2017

S. 8: *gipt,* siehe Anh. 11. — Blundketil, Islend. 162. — Einar, Ljósv. 172.

S. 9: Die Njalsöhne, Njála 561. — *thingatio,* siehe Anh. 13. — Schweden, Östg. Vins. 9, Bygd. 46 vgl. Gul. 129. — Grágás I 247 vgl. die Terminologie der Alltagssprache, z. B. Njála 188, Flat. III 57. — Steinun, Landn. 123 vgl. Grettir 20. — Geschenk als Entgelt, Liut. 73 vgl. Rothar 175, 184, Thév. 59, 61, Cod. Cav. I Nr. 176, Cod. Dipl. Lang. Nr. 22, 57, 64, usw. usw. usw. *in infinitum,* vgl. Liut. Form. 72 (73).

S. 10: *arrha,* siehe Anh. 8 S. 342.

S. 11: Refr. Fornald. III 40 u. f. vgl. Saxo I 433/4. — Eine Gabe fordert Gegengabe, Gisli 28, Háv. 145.

S. 13: Beow. 1013 u. f., 1192 u. f.

S. 15: Odyss. XIII 215. — Beow. 2725 u. f. — Egil 290.

S. 16: Die Eriksöhne, Fagr. 53. — „Frodis Mehl", S E 106, Beow. 1719. — Gudrun, Völs. 152 vgl. Hildebrandslied 33 u. f. — Egil 175.

S. 17: Kjartan, Flat. I 311. — Knechte, Flat. II 245. — Des Königs Zorn, Flat. III 433. — Einar, Egil 291.

S. 18: *nautr,* Vigfússon: Dictionary s. u. *nautr,* Regin. 4, ein bezeichnendes Alltagsbeispiel Austf. 229. — Glúma 19, 76/7.

S. 19: Höskuld, Laxd. 90 vgl. Fornald. III 606, II 326, 352, 360. — Grettir 38. — Die Axt von Olafs Sippe, Dipl. Norv. X Nr. 203. — Volkssagen, Thiele I 134, 292, Müllenhoff: Sagen usw. d. Herzogtümer Schleswig, Holstein und Lauenburg, Kiel 1845 S. 327 u. f., Grimm: Deutsche Sagen, 3. Ausg. I 27.

S. 20: Gram, Völs. 108, vgl. Heims. I 448. — Hörd, Islend. 9, 15.

S. 22: Vieh, das Heil hat, Islend. 10, Forns. 54 u. f. — Goldzierat, Thrym. 23, Helg. Hj. 4, Fornald. III 30, Laxd. 105/6, Austf. 186 u. f. — Glaube, Forns. 55 Z. 15 vgl. z. B. Glúma 19, Herv. 297. — hoch schätzte, Islend. 9, Grettir 68 vgl. Forns. 18 Z. 10, Flat. I 261/2.

S. 23: Die Merowinger, Eginhard: Vita Caroli K. 1 vgl. Lex Sal. 3 IV, *taurus regis* und sein Pferd, *ib.* 38 II. — Dieb, siehe z. B. Gul. 253, Frost. XIV 12, Skånel. 145, Västg. II þjuf. 24, Drap. 19, Upl. Manh. 37/8, Rothar 32 vgl. Västg. þjuf. 4, Upl. Manh. 41, Östg. Drap. 2, Lex Sal. 32, Rothar 42, Lieb. 4 (24), Skånel. 109, usw. — Diebstahl und Räuberei, Räuberei wird oft kompliziert, weil sie mit Heimfrieden und anderem Frieden in Widerstreit steht, aber der Standpunkt ist ganz klar, vgl. eine Formulierung wie Skånel. 84.

S. 24: Männer in Südschweden, Gaslander 284, 301. — *gorvargr,* die ursprüngliche Bedeutung von *gor* ist wahrscheinlich die halbverdaute Nahrung in den Eingeweiden, aber das schwedische *gortjuf* und *gorkätti* deutet auf einen weiteren Sinn. *gortjuf,* Östg. Vaþa 32, Västg. I Orb. 9, II þjuf. 16 vgl. 58, Söderm. Bygd. 33, Skånel. 166, And. Sun. 110, Jy. l. III Er. 53, l. III 41, N G L II 523, Frost. V 21, Stad. 374, Grágás I 117, vgl. Lex Alam. 65, Lex Rib. 18.

S. 25: Bardi, Heid. 54 u. f. vgl. Laxd. 173/6 über Kjartans Schwert, das ihm der König gegeben hatte mit dem Versprechen, daß es ganz besonderes Heil hätte, Laxd. 162 vgl. Flat. I 454; als Kjartan sein Schwert wiedergewinnt, hat er das Zutrauen zu ihm verloren, und „jetzt schätzte er es viel weniger als früher".

S. 26: Grendel, Beow. 1557 vgl. Fornald. II 369, 371.

S. 27: Angrvandill, Fornald. II 391/2 vgl. Helgis Rede 374, und Njála 114, Glúma 19, 76, Laxd. 162 vgl. Flat. I 454. — Svart, Forns. 134. — Arngrim, Herv. 206.

Das Siegesschwert

S. 28: Jökul, Forns. 48. — Beow. 1528. — *dóm,* siehe Anh. 3. — Stigandi, Forns. 27. — Siegeswaffen, Beow. 804 vgl. Gisli 4, Herv. 205, Heid. 61 und das literarische Überbleibsel in Fornald. III 475. Beispiele von mittelalterlicher Bekehrung zu und Verschmelzung mit fremder Denkart z. B. Will. Malm. I 150.

S. 29: Sköfnung, Landn. 57, Thord. Hr. 8, 49, 54, 55, 62, Hrolf 100, Kormak 20, Laxd. 214 vgl. das Schwert Dáinsleif in S E 119, vgl. Islend. 48, Fornald. II 368 u. f., usw. usw. — Paul. Diac. II 28. — Skirn. 9 vgl. Grettir 44, Hrolf 70. — Beow. 1459. — Stigandi, Forns. 30. — Der Langwurm, Flat. I 520.

S. 30: Kormak 19/20. — Fußbeißer, Laxd. 104 vgl. Islend. 48, 106, bem. 115; literarisches Echo: Fornald. III 476. — Grauseite, Gisli 4 vgl. 82, 18, 22, 28. — Beow. 2155.

S. 31: Selthorir, Heims. II 298. — Beow. 2610 vgl. 454, 1202. — Grettir 32. — Völs. 88. — Bödvar, Hrolf 60 vgl. 56.

S. 32: Thryms. 30. — Skrukke usw. N. h. T. 2 III 159, 166 vgl. Paul. Diac. I 27.

S. 33: Hrani, Flat. II 7, Ol. s. h. h. 2/3. Die Siegeshemden und die wundervollen Schwerter, die Gemeingut der Romanen des Mittelalters wurden, sind oft von den nordischen Sagenerzählern übernommen und einem vernünftigen Zweck dienstbar gemacht, Flat. I 529, Völs. 186, Ragnar 156, 158, Fornald. I 352, II 198, III 250, 397, 415 usw. usw. Nichtsdestoweniger geschieht allmählich eine Veränderung, wenn solche Gegenstände benutzt werden mit Rücksicht auf die Wirkung: sie verwandeln sich langsam in Requisiten der literarischen Taschenspielerkunst, sobald sie vom Besitzer getrennt und mit eigenen wundersamen Eigenschaften versehen werden. Was den Mantel Thorir Hunds, Heims. II 492, Flat. II 356, 372, betrifft, so muß man bedenken, daß ehrliches Heil von der alten Art von guten Christen als magisch und schlecht betrachtet wurde, und Thorir wird uns vorgestellt, so wie ihn Olafs Bewunderer und die Mönche, die mit seinen Reliquien Wunder wirkten, sahen. S E 27 sind mystisch verwandelte Schätze.

S. 34: Verehrung durch Geschenke, Islend. 148. — Beow. 1880 vgl. z. B. Egil 176. — Upl. Ærf. 4 = Söderman. Gipt. 3.

S. 35: Kühnheit, Hrolf 23. — Schande, Tac. 6, Lex Sal. 30, 6, Njála 361. — Verwünschung, Helg. Hund. II 33 vgl. hier I 90.

S. 37: Die Ynglinge, Heims. I 27 u. f.

S. 38: Das Kampferz, Atlak. 27. — Sigurd, Faf. 10. — Die Gjukunge, Sigurd. sk. 16. — Hervör, Herv. 211 u. f., 224/5.

S. 39: Die Hrafnistamänner, Fornald. II 109 u. f.

S. 41: Orm, Flat. I 521 u. f., vgl. 521, 531 mit Fornald. II 109/10, 355. Thorkel, Njála 618; eine andere Erbwaffe des Geschlechts, das Schwert Dragvendill, führt auch zurück zu dem Stammvater, Egil 226, Fornald. II 122 vgl. 144/5.

S. 42: etwas „Auferlegtes", Kormak 27 über Skrymir, vgl. Fornald. II 327, 464.

Name und Erbe

S. 43: richtet ihn auf, siehe II 33/9 über die Geburt Olafs des Heiligen, vgl. Finnb. 19; *heillir,* siehe I 320. — Sigmund, Völs. 100, Helg. Hund. I 1/2 vgl. Ragnar 136. — Helgi, Helg. Hj. 6 u. f. vgl. Herv. 346 V 73.

S. 44: Zahngabe, Ol. s. h. h. 4 vgl. Grim. 5, Flat. I 235, Laxd. 61. In solchen Institutionen wie denen, auf welche Tac. 13, Paul. Diac. I 13, Lieb. 491 (15) hinweisen, spielte die geistige Beziehung zwischen Geber und Empfänger sicher eine Rolle, auch wenn die Handlung im ganzen genommen etwas anderes betraf. — Theodorik, Cass. IV 2 vgl. VIII 9. — Norwegen, Dipl. Norv. I 253.

S. 45: Hallfred, Flat. I 326 vgl. 213, 262, 418, II 153, Fornald. II 332, 359, Svarfd. 46, Bj. H. 46. — Die Langobarden, Fredegar III 65, Paul. Diac. I 8. — Harald, Heims. III 515.

S. 46: Glück und Heil, vgl. z. B. Flat. I 340 Z. 28 mit dem, was später geschah, 342. — Der Ring der Skjöldunge, Hrolf 17 u. f. — Beow. 1202 vgl. Islend. 16, Austf. 64 und die Rolle, die der Halsschmuck spielte in Sǫrlaþáttr, Flat. I 275/6, welches verglichen werden muß mit Ragnarsdr., Skjald. I 2. — Schwert, Ring und Mantel, über diese Dreiheit vgl. Glúma, Flat. II 8, Fornald. II 371, 390.

S. 47: Hjalti, Rannveig, Njála 692, 370. — Deutsches Gesetzbuch, Lex Thur. 31. — Beow. 2188.

S. 48: Sippenknauf, Forns. 43. — Gunnthram, Gregor VII 33 vgl. Paul. Diac. I 15, Mon. Germ. Lang. 378 (156). — Zepter, Paul. Diac. VI 55.

S. 49: alt, Beow. 795, 1488, 1558, 1903, 2563, 2610 usw., B A Po. I 360 (47), Fost. 31, Grettir 32: — oft zitiert, z. B. Pérard 3, 72.

S. 50: Sohn des Sohnes, vgl. Amira: Erbenfolge 17, 133, Heusler II, 579 u. f. — Adoptiert durch den Großvater, vgl. Roz. 132 u. f. Andeutung alter Sitte, Fornald. I 358, Eyrb. K 7.

S. 51: Hreidmar, Regin. 10/11, vgl. Gud II 28 und hier II, 44, Lex Rib. 48, Flat. I 21. — Lex Sal. 59; dieselbe alte Lebensweisheit liegt zugrunde in Lex Thur. 26 u. f.; ebenfalls Nachwirkung in Lex Burg. XIV 2. Der Grundsatz, dem man gelegentlich in germanischen Gesetzen begegnet, daß der Vater der Erbnehmer seines Sohnes ist, mag insofern eine Neuerung genannt werden, als die Erbschaft betrachtet wird als Mittel zur Übertragung von Besitz, aber diese Ordnung ist die natürliche Folge der alten Wirklichkeit; ein Mann ohne Kinder ist ein toter Zweig, und sein Vater muß einen neuen Sohn „gebären", um den Verlust wiedergutzumachen. — Thorlaug, Ljósv. 237, Reykd. 123, 126/7. Es gibt auch einen anderen Gesichtspunkt, siehe I 284; in Wirklichkeit sind die beiden identisch. Wir wissen nicht viel über die Stellung der Mutter.

S. 52: Sippenknauf, Grettir 32 vgl. Landn. 211. — Vigfus, Glúma 19.

S. 53: Vigfus' Hamingja, Glúma 26/7. — Bæsing, Flat. II 12. — Hervör, Herv. 225/6. — Jüngling, siehe hier I 320. — Ausschluß der Frauen, siehe Anh. 11.

S. 54: Tenkterer, Tac. 32. — Der letzte des Geschlechts, Beow. 223 u. f. Die Übersetzung von 2252 läßt mehrere Deutungen zu; 2253, *feormie* bedeutet: anständig behandeln. 2258, meine Übersetzung von *gebád* soll nur darauf hinweisen, welche aktive Art der Erfahrung und des Erlebnisses *bídan* andeutet.

Gabentausch

S. 55: Ein Gefühl der Einheit, siehe z. B. Islend. 161 u. f. — *mundr,* siehe Anh. 11. — Solidarität, Lex Burg. 66 vgl. Rothar 160/1. — Tac. 18.

S. 56: Freundschaftsgaben, z. B. Egil 38, 148/9, 226, 278, Heims. II 301, Bisk. I 36, Njála 562, usw. usw. — Austausch von Geschenken, Gisli 13. — Geschenke anbieten, z. B. Ljósv. 167, 200, Heims. I 232, Islend. 33. — Andreas 471.

S. 57: Gregor VI 29 vgl. Heims. II 101.

S. 58: Der Wind weht, Richthofen: Friesische Rechtsquellen 491. — Eriks Gesetz, Er. l. II 6, 9. — Island, Grág. I 206, vgl. auch Västg. I Orb. II Add. 7, 10.

S. 59: Thorgeir, Islendingabóc 11, Bisk. I 24.

S. 60: Will. Malm. I 143. — Chlodwig, Mon. Germ. Hist. Script. Mer. II 256/7 (Übersetzung von Giesebrecht). Die Geschichte von Chlodwigs Heiratsantrag ist interessant als Beispiel der germanischen Diplomatie; um andere Leute seinen Zwecken zu unterwerfen, muß er Herr werden über ihr Wollen und ihre Hamingjas, Gregor II 19 und besonders Mon. Germ. Hist. Script. Mer. 99.

S. 61: Gundowald, Gregor VII 38. — Thrond, Flat. III 314.

S. 62: Liebe, z. B. Forns. 11, Laxd. 18, usw. — Morgengabe, Östg. Eþz. 19, Gipt. 10; Upl. Ærf. 4; Västg. I Gipt. 4, 9, II Gipt. 2, III 67; Vestm. II Ærf. 4; Hels. Ærf. 4; Söderm. Gipt. 3 vgl. Gul. 51. Lieb. 8 (81). Rothar 182, 199, 200, 216; Liutp. 7 vgl. Cod. Cav. I Nr. 1, 154, 163 *in alia die nuptiarum.* Lex Burg. 42 (2), Lex Alam. 54, Lex Rib. 37.

S. 63: Margarethe, Flat. III 324. — Upl. Ærf. 4. — Einschätzung der Bewerber, Bild aus dem isländischen Alltagsleben: Eyrb. K. 41, Njála 43, Laxd. 25; aus der poetischen Sphäre: Signe, Saxo I 338; Brynhild; Heims. I 101.

S. 64: Thurid, siehe I 34/5. — seine Gabe legen, in Schweden brachte der Bräutigam der Braut seine Liebe verkörpert als *förningar,* vgl. Upl. Ærf. 1, Magn. Er. Landslag Gipt. 7; vgl. auch hier II 17/18. — Ingeld, Beow. 2024 u. f.

S. 65: Brynhild, S E 104 u. f., Völs. 155, 159 Z. 17 vgl. Sigurd. I 15. — Gudrun, Laxd.

S. 68: Sinn mischen, die Gesetze enthalten interessante Beispiele von Psychologie der Liebe, wie wenn z. B. das Überreichen der Gabe „oben darauf" auf die Verlobungsgaben eines früheren Freiers Strafe nach sich zieht, Upl. Ærf. 1, Hels. Kyrk. 15. Die Absicht ist, den Mann zu beschützen, der seine Ehre an eine Partie gebunden hat und der daher verletzt werden könnte durch einen Appell an den Willen des Empfängers. — Blutsbrüder, Fost., vgl. Forns. 39, Fornald. III 375; vgl. ags. *wedbroðer.*

S. 69: Der zivilisierte Römer, Tac. 14 vgl. Ammian. Marcel. XVI 12 (60). — Die Treue der Jünger, Heliand 3994. — Hallfred, Forns. 111/12.

S. 70: Wiglaf, Simrocks Übersetzung, Beow. 2862 vgl. z. B. Skjald. I 24 (15/16). — Godrik, B A Po. I 356/7 (186, 203, 246, 289) vgl. A S Chron. *a.* 755. — Das Bjarkalied, Saxo I 90 u. f.; ein verblaßtes Gegenstück in Half. 31 u. f.

S. 72: Bedingungen des Lebens, der Gefolgsmann liebt und haßt, so wie der König liebt und haßt; es ist keine Übertreibung in dem Spruch Lieb. 396 (1).

S. 73: *era,* Thord. Hr. 4 vgl. Flat. I 454, usw., Heliand 3771. — Die Zurückweisung, Islend. 32/3 vgl. Gisli 21, Laxd. 167.

S. 74: Thorstein, Flat. III 319/20. — Des Königs Geschenke, vgl. die vorhergehenden Zitate aus der Hofdichtung, z. B. der Auftritt Hrolf 84/5. — Der König von Norwegen, Flat. III 117 und hier in der Folge.

S. 75: Thronforderer, Mork. 19. — Asgrim, Flat. III 433, Landn. 110 vgl. Heims. II 275. — Svein, Flat. III 273. — nicht ausgeschlossen, z. B. Mork. 61/2, vgl. auch Egil 118 u. f. und hier II 17.

S. 76: Gunnar, Njála 201. — Egil, Skjald. 36 (15) vgl. hier II 17.

S. 77: Der Eid der Gerechtigkeit, Er. l. III 27, Skånel. 110/11, And. Sun. 46 vgl. Västg. I Vaþ. 4, Østg. Krist. 13, Norweg. Bjark. 31/2, 90 vgl. Lieb. 500 (10, 2). — Verwandte im Geldbeutel tragen, z. B. Grettir 55.

Kauf und Pfand

S. 78: Sagenhafte Isländergeschichte, Fornald. II 393. — Vorsicht der Bauern, siehe z. B. Cavallius II XLIII, I 386, H. Aminson: Bidrag till Södermanlands Kulturhistorie V 85, O. Nicolaissen: Fra Nordlands Fortid I 21, Gaslander 275 (27) vgl. 302 Z. 1.

S. 79: *skeyting,* Skånel. 36, 77 u. f., 83, And. Sun. 37/9 Sk. Stadsret 1 (Skånel. S. 400), Er. l. I 29. — auf dem Gesetzesthing, Skånel. 49 N. 67, 51, Vald. l. II 44, III 8, Er. l. I 18, III 3, vgl. das stillschweigend Miteinbegriffene II 49 (S. 50); Jy. l. I 37, aus der Begründung hervorgehend; Zeugen waren wirklich die Männer, die die Zipfel des Mantels hielten, And. Sun. 38. — Norwegen, Gul. 292 vgl. 279; vgl. Østg. Eghn. 1; bem. die Vergangenheit, die in Västg. III 67 angedeutet wird. — Südliche

Formen, Torf, schwarze Erde: Thév. 29, 100 *ter,* Hist. Fris. Nr. 484, Redon Nr. 99, 142, Pérard S. 57, Cluny I Nr. 10, Kemble, Cod. Dipl. Æ. Sax. I Nr. 114; Messer: Thév. 105, Chartæ Nr. 23, 110, usw.; Zweig, Thév. 52, 98, 136, 143, Loersch 97, Hist. Fris. I Nr. 492, Mon. Germ. Leg. IV 602 (Cart. 24) vgl. *ib.* III 337 (Lex Baj. App. IV), Cod. Lang. Nr. 127, 146, 243, 247, Chartæ I Nr. 23, 40, 55, 110; Tür, Angel, Schwelle, Thév. 30, 124, Loersch 70 vgl. 54, Hist. Fris. Nr. 538, 607, Cod. Lang. Nr. 184, 191, 228, 232, 257, 266, 269, 291, Mon. Germ. Form. S. 200 (34), Roz. 256, 258, 288, 289, Cluny I Nr. 91; Stock, siehe Anh. 9 a.

S. 80: Zweikampf, Lex Alam. 81; dasselbe geschieht bei dem Eide, wenn er geschworen wird, während man den Gegenstand des Streites berührt, Lex. Rib. 33, Er. l. III 21. — Die Sachsen, Widukind I 5/6 — natürlich sagenhaft, aber eine Sage, die grundsätzlich verstanden wurde. — ihnen nichts „auferlegt", Herv. 205, Regin. 6/7; bem. *fár,* das ganz genau die böse Gesinnung als gefährlich bezeichnet und ebenfalls das Unheil, das entsteht, wenn es sich durchsetzt.

S. 81: bedeutungsvoller Ausspruch, Grettir K. 17, Beow. 1045, 1216, 2162, 2812. — genießen, z. B. Norr. Fornk. 57 (112 usw.), 64 (164), 224 (29), 239 (8) usw. usw. vgl. B A Po. I 372 (308) und Beow. 2165: überreichte ihm seinen guten Willen, d. h. ohne ihm den Inhalt zu neiden, sein Heil wie ein Heil, gab es ihm unvorbehalten aus heilem Sinn, vgl. 2157: daß ich dir erst seinen Willen, sein Wesen künden sollte, und 1194, 2149: unvorbehalten, aus heilem Sinn; *ést* ist der gute Wille zum Frieden, z. B. Beow. 2378, B A Po. III 200 (24), und bem. die gleichbedeutenden Worte Gen. 1443: der gute Wille des Wirtes = Gastlichkeit. Beow. 3075 ist dunkel, aber soviel ist sicher, daß der Vers sich auf den Willen des Besitzers bezieht, vielleicht weist er auf die Tatsache hin, daß Beowulf seinen Sinn nicht kannte, da er nicht mit ihm vertraut war. — Gebrauch, vgl. z. B. And. 229. — Heil folgt ihm, Njála K. 82 (82). — Handschuh, siehe Anh. 8. — *wed,* siehe Anh. 8. Auf gleiche Art wurde die Macht übertragen, oder wie ein Wort in Norwegen besagt: *ráđ,* vgl. I 276/77 und Anh. 1. Beim Abschiednehmen wendet sich der König an Beowulf *ond him hœl abéad, wín-ærnes geweald;* so bekommt Beowulf festen Stand in der Halle, Beow. 652 u. f., vgl. 1044; vgl. *spéd,* Beda (Early Eng. Text Soc. 95/6) S. 230 (28), 256 (10). Das Heil, das als Macht geboten wird, ist dasselbe wie das, das als Willkommen geboten wird; Beow. 652, 2418 und Elene 1002 sind vollkommen gleich.

S. 82: Worte recht lenken, es ist die Formel, die den Unterschied macht zwischen *wæþskötning* und *wærulzskötning (ad perpetuum dominium),* Skånel. 83 vgl. Amira II 229 u. f. und I 207 u. f., 220, wo die Tatsachen den modernen Vorstellungen entsprechend geordnet sind. — auferlegt, in Norwegen wurden die Worte dem Pfeil auferlegt, wenn er ausgesandt wurde, daß die Ablieferung eine unwiderstehliche Macht ausübte. Frost. IV, 24. Die Sache oder der Name des Angeklagten wurde auf den Pfeil gelegt, Frost IV 39, Gul. 151, 156, und beide Parteien — du selbst und der andere Mann — waren durch die Auferlegung gebunden. Vgl. Ausdrücke wie: *vadium dedit eo ordine ut* und dergleichen. In Skandinavien: *skil ek fyrir und ähnliches. med þeim formála = eo tenore,* Heims. III 107 vgl. Rothar 366, Ratchis 5, Lex Sal. 46. Siehe auch Anh. 9 b und 17 a.

S. 83: Handschlag, siehe Anh. 10. — zwei Öre, Skånel. 76, And. Sun.

391. — „Handel", Ljósv. 192 Z. 58; hinsichtlich der übrigen Germanen siehe Grimm: Rechts. 138 u. f.

S. 84: Einen Gegenstand verwenden, siehe II 81 und Forns. 136 Z. 11.

S. 85: Der Wert einer Kuh, Tac. 12, 21 weist auf eine andere Welt hin als die im isländischen *kúgildi,* vgl. Grágás II 192/3, Lex Rib. 36 (11). — Ingeld, Beow. 2047. — Isleif, Flat. II 140 vgl. den Wortlaut in Mork. 201 Z. 20/1.

S. 86: Das Recht der Erben, siehe Anh. 12. Nachdem, was gesagt worden ist, ist es sicher nicht notwendig hinzuzufügen, daß die geistige und gesellschaftliche Einheit der Sippe nicht im geringsten den privaten Besitz beeinträchtigte. — Zwiespalt, Sinn und Form im Widerstreit, wenn ein bezeichnendes Beispiel gewünscht wird, genügt ein Hinweis auf Amira I 320 u. f.

S. 87: Ehevertrag, siehe Anh. 11. — Die Verpflichtung des Verkäufers, siehe Anh. 8. — Frühzeitlicher Handelsbegriff, Grágás I 247, Stad. 84/5, Östg. Vins. 9, Bygd. 46, auch Liut. 43, 72 (73) vgl. Form., und siehe Anh. 8.

S. 88: *tilgæf,* siehe Anh. 8. — Gjafa-Refr, siehe II 11/12. — Gunnar, Sigurd. sk. 15. — Tac. K. 21.

S. 89: Ingimund, Forns. 29.

S. 90: Sigmund, Völs. 88 u. f.

Tischgemeinschaft

S. 91: Magnus, Flat. III 273. — zutrinken, z. B. Egil 263, Heims. I 192, Bisk. I 848, vgl. solche Ausdrücke wie *gefin til fjár* usw. usw. — *drekka bruðlaup til,* z. B. Flat. I 66, 157. — *til,* vgl. *tilgæf* usw., siehe II 106. — Magnus, Flat. II 419 vgl. Bj. H. 7.

S. 92: Der König trinkt zu, Heims. III 227. — Ehrenbecher, Småst. 25 vgl. Skråord. 83 (25), Sv. Landsm. Bih. I 235/6 (aus dem 17. Jahrh.). — mitkommen, Ljósv. 141 vgl. die Sitte, die in Egil 133 angedeutet wird, Fornald. II 267, Djurklou: Kinds Härad 60, Topogr. Journ. VIII 26ste hæfte 52, Nicol. 84; vgl. im ganzen die Ermahnung in Laur. Petri: (Troil) Skrifter och Handlingar till sv. Kyrk. Hist. V 71 u. f. — Harald, Flat. III 317; Christen und Heiden konnten nicht miteinander trinken, weil sie verschiedene „Glauben" hatten, Flat. I 457; siehe auch Grönbech.

S. 93: Gunnthram, Gregor V 11 (17) vgl. II 26 (35). — Adam Brem. III K. 17. — Island, Flat. II 171, III 200. — Norwegische Hochzeit, Folkevennen VII 386 u. f. vgl. Dithmarschen, Neoc. I 104/5, Stadslag, Schlyter XI Gipt. 7. — Norwegische *festar-* oder *fastnaðaröl,* Fritzner *s. v.* — *per cibum* usw., Thév. 84, Redon Nr. 53. Deutsch *litkouf,* Grimm: Rechts. 191. Der Begriff *Lidkøb,* wie er in den Gesetzen der skandinavischen Städte ausgedrückt wird, ist mehr deutsch als skandinavisch, Stadsretter udg. af Thorsen 14 (52), 72 (38), Kolderup-Rosenvinge: Danske Gårdsretter 49 (3/4), 119 (102), 320 (52), 401 (38) usw. Skånel. 400 (3), Sv. Bjark. (Schlyter VI) 6, Feilberg *s. v. lidkøb* und z. B. Gaslander 258, Dipl. A. M. I 324 *(skødetønde),* vgl. auch Da. Gild. I 167 (6).

S. 94: Ehe, Grágás I 222, Östg. Gipt. 8 vgl. Ärfd. 8; Bjark. 132 vgl.

Gul. 51, 124, Frost. XI 8 *(ölhúsvitni)*. — Anderes zu tun als zu essen, Islend. 148.

S. 95: Chilperich, Gregor V 12 (18). — Theodolind, Paul. Diac. III 35.

S. 96: *njótsminni*, Fornm. VI 52 vgl. *njösminne* in Aasen: Norsk Ordbog, Formeln von *lidkøb*, Syv II 299 vgl. Feilberg *s. v. lidkøb*. — erhielt seine Freiheit, Gul. 62, Frost. IX 12, Bjark. 166.

S. 97: Haus und Kost teilen, Grágás I 154/5. — Das Brautpaar, N. h. T. 2 III 198, Topogr. Journ. 26ste hæfte 45 vgl. Wille 260/1. — Schweden, Ǒstg. Gipt. 8/9 vgl. die Bestimmung der verschiedenen Sorten Bier, Västg. I Mandr. 13; Neoc. I 110 u. f.

S. 98: Sigurd, Völs. 143 vgl. Gud. II 21 u. f. vgl. Dráp Nifl., Hynd. 45. — Hedin, Flat. I 278 u. f. — Bösmer, Danm. gl. Folkev. II 104 vgl. Fornald III 299, 302, 309, 313, 335/6. Das Bewußtsein von den geistigen Wirkungen des gemeinsamen Essens war nicht ganz verlorengegangen, wenn es auch neue Begründung suchen mußte, siehe z. B. Cavallius I 401.

S. 100: Tischgenosse, Grágás I 228. — Der innerste Kern der Sippe, nicht so, daß der gemeinsame Tisch von allergrößter Bedeutung oder entscheidend gewesen wäre, aber Verwandtschaft bedeutete: am selben Tisch sitzen und dieselbe Speise zu sich nehmen entweder jeden Tag oder bei den periodisch wiederkehrenden Festen. Je vertrauter der gemeinsame Tisch, je stärker das Gefühl des Friedens. Aber dieses setzte nicht andere Faktoren außer Kraft, siehe I 356 u. f. — jeder Kreis, Beow. 343, usw. — Bier trinken, Gul. 126 vgl. den Wortlaut Frost. IX 20, Fritzner *s. v. mungaðarmaðr*. — im Metsitz sitzen, Beow. 3065. — Friesland, Vita Liudg. K. 6/7 (Mon. Germ. Hist. Script. II 406), vgl. Grágás I 222.

S. 101: *óæll*, Grágás I 12, Gul. 202, Västg. I Mandr. I, Ǒstg. Eþz. 10, Upl. Kun. 9, Er. l. III 46; Skånel. *matban* K. 139, Lex Sal. K. 55 (2). Reminiszenzen in den Gilden, z. B. Da. Gild. I 35 (1) vgl. Auflösung der Verwandtschaft, Lieb. 186 (1,1). — Frost. IX 9. — Gabe und Bier, Beow. 2431, Tac. 14. — die Königin, Beow. 612, 1980, 2020, Atlak. 35. — Garibald, Paul. Diac. III 30.

S. 102: Brynhild, Völs. 137. — Norwegische Hochzeitsgebräuche, N. h. T. 2 III 190 u. f., Wille 257. — Schweden, Västg. I Gipt. 9, Ǒstg. Gipt. 8/9. — Einweihungstrunk, Hym. 8, Heims. III 228 vgl. Atlak. 33 und, aus dem Leben der Bauern, Daae I 96.

S. 103: Priskos, Corp. Script. Hist. Byz. 207. — „Willkomm", Djurklou 42. — Dithmarschen, Neoc. I 146, Nitzsch: Das alte Dithmarschen 14 vgl. Zutritt zu der Gilde, Småst. 117.

S. 104: Zurückhaltung, vgl. z. B. Saxo I 185.

S. 105: sich ihm ausgeliefert hat, Forns. 11. — Alboin, Paul. Diac. I 23. — Tac. 21.

S. 106: Neidwerk, Budst. II 747 vgl. Lex Burg. 38 (1). — Cæsar VI 23. — Sinn mischen, Háv. 44. — die Pflicht des Wirtes, Lieb. 11 (15), Lex Rib. 31, Ǒstg. Vaþ. 32, 3 vgl. den Hintergrund, der in Rothar 274 angedeutet wird, und z. B. die Psychologie in Njála 41 u. f., 88/9, 91. Auf der anderen Seite: Grágás I 173 Z. 12, Austf. 197, 199/200, Ljósv. 145. Vgl. es ist die Pflicht des Gastes, dem Wirt zu helfen, z. B. Eyrb. K. 45 usw.

S. 107: Prokop IV 27. — Die Ehre des Hauses, infolgedessen muß Sigrd. 5 buchstäblich genommen werden. — Heorogar, Beow. 2158. — Jökul, Grettir 32. — Ein Gedicht auf den Geber, Egil 292, Bragis Ragnardrapa, Skjald. 1.

Heiligkeit

S. 109: Hieb seine Axt, Landn. 85 Z. 29 und bem. im großen und ganzen Z. 32; vgl. 62 Z. 20, 64 Z. 16. — Gesetzesstab siehe Anh. 9 b. — Waffen, Gisli 6, N. h. T. 2 III 159, Njála 374 vgl. Fornald. III 577. — Thorgils, Laxd. 247. — Halfdan, Fagr. 4, Heims. I 93/4.

S. 110: Skalm, Landn. 23 vgl. Spámaðr, Flat. I 419. — Tac. 10. — Hochsitzpfeiler, Landn. 7/8, 31, 92, 95, 97, Laxd. 6, Eyrb. K. 4. Die Bemerkung in Aarb. f. nord. Oldk. 1909 261 stimmt nicht mit dem Text überein.

S. 111: Der Raum, den diese Pfeiler begrenzten, z. B. Eyrb. K. 4. — Odin, Norr. Fornk. 76, 90, S E 16. — in den Sitz geführt, Heims. I 160 vgl. Gregor V 11 (17). Vielleicht bezieht sich das Wort Tischgenosse, Paul. Diac. I 23, auf den Hochsitz? Gul. 115: Der Erbe übt die Herrschaft und tut seine Pflicht vom Hochsitz her. — Herdbalken, Landn. 115, 34. — Wetterfähnchen, Landn. 83, Grettir 89/90 vgl. Forns. 123 Var. Die nahe Verwandtschaft zwischen den Wetterfähnchen und den hochgeschätzten Gallionsfiguren ist auch zu beachten, vgl. Landn. 65 Z. 16/17. Siehe im ganzen V. Gudmundsson: Privatboligen 153 u. f. — Durch Feuer weihen, Landn. 63, 65, 73, Eyrb. K. 4. — Glúma 79.

S. 112: Das Feuer wahrsagt, vgl. Austf. 199 Z. 28, Forns. 6; bem. Zusammenhang. Bem. den Ausdruck in Grágás II 136: Mit Herd und Feuer auf dem Boden eines Mannes gehen = sich ansiedeln. — spätere Gebräuche, siehe Feilberg u. skorsten. — der Norweger, Gul. 292 vgl. Frost. X 4, wo die Heimstätte gekennzeichnet wird durch Feuer, Herd, Hochsitz und Bedeckung der Bänke, und Skånel. S. 215; *bransten* können wir sicher wie Schlyter in der Bedeutung Brennpunkt lesen. Es ist für den Pächter wichtig, seine Zinsen zu bekommen innerhalb der Grenzen des Heimfriedens des Hofbesitzers. Gud. II 23 vgl. ags. *heorð*, Herd, in der Bedeutung Haus, vgl. Guðrúnarhv. 10. — Herdhammer, Feilberg: Dansk Bondeliv 1 I 43 vgl. Budst. II (1820) 748. — Hvamm, Islend 166. — Völsung, Völs. 87/8.

S. 113: Helgafell usw., Eyrb. K. 4, Landn. 32, 80, 81, 110. — Überreste, wahrscheinlich bezieht es sich auf die Überreste von den heiligen Mahlzeiten, die auf der heiligen Stätte aufgehoben wurden, um zu verhindern, daß sie entheiligt wurden. — Snorri, Eyrb. K. 28. — Thorstein, Landn. 110 vgl. literarischer Nachklang in Bard. 7. — Tac., Ann. XIII 57, Hist. IV 14.

S. 114: Fositesland, Vita Willibrordi, Jaffé: Bibl. Rer. Germ. VI 47/8. — Adam Brem. IV 3 ist in einer gelehrten Zusammenstellung begründet, aber der Name Heiligland ist interessant.

S. 115: Thord Gellir, Landn. 158. — *heill*, Nicol. 171, Neoc. I 117. — Hreidar usw., Landn. 65, 23, 32. — Aud, Landn. 156 u. f. — Thornstein, Eyrb. K. 11.

S. 116. *vé,* siehe Wimmer: Danske Runemindesmærker (Glossar). — Die Friedhöfe, vgl. N. h. T. 1 IV 493, siehe auch eine schwache Andeutung Forns. 67 Z. 4. — Das Gesetz, Smålandsl. Krist. 17, Eids. II 39. — Seines Vaters Hügel, Flat. II 70, Herv. 273.

S. 117: Zurück zum Hügel, z. B. Dipl. Norv. III Nr. 122, X Nr. 257. Bem. auch die Form der Stammtafeln, Christ. Videns. Sels. Forh. 1875 S. 100 u. f. vgl. Östg. Eghn. 10 (und Anm. in Freudenthals Ausgabe) — eine alte Sitte umgekehrt. — Mannhelg auf ihn legen, Östg. Ærf. 17 vgl. den Wortlaut Vald. l. III 13 (62).

S. 118: Der Fenriswolf, S E 32 u. f.

S. 119: Glúma 56; derselbe Ernst bildet den Hintergrund von der Ehrfurcht, die den Hochsitz umgab, wenn im Hause einer gestorben war. — Ein Kind heiligen, Überbleibsel dieser Terminologie Frost. III 11. — heilige Waffen usw., schwache Erinnerungen wie in Heliand 1722; Stellen wie Gen. 1017, 2039, 2780 und besonders 201 mögen einige Beziehung haben zur alten poetischen Terminologie. — Das Land heilig machen, Landn. 31, 65, 85, 105, Glúma 79. — Thorhadd, Landn. 94. — der Vorgang der Übertragung, Flat. I 291 vgl. Bisk. I 165, usw. — Blut vergossen, Nachklang in Lex Sal. 74, Västg. I Mandr. 14, Vestm. Manh. 4/5 — auch in einem entstellten Überbleibsel wie in Sv. Landsmål. Bih. 210.

S. 120: Der fränkische Totschläger, Lex Sal. 58; die andere Seite wird gesehen z. B. in dem Spruch Flat. II 122. Die Erzählung in Saxo I 176 hat wahrscheinlich denselben Ursprung. — Hebt die Axt auf, Gul. 218 vgl. Rothar 307; moderne Reaktion gegen alten Brauch, Skånel. 104. — Halber Manneswert, Grágás I 192, Stað. 190. — Auf heiligem Grunde, Herv. 266. — Ehrb. K. 9. — Oberherrschaft; der Tempel, den Thorhadd nach Island versetzen ließ, gehörte seiner Familie an, aber die Worte besagen, daß die Nachbarschaft an ihm interessiert war, vgl. Flat. I 439.

S. 121: Heimfriede, Er. l. II 3, 5, 8, 9, Vald. l. II 29, Jy. l. III 22. Östg. Eþz. 1 Drap. 2, Västg. I Drap. 9, II Orb. 1, Upl. Manh. 12, 29, Söderm. Manh. 12, 26, Vestm. I Manh. 3, II Manh. 11; Gut. S. 15, Gul. 178, Eids. II 40, bem. *vargr.* Lex Sax. 27, Lex Fris. Add. 1. Lex. Alam. 44 erlaubt sofortige Rache im Hause des Töters, aber wenn die Rache aufgeschoben wird, behauptet sich der Heimfriede, vgl. Lex Sal. 42, 1, Recapit. B. 31 (S. 105) und den Vorzug gegeben in ags., Lieb. 10 (11 u. f.).

S. 122: Ächtungsspruch, Östg. Drap. 2, bem. den Wortlaut Söderm. Þjuf. 4, Upl. Manh. 39, Lex Sax. 28. Während der Heimfriede noch seine Macht im Christentum behauptet, wird natürlich die Unverletzbarkeit des Opferplatzes mit der christlichen Achtung vor der Kirche eingetauscht; infolgedessen können aus dem Recht auf Zuflucht in der Kirche keine Folgerungen gezogen werden in bezug auf ältere Verhältnisse bei den Germanen. Vgl. aber Fornm. XI 40 und Mon. Germ. Hist. Leg. Sect. II 1 S. 68 und Lex Fris. Add. 11. Bem. den Ausdruck Er. l. II 8: die Kirche ist so heilig wie das Haus. Die Heiligkeit der Kirche wurde ohne Zweifel auf die eigenen Felder übertragen, sowie es die schwedischen Gesetze ausdrücklich bringen; vgl. isländisch *örskotshelgi,* Landn. 108 und Grágás, siehe die Zitate in Fritzner und z. B. II 182. Die mittelalterlichen Maßregeln in bezug auf die Sicherheit auf dem Felde und der Wiese sind wahrscheinlich konstruiert, aber vielleicht steckt eine Überlieferung hinter der Kasuistik. — Frost. IV 5 vgl. Lex Thur. 50, Lex Sax. 30, Vestm. II

Manh. 11, Upl. Manh. 12, Hels. Manh. 6; von besonderem Interesse ist die Formulierung Jy. l. III 22, wo auf die Heiligkeit des Pfluges hingewiesen wird. — Heiligkeit der Frau, vgl. I 161, Austf. 160, Bj. H. 68, Rothar 200, 201 (schlimmer als Mord) vgl. 26 mit dem folgenden; Lex Sal. 24 II, 6, 7; 20; 31; 41, 3; Lex Sax. 15; Lex Alam. 45 u. f., 59 u. f.; Västg. I Orb., Upl. Manh. 11, 29, Söderm. Manh. 12, 26, Vestm. I Manh. 3; 18; im christlichen Mittelalter ist das Ansehen der Frau im Sinken, die Andeutung in Östg. Vaþ. 27, Lex Fris. Add. V. Später wird die Frau als dem Mann unterlegen betrachtet, und wo das ursprüngliche Gefühl von der Unverletzbarkeit einer Frau erhalten bleibt, werden neue Argumente meist herbeigeholt, um dies zu erklären, Rothar 378, vgl. Lex Baj. IV 29. Die Bestimmungen in Lex Sal. (und Lex Thur. 48 — es ist unmöglich aus Lex Alam. 56 in bezug auf das Verhältnis zwischen verheiratet und unverheiratet etwas zu schließen) haben die Geburt eines Kindes als ein Kriterium gegen Tötung genommen, aber dieser Gesichtspunkt ist nicht auf andere Kränkungen übertragen worden, und in 41, 3 ist das alte noch nicht rationalisiert. Nicht so in Lex Sax. 15, wo die alte Auffassung der Jungfrau vielleicht noch vorherrscht.

S. 123: Ahnungen usw., bem. den Ausdruck Völs. 89 Z. 17. — überhörte nicht — aber wenn er es tat, war es um soviel schlimmer für ihn selber —, siehe z. B. Eyrb. K. 63, Ljósv. 185, Heid. 77, Forns. 67/8, Austf. 53, 64, 71, Flat. III 324, Atlak. 10/11 vgl. Sigrdr., stilisiert Fornald. III 594, 604 usw., vgl. auch Heims. I 19. In Norwegen war es die Pflicht der Frau, den Sendestab, der bei Tötung herumgeschickt wurde, ausschicken zu lassen, Gul. 151. Die schwedischen Gesetze sind in diesem Falle wie auch in anderen Fällen charakterisiert durch formellen Konservatismus auf der Grundlage von moralischer Rationalisierung. — Tac. Germ. 8, Hist. IV 61, 65, V 22. — vor Tacitus' Zeit, Strabon VII K. 2, Cæsar I, 50, Plutarch: Cæsar 19. — in der Heiligkeit des Heims (isländisch *innan stokk*), Eyrb. K. 15, Forns. 71 Z. 19, Grágás II 44, N G L II 51.

S. 124: Die Heiligkeit des Knaben, Lex Sal. 24, 1. Upl. Manh. 11/12, Vestm. I Manh. 3, II Manh. 11, Söderm. Manh. 26, Hels. Manh. 14. — Heiligkeit wohnt in den Haaren, Lex Sal. 24, 2. — Die Haare der Frau, vgl. Lieb. 7 (73). — mit der Hand um den Zopf, Grimm: Rechts. 897/8. Schwören mit der Hand auf der Brust bedeutet dasselbe als: bei sich selber schwören, Lex Alam. 54, 3. — Abschneiden der Haare verboten, Lex Sal. 69, vgl. auch die Abstufung Sv. Bjark. (Schlyter VI) 14, 18. — Gudrun, Guðrúnarhv. 16, vgl. Gesta Dagob., siehe Zitat in dem Folg. *haddr* bedeutete die langen Haare einer Frau, vgl. *skǫr* für den Haarwuchs des Mannes, vgl. Grágás II 203. Die Haare wurden bei den Nordländern hoch verehrt, auf diese Tatsache weist ihre Verachtung des kahlen Knechtes hin, Flat. I 130, Völs. 191 vgl. Thév. 38; Rig. 15, 34; bei der Wirtschaft der Knechte andererseits sind die Haare überhaupt nicht erwähnenswert. — Gelockt als offizieller Titel, Cass. IV 49. — Die Franken, Gregor II 8 (146), VI 16 (24), VIII 10, Agathias I 3, Gesta Dagob. I K. 14 (in Mon. Germ. Merov. II), Eginhard: Vita Caroli K. 1, Vita Leodeg. K. 3 (Bouquet II 613). — Des Königs Haare schneiden, Gregor II 30 (41), III 18.

S. 125: Die Nahanarvalen, Tac. 43. — mit offenem Haar, Västg. I Retl. 5 vgl. vielleicht Fornald. II 131. Wahrscheinlich trugen die unverheirateten Frauen die Haare lose? In Skandinavien trug die Braut ein leinenes Kopftuch, und in Norwegen und auf Island ist diese Sitte verbunden mit der Morgengabe *(linfé)*, S E 105 vgl. Flat. I 373. Lex Sal. 76 steht vielleicht in Verbindung mit dem *lin. In capillo*, Liut. 2 u. f., bezieht sich vielleicht auf die lose hängenden Haare eines Mädchens. — Zu der nächsten Familie gehörte, vgl. von einem anderen Gebiet des Lebens Bisk. I 10/11, Prok. II 14.

S. 126: Paul. Diac. VI 53 vgl. IV 38 und Lex Sal. 101; wahrscheinlich auch Vita Germer (Bouquet III 386). — Tritt auf den Stock, Hrolf 85, Islend. 42, Fornald. II 293, III 297. — auf den Stein stieg, Islend. 166 vgl. Helg. Hund. II 31, Gud. III 3 vgl. auch Lex Alam. 81 und Eid auf der Türschwelle, Richt.: Fries. Rechtsquellen 166 (109). Dem Eid auf Tiere wird dieselbe Kraft zugeschrieben, Herv. 283, Helg. Hj. 30 Prosa vgl. Vkv. 33; vielleicht können wir hier zitieren Mon. Germ. Conc. I 90 (16) vgl. Hist. Fris. Nr. 159: *uterque manus posuit super ipsum et pacificati sunt eo modo.* — Schwur am Schwert u. f., siehe Anh. 9 a II S. 351.

S. 128: Kriegers Friede, Lex Sal. 41, 3; 63; Lex Fris. 17, 1; Lex Alam. 25, 26; Lex Sax. 37; Lex Rib. 63; Lieb. 74 (40), 350 (61), Lex Aistulf 21, vielleicht nicht neu im Geiste; Upl. Manh. 11, bem. die Art der Definition; Kg. 11; þing 14; Söderm. Manh. 26; Gul. 47; Er. l. II 49; Skánel. S. 416 (38), Jy. l. III 22. Diese Paragraphen sind interessant, obschon sie nur reine Überbleibsel sind, denn sie bezeugen die besonderen Verhältnisse, die durch den Krieg entstanden, und die Parallele, die im Heimfrieden, Festfrieden enthalten ist. Es ist gut möglich, daß alter Brauch der Grund ist, daß Diebstahl bei dem Verbot ausgelassen wurde. — Tac. 7.

S. 129: Die Sachsen, Gregor V 9 (15). — Harald Schönhaar, Heims. I 103. — Tac. Hist. IX 61. — Die Chatten, Tac. 31. Man beachte den scharfen Kontrast zwischen Tacitus' Moralisieren und den Tatsachen, die er schildert, vgl. K. 38. — Die Jomsburgwikinger, Flat. I 166. — Kampfheiligen, Ham. 28.

S. 130: Die Fischplätze, siehe I 157. — Das Schiff, Frost. IV 61 vgl. 5; daher die gesetzliche Wichtigkeit des Schiffes, Gul. 292, auf dieselbe Weise wie *öldrhús*, Östg. Eþz. 33, Hels. Manh. 14; in Bjark. (Schlyter VI) 13, Magn. Er. Stadsl. Skip. 2 liegt vielleicht nur ein formelles Überbleibsel. — Das Schiff des Herdes, Skjald. 7 V. 4, 11 V. 24. Kenningar wie *hvílbeðjar hǫlkvir* sind vielleicht vom selben Ursprung, siehe Gering u. *hvílbeðr.* — Die Schiffsreling, Vkv. 33, Thorsen: Stadsretter 158 (14), 240 (23). — Festfriede, Landn. 116, Egil 153, Forns. 124, Gul. 187, Vestg. I Mandr. 13, II Drap. 27, Frost. IV 58, 61, Gul. 198; Lieb. 11 (13, 14), 92 (6, 5), 228 (1, 2).

S. 131: „Wolf im Heiligtum", *vargr í véum*, Forns. 124 (Hochzeit), Egil 153 (Blot). — Heilige Sitze, Vestm. I Gipt. 2 vgl. Söderm. Gipt. 2.

Der Tempel

S. 132: Lopt, Landn. 114. — Norwegen, Ol. Tr. 2, 39, Flat. III 246.

S. 133: Schweden, Upl. Kirk. 1, Hels. Kirk. 1, Gut 7, 63 vgl. auch Fornald. II 132; bei dem Folgenden vgl. Grimm: Myth. I 56 u. f.

S. 134: Agathias I 7. — Bonifazius, Mon. Germ. Hist. Script. II 343/4. — Tac., Germ. 9, 39, 40, 43, Annal. I 61, II 12, Hist. IV 14.

S. 135: Das Gotlandgesetz, siehe oben. — *frith-geard,* Lieb. 383 (54) vgl. Beda II 13: *cum septis quibus erant circumdata,* vgl. *vébǫnd,* Fritz. *s. v.* — Hörg, siehe Anh. 16. — ein *hof* bauen, z. B. Landn. 73 Z. 11, 79 Z. 25, 95 Z. 12. — Thorolf, Eyrb. K. 4, Forns. 26.

S. 136: Ausgrabungen, siehe Dan. Bruun und Finnur Jónsson in Aarb. f. nord. Oldk. 1909 S. 245. — Egil 132/3 vgl. Gisli 27; vgl. auch den Ausdruck Flat. I 280 Z. 18/19; offenbar ist der Sprachgebrauch korrekt, man konnte ein vornehmer Herr sein, ohne ein „Hof" zu besitzen. — Blot-Haus, Forns. 42, Austf. 148, Islend. 109, Ol. kon. 106, Flat. II 190, Fornm. II 263.

S. 137: Jorfjara, Flat. II 452. — Hof und Hörg bilden eine dauernde Verbindung, siehe Anh. 16.

S. 138: Das norwegische Gesetz, Sverris Krist. 79. — sich direkt an das Wohnhaus anschloß, z. B. Bisk. I 39; Kodrans *spámaðr* wohnte in einem großen Stein dicht am Wohnhause. — Hakon, Flat. I 144.

S. 139: die anderen germanischen Tempel, Beda II 13, siehe Anh. 16. — Tac. Germ. 9, Annal. I 61 vgl. 51 und Germ. 39, vgl. auch hier im Folg. Lex Fris. Add. XI.

S. 140: Thorstein, Islend. 109. — *stallr* oder *stalli,* Eyrb. K. 4, Eids. Krist. I 24; der Sitz der Heiligkeit, vgl. Fjöls. 40, Skjald. 9 (12), Bisk. I 6 vgl. 206; benutzt vom christlichen Altar, Stjórn 335, Heilagra manna sögur I 312. — Ring, Landn. 96, Glúma 76, Austf. 154, Eyrb. K 4 vgl. Háv. 110, Atlak. 30. — Snorri, Eyrb. K. 44. — Alfred, Anglo-Saxon Chronicle *a.* 876. — Tacitus 31.

S. 141: Draupnir, Skirn. 21, S E 99. — Hakon, Flat. I 144, 369. — Zeichen, Tac. Germ. 7, Hist. IV 22, Heims. III 105, Mork. 116, Flat. I 227, Njála 895; *vé* Njála 900, Skjald. 31 (5), Half 36, Asser in Mon. Hist. Britann., ed. Petrie (1848) 481; *stallr* der Fußstuhl von Götzenbildern, Flat. I321, II 190, Fornm. X 255 usw.; entsprechend *veofod, vigbed,* gebraucht bei der Übersetzung biblische Texte vorm Altar, B A Prosa I 40, 20; 44, 7; 79, 1; 143, 15; 148, 24 u. f.; ags. Wörterverzeichnis 108, 10; 126, 24; 354,13; Beda, Early Eng. Text Soc. 95 S. 142; Lieb. 11 (16, 2); 13 (8, 18/19); 262 (6, 3) usw.; es ist also identisch mit *hearg,* Orosius ed. by Sweet S. 8 Z. 17 (zitiert in Bosworth-Toller).

S. 142: Thorolf usw., Eyrb. K. 4, Landn. 94.

S. 143: Die Götzenanbeter von Drontheim, Heims. II 221 usw. vgl. auch Andeutungen Ol. Tr. 28. — Laxdœla 98 u. f., Skjald. 128 u. f.; Hrut hatte ein „Hof" bei seiner Heimstätte (Laxd. 58); er hatte sein eigenes Heil, das nicht — zum Unterschied von Höskulds — verwoben war mit dem Heil der Männer auf Hvamm, vgl. Laxd. 8 u. f. mit Landn. 157, 159. — Festhalle, Landn. 8 Z. 23.

Um den Bierkessel

S. 144: Ljot, Forns. 42; im Dunklen oder im Verborgenen, vgl. Kormak 46 und Skjald. 80 (47).

S. 145: Thord, siehe II 142. — Die Weihung des Gesetzesthings, Grágás I 27, 97, 112, Orig. Isl. (Vigfússon und York Powell) I 328 vgl. Glúma 83. — Heiligkeit des Gesetzesthings, Gul. 198, Frost. I 5, Grágás I 97. — Grettir K. 72 u. f. vgl. Edd. Min. 129/30; christliche Ableitung, z. B. Dipl. Norv. III 27, Södermanslands äldre Kulturhist. hæfte XII 16, vgl. auch Lieb. 597 (81).

S. 146: vom Opfer mitzuessen, Heims. I 192, 194, Gut. 63/4. — Sæhrimnir, S E 39, Grim. 18. — Die Vorgeschichte des Mets, siehe II 284/85. — Willkommbier usw., in bezug auf das folgende vgl. Cahen und z. B. Heims. II 43, Dipl. Norv. III 954 vgl. Gaslander 257. — Die Hochzeit trinken und brauen, z. B. Flat. I 149, Gut. 37, Vestm. Gipt. 2 vgl. *ölstämna,* Östg. Gipt. 8, Västg. I Mandr. 13, Gipt. 6 usw.; als abschließend im Sinne des Gesetzes, Frost. IX 12. — Bierfrieden usw., Hels. Ærf. 2, Västg. I Gipt. 9, Östg. Gipt. 8, vgl. die ags. Ausdrücke *beórsele, beórsetl, meoduheal, meodubenc* usw. und z. B. *gebeórscipe,* B A Prosa I 59 (Gen. K. 21, 8). — Die Gilden, Da. Gild. 29 (42), 89 (1), Småst. 20, 44, English Gilds 55, 59, 61, 63 usw., Gross: The Gild Merchant II 160, 290.

S. 147: Da. Gild. I 26 (66), Småst. 106, 115, 129 (8), Skråord. 70 (45), Gross I 58, 188, Riedel: Cod. Dipl. Brandenb. XV Nr. 112, 82 u. f. S. 86. — Da. Gild. I 12 (34) — I 12 (34), 26 (26), 69 (2), 70 (4), Gross II 96, 153 usw. — Småst. 117. — Jarl Sigurd, Heims. I 192. — Bier den Göttern geweiht Flat. I 283, II 184, vgl. den Gang der erbaulichen Predigt Flat. I 323. — Gelübde, Flat. I 307; Forns. 91 läßt das Bier aus. — *samburðaröl,* Flat. II 271, Gul. 6/7 vgl. Frost. II 21, annähernd ein Maß Bier ist = die Menge Bier, die aus einem halben Scheffel Malz (Scheffel = 36,348 Liter) gebraut werden konnte.

S. 148: Vedastus, Mon. Germ. Hist. Script. Merov. III 410, — Columbanus, *ib.* IV 102.

S. 149: Gertrud usw., Grimm: Myth. I 49/50, Zingerle in Sitzungsber. Wien. Akad. Bd. 40.

S. 150: Das mächtige Geheimnis des Bieres, daß Bier wahrscheinlich einen früheren Brau, Met, ersetzt hat, macht in bezug auf den Kult nichts. — Tacitus' Zeitgenossen, Germ. 22 wird durch die nordischen Gebräuche erläutert, vgl. Hist. IV 14, wo ausdrücklich gesagt wird, daß das Trinkgelage im Hain stattfand; wieviel zwischen den Zeilen in Annal. I 50/1 gelesen werden kann, ist fraglich. — *skapker,* Gul. 58 vgl. Grim. 25, Flat. II 33, Fornm. VI 241, Fornald. II 175, Unger 219 (18), Småst. 144 (22), Saxo I 59. — Horn, Heims. III 227 vgl. Fornm. VI 240/1; wir können vielleicht zitieren Sturl. II 107; Landn. 211 Z. 8, Dipl. Norv. II Nr. 668; wichtig als Nachklang Fornm. III 190, Fornald. III 140, 163/4, II 390, auch III 637, Flat. I 360/1 vgl. Fornm. III 195 u. f.; die Verbindung zwischen dem Schicksal des Mannes und dem des Kornes wird angedeutet 189; vgl. auch spätere Bräuche, N. h. T. 2 III 178, Jens Nilssøns Visitatsbøger (Y. Nielsen) 393, Daae II 27, und Nachklang in Volksmärchen, Thiele I 54, 109, das Ol. Tr. erklärt.

S. 151: Tisch, siehe Gudmundsson: Privatboligen 186, vgl. *mos francorum,* Gregor X 27 und Waltharius 304 u. f. — Hardeknud, Anglo-Saxon Chron. *a.* 1042; siehe ferner: Skråord. 108 (26), Småst. 122/3, 132 u. f., 146 (37). Dipl. Norv. XI S. 676 Nr. 598, ein Auftritt aus dem Feste: Der

Mann, der steht und trinkt, seinem Nachbarn zugekehrt. Da. Gild. I 66 (42), 172 (12), II 8 (35) vgl. Cavallius II 446, Djurklou 43, Gaslander 267 vgl. Topogr. Journal hæfte 26 S. 52.

S. 152: in den Händen der Männer, Atlak. 10, buchstäblich: der Reihe nach von Hand zu Hand, vgl. Sv. Med. 511; Sv. Landsm. 192; Lieb. 11 (12), wichtig nicht nur in bezug auf den Inhalt, sondern auch, weil es als gesetzliche Bestimmung bezeichnet wird. — Priskos, Corp. Script. Hist. Byzant. I 202/3.

S. 153: Fagr. 85, einfacher und ursprünglicher in Heims. I 321/2 und Jómsvik. (Petersens 1882) 94 (Jómsvik. lateinische Übersetzung, Gießing 1877, S. 37).

S. 154: Gilden, Småst. 150, Da. Gild. I 66 (42) vgl. II 209 (30), Småst. 112 vgl. 123, 132 (21); Heims. I 187.

S. 155: Norwegische Gildegesetze, N G L V 9 (22), 12 (11/12) vgl. Einleitung S. 7 (1); vgl. auch Gul. 6/7; andererseits Unger 219 (11).

S. 156: Viele Hörner kreisten, Atlam. 8. — Egil 133; *minnikar, lagakar* bezeichnet einen Abschnitt des Festes, z. B. Småst. 132; dieses erklärt den Paragraphen N G L II 445. — Gotländer, Gut. 37/8, 60. — höchste Minne, Småst. 123, 132, 144 (9), 146/7.

S. 157: das niedere Volk, Cavallius I 169/70, 209, Jens Nilssøns Visitatsb. (Y. Nielsen) CXII vgl. Sv. Med. 511, Olaus Magnus XVI 17, Danske Magasin II 404. — Waffentrank, Östg. Gipt. 9. — Die Gilden, Småst. 116, 132 (21), 150, 159, Skråord. 112 (47), Gut. 38.

S. 158: Wohlseinsbecher, Fornm. III 191, Egil 135. — aus demselben Gefäß, Östg. Gipt. 9. — Dithmarschen, Neoc. 118 vgl. Schütze: Holstein. Idiotikon I 88.

S. 159: Ehrfurcht vor dem Dreifachen, Gering s. u. *þrir,* Östg. Gipt. 8, Lex Sal. K. 44, 50, Glúma 76, Landn. 96.

S. 160: Die Diele herabschreiten, z. B. Ljósv. 141; *mótsminni,* Flat. III 273, wird wahrscheinlich durch dieses *til móts* erklärt, vgl. Heims. I 68. — *tvímenning,* Egil 18, 147, Kormak 52. — ums Feuer, Heims. I 187, III 226, Egil 150: *skylldi þar um gólf ganga at minnum ǫllum = eundum.* Die Beschreibungen in Egils Saga sind eine Mischung von Überlieferung und Anachronismus, erläutert durch S. 152 u. f.: obschon der Verfasser weiß, daß die Tötung eine Kränkung des Heiligtums schlimmster Art war, gibt er eine phantastische Erklärung von Thorolfs Ablehnung der Geldbuße. S. 133 hat den ursprünglichen Zug, daß das Trinkhorn geleert werden muß, und daß „im Notfalle ein Freund Wiedergutmachung leisten muß“, vgl. Fornm. VI 240. Wenn auf S. 152 gesagt wird daß sie im Anfang gemeinsam tranken, darauf *til móts,* ist dies sicher ein Anachronismus, der späteren isländischen Sitten entsprungen ist (Sturl. II 107: Im Anfang tranken sie gemeinsam, darauf *hnýfilsdrykkjur,* d. h. jeder Mann hatte sein Horn). *einmenningr,* S. 262, scheint die eigene Erfindung des Sagamannes zu sein und soll eine kultische Trinkweise bedeuten; außerdem ist auf S. 262 das Ritual, das bei einem Trinkgelage befolgt wurde, sehr genau beschrieben trotz der verwirrten Darstellung, vgl. z. B. 263 Z. 5 u. f. und 264 Z. 23. Glums *tólfmenning* verdient keine Hypothese. *hvirfing* mag eine dänische Bezeichnung kultischen Trinkens sein, die mit den Gildeverordnungen verbreitet worden ist; Kolderup-Rosenvinge: Danske Gaardsretter og Stadsretter 101, 128, 442, Thorsen:

Stadsretter 162 (20), Da. Gild. I 216; Gilden, siehe auch Fornm. VI 440; kultisches Trinken, siehe Heims. II 219, Ol. kon. 61, Flat. II 185 vgl. Fornm. VI 440 (15), wo wir sehen, daß die Gilden das verchristlichte Blot annehmen. — die Frau hat ihre Heiligkeit beigesteuert, siehe II 221. — Biergöttin, Skjald. 18 (20), 71 (7) usw. — Beow. 612 u. f., 1980 u. f., B A Po. I 346 vgl. Norr. Fornk. 202 und Flat. III 271/2, vielleicht auch Unger 219 (17).

S. 161: Olaf der Heilige, Ol. s. h. h. 18. — Olaf Kyrri, Fornm. VI 439, 442, Fagr. 306, Mork. 126, Heims. III 226/7. Von den Nachbarn im Trinkkreis sagte man, daß sie *sitja fyrir ádryckju*, ein anderer Ausdruck Fornm. VI 442: *drekka minni á* — beide bedeuten: trinken und das Horn an den Nachbar im Kreise weiterreichen, Flat. II 271, III 317, 380, Bisk. I 19, Egil 150. Am norwegischen Hofe wurde es Sitte, zwei entgegengesetzte Hochsitze zu haben; da das Trinken dem Rang entsprechend geschah, mußte das Horn vom Mann im Hochsitz um das Feuer herum zu dem Manne gegenüber am Tische getragen werden, bevor es zu kreisen begann. Mork. *um þveran* bedeutet: um das Feuer herum nach der entgegengesetzten Seite = Fagr. *um.* Olafs beide Hörner, Flat. I 360, soll vielleicht zeigen, daß die beiden langen Bänke in großen Häusern gleichzeitig trinken durften; dieses würde Fornm. III 189 ein gewisses Interesse verleihen. Eine solche Sitte ist unvereinbar mit dem Grundprinzip des Blotes und ist wahrscheinlich nach der Einführung des Christentums aufgekommen. — Dithmarschen, Neoc. I 107 vgl. Bisk. I 848: Bei besonders festlichen Anlässen pflegte Bischof Laurentius einen Becher mit jedem von seinen Priestern zu trinken und einen Becher mit jedem Gast, welches eine *minni* oder Runde für jede geehrte Person bedeutete. — Thorstein, Fornm. III 191.

S. 162: Die Heiligkeit machte ein strengeres Zeremoniell notwendig, bem. die Bezeichnung Hels. Ærf. 2; Bierfriede und *lagakar* wie früher, d. h. der Festfriede und das zeremonielle Kreisen der Becher soll wie üblich stattfinden.

S. 163: Wikingergesetz, Heims. I 67. — Die Gefolgsleute des Königs, in späterer Sprache und Sitte wurden daher die Trinkgelage des Königsgefolges als *minni*-Trank angesehen, Bisk. I 728, Fornm. VI 240, 442, vgl. die Bedeutung von *minni*, Fornm. III 196.

Gebet und Opfer

S. 164: Bier, vgl. Egil 261/2. — Telemarken, N. h. T. 2 III 174/5. — Alrek, Half. 3.

S. 165: *vigja*, Flat. I 280, vom Formæli gebraucht, vgl. Thrymskv. 30, S E 45, Wimmer: Danske Runemindesmærker, Ordsamling XXIV; auf christliche Sitte übertragen Eids. Krist. 48/9; gewöhnlich verdrängt durch *signa*, worauf dieses Verbum übertragen wird auf altertümliche Berichte der Vergangenheit, Heims. I 187 (9), 192 (8), Flat. I 56, II 184, Egil 134/5, Gul. 6, 7, 23 (15), Sigrdr. 8 vgl. Ancient Laws and Institutes of England 356 (32). — Hakon, Heims. I 192.

S. 166: sich vollsaugen, es ist hier interessant zu lesen, was J. M. Lund in seiner Beschreibung der oberen Telemarken (236) berichtet: Dicht bei einem Hofe war ein Berg mit einer tiefen Höhle; *beboerne sætte deres nybryggede juleøl endnu ind i denne hule, i det håb at det her skal blive desto kraftigere.* — macht seine Böcke heil, S E 45. — Thrymskv. 30.

S. 167: Signy, Islend. 15. — Olaf, Flat. II 186. — *mæla fyrir,* siehe Anh. 17 a.

S. 168: Die Nornen, Völs. 100. — Gjuki, Völs. 143.

S. 169: Nord. Mus. Främjande (1891) 31 vgl. Stiernhöök. De Jure Sveonum (1672) 163. — zu ehren, Upl. Ærf. 3. — *njótsminni,* Fornm. II 52, vgl. Fritzner. — Die berühmte Friedensformel, Grágás I 205, Staðarh. 406, Heid. 99. — Jahr und Friede, Heims. I 187, Fagr. 31, Flat. I 318, Gul. 6, N G L V 7 (1), 11 (46) vgl. II 337, Frost. II 32, S E 7 (K. 5); Thorarinn Glælognskv., Skjald. 301, (9); willkürlich von fremder Götterverehrung benutzt Flat. II 27.

S. 170: *til árbotar,* Flat. II 184, siehe ferner Gut. 3 vgl. Heims. II 134, Flat. II 69, das aber nicht als echt schwedische Urkunde aufgefaßt werden darf; Sv. Med. 512, Cavallius I 169, Dipl. Norv. XI S. 676. — Isländisch, Dipl. Island. II Nr. 171.

S. 171: Zauberverse, Grágás I 22 (K. 7). — Die Minnen wurden gesungen, Da. Gild. I 66 (42), II 209 (30), Fornm. X 19, Småst. 132 (21). — Nachklänge, Syv II 202 vgl. das Zitat in Kalkar: Ordbog til det ældre danske Sprog, s. u. *ærinde,* Sv. Landsm. 192, Cavallius I 168, 170. — Das Formali, siehe Sigrdr. 1 u. f.

S. 172: Das Formali deckt, vgl. auch Egil 263. — Østg. Gipt. 9/10. — Gebet, Flat. I 191 vgl. Islend. 109. — *mæl heill,* z. B. Flat. II 196, Islend. 262, Mork. 39, Fornm. VI 240, Flat. II 613, vgl. *gef heill,* das gleichzeitig eine Segnung des Empfängers und des Gebers ist.

S. 173: Egil 208.

S. 174: Sei heil, Geoffrey of Monmouth VI 12, Gaimar (ed. Hardy & Martin) 3811 vgl. Heims. I 68: *Allir heilir Ylfingar at Hrólfs minni kraka.* Dies bedeutet ursprünglich, daß die Trinkgesellschaft sich stärkt durch das Heil, das in Hrolf und seinem Geschlecht war, und auch, daß sie ihm Heil und Ehre geben, indem sie auf sein Wohl trinken; siehe Anh. 4, vgl. auch das Fränkische: Auf des Königs Wohl zu trinken und sich selber im Heil seiner Götter bestärken, Mon. Germ. Hist. Cap. R. Franc. I 64 (26). — Hagbard, Saxo I 344.

S. 175: Æthelfried, siehe I 154. — Thorgils, Forns. 147.

Um Erntesegen und Frieden

S. 176: *full,* Heims. I 187 wünscht zu unterscheiden zwischen dem *full* der Götter und dem *minni* der Vorfahren; die Minne der verschiedenen Verwandten zu trinken, Heims. I 321 und Fagr. 85, Egil 134, Sigrdr. 8, Skjald. 50 (36) vgl. das ständige *bragarfull.* — *veig,* Norr. Fornkv. 80 (25), 106 (8), 136 (7), 162 (50), 199 (46), Herv. 274, Fornald. II 522, Fornm. IV 350, Skjald. 43 (3), Beow. 481, 495, 1982, 2021, 2253, 2282 vgl. 615, 1015, 1169, 1192. — Minne hat eine besondere Geschichte, hier können wir auf Cahen hinweisen.

S. 177: Fagrskinna 85. — Deutschland, betr. deutsch *minne* siehe Wörterbücher. — *in amore,* Hincmar, Migne: Patrol. Lat. CXXV 776, vgl.

das Folgende: seiner Seele zutrinken, ferner z. B. Mon. Germ. Hist. Script. III 300 (70). — *munr,* vgl. I 348 Anm. — Sigrdr. 5. — Zum Jahr und Frieden (Altnordisch: *til árs ok friðar*) enthält natürlich Sicherheit und Wohlergehen; siehe Besprech. des Friedens in Band I. — sich zusammen trinken, siehe II 91; bem. die merkwürdige Geschichte Flat. I 580: trinken, d. h. versuchen, Wohlwollen und Hilfe zu erreichen. — Hladir, Heims. I 192; das Gefühl, das die Leute in Drontheim erfüllte, dauerte mit unverminderter Kraft an im Jahre 1519, wie ein Vorfall zeigt, der in Dipl. Norv. XIV Nr. 277 berichtet wird.

S. 178: Gilden, z. B. Småst. 133, 149, Skråord. 112; die Kirche bemühte sich sehr, den Frieden der Gildebrüder in den christlichen Frieden zu verwandeln, und segnete ihn zu diesem Zweck, indem sie Bibelsprüche zitierte, vgl. z. B. Da. Gild. I 68, 88 mit 736, 762, II 135, Småst. 40; aber sein wirklicher Charakter, der Rache einbefaßt, kommt überall in den Gesetzen zum Vorschein. Siehe hier I 44, 52/53, 86. — Thingbücher, Cavallius I 209 vgl. 169.

S. 179: Småland, *ib.* 169. Bem. die Weisheit der Sprichwörter, Syv I 537 Anm.; es ist immer Gottes Minne, von der man Hilfe erhofft; vgl. Sitzungsb. Wien. Akad. 40, 180 usw. — Der Weihnachtsabend in Norwegen, Nord. Mus. Främjande (1890) 36/7 vgl. Folkevennen VII 406.

S. 180: rücksichtsvolle Gäste, N. h. T. 2 III 174/5.

S. 181: Hjörleif, Landn. 7/8. — Sorge um die Zukunft, Daae II 24, Dipl. Norv. III Nr. 7, bem. den Wortlaut; Svensk Dipl. I Nr. 638: mit Bier und Speise; Nr. 737. — Die Gilden, N G L V 10 (34, 41), 12 (10, 12), Unger 219 (12, 19), Småst. 44, 132, 145 (34), 147 (52, 57), 150, Da. Gild. I 14 (47), 28 (36), 64 (24), 70 (4), 90 (4), 104/5 (30, 40), usw. — Drontheim, Flat. II 184/185 vgl. Fagr. 69/70, Skjald. 119.

S. 182: Sich selbst aus dem Geschlecht sagen, usw., Flat. II 146, Fornm. V 326. Siehe die starken Verse von Hallfred, die auf Heil und Sippe hinweisen, Skjald. I 158 V. 6/7, Bisk. I 10 vgl. den Ausdruck Eyrb. K. 5. — Gottneiding, Njála 887, Flat. I 239, II 360 vgl. *ættarspillir,* Flat. I 323. — Radbod, Acta Sanct. Mart. III 147, siehe auch Grønbech 112, 114.

S. 183: *tomtebolycka,* Cavallius I 277, siehe auch Feilberg u. Gilde. — während die Schiffe klar zum Wikingzug lagen, Heims. I 241 vgl. Austf. 96 Z. 17, usw., vgl. die Lage Egil 62, Atlakv. 9/10, Atlam. 8; bem. daß das Trinken vor der Schlacht eine Selbstverständlichkeit ist. — Beow. 489 u. f. vgl. Wace: Rou 7349 u. f.; dieses wirft ein Licht auf die germanischen Sitten, wie sie Tacitus andeutet, Ann. I 65, Hist. IV 14, V 15 vgl. oben II 150. Anm.

S. 184: ihn mit Kraft an sich zu reißen, vgl. Flat. I 290; Tacitus hat offenbar nicht den wahren Grund erfaßt, warum die Germanen die Dinge über ihrem Becher besprachen; aber wie gewöhnlich entwickelt er seine rationalistischen Erklärungen auf einem Hintergrunde von wahren Tatsachen. — Aufgenommen in eine andere Sippe, Gul. 58. — Hochzeit, z. B. Østg. Ærf. 8 vgl. den Ausdruck IX 12. — Erbbier, Ancient Laws and Institutes (Thorpe) 448 (35) vgl. N G L II 92 und Gut. 38.

S. 185: Tausend Jahre später, Feilberg: Dansk Bondeliv II 107. — Fagr. 84 *versus* Flat. I 163/4. — *fagna,* Heims. II 223, Gisli 18. — Die Ingimundsöhne, Forns. 41.

S. 186: Der feierliche Zweikampf, Egil 244, Gisli 80, Kormak 47/8, 49. — Vigastyr, Heid. 14. — seinen Zweck erreicht hatte, das Blot hatte keinen Wert, wenn es keine Zukunft schuf und *eo ipso* die Teilnehmer mit Sicherheit erfüllte und die kommenden Begebenheiten offen vor ihren Augen ausbreitete, Flat. I 402, II 425, Bisk. I 39 vgl. Forns. 98 Z. 19. *horfin-heilla* bedeutet einen Mann, dessen Heil fort, und für den die Zukunft dunkel ist. Das Christentum mußte sich in dieser Beziehung rechtfertigen, bevor es gegen die alten Götter Front machen konnte, Heid. 22, Eyrb. K. 49 vgl. Grønbech 102/3. *blot* und *frétt,* Landn. 7, Ol. Tr. 2, Heims. I 33, 70, Flat. I 213, Fornald. II 8, Lieb. 312 (5), 383 (48), Tac. K. 10. — Blotspäne, Fagr. 76, Landn. 65, Heims. I 70, Fornald. III 31, Herv. 227; *hreytir,* Skjald. I 105, bedeutet offenbar: der die Wahrzeichenzweige ausschüttet, vgl. den Gebrauch des Verbums Rig. 38, Atlam. 46; siehe auch Anh. 17 b.

S. 187: Jarl Hakon, Heims. I 303. — „noch nicht“ vgl. Cæsar I 50, auch 53, Tac. 10, Agathias II 6. — eine prophetische Wage, Flat. I 188/9, vgl. Jómsvik. utg. af Petersens (1882) 110 usw.

S. 188: Floki, Landn. 5, siehe o. II 201. — Abschied nahm, Landn. 7 usw. — Vebjörn, Landn. 47. — Halfdan, Flat. I 24; alte Gedanken machen sich bemerkbar hinter der christlichen Tendenz in Vita Ansgar, K. 27. — Der Landnahmemann, Landn. 7 usw.

Spiel und Gelübde

S. 189: Wettkämpfe, Flat. I 579. — Pferdehetz, Glúma 38, 51, Grettir K. 29, Bj. H. 47, Njála 264 u. f., Reykd. 53. — *skei,* Top. Journ. 26ste hæfte 55 u. f., N. h. T. 2 III 171, Daae I 51.

S. 190: *leikr,* vgl. Grimm: Myth. 32; in bezug auf ags. muß ich mich mit einem Hinweis auf Bosworth-Toller und Grein begnügen. Interessant ist auch der Gebrauch von *leikr* = Kult, Flat. II 93; S E 89/90 vgl. Anh. 17 c = Kampf, z. B. Skjald. 170; von besonderem Interesse wegen der tiefen Assoziationen: Jul trinken = Freys *leikr* feiern, *ibid.* 23 (6). — uns amüsiert, Reyd. 100. — Grettir K. 72.

S. 191: Totenhemden, z. B. Lund 142. — Die mächtige Ehrenseite, eine Äußerung wie Halls hier hat nichts Bildhaftes an sich, Flat. I 419 Z. 34.

S. 192: Der Angelsachse, B A Po. III 1, 196. — Waffentanz, vgl. Tac. K. 24. — Erbbier, Heims. I 65/6, Fagr. 84/5 vgl. Variant. Die Bedeutung des Festes liegt in der Tatsache daß die Erben bei dieser Gelegenheit ihre Erbschaft antreten, vgl. Gul. 23 mit diesem Werk II 111 und mit dem Gebrauch in Fagr.; auch Sv. Dipl. I Nr. 584. — *erfa,* betr. der Bedeutung des Wortes siehe N G L Wörterverzeichnis und Atlam. 75, Fagr. 84, Heims. I 321, Egil 286/7, Unger 219.

S. 193: *gilp* bedeutet sich selber der Zukunft verpflichten, im Guten oder Bösen, Beow. 829, 640, 675, B A Po. I 370 (274); das Verbum *gilpan* bedeutet sich der Tat erfreuen, des Ruhmes fähig sein, Beow. 2055, 2583, Gen. 2017, so ist *gilp* auch der Ruhm durch die Tat gewonnen; siehe Bosworth-Toller (obschon nicht jede Einzelheit, die unter diesem Titel bei ihm verzeichnet ist), vgl. Beow. 868. — Weniger ein Mann als seine Vorfahren, Forns. 121. — Thorkel Hak, siehe II 41.

S. 194: „Trink wohl", Flat. I 180. — alle müssen trinken, Heims. I 321. — Hedin, Helg. Hj. 33. — Der Wert des Schwures, Gelübde und Gottesverehrung sind der Überlieferung gemäß verbunden, Flat. I 180, Fornald. III 633, Jómsvikingadrápa 11 (Skjald. II 3). — Starke Taten werfen, Beow. 489. — Heorot, siehe II 183, vgl. Flat. I 66, Saxo I 94 (siehe hier II 70/71), BA Po. I 368.

S. 195: Grund, Svarfd. 57 vgl. Islend. 166. — Ingolf, Landn. 6.

S. 196: Angantyr usw., Herv. 207, 300 vgl. 233, Islend. 42, Flat. I 388 vgl. Fornald. I 345, II 125, III 633, 661, bem. Fornm. XI 26. — *mannjafnaðr*, Flat. I 126, II 271, *ib.* I 66; betr. *mannjafnaðr* siehe auch Eyrb. K. 37, Forns. 149, Mork. 186/7. — Angelsächsisches Gedicht, B A Po. III 1, 144/5, bem. den Wortlaut V. 15/16.

S. 197: Örvarodd, Fornald. II 265 u. f., 546; vgl. Glúma 16/17, bem. den traditionellen Ausdruck *leitaði orðheilla*, vgl. hier I 155 mit Anm.

S. 198: Eindridi, Flat. I 456 u. f. — Ursprung in Festaufführungen, s. Sturl. I 19, Beow. 856 u. f. vgl. 1063 u. f.

S. 199: Geschichte, Daae I 52 bringt interessante Überlieferungen aus dem Leben des niederen Volkes. — Egil 286. — Völustein, Landn. 171. — Vatnar, Origines Island. I 272 vgl. Flat. I 214/15.

S. 200: *erfidrápa*, bem. den Ausdruck Egil 286; noch bewahrte *erfidrápur* Skjald. 57, 150, 164 vgl. Jordanes 41; siehe auch den charakteristischen Paragraphen Söderm. Ærf. 7. — Beow. 3157 u. f.

Das Blot

S. 201: Floki, Landn. 5. — Harek, Flat. I 261.

S. 202: Ögvald, Flat. 375.

S. 203: bloten, z. B. Ragnar 133, Fornald. III 211; merkwürdigerweise wird es in seiner abgeleiteten Verwendung identisch mit *heilla*. — Olaf der Heilige, Flat. II 25 u. f. vgl. *ib.* I 526. — Eystein, Ragnar 132/3, 138 vgl. 131; trotz des seltsamen Namens Sibylle ist der zugrundeliegende Gedanke echt.

S. 204: Blot-Mann, Eyrb. K. 7, 11, Landn. 42; die Lesart von Gislis Saga 140 mit dem Dativ ist ein Mißverständnis, siehe Hrolf 85 Z. 23 mit Variant, vgl. die Geschichte von Brand, der Gott-Brand genannt wurde, Flat. I 23. Verwandt hiermit ist das „Selbstbloten" des Kriegers, Ol. Tr. 29, Flat. I 88, II 72. — Der Häuptling der Sippe, Bisk. I 473, bem. den Ausdruck Eirik 56 Z. 17. — Harald Kampfzahn, Fornald. I 374, Saxo I 361, Hynd. 28 vgl. Fornald. III 210, II 242 Z. 1 u. f.; der ungeheure Unterschied zwischen diesen Zeilen und ihrer kulturellen Grundlage ist ganz klar; doch ist es ebenso leicht zu sehen, wie gering die Veränderung im Gedankengange ist, die den Umschlag bewirkt hat. Flat. I 292 beschreibt ebenfalls, in sagenhafter Form, die Züge, die die Stärke des heiligen Mannes charakterisieren.

S. 205: Vegeir, Landn. 47. — Eyvind, Flat. I 385, Ol. Tr. 36 vgl. Flat. I 393 u. f.

S. 206: Halfdan usw., Flat. I 566, Landn. 12 (der merkwürdige Beiname soll uns nicht erschrecken), Flat. II 7; was unter den alten Göttern

Stärke und Heiligkeit war, wurde Bosheit und satanische Macht, als die Leute zum Christentum bekehrt wurden, siehe I 215 und Grönbech 120. — Freyfaxi, Austf. 97 u. f. Ágrip. K. 12, eine Anspielung auf eine besondere königliche Ethik. Vergleiche die Tatsache, daß gewisse Leute im ganzen heiliger waren als andere, sie waren „Blotleute", Tac. 38 vgl. 31, und daß das Land, das den heiligen Häuptlingen gehörte, „Blotland" war; vgl. hier II 121.

S. 207: die Angelsachsen, Beda II 13.

S. 208: Tac. Ann. I K. 61, 59. — der Übeltäter getötet, Eyrb. K. 10. Lex Fris. *tit.* XI, Islend. 404. — Selbstmord, Herv. 227, Landn. 17.

S. 209: den Hain bloten, s. II 113. — die Götter bloten, Gul. 29, Grágás I 22, Flat. I 264 Z. 37, 387, 439, Skjald. 42 (2), 158 (6), Helg. Hund. II 29 Prosa, Fjöls. 39 usw.; in Schweden war der Wortgebrauch vielleicht anders, Upl. Kirk. 1, aber vgl. Gut. 63 (22); wir haben keine Beispiele von *blótan* als Hinweis auf heidnisches Opfer in ags. Texten. — milde, sanft usw., Vaf. 17, Grim. 6, Lokas. 4, Oddrun. 9, Vaf. 13, 25, Skjald. I 119 (16). — Ein großer Blotort, z. B. Ragnar 130 vgl. Fornald. II 132 u. f. — geblotete Götter waren schlimmer, vgl. z. B. Flat. I 292.

S. 210: die Sagen, Flat. II 190, Heims. II 345. — *sonargöltr,* Helg. Hj. 30 Prosa, Herv. 233. — nach einer langobardischen Verfügung, Rothar 351; s. auch Sievers in Paul und Braunes Beiträge XVI 540; vgl. Flat. I 419. — Stallr oder Hörg, Flat. II 184, Hynd. 10, Herv. 228 vgl. Kormak 48. S. auch hier II 135/136 und Anh. 16. — der Ring, Glúma 76. — Blut eines Widders, Ljósv. 126. — Blot-Svein, Herv. 297.

S. 211: Egil, Heims. I 50, Skjald. 10 (17) u. f. — Heimskringla I 186 vgl. den Bericht der christlichen Sitte Bisk. I 195, Flat. I 394. — Die Götter mit Opfertieren bloten, Forns. 50, Bisk. I 23, Fornm. I 174 vgl. Atlam. 78, Gut. 63 (22); mit Speise und Trank, vgl. den Ausdruck Heimf. I 192 Z. 10/11, Gut. 7 (5), 63/64. — Männer oder Tiere oder Dinge weihen, z. B. Landn. 165, Grágás I 22, Landn. 121 vgl. Forns. 141 Z. 1. Siehe auch Anh. 17 c. Blot ist alles, was geweiht und als Mittel zur Macht gebraucht ist; Eids. Krist. 24 erwähnt *matblot* und *læirblot* als verbotene Gegenstände in einem christlichen Haushalt, vgl. Flat. III 246, Skjald. I 82 (52).

S. 212: Mit Worten bloten, Cavallius II 382, Rietz: Ordbok 42 vgl. Forns. 36 (24), Gisli 53, N G L II 418, Flat. II 643 und Bisk. I 43 mit seinem religiösen Hintergrund. — Bloten kann durch „geben" ersetzt werden, siehe Anh. 17 c.

S. 213: Pflicht, vgl. Glúma 16 (25) mit der Bem. Adams von Bremen betr. weniger exklusive Kreise, IV 27. — Die Gilden, N G L V 13 (29/30), Unger 219 (7), Da. Gild. I 12 (34), 26 (29), 70 (6), 91 (5), Småst. 42, 129, 132. — Sigvat, Heims. II 170 u. f.; spätere Sitte, Budst. II 744, E. Holme: Fra Telemarken (1911) 33, Nicol. 72, Gaslander 256, 271.

S. 214: Egil 130 u. f., vgl. 152/3. Was die Teilnahme der Frauen am Feste betrifft, so wissen wir nur, daß sie bedienten, das Horn herumtrugen, vgl. Beow. 612, 1980, Sigrdr. 1 Prosa und hier II 101. *Tvímenning,* siehe hier II 160, wird wiederholt gebraucht von dem gemeinsamen Trinken von Männern und Frauen, welches vielleicht hinweist auf festlichen Verkehr bei weniger zeremoniellen Gesellschaften. Frost. IX 9 scheint anzudeuten, daß die Frauen bei gewissen Gelegenheiten ihre eigene

Trinkzeremonie hatten; bem. den Unterschied zwischen *yfir þvert gólf* und *um þveran.* Aber das übrige ist dunkel.

S. 215: Hakon, Heims. I 185 vgl. N G L V 11 (3).

Das schöpferische Fest

(In bezug auf das Folgende siehe: Das kultische Drama, II 264 u. f.)

S. 216: Wenn ein Ring zerbricht, usw., z. B. Islend. 10, 16, Flat. I 67. Der Wert von Waffen, Schmucksachen und Eigentum im allgemeinen war von der Hamingja des Besitzers abhängig. Wenn ein Gegenstand wirklich angeeignet wurde, ging er in das Leben und Heil des Besitzers ein und hatte genau denselben Wert wie seine früheren Besitztümer; die Waffe ist so alt wie die Hamingja, die sie erfüllt, denn Alter bedeutet nicht nur eine große Anzahl Jahre, sondern Fülle und Tiefe des Heils und der Ehre, vgl. II 48/9. Auf gleiche Art muß eine neue Stätte der Verehrung alt oder mit dem Heiligtum, das sie ersetzen soll, identisch gemacht werden, z. B. Austf. 96 Z. 16/17, das Megin muß aufgelesen und zu dem zukünftigen Heim geführt werden, und dieses wird durch ein Blot bewirkt, in welchem die Hamingja der Götter verdichtet wird, vgl. II 201. — ein Riß, z. B. Heid. 82 u. f., Glúma 53 vgl. Njála 698/9, usw.; auch Heims. I 94. — „kommt heraus", Half 11, Laxd. 115, 245; erfahrene Menschen mögen die kommende Verletzung finden, indem sie den Körper abtasten, Reyk. 29, Heid. 77.

S. 219: Zweikampf, Saxo I 132/133, 170/171. — Tac. 10 vgl. Agathias I 2, Paul. Diac. I 12, Gregor II 1 (2); vgl. schließlich den Wortlaut Flat. I 577/8.

S. 220 *til heilla,* Eyrb. K. 44, Flat. II 72. — Die Hermunduren, Tac. Ann. XIII K. 57. — Schwurbecher, dies ist es, was das Gelübde so wertvoll macht. Es ist ein vollständiges Vorausgreifen der Zukunft. Wenn gelegentlich die Alternative „oder sterben" hinzugefügt wird, hat dieses nicht den Vorbehalt, den wir ihm gewöhnlich zuschreiben. Es ist zweifelhaft, ob es im Anfang ein Teil des Gelübdes war. Vgl. die anderen Gelübde II 194 u. f. Dieses ist auch die Annahme, auf die wir unser Urteil gründen müssen in bezug auf den scheinbaren Widerstreit zwischen der Abneigung dagegen, das Erbbier zu feiern und den Hochsitz zu besteigen, bevor die Rache vollzogen war, und dem starken Wunsch, das Erbbier sobald wie möglich zu überstehen. Das Gelübde war so viel wert wie die Tat, wenn die Männer imstande waren, es wahr zu machen, Islend. 166. Man braucht nicht Gisli 25, 31 zu bezweifeln, wo Erbbier vor Rache geht, vgl. Herv. 264. Analog ist das Versprechen von Harald Schönhaar, seine Haare nicht zu schneiden, s. II 129. Hinsichtlich der normalen Zeit für die Feier des Erbbieres wissen wir nicht viel, vgl. Laxd. 15, Bisk. I 837, Gul. 23. In *ársmót* und dergleichen spielt die christliche Auffassung eine Rolle. — Der norwegische Bräutigam, Top. Journ. hæfte 26 S. 45 vgl. Lund 153 und Yng. Nielsen: Træk 61, vgl. auch z. B. Gaslander 271. — Darradlied, Njála 898 u. f. vgl. die Ausgabe in Edd. Min.

S. 227: Das Horn leeren, Heims. I 66, Egil 262, 133, Völs. 143, Fornm. III 189/190, usw., vgl. Småst. 123, Da. Gild. I 173 (22). — verdienstvolle Männer, Fornm. VI 240 vgl. Egil 133; im Notfall muß ein Freund

Wiedergutmachung leisten, dies ist auch mit enthalten in Borghilds höhnenden Worten, Norr. Fornk. 202 vgl. Fornm. III 196, die als etwas Besonderes betonen, daß zwei das Horn teilten, und Mork. 46, Sturl. II 107. *Sleituliga* und ähnliches bedeutet: so daß der Kult nicht durchgeführt wird — oft von einem Mann gesagt, der nicht seinen Anteil trinkt, Egil 262, Fornm. VI 241 vgl. Flat. II 452. Als Nachklang alter Sitte siehe z. B.: Gud give dem livet så let, som jeg drikker skålen ret, usw., N. h. T. 2 III 199, Syv II 299. — Die Reaktion gegen das gezwungene Trinken kann zurückverfolgt werden bis zu den Gildegesetzen, z. B. Da. Gild. I 226 (13), 254 (2), 265 (6), 539 (32), II 19 (19) usw., Lübeck Urkund. VI Nr. 301 S. 332 usw.; aus früheren Zeiten: Mon. Germ. Hist. Cap. R. Franc. I 64 (26), Migne: Patrol. Lat. (Hincmar) CXXV 776. — Thor, S E 50/51.

S. 228: Völuspa, siehe auch II 305 u. f.

S. 229: die Stäbe der Wahrzeichen küren, Vsp. 631. — in einem rituellen Trinkspruch, Sigrdr. 1 u. f.

S. 230: Geirröd, S E 88 ff.

S. 231: Das Gedicht, Skjald. I 139 ff.

S. 232: Hirschgeweih, S E 38.

S. 233: Thiazi, S E 68 ff., Skjald. 14 ff. — Hrungnir, S E 85 ff. — Freyja, S E 41 f., Thrym., Vsp. 25.

S. 234: In diesem Mythos, die Sage von Thiazi wird durch Thjodolfs GedichtHaustlöng kommentiert; Geirröds Vorhaben wird in der Thorsdrapa durch die Kenning gebrandmarkt: der Räuber der Sonne; in der Haustlöng wird der Jöte als der Dieb der Schätze bezeichnet.

S. 235: Der Mythos von Thor, S E 44/45. — Odin, S E 20/21, 63, 64, Sigrdr. 14.

S. 236: Gregor, Greg. Dial. III 28. — Skadi, S E 70. — Völsi-Geschichte, Flat. II 331 u. f.; *bloeti* bedeutet alles, was die Macht des Blotes enthält, Worte und Taten sowie Gegenstände.

S. 237: Suttung, siehe II 284 f.

S. 244: Froda, Beow. 2016 u. f., Heims. I 23, S E 106/107, Saxo V 247, 254 u. f. — Bezeichnungen, die vom Opfer stammen, z. B. Grotta. 6.

S. 245: Ziegen, Epist. 66 (Jaffé), Greg. Dial. III 28. — in Mythos und Kult, z. B. S E 44/45, 27, Thrym. 21, Skjald. 17 (15). — Kühe und Pferde, siehe II 201 u. f.

S. 246: Saxo III 120/1, VI 278/9, IX 441. — Adam Brem. K. 26/7. — Tac. K. 40.

S. 247: Norwegen, Flat. I 337.

S. 248: Schwein, S E I 176, 344; *vaningi* = Schwein, S E I 591, Helg. Hj. 30 Prosa, Herv. 233, usw. — Skirnismál, vgl. A S Deor 15.

Die Götter

S. 249: *ráð* und *regin*, z. B. Skjald. 59 (18). auch M. Cahen: Le mot „Dieu“ en vieux-scandinave, Paris 1921; Vsp. 6 (9, 23, 25), Grim. 4, Lokas. 41, usw. — Jordanes XIV (78).

S. 250: in verschiedenen Inkarnationen, Landn. 96, 101, Grágás Kgsb. 22, N G L I 430, II 308, Frost. III 15, Heims. I 317, Egil K. 60, Landn.

102 (die bösen Mächte nach dem Tode Hjörleifs). — Fylgja, siehe I 271 u. f., Glúma 26/7, Forns. 114, 58, 50, Flat. I 88, Laxd. 247, Völs. 89 Z. 17, Ljósv. 244, Gull. 17, Thord. Hr. 31/32; Fylgja = Tier, Thord Hr. 38, 17, Gull. 38 vgl. Flat. I 252/3 und Njála 172/3, Gull. 23, Svarfd. 77/8, Fornald. II 403, 417 usw.; Traum-Fylgjen, Fornald. II 172, Austf. 53, 160, Ljósv. 198, 226, Njála 93, 284, Austf. 233/234.

S. 252: Geat, Nennius § 31, siehe z. B. R. W. Chambers: Beowulf (Cambridge 1921) 195/196, Asser: De Reg. Ælfr. K. 1. — Hölgi, S E 110, Heims. I 127 = Skjald. 24 (14); Flat. I 213, Arkiv II 124 u. f. — Ketil Lachshaken, s. II 39 u. f. — Olaf, s. I 380.

S. 253: Halfdan, Heims. I 86. — Syn, S E 36. — Var, S E 36, Thrym. 30. — Forseti, S E 31.

S. 255: *vé*-Bänder, siehe Egil 187, N G L Wörterverzeichnis *s. v.* — *bönd*, Lex. Poet. (1013/16) *s. v. band*, Háv. 109, S E 127. — *dísir*, Grønbech 89 u. f., Völs. 107 Z. 11, 171 Z. 18, Half 27, Flat. I 420, Glúma 16. — Saxneat, Saxnot, ags. Stammbäume, Braune: Althochdeutsches Lesebuch.

S. 256: Thorgerd, S E 110, Njála K. 88, Flat. I 144, 213/14, 407/8, Heims. I 127. — Grimkel, Islend. 59, Landn. 139 vgl. 15.

S. 258: Thrudr, S E 80, Skjald. I 143 (17), 1 (1). — Modi und Magni, S E 60, 80, 87, Hym. 34, Vaf. 51, Harb. 9, 53.

Das kultische Drama

Das primitive Drama

S. 277: *lác* = Spiel und Opfer: z. B. Gen. 975, 1497, 2843, 2933; von der Messe gebraucht: Guthl. 1084; daher die Bedeutung Gabe: z. B. Beow. 43, 1863, B A Po. III 183 (1); vgl. u. S. 279. — *leikr*, in Kenningar, *Hildar leikr* usw.; vgl. Beow. 1561 usw.

Der Kampf mit dem Jöten

S. 280: *fjörsegi*, Faf. 32, s. u. 334.

S. 281: Odin, Hœnir und Loki, vgl. Regin. — Odin, Lodur und Hœnir, Vsp. 18.

S. 283: Hrungnir, S E 85 vgl. 115, Skjald. I 17, Harb. 14. — die Midgardschlange, Hym. vgl. S E 54 u. f.

S. 284: Thordichtungen, Skjald. 132 vgl. 129. — Völuspa 56. — Kreuz von Gosforth, Aarb. for nord. Oldk. 1902 S. 161 und Anmerkungen; auch Haas: Bilderatlas zur Religionsgeschichte I Nr. 49. — Kvasir, S E 60, 71, 79. — *lǫgr*, Sigrd. 8, 13, Alvís. 34, Hym 6.

S. 285: Snorri, S E 60. — Hávamál 104 u. f. — Háleygjatal, Skjald. 68.

S. 286: kultische Bezeichnungen, Grim. 50, Ynglingatal 2, S E 197. — *litar*, Háv. 107.

S. 288: *gandr*, S E 35 vgl. Solar 54.

Die Schöpfung

Snorris Bericht, siehe auch Neckels und Niedners Übersetzung der jüngeren Edda in Sammlung „Thule", 2. Reihe, 20. Band.

S. 290: Vafthrudnismál, 35.

S. 292: *lúðr,* mit dem Worte für Malz verbunden: Siehe Lex. Poet. *s. v. lúðr;* in einem Spruch: Gro. 11 vgl. Thorsdr. 21.

S. 293: eine Andeutung, Vsp. 17. — *hieros gamos,* vgl. Lokas. 26.

Die Symbolik der heiligen Stätte

S. 294: Kessel, S E 11, 21. — Der kosmische Charakter des Altars, Grím. 4, Háv. 107. — ódrœrir, die Übersetzung nach der zwingenden Konjektur Bugges.

S. 295: Fafnismál, 32, 37 vgl. Alvís. 26. — *aurr* = *megin* der Erde, z. B. Hynd. 39; zum Zwecke der Einweihung gebraucht: Gud. II 21; über die Wurzel der Weltesche ausgegossen: Vsp. 19. — Edda, S E 20/1.

S. 296: *heið, heiðvanr:* Vsp. 27 vgl. Sigrd. 36; Heidrun: Grím 25, S E 40; Hroptr: Sigrd. 13; Kormak: Skjald. 79.

S. 297: *hlóa,* Grím. 29. — Draupnir, S E 58/9, 97 u. f., Skírn. 21.

S. 298: Grímnismál 27. — Kenningar, siehe auch Lokas. Prosa (Anfang). — Schwur, Helg. Hund. II 31. — *auðr,* Dasein als Neiding: Helg. Hund. II 33; personifiziert: S E 16, 92, Skjald. 147. — Bierhaus eines Jöten, Vsp. 37 vgl. S E 65. Brimir, *brímis bloði* (Vsp. 9, Cod. Reg.), diese Stelle ist belanglos, da die Lesart falsch ist, vgl. Parallele; der Name eines Schwertes: Grím. 44; in der kultischen Sprache: Sigrd. 14.

S. 299: Lokasenna 49. Völuspá 35.

S. 300: Mimir, Vaf. 49, S E 20, 63, Vsp. 20, 46, Sigrd. 14, Vsp. 27, S E 21, Heims. I 13.

Die Völuspa

II

S. 305: Harbardslied, Harb. 24.

S. 308: Harbardslied, Harb. 24, 18.

S. 311: Freykult, s. auch G. Neckel: Die Überlieferungen vom Gotte Balder, 1920.

V

S. 319: *rœk*-Sitz, vgl. die einleitenden Verse d. Hym. — Hersagen, vgl. Vsp. 18, 20, 37.

S. 320: *drekka ok dœma,* bem. z. B. Ríg. 32, Sigurd. sk. 2. — Hávamál 77.

S. 321: *hínn dyri dómr,* Lex. Poet. *s. v.* — Vafthrudnismál, 38, 42. — ein zweites Bild, Grím. 29. — Hávamál 111, s. Fritzner *s. v.* und vgl. dänische Runeninschriften.

Sippengötter und Kultgötter

S. 322: Grímnismál 50. — Heimskringla I 13.

S. 323: Haustlöng 14 vgl. Harb. 9. — Fet-Meili, Haustl. 4. — andere Umschreibungen, S E 84. — *aurkonungr, ib.* — das Programm, S E 115.

S. 324: Grímnismál 42. — *Baldrs draumar 7.* — Snorris Bemerkung, S E 31. — Heimdal, der Wächter der Götter: S E 30; der weiße Ase: S E 30, 83, Thrym. 15; *sif sifjaðr:* Hynd. 43.

S. 325: Heimdals Söhne, Vsp. 1. — *hljóð,* Vsp. 27. — *hallinskíði,* s. I 428 S. 201, S E 30, 209. — Heimdals Haupt-Schwert, S E 83, 145.

S. 326: *mjǫtuðr, mjǫtviðr,* Fjöls. 22, Vsp. 2.

S. 327: *við jarðar þrom,* Hynd. 35. — Loki, Lokas. 48, Grímnismál 13. — Har oder Havi, Háv. 109, 111, 164. — Eyvind, Skjald. 60 vgl. *ór því liði,* Vsp. 17 und Háv. 111.

S. 328: Vali, S E 83, Hynd. 29, Bald. 11.

S. 329: in der jüngeren Edda, S E 11. — Liebeshandel, vgl. Hym. 8.

S. 332: *árdagar,* vgl. besonders Vaf. 55, Hynd. 35.

Das Drama als die Geschichte der Sippe

S. 334: alt, frostkalt, Vaf. 21, Lokas. 49, Háv. 104, Vsp. 25, usw. — *þulr,* Háv. 111, Fáf. 34.

S. 335: Fjölsvinnsmál 31/32.

S. 336: das Brisingenhalsband, S E 83. — die Brisinge, vgl. Traditionen von einem ähnlichen Schatz, einer anderen Familie, den Brosingen, zugehörig, Beow. 1119.

S. 338: Die dramatische Situation, Vsp. 23/24.

S. 339: Gullveig, Vsp. 21. — Freyja, S E 90, 100 vgl. 82.

S. 340: Ing, B A Po. I 335 (67).

Literaturverzeichnis siehe Band I, S. 393 ff.

Seitenvergleich

mit der deutschen Originalausgabe. Es ist jeweils angegeben, auf welcher Seite der neuen Ausgabe die betreffende Seite der Originalausgabe beginnt. (O = Originalausgabe, N = Neue Ausgabe)

O – N	O – N	O – N	O – N	O – N
7 – 7	41 – 49	75 – 92	109 – 135	143 – 177
8 – 8	42 – 50	76 – 93	110 – 136	144 – 178
9 – 9	43 – 51	77 – 94	111 – 138	145 – 179
10 – 10	44 – 53	78 – 96	112 – 139	146 – 181
11 – 11	45 – 54	79 – 97	113 – 140	147 – 182
12 – 13	46 – 55	80 – 98	114 – 142	148 – 183
13 – 14	47 – 56	81 – 99	115 – 143	149 – 184
14 – 15	48 – 57	82 – 101	116 – 144	150 – 186
15 – 16	49 – 58	83 – 102	117 – 145	151 – 187
16 – 18	50 – 59	84 – 103	118 – 146	152 – 188
17 – 19	51 – 61	85 – 104	119 – 147	153 – 189
18 – 20	52 – 62	86 – 106	120 – 149	154 – 190
19 – 22	53 – 63	87 – 107	121 – 150	155 – 191
20 – 23	54 – 64	88 – 109	122 – 151	156 – 192
21 – 24	55 – 66	89 – 110	123 – 152	157 – 193
22 – 25	56 – 67	90 – 111	124 – 154	158 – 195
23 – 27	57 – 68	91 – 112	125 – 155	159 – 196
24 – 28	58 – 69	92 – 113	126 – 156	160 – 197
25 – 29	59 – 71	93 – 115	127 – 157	161 – 198
26 – 30	60 – 72	94 – 116	128 – 159	162 – 200
27 – 31	61 – 73	95 – 117	129 – 160	163 – 201
28 – 32	62 – 74	96 – 119	130 – 161	164 – 202
29 – 34	63 – 76	97 – 120	131 – 162	165 – 203
30 – 35	64 – 78	98 – 121	132 – 164	166 – 204
31 – 36	65 – 79	99 – 122	133 – 165	167 – 205
32 – 38	66 – 80	100 – 124	134 – 166	168 – 207
33 – 39	67 – 81	101 – 125	135 – 167	169 – 208
34 – 40	68 – 83	102 – 126	136 – 169	170 – 209
35 – 41	69 – 84	103 – 127	137 – 170	171 – 210
36 – 43	70 – 85	104 – 129	138 – 171	172 – 212
37 – 44	71 – 86	105 – 130	139 – 172	173 – 213
38 – 45	72 – 88	106 – 132	140 – 174	174 – 214
39 – 46	73 – 89	107 – 133	141 – 175	175 – 216
40 – 47	74 – 91	108 – 134	142 – 176	176 – 217

O	N	O	N	O	N	O	N	O	N
177	218	205	253	233	289	261	325	289	362
178	219	206	255	234	290	262	326	290	363
179	221	207	256	235	292	263	327	291	365
180	222	208	257	236	293	264	328	292	366
181	223	209	259	237	294	265	330	293	367
182	224	210	260	238	296	266	331	294	369
183	226	211	261	239	297	267	332	295	370
184	227	212	262	240	298	268	334	296	371
185	228	213	264	241	299	269	335	297	373
186	229	214	265	242	301	270	336	298	375
187	231	215	266	243	302	271	337	299	376
188	232	216	267	244	303	272	339	300	377
189	233	217	269	245	304	273	340	301	379
190	234	218	270	246	306	274	342	302	380
191	236	219	271	247	307	275	343	303	381
192	237	220	272	248	308	276	344	304	383
193	238	221	274	249	309	277	346	305	384
194	239	222	275	250	311	278	347	306	385
195	241	223	276	251	312	279	348	307	387
196	242	224	278	252	313	280	350	308	388
197	243	225	279	253	314	281	351	309	390
198	245	226	280	254	316	282	352	310	391
199	246	227	281	255	317	283	354	311	393
200	247	228	283	256	318	284	355	312	394
201	249	229	284	257	320	285	356	313	395
202	250	230	285	258	321	286	358	314	397
203	251	231	287	259	322	287	359	315	398
204	252	232	288	260	323	288	360	316	400

Namen- und Sachregister für Band I und II

ä, ae sowie ö, oe stehen nach dänischem Brauch jeweils am Schluß des Alphabets

B

E

G

H

I

J

N

O

S

T

V

W

X

Y

Z

Ä, Æ

Ö, Ø